Michèle Schmiegelow
Japans Antwort auf Krise und Wandel in der Weltwirtschaft

Michèle Schmiegelow

Japans Antwort auf Krise und Wandel in der Weltwirtschaft

McGraw-Hill Book Company GmbH

Hamburg · New York · St. Louis · San Francisco · Auckland
Bogotá · Guatemala · Lissabon · London · Madrid · Mailand
Mexiko · Montreal · Neu Delhi · Panama · Paris · San Juan
São Paulo · Singapur · Sydney · Tokio · Toronto

Titel der Originalausgabe:
Japan's Response to Crisis and Change in the World Economy

Diese Publikation des Instituts für Asienkunde, Hamburg, entstand mit Unterstützung der Stiftung Volkswagenwerk, Hannover, und der Japan-Abteilung der Kommission der Europäischen Gemeinschaft, Brüssel.

Aus dem Englischen übersetzt von Gerti von Rabenau

Die vorliegende deutsche Ausgabe wurde gegenüber der Originalausgabe um einen zweiten Teil erweitert.

Schmiegelow, Michèle:
Japans Antwort auf Krise und Wandel in der Weltwirtschaft / Michèle Schmiegelow. [Aus d. Engl. übers. von Gerti von Rabenau]. - Hamburg ; New York [u.a.] : McGraw-Hill, 1988
Einheitssacht.: Japan's response to crisis and change in the world economy <dt.>
ISBN 3-89028-221-0

Umschlag: Grafik Design Studio, Hamburg
Satz: alphabeta Gerds & Kohn GmbH, Hamburg
Druck: Mladinska Knijga, Ljubljana

Printed in Yugoslavia
ISBN 3-89028-221-0

Vorwort

Dieses Buch hat weder das Ziel, eine komplette Momentaufnahme der japanischen Wirtschaft in dem Augenblick zu liefern, in dem es auf den Markt kommt, noch die Ambition, alle durch die „japanische Herausforderung" ausgelösten theoretischen Probleme zu lösen. Worum es geht, ist, zu versuchen, einige der offensichtlichen Mängel der beiden führenden, aber vereinfachenden Denkschulen aufzudecken, die die japanische Wirtschaftsleistung entweder als Ergebnis einzigartiger fernöstlicher Gesellschaftsstrukturen, gepaart mit merkantilistischer Manipulation der Außenwirtschaft, abtun oder im Gegenteil, sie als „Lehrbuchfall" der Gleichgewichtstheorie in der Tradition der klassischen Ökonomie interpretieren. Das Buch konzentriert sich auf Problembereiche, in denen Wirtschaftspolitik und -strukturen, adaptive Systemveränderungen und gleichzeitig erstaunliche Phänomene der Systemerhaltung so offensichtlich und nachvollziehbar miteinander verbunden sind, daß diese Verbindungen nicht ignoriert werden können. Darüber hinaus widmet es den funktionalen Beziehungen zwischen Binnen- und Außenwirtschaft sowie den in der Theorie der internationalen Beziehungen als „Internalisierung" globaler Faktoren und „Externalisierung" nationaler Faktoren bezeichneten Prozessen ganz besondere Aufmerksamkeit.

Dem entsprechend befassen sich alle Beiträge des ersten Teils dieses Buches mit der Interaktion zwischen Außen- und Binnenwirtschaft. Es handelt sich um 14 Beiträge von Wissenschaftlern, Unternehmern und Beamten aus Japan, den USA und Europa zu einem von der EG-Kommission im November 1984 in Nizza abgehaltenen Kolloquium über das Thema dieses Buches. Angesichts des anhaltenden rapiden Tempos der Veränderungen in der japanischen Wirtschaft geben Teile des empirischen Materials dieser Beiträge in der jetzt übersetzten Fassung nicht mehr den neuesten Stand wieder. Jede Sammlung von Daten über die japanische Wirtschaft kann angesichts der Dynamik dieser Wirtschaft nur die Funktion erfüllen, den für die Ex-post-Analyse erforderlichen historischen Hintergrund zu liefern. Als Fallstudie kann sie Prognosen über langfristige zukünftige Entwicklungen ermöglichen, obwohl dies nicht zu den Illusionen der induktiven Methodologie verleiten sollte. Die Aktualität der hier wiedergegebenen Beiträge ist langfristiger funktioneller, nicht kurzfristiger faktueller Art.

Im zweiten Teil des Buches steht vollends die theoretische Auswertung im Vordergrund. Aufgrund des empirischen Materials des ersten Teils wird anhand des funktionalistischen Systems von Talcott Parsons untersucht, wie japanische Wirtschaftspolitik und Unternehmensstrategie gleichzeitig höhere Grade der Anpassung, Zielerreichung, Strukturerhaltung und Integration erreichen konnten als die der vergleichbaren westlichen Länder.

Michèle Schmiegelow

h.w.

Der markierte Teil das war
1989 - 1999 war Japan in
seiner größten Wirtschaftskrise
und USA oben auf.
14.1.00
U. Paul

Inhalt

TEIL I

TEIL II

Michèle Schmiegelow
Japans Wirtschaft und die westliche Theorie: Herausforderung und Übereinstimmung

TEIL I

Einführung
Die Rolle der Politik, der Strukturen und des Wandels in der japanischen Wirtschaft*

Michèle Schmiegelow

Es wird höchste Zeit, daß wir die japanische Wirtschaft einer neuen Analyse unterziehen, da sie angesichts der weltweiten Veränderungen, die in allen Industrieländern zu einer Krise geführt haben, immer als einzig erfolgreiches System dargestellt wird. Darüber hinaus weicht sie ganz erheblich von den neueren Trends in der Wirtschaftstheorie ab, die derzeit im Westen zugleich als die bisher besten Erklärungsversuche und als Lösungsansätze zur Überwindung der Krise betrachtet werden. Im Widerspruch dazu steht indes die Tatsache, daß die japanische Wirtschaftspolitik teilweise einen erstaunlichen Einfluß auf die Weltwirtschaft ausübt und daß sie in vielen Ländern bereits nachgeahmt oder aber ihr nachgeeifert wird.

Dabei war die japanische Wirtschaft auch in den 60er und 70er Jahren alles andere als rückständig und vermochte es immerhin, Herman Kahn zu seiner ersten futurologischen Vision von einem japanischen „Superstaat" zu inspirieren.[1] Allerdings wurden vor den 70er Jahren immer Konzepte angewendet, die zwar aus der westlichen Erfahrung abgeleitet waren, aber auch für Japan gültig zu sein schienen. So ließen sich beispielsweise die herausragenden Wachstumsraten der japanischen Wirtschaft in den 60er Jahren mit Hilfe langfristiger Wachstumszyklen interpretieren, die denen des Westens leicht hinterherhinkten.[2] Auch die kurzfristige Finanz- und Geldpolitik der japanischen Regierung besaß vertraute Züge: Genau wie in Deutschland wurde die von Joseph Dodge für die beiden besetzten Länder 1949 vorgeschriebene Regel des ausgeglichenen Budgets bis Ende der 60er Jahre beibehalten.[3] Andererseits konnten sich die Amerikaner gar nicht mit der Tatsache anfreunden, daß das hohe Niveau der privaten Investitionen durch ein grundsätzlich illiquides System der indirekten Finanzierung sowie eine budgetunabhängige Fiskalpolitik gestützt wurde, welche zugleich durch großzügige, aber rationierte Zentralbankkredite und eine relativ strikte Zinspolitik abgesichert wurde.[4] Die japanischen Politiker rechtfertigen diese unorthodoxen Bedingungen nur stereotyp mit der Rückständigkeit des japanischen Kapitalmarktes.[5] Sie hätten sich dabei sogar auf die Rückständigkeitstheorie berufen können, die Alexander

* Ein Teil der Einführung ist ursprünglich in *International Organization* (39:2, Frühjahr 1985, S. 261–296) erschienen und wird hier mit Erlaubnis von MIT PRESS abgedruckt.

Gerschenkron aus der Wirtschaftsgeschichte Kontinentaleuropas abgeleitet hat. Danach fällt den Regierungen und Banken eine umso aktivere Rolle zu, je rückständiger eine Wirtschaft ist. Darüber hinaus obliegt der Regierung die Aufgabe, der Wirtschaft zunächst die Startbedingungen zu erleichtern und ihr dann die Weiterentwicklung zu ermöglichen.[6]

Andererseits galt nach den Vorstellungen der Neoklassiker für eine „kleine offene Wirtschaft", daß Zahlungsbilanzrestriktionen immer dann eine restriktive Diskontpolitik nach sich zogen, solange es zyklisch auftretende Defizite in der Leistungsbilanz gab.[7] Gegen Ende der 60er Jahre wurde die Fiskalpolitik genau wie in Deutschland als ein Instrument der Keynesianischen Nachfrageregulierung verwendet.[8] Und bis Mitte der 70er Jahre hatte sich genau wie in den meisten anderen OECD-Ländern ein anhaltendes Budgetdefizit entwikkelt. Selbst der hohe Anteil der Ersparnisse der privaten Haushalte am japanischen BSP, der dieses Defizit einigermaßen erträglich erscheinen ließ,[9] war kein einzigartiges makrostrukturelles Phänomen; denn Frankreichs und Deutschlands Sparraten waren zwar nicht ganz so hoch wie die Japans, lagen aber deutlich über dem Niveau der angelsächsischen Welt.

Auch zu Beginn der 70er Jahre wurden westliche Konzepte verwendet, als die Zahlungsbilanzüberschüsse und die Rolle der Bürokratie in der japanischen Wirtschaftsverwaltung erstmals zu internationalen Spannungen führten. Westdeutschland hatte schon früher gezeigt, wie man höhere Überschüsse akkumuliert, und Frankreichs externe Geldpolitik und sein überaus bürokratisches politisches System hatten zu einem verstärkten Auftreten neomerkantilistischer Tendenzen sowie zu einer erneuten Betonung „nationaler" Strukturen geführt.[10] Zu guter Letzt schien Mitte der 70er Jahre die Diskussion der „Grenzen des Wachstums" in Japan zunächst einen mindestens genauso großen Einfluß auf die Öffentlichkeit und auf die politischen Entscheidungsträger auszuüben wie in den anderen Teilen der Welt,[11] und die relative Abnahme der japanischen Wachstumsrate nach den ersten Ölschocks lieferte einen realistischen Hintergrund für diese Diskussion.

Demgegenüber hat sich die Situation nach der zweiten Ölkrise insofern gewandelt, als die Japaner einerseits auf die veränderte Lage der Weltwirtschaft anders reagiert haben als die Industrienationen mit den gleichen Problemen, während diese Reaktion ihrerseits die Struktur der Weltwirtschaft nachhaltig beeinflußt hat. So erzielte Japan nach dem ersten Ölschock im Durchschnitt wieder höhere Wachstumsraten als Nordamerika und Westeuropa, und es ist heute offensichtlich, daß diese Leistung trotz der nach wie vor ausgeprägten Interventionen der Banken und des Staates nicht länger als das schnelle Aufholen einer im Sinne von Gerschenkron „rückständigen" Wirtschaft interpretiert werden kann.[12] Im übrigen befassen sich die japanischen Verwaltungsbehörden heute sowohl aktiv mit den durch vergangenes Wachstum erzeugten Umweltproblemen als auch mit den sozialen Kosten der strukturellen Anpassung. Die politischen Spannungen, die diese Probleme Ende der 60er und Anfang der 70er Jahre erzeugt haben, sind in Japan inzwischen abgeklungen, während sie in Westeuropa nach wie vor im Steigen begriffen sind.[13] Der Vorteil für Japan ist ein größerer Handlungsspielraum in der heimischen Wirtschaftspolitik, der zugleich mit einem höheren Maß an äußerer Unabhängigkeit einhergeht. Während sich die europäischen Regierungen ständig darüber beschweren, daß sie durch die amerikanische Geldpolitik ihrer Freiheit bei der Verfolgung makroökonomischer Ziele beraubt seien, da diese die internationale Interdependenz der Wirtschaftspolitik erhöhe, hat sich Japan bei seiner antizyklischen Politik ein beträchtliches Maß an Unabhängigkeit bewahrt. Daher wird es von den Amerikanern wegen seiner mangelnden Anpassung an die amerikanische Politik auch oft kritisiert.[14] Ferner hat das Vordringen der japanischen Unternehmen auf Märkten mit innovativen Gütern und hohem Wachstumspotential neue Verschiebungen bei der internationalen Arbeitsteilung erzeugt, die noch zu den Veränderungen hinzukommen, welche durch die Industrialisierung der Entwicklungsländer bedingt sind. Die aktive Industriepolitik der Japaner berührt nicht nur die amerikanischen und europäischen Märkte, sondern beeinflußt zugleich die amerikanische und europäische Handels- und Industriepolitik.[15] Dadurch werden gleichzeitig neue Fragen hinsichtlich des Wechselspiels zwischen weltweiten Veränderungen, einer an nationalstaatlichen Interessen orientierten Politik und den spezifischen binnenwirtschaftlichen Strukturen aufgeworfen.

Japan hat nahezu in sämtlichen Bereichen mit dem Westen gleichgezogen. Dennoch vollzieht sich in seiner Wirtschaft ein nach wie vor zu schneller Wandel, seine nationale Politik ist zu aktiv und zu unabhängig, und seine nationalen Strukturen scheinen viel zu sehr von den westlichen Strukturen abzuweichen, um mit den vorherrschenden Theorien vereinbar zu sein, die auf dem Modell des allgemeinen Gleichgewichts in reifen Volkswirtschaften basieren. Die Japaner sind eine Herausforderung für die statischen Modelle sowie für einige Aspekte der dynamischen und Entwicklungs-Ökonomie und die meisten neoliberalen Tendenzen in der Theorie der internationalen Beziehungen.

Gleichzeitig haben die vorherrschenden Versionen des merkantilistischen Paradigmas und die Theorien, die sich vor allem auf die Rolle des Staates konzentrieren, ebenso große Probleme mit Japan wie die Untersuchungen, die ausschließlich die nationale oder subsystemische These der Theorie der internationalen Beziehungen[16] vertreten. D.h., sie müssen beträchtliche Anstrengungen unternehmen, um ihre Theorien mit dem vielfältigen Datenmaterial in Einklang zu bringen, das die Anpassungsfähigkeit an externe Faktoren sowie die Dynamik und den Schumpeterschen Innovationsgeist der japanischen Privatunternehmen hinreichend belegt und zugleich den hohen Anteil des Privatsektors am japanischen BSP sowie die weitreichende Liberalisierung des japanischen Außenhandels und der Devisenbestimmungen unwiderlegbar macht.

Die beiden soeben erwähnten Denkrichtungen haben versucht, den Außenseiter Japan durch eine selektive Auswahl von partiellen Daten so zu interpretieren, daß er in ihren jeweiligen theoretischen Rahmen paßte. So haben beispielsweise die neueren Versionen der allgemeinen Gleichgewichtstheorie, insbesondere die monetaristische Schule, die Angebotsökonomie und die Theorie der rationalen Erwartungen, versucht, Modell und Realität dadurch anzunähern, daß sie die herausragende Wirtschaftsleistung Japans weder als ein Ergebnis der spezifischen Eigenheiten seiner Binnenmarktstrukturen noch als einen Erfolg seiner Politik interpretiert haben, sondern indem sie die japanische Wirtschaft als einen typischen „Lehrbuchfall" dargestellt haben.[17] Aus diesem Blickwinkel erscheint die japanische Leistung vor allem aufgrund des relativen Versagens der anderen bedeutenden OECD-Länder herausragend, das in erster Linie durch fiskal- und geldpolitische Maßnahmen und andere Interventionen des Staates bedingt ist.

Die Keynesianischen Analysen kommen indes zu genau entgegengesetzten Ergebnissen. Die Frage, ob die Keynesianische Ökonomie in der Form einer allgemeinen Gleichgewichtstheorie besser zu verstehen ist als die Theorie des Ungleichgewichts der Post-Keynesianer, können wir hier getrost beiseite lassen. Selbst bei Paul Samuelson und Sir Hicks' „neoklassischer Synthese" liegt der Schwerpunkt der Keynesianischen Theorie auf der These, daß die Märkte im Gleichgewicht nur bei hinreichend hoher Gesamtnachfrage zuverlässig funktionieren.[18] Insofern konzentrieren sich die Keynesianischen Erklärungsversuche hinsichtlich der Wirtschaftsleistung eines Landes wie Japan, bei dem eine aktive Nachfragepolitik mit einer relativ niedrigen Arbeitslosigkeit verbunden ist, vor allem auf den japanischen politischen Aktivismus und befinden sich damit in Opposition zu dem inzwischen weitverbreiteten „wirtschaftspolitischen Nihilismus".[19]

Andererseits war es für die führenden Vertreter der „dirigistischen" Schule relativ einfach, aus den strukturellen Besonderheiten der japanischen Gesellschaft und ihrer Erhaltung überzeugende Argumente abzuleiten. Sie konzentrieren sich auf Strukturen, die von denen abweichen, welche in den allgemeinen Gleichgewichtstheorien als „gegeben" unterstellt werden. Und politische Maßnahmen werden meist als durch die Strukturen determiniert diskutiert, während Anpassungen, die mit Systemveränderungen einhergehen, eindeutig vernachlässigt werden. Chalmers Johnsons Untersuchung über das Ministry of International Trade and Industry (MITI) und dessen Einfluß auf all diejenigen, die die japanische Leistung als Ergebnis verschwörerischer Manipulation zu interpretieren versuchen, ist vielleicht die beste Illustration für diesen Ansatz.[20]

Dies Buch hat keineswegs die Ambition, die durch die „japanische Herausforderung" ausgelösten theoretischen Probleme lösen zu wollen, aber es will dennoch versuchen, einige der offensichtlichsten Mängel der beiden führenden Schulen zu beheben, indem es sich auf Problembereiche konzentriert, in denen Politik und Strukturen, adaptive Systemveränderungen und eine erstaunliche Bewahrung der Strukturen so unlösbar miteinander verbunden sind, daß sie nicht ignoriert werden können. Darüber hinaus sind wir der Meinung, daß wir den funktionalen Beziehungen zwischen Binnen- und Außenwirtschaft sowie den in der Außenhandelstheorie als „Internalisierung" weltwirtschaftlicher Faktoren und „Externalisierung“ nationaler Faktoren bezeichneten Prozessen ganz besondere Aufmerksamkeit schenken sollten.[21] Dementsprechend befassen sich alle Beiträge mit der Interaktion zwischen Außen- und Binnenwirtschaft, obwohl die Kapitel dieses Buches so angeordnet sind, daß sich der Schwerpunkt allmählich von den Außenbeziehungen auf die heimischen Marktbedingungen verlagert.

Wir haben versucht, dadurch ein Minimum an analytischer Einheit zu erzielen, daß jedes Kapitel sich mehr oder weniger direkt auf eine oder beide Basiskategorien der internationalen Ökonomie bezieht: den Waren- und den Kapitalverkehr, und sich innerhalb dieser Kategorien mit mehr oder weniger autonomen sozioökonomischen oder staatlichen Maßnahmen befaßt. Wir haben deswegen den Waren- und Kapitalverkehr als gemeinsame Bezugsgröße gewählt, weil sich die Interaktion zwischen weltweiten ökonomischen Entwicklungen, binnenwirtschaftlichen Strukturen und nationalstaatlichen politischen Maßnahmen am ehesten an der Zahlungsbilanz jedes Landes ablesen läßt.

Dabei sind wir von der Annahme ausgegangen, daß die Unterscheidung zwischen Struktur und Politik aufgrund der durchaus vernünftigen, jeweils unterschiedlichen Anpassungsfähigkeit an externe Faktoren sinnvoll ist. Gleichzeitig haben wir jedoch entdeckt, daß sich Strukturen auch verändern. Tatsächlich haben wir festgestellt, daß, selbst wenn die erwähnten Basiskategorien für theoretische Ökonomen zu weit und für Soziologen zu eng gefaßt erscheinen mögen, sie es uns immerhin ermöglicht haben, einige der sich gegenseitig ausschließenden Thesen der beiden führenden Auffassungen über Japan gegeneinander abzuwägen.

Dementsprechend konzentriert sich das erste Kapitel auf die pragmatische Liberalisierung des japanischen Außenhandels und des Außenwirtschaftsregimes, während es gleichzeitig detailliert die bleibenden gesetzlichen Restriktionen und Vorbehalte für künftige Beschränkungen des Warenhandels und des Kapitalverkehrs beschreibt. Darüber hinaus vermittelt es einen Überblick und einen Einblick in die wichtigsten Gründe, die bisher von verschiedenen Wissenschaftlern als ursächlich für die Wirtschaftskraft Japans angeführt wurden, und behandelt dabei sowohl den japanischen Arbeitsmarkt als auch die Schumpetersche Qualität der japanischen Unternehmen. Im anschließenden Kapitel beschreibt Henrik Schmiegelow zunächst den konzeptionellen Hintergrund der neomerkantilistischen Theorie und rekapituliert dann die Geschichte der japanischen Geldpolitik seit dem letzten Krieg. Dabei kommt er zu dem Schluß, daß für die Bestimmung des Wechselkurses nichtpolitische Elemente inzwischen so bedeutsam geworden sind, daß im Grunde nicht mehr von einer handelsorientierten Währungsmanipulation nach merkantilistischer Tradition gesprochen werden kann. Diese Schlußfolgerung stimmt mit den Ergebnissen von Koei Narusawa und Hirohiko Okumura überein, die beide feststellen, daß Japans Kapital- und Außenhandelsmärkte nach wie vor bis zu einem gewissen Grad „gemanagt“ werden und daß dieses „Management“

immer noch auf spezifischen Sozialstrukturen und Verhaltensmustern basiert, daß sich jedoch autonome Kapitalbewegungen in zunehmendem Maße jeglicher politischen Kontrolle entziehen. Die Kapitel 5 und 6 befassen sich intensiv mit den japanischen Direktinvestitionen im Ausland, sollten jedoch als komplementäre Teile betrachtet werden. Während Motoshige Itoh zusammen mit Kazuharu Kiyono die autonomen Faktoren in der klassischen Tradition hervorhebt, betont F. N. Saelens eher die makroökonomische Kontrolle der Außenwirtschaftspolitik.

Mit seinem Beitrag zu der externen Sicherung der heimischen Geld- und Fiskalpolitik eröffnet Masaru Yoshitomi die Kapitelreihe, in der die externe Leistung häufig als abhängige Variable von binnenwirtschaftlichen Faktoren erscheint und weniger als Ergebnis politischer Maßnahmen oder Strukturen, die direkt auf den Warenhandel oder den Kapitalverkehr abzielen. Er analysiert die makroökonomischen Bedingungen, die die Geschwindigkeit des Wandels auf den japanischen Finanzmärkten determiniert haben. Christiane Dosse entwickelt diesen Punkt weiter, indem sie die Auswirkungen der japanischen Fiskalpolitik auf die Funktionsweise der japanischen Banken und der securities companies untersucht. Edward Lincoln verbindet die früheren Charakteristika der Fiskalpolitik mit den nach wie vor zu beobachtenden infrastrukturellen Mängeln auf der einen Seite und der Entwicklung des Nettokapitalabflusses auf der anderen Seite. Die Auswirkungen derartiger struktureller Kapitalabflüsse auf den Wechselkurs machen sein Argument gleichzeitig zu einem überaus bedeutsamen Erklärungsfaktor für die japanische Wirtschaftsleistung. Anschließend bietet Kazuo Sato eine weitere äußerst interessante Erklärung für den wirtschaftlichen Erfolg der Japaner, indem er das allseits bekannte Paradigma des exportabhängigen Wachstums durch ein Konzept der wachstumsabhängigen Exporte ergänzt, das auf der Außenhandelstheorie und der Analyse binnenwirtschaftlicher Strukturen basiert. Angelika Ernst liefert schließlich die Ergebnisse ihrer Untersuchung des japanischen Arbeitsmarktes. Dieser wird in OECD-Berichten häufig als einer der wichtigsten Faktoren bezeichnet, der Japan eine erfolgreichere Anpassung an den Wandel der Weltwirtschaft ermöglicht als den anderen Industrienationen. Sueo Sekiguchis Beitrag ist wiederum der erste von einer Serie von drei Kapiteln, die sich intensiver mit der Industriepolitik und der Art und Weise befassen, in der diese mit den Resten der dualistischen Struktur der japanischen Wirtschaft verfährt. Er verbindet dabei die Außenhandelstheorie mit einer sehr aufschlußreichen Beschreibung der japanischen Bürokratie, um die Möglichkeiten der Industriepolitik bei der Förderung hochentwickelter Sektoren sowie bei der Erhaltung traditioneller Bereiche zu diskutieren. Helmut Laumer analysiert schließlich das vielgeschmähte japanische Verteilungssystem, seine soziale Funktion sowie bestimmte Anzeichen effizienterer Muster, die langfristig Veränderungen bewirken können. Zu guter Letzt beschließt Frank Upham die Serie mit einer Fallstudie über die Wettbewerbspolitik, bei der diese als abhängige Variable der Industriepolitik fungiert, um schrumpfenden Industrien den

Anpassungsprozeß zu erleichtern. Als Befürworter des neoklassischen Wettbewerbsmodells ist er sich sehr wohl der Macht des MITI bewußt, gibt jedoch zu, daß auch diese keineswegs unumschränkt ist.

Anmerkungen

[1] Herman Kahn, *The Emerging Japanese Superstate: Challenge and Response* (Englewood Cliffs, N. J.: Prentice-Hall, 1970).

[2] Kazushi Ohkawa und Henry Rosovsky, *Japanese Economic Growth: Trend Acceleration in the Twentieth Century* (Stanford: Stanford University Press, 1973).

[3] Tatsuro Uchino, *Japan's Postwar Economy*, Mark A. Harbinson (Übers.) (Tokio: Kodansha, 1983), S. 49 ff.

[4] Hugh Patrick, *Monetary Policy and Central Banking in Contemporary Japan* (Bombay: Bombay University Press, 1962), S. 62 ff.; Yoshio Suzuki, *Money and Banking in Contemporary Japan: The Theoretical Setting and Its Applications* (New Haven: Yale University Press, 1980), S. 76 ff. Vgl. insbesondere Eisuke Sakakibara und Robert Feldmann, „The Japanese Financial System in Comparative Perspective", *Journal of Comparative Economics* 7 (März 1983), S. 1—24, wegen der Veränderungen, die bei der Verwendung des Postsparsystems (bei dem die Mehrheit der Haushaltsersparnisse deponiert wird) stattgefunden haben. Während es bis 1949 vor allem als Quelle der Defizitfinanzierung diente, wurde es danach zu einem Instrument der budgetunabhängigen Fiskalpolitik.

[5] Suzuki, *Money and Banking;* Bank of Japan, *The Japanese Financial System* (Tokio, 1978), S. 16 ff., 124 ff.

[6] Alexander Gerschenkron, „Typology of Industrial Development as a Tool of Analysis", in *Second International Conference on Economic History* (Paris: Mouton, 1965), S. 499 ff.

[7] Uchino, *Japan's Postwar Economy,* S. 78; Patrick, *Monetary Policy.*

[8] Uchino, *Japan's Postwar Economy,* S. 149 ff. Vgl. auch Gary Saxonhouse, „Cyclical and Macrostructural Issues in US-Japan Economic Relations", in Daniel Okimoto (Hrsg.), *Japan's Economy: Coping with Change in the International Environment* (Boulder: Westview, 1982).

[9] Saxonhouse, „Cyclical and Macrostructural Issues", S. 135.

[10] Henrik Schmiegelow und Michèle Schmiegelow, „The New Mercantilism in International Relations: The Case of France's External Monetary Policy", *International Organization* 29 (Frühjahr 1975), S. 367—91; Peter J. Katzenstein, „International Relations and Domestic Structures: Foreign Economic Policies of Advanced Industrial States", *International Organization* 30 (Winter 1976), S. 1—46; T. J. Pempel, „Japanese Foreign Economic Policy: The Domestic Bases for International Behavior", *International Organization* 31 (Herbst 1977), S. 723—74.

[11] OECD, *Towards an Integrated Social Policy in Japan* (Paris, 1977).

[12] Inzwischen hat sich ein wesentlich stärkerer und effizienterer Kapitalmarkt entwickelt; vgl. Kap. VII von Masaru Yoshitomi.

[13] John W. Bennet und Solomon B. Levine, „Industrialization and Social Deprivation: Welfare, Environment and Post-Industrial Society in Japan", in *Japanese Industrialization and Its Social Consequences,* Hugh Patrick (Hrsg.) (Berkeley: University of California Press, 1976), S. 439—92.

[14] C. Fred Bergsten, „What to Do about US-Japan Economic Conflict?" *Foreign Affairs* (Sommer 1982), S. 1059—75.

[15] Robert Reich, „Beyond Free Trade", *Foreign Affairs* (Frühjahr 1982), S. 773—804.

[16] Eine Beschreibung des gegenwärtigen Diskussionsstandes in der Theorie der internationalen Beziehungen findet sich bei David Singer, „The Level of Analysis Problem in International Relations", in *International Relations and Foreign Policy,* James N. Rosenau (Hrsg.) (New York: The Free Press, 1969), S. 20, 29. Die Relevanz dieses Problems für den Fall Japan wird eingehend bei Michèle Schmiegelow, „Cutting Across Doctrines: Positive Adjustment in Japan", *International Organization* 39, 2 (Frühjahr 1985), S. 261—96, diskutiert.

[17] John G. Greenwood, „Japan. How to Cope with an Oil Crisis — A Textbook Case", *Asian Monetary Monitor* 4 (September/Oktober 1980), S. 15 f.

[18] James W. Dean, „The Dissolution of the Keynesian Consensus“, in *The Crisis in Economic Theory,* Daniel Bell und Irving Kristoll (Hrsg.) (New York: Basic Books, 1981), S. 20.

[19] Ebenda, S. 45.

[20] Chalmers Johnson, *The MITI and the Japanese Economic Miracle* (Stanford: Stanford University Press, 1982).

[21] Eine Diskussion dieser Konzepte findet sich bei Katzenstein, „International Relations“, und eine Anwendung auf Japan bei M. Schmiegelow, „Cutting Across Doctrines“.

Kapitel 1
Die Reform des japanischen Außenwirtschaftsregimes: Ein Beispiel qualitativer Wirtschaftspolitik
Michèle Schmiegelow

Japan ist von seinen Partnern immer wieder wegen der „Verschlossenheit“ oder „Enge“ seiner heimischen Güter- oder Finanzmärkte kritisiert worden. Und auf die japanische Regierung wurde immer wieder starker politischer Druck ausgeübt, doch endlich zu „liberalisieren“, d.h., seine heimischen Märkte für ausländische Güter zu öffnen, seine inländischen Bestimmungen zu vereinfachen, die Abwicklung der Importe zu beschleunigen und seine Finanzmärkte zu deregulieren. Mir geht es in diesem Kapitel darum zu zeigen, daß, obwohl diese Kritik nach wie vor anhält, eine wichtige Umkehrung bestimmter Trends stattgefunden hat. Während es in den vergangenen Jahrzehnten relativ einfach war, das japanische Außenhandels- und Devisenkontrollsystem mit Hilfe seiner Abweichungen vom Freihandelsmodell zu beschreiben,[1] hat sich in den letzten Jahren eine völlig andersartige Variante herausgebildet. Denn während in Amerika und in Europa der zunehmende Einfluß der liberalen allgemeinen Gleichgewichtstheorien — wie Monetarismus und Angebotsökonomie — auf die heimische makroökonomische Politik interessanterweise mit einer verstärkten Untergrabung des Glaubens an die internationale Freihandelsdoktrin und einer zunehmenden Bereitschaft zu diplomatischen Konflikten mit protektionistischen oder anderen Mitteln einhergeht,[2] vollzieht sich der Trend in Japan im Bereich der externen Wirtschaftsbeziehungen eindeutig weg vom Protektionismus hin zur Liberalisierung.

1980 wurde ein System der Außenwirtschaftsbeziehungen adoptiert, das zu den liberalsten von allen OECD-Ländern gehört.[3] Entsprechend den Vorhersagen von Kazushi Ohkawa und Henry Rosovsky von vor 10 Jahren[4] hat der „neue Riese Asiens“ bei seinem Versuch, das ständige überdurchschnittliche Wachstum, das mit dem Erreichen und Überschreiten der industriellen Reife verbunden war,[5] mit den Entwicklungen in der Weltwirtschaft in Einklang zu bringen, eine ungewohnte Rolle als einsamer Kämpfer für den Freihandel übernommen. Ein Beweis hierfür ist die Tatsache, daß Japan immer wieder aufgefordert wird, gegenüber seinen industriellen Handelspartnern und den Ländern der Dritten Welt Zugeständnisse zu machen, die häufiger zu Restriktionen des Waren- oder Kapitalverkehrs (geregelte Marketingkartelle, Erstellung von Importförderungsplänen, Maßnahmen zur Stützung des Yen) als zur Beseitigung von Restriktionen führen. Kurz nachdem Japan aufgrund von amerikanischen und europäischen Drohungen per Gesetz den Kapitalverkehr liberalisiert hatte, wurde von Fred Bergsten, Peter Kenen und von anderen die teilweise Aufhebung der neuen Regelungen gefordert.[6] Obwohl langfristige Kapitalabflüsse aus Japan sich nicht nur für Europa, sondern auch für die Dritte Welt, die den Löwenanteil dieser Gelder absorbiert,[7] als vorteilhaft erwiesen haben, stellte Bergsten fest, daß sie seit 1981 zu einer zunehmenden Fehlentwicklung zwischen dem US-Dollar und dem Yen beigetragen haben.[8] Und obwohl die langfristigen Kapitalzuflüsse 1980 die Kapitalabflüsse überstiegen, wird gegenwärtig überall ein struktureller Überschuß von Kapitalabflüssen antizipiert, der schließlich zu einer Unterbewertung des Yen führen wird.[9]

Wenn man das neue System mit dem alten vergleicht und versucht, die Auswirkungen des ersteren zu beurteilen, ist es angebracht, zunächst auf zwei scheinbare Paradoxe hinzuweisen. Erstens müssen wir uns die Frage stellen, wie Japan bereits lange vor der Reform von 1980 zu einer der führenden Handelsnationen der Welt werden konnte, obwohl sein seit Kriegsende gültiges Außenwirtschaftsrecht im Prinzip Transaktionen mit dem Ausland untersagte. Zweitens stellen wir uns die Frage, warum der Kapitalverkehr so offensichtlich hinter der schnellen Entwicklung des japanischen Außenhandels hinterherhinkte; oder mit anderen Worten, warum das Verbotsprinzip auf dem Kapitalmarkt soviel nachhaltiger wirkte als im Bereich des Warenhandels.[10]

Die erste Anomalie war bedingt durch die gesetzlichen Bestimmungen und die spezifische Art und Weise ihrer Durchsetzung. Angesichts der Kriegszerstörungen sowie der Notwendigkeit eines schnellen Wiederaufbaus und einer extremen Knappheit an Devisenreserven empfand Japan — genau wie die meisten europäischen Industrieländer — nach dem 2. Weltkrieg, daß die Regulierung der externen Transaktionen — der Importe, Exporte und des Devisenverkehrs — absolut unerläßlich war.[11] Das grundlegende politische Instrumentarium, das es sich zu diesem Zwecke schuf, war das Foreign Exchange and Foreign Trade Control Law Nr. 228 von 1949 (das im folgenden in verkürzter Form als „Außenwirtschaftsgesetz" bezeichnet wird). Genau wie alle anderen Länder, die sich in derselben Situation befanden, adoptierte Japan mit Hilfe dieses Gesetzes das Verbotsprinzip für alle externen Wirtschaftstransaktionen, die nicht explizit durch das Gesetz, durch eine Verfügung oder einen Verwaltungsakt autorisiert waren. Erst Ende der 50er Jahre fand in Japan eine von den meisten Industrienationen abweichende Entwicklung statt. Während die Mehrzahl der europäischen Länder auf die Erhöhung ihrer Devisenreserven 1958 mit dem Beschluß der Wiederherstellung ihrer Währungskonvertibilität reagierten oder aber wie Deutschland im Jahre 1961 das außenwirtschaftliche Verbotsprinzip durch das Prinzip der freien Transaktionen ersetzten, behielt Japan das Nachkriegsgesetz bis 1980 bei. Das

Erstaunliche daran ist, daß Japan trotz dieses Systems imstande war, Deutschland den zweiten Platz auf dem Weltmarkt streitig zu machen.

Die Reform von 1980 hat Japan ein Gesetz beschert, dessen Grundkonzept mindestens genauso liberal ist wie das westdeutsche Außenwirtschaftsgesetz. Und zwar wurde das außenwirtschaftliche Verbotsprinzip durch eine liberale Generalklausel für alle externen Wirtschaftstransaktionen ersetzt, solange von seiten der zuständigen Behörden keine andersartigen Regelungen vorlagen.[12] Bei einer genaueren Analyse der Reformgeschichte ergibt sich indes, daß das neue Gesetz im Grunde nur eine auf dem Gebiet des Außenhandels bereits seit 1962[13] stattfindende sektorale Liberalisierung in einen systemischen Rahmen einordnete und auf diese Weise die in der Praxis übliche Aufhebung des Verbotsprinzips auch gesetzlich vollzog. Es sieht so aus, als ob im pragmatischen Japan restriktive gesetzliche Prinzipien keineswegs praktische Formen der Liberalisierung ausschließen.

Genau dasselbe Phänomen erklärt bestimmte Aspekte der zweiten Anomalie, nämlich des zeitlichen Hinterherhinkens der Entwicklung des Kapitalverkehrs hinter dem Warenhandel. Im Gegensatz zum letzteren blieb der erstere bis zur jüngsten Reform immer dem Verbotsprinzip unterworfen. Aus diesem Blickwinkel erreichten die Kapitalströme seit Beginn der 70er Jahre eine erstaunliche Größenordnung. Andererseits sind sie sehr viel restriktiver gehandhabt worden, als man von einem so wichtigen Handelspartner hätte erwarten können. Die folgende Analyse des neuen Gesetzes und der tatsächlichen Entwicklung der Kapitalströme seit den 50er Jahren wird zeigen, daß im Falle Japans einerseits die restriktiven gesetzlichen Grundlagen keineswegs eine pragmatische Liberalisierung verhindert haben und daß andererseits liberale gesetzliche Regelungen das Auftreten von restriktiven Situationen keineswegs ausschließen müssen.

In der Liberalität seiner Außenwirtschaftsziele steht Japan keinem seiner OECD-Partner mehr nach. Dies läßt sich am besten durch die Beschreibung der Reform und eine Analyse der verfügbaren statistischen Daten zeigen, wobei wir zugleich immer mit einem Auge auf die Entwicklung in Westdeutschland blicken werden. Tatsächlich war die Situation der beiden Länder unmittelbar nach dem Kriege in vielerlei Hinsicht nahezu vollkommen gleichartig. Darüber hinaus ist Westdeutschland insofern ein gutes Beispiel, als seine Außenwirtschaftspolitik ebenso wie seine heimische Ordnungspolitik heutzutage innerhalb der Europäischen Gemeinschaft und der OECD als eine der liberalsten und orthodoxesten betrachtet wird.

Ich habe beschlossen, die politische Analyse im Rahmen der von Jan Tinbergen als „qualitative Politik“[14] bezeichneten Kategorie mit der Analyse statistischer Daten zu kombinieren, da meines Erachtens eine derartige Kombination zumindest einige der wohlbekannten Nachteile dieser beiden Methoden in bezug auf die Beurteilung des Freiheitsgrades der Transaktionen bzw. der Effektivität von Kontrollen vermeiden kann. Und ich werde insbesondere zeigen, daß, solange formale oder informelle Hindernisse nach wie vor die

Güter- oder Kapitaltransaktionen mit Japan einschränken, derartige Hindernisse eher als „Reflexe“ der heimischen Strukturen und Politik zu verstehen sind denn als Produkt der handelsorientierten Außenwirtschaftspolitik. Ein Großteil dieser Strukturen wird in anderen Kapiteln dieses Buches im einzelnen erörtert werden, aber ich werde dennoch versuchen, in diesem Kapitel so oft wie möglich darauf hinzuweisen, wo diese Analyse sozusagen auf sehr viel detailliertere, strukturelle oder politische Überlegungen ausgedehnt werden sollte. Denn nur so ist es möglich, das Ausmaß der inzwischen erfolgten Öffnung der japanischen Waren- und Kapitalmärkte wirklich zu verstehen.

Die Reform von 1980: Das neue Außenwirtschaftsgesetz

Das Außenwirtschaftsgesetz ist ein „Rahmengesetz“, das die Grundregeln für sämtliche japanischen Außenhandelsbeziehungen enthält. Wie im Falle des westdeutschen Außenwirtschaftsgesetzes (AWG) muß dieser Rahmen erst mit Hilfe von Verordnungen und Bestimmungen mit Leben erfüllt werden. Darüber hinaus sind seit dem Inkrafttreten des ersten Foreign Exchange and Foreign Trade Control Law von 1949 eine Reihe von Gesetzen erlassen worden, die zusätzliche Regeln für spezifische Bereiche enthalten, so z. B. das Auslandsinvestitionsgesetz Nr. 163 von 1950, das die ausländischen Direktinvestitionen behandelte.[15]

Genau wie die Gesetzgebung der Alliierten, die Außenhandels- und Devisenkontrollen einführten, reflektierte das Außenwirtschaftsgesetz die überaus prekäre Lage der Außenwirtschaft dieses Landes.[16] Das außenwirtschaftliche Verbotsprinzip war zu einem Zeitpunkt durchaus berechtigt, als aufgrund der Devisenknappheit, der niedrigen Exporte und der hohen Importnachfrage nicht nur nach Rohstoffen, sondern auch nach Fertigprodukten das Verbot individueller Transaktionen die Regel und ihre Autorisierung die Ausnahme waren. Im Jahre 1961 hatte die Bundesrepublik Deutschland bereits die fundamentalen Veränderungen in ihrer Wirtschaft erkannt, nämlich ihren wachsenden Anteil am Welthandel und die Tatsache, daß in der Zwischenzeit die Genehmigung von Transaktionen eher die Regel als die Ausnahme geworden war. Das in jenem Jahr erlassene AWG enthielt in seinem ersten Paragraphen eine Generalklausel, die das Prinzip der freien Transaktionen grundsätzlich einführte. Zu diesem Zeitpunkt konnten bestimmte notwendige Restriktionen mit Hilfe einer relativ geringen Anzahl von Verordnungen geregelt werden. In Japan, das ja eine ähnliche Wirtschaftsentwicklung durchgemacht hatte, wurden einige Stimmen laut, die eine Nachahmung des deutschen Beispiels befürworteten.[17] Dennoch überwog zu guter Letzt die Auffassung, daß Japan für eine derartige konzeptuelle Veränderung noch nicht reif genug war. Die Aufrechterhaltung des Verbotsprinzips wurde von zahlreichen Verordnungen begleitet, die bestimmte Formen von Transaktionen mit Hilfe von mehr oder weniger automatischen Genehmigungsverfahren liberalisierten.

Dennoch wurde am 1. April 1962 im Bereich des Warenverkehrs eine Ausnahmeregelung für dieses legislative Verfahren zugelassen. Ohne das allgemeine Prinzip des Außenhandelsverbots zu berühren, wurde das frühere System der „Positivlisten" durch ein System der „Negativlisten" für die Importe ersetzt. Danach wurden sämtliche früheren Verordnungen, die alle automatisch als Ausnahme vom Verbotsprinzip deklarierten Güter bestimmten, durch Listen ersetzt, in denen nur solche Güter erwähnt waren, die nach wie vor Importrestriktionen unterworfen waren.[18] Die entscheidende Implikation dieser Bestimmung war, daß die Einfuhr aller nicht erwähnten Güter dereguliert wurde. Insofern hatte trotz der Aufrechterhaltung des allgemeinen Verbotsprinzips eine grundsätzliche Änderung bereits ein Jahr nach der deutschen Reform des Außenwirtschaftsrechts stattgefunden.

Dennoch blieben die anderen Sektoren der japanischen Außenwirtschaftsbeziehungen, insbesondere der Kapital- und Zahlungsverkehr (einschließlich der handelsbedingten Kapitalströme) an das alte Konzept gebunden. Insbesondere die ausländischen Direktinvestitionen waren so eingeschränkt, daß sie zwangsläufig auf einem eher bescheidenen Niveau verharrten. Selbst Portfolio-Investitionen, die seit Beginn der 70er Jahre eine durchaus signifikante Größenordnung erreichten, blieben dem System der administrativen, wenn auch zunehmend automatisierten Genehmigung der Transaktionen unterworfen. Allerdings wurde die drastische Zunahme der Verordnungen für bestimmte Transaktionsformen oder einzelne Transaktionen sowohl in Japan als auch außerhalb von Japan heftig kritisiert. Die mittelbare, wenn nicht gar entscheidende Ursache für die seit langem überfällige grundlegende Reform war schließlich die starke Zunahme des japanischen Außenhandelsüberschusses in den Jahren 1977 und 1978 sowie die damit verbundenen Spannungen mit den Vereinigten Staaten und der Europäischen Gemeinschaft. Deshalb schien eine umfassende Gesetzesänderung, welche die in den vergangenen Jahren bereits zugestandenen partiellen Liberalisierungen offensichtlicher machen und formal sanktionieren würde sowie zumindest prinzipiell die Sektoren liberalisieren sollte, die nach wie vor von den gesetzlichen Restriktionen betroffen waren, das einzig adäquate Mittel zu sein, um in antizipierender oder reagierender Weise der amerikanischen und europäischen Kritik zu begegnen.

Die Bedeutung der Gesetzesnovelle von 1980 für den Warenverkehr

Vor diesem historischen Hintergrund läßt sich ohne weiteres erkennen, daß die Änderung des Außenwirtschaftsgesetzes von 1980 für den Kapitalverkehr sehr viel bedeutsamer war als für den Warenhandel. Die japanische Regierung vertrat nämlich die Auffassung, daß die 1962 erfolgte partielle Gesetzesänderung Bestimmungen in bezug auf den Warenimport und -export enthielt, die bereits der neuen liberalen Generalklausel von Artikel 1 des Gesetzes entsprachen.[19] Insofern beschränkte sich die Bedeutung der Reform von 1980 auf die

Beseitigung der Inkonsistenzen zwischen dem liberalen Konzept der seit 1962 für den Warenverkehr gültigen Regeln und der alten Verbotsklausel.

Neben diesem systemischen Aspekt der Handelsliberalisierung erstreckte sich die faktische Importliberalisierung 1962 bereits auf 70 % aller in der Brüsseler Zollnomenklatur aufgeführten Güter und hatte im April 1971 das westdeutsche Niveau erreicht.[20] In seinem kürzlich erschienenen Bericht über industrial targeting kommt der amerikanische Außenhandelsausschuß des Kongresses zu dem Schluß, daß das durchschnittliche Zollniveau Japans heute niedriger ist als das der Vereinigten Staaten oder der Europäischen Gemeinschaft.[21] Diese Entwicklung ist inzwischen so oft beschrieben und analysiert worden, daß wir hier nicht weiter auf sie eingehen wollen.[22] Allerdings werde ich einige der Probleme erörtern, die auf dem Gebiet des Warenverkehrs nach wie vor bestehen, jedoch keine Konsequenz des Außenwirtschaftssystems sind, sondern vielmehr durch andere politische Maßnahmen und Strukturen bedingt sind.

Es ist ganz offensichtlich, daß in Japan das Angebot an ausländischen Gütern immer noch geringer ist als in europäischen Industrienationen, obwohl der prozentuale Anteil der Importe am BSP natürlich keineswegs niedriger ist als der der Vereinigten Staaten. Dies ist vermutlich der wahre Grund für einen Großteil der amerikanischen und europäischen Kritik. Seit Mitte der 60er Jahre bis 1980 ist die japanische Importquote (einschließlich der Dienstleistungen) nur von etwa 11 auf 13 % gestiegen. Und während der Jahre 1978 bis 1980 betrug die Rate der Güterimporte im Durchschnitt nicht mehr als 10 %, womit sie gegenüber der westdeutschen Rate von 20 % eindeutig verblaßt.[23] Ein entscheidender Grund hierfür ist die vertikale Struktur des japanischen Handels, die nicht zuletzt dadurch bedingt ist, daß Japan eine jahrzehntelange Geschichte als Entwicklungsland hinter sich hat, in der es über keine Rohstoffe verfügte und sich daher auf den Aufbau der Schwer- und Chemieindustrie konzentrierte. Sueo Sekiguchi vermittelt uns in Kapitel 12 einen faszinierenden historischen und theoretischen Einblick in dieses Problem. Weitere häufig genannte Gründe für diese spezifische Struktur sind die Unterbewertung des Yen (vgl. Henrik Schmiegelows Analyse in Kapitel 2) und die nichttarifären Hemmnisse. Andererseits wird in immer mehr Analysen die Auffassung vertreten, daß Japan tatsächlich weniger nichttarifäre Hemmnisse besitzt als viele andere Industrienationen. So betrugen 1982 die nichttarifären Handelsbeschränkungen nur 5—7 % der japanischen verarbeitenden Industrie, während der vergleichbare Wert für die Vereinigten Staaten bei 34 % und für die Europäische Gemeinschaft bei 20 % lag.[24] Das Problem bei den nichttarifären Beschränkungen ist allerdings, daß sie sich nur schwer definieren lassen. Nicht zuletzt deshalb ist ein Ziel dieses Buches, genau dies bei der Darstellung der Maßnahmen und Strukturen klarzustellen, die manchmal in unzulässiger Weise als nichttarifäre Handelshemmnisse bezeichnet werden.

Ein wesentlich entscheidenderer Faktor ist jedoch, daß trotz der vergangenen Yen-Aufwertungen nach wie vor beträchtliche Preisunterschiede für langlebige Konsumgüter sowie für Nahrungsmittel und Luxusgüter existieren. In ihrem Länderbericht von 1981 hat die OECD den japanischen Arbeitsmarkt als einen wichtigen Faktor für die Wettbewerbsfähigkeit der japanischen Wirtschaft hingestellt (vgl. Angelika Ernsts Untersuchung in Kapitel 11). In Anbetracht der unzureichenden Wettbewerbsfähigkeit einiger wichtiger Kategorien von Importgütern führt eine kürzlich für das westdeutsche Wirtschaftsministerium erstellte Studie die Preispolitik einiger japanischer Importfirmen an, die versuchen, ihre Profite durch eine Politik der niedrigen Mengen und der hohen Preise zu maximieren. Dabei verhindert die Monopolposition einiger dieser Firmen offensichtlich den optimalen Einsatz des streng gegliederten japanischen Verteilungssystems, so daß zusätzliche preisunabhängige Nachteile wie verlängerte Lieferzeiten, ein fehlender Kundendienst sowie fehlende Ersatzteile zu beobachten sind.[25] Die Erfahrung der wenigen, tatsächlich erfolgreichen europäischen Exportfirmen in Japan zeigt, daß das Verteilungssystem trotz seiner strukturellen Einzigartigkeit (das in Kapitel 13 von Helmut Laumer eingehend beschrieben wird) nur dann sinnvoll ausgenutzt werden kann, wenn der ausländische Exporteur bereit ist, sich an dieses System anzupassen.

Zu guter Letzt bleibt noch der Nicht-Preiswettbewerb zu erwähnen, um die Relevanz des Außenwirtschaftsregimes sowie der anderen soeben diskutierten Faktoren richtig einschätzen zu können. Obwohl theoretische Disjunktionen eine endgültige Beurteilung unmöglich machen, können wir dennoch davon ausgehen, daß sie in diesem Bereich die wirklich bedeutsame Kategorie von Faktoren geworden sind, die nicht nur den Erfolg der japanischen Exporte auf den Weltmärkten erklären (vgl. hierzu Kazuro Satos Kapitel über die wachstumsabhängigen Exporte), sondern die außerdem die vergleichsweise schwache Leistung der westlichen Exporteure auf japanischen Märkten verständlich machen. Heutzutage setzt sich immer mehr die Erkenntnis durch, daß japanische Unternehmer auf dem Gebiet der Massenproduktion und der weltweiten Vermarktung innovativer Güter nach Schumpeterscher Art absolut führend sind und daß die japanische Wirtschaftspolitik diese Leistung in entscheidender Weise unterstützt und damit ermöglicht hat.[26]

Die gesetzliche Liberalisierung des Kapitalverkehrs

Demnach ist der Abschnitt über den Kapital- und Zahlungsverkehr des neuen Außenwirtschaftsgesetzes überaus wichtig, da er die Anwendung der neuen Generalklausel auf diese Bereiche erläutert und zeigt, daß eine vollständige Umgestaltung der Vorschriften erforderlich wird.[27] Außerdem wird durch diese Klausel der bisherige Mangel an Transparenz beseitigt, der aus der Tatsache resultierte, daß die Bestimmungen aus verschiedenen Gesetzen abgeleitet wurden, so z. B. dem Außenwirtschaftsgesetz, dem Gesetz für Auslandsinvestitionen und dem Gesetz für Export-Import-Transaktionen.[28]

Das neue Gesetz verwendet vier legislative Techniken: das Prinzip des Beschränkungsvorbehalts für alle Transaktionstypen, wobei die jeweiligen Bedingungen genau vom Gesetz definiert werden; Genehmigungspflichten für eine begrenzte Anzahl von Transaktionen; die qualifizierte Meldepflicht für bestimmte genau spezifizierte Transaktionsarten, insbesondere ausländische Direktinvestitionen, sowie die einfache Meldepflicht, insbesondere für Portfolio-Investitionen, die nicht durch eine der securities companies abgewickelt werden.[29] Während die erste Bestimmung voll und ganz mit einem liberalen System der Außenhandelsbeziehungen übereinstimmt und im großen und ganzen dem Muster des deutschen Außenwirtschaftsgesetzes folgt, handelt es sich bei den letzten drei Maßnahmen um Restriktionen, die durch das Gesetz selbst auferlegt werden und insofern genaugenommen nicht mit der liberalen Generalklausel konsistent sind. In den meisten Fällen kann sich diese Inkonsistenz nur in begrenztem Maße als eine bloße gesetzliche oder organisatorische Besonderheit auswirken, aber im Bereich der ausländischen Direktinvestitionen verbirgt sich hinter dieser gesetzlichen Maßnahme eine echte politische Besorgnis.

Der Beschränkungsvorbehalt

Getreu dem Modell eines liberalen außenwirtschaftlichen Rahmengesetzes zählt das neue Außenwirtschaftsgesetz die Kriterien auf, bei denen die Verwaltungsbehörden in Zukunft an sich freie Kapitaltransaktionen einschränken können. Ein entscheidender Punkt hierbei ist, daß diese nur aus den angeführten Gründen begrenzt werden können. Die von dem Gesetz definierten Kriterien entsprechen denen des AWG, d.h. sie beziehen sich auf eine Bedrohung des Gleichgewichts der Zahlungsbilanz, auf drastische Schwankungen des Wechselkurses oder Störungen des Geld- oder Kapitalmarktes.[30] Offenbar wurden diese Bestimmungen von den Erfahrungen der 70er Jahre ebenso geprägt wie von den massiven Zuflüssen von Spekulationskapital nach der Freigabe des US-Dollars im Jahre 1971, der Verschlechterung der Zahlungsbilanzen nach der ersten Ölkrise und der schnellen Aufwertung des Yen zwischen 1977 und 1978.[31] Diese Phänomene haben indes nur wenig Ähnlichkeit mit der in Westdeutschland seit Mitte der 60er Jahre zu beobachtenden Entwicklung.[32] Die einzige Restriktion, die der Staat im Rahmen dieser streng definierten Bedingungen per Dekret erlassen kann, ist ein Genehmigungserfordernis. Wie dieses in jedem einzelnen Falle gehandhabt wird, hängt natürlich von dem Ermessen der Verwaltung ab und entspricht insofern den Bestimmungen des AWG und der in allen anderen Ländern üblichen Praxis.

Die Genehmigungspflichten kraft dieses Gesetzes

Diese legislative Maßnahme ist weniger orthodox, wird jedoch nur bei einigen Transaktionsarten angewendet, und zwar insbesondere bei den Kategorien, die entweder in anderen OECD-Ländern einer ähnlichen Praxis unterliegen — wie beispielsweise die Emission von Euro-Obligationen durch Devisenausländer — oder die eine derartige Maßnahme aufgrund von strukturellen Erwägungen bei den delegierten Verwaltungsfunktionen rechtfertigen, die von den japanischen „autorisierten Devisenbanken" seit 1949 ausgeübt werden (vgl. Koei Narusawas detaillierte Analyse der Bedeutung dieser Banken für den Devisenmarkt in Kapitel 3).

Die Genehmigungspflichten sind sowohl für alle Devisentransaktionen als auch für Devisenkredite zwischen Japanern erforderlich, wenn die letzteren nicht von einer der autorisierten Devisenbanken vergeben werden.[33] Tatsächlich werden in dem neuen Außenwirtschaftsgesetz die Bestimmungen des alten Gesetzes beibehalten, die den Zugang zum Devisenmarkt nur den autorisierten Devisenbanken ermöglichten, deren Anzahl sich im März 1979 auf 178 belief. Dieses System ist keineswegs eine japanische Tradition, sondern wurde 1949 mit Hilfe des Internationalen Währungsfonds (IWF) in Anlehnung an das britische Devisenkontrollgesetz eingeführt. Das Erstaunliche an diesem System ist, daß es selbst heute noch auf einem Devisenmarkt funktioniert, der sich seit der Nachkriegszeit beträchtlich vergrößert hat. Die autorisierten Devisenbanken haben sehr erfolgreich die Rolle eines Mittlers zwischen den Anforderungen des internationalen Kapitalmarktes und der Durchsetzung der nationalen Verwaltungsbestimmungen übernommen. Narusawa weist in seiner Analyse auf den heutigen Doppelcharakter des japanischen Devisenmarktes hin: Er besitzt einerseits die Funktion eines „Zwischenbank"marktes und andererseits eines Kundenmarktes, der sich mit den außenhandelsbedingten Devisengeschäften befaßt. Es scheint, als ob die durchaus beträchtlichen Kosten dieser delegierten Verwaltungsfunktionen von den Devisenbanken als Preis für ihre profitable Monopolstellung akzeptiert werden. Während der Großteil des von ihnen gemanagten Devisenmarktes für die japanische Regierung vollkommen transparent ist und insofern keine spezifischen gesetzlichen Bestimmungen notwendig machte, ist es keineswegs überraschend, daß der Gesetzgeber bei all den Transaktionen, die nicht durch die Devisenbanken abgewickelt werden, auf dem Erfordernis der Genehmigung bestand.

Die Emission von Euro-Yen-Obligationen durch Devisenausländer — bei der es sich um eine Transaktionsform handelt, die in den meisten am Euro-Obligationen-Markt beteiligten Ländern bestimmten Restriktionen unterliegt — war ebenfalls der Genehmigungspflicht unterworfen.[34] Andererseits ist dies einer der wichtigsten Bereiche, in denen die Verhandlungen zwischen Japan und Amerika im Mai 1984 vielversprechende Erleichterungen für Devisenausländer gebracht haben. Die Tatsache, daß der Endbericht über die Verhandlungen nicht etwa von einer Veränderung des Gesetzes, sondern von einer Veränderung der vorhandenen Richtlinien spricht, d.h. von einer Veränderung der tatsächlichen Genehmigungspraxis des Gesetzes, muß den praktischen Wert dieser Konzession für die Internationalisierung des japanischen Finanzmarktes keineswegs verringern. Die für den Prozeß der Internationalisierung relevanten politischen Maßnahmen und Strukturen werden in den Kapiteln 3, 4 und 7 beschrieben.[35]

Qualifizierte Meldepflichten

Diese Art der Restriktionen hat sehr viel weiterreichende Auswirkungen, als man zunächst vermutet. Denn während der Beschränkungsvorbehalt auf eine quantitative Restriktion des Kapitalverkehrs bei außergewöhnlichen Umständen hinausläuft, betrifft die qualifizierte Meldepflicht vor allem eine qualitative Beeinflussung individueller Transaktionen. Denn dieses Verfahren ermöglicht es den Behörden, eine spezifische Transaktion zu überprüfen, deren Durchführung zu verbieten oder Änderungen einzelner Komponenten dieser Transaktion zu empfehlen.

Demgegenüber findet sich im AWG keine ähnliche Regelung, die der Verwaltung eine derartige Kompetenz zuspricht und überdies relativ interventionistisch erscheint. Andererseits definiert und beschränkt das Gesetz möglichst weitgehend die Gebiete, in denen diese Restriktionen angewendet werden können, sowie die Bedingungen, unter denen sie zur Anwendung gelangen. Ich habe bereits an anderer Stelle erörtert, daß die japanische Lösung bei einem Vergleich der deutschen und japanischen gesetzestechnischen Verfahren im Grunde gar nicht so schlecht abschneidet.[36] Auch das AWG ermöglicht qualitative Restriktionen. Um sie jedoch durchzusetzen, müssen die deutschen Behörden sofort auf die Methode des Genehmigungserfordernis zurückgreifen, die es ihnen ermöglicht, unter ähnlich qualitativen Bedingungen eine Genehmigung zu erteilen. Um spezifische politische Maßnahmen durchzuführen, können die westdeutschen Behörden nur zwischen dem System des Beschränkungsvorbehalts oder dem System der einfachen Meldepflicht wählen, welches weder die Gültigkeit einer Transaktion berührt noch die Möglichkeit einer qualitativen Kontrolle bietet. Ob die von den Japanern gewählte Zwischenlösung liberaler ist als das deutsche System, läßt sich nur im Zusammenhang mit der jeweiligen Politik beurteilen.

Die Transaktionen, die diesen Bestimmungen unterliegen, umfassen die Kreditvergabe an Ausländer, japanische Direktinvestitionen im Ausland, die Emission oder das Angebot zur Subskription von Wertpapieren im Inland oder im Ausland, den Erwerb von Immobilien in Japan durch Devisenausländer und ausländische Direktinvestitionen in Japan.[37] Die Bestimmungen für ausländische Direktinvestitionen in Japan sind sehr viel restriktiver und gewähren den Behörden sehr viel mehr Befugnisse als die für die anderen Transaktionsformen gültigen Vorschriften. Die letzteren unterliegen qualitativen Restriktionen, die mit ganz ähnlichen Bedingungen verbunden sind wie die in Deutschland mit der Genehmigungspflicht verknüpften Anforderungen.[38] Der Zeitraum, innerhalb dessen der Staat eine Entscheidung treffen muß, um die Transaktion zu verhindern oder zu modifizieren, ist relativ kurz: Er beträgt gewöhnlich 20 Tage.

Für die ausländischen Direktinvestitionen in Japan, die traditionell zu dem prekärsten Bereich des japanischen Außenwirtschaftsregimes gehören, gewährt das Gesetz den Behörden sehr viel längere Fristen zur Überprüfung individueller Transaktionen und zur Entscheidung über qualitative Restriktionen: nämlich 30 Tage, um die problematischen Fälle von den Routinefällen zu trennen, sowie weitere 5 Monate für die Lösung der Problemfälle. Bedeutsam ist in diesem Zusammenhang vor allem, daß die Entscheidungskompetenz nicht nur dem Finanzministerium zugesprochen wird, das im allgemeinen für den Kapitalverkehr zuständig ist, sondern daß jedes Ministerium, das für den durch die Transaktion betroffenen industriellen Sektor zuständig ist, eine derartige Kompetenz besitzt. Durch diese Regelung ist in den meisten Fällen auch das MITI mit seiner umfassenden Kompetenz über die Industriepolitik entscheidungsbefugt. Dies ist einer der wichtigsten Punkte, an dem der Geltungsbereich des Außenwirtschaftsregimes unvermeidlich auf andere Gebiete der Industriepolitik übergreift, die in späteren Kapiteln dieses Buches behandelt werden.

Die Industriepolitik des MITI ist derart häufig beschrieben worden, daß wir hier nicht näher auf sie eingehen werden.[39] Wir beschränken uns hier auf die Aussage, daß das MITI in der Vergangenheit eine eindeutige Präferenz für die heimische Industriepolitik anstelle der Außenwirtschaftspolitik gezeigt hat. Andererseits ist es ebenfalls an die Bestimmungen des Außenwirtschaftsgesetzes gebunden und kann im Geltungsbereich dieses Gesetzes keineswegs seinen eigenen Ermessensspielraum in puncto Industriepolitik ausschöpfen. Nach dem neuen Gesetz können ausländische Direktinvestitionen nur dann untersagt oder an qualitative Bedingungen geknüpft werden, wenn die Gefahr besteht, daß die geplanten Transaktionen unter anderem „die nationale Sicherheit" oder das reibungslose Funktionieren der Wirtschaft gefährden oder aber Unternehmen desselben bzw. eines verwandten Sektors ernsthaft benachteiligen können".[40] Das Kriterium der nationalen Sicherheit käme sicherlich nur im Zusammenhang mit der Rüstungsindustrie zum Tragen, die ja ohnehin nicht zu den Bereichen gehört, in welchen eine dem OECD-Code entsprechende Liberalisierung angestrebt wird. Andererseits betrifft die Klausel bezüglich der Benachteiligung bestimmter Sektoren der heimischen Wirtschaft vor allem solche Gebiete, die auch bislang von der administrativen Liberalisierung ausgeklammert worden waren, und das sind insbesondere die Landwirtschaft, die Fischerei, der Bergbau, die Petrochemie und die Lederindustrie.[41] Demnach bleibt als ganz besonders schwieriges Problem das der ausländischen Direktinvestitionen in Schlüsselsektoren der High-Tech-Industrien.

Einfache Meldepflichten

Wenn wir angesichts des vorhergehenden Abschnittes fairerweise sagen müssen, daß Japan gegenüber Kapitalimporten in Verbindung mit ausländischem Management relativ skeptisch war und nach wie vor ist, müssen wir mit derselben Fairneß anerkennen, daß es für Kapitalzuflüsse ohne unternehmerische Leistungen, d.h. insbesondere für Portfolio-Investitionen, erstaunlich offen war. Diese faktische Offenheit des japanischen Kapitalmarktes war vor allem in den vergangenen zehn Jahren beträchtlich, obwohl sie im Rahmen des alten Gesetzes ebenfalls einer Genehmigungspflicht unterworfen war. Die Erklärung hierfür lautet, daß die Genehmigungspraxis zu einem sog. „automatischen Genehmigungsverfahren" geworden war, so daß eine nahezu vollständige Liberalisierung herrschte.

Im Rahmen des neuen Gesetzes bedürfen Portfolio-Investitionen ebenso wie Kreditaufnahmen im Ausland einer einfachen Meldepflicht, so daß die Gültigkeit der Transaktion unberührt bleibt. Und sofern die Transaktionen — wie dies bei den meisten Portfolio-Investitionen tatsächlich der Fall ist — über eine der offiziellen securities companies abgewickelt wird, ist selbst eine derartige Anmeldung überflüssig. Im Zusammenhang mit ihrer „offiziellen Designierung" erfüllen diese securities companies — genau wie die autorisierten Devisenbanken im Bereich der Devisentransaktionen — delegierte Verwaltungsaufgaben bei der Sammlung von statistischen Daten und der Durchsetzung von administrativen Anordnungen auf dem Aktien- und Effektenmarkt. Die Tatsache, daß der Zugang zu diesen Märkten im Prinzip auf die securities companies beschränkt ist und daß Banken beispielsweise ausgeschlossen sind, kann aus der Perspektive von Ländern wie Deutschland, in denen Banken sehr wohl mit Effekten handeln können, als eine Marktschranke erscheinen. Dennoch hat diese Besonderheit keineswegs den Zufluß von Portfolio-Investitionen nach Japan behindert, sondern deren Umfang entspricht in etwa (und übertrifft sie sogar) den vergleichbaren Kapitalzuflüssen nach Westdeutschland. Außerdem dürfen wir nicht vergessen, daß die Trennung der Wertpapier- und Bankgeschäfte keineswegs nur in Japan zu finden ist, sondern daß die Amerikaner hier Modell gestanden haben.[42] Zu guter Letzt bleibt zu sagen, daß die jüngsten Veränderungen der heimischen Bestimmungen für die securities companies einerseits und die Banken andererseits zu einer beträchtlichen Verwischung der gesetzlich vorgeschriebenen Grenzen zwischen den jeweiligen Aufgabenbereichen geführt hat. Christiane Dosse wird in Kapitel 8 noch ausführlich auf diese Thematik eingehen.

Die andere wichtige Transaktionsform, die ebenfalls der Meldepflicht unterliegt, ist die Kreditaufnahme im Ausland. Vor der Reform war sie durch eine Genehmigungspraxis beschränkt, deren Handhabung so gar nicht der automatischen Genehmigung bei Portfolio-Investitionen ähnelte.[43] Auch auf diesem Gebiet ist demnach ein beträchtlicher Fortschritt zu verzeichnen, und diese Form des Kapitalverkehrs könnte — zumindest im Vergleich mit Westdeutschland — umfangmäßig sogar die Portfolio-Investitionen übertreffen.

Die gesetzliche Liberalisierung des Zahlungsverkehrs

Um tatsächlich effektiv zu sein, mußte der gesetzlichen Liberalisierung des Kapitalverkehrs zunächst die Liberalisierung des Zahlungsverkehrs vorausgehen, der im Rahmen des Systems der Devisenbewirtschaftung ausdrücklich dem Verbotsprinzip des alten Gesetzes unterworfen worden war. Die Reform setzt nun sowohl diese Bestimmung als auch das „freie Yen"-System außer Kraft und beseitigt demnach das letzte Hindernis für die freie Konvertibilität des Yen. Das neue System sieht grundsätzlich vor, daß die Restriktionen nurmehr für die jeweiligen Transaktionen und nicht für die damit verbundenen Zahlungen gelten. Nur für eine Restgröße, die sich auf bestimmte Dienstleistungskategorien sowie auf Transferzahlungen[44] beschränkt, sieht das neue Gesetz einen Vorbehalt für die Begrenzung von Zahlungen vor, die unabhängig vom rechtlichen Status der zugrunde liegenden Transaktionen sind.

Während das neue Gesetz demnach prinzipiell die Methode der quantitativen Restriktionen des Zahlungsverkehrs aufgibt, reflektiert es nach wie vor eine gewisse Besorgnis über Zahlungsmethoden. Auch hier wurde versucht, sich der neuen liberalen Generalklausel anzupassen. Während im alten Gesetz die Zahlungsmethoden durch eine „Positivliste" aller Standardregeln beschränkt wurden, bietet die Gesetzesnovelle den Behörden die Möglichkeit, nur solche „außergewöhnlichen" Zahlungen einer Meldepflicht zu unterziehen, die in einer „Negativliste" veröffentlicht sind. Hierbei geht es vor allem um internationale Zahlungen, die nicht durch eine der autorisierten Devisenbanken abgewickelt werden; dies sind beispielsweise Abrechnungen über offene Konten oder über Auslandskonten sowie Ratenzahlungen für Exporte und Importe und der Export von Zahlungsmitteln.[45] Der Zweck dieser Bestimmungen ist offensichtlich, Störungen des Devisenmarktes durch spekulative Manipulationen des Zahlungszeitpunktes zu verhindern. In dem kürzlich mit den Vereinigten Staaten getroffenen Abkommen[46] sind die entscheidenden Konzessionen enthalten, daß Devisentermintransaktionen liberalisiert und die „Regel der effektiven Nachfrage" seit April 1984 abgeschafft wurden.

Obwohl das neue Gesetz grundsätzlich keine quantitativen Zahlungsbeschränkungen vorsieht, kann ein ähnlicher Effekt indirekt durch die Begrenzung der Devisenposition der autorisierten Devisenbanken entstehen, die auf dem Verordnungswege zur Erhaltung ihrer internationalen Kreditwürdigkeit auferlegt werden können. Ganz ähnliche Effekte können darüber hinaus aufgrund von Richtlinien entstehen, die die Behörden den autorisierten Devisenbanken vorschreiben, wie beispielsweise die Bedingung der Anpassung der Fälligkeiten zwischen ihren Auslandsaktiva und -passiva oder das Verbot, für Yen-Guthaben von Devisenausländern Zinsen zu zahlen. Fukui stellt fest, daß ein auf dem Marktmechanismus basierendes indirektes Kontrollsystem wie ein „Bardepotsystem" nach dem Modell der deutschen Bardepotpflicht des AWG in der Diskussion war, jedoch zugunsten der soeben erwähnten direkten Kontrollen verworfen wurde.[48] Diese Form der Kontrolle ist ein politisches Instrument, auf das insbesondere in Großbritannien und Frankreich häufig zurückgegriffen wird.

Die Entwicklung der langfristigen Kapitalströme seit den 50er Jahren

Aus den statistischen Daten geht hervor, daß der Umfang der gesamten japanischen Kapitalzu- und -abflüsse — trotz des bis 1980 gültigen Verbotsprinzips — durchaus vergleichbar war mit dem entsprechenden westdeutschen Wert zu Beginn der 70er Jahre. Nur die Restriktionen für ausländische Direktinvestitionen in Japan und für die Kreditaufnahme vom Ausland wurden mit Erfolg angewendet. Dabei wurde den Kapitalabflüssen gegenüber den -zuflüssen eindeutig Priorität eingeräumt. Dies ist für ein Land, das sich in den 70er Jahren mitten im Prozeß der Entwicklung zu einem Industriestaat befand und seit Mitte der 70er Jahre ein strukturelles Budgetdefizit aufwies, mehr als erstaunlich. Nur in den Jahren 1974 bis 1975 wurden die Kapitalabflüsse stärker begrenzt, um den dadurch bedingten zusätzlichen Druck auf den Wechselkurs des Yen zu eliminieren, der angesichts der ersten Ölkrise schnell zu fallen begann. Gleichzeitig wurde der Kapitalabfluß mit Hilfe pragmatischerer Abwicklungsverfahren erleichtert. Ausländische Portfolio-Investitionen erlebten einen erstaunlichen Aufschwung und konnten nach 1977 sogar den Wert der in Westdeutschland getätigten Investitionen übertreffen.

Japan als ein früher Nettoexporteur von Kapital

Während in den meisten Devisenkontrollsystemen die Kapitalabflüsse zuallererst untersagt oder stark eingeschränkt, die Kapitalzuflüsse dagegen begünstigt werden, vollzog sich in Japan Mitte der 60er Jahre genau die entgegengesetzte Entwicklung. So zeigt Abbildung 1.1, daß der kumulative Gesamtwert aller japanischen langfristigen Kapitalanlagen im Ausland Ende der 60er Jahre die Passiva zu übersteigen begann. Während der Saldo etwa bis 1971 keine nennenswerte Größenordnung erreichte und die Verbindlichkeiten sich in durchaus bescheidenen Grenzen hielten, bleibt die Tatsache, daß Japan in den 60er Jahren dennoch keinen beträchtlichen Überschuß der Passiva gegenüber den Aktiva erzielte, überaus erstaunlich. In den 20 Jahren von 1953 bis 1973 wuchs die japanische Wirtschaft mit einer jährlichen Durchschnittsrate von 10 % — eine Leistung, die sonst nur von Entwicklungsländern erreicht wurde. Einer der ungewöhnlichsten Aspekte dieser Leistung ist, daß sie ohne hohe Auslandsschulden erreicht wurde, die ansonsten für schnell expandierende Wirtschaften typisch sind.

Abbildung 1.1: Saldo der langfristigen japanischen Forderungen und Verbindlichkeiten im Ausland, 1960–1984

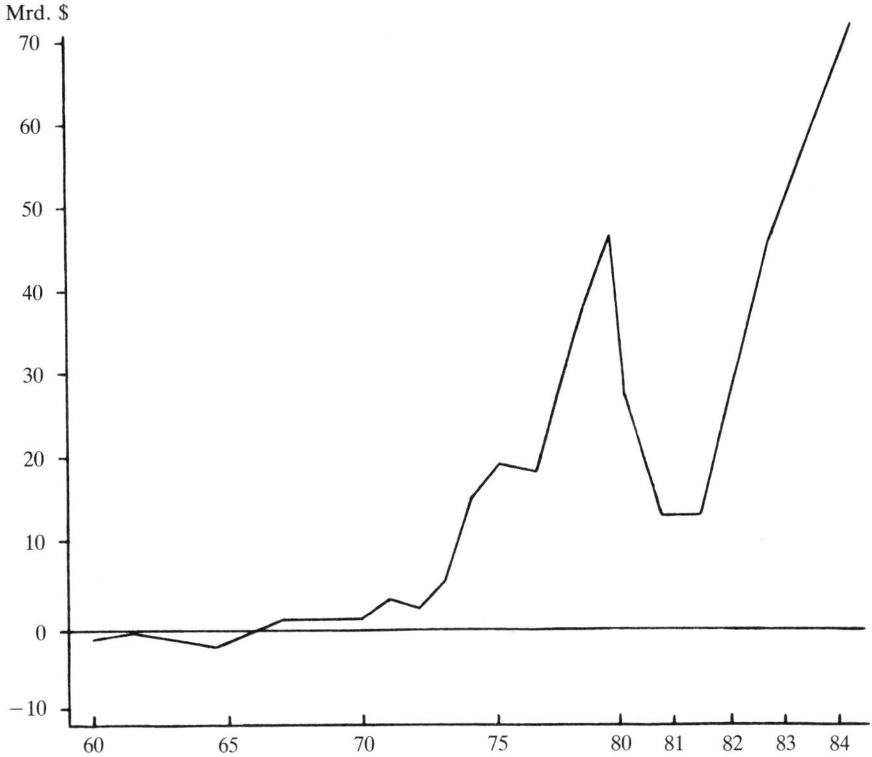

Quellen: Die Werte sind geschätzt auf der Grundlage der jährlichen Zu- und Abgänge laut der Zahlungsbilanzstatistik seit dem Kriege. Veränderungen in den Methoden der Zahlungsbilanzstatistik sowie damit zusammenhängende Schwankungen der Vermögenswerte wie Aktien und Beteiligungen machen genaue Schätzungen unmöglich. Für die Jahre 1971 bis 1978 basiert die Graphik auf Zahlen, die vom Finanzministerium veröffentlicht wurden: *Okurasho, Nenmatsugenzai no kokusaitaishaku ni kansuru kessan hokokusho;* für 1979 bis 1984 basieren sie auf einer mündlichen Information des Finanzministeriums.

In Kapitel 9 wird erklärt, wie die Identität von Ersparnissen und Investitionen, auf denen diese Entwicklung basierte, erreicht wurde. Außerdem werden dort die beträchtlichen Infrastrukturkosten dieser Entwicklung analysiert. Seit Beginn der 70er Jahre gehört Japan zu einem der bedeutenden Nettogläubigerländer der Welt, und 1974 hatte es sogar Großbritannien eingeholt.[49] Während die Entwicklungshilfe und die Förderung japanischer Direktinvestitionen im Ausland zu Beginn dieser Entwicklung möglicherweise die wichtigsten Determinanten darstellten, spielte die Zahlungsbilanzpolitik ebenfalls eine nicht zu unterschätzende Rolle. Die hohen Überschüsse der Leistungsbilanz in den Jahren 1971 und 1972 veranlaßten die japanische Regierung zu einer Reihe von Maßnahmen, die — außer während der 2-Jahresperiode nach der ersten Ölkrise — typisch für die Art und Weise war, mit der sie den strukturellen Überschuß ihrer Leistungsbilanz zu kompensieren versuchte. Diese Maßnahmen zielten vor allem auf eine Förderung der Güterimporte und der Kapitalexporte ab. Da die Liberalisierung des Außenhandels zu diesem Zeitpunkt weitgehend vollzogen war, erforderte die Förderung der Güterimporte aktive staatliche Maßnahmen in Form eines „Exportmanagements". Zur Förderung der Kapitalexporte wurden vor allem die vorhandenen Restriktionen aufgehoben. Während die Kapitalexporte zuvor vorwiegend aus Handelskrediten bestanden hatten, zeigte sich die Regierung nunmehr liberaler bei der Genehmigung von Direkt- und Portfolio-Investitionen im Ausland sowie bei Krediten und bei der Emission von Yen-Obligationen.

Diese Politik wurde durch die erste Ölkrise unterbrochen, die den japanischen Leistungsbilanzüberschuß in ein beträchtliches Defizit verwandelte. Obwohl die Kapitalabflüsse nicht vollständig gestoppt wurden, geht aus den Kapitalbilanzzahlen für 1975 und 1976 hervor, daß die Restriktionen sehr viel strenger gehandhabt wurden. Andererseits wurden gleichzeitig Kapitalzuflüsse wesentlich leichter genehmigt. Nachdem die erste Ölkrise sozusagen von der Zahlungsbilanz verdaut worden war, nahmen die Kapitalabflüsse schnell wieder zu. So beliefen sich Japans langfristige Nettoforderungen im Ausland 1978 auf nahezu 50 Mrd. $, während die Verbindlichkeiten auf 36 Mrd. gestiegen waren. Nach einem neuen vorübergehenden Rückgang während der zweiten Ölkrise erreichten die Nettoforderungen, die jetzt vorwiegend aus Portfolio-Investitionen bestanden, welche von den hohen US-Zinssätzen angezogen wurden und von der formalen Liberalisierung von 1980 profitierten, das neue Rekordniveau von mehr als 70 Mrd. $. Der daraus resultierende negative Trend in der langfristigen Kapitalbilanz Japans ist insbesondere beim Vergleich mit den westdeutschen Werten überraschend (vgl. Tabelle 1.1). 1980 war das erste und bislang das einzige Jahr, in dem seit Beginn der 60er Jahre ein signifikanter positiver Saldo erzielt wurde. Während die Größenordnung der japanischen Kapitalabflüsse in den drei wichtigsten Sektoren — Direktinvestitionen, Portfolio-Investitionen und Darlehen — vollkommen mit denen Westdeutschlands vergleichbar geworden war (vgl. Tabellen 1.2 bis 1.4), ist der Vergleich im Bereich der Kapitalzuflüsse sehr viel komplexer.

Tabelle 1.1: Saldo der langfristigen Kapitalbilanz, Japan und Deutschland (in Mio. $)

Jahr	Japan	Deutschland
1955	1	−90
1960	340	−61
1965	−415	495
1970	−1 591	−789
1971	−1 082	2 000
1972	−4 487	4 139
1973	−9 750	4 601
1974	−3 881	−2 385
1975	−272	−6 418
1976	−984	−134
1977	−3 184	−6 134
1978	−12 389	−1 243
1979	−12 618	6 329
1980	2 394	2 719
1981	−6 449	3 911
1982	−14 969	−6 693
1983	−17 798	−2 708

Quellen: Japan: Bank of Japan, *Balance of Payments Monthly;* Deutschland: Statistisches Bundesamt, *Statistisches Jahrbuch der Bundesrepublik* und *Monatsbericht der Deutschen Bundesbank.*

Anmerkung: DM-Beträge sind mit Hilfe der International Financial Statistics des IMF zum Ende der jeweiligen Periode in US-$ umgerechnet worden.

Tabelle 1.2: Ausländische Direktinvestitionen, Japan und Deutschland (Nettozuwachs in Mio. $)

Jahr	Japan	Deutschland
1955	2	
1960	73	64
1965	121	101
1970	355	686
1971	360	822
1972	723	1 557
1973	1 904	1 634
1974	2 012	1 981
1975	1 763	1 883
1976	1 991	2 615
1977	1 645	2 433
1978	2 371	3 961
1979	2 898	4 901
1980	2 385	3 788
1981	4 894	4 480
1982	4 540	3 373
1983	3 607	2 726

Quellen: Vgl. Tabelle 1.1.

Tabelle 1.3: Portfolio-Investitionen im Ausland, Japan und Deutschland (Nettozuwachs in Mio. $)

Jahr	Japan	Deutschland
1960	1	171
1965	0	855
1970	62	554
1971	195	−163
1972	1 188	−1 260
1973	1 787	−132
1974	141	453
1975	24	1 002
1976	146	387
1977	1 718	2 568
1978	5 300	2 299
1979	5 865	1 707
1980	3 753	3 937
1981	8 777	2 676
1982	9 743	4 790
1983	16 023	3 804

Quellen: Vgl. Tabelle 1.1.

Tabelle 1.4: Langfristige Kredite im Ausland, Japan und Deutschland (Nettozuwachs in Mio. $)

Jahr	Japan	Deutschland
1970	628	809
1971	594	28
1972	1 684	−639
1973	3 038	−1 521
1974	1 136	1 175
1975	1 295	5 264
1976	1 525	4 217
1977	472	4 682
1978	6 299	4 797
1979	8 102	3 758
1980	2 553	5 107
1981	5 083	2 699
1982	7 902	2 019
1983	8 394	3 339

Quellen: Vgl. Tabelle 1.1.

Tabelle 1.5: Ausländische Direktinvestitionen in Japan und Deutschland (Nettozuwachs in Mio. $)

Jahr	Japan	Deutschland
1955	1	23
1960	5	64
1965	59	640
1970	94	421
1971	210	975
1972	169	1 922
1973	−82	1 969
1974	202	2 605
1975	226	1 178
1976	113	1 630
1977	21	916
1978	8	1 832
1979	239	1 247
1980	278	391
1981	189	341
1982	439	1 094
1983	416	1 059

Quellen: Vgl. Tabelle 1.1.

Die unregelmäßige Entwicklung der Kapitalimporte

Bei der Analyse der japanischen Kapitalimporte fällt nicht nur auf, daß sie insgesamt sehr stark hinter den Kapitalexporten hinterhergehinkt sind, sondern auffällig ist zugleich der Kontrast zwischen der starken Entwicklung der Portfolio-Investitionen seit Mitte der 70er Jahre und dem anhaltend niedrigen Niveau der ausländischen Direktinvestitionen und der japanischen Kreditaufnahme im Ausland. Offensichtlich sind die Beschränkungen der Kapitalzuflüsse auf diesen beiden letzten Gebieten ein Ausdruck für den Schutz der heimischen Wirtschaftspolitik, der gegenüber der Entwicklung eines autonomen Kapitalmarktes eindeutig Priorität besitzt. Dabei waren die Portfolio-Investitionen das offensichtlich bevorzugte Mittel zur Förderung dieser Entwicklung, was sich deutlich an ihrer schnellen Zunahme während der Jahre vor der Reform ablesen läßt. Während die ausländischen Direktinvestitionen in Japan und die Kreditaufnahme der Japaner im Ausland gegenüber den westdeutschen Zahlen sehr bescheiden erscheinen, haben die Portfolio-Investitionen die deutschen Werte in den vergangenen Jahren bei weitem übertroffen.

Ausländische Direktinvestitionen

Wie sich aus Tabelle 1.5 ablesen läßt, betrugen alle ausländischen Direktinvestitionen in Japan von 1950 bis 1965 zusammengenommen nicht mehr als 270

Mio. $ und erreichten demnach nicht einmal die Hälfte des Nettozuwachses der Portfolio-Investitionen in Westdeutschland im Jahre 1965 (640 Mio. $). In den 70er Jahren lag der Nettozuwachs der ausländischen Direktinvestitionen in Japan nie über 278 Mio. $, während Westdeutschland mit 2,6 Mrd. $ das Zehnfache dieses Wertes vorweisen konnte.

Diese Diskrepanz ist umso überraschender, als sich die japanische Regierung bereits mehr als 10 Jahre vor der Reform an den OECD-Liberalisierungscode angepaßt und die entsprechenden Verwaltungsbestimmungen erlassen hatte. Im Laufe von fünf sogenannten Liberalisierungsphasen (von 1967 bis 1976) führte sie ein „automatisches Genehmigungsverfahren" für ausländische Direktinvestitionen ein, das für alle Industriesektoren außer der Landwirtschaft, der Fischerei, dem Bergbau, der Petrochemie und der Lederindustrie galt.[50] Allerdings beschreibt Robert Ozaki sehr genau, daß dieses automatische Genehmigungssystem, das vom MITI verwaltet wurde, sehr viel weniger automatisch funktionierte, als das Konzept es vorsah.[51] Natürlich gibt es viele Beispiele für erfolgreiche Auslandsinvestitionen in Japan, obwohl sie im internationalen Vergleich kein besonders beeindruckendes Gesamtvolumen erreichen. Das Geheimnis dieses Erfolges war letztendlich jedoch die Bereitschaft, sich in das japanische System der administrativen Lenkung zu integrieren und sich der vorherrschenden heimischen Strukturen zu bedienen.[52] An anderer Stelle habe ich bereits versucht, diese Politik und Strukturen in den theoretischen Rahmen der Wirtschaftstheorie und der Außenhandelstheorie zu integrieren. Sueo Sekiguchi analysiert in Kapitel 12 eingehend das System der Industriepolitik, das zumindest nach Auffassung des MITI in Frage gestellt würde, wenn die freie Niederlassung ausländischer Unternehmen erlaubt wäre, die es nicht gewöhnt sind, sich in ein auf allgemeinem Konsens basierendes politisches System zu integrieren.

Sekiguchi zeigt dabei die ersten Anzeichen einer Erosion dieses Systems auf, doch können wir vermutlich davon ausgehen, daß die Reform von 1980 keine grundlegenden Veränderungen für die Größenordnung der ausländischen Direktinvestitionen in Japan in der absehbaren Zukunft bringen wird. Obwohl die Zahlen für 1982/1983 in etwa doppelt so hoch sind wie die höchsten Jahreswerte der 70er Jahre, können sie kaum als Indikatoren für einen neuen Trend interpretiert werden.

Die Kreditaufnahme im Ausland

Während die japanischen Finanzinstitutionen bei ihrer kurzfristigen Kreditnachfrage schon lange vor der Reform von 1980 die Ressourcen der internationalen Finanzmärkte relativ problemlos ausnutzen konnten, blieb die langfristige Kreditaufnahme vom Ausland nicht nur gesetzlich, sondern auch in der Verwaltungspraxis streng begrenzt. In den 70er Jahren übertrafen die kurzfristigen Kapitalzuflüsse nach Japan zeitweilig bei weitem die nach Westdeutschland und besaßen ein sehr viel ausgeprägteres zyklisches Muster. Insbesondere jeweils in den zwei Jahren unmittelbar nach den beiden Ölkrisen (1973/74, 1978/79) ging eine starke Auslandsnachfrage nach Yen-Forderungen mit einer starken japanischen Kreditnachfrage auf diesem Gebiet einher (Tabelle 1.6).

Tabelle 1.6: Kurzfristige Verbindlichkeiten der japanischen und deutschen Finanzinstitutionen (Nettozuwachs in Mio. $)

Jahr	Japan	Deutschland
1970	1 009	2 145
1971	1 952	333
1972	865	375
1973	5 112	1 030
1974	11 208	943
1975	1 742	4 109
1976	1 969	3 984
1977	−1 522	3 272
1978	8 405	6 714
1979	12 137	3 565

Quellen: Vgl. Tabelle 1.1.

Demgegenüber bewegte sich die langfristige Kreditaufnahme vom Ausland auf niedrigem Niveau, und zwar insbesondere die Emission von Obligationen im Ausland sowie die Vergabe von sog. impact loans (dies sind Darlehen, die nach dem Umtausch in Yen in Japan nach Belieben verwendet werden können).[53] Diese Transaktionsformen waren quantitativ begrenzt, um ihre Größenordnung in etwa im Rahmen von 600 Mio. $ jährlich zu halten.[54] Genau wie im Fall der ausländischen Direktinvestitionen in Japan wurden diese Restriktionen nicht etwa mit der japanischen Außenhandelspolitik begründet, sondern waren vielmehr ein wichtiges Element der heimischen Wirtschaftspolitik. Sie dienten nämlich als äußerer Schutz für eine heimische Geldpolitik, die auf einem Zinssatz unterhalb des Marktniveaus einerseits und auf der Kreditrationierung andererseits basierte.[55] In den 60er Jahren bestand der Hauptzweck dieser Geldpolitik in der Förderung der industriellen Entwicklung mit Hilfe privater Investitionen. In den 70er Jahren dagegen, als die Privatinvestitionen langsam abzunehmen begannen, boten dieselben Instrumente einen wichtigen externen Schutz für eine Fiskalpolitik, die einerseits auf der Finanzierung steigender Budgetdefizite basierte und andererseits versuchte, die Masse der privaten Ersparnisse mit Hilfe des Postsparkassensystems abzuschöpfen, um auf diese Weise öffentliche Investitionen zu relativ niedrigen Kosten zu finanzieren.[56] Das Kapitel von Yoshitomi liefert wichtige Erkenntnisse zu dem Problem des externen Schutzes der internen Geldpolitik. Doch auch das Kapitel von Edward Lincoln bietet mit seiner Analyse der Fiskalpolitik interessante Informationen zu diesem Thema.

Allerdings weist Hirohiko Okumura darauf hin, daß das japanische System der kontrollierten Zinssätze in den vergangenen Jahren wesentlich flexibler gehandhabt und teilweise liberalisiert worden ist. Aus Tabelle 1.7 geht hervor, daß bei der Entwicklung der langfristigen Kreditaufnahme im Ausland nach deren gesetzlicher Liberalisierung durch die 1980er Reform keine auffallende Veränderung zu verzeichnen ist. Dabei ist es sehr wohl möglich, daß hier der entscheidende Faktor weniger die restriktive Politik der japanischen Regierung als vielmehr das relativ unattraktive Zinsniveau der Vereinigten Staaten und der internationalen Finanzmärkte war.

Tabelle 1.7: Langfristige Kreditaufnahme vom Ausland, Japan und Deutschland (Nettozuwachs in Mio. $)

Jahr	Japan	Deutschland
1970	80	1296
1971	20	2032
1972	−179	−57
1973	−313	1444
1974	−232	445
1975	166	918
1976	326	2655
1977	−324	2596
1978	−7	8184
1979	−169	13129
1980	−231	5072
1981	−186	4963
1982	−181	−68
1983	−40	−430

Quellen: Vgl. Tabelle 1.1.

Zuletzt bleibt noch zu erwähnen, daß die Unterschiede in der Entwicklung der langfristigen Kreditaufnahme der japanischen und deutschen Finanzinstitutionen im Ausland (vgl. Tabelle 1.7) sicherlich sehr auffallend sind, daß jedoch die extrem hohen Werte für Westdeutschland in den Jahren 1978 und 1979 auf ganz spezifische Bedingungen zurückzuführen sind. Wie ich an anderer Stelle erläutert habe,[57] handelte es sich bei der Mehrheit dieser Kapitalzuflüsse, die durch die Dollarschwäche von 1978 verursacht wurden, um Schuldscheine und weniger um Aktien oder festverzinsliche Wertpapiere, um auf diese Weise der deutschen Couponsteuer oder der damals noch gültigen Bestimmung der westdeutschen Regierung zu entgehen, die den Erwerb von festverzinslichen Wertpapieren durch Ausländer beschränkte. Unter normalen Bedingungen — und dies gilt insbesondere für Japan — hätte es sich bei diesen Zuflüssen vorwiegend um Portfolio-Investitionen gehandelt, die nicht als langfristige Auslandskredite ausgewiesen werden.

Tabelle 1.8: Ausländische Portfolio-Investitionen in Japan (in Mio. $)

	Neuinvestitionen		Nettozunahme	
Jahr	Japan	Deutschland	Japan	Deutschland
1955	1	238	1	21
1960	16	1042	15	477
1965	155	779	17	194
1970	1130	837	252	366
1971	2195	1466	940	614
1972	3396	3945	698	2719
1973	1989	4990	−591	2223
1974	1063	3097	−865	−1047
1975	3838	3384	1518	−599
1976	5950	5593	1595	2017
1977	7468	6952	1256	1094
1978	15571	9016	1654	2003
1979	26906	9777	2430	3388
1980	39001	7253	11947	444
1981	78275	7719	15075	449
1982	48516	10212	7579	1147
1983	72816	16925	8458	4984

Quellen: Spalte 2: Statistisches Bundesamt, *Statistisches Jahrbuch*, laufende Ausgaben; alle anderen Spalten vgl. Tabelle 1.1.

Portfolio-Investitionen

Aus Tabelle 1.8 geht hervor, daß Portfolio-Investitionen zum entscheidenden Vehikel der Kapitalimporte nach Japan geworden sind. Besonders wenn wir nicht die Nettosalden, sondern nur die Werte der Neuinvestitionen betrachten, wird offensichtlich, daß das automatische Genehmigungsverfahren der securities companies im Rahmen des alten Gesetzes sehr viel „automatischer“ funktionierte als im Falle der ausländischen Direktinvestitionen. 1976 überrundeten die Portfolio-Investitionen in Japan die westdeutschen Werte, und seit 1979 betrugen die jährlichen Gesamtwerte ständig ein Vielfaches der westdeutschen Äquivalente. In diesem wichtigen und wachsenden Sektor des japanischen Kapitalmarktes ging die administrative Liberalisierung der Reform von 1980 in der Praxis effektiv voraus.

Zusammenfassung

Die in Etappen stattfindende Reform des Außenwirtschaftsregimes sowie die tatsächliche Entwicklung des Kapitalverkehrs seit den 50er Jahren zeigen uns ein System, das bislang bereits sehr viel offener war, als gemeinhin angenommen wurde und als dies in Zukunft in verstärktem Maße der Fall sein wird. Die Beseitigung der Handelsrestriktionen läßt vermuten, daß die Preis- und Nichtpreis-Wettbewerbsfähigkeit japanischer Güter die wichtigsten Determinanten für die niedrigen japanischen Importe von Fertiggütern sind. Obwohl Japan eine Geschichte des Protektionismus hinter sich hat und obwohl bestimmte Bereiche erhalten bleiben, in denen die heimische Politik und die Strukturen als Hindernisse für ausländische Exporteure und Investoren erscheinen, gehört die japanische Außenwirtschaftspolitik mit zu den liberalsten der OECD-Länder.

Die Bedeutung der Reform von 1980 läßt sich nur dann richtig beurteilen, wenn man berücksichtigt, daß in Japan wirtschaftliche, politische und soziale Entwicklungen nur selten in Form revolutionärer Sprünge stattfinden, sondern daß sie sich vielmehr allmählich entwickeln und die Herstellung eines möglichst weitgehenden Konsenses zwischen den betroffenen sozialen Gruppen erfordern.[58] Deshalb sind Versuche, mit Hilfe der Gesetzgebung abrupte systemische Veränderungen herbeizuführen, ausgesprochen selten, und die Fälle, in denen tatsächlich derartige Versuche stattgefunden haben, mußten alle anschließende Anpassungen des Gesetzes an das System über sich ergehen lassen.[59]

Für Japan erscheint es sicherlich logischer, mit Hilfe von Sanktionen formale Normen im Anschluß an die tatsächliche Entwicklung in Kraft zu setzen, anstatt systemische Veränderungen zu initiieren. Insofern kann die Entwicklung des Kapitalverkehrs seit den 50er Jahren als ein Indikator für den tatsächlichen Grad der Liberalisierung des neuen Außenwirtschaftsgesetzes dienen. Es gibt genügend Beweise dafür, daß die Diskrepanz zwischen der Entwicklung des japanischen Außenhandels einerseits und seinem Kapitalmarkt andererseits immer kleiner werden wird.

Anmerkungen

1 Vgl. Robert Ozakis Standardwerk zu diesem Thema, *The Control of Import and Foreign Capital in Japan* (New York: Praeger, 1972).

2 Robert B. Reich, „Beyond Free Trade“, *Foreign Affairs* 61, 4 (Frühjahr 1983), S. 773—804; Manfred Holthus, „European Community in a Glasshouse“, *Intereconomics* 1 (1983), S. 1 f.; Bettina Hürni, „Restrictions on International Competition through Government Measures“, *Intereconomics* 2 (März 1983), S. 78—83.

3 Michèle Schmiegelow, *La réforme du droit économique extérieur, la libéralisation des mouvements de capitaux et la situation des banques étrangères au Japon,* Arbeitspapier 4 (Université Catholique de Louvain: Europe Japan Economic Research Center, 1981), S. 31—33.

4 Kazushi Ohkawa und Henry Rosovsky, *Japanese Economic Growth: Trend Acceleration in the Twentieth Century* (Stanford: Stanford University Press, 1973), S. 237 f., 249.

5 Ich habe das Problem des über den Reifezustand einer Industrie hinausgehenden Wachstums in „Cutting Across Doctrines: Positive Adjustment in Japan“, *International Organization* 39, 2 (Frühjahr 1985), S. 262—96, diskutiert. Vgl. auch Teil II dieses Werkes.

6 C. Fred Bergsten, „What to do about the U.S.-Japan Economic Conflict?“, *Foreign Affairs* (Sommer 1982), S. 1072; vgl. auch Peter Kenens abschließende Bemerkungen in C. Fred Bergsten et al. (Hrsg.), *From Rambouillet to Versailles: A Symposium,* Essays in International Finance, 149 (Princeton: Princeton University Press, 1982), S. 38.

7 Dick Wilson, „Search to Invest Overseas“, Financial Times Survey on Japan, *Financial Times* (5. Juli 1982); Paul Cheeseright, „EC-Japan: the Fabric of Cooperation“, *Financial Times* (9. April 1982).

8 Bergsten, „U.S.-Japan Conflict“, S. 1067 ff.
9 Ebenda, S. 1072.
10 Frühere Diskussionen dieser Paradoxa finden sich bei *La réforme*, S. 1 f., 31 f.; und Henrik Schmiegelow, *Japans Außenwirtschaftspolitik: merkantilistisch, liberal oder funktionell?* (Hamburg: Institut für Asienkunde, 1981), S. 9—19.
11 Ozaki, *Import and Foreign Capital Control*, S. 5—14; Tatsuro Uchino, *Japan's Postwar Economy* (Tokio: Kodansha, 1982) S. 25—54.
12 Hiroo Fukui, *Commentary on the Amendment of the Foreign Exchange and Foreign Trade Control Law*, Rechtsabteilung, International Finance Bureau (Tokio: Ministry of Finance, März 1980), S. 4.
13 Tatsuro Uchino, *Japan's Economy at the Crossroads, Thirty Years in Transition* (Tokio: Ministry of Foreign Affairs, 1976), S. 11 f.; vgl. auch Dan Fenno Henderson, *Foreign Enterprise in Japan, Laws and Policies* (Tokio: Charles E. Tuttle, 1975), S. 237—72, 401.
14 M. Schmiegelow, „Cutting Across Doctrines“; in diesem Artikel habe ich eingehend die Relevanz der Tinbergen-Kategorien der Reformpolitik (Veränderungen der sozialen Grundlagen), der qualitativen Politik (Veränderungen der Wirtschaftsstrukturen) und der quantitativen Politik (nur Veränderungen der Werte der instrumentellen Variablen innerhalb gegebener Strukturen) anhand des japanischen Modells diskutiert.
15 Ozaki, *Import and Foreign Capital Control*, S. 111—23. Vgl. auch Alfred Förschle, *Handelsprotektionismus und Liberalisierung in Japan* (Bochum: Studienverlag Brockmeyer, 1981), S. 75—78, bei dem sich eine kurze Zusammenfassung der verschiedenen Gesetze findet; Henderson, *Foreign Enterprise*, S. 196—232.
16 Uchino, *Japan's Economy;* Ozaki, *Import and Foreign Capital Control.*
17 Fukui, *Commentary*, S. 5.
18 Ozaki, *Import and Foreign Capital Control*, S. 68.
19 Fukui, *Commentary*, S. 8.
20 Ozaki, *Import and Foreign Capital Control*, S. 48.
21 U.S. International Trade Commission, „Foreign Industrial Targeting and Its Effects on U.S. Industries, Phase I: Japan“, Report to the Committee on Ways and Means, U.S. House of Representatives (Oktober 1983), S. 5.
22 Eine detaillierte Analyse findet sich insbesondere bei Ozaki, *Import and Foreign Capital Control;* Förschle, *Handelsprotektionismus;* und Hans-Eckart Scharrer, Werner Hesse und Henry Kragenau, *Japans Wirtschaftsentwicklung, Außenhandel und Wettbewerbsfähigkeit* (Hamburg: Verlag Weltarchiv, 1982).
23 Scharrer et al., *Japans Wirtschaftsentwicklung*, S. 465.
24 Sheila A. Page, „The Increased Use of Trade Control in Industrialized Countries“, *Intereconomics* (Mai/Juni 1980), S. 144 ff.
25 Scharrer et al., *Japans Wirtschaftsentwicklung*, S. 469—71.
26 Eine Verbindung zwischen der Schumpeterschen Theorie der Entwicklung und der Tinbergen-Theorie der Wirtschaftspolitik findet sich bei M. Schmiegelow, „Cutting Across Doctrines“, S. 271 ff.
27 Die anderen bedeutenden Veränderungen sind die gesetzliche Liberalisierung der Dienstleistungen (außer bestimmten Restriktionen, die in Artikel 25 bestimmt werden, vgl. Fukui, *Commentary*, S. 27) und die grundsätzliche Freiheit des Zahlungsverkehrs, ebenda, S. 80.
28 Förschle, *Handelsprotektionismus*, S. 74—76.
29 Details hierzu finden sich bei M. Schmiegelow, *La réforme*, S. 31—44; H. Schmiegelow, *Japans Außenwirtschaftspolitik*, S. 15—33.
30 Vgl. Artikel 2 des Außenwirtschaftsgesetzes.
31 Fukui, *Commentary*, S. 19.
32 Vgl. beispielsweise die Sicherheitsmaßnahme, die von der Bundesbank unter ähnlichen Umständen getroffen wurde und die in „Die D-Mark als internationale Anlagewährung“, *Monatsbericht der Deutschen Bundesbank* (November 1979), S. 30, beschrieben wird.
33 Fukui, *Commentary*, S. 24—26.
34 Fukui, *Commentary*, S. 25.
35 Vgl. Kap. 7, 3 und 4; vgl. auch Hirohiko Okumura, „Financial Liberalization Gathers Pace“, *The Banker* (Januar 1984), S. 69—76.

[36] Fukui, *Commentary,* S. 20; M. Schmiegelow, *La réforme,* S. 37 f.
[37] Details finden sich bei Fukui, *Commentary,* S. 17—26; M. Schmiegelow, *La réforme,* S. 37 bis 44.
[38] Vgl. Artikel 23 und 26 des Außenwirtschaftsgesetzes; vgl. auch H. Schmiegelow, *Japans Außenwirtschaftspolitik,* S. 24; Bank of Japan, *Outline of the Foreign Exchange Control in Japan* (Tokio: Bank of Japan, Auslandsabteilung, März 1981), S. 7—11.
[39] Fukui, *Commentary,* S. 29. Weitere Einzelheiten über die Rolle des MITI und des Finanzministeriums finden sich bei Philip Tresize und Yukio Suzuki, „Politics, Government and Economic Growth", in Hugh Patrick und Henry Rosovsky (Hrsg.), *Asia's New Giant, How the Japanese Economy Works* (Washington: Brookings Institution, 1976), S. 783 ff.; Chalmers Johnson, *The MITI and the Japanese Economic Miracle* (Stanford: Stanford University Press, 1982).
[40] Vgl. Artikel 27, Al. 2, und 29 des Außenwirtschaftsgesetzes.
[41] Fukui, *Commentary,* S. 35 f.
[42] Die gesetzliche Regulierung ihres Status in Artikel 2, § 9 des Wertpapier- und Devisengesetzes von 1948 sowie in Artikel 2, § 2 des Gesetzes für die Wertpapiermakler von 1971 ähnelt dem amerikanischen Modell. Vgl. Japan Securities Research Institute, *Securities Market in Japan* (Tokio 1980), S. 5.
[43] Fukui, *Commentary,* S. 42, zählt derartige Zahlungen zu den normalen Transaktionen (außer denen von Artikel 25: Bergwerke, Rüstung etc.), Auslandsreisen, Überweisungen zwischen Familienmitgliedern, Schenkungen usw.
[44] Fukui, *Commentary,* S. 40 f.
[45] Artikel 16, § 1 und 2 des Außenwirtschaftsgesetzes. M. Schmiegelow, *La réforme,* S. 48 f.; Fukui, *Commentary,* S. 44—46; H. Schmiegelow, *Japans Außenwirtschaftspolitik,* S. 31 f.
[46] Vgl. das japanische Finanzministerium und die Arbeitsgruppe des US-Finanzministeriums, *Report on the Yen/Dollar Exchange Rate Issues* (Washington, Mai 1984), S. 18; Anthony Rowley, „The Reluctant Debutante", *Far Eastern Economic Review* (29. Dezember 1984), S. 45—48.
[47] Artikel 11, § 2 des Außenwirtschaftsgesetzes; Fukui, *Commentary,* S. 44.
[48] Fukui, *Commentary,* S. 49 f.
[49] *The Japan Economic Journal* (4. Juni 1985).
[50] Ozaki, *Import and Foreign Capital Control,* S. 106—117.
[51] Ebenda, S. 112.
[52] M. Schmiegelow, *La réforme,* S. 23—31; Julia Elcock, „Production in Japan May Be Key to Success", *Financial Times* (5. Juli 1982); Elcock, „Wholesalers Yield Power in Distribution System", *Financial Times* (5. Juli 1982).
[53] Vgl. das Konzept der impact loans bei Yoshio Suzuki, *Money and Banking in Contemporary Japan: the Theoretical Setting and Its Application* (New Haven: Yale University Press, 1980), S. 60; Fukui, *Commentary,* S. 24.
[54] Masaio Fujioka, „Improved Balance of Payments Facilitates Internationalization of Financial Markets", *Japan Times* (23. Mai 1977); Bank of Japan, *Balance of Payments Monthly.*
[55] Suzuki, *Money and Banking,* S. 162 ff.
[56] Suzuki, *Money and Banking,* Eisuke Sakakibara and Robert Feldmann, „The Japanese Financial System in Comparative Perspective", *Journal of Comparative Economics* 7, 1 (1983), S. 1—24.
[57] M. Schmiegelow, *La réforme.*
[58] Zu diesem Thema gibt es eine überaus reichhaltige Literatur. Vgl. u. a. Chie Nakane, *Japanese Society* (Berkeley: University of California Press, 1970); Ezra Vogel (Hrsg.), *Modern Japanese Organization and Decision-making* (Berkeley: University of California Press, 1975); Gianni Fodella (Hrsg.), *Social Structures and Economic Dynamics in Japan up to 1980* (Mailand: Luigi Bocconi Universität, 1975).
[59] Vgl. Eleanor Hadley, *Anti-Trust in Japan* (Princeton: Princeton University Press, 1970); Akira Shoda, „Anti-Monopoly Efforts Fail", *Mainichi Daily News Quarterly Economic Review* (31. Juli 1975).

Kapitel 2
Japans Währungspolitik: Politische Zielsetzungen, nichtpolitische Variablen und das Prinzip der schrittweisen Anpassung

Henrik Schmiegelow

Einführung

Obwohl immer mehr Analysen heute die Auffassung vertreten, daß die gegenwärtigen Spannungen zwischen Japan und den anderen Industrienationen sehr viel eher durch den unterschiedlichen Erfolg der Konzepte der industriellen Anpassungspolitik in den einzelnen OECD-Ländern bedingt sind als durch die japanische Außenwirtschaftspolitik als solche,[1] liegt der Schwerpunkt der in bezug auf Japan geäußerten Kritik nach wie vor auf dessen Außenhandelspolitik, auf dessen Kontrolle der Kapitalverkehrs sowie auf der Unterbewertung des Yen. Während europäische Unternehmen, Regierungen und die EG-Kommission sich bei den Verhandlungen mit Japan eindeutig auf die gesetzlichen und administrativen Handelsschranken konzentriert haben, stellt der Wechselkurs des Yen für die Amerikaner das weitaus größere Problem dar. Tatsächlich ist die Unterbewertung des Yen im Vergleich zum US-Dollar der einzige Faktor, der in amerikanischen Analysen am häufigsten für das bilaterale US-Japan-Handelsdefizit verantwortlich gemacht wird.[2]

Genau dieselbe Einstellung wurde von den Amerikanern bei den amerikanisch-japanischen Verhandlungen vertreten, deren Ergebnis der „Bericht über Fragen des Yen/Dollar-Wechselkurses" vom 29. Mai 1984 war, in dem Japan versuchte, eine Reihe von administrativen Restriktionen seines Kapitalmarktes aufzuheben, um die internationale Rolle des Yen zu verbessern. Obwohl japanische Beamte und Beobachter prognostizierten, daß diese Erleichterungen kurzfristig einen Abwertungseffekt für den Yen haben würden[3] und obwohl in der späteren Phase der Verhandlungen das amerikanische Finanzministerium seine Besorgnis in bezug auf die Wechselkurse nicht mehr ganz so stark betonte, wiesen die beiden Regierungen in einer gemeinsamen Erklärung in Washington und Japan darauf hin, daß die im Bericht beschriebenen Maßnahmen „für den Yen/Dollar-Kurs, die japanische und die amerikanische Wirtschaft sowie für die Weltwirtschaft einen nachhaltigen Effekt haben würden".[4] Finanzminister Donald T. Regan äußerte in diesem Zusammenhang: „Im Laufe der Zeit wird sich zeigen, daß der Yen gegenüber dem Dollar gestärkt wird."[5]

Die offizielle Ambivalenz, die in diesen Erklärungen zutage tritt, ist zugleich ein Beweis für die Notwendigkeit, zwischen dem zu unterscheiden, was Jan

Tinbergen als qualitative Politik in bezug auf das Außenwirtschaftsregime einerseits bezeichnen würde, und dem, was dem Wechselkurs aufgrund der gegenwärtigen quantitativen Währungspolitik oder aber aufgrund autonomer Kapitalbewegungen andererseits passieren kann.[6] Während Kapitel 1 dieses Buches sich mit der ersten Frage befaßt, werde ich einige Aspekte des zweiten Problems erörtern.

Zu diesem Zwecke ist es notwendig, kurz auf die entscheidenden Phasen in der Geschichte des japanischen Wechselkurses und der japanischen Wechselkurspolitik seit 1949 einzugehen, als der Yen/Dollar-Kurs zuerst durch die amerikanischen Behörden festgelegt wurde. Wenn diese Phasen, trotz der mit ihnen verbundenen grundlegenden Änderungen, etwas gemeinsam haben, dann ist dies die relative Passivität der japanischen Wechselkurspolitik sowohl im internationalen Vergleich als auch im Vergleich zu der aktiven Gestaltung der japanischen Industriepolitik. Das Versäumnis, den Yen während des Zeitraums Mitte der 60er Jahre bis zu Beginn der 70er Jahre aufzuwerten, hat zu der gemeinhin als Unterbewertung bezeichneten Situation geführt. Allerdings sind die strukturellen Bedingungen für eine konsistente Durchführung einer derartigen Politik inzwischen eliminiert worden. Nichtpolitische Faktoren haben schließlich die notwendige Übereinstimmung zwischen Instrumenten und Zielsetzungen der Wechselkurspolitik in Frage gestellt — was durch die neuesten Theorien der Wechselkursbestimmung zumindest angedeutet, wenn nicht gar vollständig erklärt wird. Außerdem sind seit Mitte der 70er Jahre die terms of trade ebenso wie die externe Absicherung der Fiskal- und Geldpolitik für die Währungspolitik zu einem ernsthaften Problem geworden, das sich mit der „Unterbewertung“ des Yen zum Zwecke der Exportförderung nur schwer vereinbaren läßt.

Abgesehen von der Periode der Dollarschwäche 1978/79 haben die japanischen Behörden versucht, den Yen mit Hilfe der Diskontpolitik sowie durch Notenbankinterventionen und Veränderungen der Kapitalkontrollen zu stützen. Obwohl der außenhandelsgewichtete Durchschnittskurs des Yen seit Beginn der 70er Jahre größere Ausschläge in beide Richtungen aufwies als beispielsweise die DM, entsprach die japanische Wechselkurspolitik weder dem Modell eines freischwankenden Kurses auf einem völlig unbehinderten Markt noch dem Paradigma der vollständigen Manipulation zum Zwecke der Erfüllung merkantilistischer Ziele. Das zwischen diesen beiden Extremen liegende Konzept der „schrittweisen Anpassung“, das erst kürzlich in der Theorie der Wirtschaftspolitik entwickelt wurde, scheint die japanische Entwicklung noch am besten zu beschreiben.

Die Passivität der japanischen Wechselkurspolitik

Natürlich gibt es keinen echten Maßstab, der die Aggressivität oder Passivität der Wechselkurspolitik eines Landes messen könnte. Dennoch unterscheidet das merkantilistische Paradigma der Außenhandelsbeziehungen zumindest zwei Formen von Wechselkurspolitik, die insofern als aggressiv bezeichnet werden können, als sie ihre Zielsetzungen auf Kosten anderer Nationen in einer Nullsummensituation verfolgen.[7] Die eine bezeichnet man im allgemeinen als Export von Arbeitslosigkeit oder „beggar thy neighbour" durch eine konkurrierende Abwertung oder Unterbewertung einer Währung, während es sich bei der anderen Form um das genaue Gegenteil handelt, nämlich den „Import von Wohlstand" durch Überbewertung einer Währung. Wie ich an anderer Stelle ausgeführt habe,[8] gibt es einen sog. „Konsistenztest", der bei der Identifizierung derart merkantilistischer Strategien der Wechselkurspolitik sehr hilfreich sein kann. Er basiert auf einer Reihe von politischen Instrumenten und Zahlungsbilanzindikatoren (vgl. Tabelle 2.1), von denen jedes bzw. jeder mit einer der beiden Strategien konsistent ist, sie jedoch nicht allein erklären kann. Grundsätzlich gilt jedoch: Je größer die Anzahl der Indikatoren für eine der beiden anzutreffenden Politikformen ist, umso aggressiver wird die jeweilige Politik erscheinen. Wenn andererseits eine Politik Elemente der beiden Kategorien verbindet, ist eine derartige Schlußfolgerung überaus fraglich. Hier gilt: Je stärker die Instrumente und Indikatoren vermischt sind, umso niedriger ist die Wahrscheinlichkeit, daß die Währungspolitik in der gesamten Wirtschaftspolitik eine wichtige Rolle spielt. In diesem Sinne war die japanische Währungspolitik nicht nur im System der festen Wechselkurse bis zu Beginn der 70er Jahre, sondern auch im System der anschließenden flexiblen Wechselkurse sehr viel passiver, als gemeinhin angenommen wird.

Tabelle 2.1: Eine neomerkantilistische Wechselkurspolitik

Zielsetzungen	Instrumente und Indikatoren
A. Export von Arbeitslosigkeit ("beggar thy neighbour")	1. Offizielle Abwertungen oder fortgesetzte Entwertung; Zentralbankinterventionen zur Beeinflussung der heimischen Währung; Akkumulation von Devisenreserven
	2. Festsetzung des heimischen Zinssatzes unter das Niveau der internationalen Finanzmärkte
	3. Restriktion von Kapitalzuflüssen; Ausnahme: Selektive Förderung von ausländischen Direktinvestitionen in heimischen Industrien
	4. Förderung von Kapitalabflüssen; Ausnahme: Selektive Restriktion von exportsubstituierenden Direktinvestitionen im Ausland
	5. Leistungsbilanzüberschuß
	6. Kapitalbilanzdefizit

B. Import von Wohlstand	1. Offizielle Aufwertung oder fortgesetzte unterstützende Interventionen der Zentralbank zur Beeinflussung der heimischen Währung; Verlust von Devisenreserven
	2. Festsetzung des heimischen Zinssatzes über das Niveau der internationalen Finanzmärkte
	3. Restriktion der Kapitalabflüsse; Ausnahme: Selektive Förderung von importfördernden Direktinvestitionen im Ausland
	4. Förderung von Kapitalimporten
	5. Leistungsbilanzdefizit
	6. Kapitalbilanzüberschuß

1949 bis 1973

Der offensichtlichste Indikator für die Passivität der japanischen Wechselkurspolitik im System der festen Wechselkurse war, daß Japan nie Abwertungen vorgenommen hat — und dies trotz der ständigen Zahlungsbilanzdefizite sowie trotz seines starken Bewußtseins hinsichtlich der außenwirtschaftlichen Verletzbarkeit und seiner Abhängigkeit von Rohstoffimporten. Tatsächlich ist der Wechselkurs von 1 $ = 360 Yen, der am 25. April 1949 von den amerikanischen Besatzungsbehörden genauso festgelegt wurde wie der DM-Kurs in demselben Jahr,[9] bis 1971 unverändert geblieben. Während eine Reihe von europäischen Ländern ihre Währung in den folgenden beiden Jahrzehnten abwerteten, wobei Frankreich eindeutig tonangebend war für eine offene neomerkantilistische Wechselkurspolitik,[10] schloß sich Japan dieser Politik nicht an. Da Japan sich in den 30er Jahren wiederholt der Abwertung als Instrument der japanischen Währungspolitik bedient hatte, um seine Wettbewerbsposition zu verbessern, wurde diese Politik von den Nachkriegsregierungen immer noch mit dem Militarismus und der kriegsorientierten Wirtschaftspolitik der Vorkriegsjahre assoziiert. Die Aufrechterhaltung eines festen Wechselkurses galt daher als ein politischer Imperativ und war zugleich ein wesentliches Element der engen Beziehungen zwischen Japan und den Vereinigten Staaten.[11] Dies war umso erstaunlicher, als die japanische Wirtschaft erst gegen Ende der 50er Jahre einen Zustand erreichte, der nach japanischen Maßstäben als Vollbeschäftigung bezeichnet werden konnte.[12] Insofern war hier die Versuchung sicherlich genauso groß, die „Arbeitslosigkeit zu exportieren“, als woanders auch.

Die Periode der hohen Wachstumsraten, die bis Mitte der 60er Jahre dauerte, war durch eine nach Bretton Woods-Standard grundsätzlich ausgeglichene Zahlungsbilanz gekennzeichnet. Dabei wurden Ausschläge der Leistungsbilanz nach unten (bei Wachstumsraten von mehr als 10 %) und nach oben (bei Wachstumsraten um 7 %) mit Hilfe von Änderungen der heimischen Zinssätze, aber nicht des Wechselkurses korrigiert.[13]

Der Zeitraum ab Mitte der 60er Jahre bis zur („Smithsonian“) Währungsneuordnung im Dezember 1971 wird im allgemeinen als eine Phase der Unterbewertung des Yen bezeichnet.[14] In diesen Jahren entwickelte sich ein grundlegender Leistungsbilanzüberschuß, der 1970 teilweise durch ein beachtliches Kapitalbilanzdefizit kompensiert wurde. Insofern waren die Zahlungsbilanzindikatoren in etwa konsistent mit dem Muster des „Exports von Arbeitslosigkeit“. Pempels Analyse der Politik jener Periode zeigt überdies, daß die Wechselkurspolitik für die japanische Wirtschaft und die Regierung gleichermaßen zu einem wichtigen Anliegen geworden war und daß es erheblichen Widerstand gegen eine Aufwertung des Yen gab,[15] wobei die letztere offensichtlich durch den beträchtlichen Leistungsbilanzüberschuß nach Bretton Woods-Regeln bedingt war. Natürlich kann die passive Weigerung, eine Währung unter diesen Umständen aufzuwerten, ebenso ein politisches Instrument sein wie eine aktive Abwertung der Währung unter anderen Umständen.

Krause und Sekiguchi haben indes festgestellt, daß die Mitte der 60er Jahre eintretende Veränderung der Basisdaten von den japanischen Behörden anfänglich nicht erkannt wurde, da nunmehr nach zwei Überschußjahren (1965 und 1966) 1967 erstmals wieder ein Leistungsbilanzdefizit zu verzeichnen war.[16] Als der signifikante Überschuß 1969 erkannt wurde, gab es nach Auffassung von Pempel keinen Konsens über die am besten geeigneten Maßnahmen. Die japanische Regierung machte sich schließlich das europäische Argument zu eigen, daß das internationale monetäre Ungleichgewicht der Überbewertung des Dollars aufgrund des Vietnamkrieges zuzuschreiben war und daß die Vereinigten Staaten für die entsprechende Anpassung zu sorgen hätten. Nach Richard Nixons Aufhebung der Konvertibilität des Dollars in Gold am 15. August 1971, die die Japaner als den „Nixon-Schock“ bezeichneten, flüchtete sich Japan jedoch schnell in seine gewohnte Haltung als ein „international schwaches“[17] Land zurück. Bei der Smithsonian-Konferenz am 18. Dezember 1971 akzeptierte es indes mit 16,9 % den höchsten Aufwertungssatz von allen Ländern. Da es offenbar bereit war, einen beträchtlichen Teil der Anpassungsverantwortung zu übernehmen, war sein Verhalten mit dem Lehrbuchbeispiel einer kleinen offenen Wirtschaft vergleichbar.[18]

Die japanische Kapital-Kontrollpolitik jener Jahre weist ebenfalls Aspekte auf, die mit dem reinen Modell des Exports von Arbeitslosigkeit unvereinbar sind. Obwohl die Tatsache, daß Kapitalabflüsse erlaubt waren, während Zuflüsse weiterhin eingeschränkt wurden, mit der Währungsunterbewertung konsistent ist, konnte man sicher nicht von einer Feinabstimmung der Kapital-Kontrollpolitik in bezug auf die Beschäftigungssituation sprechen. Michèle

Schmiegelow hat in Kapitel 1 bereits erläutert, daß Japan anstelle einer Beschränkung der exportsubstituierenden Direktinvestitionen im Ausland und der Förderung arbeitsplatzschaffender ausländischer Direktinvestitionen im Inland genau die entgegengesetzten Maßnahmen wählte.[19]

Auch die Zinspolitik wurde auf keinen Fall als Instrument der Wechselkurspolitik eingesetzt. Obwohl die Zinssätze seit dem Kriege immer unterhalb des Marktniveaus gehalten wurden, zielte diese Politik vor allem auf die Weiterentwicklung der heimischen Industrie ab[20] und wurde insofern ein wichtiges Element der japanischen Industriepolitik, deren Vor- und Nachteile heute Gegenstand heftiger theoretischer Diskussionen sind.[21] Im übrigen waren die Kapitalabflüsse, die zu Beginn der 70er Jahre zugelassen wurden, keineswegs auf Zinsunterschiede zurückzuführen;[22] denn der japanische Diskontsatz war bis 1976 deutlich höher als der der Vereinigten Staaten und lag bis 1980 ebenfalls über dem westdeutschen Niveau.[23]

Die Entwicklung seit 1973

Die nochmalige Dollarkrise vom Februar 1973 war eine der wichtigsten, wenn nicht gar die entscheidende Ursache für eine grundlegende Veränderung der japanischen Währungspolitik. Die japanische Regierung gab nunmehr ihr traditionelles Festhalten am System der festen Wechselkurse auf und erlaubte eine kontrollierte Freigabe des Yen, die eine weitere Aufwertung um 15 % mit sich brachte. Seit 1974 konnte der Yen frei schwanken,[24] und seither reflektiert seine Entwicklung — wie in Abbildung 2.1 und Abbildung 2.2 dargestellt — nicht nur die erneuten Leistungsbilanzdefizite während der beiden Ölkrisen, sondern zugleich den Leistungsbilanzüberschuß in der dazwischenliegenden Erholungsphase.

Aus detaillierten empirischen Analysen geht eindeutig hervor, daß die Interventionen der japanischen Notenbank auf dem Devisenmarkt in der Regel nach der weitverbreiteten Methode des „Mit-dem-Wind-Segelns“ erfolgte, ohne zu versuchen, die grundlegende Richtung des Devisenmarktes zu verändern.[25]

Der Zeitpunkt, an dem einige Veränderungen im Kapital-Kontrollsystem stattfanden, wurde zugegebenermaßen durch kurzfristige und quantitativ orientierte Überlegungen determiniert, die den Wechselkurs beeinflußten, und nicht etwa durch die grundlegende qualitative Politik der pragmatischen Liberalisierung des Kapitalverkehrs, die zu Beginn der 70er Jahre in Angriff genommen wurde. Tatsächlich lockerte Japan nach jeder Ölkrise jeweils die vorhandenen Restriktionen, um den Nettozufluß zur Unterstützung des Yen zu fördern. Andererseits wurden 1977 und 1978 die Kontrollen der Kapitalzuflüsse strenger, während die Kapitalabflüsse erleichtert wurden. Dennoch konnten diese Maßnahmen nicht verhindern, daß der reale Wechselkurs des Yen zwischen 1977 und 1978 um mehr als 20 % anstieg.[26] Genau wie die Zentralbankinterventionen konnten diese Maßnahmen bestenfalls den Trend

Abbildung 2.1: Wechselkursschwankungen des Yen und der DM, 1973 bis 1980 (gewichtetes geometrisches Mittel aus den bilateralen Nominalkursen und den Währungen von 23 bedeutenden Handelsnationen) (Ende 1972 = 100).

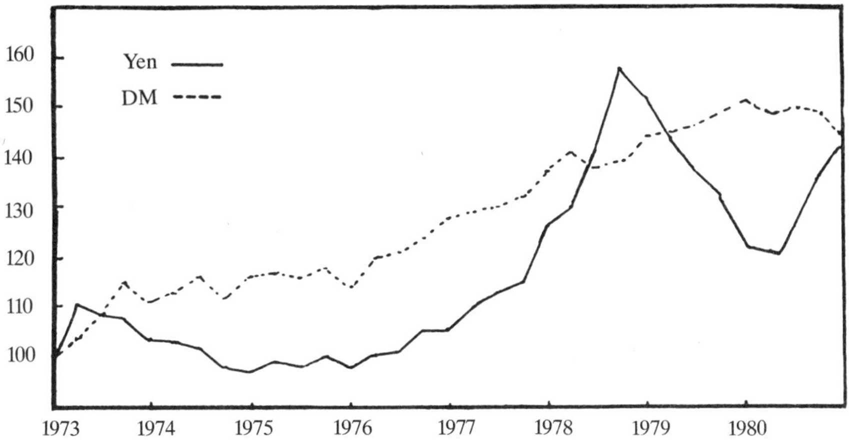

Quellen: Deutsche Bundesbank, *Monatsbericht*, laufende Ausgaben.

des Wechselkurses in beiden Richtungen abflachen. Aus den Abbildungen 2.1 und 2.2 geht hervor, daß sich Japan in den 70er Jahren sehr viel stärker als Deutschland an das monetaristische Rezept hielt, wonach sich die Leistungsbilanz und die Kapitalbilanz nicht gegenseitig ergänzen sollten, sondern ihre Korrektur dem Wechselkurs überlassen bleiben müßte. In Westdeutschland hat der langfristige Kapitalverkehr die Fluktuationen der Leistungs- und Devisenbilanz sehr viel stärker gedämpft als in Japan. Beträchtliche Zuflüsse an langfristigem Kapital haben zweifellos zu der Tatsache beigetragen, daß die Entwicklung des DM-Wechselkurses im Gegensatz zum Yen nur geringfügig durch die beiden Ölkrisen von 1973 und 1979 beeinflußt wurde.[27]

Während demnach die japanische Währungspolitik in dieser Hinsicht weniger aggressiv erschien als die deutsche, waren Maßnahmen zur Kapitalkontrolle zu Beginn der beiden Ölkrisen viel zu sehr von der Sorge um den Yen-Wechselkurs geprägt, um mit dem Modell des Exports der Arbeitslosigkeit konsistent zu sein. Wie bereits erwähnt, wurden Kapitalabflüsse generell beschränkt, während japanische Direktinvestitionen im Ausland selektiv gefördert wurden, um auf diese Weise die Versorgung mit Rohstoffen zu gewährleisten. Diese Politik entspricht sehr viel mehr dem Modell des „Wohlstandsimports".

Zu guter Letzt wurde Japans heimische Geldpolitik aufgrund der beträchtlichen Fortschritte bei der qualitativen Politik der Liberalisierung des Kapitalverkehrs, die mit der zweiten Ölkrise zusammenfiel, erstmals (zumindest bis zu einem gewissen Ausmaß) ein Instrument der Wechselkurspolitik. Diese

Abbildung 2.2: Die wichtigsten Salden der japanischen und westdeutschen Zahlungsbilanzen, 1965 bis 1979.

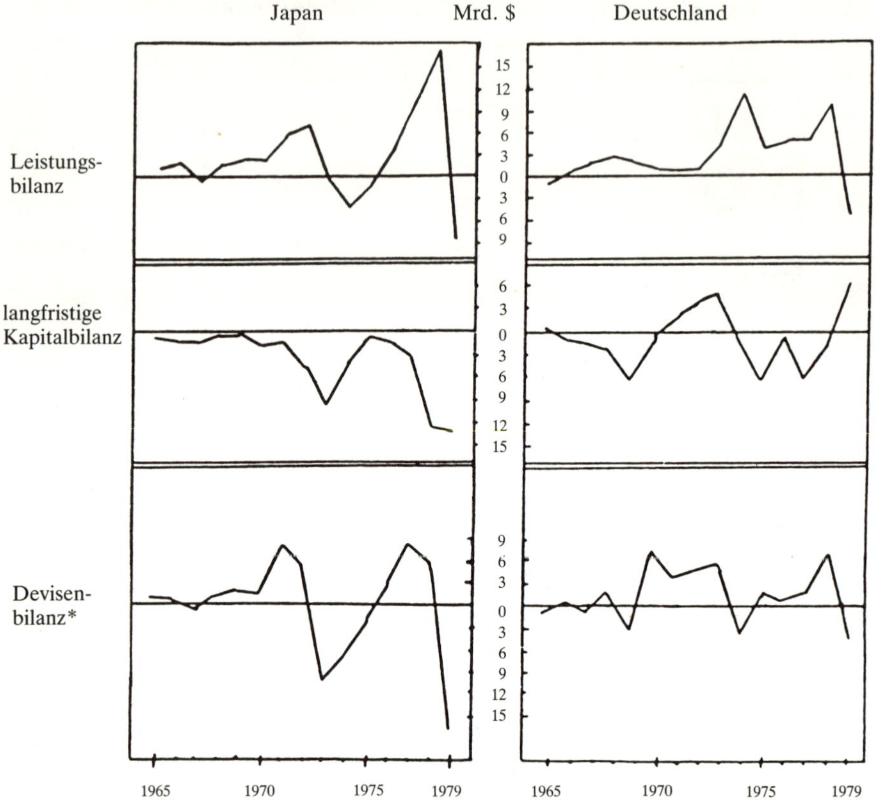

Quellen: Bank of Japan, *Balance of Payments Monthly,* und Deutsche Bundesbank, *Monatsberichte,* laufende Ausgaben.

**Anmerkung:* Nettoauslandsaktiva (Wertveränderungen, Berücksichtigung der Neubewertung der japanischen Währungsreserven erst ab 1979).

neue, wechselkursorientierte heimische Geldpolitik bestand aus drei Elementen: Erstens mußte Japan genau wie andere Länder den heimischen Zinssatz erhöhen, um seine Währung zu stützen und den inflationären Effekt des gestiegenen Ölpreises zu verringern. Allerdings war diese Politik insofern „zweischneidig",[28] als nur eine begrenzte Unterstützung der Währung möglich war, um diese zugleich mit der Erholung der heimischen Binnenwirtschaft kompatibel zu machen. Hinzu kam noch eine weitere externe Störung, durch die Japans heimische Geldpolitik als Instrument der Wechselkurspolitik kompliziert wurde, nämlich die Erhöhung des amerikanischen Zinsniveaus nach 1979. Obwohl Japan das erste größere OECD-Land war, das gegen den Trend des internationalen Zinswettlaufs ankämpfte, indem die Notenbank im August 1980 den Diskontsatz senkte, steht außer Zweifel, daß die heimischen Zinssätze nach wie vor höher sind, als sie dies ohne die amerikanische Hochzinspolitik wären.

Dieser Kompromiß bei der Diskontsatzpolitik wird normalerweise als Dilemma zwischen den beiden politischen Zielen der Ankurbelung der heimischen Wirtschaft einerseits und der „Isolation von der ausländischen Inflation" andererseits bezeichnet.[29] Indes wurde 1982 und zu Beginn des Jahres 1983 eine dritte Zielgröße zum entscheidenden Element der wechselkursorientierten Diskontpolitik: Und zwar waren dies die terms of trade. Tatsächlich hatte die traditionell unelastische Nachfrage Japans nach Rohstoffimporten sowie die schwache Auslandsnachfrage, die verhinderte, daß diese Kostenerhöhungen über die Preise von Fertigfabrikaten abgewälzt werden konnten, die terms of trade eindeutig verschlechtert.[30] Die Mehrzahl der außenhandelsabhängigen Industrien, einschließlich der großen japanischen Handelshäuser, sah sich mit gesunkenen Gewinnen konfrontiert und befürwortete diesmal eine Stützung des Yen, anstatt auf die Regierung zugunsten einer Unterbewertung des Yen einzuwirken, wie sie dies in den 60er und zu Beginn der 70er Jahre getan hatte.[31] In diesem Zusammenhang dürfen wir nicht vergessen, daß die Sogo Sosha (d. h. die großen japanischen Handelsgesellschaften) aufgrund ihrer veränderten strukturellen Rolle ebenfalls zu Befürwortern eines starken Yen geworden sind. Seitdem die dynamischen Exportindustrien (Autos, Elektronik, etc.) im Ausland ihre eigenen Marketingsysteme aufgebaut und die traditionellen Partner der Sogo Sosha (Textil-, Stahlindustrie, etc.) an Bedeutung verloren haben, mußten sich die Handelshäuser in zunehmendem Maße auf Importe, einschließlich der Importe von Fertiggütern, konzentrieren. Je höher der Wechselkurs des Yen war, umso wettbewerbsfähiger waren die Sogo Sosha beim Verkauf von importierten Gütern auf dem heimischen Markt.[32]

Während es der japanischen Notenbank bei ihrer Reaktion auf die steigenden amerikanischen Zinssätze 1982/83 vor allem um die konjunkturellen Konsequenzen der sinkenden Profite der Import-Export-Industrien ging, kann man die Verschlechterung der terms of trade natürlich auch als Verlust von Wohlstand interpretieren. In diesem Sinne ist die Stützung des Yen mit Hilfe eines höheren Diskontsatzes durchaus konsistent mit dem Import von Wohlstand.

Bislang bieten sich zwei Schlußfolgerungen an: Erstens kann man die japanische Wechselkurspolitik seit 1973 nicht mehr länger mit dem Modell des Exports von Arbeitslosigkeit assoziieren, sondern sie ist vielmehr durch einige Elemente des entgegengesetzten Politikmodells charakterisiert, nämlich den Import von Wohlstand. Auf jeden Fall sind die Elemente der beiden Modelltypen so sehr vermischt, daß sich nur schwer ein einziges Modell konsistent anwenden läßt. Zweitens ist die politische Kontrolle der Währung drastisch, wenn auch nicht vollständig, verringert worden. Überdies waren externe Störungen wie die beiden Ölkrisen und die absolut ungewöhnliche Veränderung der Zinssätze in den Vereinigten Staaten bedeutsame nichtpolitische Faktoren, die den Yen-Wechselkurs entscheidend beeinflußt haben.

Die Rolle nichtpolitischer Faktoren in neueren Theorien der Wechselkursbestimmung

Angesichts der fortgesetzten Debatte über die Frage, ob der Yen unterbewertet ist oder nicht, erscheint ein kurzer Blick auf die neueren Theorien der Wechselkursbestimmung angebracht. Zu diesem Zweck muß erwähnt werden, daß das Konzept der Unterbewertung (oder aber der Überbewertung) nur in der Keynesianischen Zahlungsbilanz- und Wechselkurstheorie eine Rolle spielt und daß die Keynesianische Theorie in den vergangenen Jahren gegenüber den neoklassischen Theorien sehr viel Boden verloren hat, insbesondere gegenüber dem Monetarismus und der Theorie der rationalen Erwartungen. Diese Entwicklungen sind nicht nur für den Westen bedeutsam, sondern sie sind zugleich grundlegend für das Verständnis der japanischen Situation.[33]

Der Kern der Keynesianischen Zahlungsbilanztheorie sind die Bewegungen auf den Gütermärkten. Dabei können in geschlossenen Wirtschaften oder kleinen offenen Wirtschaften zumindest mittelfristig externe Ungleichgewichte als Teil eines makroökonomischen Gleichgewichts auftreten. Wechselkursveränderungen beeinflussen die relativen Güterpreise, d.h. die terms of trade, und die Wechselkurspolitik kann externe Handelsungleichgewichte erzeugen oder aber eliminieren. Die Schwäche der meisten Keynesianischen Modelle besteht darin, daß sie die Auswirkungen autonomer Kapitalbewegungen auf den Wechselkurs unberücksichtigt lassen.[34]

Demgegenüber liegt der Schwerpunkt der neoklassischen Modelle auf den Anpassungsprozessen auf den Geld- und Kapitalmärkten. Zahlungsbilanzdefizite sind allein das Ergebnis derartiger monetärer und finanzieller Anpassungsprozesse und insofern nur vorübergehender Natur. Monetaristische Zahlungsbilanzmodelle basieren auf der Kaufkraftparitätentheorie (purchasing power parity, ppp), d.h., die Preise der gehandelten heimischen und ausländischen Güter sind durch die internationale Übertragung der Inflation langfristig verbunden. Veränderungen des nominalen Wechselkurses werden durch Veränderungen des Preisniveaus ausgeglichen, während Veränderungen der terms of trade oder der Wettbewerbsfähigkeit eines Landes unberücksichtigt bleiben. Der „Kapitalmarkt“ansatz und der „portfolio-balance“-Ansatz konzentrieren sich vor allem auf die kurzfristige Wechselkursbestimmung, die von den Erwartungen der Besitzer von Finanzvermögen in bezug auf Rendite und Wechselkursrisiken nach exogenen Störungen, wie beispielsweise Änderungen der Fiskal- und Geldpolitik, abhängt.[35] Gemeinsam ist allen Modellen der neoklassischen Tradition, daß sie nichtpolitische Faktoren einbeziehen und dabei unterstellen, daß eine außenhandelsorientierte Währungspolitik weder notwendig noch möglich ist.

Neuere empirische Studien für den Zeitraum 1973 bis 1983 zeigen, daß der Wert der ppp-Theorie zur Erklärung der Entwicklung des Yen-Kurses selbst im Rahmen eines Systems der flexiblen Wechselkurse nur von geringer Bedeutung ist. Denn die Abweichungen zwischen dem Yen/Dollar-Spotsatz und der ppp waren viel zu ausgeprägt, um das „Gesetz des einen Preises" zu bestätigen.[36] Für den Zeitraum bis 1979 haben die meisten Untersuchungen die Leistungsbilanz als den signifikantesten Faktor ermittelt — was allerdings stärker mit dem Keynesianischen Modell in Einklang stünde.[37]

Andererseits geht aus einer empirischen Analyse der Bank of Japan für den Zeitraum von 1975 bis 1983 hervor, daß seit 1979 Veränderungen der Zinsdifferenz zwischen USA und Japan ebenfalls für Schwankungen des Yen/Dollar-Wechselkurses ausschlaggebend waren und daß in den Jahren 1981 und 1982 die Leistungsbilanz eher zweitrangig war, da der Yen trotz der steigenden Leistungsbilanzüberschüsse sank. Die Bank of Japan erklärt dieses Phänomen damit, daß Veränderungen der amerikanischen Geldpolitik von 1981 in Japan Ende 1980 mit der legalen Liberalisierung des Kapitalverkehrs koinzidierten.[38]

Das Gesetz von 1980 kann für japanische Investoren ein Signal gewesen sein, um auf heimische und ausländische Zinsschwankungen sensibler zu reagieren, so daß ihr Verhalten mit dem Portfolio-Ansatz konsistent war. Mit anderen Worten, die heimische qualitative Politik ermöglichte es den nichtpolitischen Faktoren, auf „Störungen" zu reagieren, die durch ausländische quantitative Maßnahmen verursacht worden waren. Wir haben jedoch gesehen, daß dieser Prozeß mit einer Keynesianisch determinierten Zielsetzung der japanischen Politik, nämlich der Erhaltung der terms of trade, nicht vereinbar war. Daher wurde die heimische Zinspolitik als Mittel gewählt, um diesen Prozeß zu mildern.

Die japanische Wechselkurspolitik als Beispiel für schrittweise Anpassungen

Anhand des japanischen Beispiels lassen sich zugleich Marktreaktionen auf heimische und ausländische politische Maßnahmen zeigen, die einerseits von der Keynesianischen Theorie und andererseits von dem Portfolio-Ansatz geprägt sind. Dabei stellt sich die Frage: Welche Politik hätte bei gegebenen Zielsetzungen in Anbetracht dieser Reaktionen gewählt werden sollen? Und insbesondere: Welche Wechselkurspolitik wäre angesichts der finanziellen Interdependenz zwischen Nationen angemessen gewesen, die sowohl offene Wirtschaften sind als auch eine aktive makroökonomische Politik betreiben?

Die starken Schwankungen des nominalen und realen Wechselkurses seit 1973 lassen sowohl feste als auch freie Wechselkurse als überaus zweifelhaftes Mittel erscheinen, um eine wünschenswerte makroökonomische Leistung zu gewährleisten. Es gibt keine Regierung, die nicht entweder eine aktive Geld- oder aber Fiskalpolitik bzw. beides zusammen betreibt. Andererseits gibt es keine etablierte Theorie, die Richtlinien für eine derartige Politik unter Berücksichtigung der finanziellen Interdependenz aufzeigt. Die von Jan Tinbergen entwickelte herkömmliche Theorie der Wirtschaftspolitik konzentrierte sich vor allem auf die Abstimmung der politischen Instrumente mit den Zielsetzungen und beschränkte sich dabei ausschließlich auf den inländischen Rahmen.

Dennoch hat der Brookings-Ökonom Ralph Bryant kürzlich versucht, den Portfolio-Ansatz und das Kapitalmarktmodell der Wechselkursdeterminierung in die Theorie der Wirtschaftspolitik zu integrieren. Dabei hat er eine Reihe von politischen Maßnahmen aufgezeigt, die erstaunlich gut auf die japanische Wirtschaft zuzutreffen scheinen.[39] Bryant behauptet hierbei, daß die Entscheidung, inwieweit der Wechselkurs völlig frei auf Änderungen des Finanzkapitals reagieren soll, davon abhängt, ob diese Veränderungen durch externe oder interne Störungen bedingt sind. Im ersteren Fall wäre die Freigabe des Wechselkurses vernünftig, im letzteren deren Fixierung angebracht. Es gibt keine ein für allemal gültige Regel für die Währungspolitik, sondern nur eine Politik der schrittweisen Anpassung, die Faktoren wie ausländische und heimische Zinsänderungen, fiskalpolitische Maßnahmen, Handelsbilanzveränderungen und andere Ereignisse miteinbezieht, da diese von heimischen und ausländischen Investoren als „Störungen" betrachtet werden können, welche den Ertrag oder das Risiko ihres Portfolio-Kapitals beeinflussen.

Bryant hält sich in seinem Modell offensichtlich bewußt mit Schlußfolgerungen zurück. Bei der Endogenisierung der Theorie der rationalen Erwartungen sind möglicherweise epistemologische Probleme „endogenisiert" worden. Er bietet bestenfalls Daumenregeln, um währungspolitische Entscheidungen mit zins- oder fiskalpolitischen oder anderen wirtschaftspolitischen Entscheidungen zu kombinieren. In bezug auf den Warenverkehr ist sein Modell eindeutig weniger explizit, und es bietet auch keine Strategie für das vor kurzem von Japan gelieferte Beispiel einer Wechselkursstützung bei einer Verschlechterung der terms of trade. In den Bereichen, in denen das Modell explizit ist — insbesondere bei der Währungspolitik als Reaktion auf Kapitalbewegungen —, scheinen die japanischen Entscheidungen seit 1983 sehr wohl mit dem Modell kompatibel zu sein. Die amerikanischen Zinssätze wurden als externe Störung identifiziert, die für den Yen einen nichtpolitischen Druck darstellten, und die Abwertung, die — zögernd — zugelassen wurde, erreichte ein beträchtliches Ausmaß.

Schlußfolgerung

Die erstaunliche Reagibilität der japanischen Wechselkurspolitik auf externe Faktoren der vergangenen Jahre verringert in gewisser Weise deren Bedeutung als Erklärungsfaktor für die japanische Außenhandelsleistung. Dementsprechend gewinnen die Erklärungsversuche stärker an Gewicht, nach denen vom Wechselkurs unabhängige Faktoren des Preiswettbewerbs ebenso wie Nichtpreisfaktoren eine entscheidende Rolle spielen.

Insbesondere gilt, daß die japanische Wechselkurspolitik nicht mehr mit dem neomerkantilistischen Modell des Exports von Arbeitslosigkeit konsistent ist. Es gibt sowohl empirische, als auch theoretische Gründe, um die Konzepte der Währungsunter- und -überbewertung in Frage zu stellen.

An der divergierenden Entwicklung der nominalen und realen Wechselkurse Japans und seiner wichtigsten Handelspartner läßt sich ablesen, daß die Güterströme nach wie vor für die Wechselkursbestimmung ausschlaggebend sind und daß die terms of trade für eine auf der Keynesianischen Theorie basierenden Politik immer noch ein wichtiges Anliegen sind. Andererseits sind die finanzielle Interdependenz und das Verhalten der Investoren, wie es in den Kapitalmarkt- und Portfolio-Ansätzen unterstellt wird, nichtpolitische Faktoren, welche die politische Kontrolle des Wechselkurses in Japan sowie in anderen Ländern eindeutig reduziert, wenn auch nicht völlig eliminiert haben. Insofern ist die schrittweise Anpassung, die zwischen heimischen und externen Störungen unterscheidet, vermutlich die im Hinblick auf die Theorie der Wirtschaftspolitik beste Beschreibung der japanischen Wechselkurspolitik.

Anmerkungen

[1] Robert B. Reich, „Beyond Free Trade", *Foreign Affairs* 61, 4 (Frühjahr 1983), S. 773—804; Hugh Patrick, „Japanese Industrial Policy and Its Relevance for United States Industrial Policy", schriftliche Erklärung vor dem gemeinsamen Wirtschaftsausschuß, US-Kongreß (13. Juli 1983), S. 24; und Michèle Schmiegelow, „Cutting Across Doctrines: Positive Adjustment in Japan", *International Organization* 39, 2 (Frühjahr 1985), S. 262—96.

[2] Vgl. beispielsweise C. Fred Bergsten, „What to Do about the U.S.-Japan Economic Conflict?", *Foreign Affairs* (Sommer 1982), S. 1059—75.

[3] „US Sets Deadline for Japan Liberalization, but Finance Ministry's Approach is Cautious", *Wall Street Journal* (27. Februar 1984), in dem der japanische stellvertretende Finanzminister Tomomitsu Oba zitiert wird: „Die Theorie, daß die Liberalisierung des Kapitalmarktes den Yen stärken wird, ist ein interessanter Überzeugungswandel." Eisuke Sakakibara wurde in der *New York Times* vom 30. Mai 1984 folgendermaßen zitiert: „Die amerikanische Logik ist in diesem Punkte schwach."

[4] Zitiert aus der *Washington Post* (30. Mai 1984).

[5] Ebenda.

[6] Jan Tinbergen, *Economic Policy: Principles and Design* (Amsterdam: North Holland, 1956). Eine Diskussion des Tinbergen-Konzepts der qualitativen und quantitativen Politik in bezug auf Japan findet sich bei M. Schmiegelow, „Cutting Across Doctrines".

[7] Joan Robinson, *The New Mercantilism* (Cambridge: Cambridge University Press, 1966). Die französische und die japanische Wechselkurspolitik als Beispiele der Unterbewertung sind von Henrik und Michèle Schmiegelow diskutiert worden: „The New Mercantilism in International Relations: The Case of France's External Monetary Policy", *International Organization* 29, 2 (1975), S. 367—91, und T. J. Pempel, „Japanese Foreign Economic Policy: The Domestic Bases for International Behaviour", *International Organization* 31, 3 (Herbst 1977), S. 723—74. Zum Paradigma des „Imports von Wohlstand" vgl. Robert Z. Aliber, „The Costs and Benefits of the U.S. Role as a Reserve Currency Country", in *American Foreign Economic Policy*, hrsg. von Benjamin N. J. Cohen (New York: Harper and Row, 1968), S. 118 ff. C. Fred Bergsten, *The International Implications of Reaganomics* (Tübingen: Mohr, 1982) und Art Pine, „Is the Mighty Dollar Overvalued", *Wall Street Journal*, 5. August 1983, diskutieren ebenfalls die kürzliche Aufwertung des Dollars im Hinblick auf die Überbewertung, wobei Pine den Aspekt des Imports von Wohlstand hervorhebt. Dennoch können diese jüngsten Phänomene aus Gründen, die später in diesem Kapitel diskutiert werden, kaum mit der aktiven US-Währungspolitik in Zusammenhang gebracht werden.

[8] Henrik Schmiegelow, *Japans Außenwirtschaftspolitik: merkantilistisch, liberal oder funktionell?* (Hamburg: Institut für Asienkunde, 1981), S. 71—94.

[9] Die Fixierung des Yen- und des DM-Wechselkurses wurden der US-Regierung von dem Detroit-Bankier Joseph Dodge für beide Länder vorgeschlagen. Im Falle Japans versicherte der amerikanische Nationale Beirat zu internationalen Geld- und Finanzproblemen, daß das neue

Wechselkurssystem „grundsätzlich" mit den Bretton Woods-Kriterien vereinbar wäre. Weitere Hintergrundinformationen zu der Yen-Fixierung finden sich bei Tatsuro Uchino, *Japan's Postwar Economy* (Tokio: Kodansha, 1982), Nr. 9, S. 261.

[10] Lawrence Krause und Sueo Sekiguchi, „Japan and the World Economy", in Hugh Patrick und Henry Rosovsky (Hrsg.), *Asia's New Giant: How the Japanese Economy Works* (Washington: The Brookings Institution, 1976), S. 415.

[11] Ebenda, S. 417.

[12] Uchino, *Japan's Postwar Economy,* S. 109 ff.

[13] Krause und Sekiguchi, „Japan and the World Economy", S. 417; Uchino, *Japan's Postwar Economy,* S. 78.

[14] T. J. Pempel (Hrsg.), *Policy Making in Contemporary Japan* (Ithaca: Cornell University Press, 1977), Krause und Sekiguchi, „Japan and the World Economy", S. 421.

[15] Pempel, *Policy Making* und „Japanese Foreign Economic Policy".

[16] Krause und Sekiguchi, „Japan and the World Economy", S. 429.

[17] Pempel, „Japanese Foreign Economic Policy", S. 723.

[18] Robert Mundell, *International Economics* (New York: Macmillan, 1968), Kap. 7.

[19] Exportsubstituierende Direktinvestitionen wurden in Sektoren gefördert, in denen Japan seinen komparativen Vorteil verloren hatte, sowie in Bereichen, in denen die japanischen Exporte durch protektionistische Handelsschranken in den importierenden Ländern bedroht waren. Vgl. Kiyoshi Kojima, *Japan and a New World Economic Order* (London: Croom Helm, 1977). S. 77—91, und Kap. 10 dieses Buches.

[20] Eine eingehende Beschreibung des Systems findet sich bei Yoshio Suzuki, *Money and Banking in Contemporary Japan: The Theoretical Setting and Its Application* (New Haven: Yale University Press, 1980).

[21] M. Schmiegelow, „Cutting Across Doctrines".

[22] Die Mehrheit der Kapitalabflüsse jener Jahre waren Direktinvestitionen im Ausland und Kredite an Entwicklungsländer zu vergünstigten Zinssätzen.

[23] Bank of Japan, Research and Statistics Department, *Economic Statistics Monthly.*

[24] Krause und Sekiguchi, „Japan and the World Economy", S. 440.

[25] Für den Zeitraum 1973 bis 1976 vgl. Peter J. Quirk, „Exchange Rate Policy in Japan: Leaning against the Wind", *IMF Staff Papers,* Bd. 24, (November 1977), S. 642—654; für den Zeitraum Oktober 1977 bis Dezember 1979 vgl. Teizo Taya, „Effectiveness of Exchange Market Intervention in Moderating the Speed of Exchange Rate Movements: an Empirical Study of the Case of Japan", in David Bigman und Teizo Taya (Hrsg.), *Exchange Rates and Trade Instability, Causes, Consequences and Remedies* (Cambridge, Mass.: Ballinger, 1982), S. 217—55.

[26] Victor Argy, *Exchange Rate Management in Theory and Practice,* Princeton Studies in International Finance, Nr. 50 (Princeton: Princeton University Press, Oktober 1982), S. 217—55.

[27] Raymond Vernon, *Two Hungry Giants: The U.S. and Japan in the Quest of Oil and Ores* (Cambridge: Harvard University Press, 1983).

[28] John Lewis, „A Bifocal Policy for Japan", *Far Eastern Economic Review* (12. September 1980). Siehe auch Bank of Japan, Research and Statistics Department, *Annual Review of Monetary and Economic Developments in 1982,* S. 4 f.

[29] Haruo Mayekawa, Präsident der Bank of Japan, zitiert aus *Japan Economic Journal* (20. Dezember 1981).

[30] Bank of Japan, *Annual Review,* S. 3. Das Phänomen ähnelt dem, das Leland B. Yeager, *International Monetary Relations: Theory, History and Policy* (New York: Harper and Row, 1966), bei seiner Verteidigung der flexiblen Wechselkurse als atypische Konstellation von Elastizitäten beschreibt, bei der die Währungsabwertung nicht zu einer Verbesserung der „terms of trade" führt.

[31] „Steady Plunge of Yen Rate Heightens Industrial Fears", *Japan Economic Journal* (22. Juni 1982).

[32] Michael Keran, „The Value of the Yen", Referat, gehalten auf der American Enterprise Institute Conference on the International Monetary System under Stress (Februar 1982). S. 3.

[33] M. Schmiegelow, „Cutting Across Doctrines".

[34] Die Standardwerke zu der Keynesianischen Theorie der Wechselkursbestimmung stammen

von Fritz Machlup, „The Theory of Foreign Exchanges", in *Readings in the Theory of International Trade,* H. S. Ellis und L. A. Metzler (Hrsg.) (Philadelphia: Balkiston, 1949), und Gottfried Haberler, *A Survey of International Trade Theory,* Princeton Special Papers in International Economics, Nr. I.

35 Einen Überblick über die monetären Ansätze geben Allen A. Rabin und Leland B. Yeager, *Monetary Approaches to the Balance of Payments and Exchange Rate,* Princeton Essays in International Finance, Nr. 148 (1982). Die Kapitalmarkt- und Portfolio-Ansätze werden beschrieben von Rüdiger Dornbusch. „A Portfolio Balance Model of the Open Economy", *Journal of Monetary Economics,* 1 (1975), S. 3—20, und Peter Isard, *The Process of Exchange Rate Determination: A Survey of Important Models and Major Issues,* Princeton Studies in International Finance, Nr. 42 (Mai 1978).

36 Für den Zeitraum zwischen 1972 und 1981 vgl. Hans-Eckhard Scharrer, Werner Hesse und Henry Kragenau, *Japans Wirtschaftsentwicklung, Außenhandel und Wettbewerbsfähigkeit* (Hamburg: Weltarchiv, 1983), S. 105 ff. Für den Zeitraum zwischen 1977 bis 1983, Bank of Japan, Research and Statistics Department, „The Increased Activity of Capital Outflows and their Influence on the Domestic Money Market", *Research Report* (September 1983), S. 17.

37 Scharrer et al., *Japans Wirtschaftsentwicklung,* S. 187 ff. Bank of Japan, „Capital Outflows".

38 Bank of Japan, „Capital Outflows", S. 18.

39 Ralph C. Bryant, *Money and Monetary Policy in Interdependent Nations* (Washington, D.C.: The Brookings Institution, 1980).

Kapitel 3
Der Devisenmarkt in Japan
Koei Narusawa

Der japanische Devisenmarkt hat sich seit Beginn der 70er Jahre innerhalb relativ kurzer Zeit zu einem der wichtigsten Währungsmärkte der Welt entwikkelt. Und zwar hat sich die Entwicklung im großen und ganzen parallel mit der Internationalisierung der japanischen Wirtschaft im allgemeinen sowie seiner Finanz- und Kapitalmärkte im besonderen vollzogen. Dabei erhielt die Expansion des Marktes, die sich vor allem in Tagesumsätzen ausdrückte, noch einen zusätzlichen Impuls durch das Inkrafttreten der neuen Gesetze, welche die außenwirtschaftlichen Transaktionen des Landes nunmehr nach dem Prinzip der Handelsfreiheit regelten. Das neue Gesetz wurde im Dezember 1980 erlassen. Der japanische Yen ist heute die drittwichtigste international gehandelte Währung hinter dem US-Dollar und der Deutschen Mark. Eine Untersuchung der Federal Reserve Bank von New York, die die Gesamtumsätze auf dem New Yorker Devisenmarkt im April 1983 analysierte, kommt zu dem Schluß, daß „der japanische Yen die am zweithäufigsten gehandelte Währung geworden war, deren Anteil an den Bruttoumsätzen immerhin 22,0 % betrug". Außerdem wird in dieser Untersuchung festgestellt, daß im März 1980 (in diesem Monat war eine ähnliche Untersuchung durchgeführt worden) „der japanische Yen an vierter Stelle lag und sein Anteil am Umsatz 10,2 % betrug".

Der japanische Devisenmarkt unterscheidet sich zwar hinsichtlich seiner grundlegenden Struktur nicht von den anderen Finanzzentren der Welt, er besitzt aber dennoch eine Reihe von einzigartigen Merkmalen, die besondere Beachtung verdienen. Ganz besonders wichtig ist hier, daß der Markt weder streng gemanagt noch von Nichtmarktkräften kontrolliert wird und daß er insofern nicht der außerhalb Japans weitverbreiteten Vorstellung entspricht, nach der der Begriff der „Japan Inc." auch für den Devisenmarkt zutrifft.

Erstens wird der Devisenmarkt in Tokio allein aufgrund seiner geographischen Lage jeden Tag als erster geöffnet. Diese Tatsache sollte man keineswegs unterschätzen, da wichtige politische Entscheidungen, die sich auch auf den Devisenmärkten niederschlagen, häufig am Wochenende angekündigt werden. D.h., der Tokio-Markt besitzt insofern eine Pionierrolle, als er als erster auf ökonomische oder politische Ereignisse in der Welt reagieren kann, die vor seiner täglichen Öffnung stattgefunden haben. Darüber hinaus ist die Zeitzone, in der sich Japan befindet, weit der von Europa und Nordamerika voraus, so daß sich die Geschäftszeiten zwischen dem Markt in Tokio und den großen Finanzcentern in Europa und Amerika praktisch nicht überschneiden.

Dieser Faktor der Zeitdifferenz ist zweifellos sehr bedeutsam, sofern und wenn man die weitere Entwicklung des Tokioter Marktes als wichtigstem Finanzzentrum Asiens im voraus beurteilen will. So wäre es bei einer langfristigen Perspektive keineswegs bloße Phantasie, sich in Tokio einen Devisenmarkt vorzustellen, der praktisch rund um die Uhr arbeitet und bei dem Devisenhändler aufgrund der ständigen Beobachtung der Ereignisse in den anderen großen Überseemärkten sofort bereit sind, die von ihnen als notwendig erachteten Maßnahmen zu ergreifen.

Zweitens existiert in Japan nach wie vor das sogenannte autorisierte Devisenbanksystem, das 1949 nach dem Modell des britischen Devisenkontrollgesetzes eingeführt wurde. Dieses System hat die grundsätzliche Revision der Devisenregulationen überlebt, durch die überholte Restriktionen möglichst weitgehend abgebaut werden sollten. Diese Revision führte schließlich gegen Ende 1980 zum Erlaß des bereits erwähnten neuen Gesetzes. In diesem System können nur Kreditinstitutionen, die eine Lizenz als „autorisierte Devisenbanken" besitzen, uneingeschränkt mit ausländischen Währungen handeln. Auf diese Weise erhielt der japanische Devisenmarkt eine grundlegend neue Prägung, er wurde nämlich zu einem „Zwischenbank"markt. Dies heißt mit anderen Worten, daß der Devisenmarkt in einem weiteren Sinne eine Doppelstruktur besitzt, bei der der Zwischenbankmarkt den Kern und der Kundenmarkt die Peripherie bilden und bei der Nichtbankinstitutionen, insbesondere im Export und Import tätige Handelsfirmen und Produktionsunternehmen, ihre Devisengeschäfte über die autorisierten Devisenbanken abwickeln. Hinsichtlich des sogenannten Kundenmarktes gab es bis April 1984 eine einzigartige Regelung, nach der jede Terminvereinbarung durch eine entsprechende Nachfrage nach oder ein Angebot von Devisen gedeckt sein mußte, die entweder aus Handels- oder Finanztransaktionen mit Termincharakter stammten. Um diese Regel durchzusetzen, mußten die autorisierten Banken dafür sorgen, daß diese Bedingungen erfüllt wurden, bevor sie sich mit ihren Kunden auf Terminverpflichtungen einließen. Im Falle der außerhalb Japans ansässigen Kunden, insbesondere ausländischer Korrespondenzbanken, mußten die autorisierten Banken einfach gewährleisten, daß die von ihnen plazierten Aufträge für Termingeschäfte nicht einfach rein spekulativen Charakter besaßen. Diese Bestimmung hatte offensichtlich zum Ziel, die Währungsspekulation soweit wie möglich auszuschalten; denn diese wurde von den Kontrollbehörden als überaus störend für das reibungslose Funktionieren des Devisenmarktes empfunden. Diese relativ veraltete Bestimmung wurde schließlich am 1. April 1984 im Zusammenhang mit einem neuen Maßnahmenpaket abgeschafft, das den japanischen Finanzmarkt weiter liberalisieren sollte. Diese Abschaffung wurde auf zweifache Weise begründet: Erstens konnte man wegen des Fehlens ähnlicher Restriktionen auf den anderen Märkten ohne weiteres und völlig legal diese unangenehme Bestimmung umgehen, indem man sich der Überseemärkte bediente. (Im übrigen gibt es zwei gut etablierte Märkte außerhalb Japans, die nahezu zeitgleich mit Tokio arbeiten: Hongkong und Singapur.) Zweitens sollte die Währungsspekulation nicht vollständig abgeschafft werden, da sie ja eine ausgleichende Wirkung haben kann, was bereits von empirischen Untersuchungen im Ausland nachgewiesen worden war.

Um exzessive Spekulationen von seiten der autorisierten Devisenbanken möglichst weitgehend zu verhindern, wird ihnen jeweils individuell eine bestimmte Obergrenze für die erlaubte Höhe der über Nacht offenbleibenden Devisenpositionen vorgeschrieben. Und zwar orientieren sich diese Obergrenzen am jeweiligen Volumen der von diesen Banken getätigten Devisengeschäften. Außerdem mußten sie bislang bei ihren Devisenoperationen noch eine weitere Vorschrift berücksichtigen: Eine Obergrenze für kurzfristige (im Falle eines durch Baisse-Verkäufe überlasteten Marktes) Barplazierungen, die ursprünglich vor allem aus geldpolitischen Überlegungen eingeführt worden war. Im Rahmen der von der Regierung adoptierten Politik der Liberalisierung des heimischen Finanzmarktes wurde diese Restriktion ebenfalls im Juni 1984 abgeschafft. Seitdem besitzen die Devisenbanken sehr viel bessere Möglichkeiten, sich durch den Verkauf von Devisen auf dem Devisenmarkt gegen entsprechende Terminkäufe (Swap-Transaktionen) Yen-Guthaben zu beschaffen. Tatsächlich hatte diese Veränderung sehr viel weiterreichende Implikationen, als zunächst erkennbar war. Hierzu gehört beispielsweise die Tatsache, daß Euro-Yen-Guthaben nunmehr von den Banken, die sowohl auf den Euromärkten als auch in Japan Niederlassungen besaßen, über Direktkonten unbegrenzt auf den Tokioter Markt transferiert werden konnten. Die auf diese Weise stark geförderte Verbindung zwischen den Euromärkten und dem Tokioter Markt bahnte den Weg für eine freie Zinsarbitrage auf beiden Märkten. Alles in allem erwies sich diese Veränderung insbesondere für Auslandsbanken als vorteilhaft, die eigene Filialen in Japan besaßen; denn sie waren bis dahin hinsichtlich der Beschaffung von Yen-Guthaben bei der japanischen Öffentlichkeit gegenüber den einheimischen Banken eindeutig im Nachteil.

Ein Grund, warum das System der autorisierten Banken den mit der allgemeinen Liberalisierung der Devisenbewirtschaftung verbundenen strengen Test überlebte, war, daß es jederzeit wieder als Instrument der Devisenkontrolle mobilisiert werden konnte, sofern diese wieder aktuell wurde. Und diese Möglichkeit wird in dem neuen Gesetz ausdrücklich festgelegt, allerdings zugleich an sehr strikte Bedingungen geknüpft. Andererseits versucht insbesondere der Nichtbankensektor einen immer stärkeren Druck auszuüben, um ebenfalls eine direkte Beteiligung am Devisenmarkt zu erwirken, der bisher exklusiv von den autorisierten Banken monopolisiert wird. Tatsächlich ist es angesichts der allgemeinen Tendenz zur weiteren Liberalisierung und Internationalisierung der japanischen Finanz- und Kapitalmärkte, die durch die bilateralen Verhandlungen zwischen den Vereinigten Staaten und Japan noch verstärkt wurde, keineswegs ausgeschlossen, daß die Demarkationslinie zwischen den Zwischenbank- und den Kundenmärkten immer verschwommener wird.

Bevor wir uns mit der Schlüsselfrage befassen, inwieweit der japanische Devisenmarkt von den Behörden „gemanagt“ wird, erscheint es angebracht, noch auf mehrere andere Merkmale dieses Marktes hinzuweisen. Erstens zeichnet er sich durch ein hohes Maß an Transparenz aus; d.h. mit anderen Worten, Devisentransaktionen auf dem Zwischenbankmarkt gelten nicht als streng vertraulich. Dies war ein bis vor kurzem einzigartiges Merkmal des Devisenmarktes in Japan. Aufgrund der den Devisenmaklern auferlegten Informationspflicht besaßen die Regulierungsbehörden Zugang zu sämtlichen Informationen über individuelle Devisentransaktionen und spielten praktisch bei allen Transaktionen auf diesem Markt eine an der „stillschweigenden“ Führung der Zentralbank orientierte Mittlerrolle. Die Situation hat sich jedoch durch zwei wichtige neue Handelspraktiken grundlegend geändert: Einerseits durch die direkten Geschäfte zwischen den autorisierten Banken ohne Mitwirkung von Maklerfirmen und andererseits durch das sogenannte internationale Maklergeschäft, wobei beide zunächst für den Handel mit anderen Währungen als dem am meisten gehandelten US-Dollar eingeführt wurden. Diese Praxis wurde schließlich auch auf die in US-Dollar getätigten Geschäfte erweitert. Mit der zunehmenden Verbreitung dieser neuen Formen von Devisengeschäften wird der Markt zwangsläufig immer weniger transparent werden, da die Behörden seine Funktionsweise nicht mehr länger im einzelnen überblicken können. Zweitens wird der japanische Devisenmarkt genau wie der Londoner und New Yorker Markt als „unorganisiert“ bezeichnet. D.h., es handelt sich um einen Telefonmarkt, der im Gegensatz zu Paris und Frankfurt keinen Standort wie eine „Börse“ besitzt, an dem sich die Devisenhändler regelmäßig treffen, um jeden Tag ihre Geschäfte abzuwickeln.

Drittens ist es in Japan üblich, daß die Devisenbanken eine einheitliche Börsennotierung der Spot-Dollarsätze veröffentlichen, die für Kundengeschäfte gültig ist und normalerweise während eines ganzen Geschäftstages gilt. Sollte sich der diesem Wert zugrunde liegende Zwischenbanksatz im Laufe des Tages um mehr als einen Yen pro US-Dollar verändern, wird die offizielle Börsennotierung aufgehoben, und alle anschließenden Transaktionen mit Kunden werden zu den jeweiligen Marktsätzen auf einer ad hoc-Basis abgewickelt. Wenn die Abweichung des Marktsatzes von dem ursprünglichen offiziellen Satz über 2 Yen pro US-Dollar beträgt, wird eine neue Börsennotierung veröffentlicht. Die obere und untere Bandbreite der Abweichung vom offiziellen Satz ist mittels eines stillschweigenden Übereinkommens mit den Banken auf 1 Yen pro US-Dollar fixiert worden. Wenn beispielsweise der offizielle Markt-Satz bei 245 Yen pro Dollar liegt, dann werden die Verkaufs- und Kaufofferten der Banken 246 Yen bzw. 244 Yen betragen.

Zu guter Letzt ist bei dem Umfang der täglichen Marktumsätze ein stetiger Aufwärtstrend zu verzeichnen, wobei die Spot-Transaktionen im Durchschnitt nahezu 3 Mrd. $ täglich ausmachen, von denen mehr als die Hälfte in US-Dollar abgewickelt wird. Die restlichen Transaktionen werden in den wichtigsten europäischen Währungen wie der Deutschen Mark, dem Pfund Sterling und dem Schweizer Franken vollzogen. Der Zwischenbankmarkt ist von Montag bis Freitag von 9—12 Uhr und von 13.30 bis 15.30 Uhr geöffnet. Die Zeitdifferenz zwischen 12 Uhr und 13.30 Uhr (Mittagszeit) wird praktisch durch die Märkte in Hongkong und Singapur überbrückt, die beide eine Stunde hinter Japan „hinterherhinken".

Die offiziellen Interventionen auf dem Devisenmarkt werden von der Zentralbank (Bank of Japan) unter der Leitung und in enger Zusammenarbeit mit dem Finanzministerium durchgeführt, das letztendlich für die tatsächliche Wechselkurspolitik verantwortlich ist. Die Bank interveniert auf dem Markt in verdeckter Form — wie dies auch auf den Überseemärkten, z. B. London, üblich ist —, indem sie nur auf dem Spot-Markt Aufträge (Verkauf oder Kauf) erteilt. Obwohl Interventionen auf dem Terminmarkt keineswegs grundsätzlich ausgeschlossen werden, sind sie bislang noch nicht durchgeführt worden. Demgegenüber war die Zentralbank bei ihren Interventionen auf dem Devisenmarkt bisher relativ aktiv. Insofern kann man die Bank genau wie die autorisierten Banken und die Maklerfirmen durchaus als einen Marktteilnehmer bezeichnen (vgl. Abbildung 3.1).

Abbildung 3.1: Die Struktur des Devisenmarktes in Tokio

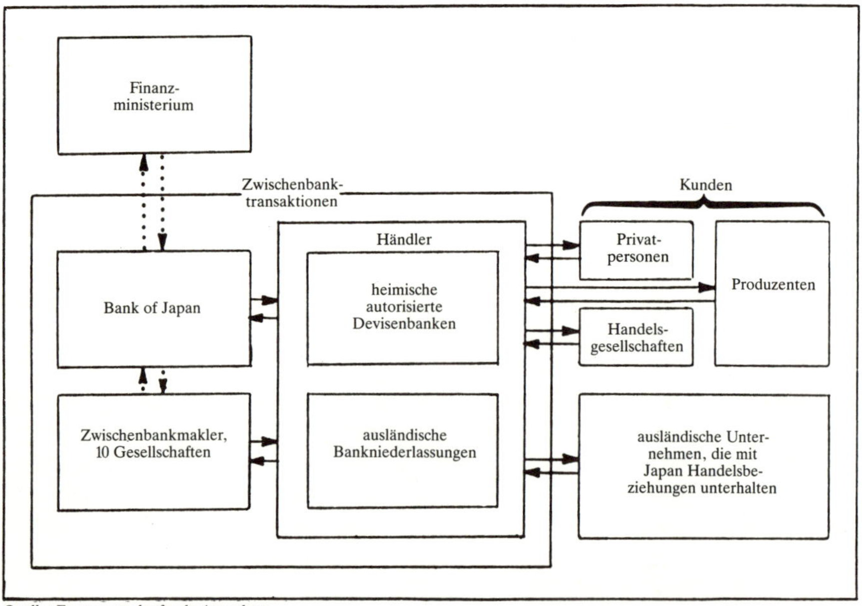

Quelle: Euromoney, laufende Ausgaben.

Obwohl offizielle Interventionen von seiten der Bank of Japan relativ häufig und intensiv waren, wenn man sie mit dem Verhalten der entsprechenden ausländischen Institutionen, insbesondere der Federal Reserve Bank in New York, vergleicht, müssen wir dennoch darauf hinweisen, daß jede bislang vorgenommene Intervention in strengster Übereinstimmung mit den international vereinbarten Richtlinien gehandhabt wurde: D.h., es war immer entweder eine „ausgleichende Operation" oder eine Maßnahme der „Gegensteuerung". Dennoch ist es bedauerlich, daß den japanischen Behörden vom Ausland vorgeworfen worden ist, den Markt häufig manipuliert zu haben und nach wie vor zu manipulieren, um den Wechselkurs des Yen auf einem unangemessen niedrigen Niveau zu halten und auf diese Weise die internationale Wettbewerbsfähigkeit Japans zu gewährleisten. Derartige Vorwürfe sind jedoch völlig aus der Luft gegriffen. Dies heißt allerdings nicht, daß die Behörden eine wirklich „saubere Wechselkursfreigabe" befürworten, sondern die grundlegende Auffassung der japanischen Devisenbehörden war und ist eine gesteuerte Wechselkursfreigabe, um auf diese Weise die Stabilität des Yen sowohl kurz- als auch mittelfristig zu verbessern. Diese Auffassung läßt sich wiederum auf die eindeutige Erkenntnis zurückführen, daß der Wechselkurs selbst eine viel zu wichtige ökonomische Variable ist, um sie den Zufälligkeiten der Märkte zu überlassen.

Während sich der Yen auf den internationalen Finanzmärkten einer zunehmenden Beliebtheit erfreute, wurde andererseits sein Wechselkurs immer mehr externen Faktoren, und zwar insbesondere den grenzüberschreitenden Strömen von Anlagekapital, ausgesetzt. Man schätzt heute, daß mehr als 80 % der Yen-Nachfrage und des Yen-Angebots auf den internationalen Devisenmärkten durch Kapitalzu- und -abflüsse bedingt sind, während der übrige Teil, also weniger als 20 %, auf den Handel mit Gütern und Dienstleistungen zurückzuführen ist. Es ist heute unumstritten, daß eine heimische Währung je nach dem Grad ihrer Internationalisierung bestimmten, nichtkommerziellen Nachfrage- und Angebotsfaktoren ausgesetzt ist. Insofern ist es völlig natürlich, daß der Wechselkurs des Yen in zunehmendem Maße durch derartige Faktoren (wie z. B. Anlagepräferenzen) beeinflußt wird. Ich selbst neige eher der herkömmlichen Auffassung zu, daß die Kaufkraftparitätentheorie bei einer langfristigen Betrachtung durchaus gültig bleibt. Kurzfristig werden dagegen die spezifischen Nachfrage- und Angebotsmuster Japans vor allem durch diverse psychologische Faktoren geprägt. Gegenwärtig führen die anhaltenden starken Zinsdifferenzen zwischen den Vereinigten Staaten und Japan in Verbindung mit der auf dem japanischen Finanzmarkt vorhandenen Überschußliquidität zu beträchtlichen langfristigen Nettokapitalabflüssen aus Japan, die sich vorwiegend auf US-Märkten Anlagemöglichkeiten suchen. So wird beispielsweise für 1984 die Gesamthöhe der Nettoabflüsse auf 50 Mrd. $ geschätzt, womit sie immerhin den japanischen Leistungsbilanzüberschuß von über 35 Mrd. $ übertrifft. Dies Zahlungsbilanzmuster steht in krassem Gegensatz zu dem der Vereinigten Staaten, bei dem das riesige Defizit der Leistungsbilanz von etwa 100 Mrd. $ durch die Nettozuflüsse von Auslandskapital, die sowohl induziert als auch spontan sind, mehr als kompensiert wird. Die herkömmlichen Erfahrungen sagen uns ganz unmißverständlich, daß die Währung eines Landes, dessen Leistungsbilanz ein dauerhaftes riesiges Defizit (oder einen Überschuß) aufweist, als überbewertet (oder unterbewertet) zu betrachten ist. Tatsächlich bestätigt die tagtägliche Leistung der Währungsmärkte nicht zwangsläufig die Gültigkeit dieser herkömmlichen Annahme. Sie wird im Gegenteil immer stärker durch kurzfristige Erwartungen über mögliche Veränderungen der Wechselkurse beeinflußt, so daß die Diagrammanalyse, die ursprünglich für Aktienmarktprojektionen entwickelt wurde, im Bereich der Wechselkursprognosen in zunehmendem Maße Anwendung findet und dabei durchaus positive Ergebnisse erzielt. Derartige Tendenzen mußten zwangsläufig stärkere Ausschläge des Wechselkurses nach sich ziehen als in den frühen Jahren der frei schwankenden Wechselkurse. Das Ergebnis waren häufige Über- oder Unterbewertungen der Währungen, die überhaupt nichts mit den ökonomischen Basisdaten der jeweiligen Währung zu tun hatten. Genau diese Erfahrung hat auch der Wechselkurs des Yen in der Vergangenheit über mehrere Jahre hinweg gemacht. Insofern war es ganz natürlich, daß die japanischen Währungsbehörden von Zeit zu Zeit auf dem Devisenmarkt intervenieren mußten, um exzessive Schwankungen des Yen zu verhindern.

Da die Bank of Japan wegen der Zeitdifferenz praktisch außerstande ist, auf den großen Überseemärkten, insbesondere London und New York, zu intervenieren, hat sie mit der Bank of England und der Federal Reserve Bank ein spezielles Abkommen getroffen, aufgrund dessen diese ab und zu in ihrem Namen Marktinterventionen durchführen können. Diese Vereinbarung hat sich während Perioden der Währungsturbulenzen zugleich als nützlich und effektiv erwiesen.

Kapitel 4
Die Internationalisierung der japanischen Finanzmärkte

Hirohiko Okumura

Einleitung

In den vergangenen Jahren haben die japanischen Finanzmärkte ihre erste Nachkriegsreform erlebt, und wir können davon ausgehen, daß das Finanzsystem, welches Japan auf den Ruinen des 2. Weltkrieges errichtet hat und welches sein starkes Wirtschaftswachstum unterstützt hat, sich bald grundlegend verändern wird. In den meisten Ländern ist die Reformierung oder Renovierung eines Finanzsystems in der Regel durch eine zunehmende Unzufriedenheit der Beteiligten hinsichtlich der Leistungsfähigkeit dieses Systems ausgelöst worden, so daß die erforderlichen Veränderungen unumgänglich wurden. Die gegenwärtige Liberalisierung und Internationalisierung der japanischen Finanzmärkte vollzieht sich teilweise genau nach diesem Muster. So haben beispielsweise auf dem Gebiet der nichtfinanziellen Aktivitäten die japanischen Unternehmen einen erstaunlichen Grad der Internationalisierung erreicht, was selbst auf Überseemärkten allgemein anerkannt wird.[1] Im rein finanziellen Bereich haben dagegen die in Japan vorherrschenden Bestimmungen, die freie internationale Finanzaktivitäten untersagen, eine ähnliche Entwicklung verhindert. Noch bis vor kurzem sind diese Bestimmungen überaus stark kritisiert worden. Dabei entzündete sich die Hauptkritik daran, daß die japanischen Behörden bei ihrem Bemühen um ein „ordentliches Finanzgebaren" eine Politik verfolgt haben, die eindeutig zu einer Erschwerung des Warenhandels geführt hat. Des weiteren richtete sich die Kritik gegen die Finanzinstitutionen, die bei relativ gedämpften heimischen Aktivitäten nur sehr schwerfällig auf die Herausforderung der internationalen Finanzwelt reagieren.

Genau dasselbe gilt im Grunde für die Lenkung der gesamten japanischen Wirtschaft. Eine Analyse der verschiedenen Entwicklungsstadien Japans führt uns unweigerlich zu dem Schluß, daß Japan jetzt dank der sogenannten Pax Britannica und Pax Americana zu einem Kapitalexporteur geworden ist. Dennoch unterscheidet es sich gegenwärtig von Großbritannien und den Vereinigten Staaten durch die Tatsache, daß es auf der internationalen Bühne keinerlei militärische oder politische Unterstützung besitzt und daß der Yen weder eine starke Reserve- noch eine Leitwährung ist. Demnach steht Japan heute vor dem Problem, daß es einerseits eine solide industrielle Basis besitzt und umfangreiche Kapitalexporte tätigt, daß es andererseits jedoch über einen nur unzureichend internationalisierten Finanzsektor verfügt.

Analyse der Internationalisierung der japanischen Finanzmärkte

Inwieweit die Internationalisierung der japanischen Finanzmärkte aus der Sicht der Weltwirtschaft bedeutsam ist oder nicht, hängt von drei Bedingungen ab. Erstens: Ist der Finanzmarkt hinreichend groß? Zweitens: Weist sein gegenwärtiger Zustand darauf hin, daß die Internationalisierung keine ausreichenden Fortschritte erzielt hat? Und drittens: Gibt es gegenwärtig irgendeine finanzielle Restriktion, eine Unterentwicklung des Marktes oder ein anderes Hindernis für die Internationalisierung?

Tabelle 4.1: Die Unterentwicklung der Geldmärkte und der internationalen Finanztransaktionen (Ende 1983) (in Mrd. $)

	Japan	US	Japan/US
Kreditmarktschulden	2995	6226	47,8%
Geldmarkt	91	844	10,8%
Auslandsforderungen	271	887	30,6%
Eigenkapital (zum Marktpreis)	564	2021	27,9%

Quellen: Bank of Japan „Flow of Funds Accounts“, FRB „Flow of Funds Accounts“, Japanisches Finanzministerium, US-Finanzministerium.

Anhand der in Tabelle 4.1 enthaltenen Daten von Ende 1983 können wir feststellen, ob eine dieser drei Bedingungen gegenwärtig zutrifft oder nicht. Erstens betrug das Volumen des japanischen Finanzmarktes ausgedrückt als Kreditmarktschuld 2,995 Billionen $, was einem Anteil von 47,8 % des entsprechenden US-Wertes von 6,226 Billionen $ entspricht. Demnach verfügt Japan über den zweitgrößten heimischen Finanzmarkt in der Welt. Bei den Auslandsforderungen betrug Japans Anteil mit 271 Mrd. $ nur 30,6 % des US-Wertes von 887 Mrd. $. Während der 6-Jahresperiode bis 1983 hat sich dies Verhältnis von 21,1 % auf 30,6 % deutlich erhöht. Dennoch bleibt angesichts der relativen Größe des heimischen Finanzmarktes sicher noch ein großer Entwicklungsspielraum.

Der Rückstand Japans bei der Internationalisierung seines Finanzmarktes ist weitgehend auf die zu späte Liberalisierung zurückzuführen, die in einem späteren Abschnitt noch behandelt wird. Die Kontrolle der Zinssätze für Sichtguthaben und der unterentwickelte Geldmarkt haben sich ebenso negativ ausgewirkt wie die direkten Regulationen bestimmter Kapitalbewegungen. In den Vereinigten Staaten ist der Geldmarkt während der 70er Jahre erstaunlich gewachsen, und dieses Wachstum konnte bis Ende 1963 aufrechterhalten werden, so daß das Marktvolumen zu diesem Zeitpunkt 844 Mrd. $ betrug, während Japan nur einen Wert von 91 Mrd. $ vorweisen kann.

Demnach erfüllt zwar der japanische Markt die Größenanforderung, die für internationale Finanztransaktionen unerläßlich ist, aber seine Internationalisierung ist durch strikte Bestimmungen beeinträchtigt worden, so daß ein Marktsegment bislang noch nicht einmal sein Anfangsstadium überschritten hat.

Der Finanzmechanismus, der Japans traditionell geschlossene Märkte steuert

Da die finanzielle Internationalisierung sehr weitgehend von der Veränderung des traditionell geschlossenen Finanzsystems abhängt, sollten wir zunächst den Mechanismus des vorherrschenden Systems untersuchen. Die Grundlagen dieses Systems wurden weitgehend nach dem 2. Weltkrieg, um 1950 herum, gelegt. Entsprechend den ökonomischen Anforderungen jener Zeit überließ man die Allokation der Kredite nicht etwa dem freien Marktmechanismus, sondern gewährte den Währungsbehörden und Banken die Möglichkeit der quasi-diskretionären Kreditrationierung. Dies war natürlich nicht möglich ohne den Erlaß strenger Vorschriften.

Die Hauptpfeiler dieser Regulation der Finanztransaktionen waren die Festsetzung der Zinssätze für Finanzvermögen, insbesondere für Sichtguthaben, ferner Bestimmungen, die die Aktivitäten aller Finanzinstitute, die Etablierung neuer Finanzinstitute, die Eröffnung neuer Filialen und die Festsetzung der Arbeitszeit regulierten, sowie indirekte Vorschriften für die Handhabung von Werbegeschenken und der Werbung.

Dementsprechend begrenzt waren natürlich die Instrumente, mit denen die Finanzinstitute untereinander konkurrieren konnten. Dabei ist wichtig zu wissen, daß Wettbewerb eigentlich nicht erlaubt ist, daß er in der Realität jedoch in ausgesprochen harter Form stattfindet. Er muß allerdings auf implizite Maßnahmen beschränkt bleiben, d.h., er geschieht über Personalausgaben (Tür-zu-Tür Marketing, mehr Mitarbeiter, etc.) und über andere Ausgaben (günstig gelegener Standort, modernere Gebäude, etc.).

Dies System wäre mit Sicherheit aufrechterhalten worden, wenn nicht offene Märkte mit regulierten Märkten hätten konkurrieren müssen. Bei diesen offenen Märkten handelt es sich um den Markt für sekundäre Obligationen, den gensaki-Markt (für Papiere mit Rückkaufrecht), den Bardepot-Markt und um internationale Transaktionen von Inländern. Diese Märkte sind inzwischen für die Finanzinstitute auf regulierten Märkten zu einer großen Bedrohung geworden.

Rückblickend ergibt sich, daß Banktransaktionen und staatliche Finanztransaktionen im traditionellen System insofern eine überragende Bedeutung gewannen, als sich freie Transaktionen wie die des Kapital- und Geldmarktes weder national noch international entwickeln konnten. Folglich war es unvermeidlich, daß sich die Beziehungen zwischen den Unternehmen und ihren

Hauptgeschäftsbanken immer mehr festigten und zunehmend langfristige Kundenbeziehungen entstanden. Auf diese Weise wurden „überhöhte Darlehen“ von lokalen Banken und „überhöhte Kredite“ von Wirtschaftsunternehmen immer mehr gang und gäbe. In dieser Umgebung wurden finanzielle Innovationen mit äußerster Sk psis betrachtet und meistens ignoriert. Privatpersonen hatten keine andere Möglichkeit der Vermögensanlage als die Einlage bei Banken.

Dennoch erlebte die traditionelle japanische Finanzstruktur nach einer Ära schnellen Wirtschaftswachstums bestimmte Veränderungen der Kapitalströme. Der Anteil der Privatfirmen an den Finanztransaktionen nahm allmählich ab (und damit auch ihre Abhängigkeit von Bankkrediten), während der Anteil des Staates wuchs (aufgrund der zunehmenden Emissionen von japanischen Staatsobligationen). Auf diese Weise vollzog sich ein grundlegender Wandel.

Die Internationalisierung und ihr Einfluß auf die Veränderung der organisatorischen Regeln

Zwischen dem gegenwärtigen japanischen Finanzsystem und dem internationalen Finanzmarkt gibt es eine Reihe von Diskrepanzen. Der grundlegendste Unterschied in der Funktionsweise ist die in Japan häufige Verwendung von impliziten Bedingungen und langfristigen Beziehungen bei den finanziellen Dienstleistungen, während auf dem internationalen Finanzmarkt vor allem explizite Bedingungen vorherrschen und Finanztransaktionen normalerweise auf Spot-Geschäften basieren. Es erübrigt sich wohl, in diesem Zusammenhang darauf hinzuweisen, daß eine verstärkte finanzielle Internationalisierung zugleich eine Standardisierung der Transaktionsvorschriften notwendig machen würde. Sobald Japan erkennt, welche Diskrepanz heute zwischen dem gegenwärtigen Grad seiner finanziellen Internationalisierung und seiner Marktgröße besteht, wird es bereit sein, seine Regeln denen der Vereinigten Staaten und Europas anzupassen.

Welche Faktoren haben nun in Japan zu der Entstehung vorwiegend langfristiger und impliziter Verträge geführt? Hierfür gibt es zwei mögliche Gründe: Erstens: die Existenz eines relativ strengen Regulierungssystems, und zweitens: der Einfluß des einzigartigen Systems der lebenslangen Beschäftigung auf den Entscheidungsprozeß bei finanziellen Transaktionen. Während ein zu großer Optimismus im Hinblick auf eine baldige grundlegende Änderung der Lebenszeitbeschäftigung nicht angebracht erscheint, werden die Regulierungsvorschriften mit Sicherheit gelockert werden.

Die Probleme der finanziellen Liberalisierung

Um eine verstärkte finanzielle Internationalisierung zu erreichen, ist eine finanzielle Liberalisierung unumgänglich. Im Zusammenhang mit den strukturellen Veränderungen der realen Wirtschaft während und nach der ersten Hälfte der 70er Jahre hat sich das Finanzklima sehr stark geändert und unterscheidet sich eindeutig von dem der Periode hohen Wirtschaftswachstums. Mit anderen Worten, die Faktoren, die das Finanzsystem der Nachkriegszeit geprägt haben, sind nahezu verschwunden. Insbesondere während der vergangenen Jahre hat sich in einigen Bereichen ein erstaunlicher Wandel vollzogen: Japan verzeichnet heute nur mehr ein gemäßigtes Wirtschaftswachstum; Offenmarkttransaktionen einschließlich einer aktiven Sekundärtransaktion von Staatsobligationen sind immer populärer geworden; in der Finanzindustrie haben sich bestimmte Innovationen durchgesetzt (wie die Einführung des Electronic Funds Transfer Systems [EFTS]), und zinsreagibles Geld („heißes Geld") spielt eine immer größere Rolle.

Von all diesen Faktoren ist die Verlangsamung der japanischen Wachstumsrate eindeutig am wichtigsten; denn das verlangsamte Wirtschaftswachstum erzeugt in zunehmendem Maße Finanzdefizite im Unternehmenssektor. Bei einer nach wie vor hohen persönlichen Sparquote, die im Privatsektor zu hohen Finanzüberschüssen geführt hat, trägt diese Veränderung zur Entstehung steigender Finanzdefizite im öffentlichen und im Auslandssektor bei. Dies führt wiederum zu umfangreichen Emissionen von Staatsobligationen sowie zu einem erhöhten Leistungsbilanzüberschuß. Beide Fälle werden von einer Zunahme der Offenmarkttransaktionen begleitet, die eine Deregulation des Finanzsystems erzwingt. In Japan sind sowohl im öffentlichen als auch im Auslandssektor zunehmende Finanzdefizite zu verzeichnen.

Im Rahmen einer derartigen strukturellen Veränderung der Wirtschaft hat sich das Gewicht der Finanztransaktionen, das ursprünglich bei den Unternehmen lag, jetzt auf Wirtschaftsunternehmen, den öffentlichen Sektor und Privatpersonen verlagert. Außerdem hat der strukturelle Wandel zugleich die Notwendigkeit einer Niedrigzinspolitik verringert und eine Liberalisierung der Zinssätze ermöglicht. Die extreme Dominanz der Banken im Bereich der Finanztransaktionen hat nachgelassen, und der Rentenmarkt sowie ein Teil des Geldmarktes nehmen heute ebenfalls an Finanztransaktionen teil. Gleichzeitig ist die Praxis einer möglichst weitgehenden Absicherung im Abnehmen begriffen. Aufgrund dieser Veränderungen auf den Finanzmärkten wird selbst von privaten Finanzinstitutionen der Ruf nach einer stärkeren Deregulation ihrer Geschäftsbestimmungen laut.

In der Realität ist es einer Gruppe von City-Banken gelungen, die impliziten Zinssätze während der vergangenen Jahre zu senken, und gegenwärtig wirken einige von ihnen auf die Behörden ein, um eine weitere Fortsetzung dieses Prozesses zu erreichen.[2] Durch dieses Vorgehen der Großbanken haben die Währungsbehörden sich endlich auf eine verstärkte finanzielle Liberalisierung eingelassen. Die derzeitigen Reformen des japanischen Systems sind weder das Produkt einer bürokratischen Lenkung von Privatinstitutionen noch das Ergebnis von Petitionen der letzteren an die Behörden, sondern sie sind vielmehr das Ergebnis einer fruchtbaren Zusammenarbeit zwischen beiden. Das relative Gewicht der politischen Zielsetzungen wie „Ordnung der Finanzmärkte“ und „normale Zinsstruktur“ ist im Vergleich zu einer auf den Marktprinzipien beruhenden Politik im Abnehmen begriffen.[3]

Die Konsequenzen der Liberalisierung und der Internationalisierung

Bei unserer Beobachtung des Prozesses der erweiterten Liberalisierung und Internationalisierung ist interessant, welche Marktveränderungen wir feststellen können. Wird es ein Chaos oder ein völliger Fehlschlag werden? Wir können jetzt schon erkennen, daß trotz der tiefgreifenden Veränderungen der Kostenstruktur und der Funktionen der Finanzinstitute keinerlei Verwirrung und keine Benachteiligungen auftreten werden. Fest steht jedoch, daß der Zins für Sichtguthaben steigen und der Wettbewerb der Finanzinstitute untereinander in bezug auf ihre expliziten Raten intensiviert wird. Sofern sich keine weiteren Bedingungen ändern, wird dadurch ein starker Druck auf die Rentabilität der Finanzinstitute ausgeübt. Allerdings handelt es sich hierbei um einen „ex ante“- und nicht um einen „ex post“-Fall.

Die Manager der Finanzinstitute werden die schrumpfenden Renditen sicherlich nicht tatenlos hinnehmen, sondern ihre Strategien entsprechend verändern sowie die Lohn- und Nichtlohnkosten senken, um den Anstieg des Zinssatzes für Sichtguthaben auszugleichen. Außerdem versuchen sie gegenwärtig, der Deregulierung sowohl der Innovationen als auch ihres Aktionsspielraums durch Veränderungen ihrer eigenen Funktionen zu begegnen.

Die kleinen und mittleren Finanzinstitutionen hegen im allgemeinen die Befürchtung, daß sie sich gegenüber den größeren Konkurrenten in einer sehr ungünstigen Wettbewerbssituation befinden werden, da diese von den Vorteilen der Skalenerträge und des größeren Aktionsradius profitieren können. Eine mögliche Lösung dieses Problems wäre die Einrichtung eines gemeinsamen Filialennetzes, unabhängig davon, ob die prognostizierten Größenvorteile eintreten oder nicht. Demnach müßte aufgrund der verschiedenen Formen von Unternehmenskooperation eine veränderte oder revidierte Finanzatmosphäre entstehen. Mit Ausnahme bestimmter Institutionen, die nicht die Weitsicht besitzen, um den Herausforderungen einer sich ändernden Umwelt zu begegnen, wird die zunehmende Liberalisierung und Internationalisierung vermutlich die Rentabilität der Finanzinstitutionen gar nicht so drastisch einschränken. Allerdings wird eine dynamische Einstellung von seiten des Managements dieser Institutionen erforderlich sein, um alle mit dieser neuen Situation verbundenen Risiken möglichst niedrig zu halten.

In Japan sind die Aufgabenbereiche, in denen securities companies tätig sein können, per Gesetz von denen der Geschäftsbanken getrennt, obwohl sie sich in den Randgebieten sehr wohl überschneiden. Dies heißt insbesondere, daß den Banken alle Aktivitäten in Verbindung mit Aktien, Unternehmensobligationen oder dem Management von Investmenttrusts verschlossen sind. Andererseits dürfen die securities companies keine Konten für Sichtguthaben führen und keine Handelskredite vergeben.

Gegenwärtig kämpfen allerdings sowohl die securities companies als auch die Banken um die zwischen den beiden erwähnten Bereichen liegenden Geschäfte sowie auf dem Geldmarkt um die Grauzone zwischen der jeweiligen Domäne der Banken und der Effekten-Unternehmen.

Im Mai 1981 wurde ein neues Bankgesetz erlassen, das einen Artikel enthält, in dem die Banken zu bestimmten Wertpapiergeschäften autorisiert werden. Aufgrund dieses Artikels haben die Banken seit April 1983 beträchtliche Mengen von öffentlichen Obligationen an Investoren verkauft. Im Juni 1983 haben sie darüber hinaus begonnen, öffentliche Schuldverschreibungen auf dem Rentenmarkt zu handeln. Andererseits sind die securities companies inzwischen dazu übergegangen, Teile ihrer mittelfristigen Staatspapiere zu verkaufen, deren Funktion seit Januar 1980 denen von Sparkonten sowie seit November 1982 denen von „Rikin"-Fonds ähnelt. Darüber hinaus gewähren sie seit Juni 1983 privaten Kapitalanlegern Kredite, die mit staatlichen Rentenpapieren abgesichert sind.

Inzwischen gibt es ferner eine zunehmende Anzahl von securities companies und Banken, die eine Vereinbarung getroffen haben, nach der die Finanzanlagen der Effektenhändler mit Hilfe der Sparguthaben finanziert werden, die diese bei den dazugehörigen Banken unterhalten.

Demnach gibt es bestimmte Bereiche, in denen die von den Effektenhändlern und Banken angebotenen Dienstleistungen miteinander konkurrieren, und andere Bereiche, in denen sie komplementär sind. Die Situation wird sich auf absehbare Zeit kaum grundlegend ändern. Allerdings werden die securities companies die Attraktivität ihrer Anlageformen verbessern, so daß die Banken einem stärkeren Druck zur Liberalisierung ihrer auf Einlagen gezahlten Zinsen ausgesetzt sind. Das Ergebnis dieses Wettbewerbs wird weitgehend durch ihre Fähigkeit bestimmt, innovative Finanzdienstleistungen anzubieten, die genau die Bedürfnisse ihrer Kunden befriedigen.

Andererseits steht zu vermuten, daß angesichts des Erfolgs der japanischen Wirtschaft in makroökonomischer Hinsicht die Liberalisierung und Internationalisierung eine Verbesserung der Finanzleistung mit sich bringen wird, die sich am besten anhand von Begriffen wie der Effizienz der Mittlerrolle und der Allokation, der finanziellen Innovation und einer fairen Informationspolitik messen läßt. Gleichzeitig steht zu erwarten, daß die Wirksamkeit der Geldpolitik eindeutig nachlassen wird.

Einerseits wird die Kontrolle der Geldmenge mit Hilfe der für die Großbanken gültigen „Fensterlenkung"*, die von der Bank of Japan sehr stark betrieben wird, einen Teil ihrer Effektivität verlieren. Die Bank of Japan ist

* Bei diesem Prinzip der „window guidance" bewilligt die Bank of Japan den Banken vierteljährlich Kontingente zur Kreditvergabe. (Anm. d. Übers.)

sich dieser Tatsache sehr wohl bewußt und versucht deshalb, die Kontrolle der Geldmenge stärker über die Märkte zu bewerkstelligen. Allerdings wird diese Form der Kontrolle bei weitem nicht so wirksam sein wie die gegenwärtige Methode der „Fensterlenkung" sowie andere Instrumente des geschlossenen Marktes, auf dem sehr viele langfristige und unsichtbare Verträge geschlossen werden.

Ein für die Entwicklung der Geldpolitik schwierigeres Problem entsteht allerdings dadurch, daß das Kapital sich frei bewegen kann und die Zinssätze zwischen Ländern mit sehr unterschiedlichen Steuersystemen angeglichen werden. So können beispielsweise in den Vereinigten Staaten die für Haushaltskredite gezahlten Zinsen vom Einkommen abgezogen werden, während dies in Japan nicht erlaubt ist. Dies müßte eigentlich zu einer großen Zinsdifferenz zwischen den beiden Ländern führen. Wenn jedoch zwischen den Finanzmärkten der beiden Länder ein internationaler Kapitalstrom stattfindet, müßte die Spanne zwischen den Zinssätzen eindeutig geringer werden. Das Ergebnis wäre, daß der japanische Marktzins steigen und dadurch die heimischen Investitionen eingeschränkt würden, so daß es zu einem Konjunkturabschwung käme. Dies heißt mit anderen Worten, daß selbst wenn die japanischen Währungsbehörden Maßnahmen durchführen wollten, die den Zinssatz auf dem für die heimische Wirtschaft günstigsten Niveau erhalten würden, sich dieses Niveau nicht aufrechterhalten ließe, solange die Vereinigten Staaten mit Hilfe ihrer eigenen Geldpolitik und ihres Steuersystems einen hohen Zinssatz anstreben.

Demnach besitzen die gleichzeitigen Prozesse der Liberalisierung und Internationalisierung sowohl positive als auch negative Aspekte. Bei der Beurteilung des Nettoeffekts dieser entgegengesetzten Kräfte — um also festzustellen, ob die besagten Prozesse für die japanische Wirtschaft von Vorteil sein könnten — ist die Internationalisierung des Yen die eindeutige Schlüsselgröße. Sobald dies der Fall ist, werden die Liberalisierung und die Internationalisierung insgesamt die Position Japans als Kapitalexporteur verbessern.

Die Internationalisierung des Yen

Während der vergangenen Jahre hat sich die Internationalisierung des Yen eindeutig beschleunigt. Insbesondere hat der Yen inzwischen als internationale Anlagewährung einen echten Durchbruch erreicht, und es ist zu erwarten, daß er auch als Transaktions- und als Reservewährung sowie als Instrument der Intervention durch die Währungsbehörden zunehmende Bedeutung erlangen wird. Dies wird in unmittelbarer Zukunft zu einer vollständigen Internationalisierung des Yen führen. Wie schnell sich dieser Prozeß verwirklichen läßt, hängt weitgehend davon ab, welche Maßnahmen die japanische Regierung ergreift und wie der Yen in der übrigen Welt beurteilt wird.

Etwa 35 % der japanischen Exporte und etwa 3 % seiner Importe werden in Yen abgewickelt. Demgegenüber werden in anderen Industrieländern 60 bis 80 % der Exporte und 30 bis 50 % der Importe in der eigenen Währung getätigt. Dennoch sind die japanischen Unternehmen keineswegs mit dem niedrigen Anteil der Yen-Exporte unzufrieden und haben kein sonderliches Interesse an einer Erhöhung dieser Quote. Hierfür gibt es zwei Gründe: Erstens betrachten japanische Firmen die Wahl der jeweiligen Handelswährung als Teil ihrer Gesamtstrategie, zu der unter anderem die Preispolitik, die Auswahl der Importagenten und die Errichtung von ausländischen Niederlassungen gehören, und manchmal überlassen sie die Wahl der Währung ihren ausländischen Kunden als Gegenleistung für günstige Exportpreise und andere vorteilhafte Handelsbedingungen. Zweitens hatten Privatunternehmen aufgrund der langsamen Liberalisierung der Finanztransaktionen bisher nur wenig Möglichkeiten, um den Anteil der in Yen abgewickelten Geschäfte zu erhöhen.

Grundsätzlich gilt, daß die restriktiven staatlichen Regulierungen der Finanztransaktionen die Expansion der in Yen getätigten Auslandsgeschäfte beeinträchtigen. Angesichts der gegenwärtigen Situation des japanischen Außenhandels müßten vor einer Zunahme der Yen-Transaktionen zunächst die folgenden Bedingungen erfüllt werden: Erstens müßte die Wettbewerbsfähigkeit der Exporte verbessert und zweitens der Yen-Kurs stabilisiert werden; drittens müßten Maßnahmen zur Absicherung gegen Kursrisiken festgelegt und viertens die Handelsfinanzierung in Yen erleichtert werden.

Die erste Bedingung betrifft ausschließlich private Unternehmen und nicht etwa den Staat, während die anderen drei Bedingungen nur erfüllt werden können, wenn der Staat die Devisen- und Finanztransaktionen liberalisiert. Dies heißt mit anderen Worten, der gegenwärtige Versuch der japanischen Währungsbehörden, die heimischen Transaktionen und die Verwendung von Euro-Yen zu deregulieren, sowie die Etablierung des Bankakzeptmarktes werden bereits in der nahen Zukunft den internationalen Charakter des Yen deutlich verstärken.

Zusammenfassung

Obwohl die Internationalisierung der Finanztransaktionen seit etwa 1977 allmählich zugenommen hat, ist angesichts der gegenwärtigen industriellen Stärke Japans noch sehr viel Spielraum für weitere Fortschritte. In der nahen Zukunft werden die mit der Internationalisierung verbundenen Entwicklungen sich weitgehend auf drei Bereiche beschränken: Erstens wird der Yen in zunehmendem Maße weltweit als internationale Handels-, Reserve- und Anlagewährung verwendet werden. Zweitens werden aufgrund der intensivierten internationalen Aktivitäten der japanischen Finanzinstitutionen zugleich ausländische Finanzinstitute in stärkerem Maße in Japan Fuß fassen. Drittens werden die japanischen Zinssätze sehr viel enger mit den ausländischen Zinssätzen verknüpft sein.

Die Prozesse der Internationalisierung und Liberalisierung ergänzen sich gegenseitig. D.h., mit der zunehmenden Internationalisierung werden die Offenmarkttransaktionen der Deviseninländer zunehmen, und die regulierten heimischen Märkte werden zwangsläufig liberalisiert werden müssen, um sich dieser neuen Situation anzupassen. Hierbei stellt sich die Frage, welche Implikationen die gegenwärtig auf den japanischen Finanzmärkten zu beobachtende Liberalisierung und Internationalisierung für die Weltwirtschaft haben werden.

Die fortschreitende Internationalisierung wird sich in vier Bereichen positiv auf die Weltwirtschaft auswirken: Erstens werden aufgrund der zu erwartenden fortgesetzten japanischen Kapitalexporte internationale Devisen auf die entwickelten japanischen Märkte fließen, und die Effizienz der Finanztransaktionen wird sich in der gesamten Weltwirtschaft erhöhen.

Zweitens wird der Anteil der in Yen getätigten Geschäfte steigen. Insbesondere wird sich höchstwahrscheinlich ein Yen-Bankakzept-Markt entwickeln, und die Entstehung eines Yen-Instruments zur Importfinanzierung wird den Anteil der Yen-Importe an den japanischen Gesamtimporten erhöhen.

Drittens werden ausländische Finanzinstitute sowohl in Japan als auch im Ausland verstärkte Aktivitäten entfalten. Mit der Zunahme der Spot-Geschäfte und der sichtbaren Vertragsabschlüsse auf dem Finanzmarkt wird der Wettbewerb für die ausländischen Finanzinstitutionen in Japan erleichtert. Außerdem werden ausländische Finanzinstitutionen, die einen vergleichsweise besseren Ruf genießen als ihre japanischen Konkurrenten, aufgrund eines freieren Handels mit Euro-Yen auf den internationalen Finanzmärkten vermehrt gewinnbringende Geschäfte tätigen können.

Viertens wird die Politik zwischen den wichtigsten Ländern einschließlich Japan in zunehmendem Maße koordiniert werden. Sobald der japanische Finanzmarkt offener und wettbewerbsfähiger wird, ist mit verstärkter Arbitrage zwischen Yen-Anlagen und auf andere Währungen lautendem Finanzkapital zu rechnen, und Währungssubstitution wird immer häufiger werden. Der internationale Kapitalverkehr wird oft genug zu Auswüchsen und Zusammenbrüchen auf den Devisenmärkten führen und die Zinssätze in den betroffenen Ländern ab und zu destabilisieren. Deshalb werden die Länder mit bedeutenden Finanzmärkten ihre Wirtschaftspolitik zwangsläufig koordinieren müssen.

Wenn wir die Leistung des japanischen Finanzmarktes beurteilen wollen, müssen wir verstehen, daß seine Aktivitäten staatlich reguliert werden. Deshalb können bei einer Änderung dieser Regulierung deutlich verbesserte Leistungen erwartet werden. Japan versucht bereits drastische Veränderungen bei seinen finanzrechtlichen Bestimmungen durchzusetzen. Diese Veränderungen werden in sehr vielfältiger Form stattfinden, wie beispielsweise der Freigabe der Zinssätze sowie der Deregulierung der Geschäftsbereiche der verschiedenen Finanzinstitutionen, der freien Verwendung von Euro-Yen und der Etablierung entwickelter Geldmärkte.

Wenn derartige Maßnahmen erfolgreich durchgesetzt werden, müssen sich zugleich die Spielregeln des Finanzmarktes anpassen, so daß in Japan Bedingungen entstehen, mit denen ausländische Finanzinstitutionen sehr viel besser vertraut sind. Dieser Wandel ist für Japan eine historische Notwendigkeit, da es inzwischen eine Phase der Wirtschaftsentwicklung erreicht hat, in dem es seine Position als Kapitalexporteur bewahren muß.

Insgesamt steht zu erwarten, daß Japan zu einem der größten Finanzzentren der Welt aufsteigen wird und daß sich allen Finanzinstitutionen in Japan ein wesentlich erweiterter Aktivitätsbereich erschließen wird. Darüber hinaus werden für Japan, die Vereinigten Staaten und die europäischen Länder die erforderlichen Voraussetzungen geschaffen werden, um eine Koordinierung ihrer politischen Entscheidungen zu erleichtern.

Anmerkungen

1 So lag beispielsweise gegen Ende der 70er Jahre auf dem amerikanischen Handelswechselmarkt der Zinssatz eines von Mitsubishi International (einer amerikanischen Tochter von Mitsubishi Trading) herausgegebenen Papiers etwa 0,3 % über dem Satz des führenden amerikanischen Emittenten GMAC. Gegenwärtig hat sich diese Differenz jedoch auf 0,1 % reduziert.

2 Tatsächlich haben in den 7 Jahren vor 1983 13 sogenannte City-Banken ihr Personal erfolgreich um etwa 12 % verringert und das Verhältnis der Ausgaben zu den Sichteinlagen von 2,18 % auf 1,33 % reduziert (vgl. Tab. 4.2).

3 Das Konzept einer „normalen Zinsstruktur" lautet folgendermaßen: a) Langfristige Sätze sollten höher sein als kurzfristige Sätze; b) die Schulden des staatlichen Sektors sollten niedrigere Zinsen aufweisen als die des privaten Sektors, und c) Banken sollten stabile Spannen zwischen der Verzinsung ihrer Einlagen und ihren Anlagekosten haben, um stabile Gewinne zu erzielen.

Tabelle 4.2: Trend des Verhältnisses von Gesamtausgaben zu Sichtguthaben (13 „City-Banken")

Jahr	Verhältnis von Gesamtausgaben zu Sichtguthaben	Anteil der Personalausgaben	Anzahl der Beschäftigten	Personalausgaben pro Kopf	Durchschnittliche fällige Sichtguthaben (ausschließlich Bardepots)
	%	%		¥ Millionen	¥ Milliarden
1975	2,10	1,31	186 876	3,77	52,986
1976	2,18	1,32	185 817	4,35	59,324
1977	2,16	1,31	183 927	4,84	65,052
1978	1,98	1,22	181 754	5,10	73,751
1979	1,80	1,10	178 417	5,48	82,756
1980	1,70	1,02	175 979	5,91	93,631
1981	1,54	0,91	173 961	5,92	108,989
1982	1,41	0,84	169 001	6,36	123,313
1983	1,33	0,79	163 483	6,74	133,697

Quelle: Federation of Bankers Association of Japan.

Kapitel 5
Die japanischen Direktinvestitionen im Ausland

Motoshige Itoh und Kazuharu Kiyono

Einleitung

Obwohl die japanischen Direktinvestitionen im Ausland erst seit relativ kurzer Zeit eine signifikante Größenordnung erreicht haben, ist Japan aufgrund der starken Zunahme seiner Direktinvestitionen in den vergangenen 15 Jahren zu einem der wichtigsten Kapitalexporteure der Welt geworden. Die japanischen Auslandsinvestitionen haben unterschiedliche Auswirkungen auf die Weltwirtschaft gehabt und werden heute in vielen Ländern mit Besorgnis betrachtet. Da diese Investitionen einige ganz spezifische Merkmale aufweisen, ist es wichtig, die Determinanten dieser Merkmale zu untersuchen, um den Mechanismus und die Konsequenzen derartiger Investitionen zu verstehen.

In diesem Kapitel werden wir die grundlegenden Charakteristika der japanischen Direktinvestitionen erörtern und die Faktoren analysieren, die für diese Charakteristika ursächlich sind. Dabei geht es uns nicht um eine umfassende Darstellung, sondern vielmehr um einen entscheidenden Aspekt dieses Themas: die drastische Veränderung der japanischen Industriestruktur.

Ein Überblick

Die japanischen Direktinvestitionen haben bis Ende der 60er Jahre nur einen geringen Anteil an den weltweiten Direktinvestitionen ausgemacht. Ihr Trend ist in den Tabellen 5.1 und 5.2 aufgezeigt. Tabelle 5.1 zeigt den Umfang der ausländischen Direktinvestitionen in jedem Jahr, während Tabelle 5.2 die kumulativen Direktinvestitionen im Ausland am Ende jedes Jahres darstellt. Es zeigt sich ganz deutlich, daß die Direktinvestitionen in den 60er Jahren sehr viel niedriger sind als in den 70er und 80er Jahren. Tabelle 5.3 vergleicht die kumulativen ausländischen Direktinvestitionen von vier Industrienationen. An dem relativ niedrigen japanischen Wert von 1971 läßt sich ablesen, daß die Japaner im Ausland während der 50er und 60er Jahre insgesamt noch relativ zurückhaltend waren und erst in den 70er Jahren einen deutlichen Vorstoß unternahmen.

Für diese stagnierende Leistung waren mehrere Faktoren verantwortlich. Erstens gingen ein schnelles wirtschaftliches Wachstum und eine drastische Veränderung der Industriestruktur mit verschiedenen Importrestriktionen sowie einer schnell wachsenden Nachfrage auf dem Binnenmarkt einher. Unter diesen Umständen besaßen die japanischen Unternehmen starke Anreize, um vorwiegend auf dem heimischen Markt zu investieren. Das technologische Niveau sowie die Managerfähigkeiten der japanischen Unternehmen waren überdies denen der ausländischen Firmen unterlegen, so daß den Japanern Auslandsinvestitionen nicht sonderlich vorteilhaft erschienen.

Tabelle 5.1: Die ausländischen Direktinvestitionen (ADI) Japans pro Jahr (in Mio. $)

Jahr	ADI	% am BSP	% am Anlage-vermögen	% am privaten Anlage-vermögen	% an Exporten
1966	227	0,2	0,7	1,0	2,3
1967	275	0,2	0,7	1,0	2,6
1968	557	0,4	1,2	1,5	4,2
1969	665	0,4	1,1	1,5	4,0
1970	904	0,4	1,3	1,7	4,6
1971	858	0,4	1,0	1,4	3,5
1972	2 388	0,7	2,1	3,0	7,9
1973	3 494	0,8	2,3	3,0	9,0
1974	2 395	0,5	1,5	2,0	4,2
1975	3 280	0,7	2,1	3,1	5,9
1976	3 462	0,6	2,0	2,9	5,0
1977	2 806	0,4	1,3	2,0	3,4
1978	4 598	0,4	1,4	2,1	4,7
1979	4 995	0,5	1,6	2,3	4,7
1980	4 693	0,4	1,3	1,9	3,4
1981	8 906	0,8	3,3	5,4	5,9

Quellen: Ministry of International Trade and Industry, *Wagakuni kigyou no kaigai jigyou katsudo* [Überseeaktivitäten unserer heimischen Unternehmen (Tokio, 1983)].

Zweitens spielte eine Devisenknappheit eine wichtige Rolle speziell für die japanische Handelspolitik sowie generell für die gesamte Wirtschaftspolitik der 50er und 60er Jahre.[1] Unter dem Foreign Exchange and Foreign Trade Management-Law von 1949 und den dazugehörigen Verordnungen mußten alle Transaktionen und Überweisungen im Zusammenhang mit Direktinvestitionen im Ausland vom Finanzministerium beurteilt werden, welches wiederum mit anderen Ministerien und Behörden, insbesondere dem Ministry of International Trade and Industry (MITI), zusammenarbeitete. Japan hatte sich nämlich mit seiner internationalen Zahlungsbilanz nahezu an den Rand eines völligen Verlustes seiner Währungsreserven gebracht. Dementsprechend versuchte die Regierung mit allen nur erdenklichen Maßnahmen, den Abfluß von Devisen mit Hilfe des Warenhandels und durch Währungstransaktionen zu kontrollieren und einzuschränken. Kapitalexporte, die zumindest kurzfristig die Devisenreserven eines Landes verringern, waren schließlich keine Ausnah-

Tabelle 5.2: Kumulative japanische Direktinvestitionen im Ausland (in Mio. $)

Jahr	kumulative ADI	% am BSP	% am Anlage- vermögen	% an Exporten
1966	1177	1,1	3,7	12,0
1967	1452	1,2	3,7	13,7
1968	2009	1,4	4,2	15,0
1969	2676	1,5	4,6	16,2
1970	3577	1,8	5,2	18,0
1971	4435	1,8	5,3	18,0
1972	6773	2,1	6,1	23,0
1973	10267	2,4	6,6	26,4
1974	12662	2,7	8,0	22,1
1975	15942	3,2	10,4	28,5
1976	19404	3,4	11,3	28,0
1977	22210	3,0	10,4	26,7
1978	26809	2,5	8,2	27,6
1979	31804	3,2	10,2	27,6
1980	36497	3,3	10,4	26,4
1981	45403	4,1	16,7	29,9

Quellen: Ministry of International Trade and Industry, *Wagakuni kigyou no kaigai jigyou katsudo*.

Tabelle 5.3: Kumulative ausländische Direktinvestitionen im Vergleich (in 100 Mio. $)

Jahr/ Land	1971	1975	1981	1982	durchschnittliche jährliche Wachstumsrate (%) 1971–75	1975–1981
Japan	44	159	454	531	37,9	19,1
USA	828	1242	2273	–	10,7	10,6
BRD	73	160	373	–	21,7	15,2
UK	273	308	794	–	6,8	17,1

Quellen: „Kaigai chokusetsutoshi no kokunai keizai ni oyobosu eikyo" [Auswirkungen der ausländischen Direktinvestitionen für die japanische Wirtschaft], *Kaigin chosa* 7 (1984).

me. (Nachdem die Zahlungsbilanz in der zweiten Hälfte der 60er Jahre einen Überschuß aufwies, hat die Regierung die Beschränkung der Auslandsinvestitionen gelockert. 1972 waren die meisten Restriktionen aufgehoben.)

Die japanischen Direktinvestitionen im Ausland haben in den 70er und 80er Jahren schnell und stetig zugenommen. Das Verhältnis der japanischen Direktinvestitionen zum BSP betrug 1981 0,8 % und lag damit zwar unter der 4,3%-Rate Großbritanniens, übertraf jedoch die 0,4%- bzw. 0,6%-Rate der Amerikaner und der Westdeutschen.

Um festzustellen, in welchen Regionen und Industrien die japanischen Auslandsinvestitionen in den 70er Jahren am stärksten stiegen, unterteilen wir die

Nachkriegsperiode in zwei Zeiträume: 1951 bis 1971 und 1972 bis 1981. Tabelle 5.4 zeigt die regionale und industriespezifische Verteilung der japanischen Direktinvestitionen während dieser beiden Perioden.

Aus dieser Tabelle geht hervor, daß die folgenden Industrien und Regionen während des zweiten Zeitabschnitts mit hohen Investitionen bedacht worden sind: (in abnehmender Reihenfolge) Asien, Bergbau; Nordamerika, Kraftfahrzeugbau; Nordamerika, Handel; Asien, Handel; Asien, Eisen und Metalle; Nordamerika, Finanzierung und Versicherungen; Europa, Handel; Lateinamerika, Bergbau. Aus dieser Reihenfolge ergeben sich für uns die folgenden Überlegungen.

Erstens ist aufgrund der schnellen Wirtschaftsentwicklung und der dramatischen Veränderung in der Industriestruktur die japanische Nachfrage nach ausländischen natürlichen Ressourcen stark gestiegen. Aus MITIs White Paper on International Trade von 1973 geht hervor, daß die japanische Industriestruktur mehr Rohstoffe verbraucht als die westdeutsche und die amerikanische.[2] Insofern lassen sich die hohen Investitionen im Bergbau in Asien und in Lateinamerika sowie in der Chemie im Nahen Osten durch die gestiegene Nachfrage nach Rohstoffen erklären. Obwohl die durch ausländische Rohstoffe motivierten Direktinvestitionen auch in den 60er und 70er Jahren einen bedeutenden Anteil an den japanischen Direktinvestitionen hatten, war ihre Wachstumsrate während dieses Zeitraums niedriger als die anderer Investitionskategorien. Das Verhältnis der Direktinvestitionen der zweiten Periode zu denen der ersten Periode beträgt im Bergbau 6,4 %, im verarbeitenden Gewerbe 14,6 % und im Handel 11,4 %.

Zweitens sind die Direktinvestitionen im verarbeitenden Gewerbe zwischen diesen beiden Perioden am schnellsten, nämlich um das 14,6fache, gestiegen. Besondere Aufmerksamkeit verdienen vor allem die Investitionen in Kraftfahrzeuge und Elektrogeräte in Nordamerika. Hier wird offensichtlich, daß die Unternehmensstrategie vom Export auf die Auslandsproduktion umgestellt wurde. Ein ausschlaggebender Faktor hierfür waren zunehmende Handelskonflikte in Nordamerika. Wir werden diese Art der Direktinvestitionen später noch eingehender erläutern. Auch die Investitionen in die Eisen-, Metall- und Chemie-Industrie in Asien, Lateinamerika und im Nahen Osten sind durchaus bemerkenswert. Ein Großteil dieser Investitionen waren sogenannte Fabrikexporte — d.h., in diesen Regionen wurden riesige Produktionsbetriebe errichtet —, die meist als joint ventures vieler Firmen organisiert und von Handelsgesellschaften koordiniert wurden. Außerdem gab es noch bedeutende Investitionen im verarbeitenden Gewerbe, die vor allem aufgrund der niedrigen Löhne der ausländischen Arbeitskräfte getätigt wurden. Hierzu gehören vor allem die hohen Investitionen im Textilbereich in Asien.

Drittens ist ein wichtiges Merkmal der japanischen Direktinvestitionen ihr hoher Anteil der Investitionen im Handel, die in beträchtlichem Umfang zur Förderung des japanischen Außenhandels beigetragen haben. Es erscheint sinnvoll, die regionalen und industriellen Verteilungsmuster der japanischen

Tabelle 5.4: Kumulative Direktinvestitionen nach Regionen und Industrie

Industrie/Region	Nordamerika		Lateinamerika		Asien		Naher Osten		Europa		Afrika		Ozeanien		insgesamt	
	I*	II**	I	II	I	II	I	II	I	II	I	II	I	II	I	II
Lebensmittel	8	304	11	139	26	141	0	0	6	37	4	4	15	32	70	659
Textilien	7	200	67	294	160	802	0	4	1	150	17	21	1	4	254	1475
Holz und Papierbrei	208	152	0	170	19	134	0	0	0	0	0	0	37	78	201	562
Chemikalien	4	279	8	499	32	825	0	634	19	101	1	15	2	97	66	2788
Eisen und Metalle	1	394	98	727	39	1305	0	9	9	155	11	72	37	248	87	2935
Maschinen	10	331	44	230	196	296	1	9	14	118	0	0	0	26	91	1010
Elektrogeräte	8	983	23	227	64	536	2	10	1	172	1	4	3	18	102	1952
Kraftfahrzeuge	0	339	74	304	14	292	1	3	4	93	0	6	7	223	107	1259
Verschiedene Konsumgüter und sonstige	4	167	6	91	70	484	2	38	3	159	1	5	1	33	86	977
Zwischensumme	251	3159	333	2700	444	4814	5	707	63	985	26	128	101	760	933	13635
Landwirtschaft, Forstwirtschaft und Fischerei	7	300	16	211	60	242	0	3	1	2	8	55	11	104	103	586
Bergbau	191	501	157	1066	320	4813	360	39	6	852	72	442	245	898	1352	8614
Zwischensumme	199	801	173	1277	381	5055	360	42	7	855	79	497	256	1003	1454	9529
Handel	422	2590	21	516	26	1546	1	10	44	1071	1	2	14	278	529	6054
Finanzierung und Versicherungen	142	1250	80	354	66	254	1	24	68	963	0	2	13	52	371	2898
Andere Dienstleistungen	76	1798	93	1743	48	1390	0	104	539	533	6	1272	3	453	766	7292
Zwischensumme	640	6578	195	2614	140	2191	2	95	651	2566	8	1276	30	783	1376	16245
Gesamtsumme	1090	10638	701	6591	965	12060	241	1269	715	4405	113	1901	387	2545	4340	39409

Quellen: Berechnet vom Ministry of International Trade and Industry, *Wagakuni kigyou no kaigai jigyou katsudo*.

Anmerkung: *1951–1971; **1972–1981

Tabelle 5.5: Kumulative ausländische Direktinvestitionen in Regionen und Industrien: Japan, Vereinigte Staaten und Westdeutschland, 1982

Region	Japan	USA	BRD
Nordamerika	28,7%	–	19,9%
Europa	11,6%	45,1%	47,4%
Ozeanien	6,3%	4,2%	1,0%
Japan	–	3,1%	0,9%
Asien	27,4%	5,6%	3,0%
Lateinamerika	16,7%	14,9%	12,8%
Naher Osten/Afrika	9,4%	4,6%	5,0%
Industrie			
Verarbeitendes Gewerbe	31,9%	41,0%	62,6%
Bergbau	19,4%	28,2%	9,6%
Handel	16,0%	12,3%	1,5%
Finanzen, Versicherungen und Dienstleistungen	12,3%	12,3%	23,3%
Landwirtschaft, Forstwirtschaft und Fischerei	2,0%	n. a.	0,8%
Sonstige	18,5%	5,4%	2,2%

Quellen: JETRO, *Kaigai shijo hakusho* [White Paper on Foreign Markets], 1984.

Direktinvestitionen mit denen anderer Länder zu vergleichen. Tabelle 5.5 zeigt die Verteilung der ausländischen Direktinvestitionen von Japan, den Vereinigten Staaten und Westdeutschland. Es ist ganz offensichtlich, daß die japanischen Investitionen ihren eindeutigen Schwerpunkt in Asien und in den Vereinigten Staaten haben. Das hohe Investitionsvolumen in Asien reflektiert die engen Wirtschaftsbeziehungen zwischen Japan und anderen asiatischen Ländern sowie den Standortvorteil japanischer Firmen in dieser Region. Die Abhängigkeit der japanischen Wirtschaft vom Handel mit den Vereinigten Staaten erklärt weitgehend die Höhe der dort getätigten Investitionen. Sie wird überdies bestätigt durch den Vergleich der US-Relation zwischen Handelsinvestitionen und den Investitionen in der verarbeitenden Industrie mit den Werten verschiedener anderer Industrienationen: 1982 betrug dieses Verhältnis in Japan 3,58, während die Werte für Großbritannien, die Bundesrepublik und die Niederlande bei 0,76, 0,94 und 0,18 lagen.

Wirtschaftsentwicklung, der Wandel der Industriestruktur und weltweite Wirtschaftsbeziehungen

Das schnelle Wirtschaftswachstum sowie der drastische Wandel der Industriestruktur im Japan der Nachkriegszeit sind wichtige Elemente zum Verständnis des grundlegenden Mechanismus der japanischen Auslandsinvestitionen. In

Abbildung 5.1 sind die Anteile der verschiedenen Industriezweige an der Gesamtproduktion und an den Gesamtexporten dargestellt, so daß wir aus der Vogelperspektive eine Vorstellung von den Nachkriegstrends der japanischen Industriestruktur und des Warenverkehrs (bzw. der Exporte) erhalten können. Das Gewicht der Schwer- und der chemischen Industrie, insbesondere der Maschinenindustrie (einschließlich der Kraftfahrzeug- und Elektromaschinenindustrie) ist beträchtlich gestiegen, während die Bedeutung der Leichtindustrie, wie des Textilbereichs, abgenommen hat. Die Expansion der Schwer- und chemischen Industrien äußerte sich zunächst in einer Zunahme des heimischen Angebots und griff dann erst auf die Exportmärkte über. Diese beiden Tatsachen sind als spezifische Merkmale der Nachkriegsentwicklung Japans durchaus bekannt und haben die Struktur der japanischen Auslandsinvestitionen entscheidend geprägt. Hier stellt sich nun die Frage, welche Konsequenzen diese Veränderungen der Industriestruktur und der Handelsmuster für die japanischen Direktinvestitionen und die Wirtschaftsbeziehungen Japans mit der übrigen Welt haben werden. Um diese Frage zu untersuchen, wollen wir das folgende einfache Modell entwickeln.[3]

In diesem Modell betrachten wir ein langfristiges Gleichgewicht, bei dem der Handel zwischen Japan und der übrigen Welt ausgeglichen ist. Diese Vereinfachung dient nur dem Zweck, unnötige Komplikationen durch Leistungsbilanz-Ungleichgewichte zu vermeiden. Daher nehmen wir an, daß die Höhe der japanischen Güter- und Dienstleistungsimporte aus der übrigen Welt (nahezu) gleich der Summe der Importe der übrigen Welt aus Japan ist. Diese Bedingung läßt sich folgendermaßen schreiben:

(durchschnittliche Importneigung Japans) × (Japans Einkommen)
= (durchschnittliche Neigung des Auslands, aus Japan zu importieren)
× (Auslandseinkommen),

wobei die beiden Einkommensgrößen in derselben Einheit gemessen werden und die durchschnittliche Importneigung definiert wird durch

(durchschnittliche Importneigung) = (Importe des Landes)/(Einkommen)

Die obige Gleichung läßt sich nunmehr folgendermaßen schreiben:

$$\frac{\text{Japans Einkommen}}{\text{Auslandseinkommen}} = \frac{\text{durchschnittliche Importneigung des Auslands}}{\text{durchschnittliche Importneigung Japans}}$$

Obwohl diese Gleichung nur eine modifizierte Version einer Handelsbilanzgleichung ist, liefert uns die Analyse der Faktoren, die den Grad der jeweiligen Importneigung determinieren, wichtige Erkenntnisse: Ein wichtiger Faktor ist beispielsweise die Industriestruktur.

Bevor wir die für die Importneigungen relevanten Faktoren analysieren, wollen wir zunächst die Bedeutung der obigen Gleichung erklären. Die Gleichung besagt, daß das japanische Einkommen im Vergleich zum Auslandseinkommen gleich dem Verhältnis der ausländischen Importneigung zur

Abbildung 5.1: Produktion und Exporte, nach Industriezweigen

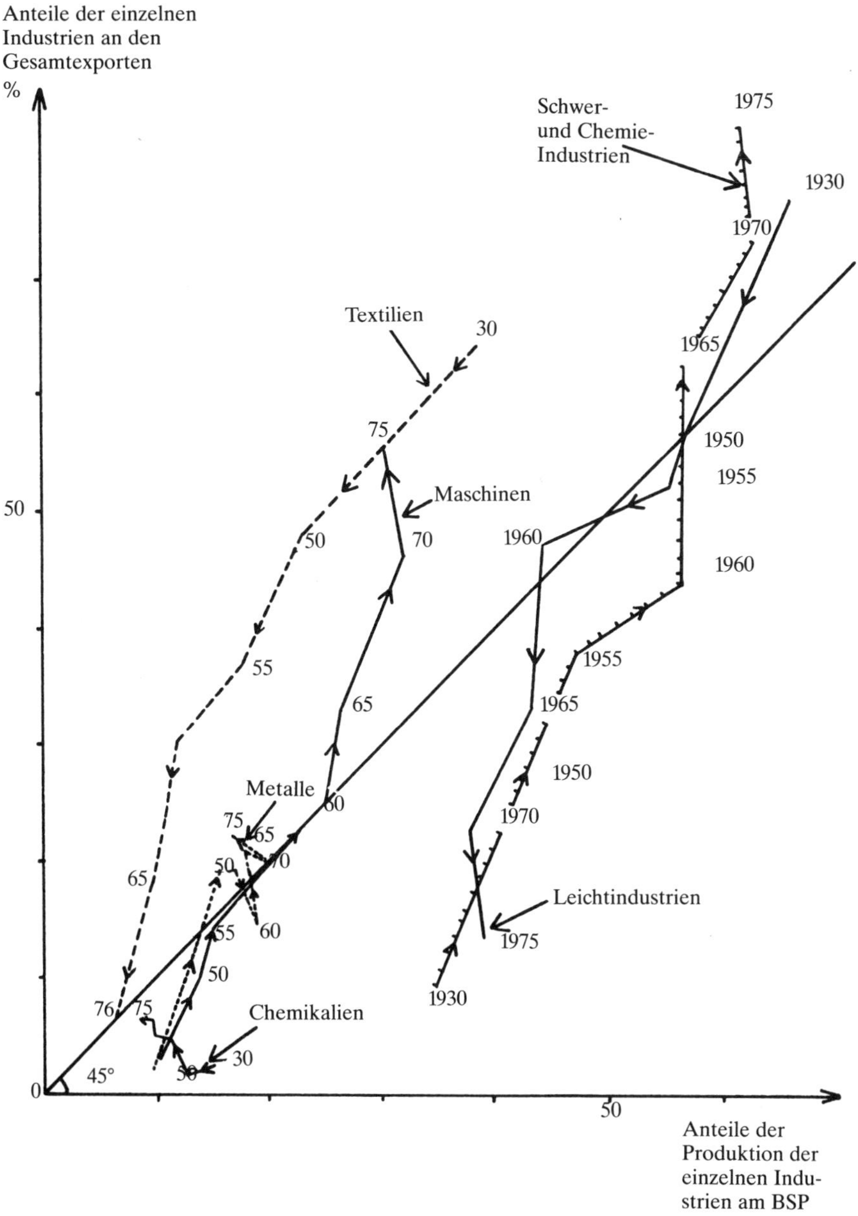

Quellen: M. Itoh und K. Kiyino, „Boeki to boekiseisaku", 1984.

japanischen Importneigung ist. Da die durchschnittliche Importneigung des Auslands im Vergleich zu der Japans größer wird, muß das Auslandseinkommen relativ zum japanischen Einkommen sinken, um eine Handelsbilanzbedingung zu erfüllen. Die Anpassung des relativen Einkommens an eine Änderung des Verhältnisses der Importneigungen kann drei verschiedene Konsequenzen haben: Entweder erhöht sich der Wert der japanischen Währung im Vergleich zur ausländischen Währung, wobei die Einkommen in der eigenen Währung konstant bleiben, oder in Japan und/oder im Ausland verändert sich das Einkommen, das jeweils in der eigenen Währung bei festem Wechselkurs gemessen wird, oder aber es tritt eine kombinierte Form dieser beiden Effekte auf. Wie auch immer die Anpassung aussehen mag, die Zunahme des relativen Einkommens in Japan ermöglicht wiederum erhöhte Importe von ausländischen Gütern, d.h., das relative Einkommen und das Konzept der terms of trade spielen hier im wesentlichen dieselbe Rolle.

Für ein Land wie Japan, dessen Wirtschaftsleistung sehr stark von seinen Wirtschafts- und Handelsbeziehungen mit der übrigen Welt abhängt, ist das Verhältnis des japanischen Einkommens zu dem der übrigen Welt eine wichtige Determinante der wirtschaftlichen Wohlfahrt des Landes. Im Ausland hat dieses Verhältnis dagegen nur dann einen Einfluß auf die Wohlfahrt, wenn das betreffende Land sehr stark von japanischen Produkten abhängt. Während der 50er und 60er Jahre, als die ausländische Importneigung gering und der Anteil der japanischen Produkte an den von Ausländern getätigten Ausgaben niedrig war, blieb die wirtschaftliche Wohlfahrt des Auslands durch eine Veränderung des relativen Einkommens praktisch unberührt. In den 70er und 80er Jahren dagegen, als bereits ein beachtlicher Teil der Auslandsausgaben auf japanische Produkte entfiel, wird die Wohlfahrt des Auslands von einer Veränderung des relativen Einkommens und der damit einhergehenden Preisänderung sehr wohl betroffen.

Wir wollen uns nun der Frage zuwenden, wie die jeweilige Importneigung determiniert wird. Zunächst ist Japans Industriestruktur eine wichtige Determinante dieser Größe. Zu Beginn der Nachkriegsperiode, als Japan nur wenige Produkte der Leichtindustrie, wie Textilien und andere Konsumgüter, exportieren konnte, war die ausländische Importneigung niedrig, da der Anteil der japanischen Güter an den gesamten Auslandsausgaben gering war. Japans Importneigung war dagegen im Vergleich zu der ausländischen hoch, da es bei sehr vielen Gütern von anderen Ländern abhing, und zwar nicht nur bei den Rohstoffen, sondern auch bei verschiedenen Kapitalgütern. Von 1953/54 bis 1979/80 wuchs der Anteil der japanischen Importe von Gütern und Dienstleistungen am BSP von 11,8 % auf 14,9 % (nur um das 1,26fache), während die amerikanischen Importe im selben Zeitraum von 4,3 % auf 10,6 % (um das 2,47fache) stiegen.

Angesichts dieser Bedingungen war es für die japanische Wirtschaftsentwicklung am besten, sowohl die Anzahl seiner exportfähigen Güter als auch die ausländische Importneigung zu erhöhen. Diese als „sophistication of industrial structure“ bezeichnete Wirtschaftspolitik wurde damals mit Nachdruck von der Regierung verfolgt. Dabei besitzt die Erweiterung oder Differenzierung der Industrie- und Handelsstruktur zwei Aspekte: Der eine ist die Diversifizierung des Angebots an exportfähigen Gütern sowie die Erhöhung ihrer Vielfalt und der andere ist die Umstrukturierung des Industriesektors derart, daß in Zukunft immer mehr Industriezweige Produkte erzeugen, die in verstärktem Maße von Ausländern gekauft werden und somit einen größeren Teil des Auslandseinkommens absorbieren. Zu diesem Zweck wurden vor allem die Importe beschränkt und Investitionen auf den Binnenmarkt gelenkt, um auf diese Weise neu etablierte Industrien (infant industries) zu schützen.

Abbildung 5.2 illustriert den grundlegenden Mechanismus der infant-industry-Protektion. In der Abbildung stellt die Kurve AC die Durchschnittskostenkurve einer Industrie dar, während die Kurve D die heimische Nachfrage nach dem betreffenden Produkt definiert, p* der Preis der mit den heimischen Gütern konkurrierenden Produkte ist und S die ausländische Export-Angebotskurve angibt. Die Durchschnittskostenkurve der heimischen Industrie besitzt einen fallenden Bereich, der auf Lernprozesse oder Skalenerträge zurückzuführen ist. Da die Diskussion beider Fälle ganz ähnlich ist, beschränken wir uns hier auf den einfachen statischen Fall der Skalenerträge.[4] Wir nehmen dazu an, daß es sich um die Autoindustrie handelt, die aufgrund ihrer Größe von den Vorteilen der Skalenerträge profitiert. Die Autos bestehen aus vielen unterschiedlichen Einzelteilen, und die Stückkosten der Autoherstellung sinken mit zunehmender Produktion, da dann eine stärkere Arbeitsteilung möglich wird. Tatsächlich hängt die effiziente Produktion japanischer Autos weitgehend von der Vielfalt und Spezialisierung vieler Firmen bei der Produktion der Einzelteile ab.

Wir nehmen jetzt an, daß die anfängliche Produktion in Japan bei X0 liegt (auf der horizontalen Achse der Abbildung). Die Produktionsstückkosten betragen dann p1 und sind somit höher als der Preis p* der ausländischen Autos. Folglich können die japanischen Autohersteller bei dieser Produktion nicht mit den ausländischen Produzenten konkurrieren. Sobald jedoch die Produktion der japanischen Autohersteller über X1 liegt, können diese mit ihren ausländischen Konkurrenten mithalten. Allerdings läßt sich dieses Produktionsniveau nicht ohne staatliche Hilfe erreichen. Da die Skalenerträge in diesem Fall von der Gesamtproduktion der Industrie abhängen, kann ein einzelnes Unternehmen allein durch Erhöhung seines Outputs nur dann die erforderliche Kostensenkung erzielen, wenn die Industrie insgesamt ebenfalls ihre Produktion steigert. Dies ist ein typischer Fall Marshallscher externer Effekte. Was passiert nun, wenn die Regierung die Autoimporte eine Zeitlang einschränkt? Der Einfachheit halber nehmen wir an, daß die Regierung die Importe vollständig unterbindet. Folglich wird der heimische Autopreis sich entlang der heimischen Nachfragekurve D bewegen. Da diese Nachfragekurve über der Durchschnittskostenkurve AC liegt, übersteigt der heimische Preis die Durchschnittskosten der Industrie. Deshalb steigt die heimische Autoproduktion entsprechend der Nachfragekurve bis zur Produktion X2, bei der die heimischen Produktionskosten auf p2 gesunken sind. An diesem Punkt ist die heimische Nachfrage groß genug, um die inländische Produktionssteigerung aufzufangen. Wenn nun die Regierung die Exportrestriktionen an diesem Punkt aufhebt, können die japanischen Unternehmen mit ihren ausländischen Konkurrenten mithalten und möglicherweise sogar einige Autos ins Ausland exportieren.

Abbildung 5.2: Grundlegender Mechanismus der *Infant Industry*-Protektion

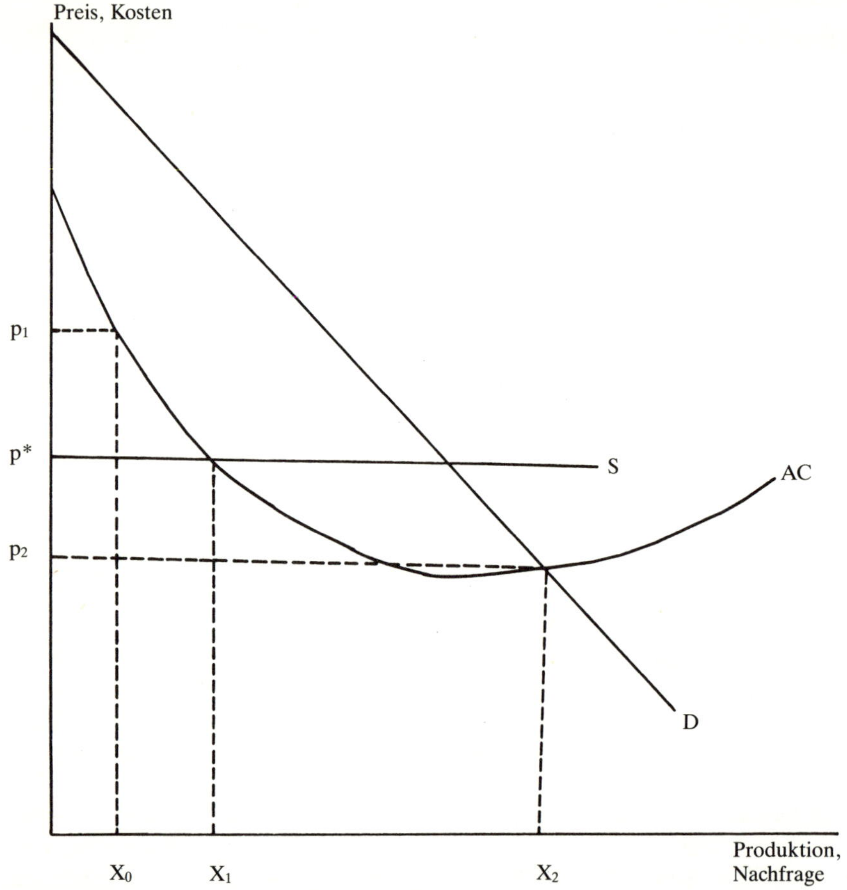

Dies ist der grundlegende Mechanismus zum Schutze neuer Industrien. Die Erweiterung der japanischen Industriestruktur wurde vor allem durch die allmähliche Etablierung dieser neuen Industrien erreicht. Dabei ist ein entscheidender Faktor, daß die Japaner diese Art der Wirtschaftspolitik vor allem

aufgrund ihres potentiell großen Binnenmarktes betreiben konnten. Demgegenüber war es anderen asiatischen Ländern, wie Singapur, Taiwan und sogar Korea, nicht möglich, ihre relativ begrenzten heimischen Märkte als Motor der Wirtschaftsentwicklung einzusetzen. Wir haben an anderer Stelle die Exportförderungspolitik von Japan und Korea verglichen und dabei festgestellt, daß Korea sehr viel mehr von der Exportförderung abhängig ist als Japan.[5] Im folgenden werden wir jetzt untersuchen, inwieweit diese spezifische Form der japanischen Wirtschaftsentwicklung grundlegende Merkmale der japanischen Direktinvestitionen im Ausland geprägt hat.

Wirtschaftsentwicklung und ausländische Direktinvestitionen

Direktinvestitionen der verarbeitenden Industrie

Wenn Abbildung 5.2 den grundlegenden Mechanismus des japanischen Industriewachstums erklärt, dann wird ohne weiteres verständlich, daß japanische Unternehmen keine starken Anreize zu Investitionen im Ausland besaßen, solange ihre Kosten nicht weit genug gesunken waren, um mit ausländischen Firmen konkurrieren zu können. Folglich haben sie zunächst sehr stark im Inland investiert, um ihre Kapazitäten auszubauen. Die heimische Nachfrage ist aufgrund des schnellen Wirtschaftswachstums während der 50er und 60er Jahre ziemlich stark gestiegen. Und da die japanischen Unternehmen ihre Investitionschancen im Inland nicht aufgeben wollten, besaßen sie keinerlei Anreize zu Auslandsinvestitionen. Dies wird auch durch die Tatsache bestätigt, daß die Kreditnachfrage von seiten der Unternehmen in diesem Zeitraum ausgesprochen hoch war. Ferner war der Anteil der heimischen Investitionen am japanischen BSP während der ganzen 50er und 60er Jahre relativ hoch. Wichtig ist auch, daß viele japanische Unternehmen den Schutz der Importrestriktionen und die Lenkung der Direktinvestitionen im Ausland durch die Regierung genossen[6] und daß sie außerhalb dieses Schutzes nicht mit ausländischen Unternehmen konkurrieren konnten.

Bis Mitte der 60er Jahre wurden von der verarbeitenden Industrie kaum Auslandsinvestitionen getätigt. Wenn wir zwei Großprojekte im verarbeitenden Sektor ausklammern — Stahl in Brasilien und Holzbreiverarbeitung in Alaska —, dann war der Umfang der Direktinvestitionen dieses Sektors sehr viel kleiner als der des Handels und des Bergbaus.

Die erste grundlegende Änderung im Bereich der Direktinvestitionen wurde in der zweiten Hälfte der 60er Jahre spürbar. Wie bereits erwähnt, stieg durch die Diversifizierung der japanischen Industriestruktur das japanische Einkommen im Vergleich zum ausländischen, und diese Zunahme des relativen Einkommens implizierte einen Anstieg des japanischen Lohnniveaus gegenüber dem des Auslands. Daher verloren arbeitsintensive Industrien, wie Textilien, einige Zulieferer für den Elektrogerätebau und sonstige Konsumgüter, ihren durch niedrige Löhne bedingten komparativen Vorteil. Die Reaktion dieser Industrien auf den Strukturwandel bestand in einer hohen Investitionstätigkeit in anderen asiatischen Ländern, in denen sie ihre Produkte nach wie vor zu niedrigen Löhnen erzeugen könnten. Dabei spielten die allgemeinen Handelshäuser (sogo sosha) eine nicht zu unterschätzende Rolle bei der Zunahme dieser Form von Direktinvestitionen; denn ein Großteil der kleinen und mittleren Unternehmen dieser Branchen konnte ohne ihre Hilfe keine Produktion im Ausland finanzieren.

Diese Direktinvestitionen von arbeitsintensiven Industrien haben zumindest drei wichtige ökonomische Implikationen: Erstens stellten sie laut Ozawa eine Form der industriellen Anpassung über nationale Grenzen hinweg dar. Mit ihrer Hilfe vollzog sich die Umstellung der japanischen Industrie von arbeitsintensiven Leichtindustrien auf andere Bereiche relativ reibungslos. Zweitens wurde den arbeitsintensiven Unternehmen durch die Existenz billiger Arbeitskräfte in anderen asiatischen Ländern die Erhaltung ihrer Wettbewerbsfähigkeit ermöglicht. An dem zuvor dargestellten Modell läßt sich ablesen, daß diese Art der Erhaltung von schrumpfenden Industrien das Einkommen des betreffenden Landes relativ zu dem des Auslands steigen läßt. Drittens wurden durch diese Direktinvestitionen Arbeitsplätze für asiatische Arbeitskräfte geschaffen, obwohl dieser Gesamteffekt für die asiatischen Länder möglicherweise nicht ohne weiteres erkennbar ist. Tabelle 5.6, die auf einer MITI-Studie basiert, in der etwa 70 % aller ausländischen Töchter von japanischen Multis erfaßt wurden (wobei die Bezugsgröße die Investitionen waren), gibt die Anzahl der Beschäftigten in diesen Niederlassungen an. Hier zeigt sich, daß diese Tochtergesellschaften in den asiatischen Ländern, insbesondere im Bereich von Textilien, Elektrogeräten und sonstigen Konsumgütern, einen höheren Beschäftigtenanteil aufweisen als andere Tochterfirmen.

Eine weitere grundlegende Änderung im Bereich der ausländischen Direktinvestitionen des verarbeitenden Sektors vollzog sich in der zweiten Hälfte der 70er Jahre, als die Produzenten von Haushaltselektronik und Kraftfahrzeugen in Europa und den Vereinigten Staaten zunehmenden Handelskonflikten ausgesetzt waren.[7] Ihre Reaktion bestand darin, einen Teil ihrer heimischen Produktion ins Ausland zu verlagern.

In diesem Zusammenhang erscheint das Beispiel der Farbfernseher besonders interessant. Mitte der 70er Jahre wurde durch einen plötzlichen Anstieg der japanischen Farbfernseher-Exporte nach Amerika ein ernsthafter Handelskonflikt zwischen beiden Ländern ausgelöst. Die Reaktion der japanischen Unternehmen hierauf war ausgesprochen prompt: Sie kündigten eine Änderung ihrer Strategie an, die darin bestand, anstelle der heimischen Produktion und des Exports vermehrt im Ausland zu produzieren. Tabelle 5.7 zeigt den Umfang der Auslandsproduktion bei den wichtigsten Produkten der japanischen Unterhaltungselektronikindustrie. 1979 wurden 30 % der Farbfernseher im Ausland produziert, von denen 58 % in den Vereinigten Staaten und Europa hergestellt wurden. Demgegenüber wurden 85 % der Schwarz-Weiß-Fernseher im asiatischen Raum erzeugt. Die japanischen Exporte von

Farbfernsehern in die Vereinigten Staaten erlebten während dieser Periode einen dramatischen Anstieg und erhöhten sich von 1 Million (zwischen 1971 und 1975) auf mehr als 2 Millionen allein im Jahre 1976. Anschließend ging der Export aufgrund der Direktinvestitionen allerdings in mindestens genauso dramatischer Weise zurück, so daß 1979 nurmehr 50 Geräte die Grenze überquerten.

Diese Form der Direktinvestitionen hat in den vergangenen Jahren auch auf andere Industrien wie Autos, Videorecorder und Personal Computer übergegriffen. All diese Industrien haben inzwischen hohe Investitionen im Ausland getätigt, und ihre Pläne sehen weitere Investitionen für die nahe Zukunft vor. Obwohl sich künftige Trends für die Direktinvestitionen dieser Industrien nur schwer vorhersagen lassen, vermitteln die in Zeitungen veröffentlichten Zahlen immerhin eine ungefähre Vorstellung. Nach der NIHON sangyo und shinbun betrug das Verhältnis des Exports von Endprodukten zur heimischen Produktion (einschließlich der Montageproduktion) von japanischen Autos 1983 3,13 und wird bis 1988 auf 1,47 sinken. Die Auslandsproduktion von Videorecordern belief sich 1982 auf 60 000 Stück, und die Pläne sahen für 1983 450 000 Stück und für 1985 1 Mio. Stück vor.

Wir wollen jetzt die ökonomischen Implikationen dieser Form von Direktinvestitionen mit Hilfe des im vorigen Abschnitt dargestellten Modells diskutieren. Wenn sich der komparative Vorteil einer Branche wie der Auto- oder Elektrogeräteindustrie, deren Anteil an den (volkswirtschaftlichen) Gesamtausgaben sehr hoch ist, von einem Land in ein anderes verlagert, wird davon natürlich die Einkommensverteilung zwischen den beiden Ländern betroffen. Wenn beispielsweise einige der ursprünglich von amerikanischen und europäischen Produzenten angebotenen Autos durch japanische PKWs ersetzt werden, ergeben sich dadurch für Europa und die Vereinigten Staaten folgende Konsequenzen: Erstens gelangen die Konsumenten in diesen Ländern in den Besitz von besseren und qualitativ hochwertigeren Produkten als vorher. Und in diesem Fall impliziert eine Verlagerung des komparativen Vorteils sowohl für Europa eine Verbesserung der terms of trade als auch für die Vereinigten Staaten. Zweitens werden Europa und die Vereinigten Staaten vor das Problem der industriellen Anpassung gestellt. Drittens gilt: Wenn ein Teil der Produktion in diesen Industrien durch japanische Produzenten ersetzt wird, müssen die Produktionsfaktoren wie Arbeit und Kapital aus diesen Industrien in andere abwandern. Dementsprechend konzentrieren sich in Europa und in den Vereinigten Staaten die vorhandenen Produktionsfaktoren auf eine kleinere Anzahl von Industrien als vorher, es sei denn, sie werden von neuen Industrien absorbiert. In unserem Modell führt diese auf beiden Seiten veränderte Allokation der Faktoren zu einer Erhöhung des relativen Einkommens in Japan.

Der gesamte Wohlfahrtseffekt, der durch die Veränderung des komparativen Vorteils entsteht, hängt von der Größe dieser drei entgegengesetzten Effekte ab, so daß wir hier keine endgültige Aussage treffen können. Dennoch

Tabelle 5.6: Beschäftigte in ausländischen Niederlassungen von japanischen multinationalen Konzernen

Industrie	Nord-amerika	Latein-amerika	Asien	Naher Osten	Europa	Ozeanien	Afrika	insgesamt
Lebensmittel	1 537	2 452	6 721	–	35	374	855	11 974
Textilien	9 661	18 061	93 738	30	1 532	519	12 996	136 537
Holz und Papierbrei	4 925	4 044	3 389	66	85	534	–	12 997
Chemikalien	2 076	4 512	15 952	1 548	1 113	16	1 503	26 720
Eisen	755	31 224	10 828	1 348	2 201	6 941	1 663	54 960
andere Metalle	7 270	3 013	6 013	–	–	1 125	250	17 671
Maschinen	2 151	13 331	19 533	34	1 293	150	–	36 492
Elektrogeräte	18 891	23 313	133 637	578	5 323	1 519	2 484	184 745
Kraftfahrzeuge	2 014	8 743	24 718	772	2 624	3 797	214	42 882
Feinmechanik	364	1 223	8 898	–	189	59	–	10 733
sonstige Konsumgüter	4 008	6 044	48 124	3 603	3 510	2 478	1 700	69 467
verarbeitende Industrie insgesamt	53 652	114 960	371 551	7 913	17 905	17 512	21 665	605 158
Landwirtschaft, Forstwirtschaft und Fischerei	1 402	1 156	11 317	–	282	2 146	1 885	18 188
Bergbau	516	1 024	1 098	3 120	69	1 937	2 469	10 233
Handel	26 722	4 839	15 699	531	14 462	4 569	320	67 142
Sonstige	1 650	6 127	5 017	532	784	233	781	15 124
insgesamt	83 942	128 106	404 682	12 096	33 502	26 397	27 120	715 845

Quelle: Ministry of International Trade and Industry, *Wagakuni kigyo no kaigai jigyo katsudo*.

Tabelle 5.7: Auslandsproduktion von japanischen unterhaltungselektronischen Produkten, 1979

Regionale Verteilung der Auslandsproduktion von Unterhaltungselektronik

Geräte	Gesamte Auslandsproduktion (1 000)	Anteil jeder Region (%)			
		Europa	Nordamerika	Asien	andere
Farbfernseher	4 029	8	50	29	10
Schwarz-Weiß-Fernseher	3 979	3–6		85	9–12
Radios	11 565	unber.		93	7
Kassettenrecorder	12 103	unber.		96	4
Autoradios und Kassettengeräte	1 000	2–4		86	10–12
Stereogeräte	1 388	6–10		72	18–22
Lautsprechersysteme	1 047	80		20	unber.
andere Stereoverstärker	653	1–3		95	2–4

Inlands- und Auslandsproduktion von Unterhaltungselektronik (1000 Stück)

Geräte	heimische Produktion	Auslandsproduktion	insgesamt
Farbfernseher	9 368 (69,9%)	4 029 (30,1%)	13 397
Videorecorder	2 204 (100%)	0	2 204
Schwarz-Weiß-Fernseher	4 232 (51,5%)	3 979 (48,5%)	8 211
Radios	5 185 (31,0%)	11 565 (69,0%)	16 750
Kassettenrecorder	23 842 (66,3%)	12 103 (33,7%)	35 945
Autoradios	8 725 (97,2%)	250 (2,8%)	8 975
Auto-Stereoanlagen	18 974 (96,2%)	750 (3,8%)	19 724
Stereoanlagen	2 889 (68,3%)	1 338 (31,7%)	4 227

Quellen: Denshikogyonenkan [Jahrbuch der Elektronikindustrie], 1983.

haben wir an anderer Stelle gezeigt, daß der erste positive Wohlfahrtseffekt den dritten negativen Effekt dann überlagert, wenn die relative Größe der japanischen Wirtschaft klein ist.[8] (Unser Modell ist nicht geeignet, um das Problem der industriellen Anpassung darzustellen.) Mit zunehmender relativer Größe der japanischen Wirtschaft nimmt der dritte negative Effekt im Vergleich zu dem ersten positiven ebenfalls zu.

Die Wirtschaftsentwicklung und die Diversifizierung der japanischen Industriestruktur haben einerseits das Problem der weltweiten Wohlfahrt ins Spiel gebracht und andererseits die Verteilung zwischen Japan und der übrigen Welt zugunsten Japans verändert. Dies heißt mit anderen Worten, die Welt hat zwar aufgrund der japanischen Wirtschaftsentwicklung einen größeren „Wirtschaftskuchen" erzeugt, aber die übrige Welt erhält einen geringeren Anteil an diesem Kuchen. In den 50er und 60er Jahren war der japanische Anteil am Welteinkommen aufgrund seiner ungünstigen Industriestruktur relativ niedrig. 1955 betrug er 2,2 %, während die Vereinigten Staaten und Europa jeweils 36,3 % bzw. 17,5 % für sich beanspruchten. 1980 hatten sich die drei Anteile jedoch auf 9,0 %, 21,5 % und 22,4 % verändert.

Uns interessiert nun die Frage, welchen Einfluß die japanischen Direktinvestitionen in diesen Branchen auf die Wirtschaftsbeziehungen zwischen Japan und anderen Industriestaaten ausgeübt haben. Das entscheidende Problem hierbei ist die extreme Veränderung der Einkommensverteilung zwischen Japan und seinen Haupthandelspartnern. Insofern erscheint es notwendig, den Verteilungseffekt zu mildern und gleichzeitig die Vorteile des japanischen Industriewachstums zu erhalten. Wie bereits erwähnt, war die starke Veränderung der Verteilungsmuster durch die Tatsache bedingt, daß Arbeit und Kapital in anderen Industrieländern auf eine kleinere Anzahl von Industrien konzentriert waren. Sofern die Direktinvestitionen von japanischen Unternehmen (sowohl die Auslandsproduktion dieser Unternehmen als auch gemeinsame Projekte mit ortsansässigen Firmen) bewirken, daß Arbeit und Kapital in Europa und den Vereinigten Staaten in den betroffenen Industrien verbleiben können, dann ist das Problem gelöst. Natürlich hängt das Ergebnis, inwieweit Direktinvestitionen eine gute oder eine schlechte Lösung sind, von der jeweiligen Verwendung der lokalen Produktionsfaktoren durch die japanischen Unternehmen ab. Dies ist ein wichtiges Thema für künftige empirische und theoretische Untersuchungen.

Direktinvestitionen im Handel

Wir haben bereits darauf hingewiesen, daß der Anteil der Handelsinvestitionen an den gesamten Direktinvestitionen in Japan relativ höher ist als in den anderen bedeutenden Industrienationen (vgl. Tabelle 5.5). Wir werden jetzt die japanischen Direktinvestitionen im Handelssektor eingehender diskutieren und dabei zugleich deren ökonomische Implikationen berücksichtigen.

Das entscheidende Merkmal der japanischen Direktinvestitionen im Handelssektor ist die Rolle der allgemeinen Handelshäuser (sogo shosha). Diese Handelshäuser haben einen großen Teil der ausländischen Investitionen getätigt. Nach Aussagen von Kojima und Ozawa handelte es sich bei den ersten vier und bei der Nummer sechs von den zehn größten japanischen Multis, die Ende 1979 die Rangliste der kumulativen ausländischen Direktinvestitionen anführten, um allgemeine Handelsgesellschaften.[9] Diese umfangreichen Direktinvestitionen bilden die Basis ihrer Handels- und handelsähnlichen Aktivitäten. Der Anteil des japanischen Außenhandels, der über allgemeine Handelshäuser abgewickelt wird, lag sowohl für Exporte als auch für Importe bei etwa 50 %. Die allgemeinen Handelshäuser beteiligen sich ebenfalls aktiv an Direktinvestitionen im Rohstoffsektor sowie an der Konstruktion von großen Industrieanlagen in Entwicklungsländern.

Die Aktivitäten des Handelssektors im Ausland sind mit verschiedenen Formen von Skalenerträgen und Größenvorteilen verbunden. Die Kosten, die mit der Einrichtung von ausländischen Büros auftreten, sind im Grunde fix.

Um jedoch auf internationalen Gütermärkten vorteilhaft mit Rohstoffen und landwirtschaftlichen Produkten handeln zu können, die einen großen Teil der japanischen Importe ausmachen, muß ein Unternehmen Erfahrung und ein bestimmtes Wissen besitzen, was bei den allgemeinen Handelshäusern natürlich der Fall ist. Sie haben im allgemeinen mit einer großen Anzahl von Gütern und Aktivitäten zu tun und befinden sich von daher in einer vorteilhaften Position. Sie können die Risiken einer spezifischen Warentransaktion durch Geschäfte in anderen Bereichen ausgleichen. Außerdem können sie ihre Devisennachfrage auf das Devisenangebot abstimmen und auf diese Weise Devisentransaktionskosten sparen sowie das mit Kursgeschäften verbundene Risiko verringern. Da sie sehr unterschiedliche Güter aus der ganzen Welt verkaufen, können sie ungeheure Informationsmengen speichern, die es ihnen wiederum erlauben, die jeweiligen Marktbedürfnisse unterschiedlicher Länder und Standorte herauszufinden. Im Grunde ist die Information die wichtigste Basis ihrer Aktivitäten.

Aufgrund dieser vorteilhaften Stellung haben die allgemeinen Handelshäuser bei der Förderung des Außenhandels in Japan eine bedeutende Rolle gespielt. Viele japanische Unternehmen, und zwar insbesondere die kleinen und mittleren Firmen, die einen großen Bereich der Wirtschaft ausmachen, hängen hinsichtlich ihrer Exportaktivitäten von diesen Handelshäusern ab. Außerdem haben die letzteren ganz wesentlich zur Eroberung ausländischer Märkte durch einzelne japanische Güter beigetragen. In der Anfangsphase der Exportaktivitäten werden von vielen Gütern zunächst nur sehr geringe Mengen ausgeführt. Denn solange der Hersteller des Produkts nicht auf dem ausländischen Markt fest etabliert ist, wird er mit dem Export eher zurückhaltend sein. Dies ändert sich erst, wenn er davon überzeugt ist, daß die künftigen zu erwartenden Exportgewinne die anfänglichen Gründungskosten übersteigen. Für die allgemeinen Handelshäuser sind diese Gründungskosten im Exportbereich jedoch nur von marginaler Bedeutung.

Der Exportförderungseffekt der Aktivitäten dieser allgemeinen Handelshäuser hat bedeutsame Implikationen für den wirtschaftlichen Wohlstand. Erstens haben die effizienten Dienstleistungen dieser Häuser im Bereich der indirekten Handelsaktivitäten im wesentlichen dieselbe Wirkung wie eine Senkung der Transportkosten. Dieser Effekt wirkt sich seinerseits positiv auf die exportierenden und importierenden Länder aus. Zweitens können die Aktivitäten der allgemeinen Handelshäuser auch die Einkommensverteilung und die terms of trade zwischen Japan und der übrigen Welt beeinflussen. Wir wissen von der herkömmlichen Handelstheorie, daß der technische Fortschritt in der Exportindustrie die terms of trade des exportierenden Landes verschlechtert, während er sie in der Importindustrie verbessert. Genauso können wir zeigen, daß die Exportförderung von Gütern, die bereits als Exportgüter etabliert sind, die terms of trade eines Landes verschlechtert, während die Exportförderung von marginalen Gütern, die ohne eine derartige Förderung nicht an das Ausland verkauft würden, die terms of trade des Landes verbessert. Der hierfür relevante Mechanismus ist genau derselbe wie der zuvor von uns dargestellte. Die Exportförderung von marginalen Gütern erweitert das Angebot an Ausfuhrgütern dieses Landes und erhöht damit die ausländische Importneigung.[10] Obwohl wir nur anhand sorgfältiger empirischer Untersuchungen feststellen können, ob die Exportförderungseffekte einen stärkeren Einfluß auf die etablierten Exportindustrien oder auf die Grenzindustrien haben, würden wir vermuten, daß der Effekt bei den letzteren größer ist.

Die allgemeinen Handelshäuser spielen außerdem eine wichtige Rolle bei der Organisation des Exports von Großanlagen wie petrochemischen Fabriken, Kraftwerken und Flughäfen. Einzelne Maschinenproduzenten oder Konstruktionsfirmen können auf keinen Fall sämtliche verschiedenartigen Aktivitäten bewältigen, die für die Ausfuhr derartiger Anlagen erforderlich sind, wie beispielsweise die Beschäftigung von Konstruktionsarbeitern, Verhandlungen mit der lokalen Regierung und die Beschaffung von Maschinen und Kunststoffen. Bei den ausländischen Niederlassungen der allgemeinen Handelshäuser beträgt der Anteil der Filialen, die im verarbeitenden Gewerbe tätig sind, etwa 15,8 %. Dies zeigt, daß die Rolle dieser Handelshäuser bei der Organisation von Anlagenexporten nicht zu unterschätzen ist. Wichtig ist auch, daß dieser Anteil in Regionen wie Asien (44,7 %) und Afrika (42,1 %) und in Industrien wie Eisen (63,6 %), Lebensmittel (41,7 %), Bergbau (38,9 %) und Landwirtschaft, Forstwirtschaft und Fischerei (35,6 %) besonders hoch ist.

Ein anderes wichtiges Merkmal der japanischen Direktinvestitionen des Handelssektors ist die seit kurzem zu beobachtende Zunahme der Direktinvestitionen in Industrieländern durch den verarbeitenden Sektor. Aus der Untersuchung des MITI von 1981 geht hervor, daß 62,2 % (205 von 280) Niederlassungen japanischer Produktionsunternehmen Aktivitäten im Handel entfaltet haben. Dieser Anteil ist in Europa sogar noch höher (71,0 % oder 213 von 300), ist dagegen in anderen Regionen bei weitem niedriger (16,5 % oder 158 von 955 in Asien). In Bereichen wie der Kraftfahrzeug- und Elektrogeräteindustrie ist dieser Anteil dagegen hoch, er beträgt in Nordamerika in der ersteren 81,6 % (31 von 38) und in Europa 77,3 % (17 von 22).

Dieser hohe Anteil der kommerziellen Investitionen an den gesamten Direktinvestitionen von seiten des verarbeitenden Gewerbes reflektiert sehr deutlich den derzeit stattfindenden Strukturwandel des japanischen Exportverhaltens. Der Anteil des Maschinenbaus (einschließlich Kraftfahrzeugen und Elektrogeräten) an den gesamten japanischen Exporten betrug 1965 nur 35,2 %, hatte sich jedoch bis 1979 auf 61,3 % erhöht. Aufgrund dieser erstaunlichen Expansion der Maschinenexporte, insbesondere bei Kraftfahrzeugen und Unterhaltungselektronik, erhöhten die Hersteller ihrerseits die Direktinvestitionen im Ausland. Und zur Verkaufsförderung sind Handelsinvestitionen zur Etablierung von Kundendienstnetzen und Markenwerbung absolut unerläßlich. Da außerdem das technische Know-how und enge Kontakte mit dem Produktionsbereich für diese Handelsinvestitionen überaus wichtig sind, werden die Direktinvestitionen weitgehend von den Herstellern selbst getätigt. Dementsprechend vollzogen sich die Expansion der Exporte und die Direktinvestitionen im Handelsbereich gleichzeitig, wobei die Zunahme der Exporte die Stückkosten der Direktinvestitionen senkte, während die letzteren ihrerseits erhöhte Exporte nach sich zogen.

Oft wird behauptet, daß die Direktinvestitionen der japanischen Produzenten ihren Schwerpunkt bei den Handelsinvestitionen haben und daher den Gastländern keine sehr hohen Gewinne einbringen. Da dies ein wichtiger Punkt ist, möchten wir kurz darauf eingehen.

Komiya und Itoh haben die wichtigsten Merkmale der Industriezweige, in denen Japan einen komparativen Vorteil besitzt, folgendermaßen zusammengefaßt:[11]

1. Veredelungsindustrien, insbesondere die „Produktions- und Montage"-Industrien, in denen Teile produziert und montiert werden.
2. Einsatz der Technologie von Massenproduktion, bei der der Umfang des japanischen Binnenmarktes zum Tragen kommt.
3. Ausgezeichnete Qualitätskontrolle, die zu einer einheitlichen Qualität sowie zu einer niedrigeren Ausschußquote und wenig Störungen beim tatsächlichen Gebrauch der Produkte führt.
4. Differenzierte Produkte mit einem Vertriebsnetz und vorbildlichem Kundendienst.
5. Konzentration auf den Bereich, auf dem fortgesetzte Kostensenkungen durch Akkumulierung kleiner Verbesserungen im Produktionsprozeß ermöglicht werden.
6. Produktionsplanung und -entwicklung und aufgrund der akkumulierten kleinen Verbesserungen eine ständige Berücksichtigung der sich ändernden Bedürfnisse und Präferenzen der Benutzer.
7. Besondere Fähigkeiten bei der Organisation der Produktionsphasen und eine koordinierte Anpassung der Zeitabläufe.
8. Kooperation und Koordination zwischen Unternehmen aus unterschiedlichen Bereichen und von unterschiedlicher Größe (einschließlich des Zulieferersystems, aber nicht zwangsläufig darauf beschränkt).

Die typischen Industrien, bei denen die obigen Merkmale erfüllt sind, sind Autos, Elektronik, elektrische Geräte, Motorräder, Kameras, Klaviere, Phonoanlagen und einige Werkzeugmaschinen. Wie bereits erwähnt, bestreiten diese Industrien den Hauptanteil der japanischen Exporte. Das zweite, dritte, fünfte und siebente Merkmal können sich möglicherweise als für die Auslandsproduktion hinderlich erweisen, während das vierte und sechste Merkmal mehr zur Förderung ausländischer Direktinvestitionen in kommerziellen Aktivitäten beitragen. Demnach kann man die Tatsache, daß die japanischen Auslandsinvestitionen ihren Schwerpunkt im Handelssektor und weniger im Bereich der Produktion haben, als eine natürliche Folge der spezifischen komparativen Vorteile japanischer Industrien betrachten.

Genau wie der Außenhandel und der internationale Transfer von technologischen Informationen sind die Direktinvestitionen eine spezifische Form von internationalen Wirtschaftstransaktionen durch Produzenten. Diese werden die Direktinvestitionen nur dann anderen Formen von internationalen Transaktionen vorziehen, wenn die ersteren profitabler sind als die letzteren. Die typischen Situationen, in denen Direktinvestitionen die höchsten Gewinne erzielen, sind: erstens, wenn das Unternehmen Güter und Dienstleistungen produziert, bei denen hohe Transportkosten anfallen und bei denen die Produktionstechnologie aufgrund von verschiedenen Marktunvollkommenheiten nicht auf dem Markt verkauft werden kann; zweitens, wenn Transaktionen zwischen den Firmen durch das opportunistische Verhalten von Unternehmen verzerrt werden können[12] (diese Art von opportunistischem Verhalten tritt häufig beim Handel mit Zwischenprodukten auf), und drittens, wenn offensichtliche internationale Unterschiede bei den Faktorpreisen oder aber Steueranreize existieren. Die meisten Güter, bei denen Japan einen komparativen Vorteil besitzt, sind standardisierte Güter des Endverbrauchs oder aber Kapitalgüter, deren Transportkosten pro Einheitswert nicht sonderlich hoch sind. Außerdem treten bei ihrer Produktion Skalenerträge auf. Deshalb ist bei diesen Gütern unter dem Aspekt der Unternehmensgewinne und der ökonomischen Effizienz der Ressourcenallokation der Export der Auslandsproduktion vorzuziehen.

Dennoch ist die allokative Effizienz nicht das einzige Kriterium zur Beurteilung der optimalen internationalen Transaktionsform. Wie wir im vorhergehenden Abschnitt gesehen haben, hat die Veränderung in der Struktur der komparativen Vorteile Japans eine tiefgreifende Veränderung der Einkommensverteilung zwischen Japan und der übrigen Welt verursacht sowie in anderen Industrienationen zu ernsthaften Problemen der industriellen Anpassung geführt. Wenn die Auslandsproduktion durch Direktinvestitionen eine effektive Methode ist, um diese dramatischen Veränderungen mit möglichst geringen Einbußen bei der allokativen Effizienz zu verkraften, dann ließe sich die Förderung der japanischen Direktinvestitionen mit dem Ziel der Auslandsproduktion als durchaus zweitbeste Lösung rechtfertigen.

Anmerkungen

1 Vgl. M. Itoh und K. Kiyono, „Strategic Export Subsidization Policy and the National Welfare", Diskussionspapier Nr. 83 F-9, Wirtschaftsfakultät, University of Tokyo, Juli 1983, und M. Itoh und K. Kiyono, „Boeki to boekiseisaku" [Internationaler Handel und Handelspolitiken], in *Nihon no sangyo seisaku* [Industri ‚olitik Japans], hrsg. von R. Komiya, M. Okuno und K. Suzumura (Tokio: University of Tokyo Press, 1984), die die Auswirkungen des Problems der Devisenknappheit für die japanische Handelspolitik der Nachkriegszeit genauer beschreiben.

2 Vgl. T. Ozawa, *Multinationalism, Japanese Style* (Princeton: Princeton University Press, 1979), insbesondere Kap. 5, und K. Kojima, *Japanese Direct Foreign Investment: A Model of Multinational Business Operations* (Tokio: Tuttle, 1978).

3 Dieses Modell basiert auf Itoh und Kiyono, „Strategic Export Subsidization", und wird auch bei Itoh, M. Okuno, K. Kiyono und K. Suzumura, „Sangyoseisaku no keizai bunseki" [Eine theoretische Analyse der japanischen Industriepolitik], in *Nihon no sangyo seisaku,* für unsere theoretische Analyse der japanischen Industriepolitik verwendet. Ein ähnliches Argument

wird in einem anderen Kontext bei R. Dornbusch, S. Fischer und P. A. Samuelson, „Comparative Advantage, Trade, and Payments in a Ricardian Model with a Continuum of Goods", *American Economic Review* 67 (1977), präsentiert. Vgl. auch P. Krugman, „A Model of Innovation, Technology Transfer, and the World Distribution of Income", *Journal of Political Economy* 87 (1979).

4 Vgl. A. M. Spence, „The Learning Curve and Competition", *Bell Journal of Economics* (1981), bezüglich der Ähnlichkeit zwischen dem Prozeß des Lernens und Skalenerträgen.

5 Itoh und Kiyono, „Boeki to boekiseisaku".

6 Vgl. ebenda zu der infant-industry-Protektionspolitik Japans in der Nachkriegszeit.

7 R. Komiya und M. Itoh, „International Trade and Trade Policy of Japan: 1955—1983"; dies auf der Japan Political Economy Research Conference. East West Center, in Honolulu 1984, vorgestellte Papier diskutiert dieses Problem im Detail.

8 Vgl. Itoh und Kiyono, „Boeki to boekiseisaku".

9 K. Kojima und T. Ozawa, *Sogo shosha no cosen* [Die Herausforderung der Sogo Shosha], Sangyo Noritsu Tandai Shuppanbu, 1984.

10 Dies scheint dem gut fundierten Ergebnis der Außenhandelstheorie zu widersprechen, daß die Förderung der Exportindustrie bei vollkommenem Wettbewerb immer die Wohlfahrt eines Landes verringert. Allerdings tritt dieses traditionelle Ergebnis nur unter der Annahme auf, daß die Handelsmuster nicht durch die Handelsförderungspolitik berührt werden. Vgl. Itoh und Kiyono, „Strategic Export Subsidization", wegen technischer Details, die bei diesem Problem auftauchen.

11 Komiya und Itoh, „International Trade".

12 Vgl. O. E. Williamson, *Markets and Hierarchies: Analysis and Antitrust Implications* (New York: Basic Books, 1975).

Kapitel 6
Die japanischen Direktinvestitionen in Westeuropa

F. H. Saelens

Einleitung

In der Nachkriegsperiode wurde der Warenaustausch zwischen Westeuropa und Japan nach Auffassung der europäischen Produzenten durch die exzessiven Exporte der Japaner sowie durch deren reale oder aber eingebildete Zurückhaltung bei den Importen geprägt. Daher hat die Verschlechterung des Wirtschaftsklimas während der letzten Jahre zu protektionistischen Reaktionen und nationalistischen Gefühlen geführt, so daß sich die bisherige eindeutige Konzentration auf den Außenhandel in Richtung Direktinvestitionen verlagert hat. Die wiederholten und ermüdenden Handelskonflikte mit Japan haben auf beiden Seiten den Wunsch entstehen lassen, den Umfang und die Vielfalt der Wirtschaftsbeziehungen zu erweitern und zugleich Direktinvestitionen, technologische Zusammenarbeit und alle anderen nur denkbaren Formen der Interaktion einzubeziehen. In diesem Kapitel werden wir uns vor allem mit den japanischen Direktinvestitionen in Westeuropa befassen.

Analyse der Theorien über japanische Direktinvestitionen im Ausland (ADI)

Es erscheint keineswegs überraschend, daß die wichtigsten theoretischen Erklärungen der japanischen ADI vor allem von japanischen Wissenschaftlern stammen, bei denen insbesondere die Professoren K. Kojima und T. Ozawa zu erwähnen sind.

Die Kojima-Hypothese

Professor Kojima hat darauf hingewiesen, daß die japanischen („makro-orientierten") ADI sowie der Transfer von Technologie sehr viel mehr auf die Faktorausstattungen der Empfängerländer abgestimmt sind als die amerikanischen („mikro-orientierten") ADI. Da die japanischen ADI vor allem in Sektoren getätigt werden, in denen Japan seinen komparativen Vorteil verloren hat, wirken sie eindeutig handelsfördernd, während die amerikanischen ADI eher den Außenhandel beeinträchtigen. Unter der Prämisse, daß der Handel den weltweiten Wohlstand maximiert, sind makro-orientierte ADI eindeutig den mikro-orientierten überlegen.[1]

Obwohl Kojima sich vor allem auf die Vorteile und die positiven Auswirkungen japanischer ADI in Entwicklungsländern konzentriert, läßt er Investitionen zwischen Industrieländern keineswegs unberücksichtigt: „Die meisten Direktinvestitionen zwischen Industrieländern ... haben den Zweck, verschiedene Handelsschranken zu überwinden. Sie werden in Industrien getätigt, in denen die Gastländer keinen komparativen Vorteil besitzen, und erzeugen so kaum wirtschaftliche Vorteile.“[2] Nach Auffassung von Kojima sind die meisten ADI in entwickelten Ländern entweder im Bereich der Handelserleichterung (Handel, Finanzierung und Versicherungen) oder im Bereich der Produktion zur Exportergänzung getätigt worden (Montagetätigkeiten). Beiden Kategorien ist das Ziel gemeinsam, die Transaktionskosten des Handels zu verringern (oder aber zu vermeiden). Es gibt allerdings noch eine dritte Kategorie, und zwar ist dies die „Investition von differenzierten Produkten“, die jedoch noch relativ selten zu sein scheint und „weiterer Analysen bedarf“. Hierunter versteht Kojima solche (bislang begrenzten) japanischen ADI, die aufgrund von monopolistischen Vorteilen getätigt werden. Allerdings geht er auf diesen Themenkreis nicht näher ein.

Ozawas Beitrag

Eine verwandte makroökonomische Erklärung der japanischen ADI stammt von Ozawa. Seine Hypothese lautet, daß die ADI eine unausweichliche Konsequenz der japanischen Industriepolitik sind. Während der 60er Jahre hat Japan eine ausgeprägte Wachstumspolitik verfolgt und dabei die Schwerpunkte auf die Schwer- und die chemische Industrie gelegt. Allerdings gilt in der Regel, daß mit beschleunigtem Wachstum zugleich die nur begrenzt vorhandenen Faktoren schneller zum Tragen kommen. Im Falle Japans wurden diese Grenzen durch die Knappheit des industriell nutzbaren Bodens, der Arbeitskräfte und durch die bedrohten Rohstofflieferungen gesteckt. Japans Antwort auf diese Restriktionen war die Umstrukturierung seiner Industriestruktur mit dem Schwerpunkt auf saubere und Know-how-intensive Industriezweige sowie die gleichzeitige Förderung der ADI als Katalysator zur „Reinigung“ der Wirtschaft.[3] Die Ressourcen der Zuliefersektoren können entweder in den expandierenden Bereichen eingesetzt oder, sofern sie sich als industriespezifisch, aber international mobil erweisen, für die Überseeproduktion verwendet werden. Nach Ansicht von Ozawa wird es für die marginalsten Unternehmen am einfachsten sein, sich im Ausland niederzulassen (wo die Faktorausstattungen günstiger sind), als sich neu in einem expandierenden heimischen Sektor zu etablieren. Eine wichtige Begleiterscheinung dieser Überlegung ist, daß die wettbewerbsfähigeren Industrien (d.h. die Industriezweige mit relativ wenig ausgeprägter oligopolistischer Struktur und mit technologisch anspruchslosen Produkten) am stärksten gezwungen sein werden, ihre Produktion ins Ausland zu verlagern. Dies wurde von den ADI-Theorien, die auf dem monopolistischen Vorteil basierten, eindeutig nicht vorhergesehen.

Kojima/Ozawa: Ein Kommentar

Die Theorien von Kojima und Ozawa analysieren die makroökonomischen Kräfte, die japanische Unternehmen zwingen, Auslandsinvestitionen zu tätigen. Sie argumentieren, daß viele der investierenden Gesellschaften relativ klein sind, nur wenig Geld für Forschung und Entwicklung ausgeben, durchaus Interesse an joint ventures haben, ihren Standort in kulturell verwandten Ländern wählen (um die Kosten der Überseeaktivitäten zu minimieren) und daß sie die Märkte häufig gemeinsam erschließen. Im Ausland investieren sie in dieselben Branchen, die sie aufgrund ungünstiger heimischer Bedingungen verlassen haben. Tatsächlich erfüllt ein Großteil der japanischen ADI im verarbeitenden Gewerbe in Entwicklungsländern wie Südostasien und Lateinamerika genau diese Bedingungen und steht im krassen Gegensatz zu den oligopolistischen, auf Forschung und Entwicklung basierenden Investitionen in Industrieländern, die von den westlichen multinationalen Konzernen bevorzugt werden.

Dennoch wird dadurch nicht erklärt, wie diese Unternehmen die mit den Auslandsaktivitäten verbundenen zusätzlichen Kosten bewältigt haben. Die entscheidenden erleichternden Faktoren scheinen die Hilfe von seiten der japanischen Banken und Handelshäuser, die aktive Unterstützung der eigenen und der Regierungen der Empfangsländer sowie die Überlegenheit der allgemeinen Technologie im Vergleich zu den lokalen Unternehmen gewesen zu sein. Darüber hinaus konzentrieren sich diese ADI zum Teil auf Länder, in denen die entscheidenden Wettbewerber japanische Unternehmen sind, wodurch sich wiederum die mit der Anpassung an die lokalen Bedingungen verbundenen Kosten verringern. Insgesamt scheint diesen Unternehmen die Strategie der Imitation sehr gut zu bekommen, wobei ihre hauptsächliche Stärke im Bereich des Marketing und der Produktionserfahrung liegt.[4]

Die japanischen ADI in der Welt

Es gibt zwei offizielle Informationsquellen über die japanischen ADI: Die erste besteht aus den Daten, die von der Bank of Japan (BOJ) als Teil der Zahlungsbilanz veröffentlicht werden. Diese Daten zeigen zwar die tatsächlichen Abflüsse, liefern jedoch keine Einzelheiten. Die zweite Quelle ist die Statistik, die vom Finanzministerium (MOF) zusammengestellt und entweder von ihm selbst oder vom Ministry of International Trade (MITI) veröffentlicht wird. Die vom MOF gesammelten Daten basieren auf der Tatsache, daß es für die Verwaltung des Außenwirtschaftsgesetzes verantwortlich ist, und insofern beziehen sich die Zahlen auf offizielle Meldungen oder genehmigte Anträge. Da jedoch zwischen der Meldung bzw. Genehmigung und den tatsächlichen Kapitalabflüssen beträchtliche zeitliche Verzögerungen auftreten können und da ein erheblicher Anteil der Projekte anschließend annulliert wird, bieten die MOF-Daten keine sehr genaue Information über die tatsächlichen Investitionen. Allerdings enthalten sie nicht die reinvestierten Gewinne oder das im Ausland aufgenommene Kapital, so daß manche Kommentatoren zu dem Schluß gelangt sind, daß die MOF-Daten per Saldo durchaus annehmbare Annäherungswerte für die tatsächlichen Investitionen liefern.[5] Andererseits sind die Zahlen wiederum dadurch überhöht, daß sie kreditfinanzierte Investitionen beinhalten, was weder in den USA noch beim Internationalen Währungsfonds (IWF) üblich ist. Sofern nicht anders vermerkt, basieren die folgenden Tabellen auf MOF-Daten.

Aus Tabelle 6.1 geht hervor, daß die Bedeutung der Auslandsinvestitionen für die japanische Wirtschaft in absoluten Zahlen ständig zugenommen und daß sich diese Entwicklung sogar seit kurzem noch beschleunigt hat. Dies heißt, daß die ADI für die japanischen Währungsreserven keineswegs mehr eine zu vernachlässigende Größe sind. Tatsächlich ist bei dem Verhältnis der durch Direktinvestitionen bedingten Nettoabflüsse zu den Devisenreserven in zwei aufeinanderfolgenden Jahren (1981/82) ein Überschuß von 12 % zu verzeichnen, und dieser Trend wird sicherlich von den Behörden nicht unbemerkt bleiben. Tabelle 6.2 verbindet dann die ADI-Abflüsse mit anderen ökonomischen Variablen. Trotz der jüngsten Zunahme der ADI-Aktivitäten ist das Verhältnis der ADI-Ströme zum BSP heute nicht höher als zu Beginn der 70er Jahre. Ferner zeigt ein Vergleich des Exportvolumens, daß die gegenwärtigen Werte historisch keineswegs Ausnahmen bilden. Das Verhältnis der ADI-Ströme zu den heimischen Privatinvestitionen in Anlagevermögen zeigt zu Beginn der 80er Jahre einen Aufwärtstrend, allerdings ist dieser zum Teil durch die konjunkturelle Schwäche der Privatinvestitionen während dieser Periode bedingt.

Per Saldo zeigen die Daten, daß die japanischen ADI sich stetig und ohne dramatische Ausschläge entwickelt haben. Während des letzten Jahrzehnts hat es zumindest bei den hier betrachteten aggregierten Daten nur sehr wenige extreme Entwicklungen gegeben.

Die obige Analyse wurde eigentlich für die heimischen ökonomischen Variablen durchgeführt und liefert insofern wenig Informationen über die japanische Investitionsneigung im Ausland im Vergleich zu anderen Industrienationen. In Tabelle 6.3 werden Japans ADI mit denen der Vereinigten Staaten und Großbritanniens sowie Japans beliebtestem Maßstab, Westdeutschlands, verglichen. Die Daten zeigen, daß Japan und Westdeutschland hinsichtlich ihrer Auslandsinvestitionen eine Reihe von Ähnlichkeiten aufweisen. Aus Teil A geht hervor, daß sich die ADI jedes Landes während des letzten Jahrzehnts in ganz ähnlicher Weise entwickelt haben. Teil B zeigt, daß ihre kumulativen ADI im Vergleich zu denen der beiden größten Investoren der Welt, den Ver-

Tabelle 6.1: Japanische ausländische Direktinvestitionen (in Mio. $)

Jahr	BOJ-Daten[1]	MOF-Daten[2]	MOF-kumul.[3]	¥/US-$[4]	Reserven[5]
1965	77	159	949	360,9	2 109
1966	107	227	1 176	362,5	2 077
1967	123	275	1 451	361,9	1 963
1968	220	557	2 008	357,7	3 213
1969	206	665	2 673	357,8	3 868
1970	355	904	3 577	357,6	5 458
1971	360	858	4 435	314,8	16 663
1972	723	2 338	6 773	302,0	18 125
1973	1 904	3 494	10 267	280,0	12 426
1974	2 012	2 396	12 663	300,1	14 152
1975	1 763	3 280	15 943	305,2	14 182
1976	1 991	3 462	19 405	292,8	16 997
1977	1 645	2 806	22 211	240,0	29 208
1978	2 371	4 598	26 809	194,6	28 813
1979	2 898	4 995	31 804	239,7	18 543
1980	2 385	4 693	36 497	203,0	27 020
1981	4 894	8 931	45 428	219,9	27 231
1982	4 540	7 703	53 131	235,8	24 015

Quellen: Bank of Japan, *Balance of Payments Monthly,* Januar 1984 (Tokio, Februar 1984), S. 53; Ministry of Finance, *Direct Overseas Investment Registered During Fiscal 1982* (Tokio, Juni 1983), S. 2; Ministry of Foreign Affairs, *Statistical Survey of Japan's Economy,* (Tokio) (unterschiedliche Ausgaben).

Anmerkungen:
[1] Kalenderjahr für BOJ-Daten; Fiskaljahr (1. April bis 31. März) für MOF-Daten.
[2] Direktinvestitionen, die auf der Aktivseite des langfristigen Kapitalkontos der Zahlungsbilanz registriert und von der Bank of Japan veröffentlicht werden. Direktinvestitionen sind die Nettoinvestitionen von japanischen Unternehmen in ihren Überseefilialen und Niederlassungen (einschließlich langfristigen Darlehen).
[3] Ausländische Direktinvestitionen anhand von MOF-Daten. Vor Dezember 1980 gehörten zu diesen Investitionen auch der Erwerb von Wertpapieren und Verbindlichkeiten (Darlehen) von ausländischen Gesellschaften, bei denen japanische Kapitalinvestitionen 25 % oder mehr ausmachten, sowie die Gründung bzw. Erweiterung von Filialen und der Erwerb von Immobilien. In Übereinstimmung mit dem revidierten Außenwirtschaftsgesetz werden ab Dezember 1980 alle ausländischen Gesellschaften miteinbezogen, in denen japanische Kapitalinvestitionen 10 % oder mehr betragen, während der Erwerb von Immobilien ausgeklammert wird.
[4] Wechselkurs zum Jahresende.
[5] Devisen- und Goldreserven (am Ende des Fiskaljahres).

einigten Staaten und Großbritannien, relativ gering sind. Und Teil C illustriert, daß beide Länder eine ähnliche und im Vergleich zu den USA und Großbritannien starke Präferenz für Exporte im Gegensatz zu Direktinvestitionen besitzen.

Die offensichtliche Zurückhaltung Japans und Westdeutschlands gegenüber Direktinvestitionen läßt sich zum Teil auf die sogenannte „kulturelle Distanz" zurückführen. Beide Länder wurden im letzten Weltkrieg besiegt, und ihre Unternehmen werden sich anfänglich schwergetan haben, so ohne weiteres auf dem Territorium der Sieger demonstrative Auslandsinvestitionen zu tätigen. Insofern ist es keineswegs verwunderlich, daß beide Länder sehr gute Wirtschaftsbeziehungen zu südamerikanischen Ländern unterhalten. Außerdem haben beide, aber insbesondere Japan, mit der gleichen sprachlichen Benachteiligung zu kämpfen, da sie sich in einer Welt zurechtfinden müssen, deren Handel vorrangig in Englisch abgewickelt wird. Im nächsten Jahrzehnt wird

Tabelle 6.2: ADI im Verhältnis zu ausgewählten, ökonomischen Variablen

Jahr	ADI-Strom (Mio. US-$)	% am BSP	% am Anlage-vermögen	% an den Exporten
1972	2338	0,7	3,0	7,9
1973	3494	0,8	3,0	9,0
1974	2395	0,5	2,0	4,2
1975	3280	0,7	3,1	5,9
1976	3462	0,6	2,9	5,0
1977	2806	0,4	2,0	3,4
1978	4596	0,4	2,1	4,7
1979	4995	0,5	2,3	4,7
1980	4693	0,4	1,9	3,4
1981	8906	0,8	5,4	5,9
1982	7703	0,7	4,7[2]	5,6

Quellen: Ministry of International Trade and Industry, *The Overseas Activities of Our Country's Companies,* Ausgabe 10/11 (Tokio, Januar 1983), Seite 71 (auf japanisch)

Anmerkungen:
[1] Prozentualer Anteil der heimischen Privatinvestitionen am Anlagevermögen.
[2] Schätzungen des Autors.

eine neue Generation von Managern heranwachsen, die weniger von den Kriegserinnerungen belastet und mit besseren Kommunikationsfähigkeiten ausgestattet ist, so daß derartige Hindernisse in Zukunft eine immer geringere Rolle für die ADI spielen werden.

Die Struktur der japanischen ADI

Die Analyse der Struktur der japanischen ADI-Ströme zeigt, daß die Produktion ein relativ kleiner Bereich ist. Während der Anfänge der japanischen Investitionen, von 1967 bis 1973, machten die Investitionen im Produktionsbereich etwa 26 % der Gesamtinvestitionen aus. Später (1978 bis 1982) hat sich dieses Verhältnis nur unmerklich auf 29 % erhöht. Demgegenüber ist der Anteil der kommerziellen und dienstleistungsorientierten Investitionen ziemlich drastisch gestiegen (vgl. Abbildung 6.1). Dabei ist der Großteil der jüngsten Investitionen in die USA und an zweiter Stelle nach Europa geflossen. Diese Entwicklung scheint darauf hinzuweisen, daß — trotz der heftigen Beschwerden der Vereinigten Staaten und der Europäischen Gemeinschaft über die nachhaltigen Handelsüberschüsse — die japanischen Produzenten insgesamt, wenn auch nicht in jedem Sektor, zunehmend in handelsorientierte Aktivitäten und weniger im Produktionsbereich investiert haben. Während Japan seinerseits Standortvorteile zu bieten scheint, auf die viele heimische Produzenten nur ungern verzichten, um statt dessen die Risiken der Überseeproduktion auf sich zu nehmen. Eine genauere Analyse würde zeigen, daß die im Produk-

Tabelle 6.3: Japans ADI-Position im Vergleich zu anderen Industrienationen

A. Größe und Entwicklung der ADI im Vergleich

Investierendes Land	kumulative ADI (in Milliarden US-$)			durchschnittliche jährliche Zunahme (in %)	
	1970	1978	1981	1970–1978	1978–1981
Japan	4	27	44	27	14
USA	78	168	227	10	11
Westdeutschland	7	29	37	23	8
Großbritannien	20	35	79	19	31
insgesamt	109	259	387	17	14

B. Anteil an den Welt-ADI (kumulativ, in %)

Investor	1970[1]	1981[2]
Japan	2,5	5,1
USA	52,0	47,1
Westdeutschland	4,5	7,7
Großbritannien	13,0	16,5
Sonstige	28,0	23,6
Welt insgesamt	100,0	100,0

C. Kumulative ADI im Vergleich zum BSP und zu den Exporten für 1981[3]

Investor	% am BSP	% an den Exporten
Japan	3,9	29,0
USA	7,7	97,0
Westdeutschland	5,4	21,0
Großbritannien	18,5	65,6[4]

Quellen: Keizai Koho Center, *Japan 1983: An International Comparison* (Tokio, 1983); Ministry of International Trade and Industry, *The Overseas Activities of our Country's Companies,* Ausgabe 9 und 10/11 (März 1981 und Januar 1983).

Anmerkungen:
[1] Aufgerundet auf das nächste halbe Prozent.
[2] Hier ist auf die Diskrepanz zwischen der absoluten Höhe der japanischen ADI in Teil A und deren Anteil in Teil B hinzuweisen. Diese ist durch die Verwendung von MOF-Daten im ersteren und BOJ-Daten im letzteren Teil zurückzuführen.
[3] MOF-Daten für Japan.

tionsbereich getätigten ADI sich auf Industrien konzentrieren, in denen Japan nicht länger erfolgreich von seiner Heimatbasis aus konkurrieren kann, d.h., in denen es seinen komparativen Vorteil verloren hat. Industrien wie Textilien, Nichteisenmetalle und petrochemische Produkte sind auf der Suche nach billigeren Arbeitskräften, Energiequellen oder gewerblich nutzbarem Boden ins Ausland abgewandert. In anderen Industrien, insbesondere in denen, die unter die breite Kategorie der „Maschinen und Ausrüstung“ fallen, ist es den Herstellern im allgemeinen gelungen, die zunehmenden Kosten der lokalen Produktionsfaktoren durch Produktivitätssteigerungen aufzufangen. In diesen Industrien werden nur dann ADI getätigt, wenn der Zugang zu den Exportmärkten durch Zölle oder andere Handelsschranken beeinträchtigt ist.

Insgesamt scheinen die Makrovariablen tatsächlich eine bessere Erklärung für die japanischen ADI zu liefern als firmenspezifische Faktoren. Wenn dem so ist, dann wird Europa höchstwahrscheinlich von japanischen Investitionen verschont bleiben, da es im Vergleich zu Japan nur wenige relevante Vorteile hinsichtlich der Arbeitskosten, der Rohstoffe oder der Energie (aber nicht des Bodens) bietet.

Abbildung 6.1: Japanische ADI nach Sektoren

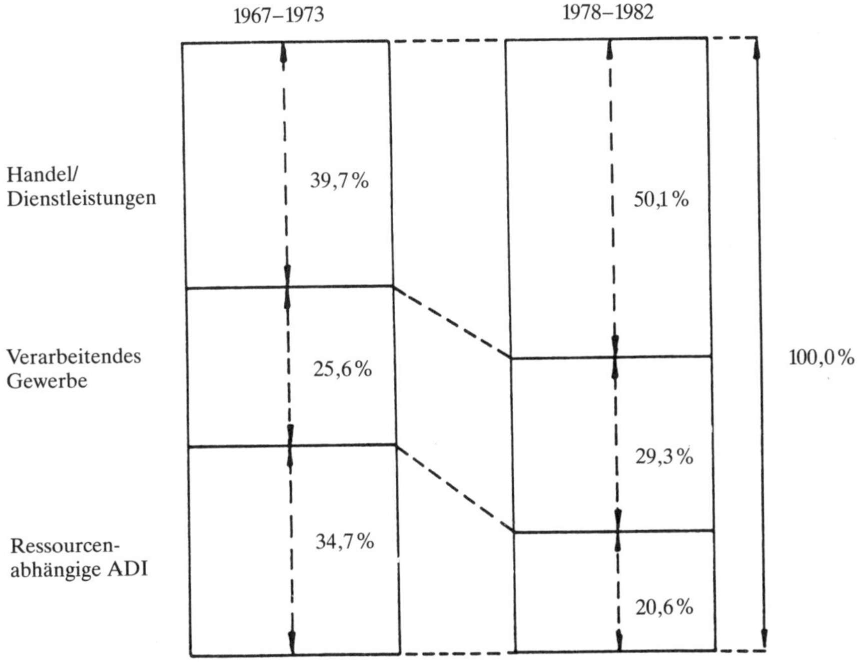

Japanische ADI in Westeuropa

Die japanischen ADI in Europa dienen vorwiegend dem Zweck, Handelsaktivitäten, insbesondere den Export, zu unterstützen. Aus Tabelle 6.4 geht hervor, daß 1982 die kumulativen ADI in der Produktion nur 22 % der gesamten ADI betrugen. Umgekehrt haben die gesamten ADI im Banken- und Versicherungsbereich, im Handel und bei den Dienstleistungen ständig mehr als 70 % der Gesamtsumme ausgemacht, und dieser Trend hat sich bis in die letzte Periode (1978—1982) unvermindert fortgesetzt.

Nach Aussagen einer offiziellen japanischen Quelle war ein wichtiges Element der Reaktion der japanischen Industrie auf die weltweite Rezession „der starke Wunsch der japanischen Unternehmen, die Exporte zu erhöhen, und die Anzahl ihrer im Auslandsmarketing tätigen Beschäftigten hat ständig zugenommen".[6]

Im Produktionsbereich sind die ADI insbesondere bei den Elektrogeräten und der Kraftfahrzeugausrüstung gestiegen. Im ersteren Bereich konzentrieren sich die Investitionen vor allem auf Gebrauchselektronik und Halbleiter, im letzteren Sektor dagegen auf die Auto- und Motorradproduktion.

Fallstudie: Die Auto- und Motorradindustrie

Die starke Zunahme der ADI (vgl. Tabelle 6.4) im Fahrzeugsektor während der Periode 1978 bis 1982 ist vor allem durch zwei Investitionen von Nissan bedingt. In Spanien hat Massey Ferguson im Januar 1980 seine 36,8%ige Beteiligung an Spaniens führendem, aber finanziell geschwächtem Hersteller von Traktoren und Landwirtschaftsmaschinen Motor Iberica gegen 40 Mio. US-Dollar an Japans zweitgrößten Autoproduzenten Nissan abgetreten. Die Motive hierfür waren die Erschließung eines überaus restriktiven Marktes sowie des Vertriebsnetzes in Südamerika und ein erleichterter Zugang zu den EG-Märkten nach dem Beitritt von Spanien.

Bis 1984 hatte Nissan schließlich 70 % der Motor Iberica-Anteile erworben, und es steht zu vermuten, daß es diesen Anteil noch weiter erhöhen wird. Motor Iberica wird derzeit zu Nissans europäischer Basis für kommerzielle Fahrzeuge ausgebaut. 1983 wurde zunächst die Produktion eines japanischen Modells aufgenommen, der 1984 bereits ein zweites Modell folgte. Die Gesamtkapazität beläuft sich auf 30 000 Fahrzeuge. Die Investition wurde zugleich von drastischen Rationalisierungsmaßnahmen begleitet, die natürlich mit einschneidenden Kürzungen der Belegschaft verbunden waren. Bis Anfang 1984 war es Motor Iberica dank der Produktivitätssteigerung möglich, 50 % des spanischen Marktes zu erobern, so daß die Regierung schließlich das Unternehmen aufforderte, sich zurückzuhalten, um die Santana S. A., eine spanische Niederlassung von British Leyland, zu schützen. Nissans Gesamtin-

Tabelle 6.4: Japans kumulative ADI in Europa nach Industrie (in Mio. $)

Industrie	1978	1982	Differenz 1982–1978	Marginale ADI (in %)[1]	durchschnittliche Zunahme 1978–1982 (in %)	Zusammensetzung (in %) 1978	Zusammensetzung (in %) 1982
Verarbeitende Industrie							
Nahrungsmittel	38	44	6	15,8	3,7	1,5	0,8
Textilien	110	156	46	41,8	9,1	4,2	2,9
Holz und Papierbrei	0	0	0	–	–	0,0	0,0
Chemikalien	81	158	77	95,1	18,2	3,1	2,9
Eisen u. Nichteisenmetalle	85	171	86	101,2	19,1	3,2	3,2
Industrieanlagen	80	145	65	81,3	16,0	3,1	2,7
Elektrogeräte	51	226	175	343,1	45,1	1,9	4,2
Kraftfahrzeugbau	11	115	104	945,5	79,8	0,4	2,1
Sonstige	66	166	100	251,6	25,9	2,5	3,1
Zwischensumme	521	1 181	660	126,7	22,7	19,9	22,0
Landwirtschaft/ Forstwirtschaft	0	0	0	–	–	0,0	0,0
Fischerei u. Marine	2	2	0	0,0	0,0	0,1	0,0
Bergbau	79	79	0	0,0	0,0	3,0	1,5
Bauwirtschaft	11	40	29	263,6	38,1	0,4	0,7
Handel	515	1 455	940	182,5	29,6	19,7	27,1
Banken/Versicherungen	568	1 288	720	126,8	22,7	21,7	24,0
Dienstleistungen	832	1 110	278	33,4	7,5	31,8	20,7
Immobilien	26	28	12	46,2	10,0	1,0	0,7
Industriezweige	63	171	108	171,4	28,4	2,4	3,2
Insgesamt[2]	2 618	5 366	2 750	105,0	19,7	100,0	100,0

Quellen: Ministry of Finance, *Direct Overseas Investment* (1978 & 1982).

Anmerkungen:
[1] Die Differenz der kumulativen ADI von 1982 und 1978 geteilt durch die kumulativen ADI von 1978.
[2] Ohne die $ 780 Mio.-Investition der Briten von 1972 im Seehafen von Abu Dhabi.

vestition in Motor Iberica beläuft sich heute auf etwa 50 Mio. Dollar. Darüber hinaus hat Motor Iberica noch beträchtliche Darlehen von einem Konsortium erhalten, das sich unter anderem aus japanischen und ausländischen Banken zusammensetzt. Im übrigen hat die spanische Regierung ihre finanzielle Unterstützung ebenfalls erhöht.

Parallel mit dem spanischen Geschäft hat Nissan noch ein kleines joint venture mit Alpha Romeo ausgehandelt, um zunächst 50 000 bis 60 000 PKWs zu produzieren. Dabei ist die Hälfte der Produktion für den italienischen Markt bestimmt, der bislang weitgehend von japanischen Autos verschont geblieben ist (vgl. Tabelle 6.5). Diese Investition ist in Italien auf heftige Kritik, insbesondere von Fiat, gestoßen. Dennoch hat die italienische Regierung die Investition im Rahmen eines weitergehenden Planes bewilligt, um die angeschlagene Autoindustrie zu rehabilitieren. Das als ARNA bezeichnete Gemeinschaftsprojekt sah bis zur Fertigstellung im Jahre 1984 die Errichtung eines Werkes in der Nähe von Neapel sowie die Beschäftigung von etwa 1 500 Personen vor. Die Gesamtinvestition beläuft sich auf 38 Mio. US-Dollar.

Im Anschluß an diese beiden Projekte hat Nissan seine europäische Strategie noch weiter ausgebaut, indem es seinen holländischen Importeur aufgekauft und ein 40-Mio.-Ersatzteilzentrum in den Niederlanden errichtet hat. Darüber hinaus besitzt Nissan in Europa noch weitere Einheiten, zu denen unter anderem mehrere Verkaufsfilialen und kleine Montageeinheiten von Fertigteilen auf protektionierten Märkten wie Portugal und Irland gehören sowie ein Lizenznehmer in Griechenland. Im Februar 1984 hat Nissan des weiteren seine langerwartete Entscheidung angekündigt, zugleich PKWs in Großbritannien zu produzieren. Die geplante Fabrik, bei der es sich letztlich um eine stark abgewandelte Fassung des ursprünglichen Plans handelt, wird von 1986 ab jährlich etwa 24 000 in Japan hergestellte Autosätze montieren. In einer zweiten Phase wird das Werk so erweitert, daß es ab 1991 etwa 100 000 Autos im Jahr produzieren kann, wobei der lokale (d.h. portugiesische) Anteil 80 % betragen soll. Die Anfangsinvestition von Nissan beträgt 50 Mio. $ und wird 500 Personen eine Beschäftigung garantieren. Ein beträchtlicher Anteil der Produktion soll exportiert werden.

Tabelle 6.5: Importkontrollen von japanischen PKWs in Westeuropa (1981)

Land	Art der Kontrolle	japanischer Anteil
Spanien	Hohe Zölle, Quoten	0,1 %
Italien	Prä-EG-Quoten (2200 Einheiten)	0,1 %
Frankreich	Begrenzung des Marktanteils (3 %)	2,6 %
Portugal	hohe Zölle, Quoten, lokaler Anteil	12,5 %
Westdeutschland	Exportbeschränkungsabkommen	9,7 %
Großbritannien	Begrenzung des Marktanteils (11 %)	11,0 %
Benelux	Exportbeschränkungsabkommen	24,5 %

Quellen: J. McArdle & Associates, *The Japanese Automobile Challenge* (London, 1982) (Auszüge aus der *Financial Times*, 6. Oktober 1982)

Diese Investitionen waren ziemlich umstritten. Nissan hat insgesamt 3 Jahre gebraucht, um zu einer konkreten Entscheidung zu gelangen, und diese Tatsache war nicht zuletzt durch den Widerstand bedingt, den die Investition auch innerhalb des Unternehmens erzeugte. Während die britische Regierung das Projekt eindeutig unterstützte und an der Investition sehr interessiert war, kam ein Großteil des Widerstandes von verschiedenen Gruppen einschließlich der französischen und italienischen Behörden, ferner von lokalen Konkurrenten und den japanischen Gewerkschaften. Natürlich spielte bei diesen Diskussionen das Beschäftigungsargument eine ganz zentrale Rolle.

Toyota, Nissans wichtigster heimischer Konkurrent und Japans größter Autoproduzent, hat bislang noch keine bedeutenden Investitionen getätigt, obwohl angeblich 1980/1981 bereits umfassende Machbarkeitsstudien für eine mögliche Produktion in Spanien durchgeführt wurden. Dabei hat die spanische Regierung offenbar eine Zusammenarbeit mit Seat angeboten, das mit heftigen Problemen zu kämpfen hat. Die betroffenen Parteien einigten sich schließlich auf ein Abkommen ohne Kapitalbeteiligung, das Toyota die Montage von etwa 15 000 Autos unter Verwendung von Seats Überschußkapazitäten erlaubt. Das Abkommen wird zunächst als „Zwischenlösung" betrachtet.

Vor kurzem hat Toyota eine 16,5%ige Beteiligung an der finanziell angeschlagenen britischen Lotus-Gesellschaft erworben, mit der sie bereits ein Technologie-Austauschprogramm unterhielt. Andere Toyota-Projekte beschränken sich auf kleine Montageaktivitäten von Fertigteilen in Portugal und Irland. Diese Projekte werden höchstwahrscheinlich aufgegeben, sobald die Importrestriktionen im Rahmen der EG-Bestimmungen aufgehoben werden.

Andere japanische Autohersteller haben ihre Investitionen in Europa ebenfalls begrenzt oder alternative Vereinbarungen vorgezogen. Honda hat beispielsweise mit British Leyland ein Lizenzabkommen zur Herstellung des Mittelklassewagens Triumph Acclaim abgeschlossen. Außerdem soll die Zusammenarbeit auf ein neues Modell mit dem Codenamen XX erweitert werden. Beide Projekte haben zu einer Kontroverse über die Definition des lokalen Anteils geführt, und vor kurzem hat sogar Frankreich damit gedroht, den Triumph Acclaim trotz seiner Anerkennung durch die EG-Behörden als ein japanisches Auto zu betrachten. Im übrigen ist bekannt, daß die britische Regierung es sehr gern sähe, wenn sich Honda über eine Kapitalbeteiligung an British Leyland noch stärker in England engagieren würde. In Frankreich ist Peugeot ebenfalls eine ähnliche Bindung mit der Mitsubishi Motor Company eingegangen, die bereits enge Beziehungen zu der Chrysler Corporation in den USA unterhält. Ein weiterer japanischer Hersteller, der ebenfalls in die europäische Autoproduktion investiert hat, ist die Suzuki Motor Company, die zu den kleineren Autoproduzenten gehört und sich auf kleine Kompaktautos spezialisiert hat. Suzuki wird eine Gemeinschaftsproduktion von 1 000-ccm-Autos mit Santana SA. in Spanien aufnehmen. Die Gesellschaften planen zunächst die Montage von etwa 10 000 Einheiten jährlich, die im Herbst 1983 im Blick auf den spanischen Beitritt zur EG im Jahre 1984 beginnen soll. Das Abkommen wurde durch Suzukis Erwerb einer 50%igen Beteiligung an Santana finanziell abgesichert.

Die Öffnung Spaniens durch die japanischen Autohersteller wurde von den Ersatzteilproduzenten fortgesetzt. 1982 gründete Kokusan Kinzoku Kogyo — ein Unternehmen, das sich auf automatische Türgriffe und Schlösser spezialisiert hat — ein joint venture mit einem spanischen Kupplungsproduzenten, um mit diesem Gelenkschlösser herzustellen. 1983 hat die japanische Kayaba Industry Co. zusammen mit der britischen T. I. Silencers Ltd. die spanische Filiale A. P. Amortiguadores der U.S. Questor Corporation aufgekauft, wobei es sich um den größten spanischen Hersteller von Aufhängungssystemen handelt.

Der zweite große Bereich der ADI im Fahrzeugbausektor sind Motorräder. Die japanischen Hersteller haben sich inzwischen einen Anteil am Weltmarkt von 65 bis 70 % erobert. Auf einem offenen Markt wie dem Westdeutschlands beträgt der Anteil sogar nahezu 80 %. In ganz Europa werden etwa zwei Drittel aller Umsätze von japanischen Produzenten getätigt.

Tabelle 6.6: Die größten Motorradhersteller der Welt

Land	Hersteller	Produkte	Produktion 1981 (in Mio.)
Japan	Honda	50–1000 ccm + „Superbikes"	2,92
	Yamaha	50-ccm-Superbikes	2,49
	Suzuki	50-ccm-Superbikes	1,53
	Kawasaki	über 50 ccm, vor allem große Motorräder	0,46
Italien	Piaggio	vor allem Motorroller und Mopeds (50 ccm)	0,95
Frankreich	Peugeot	Mopeds, einige Motorräder	0,40
Österreich	Steyr Daimler Puch	Mopeds	0,13
Westdeutschland	BMW	450 ccm–1 000 ccm	0,03
USA	Harley Davidson	550-ccm-Superbikes	0,04

Quellen: Financial Times, 21. März 1983, S. 14

Die japanische Motorradindustrie ist überaus konzentriert: Die beiden dominanten Produzenten sind Honda und Yamaha, die etwa 70 % des heimischen Marktes behaupten. Zwei andere Hersteller, Suzuki und Kawasaki Heavy Industries, teilen sich den Rest (vgl. Tabelle 6.6). Sowohl Honda als auch Suzuki stellen zugleich Autos her, nur Yamaha ist weniger diversifiziert in seinen Produkten. Die Kawasaki Heavy Industry gehört zu den größten Maschinenbauunternehmen Japans. Dieser Industriezweig zeichnet sich durch starke Konkurrenz aus, wobei der Marktanteil der einzige und absolute Maßstab ist. Dies hat vor kurzem zu beträchtlicher Überproduktion geführt und sogar einen Spezialisten wie Yamaha in ernsthafte Schwierigkeiten gebracht.

Genau wie Autos haben Motorräder auf verschiedenen Märkten mit Importbarrieren zu kämpfen. Frankreich beschränkt den Marktanteil von japanischen Mopeds beispielsweise auf 5 % (die französischen Hersteller haben sich praktisch ausschließlich auf dieses Marktsegment spezialisiert). Italien, das nach wie vor eine Reihe von bedeutenden heimischen Produzenten besitzt, hat eine Jahresquote von 1 200 Einheiten für Motorräder unter 380 ccm festgelegt, und Spanien läßt praktisch keine Importe zu, die nicht aus dem EG-Raum kommen.

Bisher haben drei der vier japanischen Motorradhersteller in Europa investiert. 1981 hat die spanische Regierung ein joint venture zwischen Yamaha und zwei heimischen Produzenten, die in Schwierigkeiten waren, autorisiert, das von Spaniens größter Bank Banesto finanziell abgesichert wurde. Das Ziel des japanischen Unternehmens besteht darin, sich den Zugang zum abgeschirmten spanischen Markt zu erobern und eine Basis zu errichten, von der aus es in den EG-Raum eindringen kann. Das spanische Unternehmen wird während seines ersten Betriebsjahres (1983) etwa 20 000 Einheiten produzieren, die bis 1985 auf 50 000 Einheiten gesteigert werden sollen. Das Projekt wird auf 10 Mio. US-Dollar geschätzt. Auch hier ist von seiten der heimischen Produzenten heftige Kritik an Yamahas Projekt geübt worden.

1983 hat Yamaha darüber hinaus die Gründung eines Gemeinschaftsprojekts in Portugal angekündigt, das ebenfalls die Importe von fertigen Motorrädern eingeschränkt hat. Dieses Projekt wird ein joint venture mit dem größten portugiesischen Motorradhersteller S.I.S. Veiculos Motorizados Ltda. sein.

Um sich Zugang zu dem protektionierten französischen Markt zu verschaffen (in dem Yamaha 1981 nur 16 800 Einheiten verkaufen konnte), hat das japanische Unternehmen 1982 ein Kooperationsabkommen mit dem französischen Mopedhersteller Motobécane vereinbart. Das französische Unternehmen wird gemeinsam entwickelte Modelle produzieren, die unter einem eigenen Markenzeichen und Yamahas Namen auf den heimischen und Exportmärkten vertrieben werden. Im Dezember 1983 hat Yamaha auf Geheiß der französischen Regierung eine 10%ige Kapitalbeteiligung an der neuen Gesellschaft erworben, welche die inzwischen bankrott gegangene Motobécane ersetzt. Yamahas Erzrivale, Honda, besitzt inzwischen zwei europäische Werke. Die erste erstaunlich früh getätigte Investition fand bereits 1963 in Belgien statt. Diese Fabrik besitzt eine Kapazität von 400 Mopeds täglich (etwa 100 000 Einheiten jährlich), und ihre Produktion wird in ganz Europa verkauft.

1975 hat Honda darüber hinaus eine Fabrik in Italien zur Produktion von 125-ccm-Motorrädern errichtet. Diese Fabrik war ursprünglich als eigene Tochtergesellschaft geplant, doch wurde Honda schließlich gezwungen, einen lokalen Partner zu akzeptieren. Ende 1981 hat es jedoch wieder die alleinigen Eigentumsrechte erworben. Diese Filiale erzeugt etwa 20 000 Einheiten jährlich, die sowohl auf den heimischen als auch auf den Exportmärkten vertrieben werden.

Da Honda in Frankreich mit seinen in Belgien produzierten Mopeds erhebliche Schwierigkeiten hatte, adoptierte es dieselbe Strategie wie Yamaha, indem es eine Vereinbarung mit dem größten französischen Motorradhersteller Cycles Peugeot S.A. traf (beide Abkommen wurden etwa zur gleichen Zeit abgeschlossen). Die erste Phase dieses Abkommens sieht vor, daß Peugeot die von Honda entworfenen Maschinen an sein Werk in Belgien liefert. Darüber hinaus wird Honda Peugeot eine Lizenz zur Herstellung von 50er- oder 80er-Motorrollern gewähren. Der Verkauf von Peugeot-Maschinen an Honda wird diesem jährlich Umsätze von etwa 80 Mio. Franc sichern.

Hondas Eintritt in den spanischen Markt ist bisher auf die Bereitstellung des technischen Know-how zur Herstellung von 80- bis 350-ccm-Motorrädern für das spanische Unternehmen Moto Cycletas Montesa S. A. beschränkt. Allerdings wird diese Vereinbarung in naher Zukunft in ein joint venture umgewandelt. Honda hat darüber hinaus Machbarkeitsstudien für Investitionen in Großbritannien durchgeführt, wo es mehr als 50 % des Motorradmarktes behauptet. Ein joint venture in England wird höchstwahrscheinlich in Eigenregie erfolgen, da es praktisch keine heimischen Produzenten mehr gibt (Meriden, der Hersteller von Triumph-Motorrädern und der letzte „Überlebende“ der früher überragenden britischen Industrie, ist vor kurzem in Konkurs gegangen).

Hondas Machbarkeitsstudien über die Produktionsmöglichkeiten in Großbritannien fielen zufällig mit informellen Warnungen von seiten der EG-Kommission zusammen, daß Mitgliedsstaaten mit einer funktionierenden Motorradindustrie, wie beispielsweise Frankreich, Italien und Westdeutschland, sehr wohl unilaterale Restriktionen beschließen könnten, wenn die japanischen Exporte nicht eingeschränkt würden. Ganz ähnliche Gründe könnten bei Suzuki Motors zu recht schleppenden Investitionen geführt haben. Im März 1984 hat Suzuki an der spanischen Avello, einer Filiale der österreichischen Steyr Daimler Puch, eine 36,6%ige Beteiligung erworben. Ab 1986 wird Avello jährlich etwa 10 000 von Suzuki gelieferte 50-ccm-Mopeds montieren.

Zusammenfassend lassen sich die japanischen ADI in der europäischen Auto-Industrie folgendermaßen charakterisieren (vgl. Tabelle 6.7):

1. Japan ist der größte Hersteller der Welt von Motorfahrzeugen und Motorrädern. 1983 belieferte es die Weltmärkte vorwiegend durch Exporte, während die Auslandsproduktion eine untergeordnete Rolle spielte. So betrug damals das Verhältnis der Überseeproduktion zu den Exporten (einschließlich der Fertigteilexporte) auf einer Stückbasis bei Autos 15 % und bei Motorrädern 43 %. Gleichzeitig betrug das Verhältnis der Übersee- zur heimischen Produktion jeweils 7,5 % und 21,2 %.
2. In Europa betrugen die Verhältnisse der heimischen Produktion zu den Importen (berechnet auf der Basis der Importe von 1983 und der ADI-Projektionen für Mitte der 80er Jahre in Stückzahlen) bei Autos etwa 12 % und bei Motorrädern 30 %.
3. Die ADI waren vor allem eine Reaktion auf Importbeschränkungen. Die Empfangsländer besitzen normalerweise einen großen heimischen Markt mit tatsächlichem oder potentiellem Zugang zur EG und relativ billigen Arbeitskräften.
4. Der Zugang zum französischen Mopedmarkt war nicht ohne die Unterstützung der ansässigen Hersteller möglich. Dabei hat die französische Regie-

rung hinsichtlich der Automobilindustrie bislang eher die Konfrontation als die Zusammenarbeit mit japanischen Unternehmen gesucht. Die einzige Verbindung zwischen französischen und japanischen Herstellern scheint die Lizenz von Nissan an Peugeot/Citroën zu sein.

5. Der Zugang zu anderen geschützten Märkten war oft nur möglich mit Hilfe von joint ventures mit örtlichen, meist kränkelnden Unternehmen, deren heimische Protektion ihnen nur wenig Chancen auf den Exportmärkten bot. Dabei sind joint ventures keineswegs die von den Japanern grundsätzlich bevorzugte Lösung, wie dies manchmal behauptet wird, was sich durch Honda-Filialen in Belgien und Italien belegen läßt. Die Investitionen in der Motorradindustrie in Großbritannien werden höchstwahrscheinlich ausschließlich japanische Tochtergesellschaften sein, da keine örtlichen Produzenten mehr existieren.
   Die Markteintritte der japanischen Produzenten führen häufig zu beträchtlichem Widerstand von seiten der ortsansässigen Unternehmen, die den Wettbewerbsdruck der japanischen Multis fürchten, der vorwiegend auf die überlegenen Produktionsmethoden und Marketingfähigkeiten zurückzuführen ist und weniger auf innovative Produkte. Die japanischen Strategien konzentrieren sich in der Regel auf dieselben Marktabschnitte wie die der heimischen Produzenten.
6. Länder wie Frankreich und Italien haben gelegentlich den durch japanische Niederlassungen erzeugten Güterstrom eingeschränkt, selbst wenn diese Produkte das EG-Ursprungszeugnis besaßen. Dementsprechend ist bei japanischen Produktionsinvestitionen im Ausland häufig eine Präferenz für Empfängerländer festzustellen, die einen großen Markt mit genügend politischer Stärke verbinden, um sich den Zugang zu anderen Märkten zu verschaffen.
7. Mit Ausnahme der Honda-Investitionen ist die Masse der ADI zwischen 1983 und 1984 getätigt worden. Der Eintritt Spaniens in die EG sowie die zunehmenden protektionistischen Tendenzen scheinen hierfür die Hauptgründe gewesen zu sein. Honda scheint eine europäische Strategie für seine Motorräder entwickelt zu haben, die auf der Ausdehnung der Produktionskapazitäten auf verschiedene Länder basiert, um sich auf diese Weise den Marktzutritt um den Preis der Beschäftigung heimischer Arbeitskräfte zu „erkaufen". Jede örtliche Niederlassung wird sich auf ein spezifisches Produkt spezialisieren.
8. Die ADI in die Autoherstellung werden durch die Tatsache behindert, daß die gegenwärtigen jährlichen Importe von japanischen Autos, obwohl sie derzeit 800 000 Einheiten betragen, auf 9 Hersteller und 45 Modelle verteilt sind, von denen nur zwei Umsätze von mehr als 90 000 Einheiten erzielen. Folglich sind die Möglichkeiten der Produktion im Bereich der optimalen Betriebsgröße nur begrenzt. Dies erklärt zugleich, warum Honda und Toyota nur in den Vereinigten Staaten, aber nicht in Europa in die PKW-Produktion investiert haben. Die Vereinigten Staaten importieren ge-

genwärtig mit maximal 1,85 Mio. japanischen Autos etwa doppelt soviel wie Europa.

An den dargestellten Fällen läßt sich ablesen, daß die japanischen ADI in die europäische Kraftfahrzeugindustrie vorwiegend eine Reaktion auf Marktunvollkommenheiten wie Zölle und Importkontingente sind. Dennoch sind keineswegs alle Produktions-ADI hierdurch bedingt. Eine weitere Analyse würde zeigen, daß die Auslandsinvestitionen in den Sektoren am stärksten vertreten sind, in denen Japan als Anbieter nur geringe oder sich verschlechternde Standortvorteile besitzt, d.h. in Industrien, deren ursprüngliche Stärke ein günstiger Zugang zu Kapital und Arbeitskräften war, die dagegen technisch relativ einfache Verfahren verwendeten. In den E&F-intensiven Industrien bleiben die Exporte nach wie vor die bevorzugte Methode, um sich Zugang zum europäischen Markt zu verschaffen.

So nützlich Analysen wie die soeben beschriebene auch sein mögen, dürfen wir über all diesen Zeilen nicht den entscheidenden Punkt vergessen, daß die japanischen ADI in Europa tatsächlich relativ niedrig sind. Und zwar nicht nur in absoluten Werten, sondern auch relativ zu den Auslandsinvestitionen anderer Länder. In Großbritannien beliefen sich die japanischen ADI während des Zeitraums 1976 bis 1980 auf nur etwa 1,9 % aller Netto-Inlandsinvestitionen und lagen damit sogar unter dem australischen Wert. In Westdeutschland betrugen die japanischen Auslandsinvestitionen Ende 1980 etwa 2,5 % aller Netto-Auslandsinvestitionen. In Frankreich belief sich ihr Wert während der Periode 1976 bis 1980 auf ungefähr 1,5 % der gesamten Auslandsinvestitionen, und in anderen europäischen Ländern bewegen sich die Werte in derselben Größenordnung. Im Vergleich dazu ist insbesondere der Wert der amerikanischen Investitionen im verarbeitenden Gewerbe sehr viel höher: So gibt es beispielsweise in Großbritannien Ende 1983 mehr als 1 500 amerikanische Niederlassungen, neben denen die weniger als 30 japanischen Filialen eher bescheiden wirken.

Demnach scheint Europa als potentielles Empfängerland für Produktionsinvestitionen bei den japanischen Produzenten keineswegs eine überragende Stellung einzunehmen. Tatsächlich steht nach Auffassung verschiedener Informationsquellen — einschließlich diverser Interviews mit japanischen Regierungsvertretern und Wissenschaftlern — für die vorhersehbare Zukunft zu vermuten, daß das Ziel der japanischen Auslandsinvestitionen vor allem Entwicklungsländer und die Vereinigten Staaten sein werden, während Europa erst mit einem beträchtlichem Abstand an dritter Stelle folgt. Die Europäer werden als arrogant und unnachsichtig betrachtet, und Europa gilt überdies als ein Kontinent, der sich wirtschaftlich, politisch und sozial auf dem absteigenden Ast befindet.[7]

Obgleich die Japaner Europa als einen fragmentierten und stagnierenden Kontinent betrachten, bleibt er dennoch ein wichtiger Markt für japanische Güter, der immerhin 15 % der Exporte absorbiert. Außerdem wird die japanische Abhängigkeit von den europäischen Märkten noch weiter zunehmen, wenn Japan seine Industrie auf Know-how-intensive Produkte umstellt. Grundsätzlich werden die Investitionen in der Zukunft genau wie in der Vergangenheit vor allem der Sicherung von Exportmärkten dienen.

Fazit

Die japanischen ADI in Europa sind insbesondere im verarbeitenden Gewerbe niedrig und haben vor allem den Zweck, Exporte zu unterstützen oder aber zu schützen. Es gibt nur wenige Anzeichen für die Entwicklung von umfassenden Strategien, die das Ziel haben, die europäischen Märkte von lokalen Niederlassungen aus zu beliefern. In absehbarer Zukunft wird Europa vermutlich sowohl durch Exporte aus Japan als auch von japanischen Tochtergesellschaften in verschiedenen weniger entwickelten Ländern oder sogar in den Vereinigten Staaten beliefert werden. Aus der Sicht der japanischen Investoren erscheint Europa wahrscheinlich als ein Markt, der einerseits aufgrund seiner Größe bedeutsam ist, der jedoch andererseits für Direktinvestitionen zu zersplittert ist, der mit zu vielen sozialen Problemen zu kämpfen hat und nur wenige Wachstumschancen bietet.

Aus einer rein theoretischen Sichtweise bestätigen die japanischen Industrieinvestitionen im großen und ganzen das von Prof. Kojima entwickelte Modell. Die ADI im verarbeitenden Gewerbe konzentrierten sich vor allem auf Sektoren mit relativ niedriger E&F-Intensität, d.h. meistens auf Industrien, in denen Japan seinen komparativen Vorteil verloren hat. Im Gegensatz dazu sind Auslandsinvestitionen in Industrien mit höherer E&F-Intensität weniger häufig und normalerweise eine Reaktion auf Handelsbarrieren. Aggressive ADI mit dem Ziel, irgendeine einzigartige Technologie oder einen spezifischen organisatorischen Vorteil auszunutzen, sind eher die Ausnahme.

Die Theorie von Prof. Ozawa, nach dessen Ansicht sich die Industrie-ADI speziell in Branchen mit niedriger Konzentration häufen, erscheint für Europa nicht sonderlich relevant. Sofern derartige Effekte überhaupt auftreten, sind sie im Vergleich zu anderen Faktoren, die japanische Auslandsinvestitionen auslösen, vermutlich zu schwach und unbedeutend.

Es gibt nur wenige Anzeichen dafür, daß die japanischen ADI sich in absehbarer Zukunft grundlegend von denen der Vergangenheit unterscheiden werden. Dennoch kann und sollte eine innovative Politik, insbesondere im Rahmen der EG, durchaus positive Auswirkungen haben. Das ökonomische und technologische Potential der japanischen ADI ist einfach zu groß, um ignoriert zu werden.

Tabelle 6.7: Japanische Direktinvestitionen im Ausland in der europäischen Auto- und Motorradproduktion

Investor	Niederlassung/ Filiale	Land	Eigentum	Produkt	Produktion	Beginn der Produktion
Autos						
Nissan	Motor Iberica	Spanien	Mehrheitsbeteiligung	Leichte Nutzfahrzeuge	30 000	1983/84
Nissan	ARNA	Italien	Partnerschaft	Klein-/Mittelklassewagen	60 000	1983/84
Nissan	–	Großbritannien	Alleineigentum	Mittelklassewagen	24 000	1986
Toyota	Lotus	Großbritannien	Minorität	Sportwagen	–	1983
Suzuki	Santana	Spanien	Minorität	Kleinstwagen	10 000	1983
Motorräder						
Yamaha	Sociedad Española de Motocicletas S. A.	Spanien	joint venture	Motorräder mit 125, 250 und 400 ccm	50 000	1983/85
Yamaha	–	Portugal	joint venture	Motorräder mit 125 ccm	9 000	1984
Honda	Honda Benelux N. V.	Belgien	Alleineigentum	Mopeds, d. h. mit weniger als 50 ccm	100 000	1963
Honda	Honda Italia Ind.	Italien	Alleineigentum	Motorräder mit 125 ccm	20 000	1975
Suzuki	Avello	Spanien	Minorität	Mopeds	10 000	1985

Anmerkungen

[1] K. Kojima, *Japanese Direct Foreign Investment* (Tokio: Tuttle, 1978), S. 15—18.
[2] Ebenda, S. 172.
[3] T. Ozawa, „International Investment and Industrial Structure: New Theoretical Implications from the Japanese Experience", *Oxford Economic Papers* 31, 1 (März 1979), S. 88.
[4] I. H. Giddy und S. Young, „Conventional Theory and Unconventional Multinationals: Do New Forms of Multinational Enterprise Require New Theories?", in A. M. Rugman (Hrsg.), *Inside the Multinationals* (London, 1982), S. 68.
[5] T. Ozawa, *Multinationalism, Japanese Style* (Princeton: Princeton University Press, 1979), S. 237.
[6] Ministry of International Trade and Industry, *White Paper on the International Trade, 1982* (Tokio, Oktober 1982), S. 50.
[7] E. Wilkinson, *Japan versus Europe: A History of Misunderstanding* (London: Penguin Books, 1983), S. 133.

Kapitel 7
Die externe Sicherung der heimischen Geld- und Fiskalpolitik Japans*

Masaru Yoshitomi

Ein erstaunliches Merkmal der japanischen Wirtschaft ist, daß in den 70er Jahren und zu Beginn der 80er Jahre die sektoralen Ungleichgewichte zwischen den Ersparnissen und den Investitionen durchaus mit hohen Budgetdefiziten und Leistungsbilanzüberschüssen vereinbar waren, die zugleich mit einem hohen Beschäftigungsniveau einhergingen. In diesem Kapitel werden wir untersuchen, wie diese fortgesetzt hohen Staatsdefizite den Druck auf dem japanischen Finanzmarkt derart verstärkt haben, so daß dieser insbesondere in bezug auf die Zinssätze liberalisiert werden mußte. Das japanische Finanzsystem hat daraufhin dem Paradigma der Kontrolle der Bankkredite abgeschworen, das vor allem während der durch hohes Wachstum geprägten 50er und 60er Jahre gültig war, und statt dessen das Paradigma des offenen Geldmarktes adoptiert, so daß von nun an die bislang regulierten Emissionssätze auf dem primären Wertpapiermarkt, einschließlich der langfristigen Staatsanleihen, der Schatzbriefe und der Zinsen für Bankeinlagen, liberalisiert werden. Die Existenz des Vollbeschäftigungs-Leistungsbilanzüberschusses legt nahe, daß die japanische Wirtschaft als Kapitalexporteur unbedingt sowohl Nichtinländern als auch Inländern die freie Beteiligung an Transaktionen auf dem heimischen Finanzmarkt sowie auf dem ausländischen Devisenmarkt und dem Euro-Yen-Markt ermöglichen sollte, um auf diese Weise die Internationalisierung des Yen zu erleichtern. Am Ende dieses Kapitels befindet sich eine kurze Evaluierung des letzten Berichts des Yen-Dollar-Ausschusses der Vereinigten Staaten und Japans, der sich vor allem auf die Liberalisierung des Euro-Yen-Marktes konzentriert.

Der inländische Druck erzwingt die Liberalisierung

Seit Beginn der 70er Jahre sind im Zusammenhang mit dem sinkenden Anteil der Unternehmensinvestitionen am BSP und dem Vollbeschäftigungs-Haushaltsdefizit zwei herausragende Merkmale zu beobachten: Erstens hat die Kreditnachfrage des Unternehmenssektors deutlich nachgelassen und

* Nach der Fertigstellung dieses Artikels haben neue Entwicklungen im japanischen System der staatlichen Regulierung mit dazu beigetragen, daß die Kapital- und Finanzmärkte heute wesentlich effizienter arbeiten, als zunächst erwartet wurde.

einerseits den Anteil der einbehaltenen Gewinne am Anlagekapital der Unternehmen erhöht (bei allen Industrien zusammengenommen ist dieser Anteil zwischen 1970 und 1984 von 33,8 % auf 76,8 % gestiegen) und andererseits den Anteil der „brachliegenden" Gelder vermehrt, der von produktiven Unternehmen in Finanzanlagen investiert werden kann. So wird heute mehr als ein Fünftel der gesamten nichtfinanziellen Unternehmenseinkommen mit Hilfe von Investitionen in Finanzkapital durch Nichtbanken verdient. Zweitens hat die Staatsregierung seit 1975 jedes Jahr eine erstaunlich hohe Summe an Schuldverschreibungen aufgelegt, um ihr jährliches Defizit zu finanzieren, das sich auf 4—6 % des BSP belief. Obwohl das Vollbeschäftigungsdefizit der Zentralregierung Anfang der 80er Jahre bereits etwa 5 % des BSP erreichte, waren die tatsächlichen Defizite oft sehr viel höher, da sie nicht nur das Vollbeschäftigungsdefizit, sondern zugleich konjunkturelle Ausschläge reflektieren.

Die Anzahl der Staatsanleihen hat in den Bilanzen der Finanzinstitutionen einen beträchtlichen Umfang erreicht, wobei diese nach wie vor gezwungen sind, neue Staatsanleihen auf dem Primärmarkt aufzunehmen, wenn deren Nominalwert über dem Marktwert des Sekundärmarktes liegt (das ist die sogenannte Über-Pari-Bedingung). Angesichts ihrer hohen Bestände an Staatsanleihen hatten die Kreditinstitute natürlich ein Interesse daran, diese auf dem Sekundärmarkt frei zu verkaufen, um so von einem besseren Portfolio-Management zu profitieren. Dies war jedoch erst ab 1977 möglich, als das Finanzministerium (MOF) den Finanzinstituten den Verkauf von Staatsanleihen auf dem Sekundärmarkt erlaubte — allerdings war dies frühestens ein Jahr nach der Subskription möglich. Anschließend wurde diese Mindestfrist bis zum April 1981 allmählich auf drei Monate gesenkt. Sobald die Zinssätze für Staatsanleihen durch den freien Verkauf der Finanzinstitute auf dem Sekundärmarkt liberalisiert waren, erschien es als selbstverständlich, daß die Emissionssätze für neue Staatsanleihen vom MOF ebenfalls flexibler gestaltet werden mußten, da die Finanzinstitutionen, allen voraus die großen städtischen Handelsbanken, immer weniger bereit waren, Staatsanleihen zu der Über-Pari-Bedingung aufzunehmen.

Gleichzeitig wurden die Fälligkeiten von Staatsanleihen auf zweierlei Weise diversifiziert: Einerseits wurden mittelfristige Staatsanleihen (2—4 Jahre) auf dem offenen Markt aufgelegt, die erstmals 1978 eingeführt wurden. Die andere Neuheit ist die Kürzung der Restlaufzeit von fälligen Staatsanleihen auf dem Sekundärmarkt. Seit der zunehmenden Ausgabe von Staatsanleihen mit 10jähriger Laufzeit im Jahre 1975 ist die Restlaufzeit einiger ausstehender Anleihen sehr kurz geworden und hat auf diese Weise de facto einen freien kurzfristigen Markt für Staatsanleihen entstehen lassen. Da die fälligen Staatsanleihen derzeit 40 % des BSP betragen, sind diese Papiere mit kurzer Restlaufzeit auf dem Sekundärmarkt geradezu im Überfluß vorhanden.

Seit 1985 muß das MOF neben der Finanzierung hoher Jahresdefizite noch fällige Staatsanleihen tilgen und refinanzieren. Um dies ohne allzu große — wenn auch vorübergehende — Störungen des Kapitalmarktes zu bewerkstelligen, wird es entweder neue kurzfristige Staatspapiere oder Schatzbriefe emittieren, um mit Hilfe der dadurch gewonnenen Mittel die zeitliche Differenz zwischen Tilgung und Refinanzierung finanziell zu sichern. Da die Zinssätze von neuen Schatzbriefen gegenwärtig niedriger sind als der offizielle Diskontsatz, war die Bank of Japan bislang der einzige Zeichner für derartige Schatzbriefe. Die gegenwärtige Emission von Schatzbriefen ist an die drei folgenden Bedingungen geknüpft: An die Devisenbilanz im Zusammenhang mit Interventionen der Währungsbehörden auf dem Devisenmarkt, an das Sonderkonto für Nahrungsmittel zur Sicherung der Reisversorgung und an die Beseitigung vorübergehender Liquiditätsprobleme der Zentralregierung, die allerdings innerhalb eines gegebenen Fiskaljahres wieder getilgt sein müssen. Im Rahmen der neuen MOF-Bedingungen zur Tilgung und Refinanzierung von fälligen Obligationen wird das Finanzministerium wohl oder übel die Verkaufsbedingungen für Schatzbriefbesitzer lockern müssen, damit der Markt diese Papiere absorbieren kann, ohne das monetäre Management der Zentralbank zu sehr zu beeinträchtigen.

Das ständige Angebot an kurz- und langfristigen Staatsanleihen zu Marktzinssätzen hat in Japan zu diversen Finanzierungsinnovationen geführt. So können beispielsweise die Kreditinstitute Ersparnisse anziehen, indem sie höhere Zinsen bieten als die regulierten Zinssätze für Sichtguthaben des Geschäftsbanken- und Postsparkassensystems. Während für die ersteren seit 1979 die Haupteinnahmequelle die sogenannte Gensaki (dies sind kurzfristige Bardepots bzw. CDs) und Deviseneinlagen waren, haben die securities companies 1980 den mittelfristigen Staatsanleihefonds eingeführt, aus dem die Kunden nach der anfänglichen Mindestanlagezeit von sechs Monaten jederzeit Geld entnehmen können und der höhere Zinssätze bietet als Festgeldkonten bei Geschäftsbanken. Im selben Jahr haben Treuhandbanken und langfristige Kreditbanken zugleich Finanzanlagen für Stammkunden eingeführt, die höhere Zinsen bieten als regulierte Festgeldkonten, da sie auf dem Sekundärmarkt in Staatsanleihen investieren.

Das Gensaki ist eine kurzfristige Transaktion mit langfristigen Staatsanleihen, die mit Rückkaufsrecht ausgestattet sind und deren Zins durch den Markt determiniert wird. Die securities companies und Geschäftsbanken verwenden das Gensaki zur kurzfristigen Finanzierung, während Nichtbanken ihre überschüssigen Mittel in das Gensaki investieren, weil sie höhere Zinsen erbringen als regulierte Festgelder mit derselben Laufzeit. 1979 hat das MOF die Restriktionen für die Beteiligung der Banken am Gensaki-Markt aufgehoben und zugleich Bank-CDs eingeführt. Gleichzeitig hat die Bank of Japan die administrativen Kontrollen aufgehoben, die zwischen 1978 und 1981 auf den Zwischenbankgeldmärkten für Tagesgelder und Wechsel gültig waren. Diese wichtigen institutionellen Veränderungen haben die Integration der Zwischenbankgeldmärkte mit den kurzfristigen Wertpapiermärkten für Gensakis, CDs und kurzfristige Staatsanleihen mit kurzer Restlaufzeit erleichtert. Außerdem hat das MOF 1980 auch den Geschäftsbanken das Halten von Deviseneinlagen ermöglicht, mit deren Hilfe inländische Unternehmen bei ihren Investitionen in den Genuß höherer Zinserträge gelangen, ohne ein Wechselkursrisiko eingehen zu müssen, da das Wechselkursrisiko gleichzeitig durch Devisenverträge ausgeschaltet wird.

Neben diesen Entwicklungen auf dem japanischen Finanzmarkt waren die Schatzbriefsätze — wie bereits erwähnt — einem zunehmenden Liberalisierungsdruck ausgesetzt. Sobald die Ausgabesätze für Schatzbriefe liberalisiert werden, wird der offene Geldmarkt oder der offene kurzfristige Kapitalmarkt sich schnell entwickeln, da die Schatzbriefe das wichtigste Finanzierungsinstrument für Inländer und Nichtinländer sowie für die Offenmarktoperationen der Bank of Japan sind.

Eigentlich müßten die Schatzbriefe mit marktdeterminiertem Zinssatz das Finanzinstrument sein, das am ehesten mit den Sichtguthaben im Banksektor konkurrieren kann. Da die Geschäftsbanken die Einführung derartiger Schatzbriefe sehr bald für möglich halten, möchten sie bereits jetzt die regulierten Einlagesätze liberalisiert wissen, um für sie nachteilige Verzerrungen auf dem Finanzmarkt zu vermeiden, die zwangsläufig mit der Entwicklung des offenen Geldmarktes auftreten müßten, wenn die Zinsen für Sichteinlagen reguliert bleiben.

Der Übergang von der Bankkreditkontrolle zum Paradigma des offenen Geldmarktes

Der nachhaltige Druck in Richtung Liberalisierung der Zinssätze hat bewirkt, daß sich das japanische Finanzsystem zunehmend vom Paradigma der Bankkreditkontrolle entfernt und immer mehr dem Paradigma des marktdeterminierten offenen Geldmarktes zugewandt hat. Laut Modigliani-Papademos (1980) beinhaltet das Bankkreditparadigma ein Finanzsystem, bei dem Nichtbanken, insbesondere der Unternehmenssektor, nahezu sämtliche benötigten Zahlungsmittel vom Bankensystem erhalten. Demgegenüber besagt das Paradigma des offenen Geldmarktes, daß die Nichtbanken ihre Mittel vom Kapitalmarkt beziehen, indem sie sich vorwiegend auf marktfähige Finanzierungsinstrumente verlassen, die direkt von den Wirtschaftssubjekten oder Finanzintermediären ohne Bankenfunktion gehalten werden. Zur Kontrolle der Geldmenge wird die Zentralbank in einer Wirtschaft mit Bankkreditparadigma die Bankkredite kontrollieren, während sie in einer Wirtschaft mit Geldparadigma Offenmarktoperationen durchführen wird.

Das Paradigma der Bankkreditkontrolle unterscheidet sich von dem des offenen Geldmarktes dadurch, daß Nachfrage und Angebot von Bankkrediten durch Kreditrationierung zu den regulierten Kreditsätzen ausgeglichen werden, die allerdings niedriger sind als die möglichen Marktsätze. Diese regulierten Bankkreditsätze hängen zugleich eng mit den regulierten Zinssätzen des

Banksektors zusammen. Angesichts der inflexiblen Zinssätze für Sichteinlagen befriedigt der Bankensektor allein die Nachfrage nach Bankeinlagen der Nichtbanken. Dieses Paradigma der Bankkreditkontrolle war und ist kennzeichnend für das japanische Finanzsystem, und zwar insbesondere während der Periode hohen Wachstums, d.h. bis zum Ende der zweiten Entwicklungsphase der japanischen Zahlungsbilanz.

Im Rahmen des Paradigmas der Bankkreditkontrolle wird der Zwischenbankgeldmarkt vor allem mit Hilfe des „Diskont-Fensters" der Bank of Japan kontrolliert. Dies ist möglich, weil die Geschäftsbanken, die Bedarf an Bargeld oder Reserven haben, sich über das Diskont-Fenster Liquidität verschaffen müssen. Nachdem ein Teil ihrer Nachfrage befriedigt ist, muß der Zentralbankkredit rationiert werden, da der offizielle Diskontsatz niedriger ist als die Zwischenbankgeldsätze wie der Zins für Tagesgeld (call money) und Wechsel. Im Rahmen des Bankkreditparadigmas können nur die Geschäftsbanken (und die Zentralbank) am Zwischenbankgeldmarkt teilhaben. Die Nichtbanken und Finanzintermediäre besitzen diese Möglichkeit nicht. Diese institutionellen Vereinbarungen bieten der Bank of Japan mit Hilfe der administrativen Lenkung einen bestimmten Spielraum zur Steuerung der Zwischenbankgeldsätze. Demgegenüber können im Rahmen des offenen Geldmarktparadigmas Finanzinstitute ohne Bankcharakter, Produktionsunternehmen und andere Wirtschaftssubjekte ohne weiteres auf dem Zwischenbankgeldmarkt agieren, der auf diese Weise über diverse Arbitragetransaktionen mit dem kurzfristigen Wertpapiermarkt verbunden ist.

Während der Wachstumsperiode bis zu Beginn der 70er Jahre wurde ein Überschuß der Investitionen über die Ersparnisse im Unternehmenssektor daher vor allem durch den Banksektor finanziert (das sogenannte over-loan-Phänomen in Japan), der seinerseits Ersparnisse vom Haushaltssektor vorwiegend in Form von Festgeldern akzeptierte. Wie bereits erwähnt, lagen die Zinssätze für Bankkredite und für Sichtguthaben unter den Markträumungssätzen, da auf diese Weise die verarbeitende Industrie mit Hilfe von billigen Krediten gefördert werden sollte. Da damals Aktiendividenden im Gegensatz zu Zinszahlungen noch nicht von der Körperschaftssteuer abgezogen werden konnten, waren die Kosten der Kreditaufnahme im Banksektor für den Unternehmenssektor steuerlich günstiger als die Emission von Aktien. Folglich war es für die Unternehmen durchaus interessant, sich in starkem Maße bei den Geschäftsbanken zu verschulden (das sogenannte over-borrowing-Phänomen in Japan). Die Emissionszinssätze für Unternehmensobligationen waren so reguliert, daß sie auf dem Primärmarkt niedriger waren als auf dem Sekundärmarkt, so daß neue Unternehmensobligationen ebenfalls rationiert werden mußten. Es erscheint keineswegs überraschend, daß der Markt für Unternehmensobligationen während der Wachstumsperiode ausgesprochen unterentwickelt war.

Die langfristigen Kreditbanken (von denen es drei in Japan gibt) und staatlichen Finanzinstitute spielten ebenfalls eine sehr wichtige Rolle bei der Förderung des hohen Wachstums der Wirtschaft, da sie die Industrie mit billigen langfristigen Krediten versorgten. Zur Beschaffung ihrer Kreditmittel waren (und sind nach wie vor) nur die langfristigen Kreditbanken imstande, mittelfristige Schuldverschreibungen zu emittieren, deren Emissionszinssatz auf dem Primärmarkt unter dem des Sekundärmarktes lag. Die Masse dieser neuen Bankschuldverschreibungen wurde ebenso wie die neuen Unternehmensobligationen von den Geschäftsbanken aufgenommen. Auf diese Weise konnten die langfristigen Kreditbanken die verarbeitende Industrie mit billigen langfristigen Krediten versorgen, die diese insbesondere für kapitalintensive Industrieprojekte mit langer Entstehungszeit verwendete. Japans Security Transaction Law von 1948, das sich an dem Banking Act von 1933 orientierte (dem sogenannten Glass-Steagal Act), schließt Banken grundsätzlich vom Handel und der Emission von Effekten aus, es sei denn, es handelt sich um öffentliche Wertpapiere. Dennoch haben die langfristigen Kreditbanken in vielen Fällen als Manager von Kreditsyndikaten fungiert und dabei effektiv die Finanzierung großer Industrieprodukte unterstützt.

Außerdem waren langfristige Kreditbanken zusammen mit den securities companies häufig an der Emission von Unternehmensobligationen beteiligt und dienten den emittierenden Unternehmen als Sicherheit. Gemäß diesem Prinzip der Absicherung von Unternehmensobligationen greift das sogenannte Hauptbankensystem einem in finanziellen Schwierigkeiten befindlichen Unternehmen sofort unter die Arme, um Versäumnisse im Zusammenhang mit den von diesen Unternehmen aufgelegten Obligationen zu vermeiden. Tatsächlich hat es seit dem 2. Weltkrieg kein einziges Unternehmen gegeben, das seine Obligationen nicht fristgemäß getilgt hätte, und dies ist vor allem der Hilfe der Geschäftsbank zu verdanken, die den Hauptanteil der Bankkredite des jeweiligen Unternehmens hält. In Verbindung mit diesem Hauptbankensystem gibt es die sogenannte Bank Transaction Clause (Artikel 4), nach der Banken von einem Unternehmen im Falle finanzieller Schwierigkeiten verlangen können, daß die von den Banken gewährten Kredite zusätzlich abgesichert werden. Aufgrund dieses Artikels können es sich die Banken leisten, Unternehmen unter normalen Umständen kurzfristige Kredite zu verlängern und zu revolvieren, ohne eine solche Deckung zu verlangen.

Alles in allem konnte das japanische Finanzsystem mit Hilfe des De-facto-Emissionsgeschäfts der langfristigen Kreditbanken sowie des Deckungsprinzips für Unternehmensobligationen und des Hauptbankensystems weitgehend diversifizieren und Risiken in einer eher stillschweigenden, aber sehr effizienten Weise poolen. Dies gilt insbesondere für die Schwerindustrie, die zu Beginn der ersten Phase der japanischen Zahlungsbilanzentwicklung von der Regierung stark gefördert wurde.

Die staatlichen Finanzinstitute trugen ihr übriges zum Risikopool und zur Diversifizierung der Risiken zugunsten der Sparer bei, indem sie subventionierte Kredite zum Aufbau der Infrastruktur einschließlich Häfen, Straßen und Wohnhäusern bereitstellten, sowie die strategischen Industrien (z.B. Elektrizität, Schiffbau, Kohle und Stahl in den 50er Jahren) und kleine Privatunternehmen unterstützten. Das Fiscal Investment and Loan Program (FILP) des Finanzministeriums, in dessen Rahmen die staatlichen Finanzinstitute derartige langfristige subventionierte Kredite bereitstellten, wurde (und wird) weitgehend durch Postersparnisse und Pensionsbeiträge finanziert, die von den Postämtern unter Führung des Post- und Telekommunikationsministeriums eingezogen werden. Die Postsparzinssätze wurden (und werden) im wesentlichen den Zinsen für Bankguthaben angepaßt.

Ohne die Einführung der Devisenkontrollen wäre das Paradigma der Bankkreditkontrolle nur unvollständig gewesen und hätte nicht lange genug existieren können, um das Ziel des hohen Wachstums der Volkswirtschaft zu erreichen. Der Grund hierfür ist, daß die inländischen Ersparnisse sehr leicht ins Ausland abgewandert wären, anstatt zur Unterstützung der heimischen Investitionen zu dienen. Während der Wachstumsperiode mußte das Finanzministerium daher entsprechend strenge Devisenkontrollen durchführen. Erst nachdem die Wirtschaft 1965 deutliche Leistungsbilanzüberschüsse erzielte, wurden die Devisenkontrollen bei Importen, wie bereits erwähnt, allmählich dereguliert. Dennoch wurden die Devisenkontrollen der internationalen Portfolio-Investitionen und Kredite erst in den 70er Jahren liberalisiert, d.h. in der dritten Phase der Entwicklung der japanischen Zahlungsbilanz, die wir später noch beschreiben werden.

Das hohe Wirtschaftswachstum brachte hohe Einkommen und damit zugleich eine gute Haushaltslage für das Finanzministerium. Damals wurde keine ehrgeizige antizyklische Keynesianische Politik betrieben, weil sie praktisch überflüssig war; denn Japan hatte nur relativ schwache Wachstumseinbrüche zu verzeichnen, die vor allem durch die Exportsteigerung in der Mitte der Rezessionen sowie die schnelle Erholung der japanischen Wirtschaft aufgefangen wurden, sobald die Zahlungsbilanzsituation sich verbesserte und es der Bank of Japan erlaubte, ihre Bankkreditkontrollen zu lockern. Während der Hochwachstumsperiode erzielte die Zentralregierung Überschüsse, d.h. höhere Ersparnisse als Investitionen, so daß sie erst nach 1966 in sehr geringem Umfang Staatsanleihen emittierte. Allerdings wurden nahezu sämtliche von den Finanzinstituten gehaltenen Anleihen, zu deren Übernahme auf dem Primärmarkt sie vom MOF gezwungen worden waren, von der Bank of Japan zurückgekauft. Dabei lagen die Zinserträge für neue Staatsanleihen niedriger als die vergleichbaren Marktsätze.

Seit der ersten Gründung der OPEC haben die makroökonomischen Kräfte den Übergang des japanischen Finanzsystems von der Bankkreditkontrolle zum Paradigma des offenen Geldmarktes eindeutig beschleunigt. Die Merkmale des letzteren sind sowohl ein gut entwickelter Kapitalmarkt als auch ein offener Geldmarkt, auf dem die Zentralbank Offenmarktoperationen durchführen kann, um die Geldmenge zu steuern. Gleichzeitig sind die Zinssätze auf den Primär- und auf den Sekundärmärkten marktdeterminiert, und es gibt zahlreiche Obligationen mit unterschiedlichen Fälligkeiten. Zinsarbitragetransaktionen finden nicht nur zwischen den verschiedenen Finanzinvestitionen mit gleichen Fälligkeiten statt, wie beispielsweise dem Zwischenbank- und dem offenen Geldmarkt, sondern sie sind auch zwischen Obligationen mit unterschiedlichen Fälligkeiten möglich und erzeugen auf diese Weise eine marktdeterminierte Zinsstruktur oder Ertragskurve, die mit den einzelnen Phasen des Konjunkturzyklus und den Inflationserwartungen übereinstimmt.

Die entscheidende makroökonomische Größe, die den Übergang des japanischen Finanzsystems zum Paradigma des offenen Geldmarktes begünstigt hat, ist das gleichzeitige Auftreten eines Budgetdefizits und eines Leistungsbilanzüberschusses in Verbindung mit einem hohen Beschäftigungsstand. Diese „Koexistenz" reflektiert die bereits diskutierte Tatsache, daß die Ersparnisse des privaten Sektors dessen Investitionen übersteigen.

Die Internationalisierung des japanischen Finanzmarktes

Obwohl sich das japanische Finanzsystem eindeutig vom Paradigma der Bankkreditkontrolle zu einem marktdeterminierten Geldparadigma hin entwickelt hat, gibt es nach wie vor Bestimmungen, die im Zusammenhang mit dem ersten System erlassen worden sind. So werden beispielsweise die Bank- und Postsparzinsen zusammen mit den Emissionssätzen für neue Staatsanleihen und Bankschuldverschreibungen der langfristigen Kreditbanken reguliert. Auch der langfristige Leitzinssatz orientiert sich an der Höhe der Emissionssätze von Bankschuldverschreibungen zuzüglich eines konstanten Zuschlags von 0,9 Prozentpunkten. Derartige langfristige Leitzinssätze werden nicht nur von den langfristigen Kreditbanken, sondern zugleich von Treuhandbanken und staatlichen Finanzinstituten für ihre jeweiligen Kredite verwendet. In Japan sind die Geschäftsbereiche der verschiedenen Finanzinstitute eindeutig segmentiert, dies gilt z.B. für langfristige Kreditbanken und normale Geschäftsbanken und natürlich für die Banken insgesamt sowie die securities companies. Wie bereits erwähnt, ist ein zunehmender Druck zu verzeichnen, der die japanische Wirtschaft zur Verwirklichung eines echten Geldmarktparadigmas zwingen wird. Dieser Druck impliziert zugleich eine zunehmende Internationalisierung des japanischen Finanzmarktes.

Die Beständigkeit des Leistungsbilanzüberschusses hat sicherlich zur Deregulierung der Devisenkontrollen im internationalen Kapitalverkehr beigetragen, die ein wesentlicher Bestandteil des japanischen Bankkreditkontrollparadigmas waren. Unglücklicherweise haben jedoch die beiden Ölkrisen und die jeweils extremen Leistungsbilanzüberschüsse nach jeder Ölkrise die Liberalisierung der Devisenbewirtschaftung in der dritten Phase der Zahlungsbilanzentwicklung nachhaltig gestört.

Die OPEC-Ölpreisschocks von 1973/74 und 1978/80 haben in der japanischen Leistungsbilanz riesige Öldefizite erzeugt, die jeweils mehr als 4 % des

BSP ausmachten. Die Währungsbehörden unternahmen insbesondere nach dem ersten Ölschock alle nur erdenklichen Anstrengungen, um diese Öldefizite zu finanzieren. Sie ermutigten den Kapitalimport und verstärkten zugleich die Devisenkontrollen für Kapitalabflüsse, indem sie beispielsweise 1974 freiwillige Restriktionen für Nettozuwächse der Überseeinvestitionen durch inländische Finanzinstitute einführten sowie die Käufe von kurzfristigen, auf Auslandswährung lautenden Vermögenswerten durch Inländer einschränkten. Nachdem sich die Leistungsbilanzsituation verbessert hatte, wurden diese vorübergehenden Devisenkontrollen Mitte 1977 wieder aufgehoben. Aufgrund der zunehmend höheren Leistungsbilanzüberschüsse kehrten die Behörden schließlich diese Maßnahmen ins Gegenteil um, indem sie Devisenregulierungen gegen Kapitalzuflüsse einführten und die Japaner zu Kapitalexporten ermutigten. So wurden beispielsweise die Käufe von Yen-Obligationen von Ausländern untersagt, gleichzeitig wurden Mindestreservesätze für freie Yen-Guthaben von Ausländern eingeführt und im Laufe des Jahres 1978 sogar noch erhöht. Andererseits wurden die Kontrollen der Importfinanzierungskredite deutlich gelockert. Diese Maßnahmen zielten darauf ab, eine zu schnelle und zu extreme Aufwertung des Yen zu verhindern. Ab November 1978 begann sich die Wechselkursbeziehung zwischen den wichtigsten Währungen zu normalisieren, und 1979 hoben die Währungsbehörden schließlich die im vorhergehenden Jahr eingeführten Devisenbestimmungen auf. Obwohl die japanische Wirtschaft durch den zweiten Ölschock erneut gestört wurde, konnte sie diesmal Probleme wie die heimische Inflation und Konjunkturschwankungen sehr viel besser managen und so zu der fortgesetzten Lockerung der Devisenkontrollen von seiten der Währungsbehörden beitragen. Der Yen begann sich im April 1980 von der durch den zweiten Ölschock induzierten Unterbewertung zu erholen, da die schwindenden Öldefizite einen ständig nachlassenden Einfluß auf die Leistungsbilanzdefizite ausübten.

Dennoch wurde zu Beginn 1981 durch die erneute Hochzinspolitik der Vereinigten Staaten der Aufwertungstrend des Yen abgeschwächt, und seither ist der Yen gegenüber dem US-Dollar eindeutig unterbewertet, obwohl er gegenüber der DM sehr stark aufgeholt hat oder sogar leicht überbewertet ist. Da die japanischen Währungsbehörden die protektionistischen Strömungen in den Vereinigten Staaten mit großer Besorgnis beobachteten, die überdies durch ein hohes US-Leistungsbilanzdefizit und hohe japanische Überschüsse verstärkt werden würden, versuchte das MOF eine weitere Abwertung des Yen und die Verschlechterung der Leistungsbilanzungleichgewichte mit aller Kraft zu verhindern. 1982 hat es die Käufe von Auslandsobligationen ohne Zinscoupons von Inländern untersagt und administrative Vorschriften eingeführt, mit deren Hilfe institutionelle Investoren ihre Investitionen in US-Obligationen verringern sollten. Allerdings wurden beide Maßnahmen 1983 wieder aufgehoben oder gelockert, da sich die Entwicklung des Yen inzwischen in das Gegenteil verkehrt hatte. Genau dieselben Überlegungen haben bewirkt, daß die Bank of Japan eine Senkung des offiziellen Diskontsatzes möglichst vermieden hat, obwohl die heimischen Inflationsraten immer stärker sanken und auf dem japanischen ebenso wie auf dem amerikanischen Finanzmarkt zu hohen Realzinssätzen führten.

Die obige kurze Geschichte der Devisenbewirtschaftung während der letzten zehn Jahre zeigt, daß seit Beginn der 70er Jahre ein eindeutiger Trend zur Deregulierung der Devisenkontrollen besteht, daß dieser grundlegende Trend jedoch gelegentlich von den Öldefiziten und von anschließenden hohen Leistungsbilanzüberschüssen gestört wurde. Folglich wurden im Dezember 1980 die formalen Devisenkontrollen durch eine De-jure-Anerkennung des effektiven Fortschritts der De-facto-Deregulierung der 70er Jahre aufgehoben.

Die Internationalisierung des japanischen Finanzmarktes ist durch drei grundlegende Aspekte charakterisiert: Der erste ist die Liberalisierung der Devisenkontrollen, durch die Inländer und Ausländer freie Transaktionen auf dem Devisenmarkt vornehmen können. Wie zuvor beschrieben, ist diese Liberalisierung nahezu abgeschlossen. Der zweite ist die Liberalisierung der heimischen Zinssätze und des damit einhergehenden freieren Zugangs zu den Euro-Yen-Märkten von Inländern und Ausländern. Der dritte ist die Schwächung der Segmentierungen zwischen Geschäftsbanken, langfristigen Kreditbanken, securities companies, Treuhandbanken, etc. Die letzten beiden Aspekte sind eng miteinander verbunden.

Ende Mai 1984 hat der japanisch-amerikanische Yen-Dollar-Ausschuß einen Bericht über die Liberalisierung und Internationalisierung des japanischen Finanzmarktes abgeschlossen. Obwohl dieser Ausschuß zeitgleich mit Präsident Reagans Besuch in Tokio im November 1983 eingerichtet wurde und den Zweck hatte, die Abweichungen des Dollar-Yen-Wechselkurses zu korrigieren, haben sich die Verhandlungen zwischen dem US-Schatzamt und dem MOF vor allem auf die Internationalisierung des japanischen Finanzmarktes konzentriert. Dies ließ sich dadurch rechtfertigen, daß die Internationalisierung des Yen zu einer langfristig höheren Nachfrage von seiten der Ausländer und damit zu einer Aufwertung des Yen führen würde, obwohl die Liberalisierung des japanischen Finanzmarktes angesichts der Hochzinspolitik der Vereinigten Staaten die Diskrepanzen zwischen dem Dollar- und dem Yen-Kurs zunächst noch verstärken würde.

Die von dem Yen-Dollar-Ausschuß getroffenen Vereinbarungen konzentrierten sich im wesentlichen auf die Liberalisierung des Euro-Yen-Marktes durch Inländer und Ausländer. Ein erster Aspekt ist der freie Zugang zum Euro-Yen-Obligationenmarkt, wobei die Anzahl der zugelassenen inländischen Unternehmen, die übertragbare und nichtübertragbare Euro-Yen-Obligationen emittieren dürfen, seit April 1984 bereits beträchtlich gestiegen ist. Diese Unternehmen haben heute einen Anteil von 70—80 % an den neu aufgelegten Namenspapieren und von 40—60 % an den übertragbaren Obligationen. Ferner war die Ausgabe von Euro-Yen-Obligationen von Ausländern auf ausländische staatliche Institute beschränkt gewesen, wurde jedoch im Dezember 1984 auch für ausländische Privatunternehmen zugelassen.

Zweitens wurden Euro-Yen-Darlehen mit Fälligkeiten von einem Jahr oder weniger für Inländer seit Juni 1984 liberalisiert, während diese kurzfristigen Euro-Yen-Kredite für Ausländer bereits seit Juni 1983 verfügbar waren. Die Liberalisierung der langfristigen Euro-Yen-Kredite soll noch eingehend untersucht werden. Drittens wurden Emissionen von sehr kurzfristigen (Laufzeit von weniger als einem Monat) sowie kurzfristigen (Laufzeit 1—6 Monate) und mittelfristigen Euro-Yen-CDs im Dezember 1984 liberalisiert, allerdings mit der Auflage, daß diese Euro-Yen-CDs nicht an Inländer verkauft werden dürfen.

Die Liberalisierung dieser Euro-Yen-Transaktionen kann insbesondere im Falle von langfristigen Euro-Yen-Krediten und -Obligationen die Segmentierung des heimischen Finanzmarktes aufweichen. Denn wenn sich inländische und ausländische Unternehmen, die normalerweise ihre benötigten langfristigen Gelder bei den langfristigen Kreditbanken aufnehmen würden, jetzt dem Euro-Yen-Obligationenmarkt oder den mittelfristigen Euro-Yen-Krediten zuwenden, werden die langfristigen Kreditbanken einem härteren Wettbewerb ausgesetzt sein, Kunden verlieren und ihre Portfolios zwangsläufig diversifizieren müssen.

Die Euro-Yen-Liberalisierung wird zugleich zu einer Deregulierung der heimischen Kontrolle der Emissionszinssätze beitragen. Da sehr viel mehr inländische Unternehmen Zugang zum Euro-Yen-Obligationenmarkt haben, auf dem die Ausgabesätze marktdeterminiert sind, wird der Zwang zur Liberalisierung der Ausgabesätze für Unternehmensobligationen auf dem heimischen Primärmarkt steigen. Wenn ferner die Emission von Euro-Yen-Obligationen für Ausländer liberalisiert wird, werden die für Samurei-Obligationen (auf Yen lautende Auslandsobligationen, die in Tokio emittiert werden) ebenfalls liberalisiert werden müssen, da sie sonst durch Euro-Yen-Obligationen substituiert werden.

Eine weitere wichtige Implikation eines liberalisierten Euro-Yen-Obligationenmarktes wird die mögliche Veränderung des Deckungsprinzips und des Hauptbankensystems sein. Im Gegensatz zu den für Inländer gültigen Anforderungen, daß Unternehmensobligationen durch eine spezielle Deckung gesichert sein müssen, brauchen japanische Unternehmen ihre Euro-Yen-Obligationen nicht spezifisch abzusichern, so daß dieses Deckungsprinzip, das ein spezifisches Merkmal des japanischen Systems ist, hier praktisch aufgehoben ist. Die Liberalisierung der Euro-Yen-Kredite kann zugleich die Bedeutung des Hauptbankensystems verringern.

Eine weitere wichtige Vereinbarung des Yen-Dollar-Ausschusses war die bereits erwähnte Liberalisierung der Emission von Euro-Yen-CDs und die Aufhebung der festgesetzten Grenzen für die Spot-Devisenpositionen der Banken im Falle eines aufgrund von Baisse-Verkäufen überlasteten Marktes (sogenannte Swap-Grenzen für den Umtausch von Auslandswährung in Yen). In diesem Zusammenhang stellte der Yen-Dollar-Ausschuß fest, daß die Banken bis April 1985 neue Instrumente für Großeinlagen mit marktdeterminierten Zinssätzen erhalten werden. Das MOF würde in 2—3 Jahren die Zinsobergrenzen für Großeinlagen aufheben und diese schließlich auf die Zinssätze für kleinere Einlagen erweitern. Diese Vereinbarung wird es den Banken ermöglichen, Yen-Guthaben zu Marktzinssätzen nach freiem Ermessen zu erwerben, und sie wird auf diese Weise die Liberalisierung der Zinssätze für heimische Bankguthaben erleichtern, die bereits durch die Entwicklung des de-facto-offenen Geldmarktes für Gensaki-Papiere und Staatsanleihen mit kurzer Restlaufzeit zur Deregulierung gezwungen worden sind. Außerdem wird die gegenwärtige Regulierung der Zwischenbankzinssätze für Sichteinlagen möglicherweise überflüssig, da die Banken in beliebigem Umfang Euro-Yen-Devisen aufnehmen und diese in Yen eintauschen können, um die heimische Kreditnachfrage der Banken zu befriedigen und einer Knappheit der Devisenreserven zu begegnen, womit sie natürlich die „Fensterlenkung" der heimischen Kredite durch die Bank of Japan weniger effektiv macht.

Zu guter Letzt wird das vom Yen-Dollar-Ausschuß getroffene Abkommen als eine Art Untersuchungsobjekt zugleich die Liberalisierung der Emissionssätze für Schatzbriefe und die Etablierung eines Marktes für Yen-Bank-Akzepte beinhalten. Diese Vereinbarung wird für die Internationalisierung des Yen weitreichende Konsequenzen haben. Denn wenn sich der Yen tatsächlich zu einer der Schlüsselwährungen entwickelt, wird die japanische Wirtschaft „kurzfristig leihen und langfristig verleihen", genau wie dies internationale Finanzintermediäre wie Großbritannien und die Vereinigten Staaten in ihrer Blütezeit getan haben. Dabei impliziert ein „kurzfristiges Leihen" Investitionen von Ausländern in Form von kurzfristigen Yen-Anlagen, mit deren Hilfe sie internationale Liquidität halten können. Japanische Schatzbriefe sind das beste Instrument für derartige Yen-Anlagen durch Ausländer. Gegenwärtig werden jedoch die Zinssätze für Schatzbriefe unter dem offiziellen Diskontsatz festgelegt, und daher ist der Schatzbriefmarkt eindeutig unterentwickelt. Wie bereits erwähnt, wird die Notwendigkeit zur Tilgung und Refinanzierung fälliger Staatsanleihen ganz entscheidend zur Liberalisierung der Emissionssätze für Schatzbriefe beitragen. Die Etablierung eines Bankakzeptmarktes wird ebenfalls der Internationalisierung des Yen förderlich sein. Außerdem werden sowohl der Schatzbrief- als auch der Bankakzeptmarkt zusammen mit der Deregulierung der Zwischenbank-Zinssätze die endgültige Durchsetzung des Paradigmas des offenen Geldmarkts in Japan bewerkstelligen.

Statistischer Anhang*

Tabelle 7.1: Kapitalbewegungen nach Sektoren (Anteil am BSP)

	1970	1975	1980	1981	1982	1983
Unternehmenssektor	−6,1	−3,5	−3,5	−3,1	−3,9	−3,8
privater Sektor	7,9	10,7	8,3	11,2	11,0	10,6
öffentlicher Sektor	−0,7	−7,3	−6,8	−7,4	−7,0	−6,9
Zentralregierung, öffentliche	1,4	−2,6	−3,2	−3,2	−4,0	−4,0
Unternehmen und kommunale Behörden	−2,2	−4,7	−3,6	−3,6	−3,1	−2,9
Finanzinstitute[1]	–	–	0,9	−0,2	0,6	1,9
übrige Welt	−1,0	0,1	1,1	−0,5	−0,7	−1,8

[1] Vor 1980 sind die Finanzinstitute nicht gesondert ausgewiesen.

Quellen: Bank of Japan, *Economic Statistics Annual.*

Anmerkung:
Diese auf einer Finanzbasis entwickelten Daten unterscheiden sich per definitionem (aufgrund des verwendeten Transaktionsprinzips und der zugrundeliegenden Klassifikation nach Wirtschaftssektoren) von den Daten in Abbildung 7.1, die auf der volkswirtschaftlichen Gesamtrechnung basieren. Der wichtigste Unterschied ist, daß die öffentlichen Unternehmen – die 1982 ein Defizit von etwa 2 % des BSP erzielten – in Abbildung 7.1 im Unternehmenssektor enthalten sind, in dieser Tabelle hingegen im öffentlichen Sektor erscheinen.

---

* *Quelle:* OECD-Wirtschaftsberichte über Japan, 1983–84 (Juli 1984 OECD).

Tabelle 7.2: Emissionen von Staatsanleihen

Fiskaljahre	1975	1976	1977	1978	1979	1980	1981	1982	1983	1984 (initial)
Summe (Mrd. Yen)	5 363	7 049	9 575	9 500	12 280	14 245	13 569	17 640	17 880	17 540
gezeichneter Anteil von:										
Syndikat	84	85	90	97	78	58	41	42	31	36
bestehend aus:										
Banken	74	67	64	73	65	40	31	34	25	27
Securities companies	6	13	22	19	9	15	8	8	6	9
Trust Fund Bureau und Bank of Japan	16	15	10	3	22	30	34	35	33	33
Emissionen über Bietungsverfahren etc.	-	-	-	-	-	12	25	23	36	31

Quellen: Bank of Japan, *Economic Statistics Annual,* 1983, und Finanzministerium

Tabelle 7.3: Fällige kurzfristige Finanzanlagen (am Ende des Jahres)

	Gesamtsumme		Prozentuale Verteilung			
	Mrd. Yen	% BSP	Markt für Tagesgeld	Gensaki-Transaktionen	Wechsel	CDs
1966	747	2,0	100,0			
1967	1 012	2,2	86,9	13,1		
1968	985	1,8	77,2	22,8		
1969	1 546	2,5	79,1	20,9		
1970	1 817	2,5	74,6	25,4		
1971	1 472	1,8	54,1	32,4	13,5	
1972	1 048	1,1	25,8	30,1	44,1	
1973	1 227	1,1	17,4	24,6	58,0	
1974	2 160	1,6	23,9	18,5	57,6	
1975	2 332	1,6	27,2	21,4	51,4	
1976	2 567	1,5	26,3	21,4	52,3	
1977	2 616	1,4	22,7	26,5	51,4	
1978	2 326	1,1	17,7	32,1	50,2	
1979	3 473	1,6	22,3	25,4	40,6	11,7
1980	4 133	1,8	24,7	26,9	34,3	14,1
1981	4 699	1,9	28,5	27,2	24,3	20,0
1982	4 494	1,7	24,2	23,2	29,2	23,4
1983	4 446	1,6	21,0	20,3	31,9	26,7

Quellen: Bank of Japan, *Economic Statistics Annual,* 1983.

Tabelle 7.4: Tilgungsplan für staatliche Anleihen (Mrd. Yen)

Fiskaljahr	Bauinvestitionen	Defizitfinanzierungen
FJ 1980	300	
FJ 1981	994	1 100
FJ 1982	3 728	135
FJ 1983	5 104	132
FJ 1984	6 047	152
FJ 1985	7 980	2 280
FJ 1986	7 523	3 591
FJ 1987	7 068	4 600
FJ 1988	7 001	3 403
FJ 1989	4 847	6 260
FJ 1990	3 907	8 151

Für Ende März 1984 wird unterstellt, daß keine weiteren Obligationen aufgelegt werden (nur langfristige Obligationen, keine mittelfristigen Obligationen).

Quellen: Finanzministerium.

Tabelle 7.5: Zusammensetzung des Finanzvermögens (ausschließlich Geld) (prozentuale Anteile)

A. Privater Sektor

	Festgeldanlagen		Treuhand-darlehen und Versicherungen	Wertpapiere	Aktien
	Privat	Post			
1970	41,7	12,6	22,2	9,1	14,4
1971	40,4	13,2	22,4	9,6	14,4
1972	38,5	12,9	20,7	9,0	18,9
1973	41,9	14,4	21,7	9,4	12,6
1974	42,4	15,3	22,0	9,4	10,9
1975	41,5	15,7	21,3	9,6	11,9
1976	40,6	16,7	21,6	10,3	10,8
1977	40,2	18,0	21,8	10,8	9,2
1978	39,1	18,6	21,5	11,1	9,7
1979	39,4	19,1	21,8	10,7	9,0
1980	39,2	20,0	21,9	10,4	8,5
1981	38,8	20,1	22,4	10,6	8,1
1982	37,7	20,2	23,3	11,1	7,7

B. Nichtfinanzieller Unternehmenssektor

	Fest-gelder	Übertragbare CDs und Wertpapiere	Treuhanddarlehen	Aktien
1970	66,1	5,5	5,6	22,8
1971	65,5	5,5	5,5	23,5
1972	57,1	3,4	4,7	34,8
1973	56,8	4,0	5,6	33,6
1974	59,7	4,3	5,6	30,4
1975	55,9	4,5	5,1	34,5
1976	57,2	5,1	5,3	32,4
1977	58,7	5,3	5,8	30,2
1978	57,0	5,6	6,2	31,2
1979	55,1	8,2	6,4	30,3
1980	54,2	9,7	6,3	29,8
1981	51,5	11,6	5,8	31,1
1982	50,5	12,8	5,6	31,1

Quellen: Suzuki (1983b).

Tabelle 7.6: Japanische Finanzinstitute

	Aktiva (Ende 1983, 1000 Mrd. Yen)	Passiva	Aktiva	Neue Instrumente
A. Städtische Banken (City-Banken)	155,7	Einlagen mit Laufzeit von weniger als 2 Jahren; Zwischenbank-Markt	kurzfristige Kredite	Festgelder mit unterschiedlicher Laufzeit (bis zu 3 Jahren) (ab 1981);
B. Regionale Banken	89,0	Einlagen mit Laufzeit von weniger als 2 Jahren	kurzfristige Kredite; Zwischenbank-Markt	Festgeldkonto für Staatsanleihen (ab 1984)
C. Langfristige Kreditbanken	35,1	Schuldverschreibungen 1–5 Jahre	langfristige Kredite mit festem Zinssatz	„Wide“ Schuldverschreibungen
D. Treuhandbanken	19,7	Einlagen zzgl. Treuhandvermögen 2–5 Jahre		Treuhandkonten für Staatsanleihen („Big“ Treuhandkredite)
E. Postersparnisse		Sparzertifikate	Trust Fund Bureau (Staatsanleihen)	
F. Securities companies				Fonds für mittelfristige Staatsanleihen; Fonds für Zins-Management

Quelle: Bank of Japan, OECD estimates.

Tabelle 7.7: Finanzstatistik der japanischen Banken

	Gesamtzahl	Gesamtkapital			laufender Gewinn pro Beschäftigten	Einlagen minus Kredite
		pro Bank	pro Branche	pro Beschäftigten		
		Mrd. Yen		Mio. Yen	Mio. Yen	
City-Banken	13	12 687	53,9	965	3 024	73,9
Langfristige Kreditbanken	3	11 608	497,5	3 551	8 572	71,0
Treuhandbanken	7	6 838	110,8	1 355	1 951	67,1
Regionale Banken	63	1 227	12,5	462	1 762	77,5
Genossenschaftsbanken (sogo-Banken)	71	477	8,2	350	1 025	85,7

Anmerkung: Diese Daten, die sich auf die erste Hälfte des Fiskaljahres 1983 beziehen, stammen von Kinyu-Zaisei-Jijo, 26. März 1984.

Tabelle 7.8: Ausländische Investitionen in Japan

	1979	1980	1981	1982	1979	1980	1981	1982
	Mrd. Yen				als Prozentsatz des Gesamtmarktes			
Investitionen								
Ausländer:								
Gensaki	73,9	113,9	811,7	550,5	3,4	4,0	9,7	14,0
Yen-Einlagen	744,0	1 586,0	1 884,0	2 180,0				
Obligationen[1]	2 787,7	4 017,6	5 097,5	6 142,5	3,9	5,0	6,2	6,7
Aktien (Mio. Anteile)					2,5	4,0	4,6	5,1
Ausländische Banken in Japan:								
Tagesgelder und Wechsel	170,6	404,7	283,1	540,6	1,8	4,3	3,4	6,4
Kreditaufnahme								
Ausländer:								
Yen-Obligationen	1 552,7	1 783,7	2 250,3	2873,8	1,2	1,2	1,3	1,5
Ausländische Banken in Japan:								
Tagesgelder und Wechsel	645,4	676,4	810,2	588,9	6,9	7,1	9,5	6,9
CDs	254,7	257,2	413,7	362,9	14,0	10,9	12,6	8,4

Quelle: Stepped-up Capital Movements in and Out of Japan and their Effect on the Japanese Financial Market, Bank of Japan, Special Paper No. 122.

Anmerkung: [1] Die prozentualen Anteile am Gesamtmarkt beziehen sich auf den jährlichen Wert der Käufe und Verkäufe von Obligationen.

Tabelle 7.9: Internationales Bankgeschäft (am Ende des Jahres: Mrd. Yen)

A. Auslandsgeschäft der japanischen Banken

	Aktiva			Einlagen und CDs
	Anzahl von Büros	Bargeld etc.[1]	Kredite	
1976	107	2902	3808	8446
1977	118	3908	4276	9485
1978	122	4677	5737	10513
1979	127	8015	8866	14794
1980	139	14321	10902	22297
1981	151	21236	14606	31317
1982	159	34617	19446	46600
1983	168	38327	21393	52495
Jährliche Rate der Veränderung 1979–1983		48	25	37

B. Geschäftsumfang der ausländischen Banken in Japan

	Aktiva			Einlagen und CDs
	Anzahl von Büros	Bargeld etc.[1]	Kredite	
1976				
1977				
1978				
1979	85	1516	4340	1509
1980	85	1920	4672	1506
1981	94	3237	5293	1803
1982	100	3520	5892	1863
1983	103	3718	6618	2020
Jährliche Rate der Veränderung 1979–1983		25	11	8

Quellen: Economic Statistics Annual (Bank of Japan).

Anmerkung: [1]Bargeld und Einlagen bei anderen.

Tabelle 7.10: Institutionelle Kreditaufnahme und Investitionen in Fremdwährung

Prozentualer Anteil der jährlichen Zuwächse	Durchschnitt 1975–1978	1979	1980	1981	1982
Unternehmen					
Kreditaufnahme	3,3	3,9	7,8	12,2	12,3
davon:					
Impact loans	1,5	0,7	5,9	9,9	7,8
Auslandsobligationen	1,8	3,2	1,9	2,3	4,5
Investitionen	0,8	3,9	11,2	3,7	11,1
Finanzinstitute					
Kreditaufnahme	6,2	27,1	51,8	35,9	22,3
davon:					
Einlagen in Fremdwährung	2,1	4,1	12,5	5,6	5,3
Tagesgeldmarkt in Dollar	−0,1	4,7	4,1	8,4	10,4
Investitionen	4,0	19,8	40,5	32,5	25,6
davon:					
Impact loans	−0,1	0,4	4,4	9,6	6,9
Tagesgeldmarkt in Dollar	0,3	1,2	7,9	9,5	10,0

Quelle: Bank of Japan, Research and Statistics Department, *Stepped-up Capital Movements In and Out of Japan and their Effect on the Japanese Financial Market,* Special Paper No. 112.

Anmerkung: Diese Berechnungen enthalten keine zur Finanzierung des Außenhandels verwendeten Gelder.

Tabelle 7.11: Internationalisierung: Einige internationale Vergleiche (prozentuale Anteile)

	1976	1977	1978	1979	1980	1981	1982	1983
OECD-Exporte (insgesamt)								
Japan	10,6	11,2	11,3	9,7	10,3	12,3	12,0	12,8
Vereinigte Staaten	18,5	17,1	16,8	17,7	18,3	19,5	18,4	17,7
Deutschland	16,0	16,2	16,4	15,9	15,2	14,1	14,8	14,4
Offizielle Reserven								
Yen	0,4	0,3	1,6	2,0	2,8	3,2	3,9	
Dollar	79,7	79,4	76,9	73,7	68,7	71,1	71,4	
DM	7,0	8,2	9,9	11,5	3,8	12,3	11,6	
Emissionen von Auslandsanleihen								
Yen	0,7	4,0	12,5	7,3	4,8	6,0	5,2	5,3
(davon: Eurobonds)	-	(0,6)	(0,5)	(1,0)	(1,5)	(1,3)	(1,2)	(0,5)
Dollar	61,0	55,6	36,8	37,8	42,7	63,0	63,9	57,0
DM	12,0	18,9	22,2	22,0	21,9	5,0	7,1	8,6
Anlagen in Eurowährung								
Yen	0,5	0,9	1,2	1,1	1,4	1,4	1,7	
Dollar	78,3	76,3	74,3	76,2	78,9	80,6	81,3	
DM	13,5	14,5	15,4	12,5	10,2	9,7	9,0	
Japanischer Außenhandel in Yen								
Exporte	[17,5]				29,4		32,2	34,5[1]
Importe	[0,9]	1,2	1,6	2,4	2,4			3,0[1]

Quelle: OECD, *Financial Statistics Monthly;* IMF, *Annual Review;* BIS, *International Banking Developments.*

Anmerkung: [1]Schätzungen.

Abbildung 7.1: Nettokreditvergabe nach Sektoren (prozentualer Anteil am nominalen BSP)

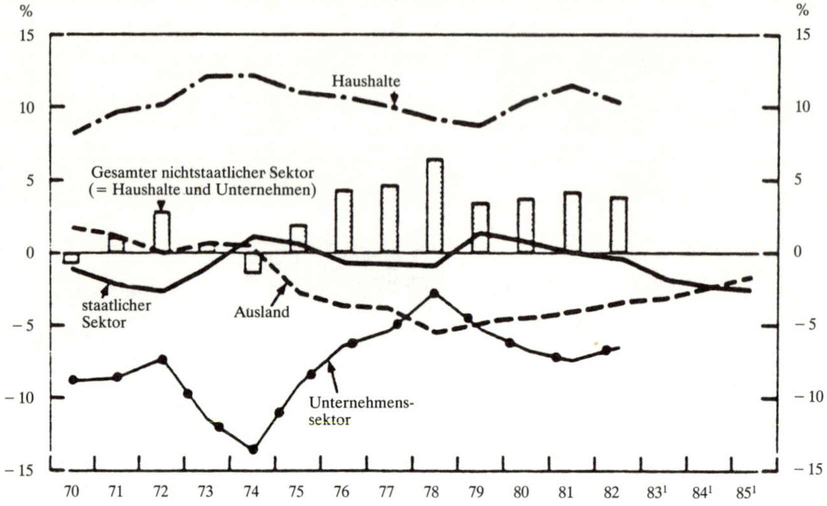

Quellen: EPA, *Annual Report on National Accounts.*

Anmerkungen: [1] Schätzungen des OECD-Sekretariats.
[2] Einschließlich der öffentlichen Unternehmungen.

Abbildung 7.2: Japans Auslandsposition

Quelle: Bank of Japan.

Abbildung 7.3: Zinssätze für Staatsanleihen

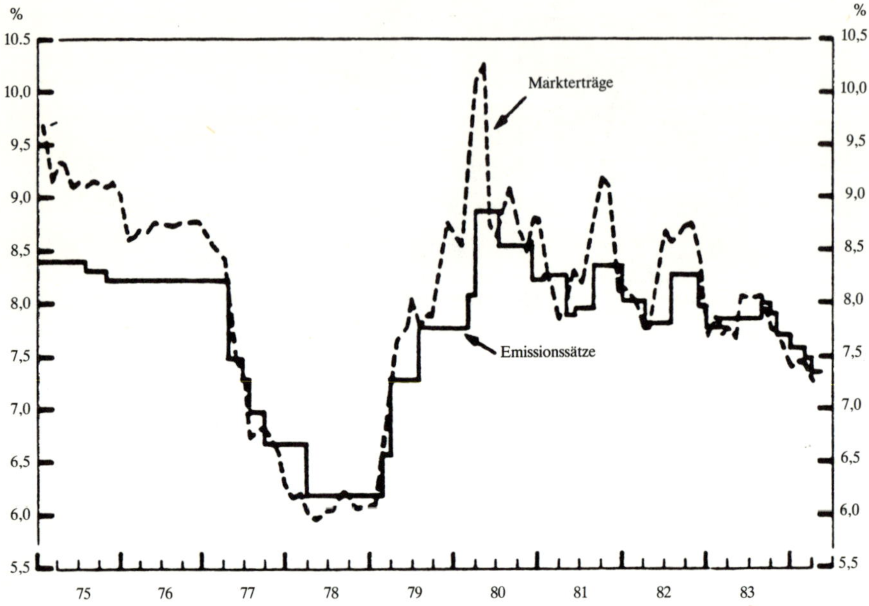

Quelle: Bank of Japan, *Monthly Economic Statistics.*

Abbildung 7.4: Japans Zinsstruktur

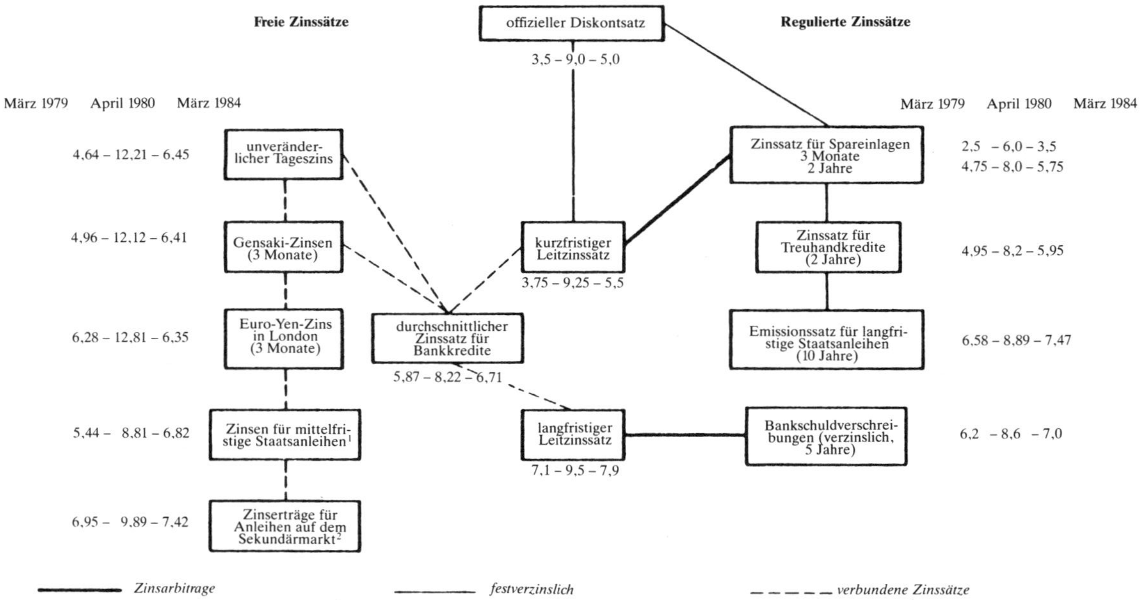

Quelle: Suzuki (1983 b), Bank of Japan und OECD.

Anmerkungen: [1] 3-Jahres-Staatsanleihe, Ertrag für Zeichner.
[2] Zinserträge von direkt gehandelten öffentlichen Obligationen.

Kapitel 8
Die Stellung der Banken und securities companies auf dem japanischen Finanzmarkt und ihr Einfluß auf den internationalen Kapitalverkehr

Christiane Dosse

Nach dem 2. Weltkrieg trafen die japanischen Währungsbehörden eine Reihe von Vorkehrungen, um dafür zu sorgen, daß das Kapital im Interesse des Landes verteilt wurde und daß dies vor allem ohne allzu intensiven Wettbewerb geschah. Sie erreichten dies mit Hilfe einer extremen Spezialisierung des Finanzsystems, die zugleich mit einer strikten Kontrolle der Kreditbedingungen gekoppelt war (vgl. Tabellen 8.1 und 8.2). Da sie überdies die Sparer schützen wollten, folgten sie dem amerikanischen Beispiel und untersagten ihren Banken ebenfalls den Wertpapierhandel. Daher wurde dieser Bereich die exklusive Domäne der securities companies. Diese Situation stand in krassem Gegensatz zu der Lage vor dem Krieg, als die japanischen Banken sehr wohl aktiv an der Ausgabe von Obligationen beteiligt waren, während die securities companies vor allem auf Transaktionen auf dem Sekundärmarkt spezialisiert waren. Grundsätzlich ist das japanische Finanzsystem seit nahezu 30 Jahren durch die folgenden Merkmale gekennzeichnet: Es herrscht eine strenge Teilung zwischen den Bankgeschäften und dem Wertpapierhandel; bei den Sparern herrscht eine Präferenz für Sicherheit gegenüber möglichen Gewinnchancen, und daher ziehen sie Bank- und Spareinlagen den Investitionen in Wertpapieren vor; die Konsequenz hiervon ist, daß Industrie und Handel sich weitgehend durch indirekte Kanäle (Bankkredite) finanzieren und insofern der Börsenmarkt relativ schwache Wachstumsraten zu verzeichnen hatte.

Allerdings ist seit 1973, als der Ölschock in Japan zu einer Verlangsamung des Wachstums führte, der Kreditbedarf der japanischen Unternehmen deutlich zurückgegangen, während der Staat seine Ausgaben erhöht hat, um die Wirtschaftsaktivität anzuregen. Die massive Zunahme der staatlichen Kreditaufnahme (meistens 10-Jahres-Anleihen) hat eine schnelle Expansion des Obligationenmarktes bewirkt. Der Umfang der Transaktionen hat sich zwischen 1975 und 1982 mehr als versechsfacht. Die Banken und Finanzinstitute mußten die Zusammensetzung ihres Kapitals modifizieren, wobei die Abnahme ihrer Kreditvergabe durch eine Zunahme ihrer Portfolio-Investitionen kompensiert wurde. Somit hat die indirekte Finanzierung gegenüber der direkten Finanzierung deutlich an Gewicht verloren.

Die zunehmende Bedeutung der Sekundärmärkte, auf denen die Zinssätze — im Gegensatz zu den anderen Finanzsektoren — seit 1977 frei schwanken konnten, hat eine Verlagerung des Finanzkapitals von Bankguthaben zu höherverzinslichen Investitionen bewirkt. Die Finanzinstitute, für die diese Entwicklung nachteilig war, haben daraufhin eine Lockerung der Regeln und Bestimmungen gefordert und dies damit begründet, daß technologische Neuerungen und neue Finanzinstrumente die Trennungslinien zwischen diesen Institutionen bereits untergraben haben. Diese Entwicklung ist durch die zunehmende internationale Bedeutung des Yen noch verstärkt worden, durch die die japanischen Kapitalmärkte sehr viel sensibler auf Zinsdifferenzen gegenüber ausländischen Märkten reagieren, und hat viele Länder veranlaßt, aus Gründen der Reziprozität einen erleichterten Zugang zu den japanischen Ersparnissen zu fordern.

Diese Tendenz zur Deregulierung des Finanzsystems wirft in Japan natürlich mehr Probleme auf als in den Vereinigten Staaten oder in Großbritannien, wo dieser Prozeß bereits im Gang ist. Die japanische Finanzstruktur ist nach wie vor auf der Basis einer extremen Teilung der Kapitalflüsse in der Wirtschaft organisiert. Daher müssen viele Schranken überwunden werden, was wiederum sehr tiefgreifende und komplizierte Konsequenzen nach sich ziehen wird. Insbesondere die Liberalisierung der Zinssätze wird die Methoden der Kreditallokation in der japanischen Wirtschaft sehr viel stärker beeinflussen als in anderen Ländern. Außerdem wird die Notwendigkeit einer derartigen Veränderung, die in den Vereinigten Staaten aufgrund der hohen Inflation bereits stattgefunden hat, in Japan keineswegs als so dringlich empfunden, da die Inflationsrate gegenwärtig sehr niedrig ist.

Die derzeit stattfindende Aufweichung der Trennung zwischen Wertpapier- und Bankgeschäften ist ein gutes Beispiel für die komplexen Probleme, die eine Deregulierung der japanischen Finanzmärkte mit sich bringt, und wir wollen anhand einer detaillierten Analyse zeigen, warum die japanischen Währungsbehörden trotz des zunehmenden Drucks von außen nach wie vor eine eher abwartende Haltung einnehmen.

Bestimmungen der Nachkriegszeit, die die Trennung des Wertpapierhandels vom Bankgeschäft regeln

Das Monopol der securities companies

Das Securities and Exchange Law, dessen Vorbild das US-System war, trat im Mai 1948 in Kraft. Im Rahmen dieses Gesetzes hatten nur die securities companies das Recht, die an der Börse zugelassenen Aktien und Obligationen von Privatunternehmen zu kaufen oder zu verkaufen. Zu diesem Zweck mußten sie Mitglieder einer Börse sein, deren Etablierung von der Zustimmung des Finanzministers abhängig war (gegenwärtig gibt es in Japan acht offizielle Börsen).

Im Oktober 1965, nach einer Periode der Wirtschaftsdepression, die zu einem starken Absinken der Aktienkurse geführt und die Verletzlichkeit be-

Abbildung 8.1: Die stark untergliederte Struktur des japanischen Finanzsystems

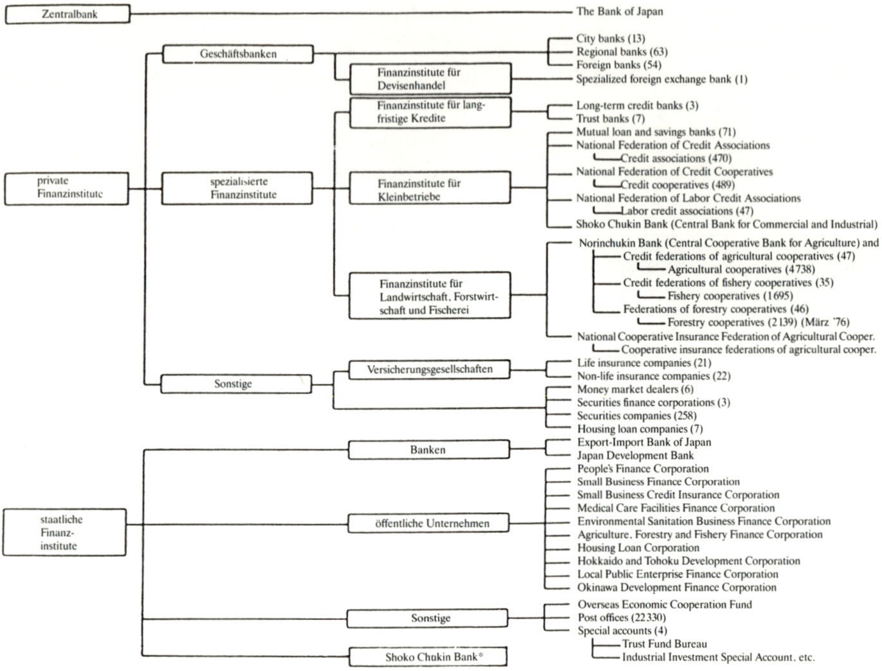

Anmerkungen: *Zentralbank für kommerzielle und industrielle Kooperativen. 60 % des Kapitals gehören dem Staat. Zahlen in Klammern geben die Zahlen Ende März 1977 an.

Quelle: Bank of Japan.

stimmter securities companies offen zutage gefördert hatte, wurde das System der Mitgliedschaft bei einer Börse mit Hilfe einer Gesetzesänderung durch ein Konzessionssystem ersetzt, das vom Finanzminister determiniert wurde. Dieses System wurde nach einer Übergangszeit von 2½ Jahren obligatorisch.

Artikel 28 des neuen Gesetzes bestimmte, daß nur ein Unternehmen, das im Besitz einer Konzession des Finanzministers war, im Effektenhandel tätig sein kann. Dabei gibt es vier verschiedene Formen von Konzessionen: Als Händler kann man Wertpapiere kaufen und verkaufen; man kann als Makler oder Agent tätig sein, man kann öffentliche Angebote für fällige Wertpapiere zeichnen und arrangieren, und man kann die Verteilung von neuen oder öffentlich gehandelten Aktien und Obligationen auf dem Primär- und Sekundärmarkt organisieren. Eine securities company kann weder als Händler noch als Makler für irgendeine gegebene Transaktion fungieren, sie kann nur auf eigene Rechnung Aktien kaufen und verkaufen. Nach der Einführung des Kon-

Tabelle 8.2: Zinssystem für die wichtigsten Finanzinstrumente

		Kapitalquelle							Kapitalverwendung	
		Banken		Nichtbanken						
		Depositen-banken	lang-fristige Kreditbanken	Treuhand-sektor	Versicherungs-gesellschaften	Securities companies	Unter-nehmen	Haus-halte	Unter-nehmen	Haus-halte
Instrumente mit unreguliertem Zins	Ausländische Yen-Einlagen, Fremdwährungs-einlagen	☐	☐						☐	☐
	Tagesgeld, verkaufte Handelswechsel	☐	☐	☐		☐				
	übertragbare Bardepots (CDs)	☐	☐						☐	
	Gensaki	☐	☐	☐	☐	☐	☐		☐	
	Investment-Trusts (außer Fonds für mittelfristige Staatsanleihen)					☐			☐	☐
	mittelfristige Staatsanleihen								☐	☐
	Kreditaufnahme in Auslandswährung	☐	☐	☐	☐	☐	☐	☐		
	Auslandsobligationen	☐	☐			☐	☐			
	Auslandseffekten								☐	☐
	Kreditaufnahme von Banken						☐	☐		
Instrumente mit reguliertem Zins	Einlagen*	☐	☐						☐	☐
	Postersparnisse									☐
	Fonds für mittelfristige Staatsanleihen					☐			☐	☐
	Geld-Trusts, Kredit-Trusts			☐					☐	☐
	Bankschuldverschreibungen		☐						☐	☐
	kurzfristige Staatsanleihen								☐	☐
	langfristige Staatsanleihen**								☐	☐
	Unternehmensobligationen						☐		☐	☐
	Kreditaufnahme von Banken (zum Leitzinssatz)						☐			
Sonstige	Versicherungspläne				☐				☐	☐
	Aktien	☐	☐	☐	☐	☐	☐		☐	☐

Anmerkungen: *ohne langfristige Einlagen über 100 Mio. Yen.
**einschließlich diskontierten Staatsanleihen, kommunalen Anleihen und staatlich garantierten Obligationen.

Quellen: Bank of Japan.

zessionssystems fiel die Zahl der securities companies von 1152 (1949) auf 277 (1968). Gegenwärtig (1986) gibt es 215 securities companies (ausschließlich der Filialen von ausländischen Gesellschaften), von denen 67 alle vier Konzessionen besitzen.

Diese Finanzinstitute können nur dann andere Transaktionen vornehmen, wenn diese Aktivitäten mit dem Wertpapiergeschäft verbunden sind und wenn sie eine spezielle Genehmigung vom Finanzminister besitzen. Ihre Filialen und Agenturen unterstehen ebenfalls der Aufsicht des Finanzministeriums. Allerdings können ihre Auslandsfilialen, die der Gesetzgebung des jeweiligen Gastgeberlandes unterliegen, sowohl im Wertpapierhandel als auch in bestimmten Bankgeschäften tätig sein, sofern dies in dem jeweiligen Land erlaubt ist.

In Japan können hingegen ausländische Effektenhändler und ihre Muttergesellschaften weder im Bankgewerbe noch in Treuhandaktivitäten tätig sein, sondern sie müssen genau dieselben Konzessionsverfahren durchlaufen, um am Effektengeschäft teilhaben zu können. Allerdings kann eine ausländische securities company ohne Konzession sehr wohl direkte Transaktionen mit der japanischen Regierung, der Bank of Japan, japanischen securities companies, lizensierten ausländischen securities companies und Treuhandgesellschaften vornehmen. Außerdem können sie — sofern sie dies dem Finanzministerium offiziell mitgeteilt haben — mit einem Emittenten oder Eigentümer von Wertpapieren verhandeln, um die Bedingungen eines Effektenemissionsgeschäfts festzulegen, sofern dieser Vertrag im Ausland geschlossen wird und die Effekten an einer ausländischen Börse verkauft werden. Außerdem können sie mit der Genehmigung des Finanzministers auch Mitglieder eines Emissionskonsortiums sein (allerdings nicht als Konsortialführer) und dann die gezeichneten Wertpapiere innerhalb von Japan verkaufen.

Die Rolle der Banken im Wertpapierhandel

Obwohl die Banken im Rahmen des Gesetzes von 1948 das Recht bewahrt hatten, nach eigenem Ermessen mit Staatsanleihen, kommunalen Anleihen und staatlich garantierten Obligationen zu handeln, wurden ihre Aktivitäten auf diesem Gebiet durch das Prinzip der administrativen Lenkung des Finanzministeriums auf die Emissionsgarantie bei den obigen öffentlichen Effekten beschränkt.

Bei den privaten Obligationen kann eine Bank sehr wohl als „Kommissionär" eines Privatunternehmens fungieren, um eine Emission von Obligationen abzuwickeln, aber sie geschieht ohne verbindliche Zusage hinsichtlich der Unterbringung (was bei den securities companies der Fall ist), und die Bank muß daher eng mit den securities companies zusammenarbeiten.

Das Securities and Exchange Law sah ebenfalls vor, daß Banken, Treuhandgesellschaften und andere Bankinstitute, die im Wertpapiergeschäft tätig waren, vom Finanzminister zum Kauf und Verkauf privater Obligationen ermächtigt werden konnten, wobei sie im Auftrag und auf Rechnung eines Kunden handelten. Ferner konnten sie private Obligationen als Kapitalanlage oder im Namen eines Treuhänders, der ein Portfolio verwaltete, kaufen und verkaufen. Allerdings sind bislang keine der beiden Möglichkeiten ausgenutzt worden, da das Finanzministerium es bis heute vorgezogen hat, mit Hilfe einer Verwaltungsverordnung den securities companies den alleinigen Zugang zum Markt für private Obligationen offenzuhalten. Desgleichen können Banken zwar theoretisch als Vermittler für private Angebote von Obligationen fungieren, aber auch diese Möglichkeit ist bisher kaum ausgenutzt worden.

Die Banken sind heute vor allem auf den folgenden Gebieten tätig:

1. Sie erfüllen eine Quasi-Treuhänderfunktion, da sie Besitzern von ungesicherten Obligationen einen gewissen Schutz bieten und den Empfang der Tilgungs- und Zinszahlungen abwickeln; sie organisieren für die Besitzer von Obligationen Treffen und führen deren Beschlüsse aus, und sie sorgen für die Einhaltung der Schutzbestimmungen zwischen Emittenten und der mit der Emission beauftragten Gesellschaft, wie beispielsweise die regelmäßige Überprüfung der Buchhaltung des Emittenten.
2. Sie nehmen die Eintragungen in das Obligationenbuch vor und erstellen insbesondere Ersatzzertifikate, wenn Wertpapiere verlorengehen. In der Praxis werden jedoch die meisten Effekten als Inhaberpapiere ausgestellt.
3. Sie sorgen dafür, daß Dividenden ausgezahlt werden, und stellen Subskriptionszertifikate für neue Aktien bereit. Die japanischen Banken dürfen indes nicht bei Emissionen von ausländischen Finanzinstituten auf dem japanischen Markt mitwirken.

Zu guter Letzt bleibt noch erwähnenswert, daß nur sechs Banken Obligationen auf eigene Rechnung ausgeben dürfen. Hierzu gehören die drei langfristigen Kreditbanken: Die Norin-Chukin-Bank, die Shoko-Chukin-Bank und die Bank of Tokyo (vgl. Tabelle 8.1). Auf diese Weise haben sie die Möglichkeit, sich auf dem Finanzmarkt Kapital zu verschaffen, das sie in Form von Investitionskrediten an Industrie- und Handelsunternehmen weiterverleihen.

Die finanziellen Verbindungen zwischen Banken und securities companies

Die Banken sind einerseits die wichtigsten Aktionäre der großen securities companies und besitzen zugleich die größte Anzahl von Obligationen. Aus dieser Tatsache leiten sie auch ihren Anspruch auf den direkten Handel mit diesen Wertpapieren ab. Dies ist ein interner Aspekt des Problems, das durch die Fernhaltung der Banken vom Wertpapiergeschäft bedingt ist. Auf der internationalen Ebene beruht das Problem auf der Tatsache, daß es in Europa keine entsprechende Trennung zwischen Bank- und Wertpapiergeschäften gibt und daß daher die europäischen Finanzinstitute bei ihrer Niederlassung in Japan auf erhebliche Schwierigkeiten stoßen. Genau dieselben Probleme werden vermutlich bald in den Vereinigten Staaten im Zusammenhang mit der dort gegenwärtig stattfindenden Deregulierung auftreten.

Zusammenfassend läßt sich sagen, daß die am amerikanischen Vorbild orientierte Gesetzgebung und die von den Aufsichtsbehörden adoptierte Politik den securities companies ein Monopol über den Aktienmarkt und den Sekundärmarkt für Obligationen garantiert haben. Allerdings hat ein relativ niedriges Einkommensniveau bei den meisten Japanern seit langem eine Präferenz für liquide Spareinlagen erzeugt, d.h., anstelle von Wertpapieren haben sie lieber Sparguthaben gehalten. Für den Unternehmenssektor bedeutete dies, daß er seinen Bedarf an Fremdkapital vor allem über die Banken und ähnliche Institutionen decken mußte und nur in begrenztem Maße auf die Ausgabe von Aktien und Obligationen zurückgreifen konnte (vgl. Tabelle 8.3).

Seit 1974, nachdem die starke Wachstumsphase durch den ersten Ölschock beendet wurde, hat die indirekte Finanzierung zunehmend an Bedeutung verloren. Die japanische Regierung begann damals umfangreiche Kredite aufzunehmen und bewirkte damit eine Expansion der Kapitalmärkte zu einem Zeitpunkt, als die Nachfrage nach Bankkrediten vom Unternehmenssektor aufgrund ihrer eingeschränkten Aktivitäten deutlich nachließ. Diese Situation hat das Sparverhalten verändert; denn von nun an zeigte sich eine eindeutige Präferenz für Investitionen in höherverzinsliche Wertpapiere. Die Banken und securities companies mußten zwangsläufig auf diese neue Situation reagieren, was sich in Form eines verstärkten Wettbewerbs untereinander niederschlug.

Da diese Entwicklungen zugleich mit einer zunehmenden Internationalisierung der Finanzmärkte einhergingen, haben die Aufsichtsbehörden die irreversible Natur dieses Prozesses erkannt und seit 1978 allmählich die Regeln und Vorschriften gelockert, um auf diese Weise die Teilung zwischen Bank- und Wertpapiergeschäften aufzuheben.

Der zunehmende Wettbewerb zwischen den Banken und den securities companies

Die Rivalität zwischen den Banken und den securities companies schlug sich zuerst in der Entwicklung neuer Finanzierungsinstrumente nieder, um Kunden anzuziehen, die immer stärker auf Zinsunterschiede reagierten. Da in den letzten Jahren beide Seiten versucht haben, in den Geschäftsbereich des Gegners einzudringen (vgl. Tabelle 8.4), waren die Behörden gezwungen, in diesen Konflikt einzugreifen.

Erste Phase: Die Schaffung neuer Finanzierungsinstrumente

Das japanische Finanzministerium hat das System zuerst dadurch liberalisiert, daß es neue Formen der Geldanlage zuließ, deren Zinssätze sich an den

Tabelle 8.3: Kapitalströme innerhalb des Finanzsystems (%)

	indirekte Finanzierung				direkte Finanzierung			
	private Finanz-institute	Depositen-banken	Sonstige (einschließlich Versicherungen)	öffentliche Finanz-institute	Wert-papier-märkte	Aktien	ausländische Kapital-märkte	insgesamt
1972	77,5	66,2	10,5	16,1	6,4	2,6	1,6	100,0
1973	74,6	64,1	10,9	18,6	6,8	3,6	(−0,5)	100,0
1974	69,0	58,0	10,7	21,1	9,9	2,5	5,5	100,0
1975	69,8	58,8	10,4	23,3	6,9	2,6	0,1	100,0
1976	67,4	56,0	10,2	23,7	8,9	2,5	2,7	100,0
1977	60,5	49,6	9,5	29,2	10,3	2,9	0,4	100,0
1978	62,4	54,2	6,7	25,4	12,2	2,3	3,7	100,0
1979	59,3	48,0	9,6	28,6	12,1	1,8	3,2	100,0
1980	54,9	41,9	11,6	31,2	13,9	1,0	5,3	100,0
1981	61,4	49,8	9,9	25,5	13,1	2,7	1,5	100,0
1982	56,1	42,4	12,7	29,2	14,7	2,8	3,3	100,0
1985	58,9	37,6	21,5	27,8	13,3	o. A.	6,7	100,0

Quelle: Bank of Japan.

Marktbedingungen orientierten. Im Januar 1980 haben die securities companies ihre erste Offensive gestartet, indem sie eine Art kurzfristigen Investmentfonds gründeten, dessen Anteil nach einem Monat in Bargeld verwandelt werden konnte, und zwar ohne zusätzliche Gebühren: Dies war der sogenannte „Chuukoku Fund" bzw. ein Fonds für mittelfristige Staatsanleihen. Dies Instrument, das stark dem amerikanischen Geldmarktfonds ähnelte, ermöglichte es den securities companies erstmals, eine kurzfristige Anlageform anzubieten, deren Zinssatz — ähnlich den Geldmarktsätzen — höher war als der für gleichartige Bankguthaben (obwohl das Finanzministerium bestimmte, daß die Höchstverzinsung auf keinen Fall den Zinssatz für Ein-Jahres-Bankeinlagen übersteigen durfte).

Die Banken versuchten, den veränderten Präferenzen ihrer Kunden zugunsten höherverzinslicher Finanzierungsinstrumente zu begegnen, indem sie im Juni 1981 Festgeldkonten mit unterschiedlicher Fälligkeit einführten, für die jährliche Zinseszinsen gezahlt wurden und die insgesamt oder zum Teil vor der normalen Laufzeit zwischen einem und drei Jahren aufgelöst werden konnten, sofern sie einen Monat zuvor gekündigt wurden.

Im Oktober 1981 brachte die Bank of Tokyo ihrerseits ein Sammelkonto heraus, das normale Sichtguthaben, Festgelder und Bankschuldverschreibungen kombinierte. Diese Kontoform bietet eine interessante Verzinsung und gibt den Inhabern ein automatisches Recht zur Kontoüberziehung, deren Höhe durch die Festgeld- und Wertpapierkonten garantiert ist.

Die securities companies reagierten unmittelbar, indem sie neue Sparinstrumente anboten, die aufgrund der Anwendung des Zinseszinsverfahrens hohe Erträge erbrachten: Dies waren einerseits der neue „Staatsanleihefonds" und andererseits der „Jumbo". Im November 1982 gründeten sie einen Fonds, in dem die für Staatsanleihen gezahlten Zinsen automatisch reinvestiert wurden und der nach 30 Tagen auch als normales Depositenkonto verwendet werden konnte. Dieses Eindringen in die den Banken vorbehaltene Domäne der Sichteinlagen wurde 1983 mit der Einführung des Chyuki Kokusai-Fonds fortgesetzt, der auf mittelfristige, staatliche Anleihen spezialisiert war und einen schwankenden Zinssatz bot (der im allgemeinen deutlich über den fixen Banksätzen lag) und nahezu genausoviel Flexibilität besaß wie ein laufendes Konto.

Die Banken gaben sich immer noch nicht geschlagen und boten im September 1983 das sogenannte Kokusai-Teizi-Koza, bei dem Staatsanleihen mit Festgeldkonten kombiniert waren. Hierbei werden 60 % des Kundenkapitals in 10-Jahres-Anleihen und 40 % auf einem Festgeldkonto angelegt, das regelmäßig aus dem halbjährlichen Zinseszins für die Wertpapiere gespeist wird. Die Mitsubishi-Bank, die dieses Instrument erfand, konnte bereits am ersten Tage 15 Mrd. Yen verbuchen, und die zwölf größten Banken (City-Banks) plazierten während des ersten Monats 70 Mrd. Yen.

Im Laufe des Jahres 1983 führten die Banken immer mehr kombinierte Wertpapier- und Depositenkonten ein, während die securities companies

Tabelle 8.4: Entwicklung der Finanzmärkte (in Mrd. Yen)

	März 1973	März 1983		Wachstum in 10 Jahren	
				(x)	
Geldmärkte	7 594	30 296		4,0	
- Tagesgelder (call money)	1 576	5 361		3,4	
- Diskontmarkt	1 253	4 501	4,6	3,6	
- Gensaki-Markt	1 224	4 758		3,9	7,0
- Bardepots (CDs)		384		-	
- Schatzbriefe	3 541	11 831		3,3	
Sichteinlagen	124 863	464 690		3,7	
- Bankguthaben					
- Privatunternehmen	(39 721)	(88 627)		2,2	
- Privatpersonen	(62 168)	(253 012)		4,1	
- Postsparbücher	12 293	78 098		6,4	
- Trusts, laufende Konten	8 515	35 462		4,2	
- Trusts, Investitionen in Wertpapiere	2 166	9 490		4,4	

(4,6 covers Tagesgelder through Bardepots; 7,0 covers Diskontmarkt through Schatzbriefe, as bracketed in the original.)

	März 1973	März 1983	Wachstum in 10 Jahren
			(x)
Kredite	131 624	423 033	3,2
- an den privaten Sektor	111 254	306 229	2,8
- an den öffentlichen Sektor	20 370	116 804	5,7
Markt für Obligationen	31 733	192 217	6,1
- Staatsanleihen	6 508	97 851	15,0
- kommunale Staatsanleihen	2 779	19 364	7,0
- Obligationen von öffentlichen Unternehmen	8 506	33 369	3,9
- Obligationen von privaten Unternehmen	4 234	10 129	2,4
- Bankschuldverschreibungen	9 706	31 503	3,2
Obligationen gehalten von:			
- Privatunternehmen	1 905	10 597	5,6
- Privatpersonen	7 263	35 295	4,9
- Großbanken	4 911	12 626	2,6
(davon Staatsanleihe-Portfolio)	(861)	(6 377)	7,4

Quellen: Nichigin Keizai Tokei Geppo (Bank of Japan Economic Statistics Monthly Report).

weiterhin mit hochverzinslichen Anlageformen aufwarteten. Allerdings scheint dieser Kampf um die Sparer im April 1984 mit der von einer Bank und einer securities company eingegangenen Verbindung eine interessante Wende genommen zu haben. Die Kyoto Shinkin Bank und die Daiwa Securities Company haben gemeinsam das Kyoto Shinkin-Bank-Sammelkonto entwickelt, das folgendermaßen funktioniert: Wenn der Saldo eines normalen Kontos bei der Bank 300 000 Yen übersteigt, kann der Überschuß in 100 000-Yen-Blöcken auf einen von der Daiwa gemanagten mittelfristigen Staatsanleihefonds übertragen werden. Die Kontoinhaber haben nunmehr die Möglichkeit, bis zur Gesamthöhe der in Wertpapiere investierten Summen Bargeld aufzunehmen. Diese Spezialformel motiviert die Kontoinhaber zu Bankeinlagen von mehr als 300 000 Yen und bietet zugleich eine neue Anlagemöglichkeit für mittelfristige Staatsanleihen, mit denen ja nur die securities companies handeln können. Um jedoch zu verhindern, daß investierte Gelder zu freizügig zur Begleichung von laufenden Transaktionen verwendet werden, hat das Finanzministerium die Transfers auf einmal wöchentlich beschränkt und zugleich festgelegt, daß der Mindestsaldo von 300 000 Yen ständig auf dem Depositenkonto erhalten bleiben muß. Sobald dies nicht der Fall ist, müssen 100 000 Yen sofort aus dem Investmentfonds abgezogen werden.

Inzwischen sind weitere gemeinsame Finanzinstrumente zwischen securities companies und Banken geplant. Vielleicht sind sie die Vorreiter, um den überaus harten Wettbewerb auf diesem Gebiet zu mildern. Dennoch sind diese Verbindungen keineswegs unproblematisch, und die Bank of Japan hat die Finanzinstitute vor kurzem hinsichtlich dieser ungeordneten Entwicklung neuer Finanzinstrumente zur Vorsicht gemahnt. Dabei hat sie insbesondere die vorgeschlagene Kombination von mittelfristigen Staatsanleihefonds mit normalen Girokonten kritisiert, bei denen aufgrund der laufenden Zahlungen kein positiver Saldo auf dem Konto gewährleistet wäre, während Entnahmen vom investierten Kapital nur zur Begleichung von Rechnungen möglich wären (dies war der Fall bei dem von der Yamaichi Securities Company und der Bank of America geplanten Konto, das eine bestimmte Form von cash management vorsah). Das auf Bankkonten deponierte Geld ist immer sowohl durch eine Depositenversicherung als auch durch die bei der Zentralbank gehaltenen Mindestreserven abgesichert, während die in Staatsanleihen investierten Mittel keinerlei Garantie besitzen. Wenn der Trend zur Verwendung von Mitteln der securities companies zu Zahlungszwecken weiter steigen sollte, befürchten die Währungsbehörden, daß die Integrität und Sicherheit des Zahlungssystems bedroht wäre. Obgleich die Bank of Japan zugibt, daß die Festsetzung einer Untergrenze, unter die der offenstehende Depositensaldo nicht absinken darf, nicht einfach ist, hält sie dennoch einen Null-Saldo für absolut inakzeptabel.

Zweite Phase: Die Demontage der Schranke zwischen den Geschäftsbereichen der Banken und der securities companies

Die Haltung der Währungsbehörden ist hier vor allem durch ihren Wunsch determiniert worden, den Verkauf von öffentlichen Anleihen zu fördern, deren Anzahl höchstwahrscheinlich recht hoch bleiben wird, insbesondere, da ein Teil der Staatsschuld bald fällig ist und erneuert werden muß. Außerdem führt die gegenwärtige elektronische Revolution häufig zu Transaktionen, die einen reibungslosen Übergang von liquiden Ersparnissen zu hochverzinslichen Investitionen ermöglichen, was wiederum mit der strengen Anwendung des Securities and Exchange Law konfligiert. Das Finanzministerium mußte daher eine flexiblere Haltung einnehmen, um diese beiden Zielsetzungen zu erreichen.

Der sekundäre Obligationenmarkt öffnet sich allmählich für die Banken

Die Banken, die die meisten Emissionen von Staatsanleihen mit einer Abnahmeverpflichtung übernehmen müssen (diese Wertpapiere haben den niedrigsten Zinssatz von allen Zehn-Jahres-Anlagen), sind häufig gezwungen, ihre Wertpapierbestände zu verringern. Insofern war ihr Wunsch durchaus verständlich, ebenfalls direkt an ihre Kunden verkaufen zu können, ohne auf die Hilfe der securities companies angewiesen zu sein.

Das neue, im April 1982 erlassene Banking Law legte schließlich fest, daß die Banken mit Hilfe einer speziellen Genehmigung mit bestimmten Wertpapieren handeln dürfen. Dies bedeutete, daß sie Zehn-Jahres-Staatsanleihen mit einer Restlaufzeit von weniger als zwei Jahren direkt an ihre Kunden verkaufen konnten. 1983 erhielten die Banken schließlich die Erlaubnis, neu ausgegebene, mittelfristige Staatsanleihen direkt zu verkaufen (d.h. Obligationen zum Nominalwert). Diese Genehmigungen werden nur jeder Bank einzeln gewährt, da die Währungsbehörden sicherstellen möchten, daß die betreffende Bank finanziell „gesund" ist.

Zu guter Letzt wurde den Banken ab Juni 1984 erlaubt, Wertpapiere zu ihrem Marktwert zu handeln, und zwar unabhängig von den Ausgabe- und Fälligkeitsdaten. Die Sondergenehmigung wird dann erteilt, nachdem die Finanzsituation jeder Bank untersucht worden ist. Bislang haben alle City-Banken, aber nur die größten Regionalbanken eine derartige Genehmigung erhalten.

Nach 1985 war die Liberalisierung der Rolle der Banken auf dem Markt für Staatsanleihen weitgehend abgeschlossen.

Die securities companies dürfen Kredite an Privatpersonen vergeben

Im Juli 1983 erhielten die securities companies schließlich die Erlaubnis, an Privatpersonen Kredite zu vergeben, die Staatsanleihen als Sicherung bieten können. Der höchstmögliche Kredit beträgt 5 Mio. Yen, während die Dekkungssicherheit bei 90 % des Listenpreises der Staatsanleihen liegt. Jeder Kredit unterliegt derzeit einer besonderen Genehmigung, aber die securities companies verlangen für sich das Recht zur Gewährung von Kreditlinien, um auf diese Weise ihren Kunden die Kreditaufnahme und -tilgung innerhalb einer bestimmten Obergrenze ganz nach eigenem Belieben zu ermöglichen. Es wird sicher schwierig sein, einer solchen Forderung nicht nachzugeben, und zwar vor allem zu einem Zeitpunkt, an dem die Banken Girokonten in Verbindung mit Wertpapierkonten anbieten.

Die City-Banken fordern derzeit für ihre Überseefilialen das Recht, in Japan Agenturen einrichten zu dürfen, um in Zukunft den Status eines Börsenmaklers zu erhalten.

Die securities companies dringen in den Devisenmarkt ein

Im April 1984 stimmte das Finanzministerium dem Plan der securities companies zu, von nun an im Ausland auf Yen lautende Handelspapiere und Bardepots (CDs) zu verkaufen. Auf diese Weise erhielten sie zugleich das Recht zu Devisentransaktionen (das bisher ausschließlich den Banken vorbehalten war). Dies kann außerdem bedeuten, daß die Banken mit Einbußen bei Festgeldern rechnen müssen, da diese neuen Anlageformen keine regulierten Zinssätze haben.

Wichtig ist in diesem Zusammenhang auch, daß die gleichzeitige Forderung der securities companies, ebenfalls mit Handelspapieren und in Japan ausgegebenen Bardepots handeln zu dürfen, mit der gesetzlichen Bestimmung konfligiert, daß jedes von einer privaten japanischen Gesellschaft emittierte Wertpapier von einer Bank garantiert werden muß. Begründet wird diese Garantie mit dem Schutz des Investors. Allerdings wird es angesichts der Lockerung der Restriktionen auf dem Euro-Yen-Obligationenmarkt im Mai 1984, die nahezu allen großen japanischen Unternehmen das Recht zur Emission von ungesicherten Euro-Obligationen gibt, ausgesprochen schwierig werden, die Praxis der Sicherung inländischer Obligationen aufrechtzuerhalten.

Die Auswirkungen der Trennung des Wertpapier- und Bankgeschäfts für den internationalen Kapitalverkehr

Die Beschränkungen, die dem internationalen Kapitalverkehr auf dem japanischen Finanzmarkt auferlegt werden, waren eher das Ergebnis der Devisenbewirtschaftung und weniger der Restriktionen, die den Aktivitäten von ausländischen Finanzinstituten in Japan vorgeschrieben wurden. Aus der Sicht dieser Institutionen hat die japanische Gesetzgebung indes zweifellos als Hemmschuh bei ihrem Eindringen in diesen Markt gewirkt. Dies gilt insbesondere für die europäischen Banken, die normalerweise mit Wertpapieren handeln und denen dies in Japan nicht möglich war. Dennoch erhielten 1987 erstmals vier Filialen von amerikanischen Geschäftsbanken eine Wertpapierlizenz.

Anfänglich besaßen nur acht ausländische securities companies die Genehmigung zum Wertpapierhandel in Japan, wobei ihnen insgesamt die Gründung von neun Filialen zugestanden wurde. Und zwar handelt es sich vorwie-

Tabelle 8.5: Die wichtigsten Finanzierungsinstrumente und die betroffenen Institutionen (Januar 1984)

Kategorie	Fälligkeit	Zinsertrag	City-banken	Regional-banken	Langfristige Kredit-banken	Treuhand-banken	Genossen-schaftsbanken	Kredit-vereinigungen	Post	Securities companies
Gold	keine	-	□	□	□	□	□	□		□
Normale Depositen	keine	1,50	□	□	□	□	□	□		
Festgelder	3 Monate	−3,50	□	□	□	□	□	□		
	6 Monate	−4,75	□	□	□	□	□	□		
	1 Jahr	5,50	□	□	□	□	□	□		
	2 Jahre	5,75	□	□	□	□	□	□		
*Festgelder mit unterschiedlicher Fälligkeit	2 Jahre	o. A.								
	3 Jahre	6,86	□	□			□	□		
Abzahlungskonten	6 Monate 1–5 Jahre etc.	3,40	□	□			□	□		
Ersparnisse mit 6monatigem Zinseszins[3]	6 Monate	*6,00 (2 Jahre)							□	
	10 Jahre	*6,88 (5 Jahre)							□	
		*8,06 (10 Jahre)							□	
Terminsparkonten	6 Monate	4,75							□	
	1 Jahr	5,50							□	
Abzahlungssparkonten	2 Jahre	3,72							□	
Geldtrusts	1 Jahr oder weniger als 2 Jahre	5,50	□[1]	□[2]		□				
	2 Jahre oder weniger als 5 Jahre	5,80	□[1]	□[2]		□				
	mehr als 5 Jahre	7,18	□[1]	□[2]		□				
Kredittrusts*	2 Jahre	5,95				□				
	5 Jahre	7,32				□				
*„Big"[3]	2 Jahre	o. A.								
	5 Jahre	8,65				□				
*mittelfristige Staatsanleihefonds[3]	mehr als 30 Tage	5,694								□
*Fonds ohne Zinsen[3]	mehr als 30 Tage	4,015								□
*Anleihen in Investmenttrusts (einschließlich „Jumbo")	unterschiedlich	unterschiedlich								□
Aktieninvestmenttrusts	unterschiedlich	unterschiedlich								□
*verzinsliche Bank-schuldverschreibungen	3 Jahre	7,100	□[1]							□
	5 Jahre	7,300			□					□
*„Wide"	5 Jahre	8,624			□					□
Diskont-Bankschuldverschreibungen	1 Jahr	6,134			□					□
Staatsanleihen	2–10 Jahre	7,563 (10 Jahre)	□[1]	□	□	□	□	□		□
Staatlich garantierte Anleihen	unterschiedlich	7,575 (10 Jahre)	□	□	□	□	□	□		□
Kommunale Staatsanleihen	unterschiedlich	7,575	□	□	□	□	□	□		□
Unternehmensanleihen	unterschiedlich	7,587 (10 Jahre AA)								□

Anmerkungen: [1]Nur bei der Daiwa-Bank; [2]Nur bei der Okinawa-Bank und der Ryûkyû-Bank; [3]Nur bei der Bank of Tokyo; April 1983.
NB. *Zinsertrag berechnet nach dem reinvestierten Zinseszins.

Quellen: Bank of Japan.

gend um amerikanische Gesellschaften. Die älteste, Merrill Lynch International Bank, Inc. (deren Sitz in Panama ist), wurde im November 1978 in Japan gegründet. Als der britische Makler Vickers da Costa Ltd., der im August 1978 eine Filiale in Tokio eröffnet hatte, von der amerikanischen Bankgruppe Citicorp übernommen wurde, warf dies die Frage auf, ob dadurch das Securities and Exchange Law berührt wurde oder nicht, nach dem die Trennung von Wertpapier- und Bankgeschäften verhindern sollte, daß eine ausländische Bank eine securities company als Filiale haben konnte. Das japanische Finanzministerium beschloß schließlich, daß Vickers da Costa Ltd. seine Lizenz behalten konnte, was als erste Aufweichung der vorhandenen Gesetzgebung interpretiert wurde; doch die japanischen Behörden haben ausdrücklich darauf hingewiesen, daß diese Entscheidung nicht als Präzedenzfall zu betrachten wäre.

Die Filialen von Auslandsfirmen haben Anspruch auf 73 % der für Aktientransaktionen gezahlten Provisionen, die in ihrem Namen von japanischen securities companies ausgeführt werden. Seit 1982 sind die ausländischen Wertpapiermakler theoretisch imstande, Mitglieder dieser Börse zu werden, da jedoch die Anzahl der Mitglieder auf 38 beschränkt ist, war diese Zahl bis November 1984 ausgeschöpft, bis einige Firmen der Yamaichi Securities-Gruppe ihre Fusionsabsichten bekanntgaben. Die Kosten sind extrem hoch, sie betragen etwa 1000 Mio. Yen. Die Vereinigten Staaten haben daher darauf gedrungen, daß eine gesonderte Kategorie für ausländische Börsenmakler geschaffen werden müsse. Diese Forderung ist noch zusätzlich durch die Tatsache unterstützt worden, daß internationale Investitionen in japanische Wertpapiere sehr stark expandieren, so daß es für ausländische Finanzinstitute überaus wichtig wird, direkten Zugang zur Tokioter Börse zu erhalten. Umgekehrt sollte dieser Zugang auch all denen ermöglicht werden, die aktiv am schnellen Wachstum der japanischen Auslandsinvestitionen beteiligt sind. Das japanisch-amerikanische Abkommen über die Internationalisierung des Yen, das im Juni 1984 unterzeichnet wurde, enthielt eine Aufforderung an die Börse in Tokio, die Möglichkeit der Lockerung ihrer Zulassungsbedingungen zu untersuchen, um auch ausländische Makler zuzulassen. Und 1986 wurden schließlich sechs ausländische Effektenmakler als Mitglieder aufgenommen.

Die Ausstellung einer Wertpapierlizenz ist mit einem langwierigen und komplizierten Verfahren verbunden und gibt dem japanischen Finanzministerium das Recht, nicht nur die Konten der spezifischen Filiale des Effektenmaklers zu untersuchen, sondern auch die der Muttergesellschaft. Als zweitbeste Lösung wäre den ausländischen Firmen eine Erweiterung der Bereiche am liebsten, in denen ihre Filialbüros operieren dürfen. Diese Büros dürfen keine Wertpapiertransaktionen vornehmen, sondern sie können nur Informationen über die gelisteten Wertpapiere sammeln und weitergeben. 1986 erteilte das Finanzministerium den westdeutschen Banken die Erlaubnis zur Durchführung sämtlicher Wertpapiergeschäfte und -dienstleistungen, und 1987 erhielten die wichtigsten US-Banken dieselbe Möglichkeit. Die einzige ihnen gemachte Auflage ist, daß die Banken nicht mehr als 50 % des Kapitals ihrer Wertpapierfilialen besitzen dürfen.

Aufgrund einer ministeriellen Verordnung vom März 1978 konnten die ausländischen Finanzinstitute schließlich die notwendigen Lizenzen erhalten, um sich an der Bildung von Konsortien für ausländische Yen-Obligationen zu beteiligen, die in Japan aufgelegt wurden (Samurai-Obligationen; früher konnten solche Anleihen nur im Ausland ausgegeben werden). Gegen Ende 1983 konnten 115 ausländische Gesellschaften an derartigen Konsortien mitwirken, wobei 28 aus Großbritannien, 8 aus Frankreich und 7 aus den Vereinigten Staaten stammten. Nahezu 90 % dieser Emissionen werden bei japanischen Geldanlegern untergebracht. Tokio ist heute der zweitgrößte Markt der Welt für Emissionen von Auslandsobligationen und hat New York bereits im Mai 1983 überholt. Der erste Platz wird allerdings nach wie vor von Zürich behauptet (vgl. Tabelle 8.6).

Im Hinblick auf eine ähnliche Möglichkeit für japanische Anleiheemissionen im Inland haben die Währungsbehörden darauf hingewiesen, daß die bei diesen Transaktionen verdienten Provisionen niedrig seien und daß Auslandsbanken daher vom direkten Zugang zu diesem Markt nur wenig Vorteile hätten. Dennoch ist ihnen inzwischen die Teilnahme an Konsortien für Zehn-Jahres-Staatsanleihen gestattet worden. Im Februar 1984 wurden die Bank of America, die Citibank und die Chase-Manhattan-Bank zu einem solchen Konsortium zugelassen mit der Möglichkeit, die dabei übernommenen neuen Effekten direkt an ihre Kunden zu verkaufen. Außerdem besitzen sie das Recht, bei Neuausgaben von Obligationen mitzubieten. Diese Genehmigung müßte im Grunde auf andere Auslandsbanken und Wertpapiergesellschaften ausgedehnt werden. Zu guter Letzt wurde im Rahmen des japanisch-amerika-

Tabelle 8.6: Ein Vergleich der wichtigsten Kapitalmärkte (während oder Ende 1986)

Börse			Tokio	New York	London	Frankfurt	Paris	Zürich
Anzahl der gelisteten Aktien		Inland	1 499	1 516	2 101	223	482	145
Gesellschaften		Ausland	52	59	584	181	195	194
Anzahl der gelisteten	Aktien	Inland	1 504	2 194	1 781	261	552	254
		Ausland	52	63	490	192	248	200
	Obligationen	Inland	742	3 384	2 917	5 293	2 195	149
		Ausland	231	222	1 556	692	191	870
Gesamter Marktwert (Mio. $)	Aktien		1 794 290	2 128 511	471 575	233 918	153 304	128 926
	Obligationen		272 062	1 457 603	436 875	o. A.	289 571	118 947
Handelswert (Mio. $)	Aktien		955 305	1 374 350	133 244	65 098	55 470	} 31 028
	Obligationen		821 352	10 464	286 103	81 693	241 488	
Anzahl der Mitgliedsfirmen			93	611	357	107	45	25

Quelle: Tokyo Stock Exchange, 88 Fact Book.

nischen Abkommens vom Juni 1984 festgelegt, daß japanische Filialen von Auslandsbanken mit den fälligen Staatsanleihen handeln könnten, sofern sie dafür jeweils die Genehmigung vom Finanzministerium erhielten. Damit ist allerdings noch nicht das Problem der Aktienausgaben gelöst, da die Maklergebühren auf japanischen Kapital-Aktienmärkten hoch sind und die japanischen Effektenmakler ihr Monopol heftig verteidigen werden.

Hinsichtlich der Frage, inwieweit ausländische Finanzinstitute die Führung in einem Effektenkonsortium übernehmen können, wurde im März 1984 ein erster Schritt getan, als das Finanzministerium den ausländischen Wertpapierhändlern die Erlaubnis erteilte, bei Emissionen von Euro-Yen-Obligationen die Konsortialführung zu übernehmen. Und im japanisch-amerikanischen Abkommen ist die Ausdehnung dieser Genehmigung auf andere ausländische Finanzinstitute vorgesehen. Dieses Recht ist ferner auf ausländische Filialen von japanischen Banken übertragen worden, egal, ob die Emittenten Inländer sind oder nicht. Derartige Entscheidungen tragen natürlich zu einer weiteren Erosion des Monopols der japanischen securities companies bei. Allerdings gilt nach wie vor, daß in nahezu allen Ländern, in denen Emissionen in Euro-Währungen stattfinden, die Manager der führenden Konsortialbank jeweils die Nationalität des betroffenen Landes besitzen müssen. Dies gilt sowohl in der Bundesrepublik Deutschland, den Niederlanden als auch in der Schweiz, während Großbritannien nur US-Wertpapiermakler von dieser Bedingung ausnimmt. Die japanischen securities companies finden vor allem die Tatsache störend, daß die Anwesenheit eines ausländischen Konsortialmanagers vermutlich zu verstärktem Wettbewerb führen wird, da sich die Provisionen für Euro-Yen-Obligationen nach denen von Anleiheemissionen in der jeweiligen heimischen Währung richten, so daß sie eine Senkung der Provisionssätze befürchten. Dies kann wiederum Auswirkungen für die japanischen Anleihemärkte und ihr System der fixen Gebühren haben.

Insgesamt wurden die neuen Bestimmungen für Emissionen von Euro-Yen-Obligationen so gestaltet, daß sie eher die Banken als die securities companies begünstigten. Diese Gesellschaften, die ursprünglich das Monopol für die Emission derartiger Obligationen besaßen, wollten eine grundlegende Erweiterung dieses Marktes herbeiführen, da die Emissionen bis dahin auf ausländische Regierungen und internationale Organisationen beschränkt gewesen waren. Nachdem die Genehmigung zur Ausgabe von Euro-Yen-Obligationen auf private japanische Unternehmen erweitert worden war, wollten die securities companies, daß die vorherrschenden Bestimmungen bezüglich der Emission von Auslandsanleihen auch für diese gelten sollten, da auf diese Weise der Markt für nahezu 700 japanische Gesellschaften geöffnet worden wäre. Die japanischen Banken befürchten indes, daß der zunehmende Umfang von Euro-Yen-Obligationen, die überaus sensibel auf Preisschwankungen der internationalen Märkte reagieren, das bisherige Gewicht der langfristigen Leitzinssätze verringern und dadurch das gesamte System der gelenkten Zinssätze in Frage stellen würde (vgl. Tabelle 8.2). Außerdem betonten sie, da die meisten Euro-Yen-Obligationen nicht abgesichert wären, daß es einen Konflikt mit der herkömmlichen Bestimmung geben könnte, da japanische Obligationen im Prinzip einer speziellen Deckung bedürften. Dies würde bei Investoren zur Verwirrung führen, wenn Transaktionen mit Euro-Yen-Obligationen auf dem japanischen Markt durchgeführt würden. Das Finanzministerium beschloß zu guter Letzt, daß die Genehmigung zur Emission von Euro-Yen-Obligationen auf Gesellschaften beschränkt bleiben sollte, deren Finanzkraft allein als Garantie dienen konnte. Daher gibt es heute 30 Gesellschaften für Namensobligationen und 108 für übertragbare Obligationen. Außerdem ist es relativ unwahrscheinlich, daß dieser Markt sehr aktiv wird, da für ausländische Investoren die Verzinsung nach wie vor einer 20%igen Quellensteuer unterliegt. Gegenwärtig werden die Möglichkeiten untersucht, um die Bedingungen zu lockern, unter denen private oder öffentliche Auslandsunternehmen Euro-Yen-Obligationen emittieren können.

Der Kampf um Marktanteile scheint zumindest an der heimischen Front die Wettbewerber enger zusammenzubringen. So haben beispielsweise der japanische Effektenhändler Daiwa Securities und die amerikanische Bank Citicorp Pläne zur Gründung einer Anlageberatungsfiliale in Tokio entwickelt, um auf diese Weise von der Öffnung der japanischen Kapitalmärkte für Ausländer zu profitieren. Diese Filiale würde zugleich Investmentfonds managen, die gegenwärtig von japanischen Banken verwaltet werden. Yamaichi sucht ebenfalls eine ähnliche Form der Zusammenarbeit.

Ausblick

Die Reform des Finanzsystems der Vereinigten Staaten wurde durch die Inflation und starke Zinsschwankungen ausgelöst, während in Japan der hohe Kreditbedarf des öffentlichen Sektors der auslösende Faktor war. Dieser Faktor wird auch weiterhin eine entscheidende Rolle spielen, da eine große Anzahl von Staatsanleihen, die seit 1975 aufgelegt wurden (Tabelle 8.7), von 1985 an ersetzt werden müssen. Daher wird man versuchen, möglichst viele und vor allem kleine Sparer anzuziehen, indem man kurzfristigere Instrumente anbietet. Insofern werden Sparkonten und 2- bis 4jährige Anleihen miteinander konkurrieren, was vermutlich zum Verschwinden der regulierten Zinssätze führen wird, wenn die Depositeninstitute nicht eine gefährliche Abnahme ihrer Kreditmittel in Kauf nehmen wollen. Die Tilgung der 10-Jahres-Staatsanleihen wird ebenfalls den Wettbewerb zwischen Banken und securities companies verstärken, da jede Seite versuchen wird, die jeweils attraktivste Verzinsung der angelegten Gelder zu bieten. Die Entwicklung neuer Anlageformen mit veränderlichen Zinssätzen ist bislang noch ein zu neuartiges Phänomen, um die damit verbundenen Veränderungen der jeweiligen Marktanteile beurteilen zu können.

Ein weiterer Faktor ist die Entwicklung der Elektronik, die Voraussetzung

Tabelle 8.7: Obligationenschuld der japanischen Regierung (heimischer Markt)

Finanz jahr	Neuemissionen		Gesamtsumme (Ende des Jahres)	
	Nettosumme in 1000 Mio. ¥	% von Inlands- ersparnissen	Summe in 1000 Mio. ¥	% vom BSP
1972	1823	8,1	6508	6,7
1973	1759	5,9	8267	7,1
1974	2212	7,4	10479	7,6
1975	5297	18,3	15776	10,4
1976	7149	21,8	22926	13,5
1977	9861	27,1	32767	17,4
1978	10830	27,1	43617	21,1
1979	13667	33,7	57284	25,8
1980	14621	32,9	71906	29,9
1981	11724	25,9	83630	32,8
1982	14221	32,8	97851	36,6
1983	13486	30,0	111502	38,6
1984	12781	25,2	123794	40,1
1985	12308	21,7	136610	42,0

Quellen: Bank of Japan, *Economic Statistics Annual.*

ist für Innovationen wie Mischkonten (sogo koza). Die Banken können heute sofortige Transfers zwischen Girokonten, Festgeldern und Konten für mittel- und langfristige Staatsanleihen vornehmen. Die securities companies haben ihrerseits ein Modell entwickelt, bei dem ein Portfolio für 10-Jahres-Staatsanleihen mit einem Depositenkonto kombiniert ist, das aus den erhaltenen Zinsen gespeist wird, die sofort in einen mittelfristigen Staatsanleihefonds reinvestiert werden können. Die Verwendung von Computerkarten beschleunigt ebenfalls den Kapitalfluß, zumal sie heute nicht mehr die ausschließliche Domäne der Banken sind. Eine Anzahl von großen Maklerfirmen verwendet sie ebenfalls für ihre Kunden, die auf diese Weise direkte Entnahmen von ihren Wertpapiereinkünften tätigen können, ohne eine Bank als Zahlstelle in Anspruch nehmen zu müssen. Die Osmose zwischen Investitionen und Depositen wird noch beschleunigt werden, sobald finanzielle Transaktionen über Heimcomputer abgewickelt werden können. Auch hier ist zu vermuten, daß der Geschäftsanteil der Banken weiterhin zugunsten der Direktfinanzierung auf Kapitalmärkten sinken würde, sofern die Kontrolle bestimmter Zinssätze aufrechterhalten würde.

Wenn die Zinsen völlig liberalisiert sind — und die Internationalisierung des Yen kann diesen Prozeß nur beschleunigen —, wird das japanische Finanzsystem radikale Veränderungen durchmachen, und die Aufhebung der Grenzen zwischen den verschiedenen Geschäftsbereichen wird weit über die Beseitigung der Trennung zwischen securities companies und Banken hinausgehen.

Sowohl die japanischen securities companies als auch die japanischen und

Tabelle 8.8: Konsolidierte Bilanz der japanischen securities companies (in 1000 Mio. ¥)

	1984	1985	1986	Veränderung gegenüber dem Vorjahr (in %)
Aktiva				
Umlaufvermögen	10 212 (93,4)	12 293 (93,4)	18 260 (93,6)	48,5
Bankguthaben, Bargeld und sonstige Mittel				
Depositen	1 103 (10,1)	1 480 (11,2)	2 101 (10,8)	42,0
Wertpapierbestand	860 (7,9)	1 603 (12,2)	1 854 (9,5)	15,7
Effektendifferenzgeschäfte (Darlehen)	3 035 (27,8)	3 015 (22,9)	4 675 (24,0)	55,1
				60,3
Wertpapierdepots von Dritten	4 562 (41,7)	5 404 (41,1)	8 665 (44,4)	44,7
Anlagevermögen	718 (6,6)	865 (6,6)	1 252 (6,4)	65,1
Gesamte Aktiva	10 930 (100,0)	13 158 (100,0)	19 511 (100,0)	48,3
Passiva	9 138 (83,6)	10 978 (83,4)	16 564 (84,9)	50,9
Laufende Verbindlichkeiten	8 824 (80,7)	10 544 (80,1)	15 863 (81,3)	50,4
Kurzfristige Kreditaufnahme	2 049 (18,7)	2 479 (18,8)	2 577 (13,2)	4,0
Effektendifferenzgeschäfte (Aufgenommene Kredite)	928 (8,5)	966 (7,3)	547 (7,6)	52,8
Kurzfristig aufgenommene Wertpapiere	443 (4,1)	463 (3,5)	547 (2,8)	18,2
Statt Bargeld hinterlegte Wertpapiere	4 116 (37,7)	4 938 (37,5)	8 114 (41,6)	64,3
Langfristige Verbindlichkeiten	187 (1,7)	266 (2,0)	475 (2,4)	78,9
Rücklagen für Altersrenten	106 (1,0)	110 (0,8)	118 (0,6)	7,7
Rückstellungen	128 (1,2)	169 (1,3)	225 (1,2)	33,7
Rückstellungen für transaktionsbedingte Verluste	107 (1,0)	145 (1,1)	194 (1,0)	34,5
Eigenkapital der Aktionäre	1 792 (16,4)	2 180 (16,6)	2 948 (15,1)	35,2
Kapitalstock	411 (3,8)	463 (3,5)	529 (2,7)	14,3
Gesetzliche Rücklagen	226 (2,1)	274 (2,1)	338 (1,7)	23,2
Überschüsse	1 152 (10,5)	1 436 (10,9)	2 006 (10,3)	39,7
Gesamte Passiva & Eigenkapital	10 930 (100,0)	13 158 (100,0)	19 511 (100,0)	48,3
Nettovermögen	2 223 (20,3)	2 964 (22,5)	4 173 (21,4)	40,8

Anmerkungen:
1. Nettovermögen = Eigenkapital der Aktionäre (Kapitalstock + gesetzliche Rücklagen + Überschüsse) + Rückstellung + geschätzter Gewinn oder Verlust aus Wertpapieren.
2. Zahlen in Klammern geben Prozentsatz von der Gesamtsumme an.

Quelle: Japan Securities Dealers Association.

ausländischen Geschäftsbanken sind dabei, sich Zugang zu den beträchtlichen Ressourcen der Rentenfonds zu verschaffen, die gegenwärtig etwa 50 Mrd. $ betragen und jedes Jahr um etwa 20 % steigen. Gegenwärtig können nur die Versicherungsgesellschaften, die sieben Treuhandbanken und eine einzige Geschäftsbank, die Daiwa, diese Fonds verwalten. Da sie auf diese Weise vor Wettbewerb geschützt sind, haben sich die gegenwärtigen Manager dieser Fonds nur mit der Verzinsung ihrer Anlagen befaßt und den möglichen Wertzuwachs des investierten Kapitals vernachlässigt. Allerdings werden aufgrund des Abkommens zwischen Japan und den Vereinigten Staaten über die Internationalisierung des Yen im Jahre 1985 einige in Japan ansässige Auslandsbanken zusammen mit japanischen Treuhandbanken an der Verwaltung von Rentenfonds beteiligt werden. Die japanischen Geschäftsbanken werden allerdings weiterhin ausgeschlossen bleiben, und wenn die angestrebte Liberalisierung tatsächlich eintritt, ist es wiederum schwierig vorherzusagen, ob die Banken oder die securities companies stärker davon profitieren werden. Die Banken haben weniger Erfahrung beim Portfolio-Management als die securities companies, aber sie rechnen damit, daß die Gruppen, denen sie angehören (zaibatsu), ihnen bei der Verwaltung ihrer Rentenfonds den Vorzug geben.

Es kann sein, daß nach Beendigung dieses Kampfes der einzige Unterschied zwischen den securities companies und Banken darin bestehen wird, daß die ersteren Maklerfunktionen ausüben und die letzteren die Verwaltung von Sichteinlagen innehaben. Allerdings werden die Währungsbehörden zuvor dafür sorgen müssen, daß sich der Übergang möglichst reibungslos vollzieht und daß sich alle Institute ohne allzu extreme Umstellungen anpassen und wenn möglich einen „fair share" am Finanzmarkt erhalten können.

Verwendete Literatur

Japan Securities Research Institute, *Lectures on Japanese Securities Regulations* (Januar 1980).
Japan Securities Research Institute, *Securities Market in Japan* (1984).
Masao Fujioka, *Japan's International Finance: Today and Tomorrow* (Dezember 1979).
Hirohiko Okumura, „Financial Liberalisation Gathers Pace", *The Banker* (Januar 1984).
Committee on Finance System Research, *Status and Future of Financial Deregulation* (April 1983).
Yoshio Suzuki, *Financial Innovation and Monetary Policy in Japan*, Bank of Japan (6. Oktober 1983).

Kapitel 9
Infrastrukturelle Mängel, Haushaltspolitik und Kapitalströme

Edward J. Lincoln

Einleitung

Dieses Kapitel befaßt sich mit der Entwicklung der Staatsausgaben für die soziale Infrastruktur und deren Einfluß auf Veränderungen makroökonomischer Größen in den 70er Jahren. Es ist unumstritten, daß Japan im Laufe des letzten Jahrzehnts in diesem Bereich einen bedeutsamen Wandel durchgemacht hat. Während die spezifisch japanischen Strukturen für die Wachstumsphase überaus vorteilhaft waren und während der 70er Jahre eine flexible Politik ermöglichten, können die politischen Reaktionen innerhalb dieses strukturellen Rahmens jetzt zu ernsthaften Problemen führen. Man kann Japan durchaus als Erfolg bezeichnen, aber diese Erfolgsstory bedarf gewisser Einschränkungen.

Während der 50er und 60er Jahre waren die in Japan vorhandenen staatlichen Strukturen für eine Wirtschaft mit hohen Wachstumsraten überaus gut geeignet. Charakteristisch für diese Zeit war einerseits die Aufrechterhaltung eines kleinen Staatsanteils, die angesichts der vorherrschenden Kapitalknappheit verbunden mit einer hohen Investitionsnachfrage des privaten Sektors unerläßlich war, andererseits eine Neigung des Staates, bei seinen Ausgaben wirtschaftsfördernde Infrastrukturmaßnahmen zu begünstigen, sowie eine Haushaltsplanung, die sehr viel stärker von der Bürokratie dominiert wurde als in den Vereinigten Staaten. Während diese Strukturen für ein schnelles Wirtschaftswachstum sehr vorteilhaft waren, gingen sie gleichzeitig zu Lasten der öffentlichen Wohlfahrt — und zwar sowohl relativ als auch absolut. Die staatlichen Transferleistungen für die Sozialfürsorge waren überaus niedrig, und die Investitionen in öffentliche Einrichtungen erfolgten nur sehr zögerlich, während die Luft- und Wasserverschmutzung geradezu alarmierende Ausmaße annahm.

Ende der 60er Jahre war der wirtschaftliche Erfolg Japans der eigentliche Auslöser für politische Veränderungen, die die Mängel der sozialen Infrastruktur beseitigen sollten. Die Regierung mußte zwangsläufig auf die Notwendigkeit einer Umweltkontrolle eingehen sowie auf den zunehmenden Wunsch der Öffentlichkeit nach besseren Lebensbedingungen im weitesten Sinne.

Die veränderten öffentlichen Anforderungen an das politische System fielen nach 1973 mit dem für japanische Verhältnisse einschneidenden Ende des schnellen Wirtschaftswachstums zusammen. Der permanente Abschwung der Wirtschaft ging einher mit einem Ungleichgewicht zwischen den heimischen Ersparnissen des privaten Sektors und der privaten Investitionsnachfrage. Die Regierung reagierte auf das Überangebot an Spargeldern mit der Inkaufnahme hoher Budgetdefizite, während der Rest des Ungleichgewichts sich als Leistungsbilanzüberschuß und Nettokapitalabfluß niederschlug (außer in den Jahren unmittelbar nach den drastischen Ölpreiserhöhungen). Im Zusammenhang mit dem Budgetdefizit wurden gleichzeitig die Ausgaben für verschiedene Bereiche der Sozialfürsorge beträchtlich erhöht.

Diese grundlegende Veränderung der makroökonomischen Bedingungen und die Reaktion des Staates wurden Ende der 70er Jahre zu einer echten Herausforderung. Damals machte sich sowohl im Finanzministerium als auch beim privaten Sektor eine zunehmende Besorgnis über die hohen Staatsdefizite breit, die ihren Niederschlag in dem Bestreben nach einer Verwaltungsreform fand. Obgleich der Versuch einer Verringerung der Budgetdefizite wohl kaum deren sofortige Eliminierung bewirken kann, wird der Trend zu einer Senkung der Staatsausgaben eine Zeitlang anhalten und die Ausgaben für die soziale Infrastruktur ebenfalls beeinträchtigen. Dennoch werden sich die Lebensbedingungen trotz dieser Zwänge kontinuierlich verbessern.

Japan ist durchaus aufgeschlossen für die Kritik an seiner gegenwärtigen Politik der Verwaltungsreform. Da mit einer Fortsetzung des Ungleichgewichts zwischen Ersparnissen und Investitionen zu rechnen ist, sind alle Versuche der Regierung, diese Differenz zu absorbieren, gleichbedeutend mit einem erhöhten Leistungsbilanzüberschuß und einem vermehrten Kapitalabfluß. Das bedeutet wiederum, daß die Spannungen zwischen Japan und seinen wichtigsten Handelspartnern mit Sicherheit weiter zunehmen werden. Diese Spannung ist inzwischen so groß geworden, daß sie zu einer protektionistischen Spirale führen könnte, die für alle Länder gleichermaßen verheerend wäre. Selbst wenn das Unbehagen der japanischen Regierung angesichts der potentiellen künftigen inflationären Konsequenzen fortgesetzter Budgetdefizite durchaus berechtigt ist, dürfte dies nicht der richtige Augenblick sein, um Defizite zu beseitigen. Statt dessen würde die Inkaufnahme dieser Defizite zugleich erhöhte Investitionen in die soziale Infrastruktur ermöglichen; denn diese weist nicht nur ernste Mängel auf, sondern Japan hinkt auf diesem Gebiet eindeutig hinter anderen Industrieländern her.

Japan hat in vielerlei Hinsicht eine deutlich erfolgreichere Antwort auf die ökonomischen Probleme der 70er Jahre gefunden als andere Industrienationen. Dennoch könnte die gegenwärtige, nicht gerade einfache Wahl zwischen hohen Defiziten oder einem lähmenden internationalen Kampf über Handelsfragen einen großen Teil dieses Erfolgs wieder zunichte machen. Ohne hier extrem pessimistisch sein zu wollen, deuten dennoch einige Anzeichen auf keine ganz so rosige Zukunft hin.

Die Strukturen der Wachstumsphase

Ein niedriger Staatsanteil

Zwei relativ auffallende Charakteristika der japanischen Wirtschaft waren der relativ kleine Staatssektor und die fehlenden Budgetdefizite. Tabelle 9.1 vergleicht die relative Höhe der Staatsausgaben (einschließlich der Zentral- und Kommunalregierung) in Japan und den Vereinigten Staaten im Verhältnis zum BSP. Während der 50er und 60er Jahre bewegten sich die Staatsausgaben in Japan zwischen 19 und 21 % des BSP[1], während der vergleichbare Wert in den Vereinigten Staaten mit 27 bis 30 % deutlich darüber lag.

Tabelle 9.1: Anteil der Staatsausgaben am BSP

Jahr	Japan	Vereinigte Staaten
1955	21,4 %	27,8 %
1960	20,7 %	29,8 %
1965	19,2 %	29,8 %
1970	22,3 %	33,5 %
1975	26,9 %	36,2 %
1980	32,9 %	36,4 %
1981	34,1 %	o. A.

Quellen: Berechnet anhand von Daten des Prime Minister's Office, *Japan Statistical Yearbook* und des Wirtschaftsministeriums, *Statistical Abstract of the United States.*

Anmerkung: Die in dieser Tabelle verwendeten Zahlen sind Bruttoausgaben der Zentral- und Kommunalregierungen (korrigiert um Doppelberechnungen), während das BSP ein Netto- oder Wertschöpfungsmaß ist. Dennoch normalisiert das Verhältnis die Ausgaben in bezug auf die unterschiedlichen Größen der beiden Wirtschaften.
Die Japan-Daten von 1955 sind anhand von veröffentlichten Daten über die Ausgaben der Zentral- und Kommunalregierung geschätzt, weil die offiziellen Zeitreihen über die kombinierte Größe nicht so weit zurückreichen.

Bis 1966 handelte die japanische Regierung streng nach dem Prinzip des niedrigen Staatsanteils und versuchte möglichst weitgehend, Budgetdefizite zu vermeiden. Dies führte bei den Ökonomen Gardner-Ackley und Hiromitsu Ishi Anfang der 70er Jahre zu der Schlußfolgerung, daß Japan eine Fiskalpolitik betrieb, die ständig restriktiver war als die der anderen Industrienationen.[2]

Man könnte jetzt behaupten, daß die fiskalpolitische Rolle der Regierung durch diese Berechnungen nicht sehr gut illustriert werden kann, weil ein Teil der Ersparnisse des privaten Sektors (die im Postsparsystem gehalten werden) durch das Fiscal Investment and Loan Program (FILP) kanalisiert wird, das durch das Finanzministerium verwaltet wird. Diese Gelder werden im Einklang mit den staatlichen Zielsetzungen verliehen und haben in den Vereinigten Staaten kein entsprechendes Pendant.

Wenn wir das Problem der Behandlung dieser FILP-Gelder einmal ausklammern, bleibt als entscheidende Frage, warum der Anteil des japanischen Staates an der Wirtschaft so niedrig war und was er zum Wachstumsprozeß beitrug. Die Antwort liegt in der spezifischen Natur des beschleunigten Wachstums und der Zahlungsbilanz.

Internationale Kapitalrestriktionen

Bis Mitte der 60er Jahre hatte Japan mit ständigen Zahlungsbilanzschwierigkeiten zu kämpfen, weil der Yen bei dem im Bretton-Woods-System festgesetzten Wert von 360 ¥ = 1 $-Wechselkurs eindeutig überbewertet war. Zwischen 1950 und 1964 erzielte Japan allein in sieben Jahren Leistungsbilanzdefizite, und für die gesamte Periode belief sich sein Leistungsbilanzdefizit auf 432 Mio. $. Im Rahmen des Bretton-Woods-Systems oblag die Last der Anpassung ausschließlich den Defizitländern. Die Kombination der Japan aus diesem System erwachsenden Verpflichtungen mit dem starken Wunsch, nicht abzuwerten, führte zu einer Reihe von wichtigen politischen Maßnahmen. Hierzu gehörten sowohl der periodische Einsatz einer restriktiven Geldpolitik zur Dämpfung des Wachstums (und damit zugleich der Importnachfrage) als auch eine strenge Form der Devisenbewirtschaftung.

Im Zusammenhang mit den restriktiven Maßnahmen, die durch die Zahlungsbilanzprobleme bedingt waren, unterzog Japan den Kapitalverkehr einer strengen Kontrolle. Das Ergebnis dieser Kontrollen war, daß die Kreditaufnahme im Ausland kein sehr geeignetes Finanzierungsinstrument war. Tabelle 9.2 illustriert die begrenzten internationalen Kapitalbewegungen, die für Japan noch bis zu Beginn der 60er Jahre typisch waren. Die Tatsache, daß die durchschnittliche jährliche Veränderung der langfristigen Verbindlichkeiten von 1961 bis 1965 nur 428 Mio. $ betrug (dies waren nur 9 % des Volumens, den die langfristigen Verbindlichkeiten im Zeitraum 1976 bis 1980 erreichten), zeigt die relative Verschlossenheit der japanischen Kapitalmärkte unmittelbar nach dem Kriege.

Die unmittelbare Konsequenz der begrenzten Verfügbarkeit von Auslandskapital war, daß die heimischen Investitionen auf die jeweiligen inländischen Ersparnisse beschränkt waren. Angesichts der hohen Renditen, die mit einem vermehrten Kapitaleinsatz unter Verwendung importierter Technologien möglich waren, entwickelte der Unternehmenssektor einen geradezu unersättlichen Bedarf an Investitionsgeldern.[3] In einer derartigen Umgebung war die staatliche Politik des ausgeglichenen Haushalts und der niedrigen Staatsausgaben für den Wachstumsprozeß überaus vorteilhaft. Da der private Sektor aus eigenem Antrieb eine hinreichend große Nachfrage entwickelte, bestand keinerlei Bedarf für eine expansive Fiskalpolitik.

Konsequenzen für die soziale Infrastruktur

Während das Ziel des schnellen Wirtschaftswachstums die Aufrechterhaltung eines kleinen Staatssektors sehr wohl rechtfertigen konnte, war die Wachstumsphase zugleich von ständigen Klagen über die unzureichenden Infrastrukturinvestitionen begleitet. Selbst bei wirtschaftlich bedingten öffentlichen

Tabelle 9.2: Der langfristige Kapitalverkehr in der Zahlungsbilanz

Jahr	Veränderung der langfristigen Forderungen	Veränderung der langfristigen Verbindlichkeiten
1961	312	302
1962	310	482
1963	298	765
1964	451	558
1965	447	33
1966	706	−103
1973	8468	−1282
1974	4063	182
1975	3392	3120
1976	4559	3575
1977	5247	2063
1978	14872	2483
1979	16294	3676
1980	10817	13211
1981	22809	16360
1982	27418	12449*
1983	32549	14751*

Quelle: Bank of Japan, *Balance of Payments Monthly*.

Anmerkung: **Gensaki*-Transaktionen wurden vom langfristigen auf das kurzfristige Konto verlagert.

Infrastrukturinvestitionen wie dem Bahntransport sprachen die damaligen Jahresberichte und die offiziellen Statistiken wiederholt von Engpässen und unzureichenden Maßnahmen. Im Bereich der sozialen Infrastruktur waren die Konsequenzen der mangelnden Investitionen sogar noch schwerwiegender. Die politischen Ziele der langfristigen Wirtschaftspläne der Economic Planning Agency vermitteln einen guten Einblick in die relative Bedeutung der Sozialausgaben. Weder der 5-Jahres-Plan zur wirtschaftlichen Selbstversorgung von 1956 noch der neue langfristige Wirtschaftsplan von 1958 erwähnten die sozialen Gesamtkosten. Erst im Doubling National Income Plan von 1961 wurde dieses Ziel überhaupt erwähnt.[4]

Dabei gibt es eine Vielfalt von Daten, die das Fehlen von Sozialkapital oder sozialer Fürsorge zu Beginn der Nachkriegsperiode belegen. In Tabelle 9.3 sind Zahlen über den Anteil der asphaltierten Straßen in Japan enthalten. Noch bis 1960 waren nur 3,1 % aller Straßen in Japan gepflastert. Bis 1965 hatte sich der Anteil auf mehr als 7,5 % verdoppelt, aber die Basis war so klein, daß diese Zunahme nicht sonderlich beeindruckend ist. In den 70er Jahren wurden schließlich jedes Jahr mehr Straßen gebaut als bis 1960 insgesamt. Ein weiterer Indikator für die unzureichenden Straßeninvestitionen ist die extrem hohe Anzahl von Autobahnunfällen, die in Tabelle 9.4 aufgeführt ist. Im Jahre 1960 gab es in Japan 112 Tote auf 1 Mio. Fahrzeugkilometer im Vergleich zu nur 3,2 in den Vereinigten Staaten. Während die Sicherheit auf den Autobahnen normalerweise mit vielen Faktoren zusammenhängt, waren in Japan vor allem die schlechte Qualität der Straßen, die unzulängliche Pflasterung, offene Gräben und fehlende Seitenstreifen die wesentlichen Ursachen.

Tabelle 9.3: Straßenqualität

Jahr*	gepflasterte Straßen Länge (1000 km)	gepflasterte Straßen jährliche Zunahme %	gepflasterte Straßen Anteil an Gesamtheit der Straßenkilometer %	Straßen mit Gehsteigen Länge (1000 km)
1956	19	—	2,0	
1957	22	15,8	2,3	
1958	24	9,1	2,5	
1959	27	12,5	2,8	
1960	30	11,1	3,1	
1961	34	13,3	3,5	
1962	40	17,6	4,1	
1963	50	25,0	5,1	
1964	61	22,0	6,2	
1965	74	21,3	7,5	
1966	90	21,6	9,0	
1967	107	18,9	10,8	
1968	127	18,7	12,6	
1969	152	19,7	15,0	17
1970	187	23,0	18,4	
1971	226	20,8	21,8	
1972	265	17,3	25,2	
1973	304	14,7	28,7	
1974	338	11,2	31,6	34
1975	373	10,4	34,6	
1976	405	8,6	37,2	
1977	441	8,9	40,1	47
1978	475	7,8	42,9	52
1979	510	7,4	45,9	58
1980	538	5,5	48,2	62

Quellen: Prime Minister's Office, *Japan Statistical Yearbook*.

Anmerkung: *Die Zahlen beziehen sich auf das Ende des Fiskaljahres (d. h., der für 1980 gezeigte Wert enthält Daten bis zum 31. März 1981).

Tabelle 9.4: Verkehrstote

Jahr	Tote pro 100 Mio. Fahrzeugkilometer Japan	Vereinigte Staaten
1955	120,6	3,97
1960	112,5	3,2
1965	33,2	3,3
1970	13,3	2,9
1975	5,9	2,1
1980	3,5	2,0

Quellen: Prime Minister's Office, *Japan Statistical Yearbook* und Wirtschaftsministerium, *Statistical Abstract of the United States.*

Anhand anderer Indikatoren läßt sich ebenfalls die unzureichende soziale Infrastruktur belegen. Aus Tabelle 9.5 geht hervor, daß noch im Jahre 1963 weniger als 10 % aller japanischen Wohnungen Spülklosetts besaßen (d.h., mit einem Abwassersystem verbunden waren). Abgesehen von der damit verbundenen Geruchsbelästigung war dies kaum eine angemessene sanitäre Situation für eine schnell wachsende urbane Gesellschaft. Tabelle 9.6 zeigt, daß 1960 nur 2,2 % aller Haushalte ein Telefon besaßen. Bis dahin war der Erwerb eines Telefons von der staatlichen Telefongesellschaft sowohl mit hohen Kosten als auch mit einer langen Wartezeit verbunden.

Tabelle 9.5: Veränderungen der Lebensqualität

Jahr	Anzahl der Wohnungen mit Spülklosett (Millionen)	Anteil am gesamten Wohnungsbestand in %
1963	1,9	9,2
1968	4,1	17,1
1973	9,0	31,4
1978	14,8	45,9

Quellen: Prime Minister's Office, *Japan Statistical Yearbook.*

Aus der Sicht der staatlichen Haushaltspolitik ist die eindeutige Bevorzugung der industriellen Infrastruktur unverkennbar. Tabelle 9.7 vergleicht die Ausgaben der Zentralregierung für Häfen, Fischereihäfen und Flughäfen mit den Ausgaben für Wohnungen. Obgleich beide Kategorien sehr schnell zugenommen haben, waren die Wohnungsausgaben bis nach 1970 beträchtlich niedriger. So lagen beispielsweise 1960 die Ausgaben für die erste Kategorie um 50 % über den Wohnungsausgaben. Die Daten der volkswirtschaftlichen Gesamtrechnung zeigen, daß die öffentlichen Investitionen in Wohnhäuser

Tabelle 9.6: Privater Telefonservice

Jahr	Anzahl der privaten Installationen (in Tausend)	Anteil an den gesamten Installationen (%)	Anteil an den gesamten Haushalten (%)
1960	448	12,3	2,2
1965	1 848	25,3	7,6
1970	6 834	45,0	24,5
1975	19 266	63,5	61,6
1980	26 189	68,0	76,8

Quellen: Prime Minister's Office, *Japan Statistical Yearbook.*

Tabelle 9.7: Physische Infrastrukturausgaben im Hauptkonto (in Mrd. ¥)

Fiskaljahr	Häfen, Fischereihäfen und Flughäfen	Wohnungen
1960	18	12
1965	53	38
1970	118	97
1975	271	315
1978	438	578
1979	509	652
1980	538	783
1981	533	866
1982*	523	878
1983*	524	770

Quellen: Prime Minister's Office, *Japan Statistical Yearbook.*

Anmerkung: *Budgetplanungsbetrag, nicht tatsächliche Ausgaben.

von 1950 bis 1967 einen relativ gleichbleibenden Anteil am BSP ausmachten (der von 0,31 bis 0,42 % reichte), während der Anteil der privaten Investitionen am BSP ständig zunahm (von 2,96 % im Jahre 1955 auf 6,07 % im Jahre 1967).[5]

Eine weitere Möglichkeit zur Beurteilung der staatlichen Politik ist die Allokation der Kredite durch das FILP, die in eine Vielzahl von staatlichen Unternehmen investiert werden. Obwohl man diese Unternehmen nur grob in diejenigen unterteilt, die den Unternehmenssektor unterstützen, und diejenigen, die dem privaten Sektor zuzuordnen sind, liefert Tabelle 9.8 Informationen über FILP-Mittel, die einigen repräsentativen Organisationen zufließen, wobei die Fiskaljahre 1965 und 1980 verglichen werden. Die kommunalen Regierungen waren immer die größten Schuldner des FILP (und sind in der Tabelle nicht enthalten), während zu den von der Zentralregierung geförderten Organisationen vor allem die Japan Development Bank (JDP) und die Export-Import-Bank gehörten, die im Fiskaljahr 1965 zusammen über 19 % der gesamten FILP-Auszahlungen absorbierten. Diese beiden Finanzinstitute verliehen vor allem Kredite an den Unternehmenssektor, um offenbar das Wirtschaftswachstum und die wirtschaftliche Entwicklung zu fördern. Während ein Teil der JDP-Kredite an Elektrizitäts- und Gasversorgungsunternehmen ging und damit zugleich auch dem Konsumsektor diente, war ihr Mandat eindeutig wirtschaftlich und nicht etwa sozial ausgerichtet. Demgegenüber erhielt der Wohnungsbereich relativ wenig. Die Japan-Housing-Corporation und die Housing-Loan-Corporation erhielten 1965 zusammengenommen 10,7 % der FILP-Mittel. Aus der Tabelle geht hervor, daß dieser Vergleich in den 70er Jahren eine dramatische Umkehrung erfahren sollte. Wir kommen später noch darauf zurück.

Tabelle 9.8: Verteilung der FILP-Kredite

	Fiskaljahr 1965		Fiskaljahr 1980	
	Mrd. ¥	% von FILP-Krediten[1]	Mrd. ¥	% von FILP-Krediten
J. Development Bank	121,5	9,5	709,5	4,4
Exim-Bank	124,0	9,7	517,0	3,2
Autobahnen[2]	80,5	6,3	980,8	6,1
Finanzinstitute von Kleinunternehmen	85,3	6,7	1 506,3	9,3
Japan-Housing-Corporation	40,4	3,2	971,0	6,0
Housing-Loan-Corporation	96,4	7,5	3 111,7	19,2
Sonderkonto Krankenhäuser	2,5	0,2	62,0	0,4
Sonderkonto Schulen	3,3	0,3	47,0	0,3
Finanzinstitute für medizinische Einrichtungen	14,0	1,1	85,1	0,5

Quellen: Bank of Japan, *Economic Statistics Annual.*

Anmerkungen:
[1]Die Anteile der gesamten FILP-Ausgaben lassen sich nicht auf 100 % addieren, weil dies nur eine unvollständige Liste von FILP-Empfängern ist.
[2]Die Gesamtkategorie besteht aus der Japan-Highway-Corporation, der Tokyo-Expressway-Corporation und der Hanshin-Expressway-Corporation.

Ich habe bei anderer Gelegenheit festgestellt, daß die unzureichenden Infrastrukturausgaben während der Wachstumsphase zugleich eine Bereitschaft der Öffentlichkeit implizieren, persönlichen Komfort für das Ziel des schnellen Wachstums zu opfern. Diese Feststellung hat bei japanischen Lesern einiges Erstaunen verursacht, da sie sich keines Opfers bewußt sind. Für mich ist dies wiederum ein Beweis für das erstaunliche Maß an öffentlichem Konsens; denn es wäre in Japan einfach undenkbar gewesen, in einer Phase des Wiederaufbaus des Landes nach der Katastrophe des Krieges mehr persönlichen Komfort zu verlangen. Das schnelle BSP-Wachstum und die Industrialisierung waren der schnellste Weg, um höhere Einkommen zu verwirklichen, und der damit verbundene Mangel an Komfort war nicht nur akzeptabel, sondern wurde als notwendig betrachtet. Dies ist möglicherweise nur die Reaktion der elitären und erfolgreichen Japaner, die am meisten von den Jahren der Entbehrungen profitiert haben, aber es bleibt dennoch ein faszinierendes Verhalten.

An der japanischen Reaktion läßt sich ein Konsens über die Gültigkeit einer bestimmten Form des turnpike-Theorems ablesen. Der schnellste Weg zum Wohlstand war wahrscheinlich für die japanische Wirtschaft der Verzicht auf die soziale Infrastruktur, um einen größeren Teil der knappen Kapitalressourcen für produktive Anlagen und Maschinen in den privaten Sektor zu investieren. Nachdem der Wohlstand erreicht war, konnten die Mängel der sozialen Infrastruktur ausgeglichen werden. Dieser Weg war zwar erfolgreich, aber die verheerenden Probleme der Umweltverschmutzung Ende der 60er Jahre können nicht isoliert von dem allgemeinen Fehlen öffentlicher Einrichtungen betrachtet werden.

Planung und Durchführung des Haushalts

Die eigentliche Basis des relativ kleinen Staatssektors und der Vernachlässigung der sozialen Infrastruktur war ein Budgetierungsprozeß, der sehr viel stärker von der Bürokratie dominiert war als in den Vereinigten Staaten. Dieser Prozeß ist an anderer Stelle beschrieben worden[6], so daß wir uns hier weitere Details ersparen wollen. Obwohl die Politiker sehr wohl an der Haushaltsplanung beteiligt sind, spielt das Finanzministerium vom Anfang bis zum Ende eine sehr starke Rolle beim Budgetverfahren. Insofern sind die in den Vereinigten Staaten üblichen politischen Kämpfe anläßlich des Budgets hier praktisch nicht existent. Während der 50er und 60er Jahre hatte das Finanzministerium keine Mühe, die hinreichende Unterstützung für die Durchsetzung eines ausgeglichenen Haushalts zu finden.

Manche Ökonomen gehen sogar so weit, daß sie die ständige Unterschätzung des japanischen Wirtschaftswachstums in den staatlichen Vorhersagen als eine bewußte Politik der Regierung betrachten, um so die Ausgaben niedrig zu halten.[7] Die Prognosen der Steuereinnahmen basierten auf offiziellen Schätzungen und wurden in Verbindung mit dem Zwang zur Verwirklichung eines ausgeglichenen Haushalts ein wichtiges Instrument zur Einschränkung der Budgetansätze von seiten der Ministerien.

Die Gruppen, die noch am ehesten die mangelnden Sozialausgaben des staatlichen Haushalts kritisierten, waren meistens die Oppositionsparteien. Obwohl die Liberal Democratic Party (LDP) sehr wohl in den Budgetierungsprozeß verwickelt ist, war dies bei den Oppositionsparteien nicht der Fall, und ihre Minderheitsposition während der 50er und 60er Jahre gab ihnen keinerlei Möglichkeit, Änderungen des Budgets vorzunehmen, sobald dieses vom Kabinett beschlossen und dem Parlament zur Abstimmung vorgelegt worden war. Fest steht, daß der politische Bedarf an höheren Sozialausgaben bis Ende der 60er Jahre relativ schwach ausgeprägt zu sein schien, wobei nicht eindeutig nachweisbar ist, ob dies auf die mangelnde politische Schlagkraft der Opposition oder auf die allgemeine Hinnahme des „turnpike"-Wachstumsprozesses durch die Öffentlichkeit zurückzuführen ist.

Vorbehalte

Es erscheint irgendwie unfair, die 20 Jahre von 1950 bis 1969 als eine Einheit zu betrachten. Ein Großteil der Daten in den Tabellen 9.3 bis 9.7 weist darauf hin, daß während der 60er Jahre eine allmähliche Verlagerung der Ausgaben zu mehr Investitionen in die soziale Infrastruktur zu verzeichnen war. Mit zunehmendem Wohlstand der Nation wurde eine gewisse Reallokation der Ressourcen akzeptiert. Ferner bewirkte allein die Wachstumsgeschwindigkeit, daß der Bestand an sozialen Einrichtungen (wie das Abwassersystem) hohe Wachstumsraten verzeichnete, obwohl der relative Anteil der Investitionen in derartige Aktivitäten nicht zunahm. Dennoch waren es letztlich die gravierenden Umweltprobleme, die durch das schnelle Wachstum verursacht wurden, sowie das sich ändernde makroökonomische Klima der 70er Jahre, die zu den dramatischsten Veränderungen der japanischen Infrastruktur führten.

Wirtschaftliche/soziale Faktoren, die den Wandel der 70er Jahre begünstigten

Die Veränderungen der Sozialausgaben während der 70er Jahre fielen zusammen mit einer Abnahme des allgemeinen nationalen Konsens in bezug auf das Wirtschaftswachstum sowie mit einer Verringerung der Mehrheit der Liberal-Demokratischen Partei im Parlament und einer deutlichen Senkung der langfristigen Wachstumsrate. All diese Veränderungen trugen mit zu der schnellen Erhöhung der Staatsausgaben für soziale Infrastrukturmaßnahmen und für die Sozialversicherung bei.

Der Wachstumskonsens

Während die 50er und 60er Jahre durch einen erstaunlichen Konsens in bezug auf das nationale Ziel eines schnellen Wachstums gekennzeichnet waren, das allgemein als schnellster Weg zu persönlichem Wohlstand betrachtet wurde, war das Ende der 60er Jahre erstmals durch einen gewissen Widerstand und die Forderung nach anderen Schwerpunkten geprägt. Als Beispiel wollen wir uns die Geschichte der Shinkansen-Schnellbahn ansehen. Der erste Abschnitt dieses Systems (Tokio—Osaka) wurde in nur 4 Jahren (1959 bis 1964) durch den am dichtesten besiedelten Teil des Landes gebaut, obwohl der Staat beim Landerwerb nur begrenzte Oberhoheit besitzt. Der Bau der Verlängerungsstrecke des Shinkansen nach Niigata und Morioka begann 1974, doch bewirkte der nunmehr auftretende Widerstand der Grundbesitzer entlang der vorgeschlagenen Strecke, daß diese Linien erst 8 Jahre später eröffnet wurden (1982) und daß sie nicht bis zum Ueno-Bahnhof in Tokio führten, sondern zunächst nur bis zum Vorort Saitama. Der Bau dieses letzten Abschnitts wurde erst 1984 vollendet. Die Verschlechterung des Shinkansen-Image ist kein Einzelfall, sondern in den 70er Jahren fanden zugleich langwierige Kämpfe um den Narita-Flughafen, die Lärmbelästigung des Osaka-Flughafens und die Lärmbelästigung des Shinkansen in Nagoya statt.

Andere Formen der Umweltverschmutzung führten zu den berühmten Gerichtsprozessen wegen umweltbedingter Krankheiten — so z. B. der Minamata-Fall der Quecksilbervergiftung, das Yokkaichi-Asthma und diverse Fälle von Cadmium-Vergiftungen. In einer Gesellschaft, in der es relativ wenige Prozesse gibt, waren diese Fälle sinnbildlich für einen außergewöhnlichen Widerstand des privaten Sektors gegen die Industrie. Während die Soziologen die Situationen sehr viel besser analysieren könnten, ist für uns vor allem die Tatsache erstaunlich, daß bei einem Versagen der herkömmlichen Kompromißmechanismen dieses Versagen sehr extreme Formen annimmt.

Der Ruf des Unternehmenssektors hat auch noch aus anderen Gründen gelitten. Angesichts der zunehmenden öffentlichen Unterstützung wurde die japanische Kartellbehörde (Japan Fair Trade Commission, JFTC) immer aktiver bei der Verfolgung von Wettbewerbsverletzungen. Die jährliche Liste von Fällen, bei denen irgendeine Form von offizieller Entscheidung stattgefunden hatte, stieg von einem Dutzend oder weniger jährlich vor 1962 auf 17—44 Fälle zwischen 1963 und 1972 und schnellte 1973 auf 69 und 1975 auf 61 Fälle empor.[8] Ein Aspekt dieser verstärkten Aktivitäten der Kartellbehörde war ihre Aktion gegen die großen allgemeinen Handelshäuser im Jahre 1973, weil sie gemeinsam Güter vom Binnenmarkt ferngehalten hatten. Hierzu gehört auch der Angriff der großen japanischen Ölgesellschaften wegen gemeinsamer Preiserhöhungen. Schließlich wurde das Kartellgesetz 1977 revidiert, wobei eine Reihe von Bestimmungen verschärft wurden. Das Image der allgemeinen Handelshäuser wurde 1976 durch die Verwicklung des Marubeni-Konzerns in den Lockheed-Skandal noch weiter angeknackst.

Die Unzufriedenheit mit dem Wachstum um jeden Preis fiel zusammen mit einer zunehmenden Widerstandsbewegung der Jugend, die zum Teil durch den Vietnam-Krieg bedingt war. Obwohl die Randelemente dieser Protestbewegung sich 1972 in einem Blutbad der einzelnen Gruppierungen weitgehend selbst zerstörten, scheint die Jugend heute im allgemeinen weniger bereit zu sein, persönliche Opfer ohne weiteres hinzunehmen, während dies für ihre Eltern noch selbstverständlich war.

Japan war sicherlich nicht das einzige Land, das sich zunehmenden öffentlichen Protesten gegen die Umweltverschmutzung oder studentischem Aufruhr gegenübersah. Es sieht allerdings so aus, als ob der Verfall des nationalen Zusammenhalts in Japan nie so weit ging wie in den Vereinigten Staaten oder in Europa. Entscheidend ist hier jedoch, daß eine eindeutige Verlagerung der öffentlichen Wertvorstellungen weg vom Wirtschaftswachstum stattfand.

Die Abnahme der LDP-Mehrheit

Solange die Proteste in bezug auf die unzureichende Sozialinfrastruktur nicht weitverbreitet waren und vor allem von den Oppositionsparteien vorgebracht wurden, konnten sie ohne weiteres ignoriert werden. Nachdem dieser Protest jedoch um sich gegriffen hatte, ging zugleich die Mehrheit der Liberal-Demokratischen Partei im Parlament zurück. Wenn die Partei nicht auf diese Forderungen von seiten der Gesellschaft reagiert hätte, wäre es ohne weiteres möglich gewesen, daß die LDP Ende der 70er Jahre durch irgendeine Form der Koalitionsregierung ersetzt worden wäre.

Tabelle 9.9: Die Wahlen zum Unterhaus – Anzahl der Sitze pro Partei

Partei	1958	1960	1963	1967	1969	1972	1976	1979	1980	1983
LDP	287	296	283	277	288	271	249	248	284	250
Sozialisten	166	145	144	140	90	118	123	107	107	112
DSP	—	17	23	30	31	19	29	35	32	38
Komeito	—	—	—	25	47	29	55	57	33	58
Kommunisten	1	3	5	5	14	38	17	39	29	26
Minderheiten	1	0	0	0	0	2	17	6	15	11
Unabhängige	12	5	12	5	12	14	21	19	11	16
insgesamt	467	467	467	486	486	491	511	511	511	511
LDP-Mehrheit	53	62	49	34	45	25	−7*	−8*	28	−6*

Quellen: Seiji Handobukku und *JEI Report* 1 B (Januar 1984).

Anmerkung: *Das Defizit bei den Sitzen wurde in diesen Jahren durch unabhängige Parteimitglieder ausgeglichen, die der LDP nach den Wahlen beitraten.

Tabelle 9.9 zeigt Daten über die Verteilung der Parlamentssitze auf die verschiedenen Parteien. Aus ihr ergibt sich, daß von den bequemen Mehrheiten, die in den 50er und 60er Jahren zwischen 45 und 62 Sitzen schwankten, bei der Wahl von 1972 nurmehr 25 Sitze übrig blieben. In den anschließenden Wahlen von 1976 und 1979 besaß die LDP keine Mehrheit mehr und blieb nur deshalb an der Macht, weil sie nach den Wahlen durch unabhängige Kandidaten unterstützt wurde. Während die Wahl von 1980 wieder eine Mehrheit von 28 Sitzen brachte, erwies sich diese als relativ kurzlebig, da bereits im Dezember 1983 wieder ein Defizit von 6 Sitzen zu verzeichnen war (das wiederum durch unabhängige Abgeordnete ausgeglichen wurde).

Während die Stellung der LDP im Parlament (Diet) deutlich geschwächt wurde, war die Opposition in einer Reihe von Parteien zersplittert, die sich nicht einig werden konnten. Keine von ihnen war in der Lage, im Falle einer weiteren Schwächung der LDP in die Rolle der Regierungspartei zu schlüpfen. Dennoch wurde Ende der 70er Jahre ernsthaft über die Möglichkeit einer Koalitionsregierung nachgedacht, in der die LDP zumindest mit einer der Oppositionsparteien hätte kooperieren müssen, um weiterhin an der Macht zu bleiben. Die Demokratisch-Sozialistische Partei (DSP) streckte 1984 sogar ihre Fühler aus, um eine mögliche Kooperation mit der LDP zu konkretisieren.

Zusammenfassend läßt sich sagen, daß die politische Lage für die LDP trotz der zersplitterten Opposition nach 1972 sehr viel schwieriger war als zuvor. Im Rahmen ihrer nunmehr notwendigen Überlebensstrategie baute sie unter anderem ihre städtische Basis aus, und daher wird sie in Zukunft zwangsläufig stärker auf den Bedarf an sozialen Infrastrukturinvestitionen eingehen müssen.

Demographische Veränderungen

Ein weiterer wichtiger Faktor für den Wandel der Sozialausgaben in den 70er Jahren war die schnelle Überalterung der Bevölkerung. Obwohl diese Entwicklung in allen Industrienationen stattfindet, vollzieht sie sich in Japan schneller als woanders. Tabelle 9.10 zeigt vergangene und prognostizierte Veränderungen für Japan und die Vereinigten Staaten. Der Prozentsatz der Bevölkerung über 65 ist zwischen 1960 und 1980 von 5,7 % auf 9,1 % gestiegen. Dieser Trend wird höchstwahrscheinlich anhalten, wobei der geschätzte Wert für das Jahr 2000 sogar bei 15,6 % liegt. In den Vereinigten Staaten hat ebenfalls eine Zunahme des Bevölkerungsanteils über 65 stattgefunden, aber sehr viel langsamer. So waren 1960 bereits 9,2 % der Bevölkerung über 65; dieser Anteil erhöhte sich bis 1980 auf 11,3 % und wird für das Jahr 2000 auf 13,7 % geschätzt.

Der relativ schnellere Alterungsprozeß der japanischen Bevölkerung bedeutet, daß selbst bei Konstanthaltung der Sozialversicherungsleistungen in beiden Ländern in Japan der Anteil der Sozialversicherungsleistungen an den Staatsausgaben schneller steigen wird. Die Veränderungen der vergangenen beiden Jahrzehnte haben eindeutig zur Zunahme der Sozialausgaben in den 70er Jahren beigetragen und sind ein wesentlicher Faktor für die gegenwärtige Tendenz einer verstärkten Verringerung der Haushaltsdefizite, die wir später noch diskutieren werden.

Tabelle 9.10: Anteil der Bevölkerung über 65

	Japan	Vereinigte Staaten
1960	5,7 %	9,2 %
1970	7,1 %	9,8 %
1980	9,1 %	11,3 %
1990	11,6 %	13,0 %
2000	15,6 %	13,7 %

Quellen: Prime Minister's Office, *Japan Statistical Yearbook* und Department of Commerce, *Statistical Abstract of the United States*.

Die wirtschaftliche Entwicklung

Die veränderte soziale und politische Situation ging mit einem grundlegenden Wandel der wirtschaftlichen Bedingungen einher. Aus verschiedenen Gründen war das Jahr 1973 das Ende der Wachstumsphase in Japan, und dieser Wachstumsrückgang hat die makroökonomischen Ströme deutlich verändert.

Während die durchschnittliche reale Zuwachsrate des japanischen BSP zwischen 1960 und 1973 knapp über 10 % lag, war sie zwischen 1973 und 1979 auf 3,8 % gesunken und zwischen 1980 und 1983 nochmals auf 3,4 % gefallen. Diese Verlangsamung des Wachstums war nicht nur eine Folge der beiden Ölschocks von 1973 und 1979, obwohl beide eine wichtige Rolle spielten. Als weitere Faktoren kamen hinzu, daß Japan nunmehr das Ende des wirtschaftlichen Aufholprozesses erreicht und sich in die vordersten Ränge der technologischen Führungsspitze in der Welt vorgearbeitet hatte; daß die Zeit der schnellen Gewinne vorbei war, die durch die Abwanderung der Arbeitskräfte aus der Landwirtschaft in das verarbeitende Gewerbe bedingt waren; daß eine Verlangsamung des Bevölkerungswachstums zu beobachten war, durch die die Zunahme der Erwerbstätigen beschränkt und die relativen Lohnkosten nach oben getrieben wurden, und daß zunehmend politische Faktoren wie der im Ausland zu beobachtende Protektionismus stärker ins Gewicht fielen. Die langfristigen Wachstumsprognosen liegen für Japan bis zum Ende dieses Jahrhunderts bei etwa 4 % und erscheinen damit eher als zu optimistisch.

Die bedeutendste Konsequenz der Wachstumsverlangsamung war das Entstehen eines Ungleichgewichts zwischen heimischen Ersparnissen und Investitionen. Tabelle 9.11 illustriert die Entwicklung dieser Beziehung seit 1970. Wenn wir mit der grundlegenden makroökonomischen Definitionsgleichung

$$C + I + G + (X - M) = C + S + T$$

beginnen, wobei C = Privater Konsum, I = Private Investitionen, G = Staatsausgaben, S = Private Ersparnisse, T = Steuern, X = Exporte von Gütern und Dienstleistungen und M = Importe von Gütern und Dienstleistungen sind, erhalten wir:

$$(S - I) = (G - T) + (X - M).$$

Diese Identität besagt, daß das wie auch immer geartete Ungleichgewicht zwischen privaten Ersparnissen und Investitionen zwangsläufig durch Ungleichgewichte im Staatssektor (einen staatlichen Budgetüberschuß oder ein -defizit) und/oder ein Leistungsbilanzungleichgewicht kompensiert wird. Die privaten Ersparnisse und Investitionen können in eine Reihe von Komponenten zerlegt werden:

$$S = S_{Haushalte} + S_{Nichtfinanzunternehmen} + S_{Finanzunternehmen}$$

und:

$$I = I_{Haushalte} + I_{Nichtfinanzunternehmen} + I_{Finanzunternehmen}$$

Genau diese Komponenten sind in Tabelle 9.11 enthalten; sie stammen aus der Volkseinkommensstatistik, die von der Economic Planning Agency auf der Basis der realen Kapitaltransaktionen veröffentlicht wird.[9] Mit Hilfe dieser Größen kann man die (Spar-Investitions-)Beziehung in jeder dieser Kategorien des privaten Sektors untersuchen.

Während der Wachstumsphase zeigte der Nichtfinanzunternehmenssektor einen sehr hohen Überschuß der Investitionen über die Ersparnisse, so daß die interne Finanzierung aus einbehaltenen Gewinnen und Abschreibungen nicht ausreichte, um die hohe Investitionsnachfrage zu befriedigen. Demgegenüber verzeichnete der private Sektor beträchtliche Überschüsse seiner Ersparnisse über seine eigenen Investitionsaktivitäten. Diese überschüssigen Ersparnisse wurden in den Unternehmenssektor transferiert. (Der Finanzunternehmenssektor erzielte ebenfalls leichte Nettoersparnisse.) Wie bereits erwähnt, war der Staat gewöhnlich auch ein Nettosparer und erleichterte somit den Transfer der knappen Kapitalressourcen in den Unternehmenssektor, um das Wachstum anzuheizen.

Was passierte nun in den 70er Jahren, als die Wachstumsraten sanken? Erstens ging der Anteil der Investitionen der Nichtfinanzunternehmen am BSP beträchtlich zurück: Er fiel von 24—27 % Anfang der 70er Jahre auf 13 bis 18 % Ende der 70er Jahre. Dieser Rückgang wurde nur zum Teil durch eine entsprechende Senkung der Ersparnisse dieses Sektors aufgefangen. Ein niedrigeres heimisches Wachstum und der strukturelle Wandel der Industrie brachten insgesamt niedrigere Gewinne; allerdings konnten dadurch die Unternehmensersparnisse immer noch nicht den Tiefstand der Investitionen erreichen. Daher nahm der Überschuß der Investitionen über die Ersparnisse in diesem Sektor ab: So sank der Durchschnittssaldo von 10,4 % des BSP im Zeitraum 1970/1973 in der anschließenden Periode (1974 bis 1982) um 2,5 Prozentpunkte auf 7,9 %.

Der Haushaltssektor verzeichnet dagegen nach wie vor einen hohen Überschuß der Nettoersparnisse, obwohl die Investitionen des privaten Sektors während der 70er Jahre aufgrund erhöhter Ausgaben für Wohnungen und andere langlebige Gebrauchsgüter leicht stiegen. So erhöhten sich die durchschnittlichen Haushaltsinvestitionen von 5,6 % des BSP im Zeitraum 1970 bis 1973 in der anschließenden Periode (1974—1982) auf 9,0 %, obwohl der

Tabelle 9.11: Sektorale Verhältnisse zwischen Ersparnissen und Investitionen als prozentualer Anteil am BSP

		1970 %	1971 %	1972 %	1973 %	1974 %	1975 %	1976 %	1977 %	1978 %	1979 %	1980 %	1981 %	1982 %
Nichtfinanz-	--S	6,9	14,2	14,8	12,7	7,6	7,0	9,3	8,8	10,4	9,7	9,1	9,0	8,9
unternehmen	I	27,0	24,3	23,5	25,7	22,76	17,3	17,5	14,8	13,7	15,9	16,7	16,6	15,9
	S-I	−10,1	−10,0	−8,7	−13,0	−15,1	−10,2	−8,2	−6,1	−3,3	−6,1	−7,6	−7,7	−7,0
Finanzunternehmen	S	1,8	1,8	1,8	2,0	2,0	1,7	1,5	1,0	0,8	1,2	1,2	0,6	0,8
	I	0,5	0,5	0,4	0,6	0,5	0,5	0,4	0,4	0,3	0,3	0,3	0,3	0,3
	S-I	1,3	1,3	1,3	1,5	1,5	1,2	1,0	0,6	0,5	0,9	0,8	0,3	0,5
Haushalte	S	14,6	15,0	15,4	17,5	20,4	20,2	23,3	19,6	19,4	18,1	18,8	19,0	17,6
	I	6,5	5,2	5,3	5,4	8,3	9,0	11,2	9,6	10,2	9,4	8,4	7,5	7,3
	S-I	8,1	9,7	10,1	12,1	12,2	11,2	12,0	10,0	9,2	8,7	10,4	11,5	10,3
Staat	S	6,8	7,0	6,2	6,9	6,4	3,3	2,5	2,5	1,5	2,5	2,8	3,2	3,5
	I	5,1	5,8	6,3	6,4	6,0	6,0	6,6	6,4	7,1	7,3	7,2	7,2	6,9
	S-I	1,8	1,2	−0,1	0,6	0,4	−2,7	−4,1	−3,8	−5,5	−4,8	−4,5	−4,0	−3,4
laufendes Konto		1,0	2,5	2,2	0,0	−1,0	0,1	0,8	1,6	1,7	−0,9	−1,1	0,5	0,7
Differenz (absoluter Wert)		0,0	0,3	0,4	0,7	0,1	0,5	0,0	0,8	−0,8	0,5	0,2	0,4	0,3
gesamter	S	33,4	31,0	32,0	32,3	30,0	28,9	34,1	29,4	30,7	29,0	20,1	28,5	27,3
Privatsektor	I	34,1	30,0	29,2	31,7	31,4	26,8	29,2	24,8	24,2	25,6	25,4	24,4	23,5
	S-I	−0,7	1,0	2,7	0,6	1,4	2,1	4,9	4,6	6,5	3,4	3,7	4,1	3,8

Quellen: Berechnet auf der Basis von Tabellen der Economic Planning Agency, *Annual Report on National Accounts*.

Trend seit 1978 wieder leicht rückläufig war. Gleichzeitig sind die Haushaltsersparnisse seit Beginn der 70er Jahre ebenfalls gestiegen — von durchschnittlich 15,6 % des BSP (1970—1973) auf 19,6 % (1974 bis 1982) —, so daß das Nettoergebnis eine geringfügige oder gar keine Veränderung des Ersparnisüberschusses war, der während des gesamten Zeitraums zwischen 8 und 12 % des BSP schwankte. Auch der Finanzunternehmenssektor hat während der gesamten Periode leichte Überschüsse bei den Ersparnissen erzielt, die sich zwischen 0,5 und 1,5 % des BSP bewegten.

Diese Entwicklungen stellten für Japan eine grundlegende Veränderung dar. Während der Unternehmenssektor bis dahin sämtliche verfügbaren Ersparnisse des Haushaltsektors absorbiert hatte, mußte nun ein Teil dieser Ersparnisse woanders aufgefangen werden. Die letzten Zeilen der Tabelle 9.11 fassen die Spar- und Investitionssalden aller drei Bereiche des Privatsektors zusammen und zeigen, daß Anfang der 70er Jahre ein kleiner Überschuß der Ersparnisse über die Investitionen von 0,9 % des BSP erzielt wurde. Dieser Überschuß stieg während der Periode 1974—1982 im Schnitt auf 3,5 % an und erreichte in einzelnen Jahren sogar den Wert von 6,5 %.

Dieser erhöhte Nettoüberschuß der Ersparnisse des Privatsektors mußte gemäß der makroökonomischen Identität entweder durch ein erhöhtes Staatsdefizit oder einen höheren Leistungsbilanzüberschuß kompensiert werden. Im folgenden Abschnitt werden wir die Konsequenzen für den Staatssektor und die Leistungsbilanz im einzelnen analysieren.

Politische Implikationen für die 70er Jahre

Steigende Budgetdefizite

Ein Großteil der überschüssigen Ersparnisse, die während des letzten Jahrzehnts in der japanischen Wirtschaft erzielt wurden, sind vorwiegend durch Staatsdefizite und weniger durch Leistungsbilanzüberschüsse absorbiert worden. Dies geht eindeutig aus Tabelle 9.11 hervor. Seit 1975 betrug das Staatsdefizit zwischen 3 und 6 % des BSP und bildete damit einen krassen Gegensatz zu den Überschüssen der Wachstumsphase. Dies ist ein bemerkenswerter Umschwung für eine Regierung, die seit Beginn der Nachkriegsperiode bis 1966 mit allen Mitteln versuchte, Defizite zu vermeiden.

Zum ersten Mal in der Nachkriegszeit reagierte die Rezession von 1974 nicht allein auf die Geldpolitik. Alle Rezessionen der 50er und 60er Jahre waren durch eine strikte Geldpolitik ausgelöst worden, um das Wirtschaftswachstum im Hinblick auf Zahlungsbilanzdefizite zu verlangsamen, und endeten dementsprechend schnell, sobald die Kreditklemme gelockert wurde. Die Rezession von 1974, die man durchaus als erste echte Rezession der Nachkriegszeit bezeichnen kann, wurde jedoch nicht ausschließlich durch eine strikte Geldpolitik induziert, und die Wirtschaft reagierte auch nicht sehr gut auf eine

Lockerung der monetären Bedingungen. Zum ersten Mal war eine stimulierende Fiskalpolitik erforderlich, um die Wirtschaft aus der Rezession herauszuführen.

Diese inländische Reaktion wurde 1977 vom Ausland durch die sogenannte „Lokomotiventheorie“ unterstützt. Obwohl die japanische Wirtschaft die Rezession überwunden hatte, war ein Großteil des Wachstums durch Exporte bedingt, und die Vereinigten Staaten übten gehörigen Druck auf Japan aus, um mit Hilfe der Fiskalpolitik höhere heimische Wachstumsraten zu bewerkstelligen. Dieser Druck von außen ging einher mit internen Maßnahmen des MITI und der Economic Planning Agency, die nach einer Möglichkeit suchten, um die bescheidenen Gewinne und Investitionen des Unternehmenssektors wieder anzukurbeln. Diese Episode kulminierte in dem „Versprechen“ des Strauss-Ushiba-Abkommens vom Januar 1978, daß Japan im Fiskaljahr 1978 eine reale Wachstumsrate von 7 % anstreben wollte.

All diese Faktoren führten schließlich zu einem schnellen Anstieg der Budgetdefizite: Während das Defizit 1974 2,7 % vom BSP betrug, erreichte es 1978 einen Rekordwert von 5,5 %. Dennoch war dies genau die richtige Politik; denn die überschüssigen Ersparnisse mußten irgendwo absorbiert werden, und ihre Existenz hieß zugleich, daß eine expansive Fiskalpolitik kaum Gefahr lief, die Inflation anzuheizen. Dennoch war das Finanzministerium nie sehr glücklich über diese Entwicklung. Allein die Tatsache, daß sich andere Ministerien in ihrem Kampf gegen das Finanzministerium des gaiatsu (des Auslandsdrucks) der Vereinigten Staaten bedienten, um diesen Kampf zu ihren Gunsten zu entscheiden, zeigt die Stärke der Opposition gegen das Ministerium.

Steigende soziale Infrastrukturausgaben

Ein Großteil der mit den steigenden Budgetdefiziten verbundenen Zunahme der Staatsausgaben war durch eine Erhöhung der Sozialausgaben bedingt. Die Daten in den zuvor diskutierten Tabellen zeigen die Entwicklung der Ausgaben in den verschiedenen Kategorien der Sozialinfrastruktur. Tabelle 9.3 illustriert beispielsweise die Zunahme der Ausgaben für eine Verbesserung der Straßenqualität und -sicherheit. Dabei ist ein beschleunigter Ausbau der asphaltierten Straßen effektiv etwa ab 1960 zu beobachten, weil von da an die Zuwachsraten bei den jährlich gepflasterten Straßenkilometern über 20 % anstiegen und das Wachstum sich auf diesem Niveau bis Anfang der 70er Jahre fortsetzte. Seither sind die Zuwachsraten leicht gesunken, aber die Basis ist heute so viel größer, daß selbst 1980 die Anzahl der asphaltierten Straßenkilometer die Gesamtlänge aller Straßen übertraf, die bis 1960 ausgebaut worden waren. Ein noch deutlicherer Indikator ist der Bau von Gehsteigen. Während 1970 17 000 Straßenkilometer mit Gehsteigen versehen waren, verdoppelte sich diese Länge bis 1975 und stieg bis 1981 fast noch mal um das Doppelte an.

Es steht außer Zweifel, daß die schnelle Verbesserung der japanischen Straßen eine entscheidende Ursache für die höhere Verkehrssicherheit während der 70er Jahre war. Während zu Beginn der Nachkriegszeit eine sehr hohe Anzahl von Verkehrstoten pro Fahrzeugkilometer zu verzeichnen war, verbesserte sich dieser Wert rapide während der 70er Jahre und fiel von 13,3 Toten pro 1 Mio. Fahrzeugkilometern im Jahr 1970 auf nurmehr 3,5 im Jahre 1980. Dies war zwar immer noch mehr als der vergleichbare Wert von 2,0 in den Vereinigten Staaten, bedeutete aber im Vergleich zu dem Wert von 1960 von 112,5 Toten eine verblüffende Verbesserung.

An der Bereitstellung von Parkflächen läßt sich ebenfalls der veränderte Schwerpunkt nachweisen. Die Gesamtfläche von öffentlichen Parks hat sich während der 70er Jahre von 23 Mio. Hektar (1970) auf 45 Mio. Hektar (1981) nahezu verdoppelt.[10] Angesichts der Schwierigkeiten des Landerwerbs in bereits entwickelten Gebieten ist diese Zunahme durchaus bemerkenswert.

Schnelle Verbesserungen sind ebenfalls im Sanitärbereich und in der Verbreitung des Telefons zu beobachten. Aus Tabelle 9.5 geht hervor, daß in der 5-Jahres-Periode von 1973 bis 1978 die Zahl der Wohnungen, die Spülklosetts erhielten, das 3fache des Wertes von 1963 betrug. Mit dieser schnellen Zunahme näherte sich der Anteil aller Haushalte mit Spülklosetts Ende des Jahrzehnts der 50%-Grenze. Auch die Privattelefone konnten dasselbe schnelle Wachstum verzeichnen. Tabelle 9.6 veranschaulicht, daß die Anzahl der Telefoninstallationen zwischen 1970 und 1980 mit einer Rate von 14,4 % zunahm. Während die Wachstumsrate in den 60er Jahren deutlich niedriger lag, war die Basis im Jahre 1960 so niedrig, daß die Zuwachsraten den tatsächlichen Fortschritt nicht angemessen wiedergeben können. Zwischen 1970 und 1980 kamen 50 % aller japanischen Haushalte in den Genuß eines Telefons. Ein Indikator für die deutliche Verlagerung der Telefonanlagen vom Unternehmens- in den Haushaltssektor ist die Tatsache, daß 1960 nur 12 % aller Telefoninstallationen in Privatwohnungen vorgenommen wurden, während diese Rate 1970 bereits 45 % und 1980 gar 68 % betrug. Während der Erwerb eines Telefons in den 60er Jahren normalerweise mit einer langen Wartezeit verbunden war, konnten diese Wartezeiten bis Ende der 70er Jahre weitgehend abgebaut werden.

Allerdings implizieren nicht alle diskutierten Verbesserungen eine finanzielle Verpflichtung von seiten des japanischen Staatshaushalts, da Bereiche wie der Telefonservice in die Domäne einer separaten staatlichen Telefongesellschaft gehören, die nicht im Staatsbudget enthalten ist. Andererseits zeigt Tabelle 9.7 sehr deutlich, wie sich die Staatsausgaben für Infrastrukturinvestitionen geändert haben, die wie Häfen, Fischereihäfen und Flughäfen die Wirtschaftsaktivität unterstützen. Ein Vergleich dieser Ausgaben mit dem für Wohnungen zeigt, daß die Regierung 1970 für die erste Kategorie immer noch mehr ausgab (118 Mrd. Yen) als für den zweiten Bereich (97 Mrd. Yen), daß dagegen die Wohnungsausgaben 1980 mit 783 Mrd. Yen weit über denen für Häfen, Fischereihäfen und Flughäfen lagen (538 Mrd. Yen). Die Budgetansätze für 1983 bestätigen die Fortsetzung dieses Trends.

Eine ähnliche Verlagerung ist auch bei den FILP-Krediten erkennbar, die in Tabelle 9.8 aufgelistet sind. Während der Fiskaljahre 1965 bis 1980 fiel der Anteil der gesamten FILP-Gelder, die an die Japan Development Bank (JDB) und die Export-Import-Bank gingen, in geradezu dramatischer Weise, während der Anteil des Wohnungssektors zunahm. Möglicherweise handelt es sich hier um zwei Extreme, weil der prozentuale Anteil anderer Posten, einschließlich Straßen, Krankenhäuser und Schulen, relativ konstant blieb und der für Kleinbetriebe anstieg. Dennoch war der Wandel durchaus drastisch: Von 1965 bis 1980 stieg der Anteil der FILP-Kredite für den Wohnungssektor von 10,7 % auf 25,2 %, während der Anteil der JDB und der Export-Import-Bank von 19,2 auf 7,6 % fiel.

Neben diesen Veränderungen der Infrastrukturausgaben erlebte die japanische Regierung während des letzten Jahrzehnts zugleich einen schnellen Anstieg der Sozialversicherungsausgaben. Aus Tabelle 9.12 geht hervor, daß die Sozialversicherungsausgaben (Pensionen, Sozialfürsorge, Sozialversicherung, Gesundheit und Sanitäranlagen, Arbeitslosenunterstützung und Subsistenzleistungen) als Anteil an den gesamten Staatsausgaben in der 2. Hälfte der 60er Jahre effektiv sanken – von 18,6 % (1968) auf 17,0 % (1972). Seither bewegt sich dieser Anteil zwischen 22 und 24 %.

Tabelle 9.12: Sozialausgaben im Hauptbudget

Fiskaljahr	Sozialversicherung[1] in Mrd. ¥	Sozialversicherung[1] insgesamt %	öffentliche Arbeiten in Mrd. ¥	öffentliche Arbeiten insgesamt %	davon: Wohnungen %	davon: Abwassersystem %
1960	347	19,9	318	18,2	0,7	0,2
1965	697	18,7	773	20,8	1,0	0,3
1970	1450	17,7	1441	17,6	1,2	0,8
1975	4895	23,5	3487	16,7	1,5	1,6
1976	5872	24,0	3908	16,0	1,5	
1977	6845	23,6	4951	17,0	1,6	
1978	8067	23,7	5797	17,0	1,7	2,4
1979	8981	23,2	6406	16,5	1,7	2,4
1980	9823	22,6	6896	15,9	1,8	2,3
1981	10614	22,6	7085	15,1	1,8	2,2
1982	11034	23,2	7281	15,3	1,8	
1983[2]	11030	21,9	6655	13,2	1,5	2,0
1984[2]	11207	22,1	6520	12,9	1,5	1,8

Quellen: Prime Minister's Office, *Japan Statistical Yearbook*.

Anmerkung:
[1] Einschließlich der Beamtenpensionen, der Hinterbliebenenrenten, der Leistungen für Kriegsopfer und heimatlose Familien, Verwaltungskosten, Nahrungsmittelbeihilfe, Sozialfürsorge, Sozialversicherung, Ausgaben für das Gesundheitswesen und sanitäre Anlagen und Arbeitslosenunterstützung.
[2] Die Daten für das Fiskaljahr 1983 und 1984 sind Budgetplanungsdaten und keine tatsächlichen Ausgaben.

In einer kürzlich erschienenen OECD-Studie wird ebenfalls der schnelle Anstieg der Sozialausgaben in Japan nachgewiesen, wobei neben den soeben diskutierten Sozialversicherungsausgaben auch die Ausgaben für das Bildungswesen untersucht werden. Im Vergleich zum BIP stiegen diese Ausgaben zwischen 1960 und 1980 von nur 8,0 % auf 17,5 %. Dennoch besaß Japan damit eine der niedrigsten Quoten aller OECD-Länder, weil der Anteil der Sozialausgaben in allen anderen OECD-Mitgliedstaaten ebenfalls gestiegen war. Immerhin konnte Japan die höchste reale Steigerungsrate während der beiden Beobachtungszeiträume 1960—1975 und 1975—1981 verzeichnen.[11] Wenn man eine etwas andersartige Basis zugrunde legt (z. B. die Bildungsausgaben abzieht), erhält man das Verhältnis der Sozialversicherungsausgaben zum Volkseinkommen (vgl. Tabelle 9.13). Von 1955 bis 1970 lag dieses Verhältnis zunächst relativ konstant bei 6 und 7 %, während der drastische Anstieg 1974 begann, so daß sich der Wert bis 1981 mit 15,5 % mehr als verdoppelt hatte.

Tabelle 9.13: Sozialversicherungsausgaben im Vergleich zum Volkseinkommen[1]

Fiskaljahr	Mrd. ¥	Verhältnis zum VE (%)
1950	166	4,9
1955	508	7,6
1960	723	6,1
1965	1 851	7,1
1970	4 022	6,6
1971	4 578	7,0
1972	5 641	7,3
1973	7 166	7,6
1974	10 189	9,1
1975	13 198	10,6
1976	16 210	11,8
1977	18 939	12,4
1978	22 759	13,6
1979	25 107	14,0
1980	28 279	14,6
1981	31 336	15,5
1982*	35 700	

Quellen: Prime Minister's Office, *Japan Statistical Yearbook.*

Anmerkungen:
[1] Die Sozialversicherung umfaßt dieselben Posten wie in Tabelle 9.12, enthält darüber hinaus aber alle anderen Ausgaben und nicht nur die des Hauptbudgets.
* Die Daten für 1982 basieren auf dem Haushaltsplan und nicht auf tatsächlichen Ausgaben.

Die Liberalisierung des Kapitalmarktes

Während die Staatsdefizite zunahmen und die Sozialausgaben noch schneller stiegen, hob Japan gleichzeitig viele der den internationalen Kapitalverkehr einschränkenden Barrieren auf. Während der 70er Jahre wurden jährlich kleine Veränderungen der Devisenbewirtschaftung vorgenommen, die bis Ende des Jahrzehnts einen deutlichen Wandel der Währungspolitik brachten.[12] Diese Veränderungen wurden 1980 in dem neuen Foreign Exchange Control Law ratifiziert, das grundsätzlich alle Transaktionen liberalisierte. Tabelle 9.2 veranschaulicht sehr gut die schnelle Zunahme der Kapitaltransaktionen während der 70er Jahre, wobei die absolute Höhe der langfristigen Forderungen zwischen 1973 und 1983 vervielfacht wurde und die Verbindlichkeiten sogar um das 11fache stiegen.

Da die Öffnung der japanischen Kapitalmärkte in anderen Kapiteln behandelt wird, beschränken wir uns hier auf die Auswirkungen dieser Veränderung für die Infrastrukturausgaben. Zu Beginn der Nachkriegsperiode waren die Beschränkungen der Kreditaufnahme im Ausland ein Hemmnis für die gesamten Inlandsinvestitionen, die nicht zuletzt auch durch den Wunsch des Staates, möglichst keine privaten Investitionen zu verdrängen, mit zur Beeinträchtigung der sozialen Wohlfahrtsausgaben beitrugen. Da die Devisenkontrollen in den 70er Jahren jedoch allmählich aufgehoben wurden, verloren diese Bedingungen zugleich an Bedeutung. Abgesehen von den Extremfällen der beiden Ölschocks ist heute aus den zuvor diskutierten Gründen ein eindeutiger Netto-Kapitalabfluß zu beobachten. Wenn die strikten Kapitalkontrollen aufrechterhalten worden wären, hätten sie zu einem noch schnelleren Anstieg der Sozialausgaben geführt, da der Staat einen noch größeren Teil der Ersparnisse hätte absorbieren müssen. Dennoch erscheint eine Fortsetzung der Kapitalkontrollen allein zu diesem Zweck keineswegs wünschenswert.

Die politische Umkehr Ende der 70er Jahre

Die wirtschaftlichen Bedingungen, unter denen das Finanzministerium zu einem schnellen Anstieg der Staatsdefizite überredet werden konnte, erlebten Ende 1979 eine grundlegende Änderung. Erstens bewirkte der zweite Ölschock und der damit einhergehende inflationäre Druck in Japan ebenso wie in allen anderen Industrienationen, daß die Hauptsorge jetzt vor allem der Inflation galt. Die unmittelbare Reaktion in Japan war die Durchsetzung einer restriktiveren Geldpolitik, doch das inflationäre Potential der hohen Staatsdefizite wurde zugleich vom Finanzministerium zu einer verstärkten Kontrolle der Defizite ausgenützt. Zweitens bedeutete die Verlangsamung des Wachstums während desselben Jahres, daß die Steuereinnahmen unter die Haushaltsansätze absanken und beim Finanzministerium Befürchtungen erweckten, daß die Defizite ohne eine deutliche Senkung der Ausgaben noch höher sein würden als geplant. Da die offiziellen Wachstumsprognosen, anhand derer die Steuereinnahmen geschätzt wurden, ständig zu hoch waren, lagen die Steuereinnahmen mindestens bis zum Fiskaljahr 1982 unter den ursprünglichen Budgetplandaten.

Defizite lassen sich entweder durch eine Verringerung der Ausgaben oder durch eine Erhöhung der Staatseinnahmen senken. Das Finanzministerium versuchte beide Wege einzuschlagen, doch die Einnahmeseite erwies sich als eher enttäuschend. Während in der Wachstumsphase jährliche Senkungen der Einkommensteuer (um die Steuerprogression zu kompensieren) die Regel gewesen waren, mußten diese während des verlangsamten Wachstums im Laufe der 70er Jahre eingestellt werden. Die letzte Einkommensteuersenkung fand 1976 statt, und das inflationsbedingte Erreichen höherer Einkommensteuerklassen hat seither in der Bevölkerung zu erheblicher Unzufriedenheit geführt. Insofern war eine offene Einkommensteuererhöhung politisch nicht machbar, doch im Herbst 1983 nahm die Liberal-Demokratische Partei eine immerhin bescheidene Senkung der Einkommensteuer vor. Als Alternative zu steigenden Einnahmen über höhere Einkommensteuern wurden 1979 ziemlich konkrete Pläne zur Einführung einer allgemeinen Verbrauchsteuer erarbeitet. Da sich die japanische Öffentlichkeit jedoch nicht ohne weiteres zum Narren halten läßt, wurde diese Initiative durch die politische Opposition erfolgreich abgeblockt und ist seither in der Schublade verschwunden. Da signifikante Steuererhöhungen nicht möglich waren, ließ sich das Defizit höchstens über eine Ausgabenkontrolle verringern.

Diese Faktoren schlugen sich im Haushalt des Fiskaljahres 1979 noch nicht nieder, da es bereits im Januar abgeschlossen war, doch die im Sommer beginnende Planung des Budgets für 1980 zeigte bereits die ersten Auswirkungen einer Budgetkontrolle. Dieser Trend des Finanzministeriums, die Ausgabesteigerungen zu begrenzen, ist seither jedes Jahr verstärkt worden. Von einer 15,2%igen Zunahme der Gesamtausgaben (Fiskaljahr 1979) sank die Steigerungsrate auf 10,1 % im Fiskaljahr 1980 und ist im Budget von 1984 sogar auf nur 0,5 % abgesunken.

Bei der Durchsetzung dieser strengen Grenzen hat das Finanzministerium vor allem auf die Angst vor einem Überhandnehmen des Defizits gesetzt. So hat es häufige Vergleiche mit den Defiziten anderer Länder vorgenommen, einschließlich der 1979 veröffentlichten Tatsache, daß das erwartete Budgetdefizit größer war als das gemeinsame Defizit der Vereinigten Staaten, Westdeutschlands, Frankreichs und Großbritanniens zusammengenommen. Dabei wurde allerdings vergessen, auf die unterschiedlichen Spar- und Investitionsstrukturen in den einzelnen Ländern hinzuweisen.

Das Streben des Finanzministeriums nach einer Verringerung der Defizite ging mit der Verwaltungsreformbewegung einher. Der Verwaltungsreformausschuß wurde 1981 von Premierminister Zenko Suzuki unter der Führung des einflußreichen Toshio Soko vom Wirtschaftsdachverband Keidanren eingesetzt. Der Grundgedanke hinter der Gründung dieses Ausschusses war, daß die Regierung ineffizient gearbeitet hatte. Rein technisch brauchen eine ineffiziente Regierungsarbeit und die Größe des Gesamtbudgets keineswegs zusammenzuhängen — sondern Defizite können sehr wohl mit effizienten oder ineffizienten Staatsaktivitäten auftreten. Nach den Auffassungen der mit der

Verwaltungsreform beschäftigten Leute ist die Beseitigung der Ineffizienz in einer Umgebung, in der die jährlichen Budgetzuweisungen ständig steigen, nahezu unmöglich. Die Aussage eines Ausschußmitgliedes hierzu lautet: „Ich glaube, es ist völlig klar, daß Japans Aufgabe nicht nur darin besteht, sein Fiskalsystem durch eine grundlegende Reform des Verwaltungssystems zu rekonstruieren. Insofern sollte die vorgeschlagene fiskalpolitische Umstrukturierung als Katalysator betrachtet werden, mit dem die Verwaltungsreform gefördert wird.“[13]

Das beträchtliche Absinken der Zuwachsrate der Staatsausgaben aufgrund der hohen Defizite einerseits und der Verwaltungsreform andererseits hatte zugleich wichtige Auswirkungen für bestimmte Aspekte der Infrastrukturausgaben. Trotz der sinkenden Budgetzuwachsraten konnten manche Ausgaben entweder nicht kontrolliert werden oder wurden als Ausnahmefälle behandelt. Hierzu gehörten vor allem die Schuldendienstkosten, Verteidigungsausgaben, Entwicklungshilfe und die Aufteilung der Steuereinnahmen zwischen Zentral- und Kommunalregierungen. Auch die Personalkosten ließen sich nur sehr schwer kontrollieren, da die Lohnsätze durch Schiedsverfahren festgesetzt werden und eine Senkung der Beschäftigtenzahl nur durch alters- oder krankheitsbedingtes Ausscheiden möglich ist. Dies bedeutete, daß die strengsten Einschränkungen zwangsläufig die Nichtpersonalausgaben in anderen als den oben erwähnten Bereichen treffen mußten — und dazu gehörte ein Großteil der sozialen Infrastrukturausgaben.

Genau wie in den Vereinigten Staaten nahm in der japanischen Regierung die Befürchtung zu, daß die Sozialversicherungsausgaben im Budget zu unantastbaren Posten geworden waren und nicht mehr der staatlichen Kontrolle unterlagen. Dennoch zeigen die Daten eindeutig, daß diese Ausgaben sehr wohl kontrolliert wurden, als das Finanzministerium die Staatsausgaben insgesamt kürzte. Tabelle 9.12 zeigt den Ausgabentrend im Bereich der Sozialversicherung — einschließlich der Leistungen für Wohlfahrt, Gesundheitswesen, Arbeitslosigkeit und Pensionen. Der Anstieg des relativen Anteils dieser Ausgaben hatte im Fiskaljahr 1978 ein Ende, und seither ist das Verhältnis dieser Ausgaben zu den gesamten Ausgaben leicht gesunken: Von einem hohen Wert von 23,7 % im Fiskaljahr 1978 sank es auf 21,9 % im Fiskaljahr 1983 und stieg 1984 geringfügig an auf 22,1 %. Dennoch muß man die sehr niedrigen Zuwachsraten der Ausgaben für die Fiskaljahre 1982/1984 (in denen nur eine 1,5%ige Zunahme zu verzeichnen war) mit gewisser Vorsicht betrachten, da sie auf Budgetplanungsdaten und nicht auf tatsächlichen Ausgaben beruhen. Sofern diese budgetierten Summen jedoch in etwa mit den tatsächlichen Ausgaben übereinstimmen, erscheint die in Japan häufig zu hörende Klage, daß die Sozialleistungen außer Kontrolle geraten sind, völlig unbegründet.

Andere Formen der Sozialausgaben haben dagegen schlechter abgeschnitten. Die Ausgaben für öffentliche Bauten erlebten 1982 ihren Höhepunkt und sind seither absolut gefallen. Von 1982 bis 1984 nahmen die Ausgaben in diesem Bereich um 9,0 % ab. Der Anteil der öffentlichen Bauten am Gesamtbudget ist jedoch schon seit längerem im Sinken begriffen; er sank von 17,0 % im Fiskaljahr 1978 auf nur 12,9 % im Fiskaljahr 1984. Innerhalb der Kategorie der öffentlichen Bauten lagen die Ausgabekürzungen im Wohnungsbereich über dem Durchschnitt.

Da bestimmte soziale Infrastrukturaktivitäten durch Kredite des Fiscal Investment and Loan Program (FILP) finanziert werden, hätte eine Erhöhung der FILP-Mittel die Beschneidungen des Hauptbudgets auffangen können. Die Höhe der FILP richtet sich nicht nach denselben politischen Überlegungen wie das Hauptbudget, sondern sie wird durch die Gelder determiniert, die über das Postsparsystem und andere Geldquellen hereinkommen. Tatsächlich ist die Zuwachsrate der FILP-Kredite sogar niedriger gewesen als die des Hauptbudgets. Von 1979 bis 1983 lag die jährliche Erhöhung der FILP-Leistungen bei 5,3 % im Vergleich zu 6,2 % des Hauptbudgets. Während die Wachstumsrate insgesamt niedriger war, haben Kredite an Organisationen wie die Japan Housing Corporation ständig zugenommen, obwohl die Ausgaben des Gesamtbudgets für Wohnungszwecke absolut gesunken sind. Obgleich auch die FILP-Kredite deutlich verlangsamte Zuwachsraten erzielten, scheinen sie im Bereich der sozialen Infrastrukturausgaben besser abzuschneiden als das Gesamtbudget.

Ausblick

Die Tendenzen der letzten Jahre scheinen sich fortzusetzen. Der öffentliche Widerstand gegen Steuererhöhungen in Verbindung mit den notwendigen Ausgabesteigerungen für den Schuldendienst, die Sozialversicherung, die Verteidigung und die Entwicklungshilfe impliziert, daß Japan auch weiterhin Staatsdefizite in Kauf nehmen muß. Der Anstieg der Sozialversicherungsausgaben ist parallel mit den übrigen Staatsausgaben leicht zurückgegangen, aber der gegenwärtige schnelle demographische Wandel wird auch in Zukunft eine Steigerung dieser Ausgaben erforderlich machen, so daß Versuche, diese Ausgaben möglichst niedrig zu halten, höchstens die relative Zunahme verlangsamen können.

Die Verwaltungsreform wird sich ebenfalls fortsetzen, doch werden nur wenige der gegenwärtigen politischen Maßnahmen das Hauptbudget berühren. Die wichtigsten Vorschläge betreffen vor allem die großen staatseigenen Konzerne: Nippon Telegraph and Telephone, Japan Tobacco and Salt und die Japanese National Railways. Abgesehen von einigen Direktsubventionen der letzteren (die bei jeder Form der Eigentumsregelung beibehalten wurden), bleibt das Hauptbudget von diesen Veränderungen unberührt, obwohl sie für das Ziel der erhöhten Effizienz durchaus relevant sein können. Insofern wird die Verwaltungsreform nur eine sehr begrenzte Auswirkung auf das Defizit haben.

Bei einer Aufrechterhaltung der Defizite wird auch die Forderung nach ihrer weiteren Einschränkung nicht nachlassen. Ein Umdenkungsprozeß des Finanzministeriums ist sehr unwahrscheinlich, so daß wir mit verstärkten Forderungen nach einer Reduzierung der Defizite rechnen müssen. Dies heißt, daß die Sozialausgaben in Zukunft weiterhin eingeschränkt werden.

Falls dieser politische Druck tatsächlich zu einer Senkung der Defizite führen würde, wäre dies eher nachteilig. Denn die Kräfte, die zu einem Überschuß der privaten Ersparnisse über die privaten Investitionen führen, werden in Zukunft ebenfalls wirksam sein. Der Anteil der Investitionen am BSP wird kaum sehr stark steigen, da nur mit geringen Wachstumsraten zu rechnen ist. Die Ersparnisse des privaten Sektors können möglicherweise sinken, da die Japaner ihre durch die Inflation bedingten Verluste bei den realen Ersparnissen möglicherweise kompensieren wollen, doch könnte dieser Rückgang durch eine Zunahme der Unternehmensersparnisse aufgefangen werden, da der Anpassungsprozeß an die höheren Energiekosten und das niedrigere Wachstum dem Ende entgegengeht und zu höheren Gewinnen führt. Sofern dies eintritt, würde jeder erfolgreiche Versuch der Defizitreduzierung eine gleichzeitige Zunahme des Leistungsbilanzüberschusses mit sich bringen.

Demgegenüber sind die Konsequenzen für die Sozialausgaben möglicherweise nicht ganz so schwerwiegend. Trotz der zunehmenden Budgetdefizite seit dem Fiskaljahr 1979 liegen die Staatsausgaben für einige Infrastrukturinvestitionen weit über denen der 50er oder 60er Jahre. Die Ausgaben für Abwassersysteme und andere sanitäre Einrichtungen lagen im Budget 1984 bei 2 % der allgemeinen Ausgaben gegenüber nur 0,2 % im Jahre 1960 und 0,8 % im Jahre 1970. Sollten die beträchtlichen Ausgabekürzungen in der Zukunft beibehalten werden, könnte sich die Situation noch verschlimmern, aber es sieht nicht so aus, als ob die Öffentlichkeit eine substantielle Verschlechterung der sozialen Infrastruktur hinnehmen würde. Die LDP besitzt nach wie vor eine ziemlich knappe Mehrheit im Abgeordnetenhaus, so daß derartige Forderungen von seiten der Wähler nicht ignoriert werden können. Ein mögliches Ergebnis wäre, daß Japan den Weg der Vereinigten Staaten einschlägt und ebenfalls bei der Erhaltung der vorhandenen Infrastruktur (wie beispielsweise des staatlichen Autobahnsystems in Amerika) sehr knauserig ist, so daß die Konsequenzen der sinkenden Ausgaben eine Zeitlang unbemerkt blieben, bis die Verfallserscheinungen nicht mehr zu verbergen wären.

Dennoch fällt es schwer, hinsichtlich der Lebensbedingungen in Japan sehr pessimistisch zu sein. In den 60er Jahren gab es gravierende infrastrukturelle Ungleichgewichte wegen der eindeutigen Bevorzugung des Wirtschaftswachstums, aber diese Probleme wurden in den 70er Jahren weitgehend bewältigt, als sich die Politik mehr auf die öffentlichen Bedürfnisse einstellte. Die Verlangsamung des Wirtschaftswachstums der 80er Jahre hat einige Formen der Sozialausgaben unterschiedlich stark betroffen, dies wird jedoch kaum zu einem ernsthaften neuen Ungleichgewicht führen.

Das für Japan ernstere Problem ist derzeit, daß es weiterhin um eine Reduzierung der Staatsdefizite bemüht sein wird und daß sich dadurch der Leistungsbilanzüberschuß weiterhin erhöhen wird. Dies ist eine überaus gefährliche internationale Politik, da die steigenden Handelsungleichgewichte in anderen Ländern den protektionistischen Tendenzen weiteren Auftrieb geben werden. Man kann den Protektionismus zwar bedauern, er bleibt aber dennoch eine politische Realität, und wenn man eine ökonomisch rationale Politik verfolgen würde, die diese politische Kraft verstärkt, dann könnte es sehr leicht zum Desaster kommen.

Selbst wenn die Mängel der sozialen Infrastruktur zu Beginn der Nachkriegszeit weitgehend behoben sind, bleibt als Tatsache, daß die OECD-Daten Japan nach wie vor am unteren Ende der Industrieländer aufführen, wenn es um den Anteil der Sozialausgaben in der Wirtschaft geht. Die japanische Regierung könnte versuchen, durch erhöhte Ausgaben für die Sozialversicherung und die physische Infrastruktur die Qualität der Umwelt zu verbessern. Dadurch würde sich nicht nur die Wohlfahrt der Japaner erhöhen, sondern dies würde zugleich das Außenhandelsproblem entschärfen.

Anmerkungen

1 Das Maß für die Staatsausgaben ist eine Bruttozahl, während das BSP ein Wertzuwachsmaß ist. Selbst wenn die beiden Größen nicht vergleichbar sind, vermittelt das Verhältnis eine sinnvolle Normalisierung für den Vergleich zwischen den beiden Ländern.

2 Gardner Ackley und Hiromitsu Ishi, „Fiscal, Monetary, and Related Policies", in Hugh Patrick und Henry Rosovsky (Hrsg.), *Asia's New Giant* (Washington: Brookings Institution, 1976), S. 215.

3 Diese Interpretation basiert auf dem Modell des japanischen Wirtschaftswachstums von Kazushi Ohkawa und Henry Rosovsky in *Japanese Economic Growth: Trend Acceleration in the Twentieth Century* (Stanford: Stanford University Press, 1973).

4 Die Hauptmerkmale aller langfristigen Wirtschaftspläne der Nachkriegszeit finden sich bei Edward J. Lincoln, *Industrial Policies in Japan* (Washington D.C.: Japan Economic Institute, 1984).

5 Ebenda.

6 John C. Campbell, *Contemporary Japanese Budget Politics* (Berkeley: University of California Press, 1977).

7 Ryutaro Komiya, „Planning in Japan", in Morris Bornstein (Hrsg.), *Economic Planning: East and West* (New York: Ballinger, 1975), S. 204 f.; und Tsunehiko Watanabe, „National Planning and Economic Development: A Critical Review of the Japanese Experience", *Economics of Planning* 10 (1970), S. 46—49.

8 Die Daten über die Verfolgung der Anti-Trustfälle stammen von Koseitorihiki Iinkai, *Koseitorihiki iinkai nenji hokoku,* Ausgabe 1983. Neben den Fällen, die tatsächlich eine Phase der formalen Entscheidung erreichen, untersucht die Kartellbehörde viele Fälle, die durch informelle Vereinbarungen mit den schuldigen Unternehmen abgewickelt werden. Diese Zeitreihen wären ein besserer Indikator für die Gesamtaktivitäten.

9 Dieser Ansatz unterscheidet sich leicht von dem von Kazuo Sato in „Japan's Savings and Internal and External Macroeconomic Balance", in Kozo Yamamura (Hrsg.), *Policy and Trade Issues of the Japanese Economy* (Seattle: University of Washington Press, 1982). Sato verwendet anstelle der realen Transaktionen die Finanzkapitaltransaktionen. Die Schlußfolgerungen sind jedoch bei beiden Datenreihen im wesentlichen dieselben.

10 Prime Minister's Office, *Japan Statistical Yearbook,* Ausgabe 1982, S. 15.

11 „Social Expenditure: Erosion or Evolution?", *The OECD Observer* 126 (Januar 1984), S. 5.

12 Diese jährlichen Veränderungen werden in „Capital Market Liberalization in Japan", *JEI Report* 10 A (9. März 1984), im einzelnen aufgeführt.

13 Kumon Shumpei, „Japan Faces Its Future: The Political Economics of Administrative Reform", *The Journal of Japanese Studies* (Winter 1984), S. 155.

Kapitel 10
Die Externalisierung der japanischen makroökonomischen Leistung: Exportabhängiges Wachstum oder wachstumsabhängige Exporte?

Kazuo Sato

Einleitung

Parallel mit dem Wachstum der japanischen Wirtschaft sind seit Beginn der 50er Jahre auch die japanischen Exporte gestiegen. Da Japan in erster Linie Fertiggüter exportiert, ist sein Anteil am Welthandel mit Fertiggütern ständig gestiegen. 1983 hat es schließlich den der Vereinigten Staaten übertroffen und sich dicht hinter Westdeutschland angesiedelt, so daß es erstmals den 2. Platz auf der Weltrangliste einnahm.

Da es sich bei den führenden Exportindustrien vor allem um Gebrauchselektronik, Stahl und Autos handelt, die ganz entscheidend für die Expansion der japanischen Ausfuhr verantwortlich waren, kann man die Auffassung vertreten, daß sie ihre Vormachtstellung auf dem Weltmarkt weitgehend dem japanischen Wirtschaftswachstum verdanken, das es ihnen ermöglichte, erstaunliche Produktivitätsfortschritte zu erzielen und die industrielle Reifephase zu erreichen. Dies heißt mit anderen Worten, zuerst kam das heimische Wachstum, und dann folgten die Exporte. Dies ist die These des sogenannten wachstumsabhängigen Exports.[1]

Angesichts der japanischen Erfahrungen während der Zeit des verlangsamten Wachstums im Anschluß an den ersten Ölschock von 1973/74 kann man jedoch als Gegenargument anführen, daß Japan sich im wesentlichen auf seinen starken „Exportdrang" verlassen hat, um sein heimisches Wachstum, wenn auch mit verlangsamten Raten, zu gewährleisten, daß es dabei aber immer noch besser abschnitt als andere Nationen. Das heißt, Japan hat es geschafft, sein Wachstum durch den Export seiner Arbeitslosigkeit ins Ausland aufrechtzuerhalten. Dies ist die These des sogenannten exportabhängigen Wachstums.

Die für uns relevante Frage lautet nun, ob die These des wachstumsabhängigen Exports auch unter den jüngsten Wirtschaftsbedingungen gültig ist oder ob sie durch die These des exportabhängigen Wachstums ersetzt wird. Mit dieser Frage werden wir uns hier makroökonomisch auseinandersetzen.

Die makroökonomische Leistung Japans während der Phase verlangsamten Wachstums

Das gravierendste makroökonomische Problem, mit dem die japanische Wirtschaft seit Mitte der 70er Jahre zu kämpfen hat, ist der Ausgleich zwischen den aggregierten Ersparnissen und Investitionen.[2]

Während der Wachstumsphase von 1960 bis 1973 erzielte die japanische Wirtschaft einen verblüffenden Rekord: Die durchschnittliche Wachstumsrate des realen BSP belief sich auf 10 % pro Jahr! Durch dieses schnelle Wachstum mußte Japan zwangsläufig seinen Kapitalstock vergrößern. Daher stiegen die privaten Bruttoanlageinvestitionen von 15 % des BSP im Jahre 1953 auf 27 % im Jahre 1973, als dieser Anteil seinen Höhepunkt erreichte. Während desselben Zeitraumes erzielte die Regierung einen kleinen Budgetüberschuß, der sich auf 1 % des BSP belief. Die Zahlungsbilanz war ebenfalls positiv, wobei der Leistungsbilanzüberschuß zwischen 1965 und 1973 im Schnitt bei 1,2 % des BSP lag. Allerdings war damit nur ein kleiner Anteil der privaten Kapitalbildung abgedeckt. Der Hauptanteil entfiel auf die privaten Ersparnisse, insbesondere der Haushalte, die während dieser Periode ständig stiegen — von etwa 11 % des verfügbaren Haushaltseinkommens Mitte der 50er Jahre bis auf 24 % im Jahre 1974.

Nach dem ersten Ölschock trat die japanische Wirtschaft genau wie die anderen Industrienationen in eine neue Phase des verlangsamten Wachstums ein. Von 1973 bis 1983 lag die durchschnittliche Wachstumsrate des realen BSP nunmehr bei 3,7 % jährlich. Die unmittelbare Konsequenz der Wachstumsverlangsamung war eine Abnahme der privaten Investitionen auf 21 bis 22 % des BSP in den letzten Jahren. Andererseits nahmen Haushaltsersparnisse nicht in demselben Umfang ab, obwohl die Unternehmensersparnisse deutlich sanken. Im gesamten Privatsektor ergab sich demnach ein Überschuß über die Investitionen, so daß dieser von einem Nettokreditnehmer zu einem Nettokreditgeber wurde. Der Überschuß erreichte etwa 4 bis 5 % des BSP und mußte vom Staat und vom Auslandssektor absorbiert werden, wenn man nicht eine um sich greifende Arbeitslosigkeit in Kauf nehmen wollte. Hierbei übernahm die Zentralregierung die Hauptlast der Spar-Investitions-Anpassung, so daß ihre Defizite sich seit 1975 im Schnitt auf mehr als 5 % des BSP belaufen und zu einer weiteren Zunahme der Staatsschuld beigetragen haben (mittel- und langfristige Inlandsobligationen). Die Zunahme dieser Schuld von 7 % am Ende des Jahres 1972 auf 37 % des BSP innerhalb von 10 Jahren spricht für sich.

Rein mengenmäßig hat der Außenhandelssektor keine überragende Rolle gespielt, wenn man jährliche Veränderungen ausklammert. Die Leistungsbilanzüberschüsse waren relativ schwankend, was wohl vor allem auf die negativen Auswirkungen der beiden Ölschocks von 1973/74 und 1979/80 für die japanische Importrechnung zurückzuführen ist. Der erste Ölschock bewirkte in Japan eine Stagflation, die jedoch recht bald abflaute. Die zweistellige Inflation wurde 1975 überwunden, und die Arbeitslosigkeit hielt sich in Grenzen. Durch die extremen Anstrengungen Japans im Bereich der Energieersparnis konnte die Zahlungsbilanz ebenfalls ihre Leistungsbilanzdefizite schnell abbauen. Unterstützend wirkte dabei die Aufwertung des Yen und die damit einhergehende Verbilligung der japanischen Importe, wodurch die Güterimporte als Anteil vom BSP bis 1978 sanken. Gleichzeitig ist der Anteil der Güterexporte am BSP beträchtlich gestiegen und bewegt sich nach wie vor auf einem hohen Niveau. Die unmittelbare Folge war ein signifikanter Überschuß in der Handelsbilanz. Der zweite Ölschock von 1979/80 erhöhte erneut die japanischen Importzahlungen; allerdings begannen sie bald wieder zu sinken, da die Preise von Primärgütern beträchtlich gefallen waren. Gleichzeitig stieg der Anteil der Güterexporte am BSP noch weiter an und führte zu einem erneuten Überschuß. Von 1974 bis 1983 betrug der Außenhandelsüberschuß Japans im Schnitt 1 % der Handelsbilanz und 0,5 % der Leistungsbilanz (bedingt durch die anhaltenden Defizite der Dienstleistungsbilanz). Daher war während des gesamten Jahrzehnts der Außenhandelssaldo nicht hoch genug, um die überschüssigen Ersparnisse des privaten Sektors zu absorbieren[3] (vgl. Tabelle 10.1 und Abbildung 10.1).

Exportabhängiges Wachstum: Ein kurzfristiges Phänomen

Wir beginnen zunächst mit der These des exportabhängigen Wachstums. Hierbei gibt es sowohl kurzfristige als auch langfristige Aspekte. Bei kurzfristiger Betrachtung lautet das Argument folgendermaßen: In Japan ist das verfügbare Einkommen der Verbraucher durch die zunehmende Steuerbelastung und die erhöhten Sozialversicherungsbeiträge ständig zurückgegangen. Aufgrund ihrer nach wie vor hohen Sparneigung waren die Konsumenten entsprechend zurückhaltend bei ihrer effektiven Nachfrage. Die Wohnungsinvestitionen bewegten sich auf einem relativ niedrigen Niveau, was insbesondere durch den Einfluß der hohen Grundstückskosten bedingt war. Die Regierung hat versucht, ihre Ausgaben einzuschränken, um ihre Defizite so niedrig wie möglich zu halten. Insofern war die inländische aggregierte Nachfrage insgesamt relativ schwach. Daher ist es natürlich, daß die japanischen Produzenten in verstärktem Maße versuchten, ihre Überschüsse auf ausländischen Märkten abzusetzen. Diese Tendenz war in Rezessionszeiten ganz besonders ausgeprägt. Folglich wird der „Exportdrang" noch weiter verstärkt, und die Spannungen mit den Handelspartnern nehmen zu.

Sofern der Exportdrang antizyklisch verläuft, kann er die Schwankungen der Binnennachfrage durchaus neutralisieren, so daß das Wirtschaftswachstum stetiger verläuft. Dieser Effekt läßt sich nachweisen, wenn man die Veränderungen der Wachstumsrate des realen BSP von Japan und allen OECD-

Tabelle 10.1: Exporte und Importe als Anteil des BIP, 1965–1983

	Warenhandel			Leistungsbilanz		
	Exporte (fob)	Importe (fob)	Überschuß	Exporte	Importe	Überschuß
1965	9,2	8,0	0,8	10,9	9,8	1,0
1966	9,2	7,9	1,3	11,0	9,7	1,2
1967	8,4	8,4	0,0	10,1	10,3	−0,2
1968	8,8	7,9	0,9	10,5	9,7	0,7
1969	9,2	7,8	1,4	11,0	9,7	1,2
1970	9,4	8,2	1,2	11,3	10,3	1,0
1971	10,3	7,6	2,7	12,3	9,8	2,5
1972	9,2	6,9	2,3	11,3	9,0	2,2
1973	8,8	8,5	0,3	10,8	10,8	0,0
1974	12,1	12,5	−0,4	14,5	15,5	−0,9
1975	11,2	10,8	0,4	13,7	13,8	−0,1
1976	11,9	10,8	1,1	14,4	13,7	0,7
1977	11,6	9,7	1,9	13,9	12,3	1,6
1978	9,9	7,8	2,1	11,9	10,1	1,8
1979	10,3	10,7	−0,4	12,8	13,7	−0,8
1980	12,3	12,8	−0,5	15,1	16,1	−0,9
1981	13,3	11,7	1,6	16,6	16,0	0,6
1982	13,1	11,6	1,5	16,8	16,0	0,8
1983	12,7	10,5	2,2	15,8	13,9	1,9
1965–69	9,0	8,0	1,0	10,7	9,8	0,9
1970–74	9,8	8,3	1,5	12,0	11,1	0,9
1975–79	11,0	10,0	1,0	13,3	12,7	0,6
1980–83	12,9	11,5	1,4	16,1	15,5	0,6

Quellen: Economic Planning Agency (Japan), *Annual Report on National Accounts*, 1983 und 1984; IMF, *International Financial Statistics*.

Ländern zusammengenommen vergleicht. Während die mittlere und Standardabweichung in der Periode 1975—1982 in Japan 4,5 und 0,9 % betrugen, lagen sie in den OECD-Ländern (insgesamt) bei 2,3 und 2,0 % (vgl. Tabelle 10.2). Diese erstaunliche Diskrepanz ist größtenteils auf unterschiedliche Verhaltensweisen bei der Ausfuhr zurückzuführen, wie im folgenden gezeigt wird.

Wir beginnen zunächst mit der BSP-Identität.

(1) $Y = A + X - M$,

wobei $\underline{Y}$ das BSP oder BIP ist, $\underline{A}$ die „Absorption" oder die heimischen Ausgaben (die Summe des privaten Konsums, der Staatsausgaben und der inländischen Bruttoinvestitionen), $\underline{X}$ die Exporte von Gütern und Dienstleistungen und $\underline{M}$ die Importe von Gütern und Dienstleistungen sind. Alle Werte sind in konstanten Preisen angegeben.

Wenn wir das erste Differential der Gleichung (1) nehmen, erhalten wir

$$(2) \qquad \frac{\Delta Y}{Y_{-1}} = \underset{[1]}{\frac{\Delta A}{Y_{-1}}} + \underset{[2]}{\frac{\Delta X}{Y_{-1}}} - \underset{[3]}{\frac{\Delta M}{Y_{-1}}}$$

Abbildung 10.1: Anteile des Warenhandels am BIP, Japan

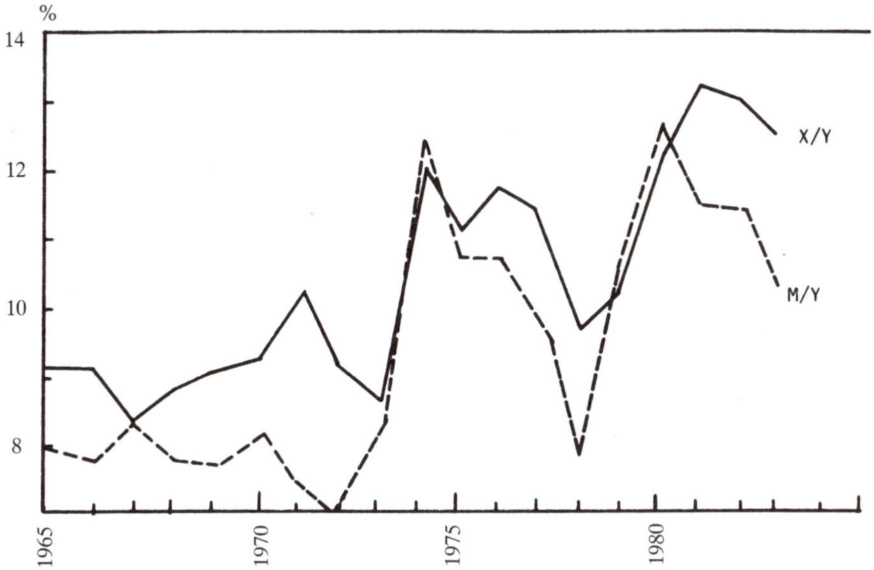

Dies zeigt, daß die Wachstumsrate des realen BSP aus zwei Komponenten besteht — den Inlandausgaben, den Exporten und (-) den Importen. Tabelle 10.2, in der die einzelnen Komponenten aufgeführt sind, ist eine in der makroökonomischen Analyse bekannte Tabelle, die die „Beiträge" der verschiedenen BSP-Komponenten illustriert.

Um die Stabilität der Wachstumsrate zu untersuchen, sehen wir uns die einfachen Korrelationskoeffizienten der jährlichen Veränderungen von [1], [2] und [3] in Tabelle 10.3 für die OECD (insgesamt), Japan, die Vereinigten Staaten und die Europäische Gemeinschaft an. Diese Tabelle zeigt verblüffende Diskrepanzen zwischen den verschiedenen Leistungen. Die Korrelation zwischen [1] und [2] ist für die OECD (insgesamt) eindeutig positiv, für die EG auch noch positiv, für die Vereinigten Staaten dagegen bereits gleich Null, und für Japan ist sie eindeutig negativ. Dies bedeutet, daß die Wachstumsraten in der OECD und der EG aufgrund der Kovarianz der heimischen Nachfrage und der Exportnachfrage weniger stabil sind. Demgegenüber bewegen sich die beiden Größen im Falle Japans in entgegengesetzte Richtungen und verringern dementsprechend die Schwankungen seiner Wachstumsrate. Bei den Importen sind dagegen keine entsprechenden Unterschiede zwischen den Ländern festzustellen, sondern die Korrelation zwischen [1] und [3] ist bei allen Ländern mehr oder weniger positiv. Dadurch scheint erwiesen, daß der Exportdrang bei der Nivellierung der Konjunkturschwankungen der Gesamtnachfrage in Japan eine bedeutsame Rolle gespielt hat.

Tabelle 10.2: Die Beiträge zu den Wachstumsraten des realen BSP

Jahr[1]	reales BSP[2] (1)	Beiträge der heimischen Absorption (2)	Exporte (3)	Importe (4)
		OECD, insgesamt		
1975	−0,3	−1,1	−0,4	1,2
1976	4,9	5,3	1,7	−2,1
1977	3,8	3,5	1,0	−0,7
1978	3,9	3,9	1,0	−1,0
1979	3,2	3,5	1,2	−1,5
1980	1,3	0,4	1,0	−0,1
1981	1,9	1,2	0,8	−0,1
1982	−0,4	−0,2	−0,0	−0,2
		Japan		
1975	3,6	2,0	0,5	1,0
1976	5,1	3,6	2,5	−1,0
1977	5,3	4,2	1,5	−0,4
1978	5,1	6,9	−0,4	−1,4
1979	5,3	4,8	1,9	−1,4
1980	4,6	1,4	2,7	−0,6
1981	3,5	1,8	2,8	−1,1
1982	3,3	2,9	0,1	−0,3
1983	3,7	1,9	1,8	−0,0

Quellen: Berechnet anhand der *OECD-National Accounts, 1953–1983,* Band 1 (Paris, 1984), und Economic Planning Agency (Japan), *Annual Report on National Accounts,* verschiedene Ausgaben.

Anmerkungen:
[1] OECD: Kalenderjahr; Japan: Fiskaljahr.
[2] Wachstumsrate – OECD: BIP; Japan: BSP.

Tabelle 10.3: Einfache Korrelationskoeffizienten, 1976–1982

[1] Jährliche Veränderung bei $\frac{\Delta A}{Y_{-1'}}$

[2] Jährliche Veränderung bei $\frac{\Delta X}{Y_{-1'}}$

[3] Jährliche Veränderung bei $\frac{\Delta M}{Y_{-1'}}$

	Korrelation zwischen (1,2)	(1,3)	(2,3)
OECD (insgesamt)	0,90	0,95	0,89
EG	0,66	0,97	0,77
USA	0,05	0,88	0,20
Japan	−0,56	0,56	0,29

Quellen: Berechnet auf der Basis der OECD, *National Accounts.*

Wenn die japanische Wirtschaft eine Rezession durchmacht, befinden sich andere Länder ebenfalls in einer wirtschaftlichen Flaute, und der Welthandel mit Industriegütern stagniert. Japans Exportdrang bewirkt dann, daß der japanische Weltmarktanteil zunimmt.[4] Aus diesem Grunde werden handelsbedingte Spannungen in Rezessionszeiten noch weiter intensiviert. In den vergangenen Jahren ist die Tatsache, daß Japan die Auslandsnachfrage immer wieder als Mittel der Konjunkturstabilisierung verwendet hat, sowohl im In- als auch im Ausland heftig kritisiert worden.[5] Insofern ist die These des exportabhängigen Wachstums durchaus gültig.[6]

Wachstumsabhängiger Export: Ein langfristiges Phänomen

Die langfristige Version der These des exportabhängigen Wachstums lautet folgendermaßen: Die Dienstleistungsrevolution begann in Japan am Ende der Wachstumsperiode, weil die Konsumenten sich in zunehmendem Maße anstelle von Gütern auf Dienstleistungen verlegten. Da gleichzeitig die Produktivitätssteigerung im verarbeitenden Gewerbe hoch blieb[7], konnte dieser Sektor nicht mehr alle Arbeitskräfte absorbieren, so daß die Beschäftigung eindeutig gesunken ist (von 1973 bis 1982 um 3,6 %). Die Exportförderung verhindert eine weitere Zunahme der Arbeitslosigkeit und trägt zum Abbau von Überschußkapazitäten im verarbeitenden Sektor bei. Sonst wird die ohnehin schwächere Nachfrage nach privater Kapitalbildung noch stärker geschwächt. Außerdem erzeugen zusätzliche Exporte einen Multiplikatoreffekt, der die Gesamtnachfrage des Landes in die Höhe treibt. Dies ist der sogenannte Export von Arbeitslosigkeit. Tatsächlich geht aus Tabelle 10.4 eindeutig hervor, daß die japanische verarbeitende Industrie sich in zunehmendem Maße auf die Produktion für den Export spezialisiert hat. Wenn zwei Drittel bis drei Viertel der Gesamtproduktion ausgeführt werden, läßt sich diese Tatsache kaum mehr leugnen — was von den ausländischen Massenmedien ja auch immer wieder hervorgehoben wird.

Die Frage ist nun, ob diese Interpretation tatsächlich richtig ist. Der Exportdrang ist im großen und ganzen bedingt durch die verstärkten Verkaufsanstrengungen der japanischen Hersteller und Handelsgesellschaften. Daher ist er auch nur begrenzt wirksam. Wenn die Überseeverkäufe eine bestimmte Grenze überschreiten, müssen die Exporteure unfaire Wettbewerbsmethoden verwenden, wie beispielsweise das unfaire Preisdumping, besonders günstige Finanzierungsbedingungen bei der Ausfuhr von Fabriken, staatliche Präferenzen für Exporteure in Form von billigen Krediten, speziellen Abschreibungskonditionen, Exportsteuerkrediten und dergleichen, oder die künstliche Niedrighaltung des Yen. Wenngleich vielerorts behauptet wird, daß die japanischen Exporteure effektiv von diesen unfairen Methoden profitieren, bleibt es zweifelhaft, ob dies die gesamte Wahrheit oder sogar die halbe Wahrheit ist. Das Dumping ist bereits mehrmals von dem amerikanischen Ausschuß für Internationalen Handel widerlegt worden (und sei es nur aufgrund mangelnder konkreter Beweise). Die Politik der Ausfuhrförderung hat es bereits in der Vergangenheit in Japan gegeben, und es wird vermutet, daß sie eine wichtige Hilfestellung für die neuen Exportindustrien geleistet hat.[8] Der Yen-Wechselkurs richtet sich im wesentlichen nach den Marktkräften und kann von seiten der japanischen Währungsbehörden praktisch nicht manipuliert werden.

Tabelle 10.4: Exporte und Anteil der Inlandsproduktion: Wichtigste Güter mit einem Anteil über 30%, 1975–1982.

	1975	1980	1981	1982
Synthetische Fasern	71,3	55,2	64,1	63,1
Eisen und Stahl	38,5[1]	30,2	31,7	32,4
Uhren	66,8[2]	80,8	83,6	87,3
Elektrische Rechner	87,1[2]	83,3	79,1	76,9
Maschinenwerkzeuge	26,7	39,5	36,5	31,9
Fernsehgeräte	46,6	51,6	69,3	61,6
Videorecorder	48,3[2]	77,6	77,4	81,1
Personenkraftwagen	40,7	59,2	56,6	54,7
Motorräder	57,1[2]	53,5	57,5	50,4
Kameras	70,0	79,3	76,4	76,1
Reifen und Röhren	58,2	70,0	81,4	80,1

Quellen: MITI, *White Paper on International Trade.*

Anmerkungen:
[1] 1977
[2] 1976

Im Gegensatz zu den Produkten, die auf den natürlichen Rohstoffvorkommen des Landes basieren, werden Fertigprodukte aus Rohstoffen produziert, die auf den internationalen Märkten für alle Käufer zu gleichen Bedingungen verfügbar sind, d.h., es gibt in diesem Bereich nur wenig Kostenvorteile. In der endgültigen Analyse kann ein Produkt nur aufgrund des Prinzips des komparativen Kostenvorteils wettbewerbsfähig bleiben. Daraus folgt, daß Japan seine Exporte sehr viel stärker als andere Länder expandieren konnte, weil es bei Produkten, bei denen eine ausgesprochen starke Weltnachfrage herrschte, einen bedeutenden komparativen Vorteil besaß. Da Japan inzwischen bei einer Reihe von technologieintensiven Produkten die Technologiegrenze erreicht hat, spielt es im internationalen Produktzyklus heute die Rolle eines Pioniers und kann in dieser Führungsrolle häufig den Löwenanteil eines Marktes für sich behaupten. Aufgrund der zunehmenden Skalenerträge oder durch die Vorteile des learning by doing wird seine Produktivität steigen, und die Produktionskosten werden mit zunehmendem Produktionsumfang sinken.[9] Die starke internationale Wettbewerbsfähigkeit führt ihrerseits zu einer verstärkten Expansion der Exporte, was schließlich zu der in Tabelle 10.4 dargestellten japanischen Exportspezialisierung im Bereich der verarbeiteten Güter geführt hat.[10] Die Prozeß- und Produktinnovationen, die wiederum neue komparative Vorteile mit sich bringen, schlagen in einer Wirtschaft mit anhaltendem Wachstum sehr stark zu Buche. Nach der These des wachstumsabhängigen Exports ist die Expansion der Industrieausfuhren eine natürliche Konsequenz des Wirtschaftswachstums per se.

Die Tatsache, daß die Vereinigten Staaten und andere Länder zum Schutze ihrer ineffizienten heimischen Industrien in der Vergangenheit ebenso wie gegenwärtig für eine Reihe von japanischen Produkten „freiwillige" Quoten festgelegt haben, die von Textilien über Unterhaltungselektronik bis zu Stahl und Autos reichten, zeigt, daß die freien Kräfte des Marktes oft gegen das Eigeninteresse der anderen Beteiligten arbeiten.

Das Prinzip des komparativen Vorteils: Seine Funktionsweise innerhalb der Volkswirtschaft

Die japanische Güterausfuhr besteht nahezu vollständig aus verarbeiteten Produkten (98,3 % — 1983). Demgegenüber ist ihr Anteil an den japanischen Warenimporten mit 25,3 % eher marginal, während der Löwenanteil hier an die fossilen Treibstoffe geht (46,6 %). Seit 1973 haben die starken Erhöhungen der Weltölpreise die japanischen Warenimporte relativ zum BSP verdoppelt. Interessanterweise haben die japanischen Warenexporte jedesmal mehr oder weniger gleichgezogen. Wir wollen jetzt untersuchen, wo diese Ausfuhrsteigerungen stattgefunden haben, die ja auf Veränderungen der Exportanteile am Gesamtangebot an verarbeiteten Produkten beruhten (vgl. Tabelle 10.5). Seit 1965 ist der Anteil der Ausfuhr am Gesamtangebot stetig gestiegen, nach 1974 jedoch besonders deutlich. Tabelle 10.5 zeigt zugleich Veränderungen der Anteile der Warenimporte am Gesamtangebot. Aus ihr geht eindeutig hervor, daß deren Zuwächse nur niedrig waren.

Die relative Zunahme der Warenausfuhr erstreckt sich nicht gleichmäßig auf alle Industriezweige. In Tabelle 10.6 sind die verschiedenen Industrien aufgelistet. Eine Analyse dieser Tabelle zeigt, daß die dreizehn Industrien in zwei unterschiedliche Gruppen unterteilt werden können: In die Gruppe A, die vorwiegend aus Leichtindustrie besteht (Nahrungsmittel, Textilien, Papier und Papierbrei, chemische Produkte, Erdöl/Kohleprodukte, Steine und Steinzeugprodukte und sonstige Produkte) und deren Verhältnis der Exporte zum Gesamtangebot weder stieg noch sank. In die Gruppe B, die vor allem aus der Metall- und Maschinenindustrie besteht (Rohmetalle, Metallprodukte, Maschinenbau, Elektrogeräte, Fahrzeuge und Präzisionsinstrumente), in der sich das Verhältnis Mitte der 70er Jahre erhöhte und bei den Maschinenbauindustrien in den folgenden Jahren noch weiter anstieg. Inzwischen beläuft sich der Anteil der Gruppe B am Gesamtangebot auf 46,6 % (1982) gegenüber

41,1 % (1965). Folglich stieg der Exportanteil der Gruppe noch drastischer, nämlich von 57,0 % (1965) auf 81,8 % (1982).

Inwieweit stimmen diese Veränderungen nun mit dem Prinzip der komparativen Kosten überein? Grob gesprochen verändert sich die Position der Industrien im Hinblick auf den Maßstab der komparativen Kostenvorteile dann, wenn sie ihre Produktivität mit unterschiedlichen Raten erhöhen. Eine Industrie mit überdurchschnittlichen Produktivitätssteigerungsraten erzielt einen komparativen Vorteil. Eine andere, deren Produktivitätszuwächse hinterherhinken, erzielt entsprechend geringere oder gar keine komparativen Vorteile. Als grobe Produktivitätsrate sehen wir uns die Bruttoproduktion pro Beschäftigten etwas genauer an.

Tabelle 10.5: Der Außenhandel der gewerblichen Wirtschaft als Prozentsatz am Gesamtangebot[1], Japan, 1965–1982

	Exporte (fob)	Importe (cif)	Nettoexport
1965	7,2	2,8	4,4
1966	7,2	2,8	4,4
1967	6,4	3,0	3,4
1968	6,8	2,8	4,0
1969	7,0	2,8	4,1
1970	7,0	3,1	4,0
1971	8,1	2,8	5,3
1972	7,7	2,8	4,9
1973	6,9	3,2	3,7
1974	8,9	3,8	5,1
1975	9,3	3,3	5,9
1976	9,4	3,4	6,3
1977	9,9	3,2	6,7
1978	8,9	3,1	5,9
1979	8,7	4,0	4,7
1980	9,9	4,1	5,8
1981	11,0	4,0	7,0
1982	10,9	4,2	6,7
1965–1969	6,9	2,8	4,1
1970–1974	7,7	3,1	4,6
1976–1979	9,3	3,4	5,9
1980–1982	10,6	4,1	6,5

Quellen: Economic Planning Agency (Japan), *Annual Report on National Accounts,* 1983 und 1984.

Anmerkung: Gesamtangebot = Bruttoinlandsproduktion + Import (cif + Zölle) + Transport + Handelsspannen.

Die Wachstumsrate dieses Maßes für die Arbeitsproduktivität ist in Tabelle 10.6 enthalten. Dabei gelten all die Industrien mit einer Wachstumsrate über 5,0 % (der Durchschnitt des gewerblichen Sektors liegt bei 4,6 %) als „Ge-

Tabelle 10.6: Der Außenhandel der gewerblichen Wirtschaft als Prozentsatz am Gesamtangebot[1], Japan

Industrie[2]	1965	1970	1975	1980	1982	g (Q/N)[3] 1970–1982
			Export			
insgesamt	7,2	7,0	9,3	9,9	10,9	4,5
1	1,3	1,3	0,8	0,8	0,8	4,5
2	11,6	10,3	9,5	10,5	9,8	4,1
3	1,8	2,8	2,6	2,4	2,5	3,9
4	6,7	7,5	10,1	7,9	7,9	4,7
5	2,4	1,4	2,4	1,6	1,7	0,4
6	6,6	4,5	4,7	5,0	5,5	4,2
7	8,8	7,2	12,9	10,1	11,5	3,7
8	6,7	6,1	7,8	8,3	9,0	2,3
9	7,2	7,4	12,5	16,3	16,7	5,3
10	11,1	11,3	15,1	19,4	21,4	9,3
11	13,9	15,1	26,6	28,0	30,9	6,2
12	15,2	17,5	23,3	29,2	29,2	6,3
13	7,0	5,0	2,9	3,3	3,6	1,8
			Import			
insgesamt	2,8	3,1	3,3	4,1	4,2	
1	3,7	3,4	5,1	4,9	5,0	
2	0,8	2,3	4,2	5,3	6,0	
3	2,3	2,4	2,7	4,1	3,7	
4	4,1	4,9	4,6	5,9	6,9	
5	6,4	6,6	6,2	8,8	9,1	
6	0,5	0,6	0,6	0,8	0,9	
7	3,9	4,0	2,4	4,2	4,8	
8	0,5	0,6	0,8	0,8	0,9	
9	4,1	3,4	2,8	2,4	2,2	
10	2,2	2,8	3,2	3,0	3,2	
11	1,7	2,0	1,8	2,2	1,6	
12	4,3	6,4	8,7	8,7	8,6	
13	1,0	1,9	1,8	3,4	3,3	

Quellen: Economic Planning Agency (Japan), *Annual Report on National Accounts,* 1983 und 1984.

Anmerkungen:
[1] Gesamtangebot = Inlandsproduktion + Import (cif + Zölle) + Transport + Handelsspannen.
[2] Industriecode:
1 Nahrungsmittel
2 Textilien
3 Papier/Papierbrei
4 Chemische Produkte
5 Erdöl/Kohleprodukte
6 Steine und Steinzeugprodukte
7 Rohmetalle
8 Metallprodukte
9 Maschinenbau
10 Elektrogeräte
11 Fahrzeuge
12 Präzisionsinstrumente
13 Verschiedene Produkte
[3] Durchschnittliche jährliche Wachstumsrate der Bruttoinlandsproduktion/in der Produktion Beschäftigte.

winner“ von komparativen Vorteilen und all diejenigen mit einer Wachstumsrate unter 4,5 % als „Verlierer“. Die Gewinner sind die 4 Maschinenindustrien, die Verlierer dagegen Textilien, Papier und Papierbrei, Erdöl/Kohleprodukte, Steine und Steinzeugprodukte, Rohmetalle, Metallprodukte und sonstige Erzeugnisse. Eine Zwischenposition behaupten Nahrungsmittel und chemische Produkte. Wie bereits erwähnt, hat nur die Maschinenindustrie das Export-Angebots-Verhältnis nach 1975 noch erhöht. Das Prinzip des komparativen Vorteils hat somit die jeweiligen Veränderungen in der japanischen Exportstruktur determiniert.

Genau dasselbe Prinzip müßte eigentlich auch auf der Importseite wirksam sein. Das heißt, die Importe müßten in den Bereichen steigen, in denen Japan seinen komparativen Vorteil verloren hat. Eine Analyse der Veränderungen des Import-Angebots-Verhältnisses zeigt, daß diese Tendenz in 7 Industrien eindeutig vorhanden ist — und zwar sind dies Textilien, Papier und Papierbrei, chemische Produkte, Erdöl/Kohleprodukte, Steine und Steinzeugprodukte, Metallprodukte und sonstige Erzeugnisse. Auffallend ist hier die beträchtliche Überschneidung dieser Liste mit den zuvor erwähnten Verlierer-Industrien. Außerdem wird offensichtlich, daß Japan bekanntermaßen seinen komparativen Vorteil im Textilbereich Ende der 60er Jahre und in der petrochemischen und Aluminiumverarbeitungsindustrie in den vergangenen Jahren verloren hat. Ein bedeutsamer Unterschied zur Exportseite ist, daß die Industrien, deren Importe relativ zum BSP gestiegen sind, immer noch relativ klein sind. Ihre Anteile am Gesamtangebot erhöhten sich von 45,2 % (1965) auf 48,8 % (1982), während sich ihr Anteil an den Importen von 34,3 % auf 51,4 % steigerte. Für diese sieben Industrien stieg das durchschnittliche Import-Angebots-Verhältnis von 2,1 % (1965) auf 4,9 % (1982).

Zusammenfassend läßt sich sagen: Während des Beobachtungszeitraumes hat die Maschinenindustrie in der Produktion und vor allem bei den Exporten eine fortgesetzte Expansion erlebt. Und genau diese Industrien haben ganz entscheidend zur Erhöhung des japanischen Export-BSP-Verhältnisses seit Mitte der 70er Jahre beigetragen. Überdies entspricht ihre relative Erhöhung dem Prinzip der komparativen Kosten, sofern dieses innerhalb der Volkswirtschaft angewendet wird.[11]

Die japanischen Industrieexporte im Rahmen der Weltwirtschaft

Angesichts der unterschiedlichen industriellen Wachstumsraten in den industrialisierten Ländern haben die japanischen Industrieexporte gar nicht einmal in so extremer Form zugenommen. Dies heißt mit anderen Worten, die langfristige Leistung der japanischen Exporte läßt sich durchaus mit Hilfe der herkömmlichen Wirtschaftstheorie erklären.

Tabelle 10.7 vergleicht Veränderungen der gewerblichen Exporte aller industrialisierten Marktwirtschaften und Japans von 1960 bis 1983. Der Vergleich Japans mit entwickelten Marktwirtschaften läßt sich damit begründen, daß diese zugleich zu den wichtigen Exportländern gehören, die direkt mit ihm auf dem Weltmarkt konkurrieren. Diese Länder konnten 1982 80,5 % des gesamten gewerblichen Handels an der Weltwirtschaft für sich verbuchen. Aus Tabelle 10.7 geht hervor, daß der japanische Exportanteil innerhalb dieser Gruppe seit 1960 von 6 % bis 1970 auf 11 % gestiegen ist. Während die anschließende Zunahme während der 70er Jahre relativ niedrig war (von 10,6 % im Jahre 1970 auf 13,3 % im Jahre 1980), war zu Beginn der 80er Jahre ein beschleunigter Anstieg zu verzeichnen, so daß der japanische Anteil 1983 bereits 16,7 % betrug. Obwohl er damit immer noch unter dem von Westdeutschland liegt (17,2 %), übersteigt er den Wert der Vereinigten Staaten (15,6 %). Tatsächlich ist dies das erste Mal, daß Japan die USA überrunden konnte.

Wie allseits bekannt, waren die Jahrzehnte nach dem 2. Weltkrieg insofern einzigartig in der neueren Wirtschaftsgeschichte, als die Exporte nach wie vor schneller stiegen als die Inlandsproduktion. So hat sich in den 60er Jahren die Produktion der verarbeitenden Industrie nahezu verdoppelt, während die Industrieexporte in den entwickelten Marktwirtschaften insgesamt um mehr als das Doppelte stiegen. Selbst in den 70er Jahren bleibt trotz des deutlich verlangsamten Wirtschaftswachstums die Tendenz dieselbe. Die Industrieproduktion stieg während der 12 Jahre seit 1970 nur um 30 %, während sich die Industrieexporte im selben Zeitraum nahezu verdoppelten. Demnach war die japanische Ausfuhrexpansion in den 70er Jahren keineswegs ungewöhnlich, sondern andere Ausfuhrländer erreichten ganz ähnliche Zuwachsraten. Dennoch möchten wir diesen Vergleich ein wenig konkretisieren.

Zu diesem Zweck verwenden wir ein einfaches Wirtschaftsmodell.[12] Hierbei bezeichnen wir den Exportpreis ($) mit P, das Exportvolumen mit X und die Industriegüterproduktion mit Q. Während sich die Subskripte i auf das Land i beziehen, repräsentiert das Subskript w die Welt (dabei geht es immer um die Welt insgesamt oder um die entwickelten Marktwirtschaften insgesamt).

In diesem Modell betrachten wir den Weltmarkt für Güterexporte als einen unvollkommenen Wettbewerbsmarkt, auf dem ein leicht differenziertes Produkt angeboten wird. Dabei beginnen wir zugunsten des Arguments zunächst mit einer Situation, in der das Gesetz des einen Preises gültig ist, d.h. alle Nachfrager und alle Anbieter sehen sich auf diesem Markt einem einzigen Preis gegenüber (Pw). Die Weltnachfrage nach dem betreffenden Produkt ist eine Funktion von Pw relativ zu den heimischen Preisen in den importierenden Ländern und von realen Variablen wie dem aggregierten Realeinkommen der Nachfrager. Das Weltangebot des spezifischen Produkts erhalten wir durch eine horizontale Summierung der Angebotskurven der einzelnen Exportländer, die jeweils eine Funktion von Pw relativ zum heimischen Preisniveau und seiner Angebotskapazität sind. Die letztere kann auch als die Industrieproduktion eines Landes (Qi) bezeichnet werden. Die Weltangebotsfunktion erscheint dann als eine Funktion von (Pw) relativ zum Durchschnitt der heimischen Preisniveaus der Exportländer und der Gesamtangebotskapazität derselben (Qw).

Auf dem Weltmarkt für Industriegüter werden Nachfrage und Angebot aus-

Tabelle 10.7: Exporte und Produktion der verarbeitenden Industrie

	Entwickelte Marktwirtschaften				Exporte Japan				Exporte Japan/der entwickelten Marktwirtschaften			
Jahr	p	q	pq (Mrd.$)	Q	p	q	pq (Mrd.$)	Q	p	q	pq	Q
1960	46	29	58,3	52	54	12	3,6	25	1,17	0,41	0,062	0,49
1965	49	43	90,3	70	49	30	7,8	44	1,00	0,70	0,086	0,63
1970	54	72	169,2	90	56	61	18,1	92	1,04	0,85	0,107	1,02
1975	100	100	433,9	100	100	100	53,2	100	1,00	1,00	0,123	1,00
1976	100	112	487,1	109	99	123	64,6	111	0,99	1,10	0,133	1,02
1977	109	117	555,9	113	108	135	77,7	116	0,99	1,15	0,140	1,03
1978	125	123	669,1	118	131	135	94,2	123	1,05	1,10	0,141	1,05
1979	143	130	801,8	124	141	132	99,0	132	0,99	1,02	0,123	1,07
1980	159	137	936,6	123	152	156	124,6	138	0,96	1,14	0,133	1,14
1981	149	141	912,1	123	161	173	146,8	140	1,08	1,23	0,161	1,14
1982	146	137	865,8	118	153	166	134,2	146	1,05	1,21	0,155	1,20
1983	140	141	854,1	122	147	184	142,4	145	1,05	1,30	0,167	1,29

Quellen: Vereinte Nationen, *Monthly Bulletin of Statistics* und *Statistical Yearbook*, verschiedene Ausgaben.

Anmerkungen: p = Einheitswert in Dollar, 1975 = 100
q = Mengenindex, 1975 = 100
pq = Wert in Mrd. Dollar
Q = Produktionsindex der verarbeitenden Industrie, 1975 = 100

geglichen. Das Gleichgewicht determiniert das Handelsvolumen (Xw) und den Exportpreis (Pw). Der Gleichgewichtswert von Xw ist gegeben durch $\hat{X}$w. Nach dem Erreichen des Marktgleichgewichts besitzt jedes Exportland einen jeweils angemessenen Teil von $\hat{X}$w bzw. $\hat{X}$i. Jetzt nehmen wir an, daß die Angebotskapazität des Landes i erhöht wird, während alle anderen Kapazitäten unverändert bleiben. Dadurch verlagert sich die Weltangebotskurve nach rechts, und der Weltexportpreis sinkt, während das Welthandelsvolumen steigt. Diese Expansion des Handels verteilt sich so auf alle Exportländer, und zwar dergestalt, daß Land i seinen Anteil von $\hat{X}$w erhöht, die Anteile der anderen dagegen sinken. Als erste Annäherung läßt sich diese Situation durch die folgende Funktion darstellen:

(3) $\hat{X}_i/\hat{X}_w = Z_i\ (Q_i/Q_w)^b,\ b > o.$

Z_i ist eine positive Konstante mit einem Mittelwert von 1, der von Land zu Land je nach Beteiligung des spezifischen Landes i am internationalen Markt variiert. Wenn die Anbieterländer dieselbe Technologie besitzen, müßten ihre Angebotskurven identisch sein. In diesem Fall müßte der Angebotsanteil proportional zum Produktionsanteil sein, d.h., wir würden $b = 1$ erhalten.

Da die Industriegüter selbst innerhalb einer bestimmten Kategorie nicht völlig homogen sind, läßt sich das Gesetz des einen Preises nicht streng anwenden.[13] Insofern können die Länder ihre Produkte zu unterschiedlichen Preisen verkaufen. Die Verteilungsvarianz dieser Preise hängt von dem Grad der Marktunvollkommenheit ab. In jedem Fall sehen sich alle Exportländer einer abwärts geneigten Nachfragekurve in bezug auf den eigenen Exportpreis relativ zum durchschnittlichen Weltexportpreis gegenüber. Diese individuelle Nachfragefunktion wird in Bezug gesetzt zu ihrem Gleichgewichtsniveau $\hat{X}_i$. Somit erhalten wir

(4) $X_i/\hat{X}_i = (P_i/P_w)^a,\ a < o.$

Wenn wir (3) und (4) kombinieren, erhalten wir

(5) $X_i = (X_i/\hat{X}_i)\ (\hat{X}_i/\hat{X}_w)\ \hat{X}_w = z_i\ (P_i/P_w)^a\ (Q_i/Q_w)^b\ \hat{X}_w.$

Dies ist die Exportnachfragefunktion des Landes i.[14]

Zur Schätzung von (5) verwenden wir einen Länderquerschnitt für einen gegebenen Zeitraum. Zur Bezeichnung des Wachstumsfaktors verwenden wir irgendeinen kleinen Buchstaben, z. B. $x = X(T) / X(0)$ zwischen dem Jahr 0 und T. Dann wird (3) umgeschrieben als

(6) $x_i = z_i\ (p_i/p_w)^a (q_i/q_w)^b x_w$

Eine weitere Umformulierung ergibt dann

(7) $v_i = z_i\ (p_i/p_w)^{1+a}\ (q_i/q_w)^b,$

wobei $V_i = P_i\ X_i/P_w\ X_w$ der Wert des Exportanteils des Landes i ist. Diese Methode minimiert Meßfehler, die bei der relativen Preisvariable auftreten können.

Ein Beispiel

Da es sich bei den exportierenden Ländern um entwickelte Marktwirtschaften handelt, geben Pw und Xw die Exporte dieser Marktwirtschaften in der Welt an. Qw ist der Industrieproduktionsindex der entwickelten Marktwirtschaften insgesamt, wobei wir hier 15 der bedeutendsten Exportländer für unsere spezifische Stichprobe ausgewählt haben. Ferner betrachten wir zwei Perioden: Erstens den Zeitraum 1960—1970, der durch feste Wechselkurse und ein schnelles Wirtschaftswachstum gekennzeichnet war. Zweitens die Periode 1970—1982, für die flexible Wechselkurse sowie ein verlangsamtes Wirtschaftswachstum charakteristisch waren.

Pi ist der auf einen Einheitswert bezogene Exportindex ($) des Landes i, Pi,Xi ist der Dollarwert der Industrieexporte des Landes i und Qi der Produktionsindex von i. Zi verwenden wir für den Exportexpansionsfaktor: mGi und mTi sind die Faktoren, die anhand der Bestimmungslandgewichte und der Bestimmungsland/Warengewichte jeweils für die Industrieexporte des Landes i berechnet werden.[15] Die Daten stammen von den herkömmlichen UN-Quellen (vgl. Tabelle 10.8).

Die Regressionsschätzungen befinden sich in Tabelle 10.9 (A). Der fit ist zwar nicht so gut, aber die geschätzten Koeffizienten bewegen sich in einer vernünftigen Größenordnung (vgl. hierzu das Ergebnis von Sato [1977]). In beiden Perioden unterscheidet sich die konstante Größe nicht signifikant von 0, und der Koeffizient von log qi/qw ist in etwa gleich 1. Der einzige signifikante Unterschied zwischen den beiden Beobachtungszeiträumen ist eine Senkung (des absoluten Wertes) der Preiselastizität der Exportnachfrage — von über 1 zwischen 1960 und 1970 auf unter 1 zwischen 1970 und 1982. Der Koeffizient des Exportexpansionsfaktors ist in der zweiten Periode weniger signifikant, doch ist dies eher auf eine verringerte Streuung dieser Variablen bei allen Ländern zurückzuführen (sie ist nur halb so groß wie in der ersten Periode).

Die einzelnen Länder sind ziemlich stark um die Regressionslinie herum verstreut (vgl. Tabelle 10.9 [B]). Japan lag 1960 bis 1970 unter der Linie und 1970 bis 1982 darüber. In der letzteren Periode befand sich Japan hinsichtlich dieser Abweichung an zweiter Stelle hinter der Schweiz. Dies impliziert, daß Japan seine Exporte mehr steigern konnte, als das normale Muster der Handelsentwicklung vermuten läßt. Die Frage ist nun, ob dies nicht eindeutig die Gültigkeit der exportabhängigen Wachstumsthese für Japan beweist.

Sehen wir uns einmal an, wie groß diese Abweichung bei der gesamten japanischen Exportsteigerung ist (vgl. Tabelle 10.9 [C]). Hierbei sind 80 % auf die Expansion des Welthandels zurückzuführen, während von den restlichen 20 % vier Zehntel durch diese Abweichung bedingt sind. Der Exportdrang, der hierfür durchaus verantwortlich sein kann, ist demnach in der Periode 1970—1982 kein entscheidender Grund für die japanische Ausfuhrsteigerung.

Aus Tabelle 10.7 geht hervor, daß sich Japans Exporte seit 1980 trotz der sinkenden Tendenz des Welthandels (in $) auf einem hohen Niveau bewegten. Genau aus diesem Grund ist der Anteil der japanischen Exporte nach 1980 sehr schnell gestiegen. Die beobachtete positive Restgröße ist vermutlich dem kurzfristigen Effekt des japanischen Exportdrangs während dieser Zeit zuzuschreiben. Dieser Punkt läßt sich auch aus Tabelle 10.10 ableiten, die direkte Schätzungen der Ausfuhr-Spezialisierungsverhältnisse der einzelnen Länder für die Jahre 1960, 1970 und 1980 enthält. Während die Verhältnisse in allen Ländern stiegen, lag die Zuwachsrate in Japan niedriger als in den meisten anderen Staaten.

Aus diesen Beobachtungen können wir schließen, daß Japan in der langfristigen Perspektive während der letzten beiden Dekaden nur wenig vom normalen Muster der Handelsentwicklung abwich.

Probleme mit den japanischen Industrieexporten

Exportlastiges Wachstum?

Ich möchte zuerst allen falschen Vorstellungen beim Leser vorbeugen, daß das japanische Wirtschaftswachstum ganz allgemein exportlastig ist. Tatsächlich geht aus Tabelle 10.10 eindeutig hervor, daß Japan aufgrund des Anteils der Industrieexporte an der heimischen Industrieproduktion an zweitletzter Stelle unter den Industrienationen liegt. Während die Vereinigten Staaten diesbezüglich den niedrigsten Anteil aufweisen, sind alle westeuropäischen Wirtschaften im Vergleich zu ihrer jeweiligen heimischen Industriebasis sehr viel stärker im Außenhandel mit Industrieprodukten engagiert. Da der Welthandel mit verarbeiteten Erzeugnissen (im Vergleich zum BSP) weiterhin zugenommen hat, ist auch ihr Anteil am Welthandel gestiegen — und zwar sehr viel stärker als der von Japan.

Dennoch besitzt das japanische Wirtschaftswachstum einige auffallende Merkmale, die den Eindruck erwecken, daß es stärker exportabhängig ist als das anderer Länder.

Das Aufholen der Schwerindustrie

Während der Nachkriegszeit hat sich der Schwerpunkt der Industrieexporte immer weiter von der Leicht- auf die Schwerindustrie verlagert. In dieser Beziehung war Japan allerdings ein Nachzügler, da seine Industrieproduktion und -exporte noch bis in die 50er Jahre hinein stärker auf die Leichtindustrie ausgerichtet waren. Der Anteil der Schwerindustrie an der gesamten Produktion des gewerblichen Sektors war in Japan selbst Mitte der 60er Jahre viel niedriger als in allen anderen Marktwirtschaften (Tabelle 10.11). Es überrascht auch nicht, daß Japan während dieser Zeit die internationale Wettbewerbsfähigkeit auf diesem Gebiet erreichte. Seither hat sich die japanische Spezialisierung auf die Schwerindustrie ständig fortgesetzt, so daß sie bereits andere Länder überholt hat. Bestätigt wird diese Tatsache durch den Mitte der 60er Jahre

Tabelle 10.8: Exporte und Produktion der verarbeitenden Industrie

	Exporte									Produktionsindex der verarbeitenden Industrie (1975 = 100)			Exportexpansionsfaktor			
	Wert (Mrd. $)			Einheitswert $ (1975 = 100)			Menge (1975 = 100)						1955–1970		1970–1980	
	1960	1970	1982	1960	1970	1982	1960	1970	1982	1960	1970	1982	mGi	mTi	mGi	mTi
Entwickelte Marktwirtschaften	58,30	169,24	865,77	46	54	146	29	72	137	52,0	90,1	117,5	1,000	1,000	1,000	1,000
Japan	3,62	18,12	134,20	54	56	153	12	61	166	25,3	92,2	140,5	0,947	0,869	1,092	1,086
USA	13,00	29,37	140,32	51	63	182	36	66	109	56,2	91,5	118,3	0,880	0,922	0,965	0,972
Kanada	2,52	9,72	38,59	61	70	150	25	83	153	46	83	104	1,176	1,128	0,825	0,844
Belgien/Luxemburg	3,12	9,61	37,41	47	54	125	29	78	132	52	91	113*	1,325	1,221	1,049	1,047
Dänemark	0,52	1,79	8,47	43	49	132	25	75	131	56	97	122	1,156	1,214	1,006	1,009
Frankreich	5,06	13,45	69,94	44	51	130	29	67	135	53	88	112	1,052	1,032	1,070	1,048
Deutschland	10,13	30,66	152,74	42	48	133	30	79	146	56,6	96,8	113	1,184	1,251	1,048	1,052
Italien	2,70	11,09	61,55	52	55	138	18	70	153	46,2	93,0	125	1,145	1,138	1,060	1,051
Niederlande	2,12	6,78	33,47	44	51	137	25	69	127	48	90	115	1,298	1,268	1,051	1,079
Großbritannien	8,72	16,34	65,15	47	57	174	51	78	134	74	98	94	0,958	1,008	1,049	1,060
Österreich	0,83	2,37	13,67	51	50	128	25	72	155	49,3	84,6	121	1,322	1,239	1,029	1,020
Finnland	0,48	1,61	10,39	34	41	145	32	89	176	41	82	131	1,309	1,162	1,066	1,043
Norwegen	0,54	1,82	6,66	37	46	125	29	79	106	52	86	97	1,178	1,674	1,021	1,023
Schweden	1,62	5,22	21,59	38	48	134	31	79	115	48	87	95	1,139	1,172	1,013	1,002
Schweiz	1,73	4,65	24,28	34	46	147	41	84	137	63	105	107	1,200	1,201	1,031	1,053

Quellen: UN, *Monthly Bulletin of Statistics and Statistical Yearbook;* OECD, *Main Economic Indicators.*
Vergleiche die Exportexpansionsfaktoren bei Sato (1955 bis 1970). Dasselbe Verfahren wird für 1970–1980 verwendet; die Gewichte für 1975 sind berechnet auf der Basis von OECD, *Statistics of Foreign Trade, Exports, Januar–Dezember 1975.*

Anmerkung: *Nur Belgien.

Tabelle 10.9: Regression von Gleichung (7): Loglinear.

(A) Regressionsschätzungen

		pi/pw	qi/qw	mGi	mTi	const.	R2
(R.1)	1960–70	−0,341	0,845	---	---	0,0119	0,6713
		(0,568)	(0,205)	---	---	(0,0171)	
	1970–82	0,598	1,023	---	---	0,0023	0,6232
		(0,286)	(0,252)			(0,0157)	
(R.2)	1960–70	−0,116	0,926	0,627	---	−0,0256	0,7766
		(0,499)	(0,177)	(0,275)		(0,0233)	
	1970–82	0,401	0,966	0,759	---	−0,0105	0,6719
		(0,318)	(0,249)	(0,594)		(0,0164)	
(R.3)	1960–70	−0,130	1,012	---	0,703	−0,0256	0,7659
		(0,511)	(0,197)		(0,334)	(0,0206)	
	1970–82	0,358	1,017	---	1,025	−0,0121	0,6990
		(0,303)	(0,235)		(0,616)	(0,0157)	

Standardfehler in Klammern.

(B) Restgrößen von (R.3)

	1960–70	1970–82
Japan	−0,027	0,067
USA	−0,027	−0,014
Kanada	0,095	0,035
Belgien/Luxemburg	−0,021	−0,081
Dänemark	0,041	−0,015
Frankreich	−0,003	0,019
Deutschland	−0,023	0,039
Italien	0,068	0,021
Niederlande	−0,044	−0,031
Großbritannien	−0,048	−0,007
Österreich	−0,046	0,022
Finnland	−0,019	−0,040
Norwegen	0,093	−0,088
Schweden	0,005	−0,058
Schweiz	−0,042	0,081
Schätzung der Standardabweichung	0,057	0,053

(C) Japans Exportexpansion: Aufgliederung von (R.3), in Logarithmen

	1960–70	1970–82
Japans Exportexpansion	0,619	0,870
Bedingt durch		
1) Konstante	−0,026	−0,012
2) Welthandel	0,463	0,709
3) relativen Preis	0,007	0,001
4) Industrieproduktion	0,326	0,069
5) Exportexpansionsfaktor	−0,043	0,036
6) Restgröße	−0,027	0,067

eindeutig niedrigeren Anteil der Schwerindustriegüter an den japanischen Exporten im Vergleich zu denen aller anderen entwickelten Wirtschaften und durch die seither zu beobachtende deutliche Zunahme dieses Anteils.

Tabelle 10.10: Industrieexporte als prozentualer Anteil
(A) am gesamten BIP,
(B) am BIP erzeugt in der verarbeitenden Industrie
(C) an der Bruttoproduktion der verarbeitenden Industrie

	(A) 1980	(B) 1960	(B) 1970	(B) 1980	(C) 1970	(C) 1980
Japan	12,0	26,0	24,6	39,4	9,3	12,8
USA	5,6	9,0	11,6	24,6	4,6	7,8
Kanada	13,3	27,1	57,7	70,4	19,1	20,6
Belgien/Luxemburg	39,3	85,1	107,3	156,0	...	...
Dänemark	10,7	42,9	61,1	85,3	23,2	31,6
Frankreich	9,8	29,2	33,1	49,2	14,2	19,7
Deutschland	20,5	37,1	43,1	62,0	21,7	26,7
Italien	21,7	25,8[2]	38,1[2]	71,2[2]	22,1	34,2
Niederlande	21,9[1]	67,0	75.4	93,3[1]	25,8	31,4[1]
Großbritannien	16,4	38,1	47,6	74,2	15,2	20,4
Österreich	19,4	35,9	48,4	68,2	24,4	30,5
Finnland	21,6	49,3	61,7	84,4	20,7	26,5
Norwegen	13,0	55,6	74,6	84,6	25,6	24,3
Schweden	19,9	44,2	63,4	92,4	26,1	33,5
Schweiz	27,5	...	...	...	...	...
Insgesamt	11,5[3]	21,0[4]	28,3[4]	49,2[4]	10,9[5]	16,4[5]

Quellen: Industrieexporte: UN, *Monthly Bulletin of Statistics;* Gesamt-BIP, BIP erzeugt in der verarbeitenden Industrie, und Wechselkurse: OECD, *National Accounts;* Bruttoproduktion der verarbeitenden Industrie: UN, *Yearbook of Industrial Statistics*.

Anmerkungen:
1 1979.
2 BIP erzeugt im Bergbau und in der Industrie.
3 15 Länder.
4 Außer der Schweiz.
5 Außer der Schweiz und B[illegible]n/Luxemburg.

Die Exportlastigkeit spezifischer Industrien

Dieser Prozeß des Aufholens und schließlich sogar Überholens mancher Wettbewerber im Bereich der Schwerindustrie ist durch Skalenerträge oder Lernprozesse erleichtert worden, die jeweils zu Kostensenkungen geführt haben. Aufgrund der abwärts geneigten langfristigen Kostenkurven sind die japanischen Exporte technologieintensiver Produkte sehr schnell gestiegen. Sobald die Ausfuhr eines Produktes zunimmt, steigt auch der Produktionsumfang, so daß die Stückkosten entsprechend gesenkt werden. Japan hat inzwischen so eine starke Wettbewerbsposition auf dem internationalen Markt errungen, daß es viele Wettbewerber vom Markt verdrängt hat. Zu guter Letzt exportiert Japan einen Großteil seiner Produktion auf Auslandsmärkte, auf denen es nahezu die Stellung eines Monopolisten besitzt.

Tabelle 10.11: Die Schwerindustrie als prozentualer Anteil an der Gesamtindustrie: Produktion und Exporte für (A) entwickelte Marktwirtschaften und (B) Japan

	Produktion[1]		Exporte[2]	
	(A)	(B)	(A)	(B)
1965	63,7	55,0	72,2	62,5
1970	65,7	61,0	74,3	70,4
1971	65,3	63,7	73,9	73,1
1972	65,7	64,1	73,4	74,5
1973	67,0	66,0	73,9	73,2
1974	67,3	66,9	75,8	81,7
1975	66,0	65,2	76,8	82,1
1976	66,4	68,3	75,9	81,4
1977	66,6	66,8	75,3	80,5
1978	67,2	65,4	75,1	81,0
1979	67,6	68,5	74,8	80,2
1980	67,6	68,5	74,7	79,2
1981	67,9	69,9	75,5	78,3
1982	67,2	70,2	75,7	78,1
1983	67,3	71,2		

Quellen: UN, *Monthly Bulletin of Statistics,* verschiedene Ausgaben; UN, *Yearbook,* verschiedene Ausgaben; und Toyo Keizai, *Keizai tokei nenkan,* verschiedene Ausgaben.

Anmerkungen:
1 In Preisen von 1975. Schwerindustrie entspricht der Definition in UN, *Yearbook of Industrial Statistics* (SIC 341, 351–354, 36, 37, 38).
2 In laufenden Preisen. Das Verhältnis von SITC 5, 7, 67, 68 und anderen Metallprodukten zu SITC 5 bis 8.

Während wir durchaus noch viel dramatischere Fälle wie beispielsweise die Videorecorder darstellen könnten, ist der umfangmäßig wohl beeindruckendste Fall der Bereich der PKWs. Von 1970 bis 1980 expandierten die Weltimporte von PKWs wertmäßig (US-$) um das 5,7fache, Japans Exporte dagegen um das 14,5fache. Folglich hat sich der Anteil Japans am Welt-Autohandel von 11 % (1970) auf 29 % (1980) erhöht. Aufgrund der extremen geographischen Konzentration ist der japanische Anteil in manchen Überseemärkten ganz extrem gestiegen — so z. B. von 20 auf 54 % in den USA, von 29 auf 67 % in Ozeanien, von 15 auf 46 % im Nahen Osten, von 0 auf 74 % im zentral verwalteten Asien, usw.

Störung der ausländischen Absatzpolitik

Wie wir gesehen haben, zeichnen sich die japanischen Industrieexporte 1. durch eine starke Ausfuhrspezialisierung einiger spezifischer Industrien aus, die auf diese Weise in den Genuß von Skalenerträgen gelangten (Tabelle 10.4), und 2. durch eine extreme geographische Konzentration auf einige Bestimmungsländer. Daher stellen die japanischen Exporte eine starke Konkurrenz für die heimischen Produzenten des Importlandes dar. Wenn dieser langfristige Trend mit einer kurzfristigen Intensivierung des Exportdrangs kombiniert wird, führt dies zwangsläufig zu einer Überschwemmung der ausländischen Märkte mit japanischen Gütern — diese Exportstrategie wird häufig wie eine sintflutartige Überschwemmung (shuchu gou) empfunden. Die daraus resultierenden Handelskonflikte verstärken natürlich die internationalen Spannungen und verstärken im Ausland die Neigung zum Protektionismus.[16]

Verarmendes Wachstum

Die Expansion der japanischen Industrieexporte wird demnach durch die hohen Produktivitätssteigerungen auf diesem Sektor begünstigt. Sobald die Produktivitätssteigerungen sich vorwiegend auf den Exportsektor konzentrieren, können dessen Gewinne über niedrigere Exportpreise an das Ausland weitergegeben werden. Wenn die Preiselastizität der Exporte kleiner als 1 ist (in absoluten Werten), können die Exportverdienste des Landes sogar abnehmen. Dieser wohlbekannte Fall des verarmenden Wachstums scheint insbesondere für Japan relevant zu sein.[17]

Tabelle 10.12: Bruttoinlandsprodukt (Y) und privater Konsum (C) pro Kopf, 1973–1982

		Japan	USA	EG	J/USA	J/EG
In gegenwärtiger Kaufkraftparität (US $)						
Y	1973	4185	6207	4275	0,67	0,98
	1982	10589	13106	9661	0,81	1,10
C	1973	2285	3846	2624	0,59	0,87
	1982	5371	8652	5829	0,62	0,92
Wachstumsraten in konstanten Preisen, 1973–1982						
Y		2,8	0,7	1,5		
C		2,0	1,5	1,8		

Quellen: OECD, *National Accounts,* 1952–81, Band 1 (1982) und 1953–82, Band 1 (1983).

In der Phase des verlangsamten Wachstums (ab Mitte der 70er Jahre) erzielte insbesondere die japanische Industrie erstaunliche Produktivitätssteigerungen. Die Preise der Export- und Investitionsgüter nahmen relativ ab, während Konsumgüter relativ teurer wurden. Aus Tabelle 10.12 geht hervor, daß

Japan hinsichtlich des Wachstums des Pro-Kopf-BSP besser abschnitt als die anderen Staaten — gegenüber der EG erzielte es einen doppelt so hohen Wert und gegenüber den USA sogar eine viermal so hohe Wachstumsrate. Sobald man das Wachstum jedoch als privaten Konsum pro Kopf ausdrückt, erzielt Japan nur geringfügig bessere Werte als die EG und die Vereinigten Staaten.[18] Offensichtlich scheint ein beträchtlicher Teil der Produktivitätssteigerungen nicht den japanischen Konsumenten zugute gekommen zu sein. Diese Disparität zwischen Produktion und Konsum läßt sich ebenfalls bei einem Vergleich der Pro-Kopf-Größen gemessen in Kaufkraftparität nachweisen. Während Japan die EG hinsichtlich des Pro-Kopf-BIP im Jahre 1980 übertraf, hinkte es beim Pro-Kopf-Konsum dennoch hinterher. Im Vergleich mit den Vereinigten Staaten beträgt das japanische Pro-Kopf-BIP im selben Jahr 80 % des amerikanischen. Sofern sich in beiden Ländern die Wachstumsraten weiterhin unterschiedlich entwickeln, wird Japan innerhalb der nächsten 10 Jahre die Vereinigten Staaten überrunden. Da sein Konsumniveau jedoch nur 60 % des amerikanischen Niveaus betrug, bestehen wohl kaum Aussichten, daß Japan die USA in der nahen Zukunft überholen könnte.

Aus dem Blickwinkel der Förderung der volkswirtschaftlichen Wohlfahrt ist ein exportlastiges Wachstum keineswegs wünschenswert, insbesondere wenn dem Land vorgeworfen wird, seine ausländischen Kunden zu großzügig zu „bedienen".[19]

Das Export-Import-Ungleichgewicht

Seit Mitte der 70er Jahre sind die japanischen Außenhandelsbeziehungen immer stärker unter Beschuß geraten. Diese Schwierigkeiten rühren vor allem von Japans einzigartiger Wirtschaftsstruktur her, insbesondere seiner einseitigen Handelsstruktur; denn Japan muß verarbeitete Güter exportieren, um seine lebenswichtigen Importe von Brennstoffen und Rohstoffen zu bezahlen. Solange diese Struktur in der Form weiterbesteht, werden Japans internationale Wirtschaftsprobleme anhalten. Das heißt, es wird weiterhin Leistungsbilanzüberschüsse bei den industrialisierten Wirtschaften und Defizite bei den Rohstoff exportierenden Ländern, insbesondere den Ölstaaten erzielen. Entscheidend ist also, daß Japan seine Güter an andere Industriestaaten verkauft, um seine Ölrechnung bezahlen zu können.

Eine unmittelbare Konsequenz dieser Tatsache ist, daß die japanischen Exporte und Importe von Industriegütern auch weiterhin divergieren werden. Japan ist immer wieder wegen der Verschlossenheit seiner Binnenmärkte gegenüber Importen generell, insbesondere aber gegenüber der Einfuhr von Fertiggütern heftig kritisiert worden. Diese Kritik kam vor allem von den Industrienationen, die gleichzeitig gewerbliche Erzeugnisse exportieren und importieren. So werden beispielsweise mehr als 40 % der EG-Exporte zwischen den Mitgliedsstaaten abgewickelt. Tatsächlich erklärt dieser hohe Anteil des Handels zwischen den EG-Staaten, warum die Industrieexporte in den europäischen Ländern einen höheren Anteil an der heimischen Industrieproduktion ausmachen.

Tabelle 10.13: Verhältnis der Importe (fob) zu den Exporten (fob) nach Gütergruppen, 1981

SITC		Japan	USA	EG	EFTA
5~8	Gesamte Industrie	10,9	91,2	76,1	97,5
5	Chemische Produkte	96,3	40,6	73,7	98,4
7	Maschinen und Fahrzeuge	9,3	70,0	67,4	108,6
	(davon				
	PKWs	1,5	478,3	78,5	267,2
	alle anderen)	12,1	51,8	65,5	95,9
6+8	Andere Industrieprodukte	25,9	184,5	87,0	88,9
	(davon				
65	Textilgarne und Stoffe	28,9	82,9	90,6	109,3
67	Eisen und Stahl	6,0	410,4	57,7	84,0
68	Nichteisenmetalle	243,0	199,2	118,9	91,5
	Metallprodukte	7,3	72,9	61,5	84,7
84	Bekleidung	295,8	573,0	134,1	160,6
	alle anderen)	22,3	167,4	81,6	78,7

Quellen: UN, *Monthly Bulletin of Statistics*, März 1983.

Dieser sogenannte horizontale Handel ist abgesehen von einigen Gütern, in denen Japan seinen komparativen Vorteil verloren hat (Bekleidung, Nichteisenmetalle und chemische Produkte), praktisch nicht existent. Bei den Kapitalgütern (Maschinen, Autos, Stahl, Metallprodukte) ist Japans Überlegenheit so eindeutig, daß seine Importe nahezu gleich 0 sind. Anhand der in Tabelle 10.13 aufgelisteten Import-Export-Verhältnisse läßt sich der deutliche Unterschied zu Nordamerika und Westeuropa demonstrieren: Nordamerika und Westeuropa betreiben beide einen intensiven bilateralen Handel, Japan hingegen nicht. Dies scheint ganz und gar gegen das Prinzip der Fairneß oder des Gebens und Nehmens zu verstoßen. Dennoch müssen wir uns darüber im klaren sein, daß dieses Ungleichgewicht im Grunde nicht auf die Verschlossenheit der heimischen Märkte, sondern auf die spezifische Wirtschaftsstruktur Japans zurückzuführen ist.[20] Nehmen wir einmal an, Japan würde sich den Wünschen der anderen Industriestaaten fügen und in verstärktem Maße konkurrierende Produkte importieren. Dies würde zugleich implizieren, daß Japan auch seine Exporte von ähnlichen Gütern erhöhen müßte, so daß per Saldo das Handelsungleichgewicht nicht gelöst werden könnte. Als eine Erkenntnis bleibt jedoch, daß Japan mehr von den Gütern importieren muß, bei denen es seinen komparativen Vorteil verloren hat oder verlieren wird. Güter wie Textilien und petrochemische Produkte sind bereits in gewissem Maße durch importierte Güter ersetzt worden, meistens von den sogenannten Schwellenländern, weil offenbar die anderen entwickelten Industriestaaten diesbezüglich in derselben Situation sind wie Japan. Tatsächlich hat bereits eine Reihe von Schwellenländern gegenüber den alten Industrienationen einschließlich Japan deutlich aufgeholt. So hat die japanische Stahlindustrie mit großen Schwierigkeiten zu kämpfen, und selbst Japans Autohersteller werden bald mit starker Konkurrenz von seiten der Schwellenländer wie beispielsweise Südkorea zu rechnen haben. Japan muß und wird daher seine neu erworbenen Wettbewerbsvorteile in den technologieintensiven Bereichen wie den High-Tech-Produkten so weit wie möglich ausnutzen.

Schlußbemerkung

Freihandel ist eine großartige Sache, und seine Grundideen sollten unbedingt bewahrt werden. Dennoch gibt es immer Ausnahmen von der Regel. Die neuere Entwicklung in Japan deutet möglicherweise auf eine solche Ausnahme hin. Das Problem beruht auf der Verbindung des kurzfristigen Effektes des Exportdrangs und des langfristigen Effektes der Skalenerträge, die unglücklicherweise für die Weltwirtschaft verheerende Folgen hat.

Viele Jahrzehnte lang war der Exportdrang ein praktisches Mittel, mit dem die japanischen Produzenten alle schwierigen Zeiten überwinden konnten. Das Problem ist heute, daß ihre Exporte auf wenige wichtige Produkte und wenige Bestimmungsländer spezialisiert sind. Diese Kombination führt zu der sogenannten „sintflutartigen Überschwemmung“ der Exportmärkte, die dadurch heftig durcheinandergebracht werden. Die Situation wird sich in der vorhersehbaren Zukunft kaum ändern. Der weltweite Einfluß dieses Handelskonflikts wird durch die Tatsache, daß Japan heute auf dem Gebiet der Industrieexporte an zweiter Stelle liegt, noch erheblich verstärkt.

In einem längerfristigen Kontext läßt sich das folgende Muster beobachten: Wenn eine spezifische japanische Industrie internationale Wettbewerbsfähigkeit erreicht und wenn es ihr gelingt, in die Überseemärkte einzudringen, nehmen ihre Exporte sehr schnell zu. Die Industrie wird dadurch sehr stark exportabhängig, d.h., ein großer Teil ihrer Produktion wird ausgeführt. Mit zunehmendem Produktionsumfang wird sie dann in verstärktem Maße in den Genuß von Skalenerträgen gelangen, so daß die Stückkosten der Produktion schnell sinken und ihre Wettbewerbsfähigkeit nahezu unnachahmlich wird. Da die Überseemärkte schließlich von den japanischen Produzenten beherrscht werden, wird der Widerstand dort immer größer, und das Nettoergebnis sind steigende protektionistische Tendenzen, die gegebenenfalls sogar mit der Gefährdung der nationalen Sicherheit begründet werden.

Aus der Sicht der reinen Wirtschaftstheorie ist im Grunde nichts gegen die japanische Exportexpansion einzuwenden. Die Güter sollten zu möglichst geringen Kosten produziert werden, wer auch immer der Produzent sein mag. Die Gewinner sollten belohnt, die Verlierer bestraft werden. Im Grunde war der internationale Handel schon immer derartigen Ungleichgewichtstendenzen ausgesetzt. Und eine positive industrielle Anpassung im Weltrahmen ist heutzutage eine conditio sine qua non.

Dennoch wirft dieses Szenario schwerwiegende praktische Probleme auf. Niemand möchte schließlich ein Verlierer sein. Die Existenz von spezifischen Interessen, die versuchen, den erforderlichen Anpassungsprozeß zu behindern, ist jedoch nicht das eigentliche Problem. Langfristig werden sie auf jeden Fall verschwinden; sie können höchstens den Auflösungsprozeß verlängern. Das eigentliche Problem liegt bei den Überlebenden. Wenn die Skalenerträge auffallend hoch sind, verdrängt ein Land alle anderen Bewerber und wird zu einer Art Monopolist im internationalen Handel. Dies führt zu extremen Handelskonflikten, weil die anderen Länder natürlich nicht eliminiert werden möchten, insbesondere wenn die betroffenen Produkte für ihr künftiges Industriewachstum von lebenswichtiger Bedeutung sind. Das Prinzip des Freihandels ließe sich nur dann bis zur letzten Konsequenz durchsetzen, wenn die Weltwirtschaft ein einziger Staat wäre.

Skalenerträge bewirken häufig eine Überspezialisierung eines Landes und eine Überproduktion bei einigen Produkten. Sofern die Geschichte uns bestimmte Lehren erteilt, müssen wir uns der Tatsache bewußt sein, daß eine derartige Überspezialisierung und Überproduktion ein hohes Risiko implizieren. Der Verlust an Flexibilität kann die nationale Sicherheit gefährden, wenn die weltweiten Wirtschaftsbedingungen beispielsweise durch das Auftreten eines Ölschocks grundlegend verändert werden. Daher ist beides für ein Land wie Japan, das über ein hohes Maß an technischem Wissen verfügt, aber nur wenig eigene Ressourcen besitzt, nicht in jeder Beziehung vorteilhaft. Außerdem kann eine derartige Spezialisierung zugleich ein verarmendes Wachstum mit sich bringen.

Der absolut entscheidende Punkt ist jedoch Japans spezifische Wirtschaftsstruktur. Während es aus rein wirtschaftlicher Sicht ein kleines Land war, das keine besondere Rolle für die Weltwirtschaft spielte, ist Japan inzwischen für die Weltwirtschaft ein ernsthaftes Problem geworden, seit es in bezug auf den gesamtwirtschaftlichen Umfang an zweiter Stelle hinter den Vereinigten Staaten liegt und in bezug auf seine Industrieexporte den zweiten Platz hinter Westdeutschland belegt. Die von dem fortgesetzten Wirtschaftswachstum Japans ausgehenden destabilisierenden Kräfte sind dadurch sehr viel stärker geworden. Die Frage ist nun, wie diese Kräfte am besten zugunsten der weltweiten wirtschaftlichen Wohlfahrt eingesetzt werden können. Oder müssen wir Japan als eine Bedrohung für die Weltwirtschaft betrachten, die unerwünscht ist und daher möglichst ausgeschaltet werden muß?

Anmerkungen

1 Die Auffassung, daß der Handel ein „Handlanger“, aber kein Motor des Wachstums während des Entwicklungsprozesses ist, findet sich bei I. B. Kravis, „Trade as a Handmaiden of Growth: Similarities Between the Nineteenth and Twentieth Centuries“, *Economic Journal* 80 (Dezember 1970), S. 850—72.

2 Vgl. K. Sato, „Japan's Saving and Internal and External Macroeconomic Balance“, in K. Yamamura (Hrsg.), *Policy and Trade Issues of the Japanese Economy* (Seattle: University of Washington Press, 1982), S. 142—72; „Japan's Saving and Investment“, Diskussionspapier, vorgestellt auf der ersten Konferenz des Japan Political Economy Research Committee on the Political Economy of Japan (Tokio, August 1984); und „Supply-Side Economics: A Comparison of the U. S. and Japan“, *Journal of Japanese Studies* 11 (Winter 1985).

3 Eine Analyse der makroökonomischen Daten zeigt, daß die Veränderungen des japanischen Außenhandelsüberschusses vor allem durch Schwankungen der Importe und weniger der Exporte bedingt sind. Die Wirtschaftsberater der japanischen Regierung behaupten jetzt, daß der gegenwärtige Leistungsbilanzüberschuß relativ dauerhaft sein könnte (MITI, *White Paper on International Trade,* und Ecomonic Planning Agency, *Annual Report on the Japanese Economy,* beide veröffentlicht im Sommer 1984).

4 Die jährlichen Veränderungen [der Wachstumsrate der japanischen Industrieexporte (in laufenden US-Dollar) — der Wachstumsrate der Industrieexporte aller entwickelten Marktwirtschaften (in laufenden US-Dollar)] sind mit [1] und [2] mit Korrelationskoeffizienten (1975 bis 1983) von 32 auf —0,51 korreliert.

5 Vgl. die jährlichen OECD-Berichte über die japanische Wirtschaft und die periodischen makroökonomischen Analysen der japanischen Economic Planning Agency.

6 Der Exportdrang war sowohl in den 50er als auch in den 60er Jahren wirksam, obwohl T. Blumenthal in „Exports and Economic Growth in Postwar Japan“, *Quarterly Journal of Economics* 86 (November 1972), S. 262, zu dem gegenteiligen Ergebnis kommt.

7 Die reale Wertschöpfung pro Beschäftigten in der Produktion stieg in der verarbeitenden Industrie um 6,7 % und in allen anderen privaten Industriezweigen insgesamt um 1,7 % (von 1973 bis 1982).

8 Eine detaillierte Beschreibung der japanischen Industriepolitik, von der die Exportförderung nur ein Teil ist, findet sich bei United States International Trade Commission, *Foreign Industrial Targeting and Its Effects on U.S. Industries, Phase I: Japan,* USICTC Publication 1437 (Oktober 1983).

9 Zur Rolle der Skalenerträge im Zusammenhang mit Wachstum und Außenhandel, vgl. Kapitel 5 und 12 in diesem Band sowie einen Artikel von Y. Murakami und K. Yamamura, „A Technical Note on Japanese Firm Behavior and Economic Policy“ in Yamamura (Hrsg.), *Policy and Trade Issues,* bei dem die abwärtsgeneigten langfristigen Durchschnittskostenkurven der japanischen Industrien besonders hervorgehoben werden. Vgl. auch H. Ueno und H. Muto, „The Automobile Industry of Japan“, in K. Sato (Hrsg.), *Industry and Business in Japan* (Armonk, N. Y.: Sharpe, 1980), S. 139—90, wegen der empirischen Darstellung einer derartigen Kurve in der japanischen Automobilindustrie.

10 Man kann jedoch behaupten, daß Japan vor allem deshalb neue Produkte schaffen konnte, weil der Staat die E&F-Aktivitäten besonders unterstützt hat. Diese Kritik gilt häufig der aggressiven Rolle, mit der die japanische Regierung E&F-Aktivitäten in High-Tech-Bereichen gefördert hat. Dennoch waren bei anderen Regierungen, beispielsweise bei der US-Regierung, ähnliche Praktiken durchaus an der Tagesordnung. Vgl. D. Okimoto, T. Sugano und F. B. Weinstein (Hrsg.), *Competitive Edge* (Stanford: Stanford University Press, 1984), zu einer Fallstudie der Halbleiter-Industrie in Japan und den Vereinigten Staaten.

11 Vgl. verschiedene Ausgaben des MITI *White Paper on International Trade* und den *Annual Report on the Japanese Economy* der Economic Planning Agency, die Wirtschaftsanalysen der Entwicklung des komparativen Vorteils in der japanischen Industrie enthalten.

12 Das folgende Modell basiert auf K. Sato, „The Determination of Industrial Exports“ (Januar 1985); der in fotokopierter Form vorliegende Artikel enthält eine genaue Darstellung des Modells.

13 P. Isard, „How Far Can We Push the Law of One Price?“, *American Economic Review* 67 (Dezember 1977), S. 942—48.

[14] Dieselbe Gleichung wurde von K. Sato in „The Demand Function for Industrial Exports: A Cross-Country Analysis“, *Review of Economics and Statistics* 59 (November 1977), S. 456—64, aus einem andersartigen Argument abgeleitet. Dort wird die Einbeziehung von (Qi/Qw) in die Nachfragefunktion als stellvertretend für Nichtpreisfaktoren im Außenhandel damit gerechtfertigt, daß ein schneller wachsendes Land seinen Nichtpreiswettbewerb durch begleitende Prozeß- und Produktinnovationen verstärken kann. Dieses Argument ist im weitesten Sinne nach wie vor gültig.

[15] Eine Erklärung dieser Variablen findet sich ebenda.

[16] Ein Ergebnis des Eindringens der japanischen Autoproduzenten in den US-Markt war die freiwillige Exportbeschränkung, die im April 1981 begann und die Anzahl der von Japan in die Vereinigten Staaten ausgeführten Autos auf 1,68 Mio. jährlich beschränkte. Die Quote war bis Ende 1984 noch gültig. Ein weiteres Beispiel ist die Selbstbeschränkung der japanischen Stahlexporte in die Vereinigten Staaten, die im Dezember 1984 noch ausgehandelt wurde.

[17] Vgl. hierzu J. Bhagwati, „Immiserising Growth, A Geometrical Note“, *Review of Economic Studies* 25 (Juni 1958), S. 210—25.

[18] Der Konsumdeflator stieg von 1973 bis 1982 jährlich um 1,6 % schneller als der BIP-Deflator.

[19] Für Japan ist diese Erfahrung keineswegs neu. Vor dem 2. Weltkrieg gab es bereits in den japanischen Hauptexportindustrien, insbesondere Rohseide, ein starkes Element von verarmendem Wachstum. Vgl. K. Sato, „The Role of U.S.-Japan Trade in Japan's Unbalanced Economic Growth in the 1920's“, in *Washington Taiseito Nichibei Kankei* [Das Washington-System und die japanisch-amerikanischen Beziehungen], hrsg. von C. Hosoya und M. Saito (Tokio: Tokyo University Press, 1978), S. 488—510.

[20] Daß die japanischen Importe von Industrieprodukten trotz der scheinbaren Eigenheiten auch normalen ökonomischen Prinzipien entsprechen, wird von G. Saxonhouse, „Evolving Comparative Advantage and Japan's Imports of Manufactures“, in Yamamura (Hrsg.), *Policy and Trade Issues,* S. 239—690, behauptet und untersucht.

Kapitel 11
Das japanische Beschäftigungssystem und seine Auswirkungen auf die internationale Wettbewerbsfähigkeit

Angelika Ernst

Einleitung

Die Bedeutung des Faktors Arbeit und seines Managements für die Wettbewerbsfähigkeit der japanischen Unternehmen auf den Weltmärkten ist allgemein bekannt und anerkannt. Die üblicherweise in diesem Zusammenhang aufgeführten Faktoren, die den Export begünstigen, beschränken sich jedoch auf das nach wie vor relativ niedrige Lohnniveau, die Bereitschaft zu hoher Arbeit und die Disziplin der japanischen Erwerbstätigen. Obwohl diese drei Faktoren für das effiziente Funktionieren einer Wirtschaftseinheit sicherlich wichtig sind, können sie dennoch keine hinreichende Erklärung für den Beitrag des Faktors Arbeit zur Expansion der japanischen Exporte liefern. Die damit verbundenen quantitativen Begriffe wie Vergleich der Stundenlöhne, der durchschnittlichen Arbeitsstunden und der Anzahl der durch Arbeitskonflikte bedingten Arbeitsausfälle können bestenfalls als grobe Indikatoren bezeichnet werden, denen die theoretische Basis fehlt und die daher keineswegs für sämtliche exportfördernden Faktoren repräsentativ sind. Dieses Kapitel soll daher den Beitrag des menschlichen Faktors zur Entwicklung des japanischen Außenhandelsanteils möglichst umfassend darstellen.

Wertvorstellungen und Verhaltensweisen der Arbeitgeber und Arbeitnehmer

Der Japaner betrachtet den Außenhandel und die Beziehungen zu fremden Ländern nicht als eine rein funktionale Aufgabe, die auf technokratische Art und Weise so gut wie möglich ausgeführt werden sollte, sondern der Kontakt zur Außenwelt ist für Japan ein Bereich, der durchsetzt ist mit Gefühlen, Ideologien und dem Bewußtsein des japanischen Nationalcharakters. An dieser Stelle müssen wir darauf verzichten, den historischen Hintergrund zu erläutern, der das vorherrschende Bewußtsein im wesentlichen geprägt hat, aber wir sollten uns vor Augen halten, daß Japan sich ganz bewußt dreihundert Jahre lang vor der übrigen Welt abschirmte. Erst seit 1868 hat es gezielt versucht, die Industrien der entwickelten Länder einzuholen. Außerdem sollten wir nicht vergessen, daß Japan zu den Verlierern des Zweiten Weltkrieges gehörte, daß es nicht die zur Industrialisierung notwendigen Bodenschätze besitzt und daß es, im Gegensatz zu seinen westlichen Konkurrenten, nicht zu einer Gruppe von wirtschaftlich kooperierenden Ländern gehört. Hinzu kommen noch die rassischen Unterschiede — wie etwa die physische Erscheinung —, die dem Japaner das Gefühl geben, er müsse mehr Energie als andere aufwenden, um gewisse Nachteile wettzumachen.

Wollte man eine Verbindung zwischen jeder einzelnen Komponente dieses Rahmens und der Haltung japanischer Firmen im internationalen Handel herstellen, benötigte man theoretische Grundlagen, die bislang noch nicht vorhanden sind. Erwähnenswert ist jedoch, daß der geographische, historische und politische Hintergrund des Landes in Verbindung mit der spezifischen Wahrnehmung internationaler Themen innerhalb der japanischen Bevölkerung sowie der Geschäftswelt gesehen werden muß. So liegen beispielsweise den japanischen Reaktionen auf Probleme im Außenhandel vier Eigenheiten zugrunde, die man ausgesprochen gefühlsbetont nennen könnte: 1) eine instinktive Sorge um das Überleben des Landes oder der Firma; 2) die Vorstellung von der Einmaligkeit des japanischen Volkes, kombiniert mit einer übertriebenen Sensibilität gegenüber den Reaktionen des Auslands; 3) ein Kampfgeist, der genährt wird von der Vorstellung, daß das Land unaufhörlich von Niederlagen oder Katastrophen bedroht wird, und 4) der immer noch überwiegende Glaube, ein Opfer und den „westlichen Großmächten“ unterlegen zu sein.[1] Die industriellen Aktivitäten japanischer Firmen im Ausland und der internationale Handel werden niemals nur als Bemühungen angesehen, die darauf abzielen, größere Marktanteile oder höhere Profite zu realisieren, sondern sie werden vielmehr — manchmal bewußt, aber in den meisten Fällen unbewußt — für das Überleben des Landes durchgeführt. Die erste Ölkrise von 1973/74 und die anschließende längere Rezession mit der Notwendigkeit struktureller Umstellungen innerhalb der traditionellen Industrien haben verhindert, daß sich in japanischen Unternehmen ein Gefühl der Sicherheit aufgrund ihrer offensichtlichen Errungenschaften einstellte, die sich in hohen Wachstumsraten und in Erfolgen im Außenhandel äußern. Obwohl das reale Wachstum der japanischen Wirtschaft etwa zwei Jahrzehnte lang höher war als das ihrer Hauptkonkurrenten — eine Entwicklung, die zu ihrer Spitzenstellung neben den Vereinigten Staaten und den wichtigsten europäischen Ländern führte —, ist die japanische Geschäftswelt alles andere als entspannt und gelassen. Das Selbstbewußtsein der japanischen Unternehmen ist zwar durch ihre Führungsposition bei der Produktion bestimmter Exportgüter und ihre zunehmende Unabhängigkeit vom ausländischen Know-how gefördert worden, aber dieser Entwicklung ist keineswegs ein spürbares Nachlassen im Streben nach Erfolg und Überlegenheit gefolgt. Selbst Ezra Vogels Bestseller „Japan als Number One“[2], der in Japan 600 000mal verkauft wurde, konnte den Kampfgeist der japanischen Manager und Arbeitnehmer nicht verringern. Gleichzeitig wurden aufkommende Gefühle der Überlegenheit innerhalb der japanischen Bevölkerung sofort durch Mahnungen von Spitzenmanagern und Politikern bekämpft.

Das Bewußtsein der Einmaligkeit zusammen mit dem nur langsam schwindenden Minderwertigkeitskomplex sind Faktoren, die bis zu einem gewissen Grade die weltweite Ausdehung der japanischen Geschäftsaktivitäten behindern. Die Regierung ist sich der Notwendigkeit der Exportexpansion zur Sicherung der Beschäftigung im verarbeitenden Gewerbe sehr wohl bewußt und rief daher die Geschäftswelt auf, sich auf eine Ära der Internationalisierung einzustellen. Die Informationen über Ereignisse und den Lebensstil in fremden Ländern sind umfassender geworden, der Sprachunterricht ist verbessert worden, und die Anzahl japanischer Schulen für Kinder von im Ausland tätigen Geschäftsleuten ist gestiegen. Verstärkungen des Protektionismus und der Handelskonflikte werden von der japanischen Bevölkerung aufmerksam registriert. Es ist keine leichte Aufgabe für den industriellen „Nachzügler", ein kooperativer Partner sowohl der hochentwickelten als auch der Entwicklungsländer zu werden, aber das Volk ist bereit, alles zu tun — für sein eigenes Überleben.

Die Vorbereitung der Arbeitskräfte auf internationale Aktivitäten

Eine Voraussetzung für das erfolgreiche Wirken in fremden Ländern ist hochqualifiziertes Personal. In dieser Hinsicht scheint Japan gut vorbereitet zu sein. Die Schul- und Berufsausbildung orientieren sich an Konzepten, die darauf ausgerichtet sind, ein Potential an lern- und anpassungsfähigen Menschen heranzubilden, die überdies bereit sind, alle nur erdenklichen Aufgaben auszuführen. Durch ihre intellektuellen Bemühungen haben es die Japaner vermocht, die emotionalen Unterschiede, die sie von anderen trennen, weitgehend auszugleichen. Es sind im wesentlichen vier Merkmale, die dazu beitragen, daß es genügend hochqualifizierte Arbeitskräfte für Exportaktivitäten gibt: Erstens gehören die japanischen Erwerbstätigen der Nachkriegszeit zu den am intensivsten ausgebildeten Menschen der Welt; mehr als 95 % der japanischen Schüler besuchen eine höhere Schule, anschließend setzt ein Drittel aller Oberschulabgänger ihre Ausbildung an Universitäten oder Colleges fort. In den Fabriken der exportintensiven verarbeitenden Industrien finden sich nahezu ausschließlich High School-Absolventen — eine ideale Voraussetzung für eine qualitativ hochwertige Produktion.

Zweitens hat der hohe durchschnittliche Bildungsstand zur Folge, daß die Erwerbstätigen der exportorientierten Industrien ein bestimmtes Grundwissen über die Geschichte, den kulturellen Hintergrund und die neuesten Ereignisse eines oder mehrerer westlicher Länder besitzen. In Familien der oberen Mittelschicht ist es üblich, die studierenden Söhne und manchmal auch die Töchter in die USA oder in europäische Länder zu schicken. Noch Mitte der siebziger Jahre beklagten die meisten Arbeitgeber zu Recht die geringen Fremdsprachenkenntnisse ihrer Mitarbeiter, aber inzwischen ist in der jungen

Generation eine beträchtliche Verbesserung der Sprachkenntnisse zu beobachten. Da allein eine exzellente Schulbildung Möglichkeiten für eine gute Position eröffnet, gewöhnen sich die japanischen Jugendlichen sehr früh an ständiges Lernen. Diese Bereitschaft zu lernen bleibt während ihres ganzen beruflichen Daseins bestehen.

Drittens ist das japanische Bildungssystem durch Massenerziehung, kombiniert mit einer speziellen Ausbildung der Elite, gekennzeichnet. Dieses Prinzip wird sowohl von staatlichen als auch von privaten Schulen und Universitäten befolgt und im Geschäftsleben sowie in der Verwaltung weitergeführt. Äußerst strenge Auswahlverfahren garantieren, daß nur die begabtesten oder gewissenhaftesten jungen Leute zu den wenigen bekannten Eliteuniversitäten zugelassen werden. Der Mitarbeiterstab von Firmen, die auf den Weltmärkten tätig sind, stammt hauptsächlich aus diesen Institutionen. Da in den letzten zehn Jahren in Großunternehmen und beim Staat die Anzahl der Arbeitsplätze für hochqualifizierte Mitarbeiter nicht im gleichen Maße gestiegen ist wie die Zahl der Collegeabsolventen, werden mehr und mehr Aufgaben, die früher von Oberschulabgängern ausgeführt wurden, jetzt von Arbeitnehmern mit Hochschulabschluß übernommen. Folglich ist das durchschnittliche Qualifikationsniveau der Beschäftigten in den Spitzenfirmen deutlich gestiegen.

Viertens bewirkte der steigende Anteil an akademischem Personal offenbar keinen extrem starken Lohnkostenanstieg, so daß sich die internationale Konkurrenzfähigkeit nicht sonderlich verschlechtert hat. Hier scheinen zwei Faktoren die japanischen Arbeitgeber gegenüber ihren ausländischen Konkurrenten zu begünstigen: Die Lohnunterschiede zwischen Angestellten und Arbeitern sind vergleichsweise niedrig. So übersteigen die Gehälter von Büroangestellten die von Fabrikarbeitern bei gleicher Betriebszugehörigkeit durchschnittlich nur um 20 %. In den sechziger Jahren waren es noch 30 %, aber mit der Zunahme der Akademiker und aufgrund eines gewissen Mangels an Berufsanfängern, die bereit waren, in der Produktion zu arbeiten, verringerte sich dieser Abstand merklich. In Japan läßt sich daher langfristig eine sinkende relative Rentabilität des in die Hochschulausbildung investierten Kapitals erkennen.[3]

Bei den jüngeren Arbeitnehmern bis etwa 30 Jahren unterscheiden sich die Löhne von Blue- und White-collar-Beschäftigten so gut wie gar nicht. Erst ab dem vierzigsten Lebensjahr ist das Einkommen der Universitätsabsolventen deutlich höher als das der Erwerbstätigen mit Mittlerer Reife oder Oberschulabschluß. Die maximale Lohndifferenz beträgt in der Industrie für Arbeitnehmer mit Anfang 50 im Durchschnitt 35 %. Diese Tatsache wird in westlichen Ländern kaum beachtet.

Der zweite Faktor, der die japanischen Arbeitgeber begünstigt, sind die niedrigen Löhne für jüngere Arbeitskräfte. 1984 bekamen männliche Hochschulabsolventen im Schnitt ein monatliches Anfangsgehalt von 130 300 Yen (rund 1 700 DM) bei Firmen mit 1 000 oder mehr Beschäftigten. In den westlichen Industrieländern würde kein Berufsanfänger mit akademischer Ausbildung einen solchen Betrag als angemessen betrachten. Alles in allem ist die Gesamtheit der Arbeitskräfte, die japanischen Unternehmen mit Auslandsaktivitäten zur Verfügung stehen, hochmotiviert, gut auf ihre Aufgaben vorbereitet und — was das junge akademische Personal anbetrifft — relativ kostengünstig.

Innerhalb der Unternehmen bestimmen hauptsächlich jene Faktoren, die in Verbindung mit der Lebenszeitbeschäftigung und dem Konzept der betriebsinternen Arbeitsmärkte stehen, die Ausbildung von Fertigkeiten, die für einen Einsatz im Ausland notwendig sind. Im Vergleich zur Personalpolitik der westlichen Konkurrenten zeigt sich hier wiederum eine Stärke der japanischen Firmen: und zwar sowohl bei der Vorbereitung der Angestellten auf fremde Länder als auch bei ihrem Transfer ins Ausland bzw. aus dem Ausland zurück nach Japan. Die japanischen Arbeitgeber haben schon immer der innerbetrieblichen Ausbildung eine besondere Bedeutung beigemessen. Dabei soll die Regierung so wenig wie möglich beteiligt sein, um dem Unternehmen weitgehende Freiheit bei der Gestaltung des Ausbildungsprogramms gemäß seinen technologischen und administrativen Besonderheiten zu gewähren. Die langjährigen Kernbeschäftigten der führenden exportintensiven Firmen werden zu Generalisten ausgebildet, die willens und fähig sind, die verschiedensten Aufgaben zu übernehmen und sich während ihres ganzen Berufslebens an wechselnde Umgebungen anzupassen. Die Ausbildungsprogramme von Großunternehmen bestehen hauptsächlich aus drei Elementen: formalisierten Ausbildungsgängen, On-the-job-Training und individueller Fortbildung. Während sich die formalisierten Ausbildungsgänge vor allem auf die erste Zeit nach der Anstellung und auf die wesentlichen Beförderungsstufen konzentrieren, erfolgt ein praxisbezogenes On-the-job-Training immer dann, wenn der Mitarbeiter an einen neuen Arbeitsplatz versetzt wird. (Das ist bei vielversprechenden Facharbeitern alle 3 bis 5 Jahre der Fall.) Von allen Mitarbeitern wird erwartet, daß sie sich während ihres Berufslebens bis zum Ruhestand kontinuierlich weiterbilden. Ein männlicher Oberschul- oder Universitätsabsolvent, der von einer der renommierten international tätigen Firmen eingestellt wird, hat sein Leben lang zu lernen. Im Grunde ist das einzige Merkmal, das er mit allen seinen Kollegen gemeinsam hat, die geistige Flexibilität.

Eine Lebenszeitbeschäftigung kann der Kernbelegschaft nur unter der Bedingung garantiert werden, daß jeder einzelne beruflich und geographisch mobil ist. Wann auch immer der Beschäftigungsstand an konjunkturelle oder strukturelle Veränderungen angeglichen werden muß, es sind meistens die Sekundärmitarbeiter, die mit Kündigungen rechnen müssen oder deren Arbeitsverträge nicht verlängert werden. Die Kernbelegschaft muß dagegen zu Versetzungen und zu der damit verbundenen Umschulung bereit sein. Das außerordentliche Flexibilitätspotential innerhalb der betriebsinternen Arbeitsmärkte großer japanischer Unternehmen zeigte sich bei den Beschäftigungsanpassungen nach der Ölkrise und während der sektoralen Umstrukturierungsprozesse Ende der siebziger und Anfang der achtziger Jahre.[4] Zu den diversen

Anpassungsmaßnahmen gehören Versetzungen von der Produktion in den Verkauf, von Nord- nach Südjapan — was häufig auch die geographische Trennung von Familien zur Folge hat — und die zeitweilige oder dauerhafte Versetzung in Tochtergesellschaften. Damit diese grundlegenden Umstellungen erfolgreich durchgeführt werden können, müssen die Arbeitnehmer Entscheidungen des Managements akzeptieren und sich bereitwillig umschulen lassen. Die Elite der Arbeitskräfte der japanischen Großunternehmen scheint diesen Anforderungen gerecht zu werden. Diese absolute Loyalität der Belegschaft gegenüber ihren Arbeitgebern muß in Verbindung mit der Tatsache gesehen werden, daß sie durch einen Wechsel des Arbeitsplatzes meist keine Verbesserung erzielen kann, sondern daß ein solcher Wechsel für die Arbeitnehmer eher nachteilig ist.

Die Bereitschaft zu ständigem Lernen und zu beruflicher wie auch regionaler Mobilität beinhaltet zugleich die Bereitschaft, sich in eine Auslandsniederlassung oder ausländische Tochtergesellschaft versetzen zu lassen. Die Personalabteilungen japanischer Firmen haben, im Gegensatz zu denen westlicher Unternehmen, keinen Anlaß, über das abnehmende Interesse ihrer Angestellten an Auslandsposten zu klagen. Die Besetzung der Auslandsbüros durch die Zentrale ist offenbar kein Hindernis bei der Ausweitung der Geschäftsaktivitäten im Ausland. Dennoch sollen gewisse Schwierigkeiten zu Beginn der Internationalisierung nicht verschwiegen werden. Von 1965 bis 1975 gab es zwei wesentliche Probleme, die den Exportanstrengungen eher hinderlich waren: dies waren einerseits der Mangel an entsprechenden Ausbildungsprogrammen und an Einrichtungen, die auf internationale Geschäfte vorbereiteten, und andererseits die Sprachschwierigkeiten von Angestellten mittleren Alters. Nach einer von Tadashi Amaya durchgeführten Erhebung führten innerhalb der genannten zehn Jahre 50 % aller exportorientierten Gesellschaften Internationalisierungsprogramme für ihre Mitarbeiter durch.[5] Zu diesen Programmen gehörte nicht nur Sprachunterricht, sondern auch die Unterweisung in den jeweiligen Gesundheitssystemen, in der Kultur und in Managementpraktiken, sowie der Besuch von Wirtschaftsschulen. Ein Faktor, der unter diesen Umständen nicht übersehen werden darf, sind die ökonomischen und kulturellen Informationen des Auslands, die von den japanischen Staatsbehörden vermittelt werden. Statt direkt auf dem Markt durch Regulation zu intervenieren, konzentrierte sich die Regierung auf die Sammlung und Verbreitung der relevanten Informationen und bahnte so den Weg für ein besseres Verständnis der Weltwirtschaft und zur Erhöhung des japanischen Außenhandelsanteils.

Erst seit 1975 wurden Trainingsprogramme für den Auslandseinsatz, die auf systematischen Konzepten basieren, in das Standardprogramm der Großunternehmen aufgenommen. Ein wesentliches Merkmal dieser Programme ist, daß das Hauptaugenmerk auf Eigenschaften wie Willenskraft, Motivation, technischen Fähigkeiten und außerordentlichen Leistungen liegt. Bei der Auswahl des Personals für Auslandsposten zählen folglich vor allem Fähigkeiten in der Verwaltung und im Management. Technisches Wissen und besondere

Führungsqualitäten stehen an zweiter Stelle, während eine hohe Arbeitsmotivation zusammen mit der Fähigkeit, auf die im Einsatzland lebenden Menschen einzugehen, an dritter und Sprachkenntnisse erst an vierter Stelle rangieren. Diese Skala belegt, daß ein Japaner sich zuerst im eigenen Lande bewähren muß, bevor er ins Ausland geschickt wird. Das in jüngerer Zeit in ausländischen Büros und Fabriken eingesetzte japanische Personal kann im großen und ganzen als „crème de la crème“ der japanischen Elitekräfte bezeichnet werden.

Die zunehmende Internationalisierung von qualifiziertem Personal birgt für den Arbeitgeber zugleich ein gewisses Risiko. Mitarbeiter, die von einem mehrjährigen Auslandseinsatz zurückkehren, sind oft gegenüber dem heimischen Betriebsklima kritisch geworden. Sie haben sich an westlichen Standards orientiert und in puncto Gehalt und Laufbahn entsprechende Ambitionen entwickelt. In den letzten Jahren wurden eben diese Kräfte interessant für sogenannte „head-hunting“-Firmen, die Personal mit Führungsqualitäten hauptsächlich an Niederlassungen ausländischer Unternehmen in Japan vermitteln. Obwohl Vorgänge dieser Art nach wie vor selten sind, werden sie sehr genau beobachtet und von den Medien als ein Symptom für den Gesinnungswandel der jungen Führungskräfte gegenüber ihren Arbeitsbedingungen angesehen, der zur allmählichen Zerstörung des Fundaments der Beschäftigung auf Lebenszeit beiträgt.

Die duale Beschäftigungsstruktur und die Arbeitskosten

Japans Konkurrenzfähigkeit im Export wird nicht nur durch das Qualifikationsniveau der Arbeitskräfte, sondern auch durch die Arbeitsmarktstruktur und die persönlichen Grundsätze der Firmen unterstützt. Obwohl Japan bereits seit etwa 20 Jahren nicht mehr als ein Niedriglohn-Land gilt, besteht immer noch ein Unterschied zwischen den Arbeitskosten japanischer und westlicher Arbeitgeber. Ein internationaler Vergleich verschiedener Kategorien von Lohnindikatoren dürfte bei der Darstellung dieser Unterschiede wie auch ihrer Beurteilung nützlich sein (vgl. Tabelle 11.1).

Aus Tabelle 11.1 lassen sich drei grundlegende Merkmale ablesen: Erstens hat sich das japanische Lohnniveau innerhalb eines Jahrzehnts in beeindrukkender Weise erhöht und sich dadurch weitgehend den europäischen Sätzen angenähert. Zweitens können Vergleiche von offiziellen Daten, die nicht die unterschiedlichen Definitionen und Erhebungsmethoden berücksichtigen, leicht zu einer Überschätzung des japanischen Lohnniveaus führen. Drittens sind die Arbeitskosten der japanischen Arbeitgeber nach wie vor deutlich niedriger als die der westlichen Industrieländer, was ihnen einen spürbaren Vorteil im Außenhandel verschafft. Entgegen den üblichen Darstellungen und Lohndaten nur der großen und mittleren Firmen hat sich das Japan Institute of

Tabelle 11.1: Internationaler Vergleich von Löhnen und Arbeitskosten[1], 1970 und 1981, Japan = 100 (Arbeitskräfte in der Produktion, männlich und weiblich)

Jahr	Japan	USA	BR Deutschland	Großbritannien	Frankreich
	Reale Stundenlöhne, nach amtlichen Statistiken jedes Landes				
1970	100	359	175	140	113
1981	100	138	107	93	83
	Reale Stundenlöhne pro tatsächlicher Arbeitsstunde (Schätzung)[2]				
1970	100	416	224	185	137
1981	100	166	149	108	105
	Arbeitskosten pro Stunde (Schätzung)[3]				
1975	100	208	207	108	151
1981	100	175	160	104	128

Quellen: Japan Institute of Labor, *Wages and Hours of Work,* Japanese Industrial Relations Series no. 3, Tokyo 1984, S. 6 – 11. Die Daten für Japan kommen vom Arbeitsministerium, *Monthly Labour Survey, Survey on Welfare Services for Workers;* USA, Department of Labor, *Handbook of Labor Statistics* und von der Statistikabteilung der EG, *Labor Costs in Industry.*

Anmerkungen:
[1] Der Wechselkurs beruht auf dem jährlichen Mittelwert des IMF, International Financial Statistics.
[2] Gemäß Japan Institute of Labor, a. a. O., S. 9.
[3] Gemäß Japan Institute of Labor, a. a. O., S. 11.

Tabelle 11.2: Vergleich der Arbeitsproduktivität in ausgewählten Industriezweigen, Japan = 100

Industriezweig	USA 1973 (Wertschöpfung pro Arbeitsstunde)	USA 1981 (Wertschöpfung pro Arbeitsstunde)	BR Deutschland 1978 (Wertschöpfung pro Erwerbstätigen)
Eisen und Stahl	110	63	73
Fahrzeuge	206	87	48
Elektrische Maschinen	182	93	77
Chemie	150	108	60
Präzisionsinstrumente	294	139	75
Allg. Maschinen	190	118	60
Textilien	171	138	66

Quelle: Nihon Seisansei Honbu, *Katsuyo rodo tokei 1985* (Japan Productivity Center, Practical Labour Statistics) S. 164 – 165.

Labour die Mühe gemacht, sowohl Angaben über kleine Firmen mit 5 bis 29 Beschäftigten als auch über weibliche Arbeitnehmer einzubeziehen. Auf diese Weise erhält man realistischere Durchschnittswerte, die auch die unteren Schichten der Lohnempfänger repräsentieren.

Tabelle 11.2 zeigt ausgewählte Daten zur Darstellung der Arbeitsproduktivität, die zusammen mit den Lohnwerten eine Vorstellung von der Leistungsfähigkeit der exportabhängigen Industriezweige vermitteln. Die führenden japanischen Exportindustrien konnten in den siebziger Jahren ihre Arbeitsproduktivität beträchtlich steigern; zum Teil gelang es ihnen sogar, mit den Vereinigten Staaten gleichzuziehen und den Abstand zur Bundesrepublik zu vergrößern. Obwohl es durchaus Argumente dafür gibt, daß die Produktivität der japanischen Exportindustrie aufgrund der unterschiedlichen statistischen Daten überschätzt wird[8], deutet Tabelle 11.2 dennoch auf einen hohen Leistungsstand des japanischen Exportsektors hin. Indes sind Angaben über Löhne und Produktivität nur grobe Indikatoren für den Zustand eines Arbeitsmarktes und bieten nur unbefriedigende Erklärungen für das Funktionieren eines Beschäftigungssystems. Die folgenden Ausführungen werden sich daher auf einen Überblick über die Mechanismen und Strukturen dieses Systems konzentrieren, die für die Leistungsfähigkeit von Exportaktivitäten relevant sind.

Man sollte sich zunächst des Einflusses bewußt sein, den die Lebenszeitbeschäftigung als Ideal der Personalpolitik eines erfolgreichen japanischen Unternehmens auf dessen Geschäftsstrategien einschließlich seines Exports ausübt. Dem regulären Arbeitnehmer wird von vornherein eine lebenslange Beschäftigung garantiert, die bis zum betrieblichen Ruhestandsalter reicht und unabhängig von der jeweiligen Geschäftslage des Unternehmens ist. Direkte Entlassungen gelten als letzter Ausweg und werden so lange wie möglich vermieden. Bevor ein Unternehmen mit geschäftlichen Schwierigkeiten seine Kernbelegschaft entläßt, versucht es zunächst andere Maßnahmen zur Reduzierung des Personals anzuwenden, wie z. B. die Verringerung der Aushilfskräfte und Teilzeitbeschäftigten, die vorübergehende oder dauerhafte Versetzung von Angestellten innerhalb des Unternehmens oder in Tochtergesellschaften oder das Angebot erhöhter Abfindungen bei freiwilligem Ausscheiden.[9]

Die japanische Öffentlichkeit erwartet von den Arbeitgebern, daß sie sich für die Einkommenssicherheit ihrer permanenten Angestellten verantwortlich zeigen. Ein Unternehmen, das Mitarbeiter explizit entläßt, verliert seinen guten Ruf und das öffentliche Vertrauen; das kann so weit gehen, daß sich Finanzinstitute weigern, fällige Kredite zu verlängern. Durch die Tatsache, daß die soziale Gesundheits- und Altersvorsorge eng mit dem Arbeitsverhältnis verbunden ist und daß die Regierung nur zweitklassige Versicherungsleistungen anbietet[10], wird die Trennung von einem langjährigen Arbeitgeber wesentlich schwerwiegender als eine normale Aufhebung eines Arbeitsvertrages. Im allgemeinen bedeutet es nicht nur eine Minderung des Ansehens, sondern auch des Einkommens, so daß die gesamte Lebenssituation einer Familie deutlich beeinträchtigt werden kann. Deshalb verpflichtet die japanische Regierung Firmen, die Kündigungen nicht vermeiden können, zur Ausarbeitung von Plänen, die eine Wiedereingliederung freigesetzter Arbeitskräfte ermöglichen, und sie unterstützt Unternehmen, die solche Arbeitskräfte einstellen.[11]

Obwohl die japanischen Arbeitgeber bei der Anpassung ihrer Beschäftigtenzahl an die jeweilige Geschäftslage relativ flexibel sind, bleibt dennoch als grundlegende Verpflichtung, die Arbeitsplätze ihrer Belegschaft beinahe um jeden Preis aufrechtzuerhalten. Diese Verpflichtung hat zur Folge, daß die Firmen ständig gezwungen sind, Produktion und Umsatz zu steigern. Die bloße Erhaltung des Umsatzes reicht in den meisten Fällen nicht aus, um die Dauerbeschäftigung zu garantieren, da eine Reihe von arbeitsrelevanten Faktoren eine Art Wachstumsmechanismus auslösen. Das schnelle Altern der Arbeitnehmerschaft verursacht steigende Arbeitskosten, und obwohl die Komponente der Betriebszugehörigkeit bei der Bestimmung der Löhne reduziert worden ist, wirkt sie immer noch kostentreibend. In den Jahren der Rezession nach 1975 stiegen die Gehälter real nur unwesentlich, so daß die Kaufkraft der japanischen Verbraucher eine Zeitlang stagnierte. Hinzu kamen Sättigungserscheinungen in den Privathaushalten, z. B. bei elektrotechnischen Geräten, Kraftfahrzeugen und Kameras. Beide Faktoren führten zu einer verringerten Aufnahmefähigkeit des Inlandsmarktes. Folglich haben sich vorwiegend die Hersteller von langlebigen Konsumgütern darauf konzentriert, ihre Marktanteile auf dem Weltmarkt zu erhöhen.[12] Ein harter Konkurrenzkampf zwischen führenden japanischen Produzenten von Exportgütern im In- und Ausland zwingt sie, die Vorteile der Skalenerträge extensiv zu nutzen, um wiederum Preisvorteile zu erzielen. Da die Arbeitsproduktivität durch den Einsatz von Robotern in der Produktion und inzwischen auch in der Verwaltung steil angestiegen ist, müssen die größeren Produktionsmengen einer mehr oder weniger unveränderten Anzahl von Erwerbstätigen zunehmend auf ausländischen Märkten abgesetzt werden. Da japanische Unternehmen im Gegensatz zu ihren amerikanischen Konkurrenten die Zahl ihrer ständigen Arbeitskräfte nur auf lange Sicht verändern können, müssen sie zwangsläufig flexibler bei der Gestaltung ihrer Produktion oder beim Absatz sein.

Um die Wachstumsraten auf einem Niveau zu halten, das die Beschäftigung der Kernbelegschaft garantiert, werden offenbar zwei Strategien angewendet: die Erhöhung der Auslandsumsätze und die Entwicklung und Einführung von neuen Wachstumsprodukten. Beide Instrumente werden intensiv und zum Teil komplementär genutzt.[13] Obwohl die Exportexpansion mit dem Ziel, heimische Arbeitsplätze zu erhalten, keine spezifisch japanische Eigenart ist, könnte es doch sein, daß Japans Arbeitgeber wegen des Systems der lebenslangen Beschäftigung gezwungen sind, diese Strategien aggressiver anzuwenden als ihre Konkurrenten in anderen Ländern.

Tabelle 11.1 hat gezeigt, daß ein Grund für Japans starke Position im internationalen Handel das nach wie vor verhältnismäßig niedrige Lohnniveau ist. Der lediglich geringe Unterschied zwischen Angestellten- und Arbeitereinkommen wurde bereits erwähnt. Andererseits hat die Tatsache, daß die Unterschiede zwischen den Löhnen in Großunternehmen und denen in Klein- und Mittelbetrieben in Japan wesentlich größer sind als in anderen Industrienationen, sogar einen noch größeren Einfluß auf die gesamten Arbeitskosten. Dies

Phänomen wird im allgemeinen als die duale Struktur der Wirtschaft und Beschäftigung bezeichnet.[14] Was die Bedingungen des Arbeitsmarktes angeht, so basiert die ausgeprägte Dualität in Japan auf verschiedenen Formen der Segmentation. Die Bereiche, in denen hohe Gehälter gezahlt werden — und zwar sind dies männliche Arbeiter und Angestellte in Großunternehmen und bei der Regierung —, stehen fast ausschließlich Absolventen von erstklassigen Schulen und Universitäten offen. Dagegen haben Angestellte, die ihr Arbeitsleben in kleineren Firmen begonnen haben, normalerweise keine Chance, später eine „Spitzenposition" zu bekommen. Zwischenbetriebliche Mobilität findet hauptsächlich innerhalb derselben Unternehmensgrößen statt, während eine — allerdings relativ seltene — vertikale Mobilität lediglich in Perioden hohen Wachstums mit einem deutlichen Mangel an Facharbeitern beobachtet werden konnte.

Eine zweite Form der Segmentierung, die sich stark auf die Löhne auswirkt, ist die Differenzierung nach der Art der Beschäftigung. Die meistzitierten Lohndaten aus dem Monthly Labour Survey erfassen nur Personen mit unbefristeten Arbeitsverträgen, die eine Vollzeitbeschäftigung ausüben. Daneben verfügen Japans Arbeitgeber noch über eine Reihe anderer Beschäftigungsformen, die es ihnen ermöglichen, ihre Belegschaft zyklischen oder strukturellen Veränderungen der Produktion anzupassen. Bei den billigeren Arbeitskräften dieses sogenannten sekundären Arbeitsmarktes handelt es sich um Arbeitnehmer mit Zeitverträgen, Tagelöhner, Heimarbeiter, Teilzeitkräfte, Gelegenheitsarbeiter, Saisonarbeiter, Leihkräfte und — eine japanische Besonderheit — Subkontraktarbeiter. 1984 machte der Anteil der Arbeitsverträge mit weniger als einem Jahr Laufzeit immerhin 10,5 % der gesamten abhängig Beschäftigten aus (Labour Force Survey). Nach einem Bericht des Arbeitsministeriums waren 1983 1,4 Mio. Personen mit Heimarbeit beschäftigt; das entspricht fast 4 % aller Arbeitnehmer. Dabei stieg die Teilzeitarbeit, die zum Teil mit Aushilfsarbeit identisch ist, zu Beginn der achtziger Jahre auf 13 % der Gesamtbeschäftigung an. Ein Viertel der weiblichen und fast 10 % der männlichen Arbeitnehmer arbeiten weniger als die übliche tägliche, wöchentliche, monatliche oder jährliche Arbeitszeit. Die Leiharbeitskräfte sind bis jetzt noch nicht statistisch erfaßt, aber es gibt Anzeichen dafür, daß diese Art der Tätigkeit vor allem im Bereich der Datenverarbeitung und bei Software-Dienstleistungen im Kommen ist. Die Beschäftigung von Subkontraktarbeitern stellt nicht de jure, wohl aber de facto eine Form von Leiharbeit dar, die im Jahre 1947 mit dem Employment Security Act verboten wurde, sich aber nach 1952 wieder durchsetzte. Und zwar gilt dies vor allem für Industriezweige mit Großanlagen, wie den Schiffbau und die Chemie. Die mittleren und kleineren Firmen schicken Kräfte mit technischen Spezialkenntnissen in die Betriebe ihres wichtigsten oder einzigen Kunden. Dort arbeiten sie dann Seite an Seite mit den regulären Arbeitern des marktführenden Unternehmens, ohne auf dessen Lohnliste registriert zu sein. Im übrigen erhalten sie die niedrigen Löhne ihres gesetzlichen Arbeitgebers.[15]

Japans Exportindustrien profitieren im Grunde von beiden Kategorien der Dualität. Erstens machen sie intensiven Gebrauch von der Teilezulieferung

Tabelle 11.3: Die Lohnhierarchie in Japan, nach Betriebsgröße, Geschlecht und Art der Beschäftigung, 1983

Beschäftigungsverhältnis	Anteil in %	Quelle
1. Reguläre Arbeitnehmer Großunternehmen (1000 oder mehr Angestellte)	100	Arbeitsministerium, Monthly Labour Survey
– kleine Firma (10–49 Angestellte)	55	
2. Männliche reguläre Arbeitnehmer	100	Arbeitsministerium, Monthly Labour Survey
– weibliche reguläre Arbeitnehmer	49	
3. Arbeiter mit Dauerstellung	100	Arbeitsministerium, Basic Survey of Wages
– mit Berufserfahrung Eingestellte 40–44 Jahre, Großunternehmen	65	
– dieselben, kleine Firma	73	
4. Weibliche reguläre Arbeitskräfte	100	Arbeitsministerium, Basic Survey of Wages
– Teilzeitkräfte, Großunternehmen, laufendes Gehalt	64	
– dieselben, Sondervergütung	20	
– kleine Firma, laufendes Gehalt	83	
– dieselben, Sondervergütung	21	
– Löhne für Heimarbeit	35	Arbeitsministerium, Home Handicraft Survey

Quelle: Nihon Seisansei Honbu, *Katsuyo rodo tokei* (Japan Productivity Center, Practical Labour Statistics), 1985.

Tabelle 11.4: Die exportabhängige Produktion kleiner und mittlerer Firmen in ausgewählten Industriezweigen, in % der Endnachfrage in den Wirtschaftszweigen

Industriezweig	1965	1978
Stahl, Eisen	32,8	37,8
Allg. Maschinenbau	15,3	28,2
Elektroindustrie	17,9	30,2
Transportprodukte	22,4	28,4
Präzisionsinstrumente	30,6	40,1

Quelle: Zwischenbericht des Japan Institute of Labour, a. a. O., S. 207, die Daten stammen von MITI, *Kogyo Tokeihyo*, 1978.

aus kleinen und mittleren Betrieben, und zweitens stellen sie direkt oder indirekt Personen mit nichtregulärem Beschäftigungsstatus ein. Die „Small and Medium Size Enterprises Agency“ analysiert in ihrem Weißbuch von 1980 die

Zusammensetzung von Exportgütern wie Schiffen und Autos nach der Form und Intensität der Nutzung von Subkontrakten.[16] Während bei Großserienfertigung von Autos hauptsächlich die Auslagerung von Teilen der Produktion intensiv betrieben wird, kombinieren die großen Schiffbaufirmen die Auslagerung mit dem Einsatz von Subkontraktarbeitern. Nach Angaben der Stahlarbeitergewerkschaft Tekkororen hatten die fünf großen Stahlhersteller 1983 140 000 Arbeitnehmer mit Subkontrakt in ihren Werken beschäftigt. Diese Zahl entspricht immerhin 49 % des Blue-collar-Personals.[17]

Die Elektroindustrie weist mit 9,6 % (1982) der gesamten Arbeitnehmerschaft einen überdurchschnittlichen Anteil an befristeten Arbeitskräften auf, gefolgt von der Textilindustrie mit 6,9 %, der metallverarbeitenden und Maschinenbauindustrie mit 6,5 % und der Kraftfahrzeugindustrie mit 5,2 %.

Bis jetzt liegt noch keine umfassende Schätzung darüber vor, wie die Löhne für sekundäre Arbeitskräfte die Lohnkosten und die Wettbewerbsvorteile der japanischen Exportindustrie beeinflussen. Die Lohnunterschiede zwischen primärem und sekundärem Beschäftigungsstatus sind in Tabelle 11.3 anhand von ausgewählten Daten dargestellt. Obwohl bislang keine Analyse des Einflusses der innerjapanischen Lohnstruktur auf Japans Rolle im internationalen Handel vorliegt, zeigen die Abbildungen 11.1 und 11.2 zusammen mit Tabelle 11.3 einen Punkt sehr deutlich: Je mehr sich ein im Export tätiger Hersteller kleiner und mittlerer Zulieferbetriebe und nichtregulärer Mitarbeiter bedient, umso niedriger kann er den Anteil der Lohnkosten an den Produktionskosten halten. Während der Jahre des hohen Wachstums (bis 1973) verringerten sich die Lohndifferenzen derart, daß japanische Arbeitsökonomen bereits das bevorstehende Ende des Dualismus voraussagten. Doch führte der Beginn der Phase des mäßigen Wachstums und der erheblichen Unterbeschäftigung wieder zu einer Polarisierung der Löhne und Arbeitsbedingungen zwischen den Primär- und Sekundärsektoren des japanischen Arbeitsmarktes.

Von seiten der japanischen Gewerkschaften können keine Schritte zur Vereinheitlichung oder zumindest zu einer Reduzierung der Lohnunterschiede erwartet werden. Die Tarifverträge werden innerhalb der Firma und nicht auf Industrie- oder nationaler Ebene geschlossen, und die Unternehmen ohne Gewerkschaft beschließen die Höhe ihrer Löhne je nach Marktbedingungen. Im verarbeitenden Gewerbe betrug der gewerkschaftliche Organisationsgrad 1983 35 %. Während die Angestellten mit festem Arbeitsverhältnis in großen Unternehmen meistens automatisch Gewerkschaftsmitglieder werden, sind Arbeitnehmer in mittleren Betrieben nur unterdurchschnittlich organisiert, und in kleinen Firmen haben sie praktisch keinerlei Interessenvertretung. Personen ohne feste Anstellung sind normalerweise aus den Firmengewerkschaften ausgeschlossen und besitzen daher praktisch keine Verhandlungsmacht, um ihre Löhne an die ihrer festangestellten Kollegen anzugleichen.[18] Die vorherrschenden Grundprinzipien der japanischen Gewerkschaftsorganisation werden nicht zu einer Überwindung der Segmentierung des Arbeitsmarktes führen, sondern dürften die Polarisierung eher fördern.

Abbildung 11.1: Aufbau des Zuliefersystems und Einsatz von Subkontraktarbeitern im Schiffbau

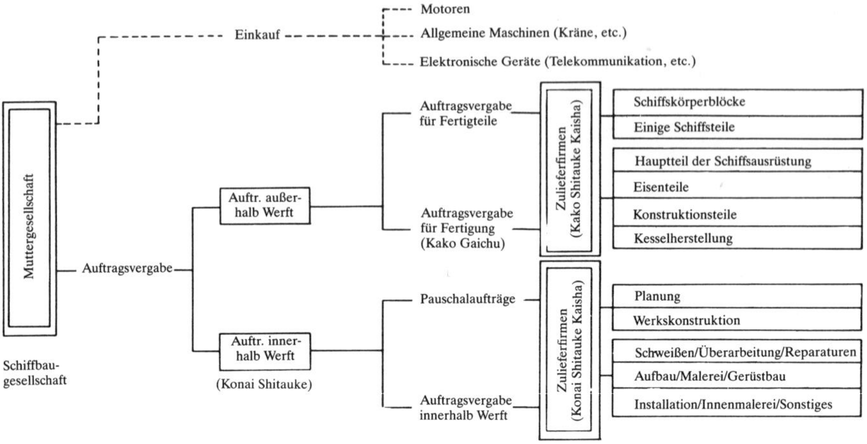

Quellen: Small and Medium Enterprises Agency, *Chucho Kigyo Hakusho* (Weißbuch über Klein- und Mittelbetriebe, 1980), (1980), Seite 162. Übersetzt bei Shigeyoshi Tokunaga, *Japanese Labor Market*, Seite 29.

Abbildung 11.2: Aufbau des Zuliefersystems in der Automobilindustrie

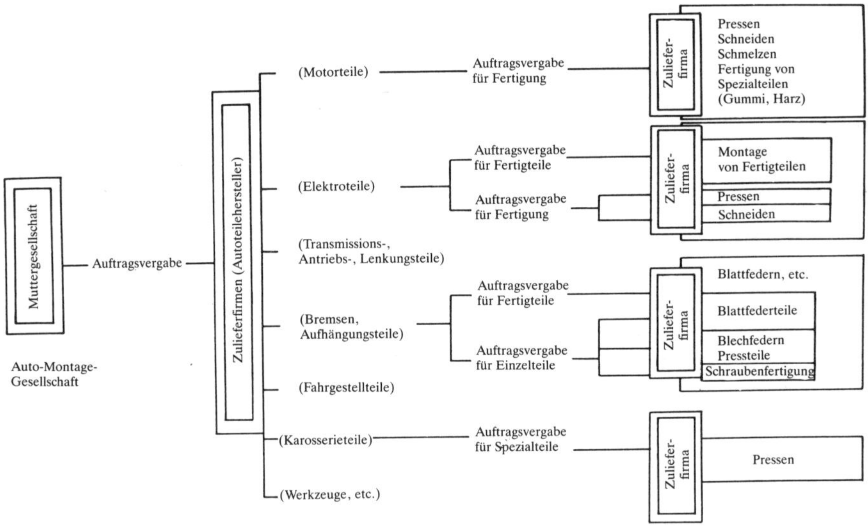

Quellen: Small and Medium Enterprises Agency; a. a. O., Seite 161, übersetzt bei Shigeyoshi Tokunaga, *Japanese Labor Market, Seite 31.*

Handelsfriktionen und Beschäftigungsanpassung

In Japan gibt es genau wie in anderen industrialisierten Ländern neben Sektoren, die ihre internationale Konkurrenzfähigkeit aufrechterhalten oder gar gesteigert haben, auch andere Bereiche, die Marktanteile verlieren. Insofern treten die Handelsprobleme in unterschiedlichen Formen auf. Für den Arbeitsmarkt ist der Einfluß von Produktionseinschränkungen einerseits und die Zunahme der Direktinvestitionen im Ausland andererseits überaus wichtig. Mit der Umstrukturierung der japanischen Exportindustrie der vergangenen Jahre sind folgende wichtige Fragen aufgeworfen worden: Ist die Flexibilität in puncto Arbeitskräfteabbau groß genug, um die notwendigen Kostensenkungen zu realisieren, ohne die kooperative Haltung zwischen Arbeitnehmern und Arbeitgebern zu gefährden? Und: Wird sich die Tendenz großer Exportfirmen zur Erhöhung ihrer Direktinvestitionen im Ausland nachteilig für die Beschäftigungssituation im Inland auswirken?[19]

Zunächst sollen die Bemühungen strukturschwacher Industrien um eine Senkung der Arbeitskosten beschrieben werden. Während die Petrochemie und die aluminiumverarbeitende Industrie ihre internationale Wettbewerbsfähigkeit wegen des drastischen Anstiegs der Ölpreise verloren, waren es in anderen Branchen vor allem die starken Lohnerhöhungen, die gegenüber den industriellen Neulingen in der Pazifikregion zu Kostennachteilen führten. So reduzierte die Schiffbauindustrie ihre Produktionskapazität entsprechend den Vorgaben der Industriepolitik fast um die Hälfte. Die Beschränkung des Schiffbaus auf einige Werften, die Schließung der anderen und die Diversifizierung in Bereiche wie den Maschinenbau und die Konstruktion von schwimmenden Anlagen hatten zur Folge, daß die Beschäftigung in dieser Branche in der zweiten Hälfte der siebziger Jahre um mehr als 40 % abnahm, was man wohl als ein außerordentliches Ergebnis einer Anpassungsstrategie bezeichnen kann.

Große Unternehmen vermieden weitgehend direkte Entlassungen, statt dessen forcierten sie, in Zusammenarbeit mit den Gewerkschaften, zwischenbetriebliche Versetzungen, das natürliche Ausscheiden von Arbeitskräften, das vorübergehende Ausleihen von Kräften an andere Unternehmen derselben Industriegruppe sowie die Nichterneuerung von Zeitverträgen. Genau dieselbe Strategie wurde in der Stahlindustrie verfolgt. Die Produktionseinschränkungen bewirkten bei den kleineren Subkontraktfirmen einschneidende Veränderungen und beeinträchtigten die lokalen Arbeitsmärkte erheblich. Viele kleinere Firmen baten ihre überschüssigen Mitarbeiter um frühzeitiges Ausscheiden, während manche direkte Entlassungen vornahmen, obwohl sie auf diese Weise schwere Arbeitskonflikte oder sogar Gerichtsprozesse auslösten. Für ältere Arbeitnehmer war eine Wiedereingliederung äußerst schwierig. Man vermutet, daß viele Kräfte, die ihre reguläre Anstellung aufgaben, in Gelegenheitsarbeit oder Nebenbeschäftigungen Zuflucht suchten.[20]

In der Textilindustrie hat ein kontinuierlicher Austausch von alten Produktionseinrichtungen durch moderne, leistungsfähige Maschinen stattgefunden, daneben wurde die Zahl der Arbeitskräfte ständig verringert. Da die Textilindustrie überwiegend weibliche Kräfte beschäftigt, deren Fluktuation höher ist als die der Männer und die häufig als Teilzeitkräfte angestellt sind, stießen Maßnahmen zum Personalabbau hier auf weniger Hindernisse als in Bereichen mit überwiegend männlichen Erwerbstätigen.

Zugleich bemühten sich auch die erfolgreichen exportintensiven Industrien um Kostensenkungen und übten damit ebenfalls einen Einfluß auf die sekundären Sektoren des dualen japanischen Arbeitsmarktes aus. Während in einigen Fällen kleine und mittlere Zulieferfirmen Auftragseinbußen erlitten, konnten andere als Folge ihrer erhöhten Teileproduktion für Exportgüter verstärkt expandieren. Der Nettoeffekt war eine zunehmende Abhängigkeit der Klein- und Mittelbetriebe von der Auslandsnachfrage nach Fertiggütern (vgl. Tabelle 11.4).

Um ihre Wettbewerbsfähigkeit zu verbessern, ersetzten die Großunternehmen ihre eigene Produktion durch eine verstärkte Nutzung vorgefertigter Teile von kleinen und mittelgroßen Subkontraktfirmen. Während 1974 noch 52,3 % der Exportgüter in Großunternehmen, 30,9 % im Zulieferverbund und 16,8 % in unabhängigen kleinen und mittleren Betrieben hergestellt wurden, hatten sich die jeweiligen Anteile 1981 auf 46,5 %, 39,1 % bzw. 14,4 % verlagert.[21]

Im Durchschnitt stammen 16,5 % der Exporte von Großunternehmen aus kleinen Zulieferfirmen; bei Kraftfahrzeugen, Schiffen und anderen Transportfahrzeugen liegt der Anteil dieses sekundären Sektors bei 42,9 % (1982). In einigen Industriezweigen war die Zunahme der Exporte in den siebziger Jahren vor allem auf die Produktionssteigerung der Subkontraktfirmen zurückzuführen (Allgemeiner Maschinenbau: 92,5 %, Eisen und Stahl: 81,7 %, Elektroindustrie: 76,8 %). Im großen und ganzen haben die im Außenhandel tätigen japanischen Großunternehmen intensiv von der Möglichkeit der Lohnkostensenkung Gebrauch gemacht, indem sie ihre Produktion in Bereiche mit niedrigen Löhnen verlagert haben.

Die zweite grundlegende beschäftigungswirksame Strategie der Exportindustrie bestand in der Erhöhung der Direktinvestitionen im Ausland. Folglich hat sich die Anzahl der Personen, die in japanischen Auslandsniederlassungen beschäftigt sind, alle vier bis fünf Jahre verdoppelt; 1979 waren es 37 500 Beschäftigte, 1976 78 000 und 1983 bereits 130 900.[22] Die Motive für den sprunghaften Anstieg der Direktinvestitionen lassen sich in fünf Kategorien unterteilen[23]: exportsubstituierende Investitionen, um Einfuhrbeschränkungen des Gastlandes zu umgehen (Elektrogeräte); die Entwicklung neuer Märkte (Telekommunikation); die Rückgewinnung von Wettbewerbsvorteilen (Textilien); die Förderung des Dreieckshandels mit Drittländern (Elektrogeräte) und die Förderung der internationalen Zusammenarbeit (Eisen und Stahl).

Es wurde bereits beschrieben, wie japanische Firmen ihre talentiertesten

Mitarbeiter auf einen Einsatz im Ausland vorbereiten. Der Erfolg der Auslandsniederlassungen hängt weitgehend von der Fähigkeit ab, die für das jeweilige Gastland geeigneten Managementpraktiken auszuwählen und sie dort rechtzeitig einzusetzen. Das muß keineswegs eine Übernahme des japanischen Managementstils bedeuten. Es gibt eine umfangreiche Literatur über die Methoden und Ergebnisse der Investitionen und des Managements japanischer Auslandsniederlassungen, vor allem in westlichen Ländern.[24] Indes waren die Bemühungen japanischer Firmen, sich im Ausland niederzulassen, keineswegs immer erfolgreich, sondern es gibt etliche Beispiele für Mißerfolge. Dabei wurden die Beschäftigungskonzepte meistens in der Form verwirklicht, daß eine motivierte und hochproduktive Belegschaft häufig mit dem folgenden Rahmen kombiniert wurde: Stärkung der Disziplin durch besonders ausgewählte Vorarbeiter, polyvalente Qualifikation der Arbeitskräfte mit Bereitschaft zur Flexibilität, Festsetzung der Löhne und Beförderung nach Leistung. Im übrigen wurden grundsätzlich die Arbeitgeber-Arbeitnehmer-Beziehungen des Gastlandes akzeptiert und an die Managementkonzepte des Unternehmens angepaßt.[25]

Inzwischen sind in Japan Befürchtungen aufgetaucht, daß die fortgesetzten Direktinvestitionen der Großunternehmen die Beschäftigung im Inland wesentlich beeinträchtigen könnten. Das MITI, das das direkte Engagement im Ausland aktiv unterstützt, um die Beschwerden aus Europa und den USA über das aggressive Exportverhalten der Japaner zu beschwichtigen, hat versucht, diese Bedenken zu zerstreuen, indem es die Beschäftigungseffekte der Nachfrage nach Auslandsniederlassungen im Inland analysieren ließ. Tatsächlich hat sich dabei herausgestellt, daß ein hoher Anteil an vorgefertigten Teilen und Rohstoffen aus Japan stammte und daß der Prozentsatz der induzierten Exporte von verbundenen Produkten bei den exportsubstituierenden Direktinvestitionen am niedrigsten war.[26] Andererseits bleiben Zweifel, ob die einheimischen japanischen Autofirmen fähig sein werden, all ihre Arbeitskräfte weiter zu beschäftigen, wenn sie im großen Stil im Ausland investieren sollten. So erwartet das Mitsubishi Research Institute in einer Prognose zur Entwicklung der japanischen Wachstumsindustrien, daß die Produktion im Ausland schneller wächst als der Export. Die Geschichte umfangreicher japanischer Direktinvestitionen ist noch nicht lang genug, um die tatsächlichen Auswirkungen auf die Beschäftigung in den kommenden Jahren ermessen zu können.

Fazit

Japan befindet sich mitten in einer Umstrukturierungsphase, von der hauptsächlich große Unternehmen betroffen sind. Einige von ihnen kämpfen um Modernisierung, andere um die Führungsposition bei der Entwicklung von High-Tech-Produkten und den dazugehörigen Serviceleistungen. Insgesamt unternehmen sie alle nur erdenklichen Anstrengungen, um ihre internationale

Konkurrenzfähigkeit zu stärken. Das Potential an qualifizierten Arbeitskräften wird die Umstrukturierungsprozesse nicht behindern, sondern vielmehr dazu beitragen, daß die notwendigen Aktivitäten mit Enthusiasmus durchgeführt werden. Andererseits wird der Strukturwandel zum Teil zu Lasten verschiedener Gruppen innerhalb der Arbeitnehmerschaft erfolgen. So wird für eine steigende Anzahl an Arbeitnehmern die Arbeitsplatzstabilität abnehmen, und die Folge dürfte eine spürbare Zunahme der registrierten Arbeitslosigkeit sein. Das Japan Economic Research Center schätzt in seiner Langzeitprognose für 1990 eine Arbeitslosenrate von 5 %[27], also eine fast doppelt so hohe Rate wie heute. Es bleibt abzuwarten, ob das japanische System der Sozialpartner-Beziehungen robust genug ist, um die mit einer massiven Unterbeschäftigung verbundenen Belastungen auszuhalten.

Anmerkungen

1 Eine Diskussion über diese Aspekte zwischen ausländischen und japanischen Wissenschaftlern und Journalisten konzentriert sich auf diese „nihonjinron-Thematik"; in Verbindung mit Handelsfriktionen und Beschäftigung wurde sie vor kurzem aufgegriffen von Haruo Shimada, „Trade Frictions and Industrial Relations", in *Japan Labour Bulletin* 23, 6 (Juni 1984), S. 5—8.

2 (Cambridge: Harvard University Press, 1979).

3 Die umfassendste Analyse dieses Phänomens wurde von Shunichiro Umetani ausgearbeitet: „The College Labour Market and the Rate of Return to Higher Education in Postwar Japan, 1954—1973", Diss., (University of Wisconsin, Madison, 1977).

4 Für Einzelheiten vgl. Takeshi Inagami, „Employment Adjustments in Japan", *Japan Labour Bulletin* 23, 7 (Juli 1984), S. 5—8.

5 Tadashi Amaya, „Human Resource Development in Industry", *Japanese Industrial Relations Series* 10 (Tokio 1983), S. 31. Der Autor ist Leiter des Trainingcenters der OKI Electric Industry Co. Ltd. in Tokio.

6 Laut einer von einer Industrieforschungsgruppe durchgeführten Untersuchung: „Kokusei Jigyo ni Tazusawaru toki ni Hitsuyo to sareru Kihonteki Noryoku" (Juli/August 1978), zitiert bei T. Amaya, a. a. O., S. 32.

7 Neuere Berichte vgl. *The Japan Economic Journal* (1. 5. 1984), S. 8, und Steven Suloway, „Headhunting in Japan", in *PHP* (Juli 1984), S. 65—70. Nach Ergebnissen einer Untersuchung der *Nikkei Sangyo Shimbun* bei Gruppenleitern von 100 Großunternehmen gibt es Anzeichen für das Aufkommen einer Epoche, in der das mittlere Management den Arbeitgeber wechselt. „Era of Job Switching Seems Arriving; 40 % of Kachos are Potential Switchers", *Japan Economic Journal* (26. 6. 1984), S. 39—40.

8 Aufgrund der Unterschiede im Produktionsverbund in den verschiedenen Ländern kann man die Daten der einzelnen Industrien in Europa nur begrenzt vergleichen. Da z. B. japanische Autohersteller im Vergleich zu ihren europäischen Konkurrenten weitaus mehr vorgefertigte Teile von Firmen verwenden, die statistisch in weniger produktiven Branchen wie „Verschiedene Maschinen" registriert sind, wird die dortige Großserienmontage mit einer Mischung aus Produktion und Montage verglichen.

9 Eine detaillierte Beschreibung der Maßnahmen zur Beschäftigungsanpassung, die während der Rezession der 70er Jahre angewendet wurden, findet sich bei Angelika Ernst, *Japans unvollkommene Vollbeschäftigung* (Hamburg 1980), S. 138—52.

10 Einen hervorragenden Überblick über das System der sozialen Sicherheit gibt Takeshi Takahashi, „Social Security for Workers", Kazuo Okochi et al. (Hrsg.), *Workers and Employers in Japan, the Japanese Employment Relations System* (University of Tokio Press, 1973), S. 441 bis 84.

11 Vgl. Sueo Sekiguchi, *Industrial Policies in Japan: Interactions between policies and dualist structure* (Osaka 1984), S. 34.

[12] Eine empirische Untersuchung liegt vor von E. Shinozuka und E. Ishiwara, „Oirushokku iko no koyo chosei" [Beschäftigungsanpassung nach der Ölkrise], Diskussionspapier 17, Japan Economic Research Center (August 1976), S. 17.

[13] Ein gutes Beispiel ist das Ersetzen der Farbfernseherproduktion durch Videorecorder, mit einer aggressiven Förderung des Auslandsabsatzes, was zur Auslastung der Arbeitskräfte und des Kapitalstocks als notwendig angesehen wurde.

[14] S. Sekiguchi zeigt in Kap. 12 die im Vergleich zu den USA, Großbritannien und der Bundesrepublik ausgeprägtere Dualität innerhalb der japanischen Industrie. Siehe Tabelle 12.1—12.3, S. 255—257. Vgl. außerdem Andrea Boltho, *Japan. An Economic Survey* (Oxford University Press, 1975), S. 22—51.

[15] Weitere Ausführungen zum sekundären Arbeitsmarkt in Japan vgl. Angelika Ernst, a. a. O., S. 196—255.

[16] Die englische Übersetzung stammt aus Shigeyoshi Tokunaga, „The Structure of the Japanese Labour Market", in ders. und J. Bergmann (Hrsg.), *Industrial Relations in Transition. The Cases of Japan and the Federal Republic of Germany* (Tokio 1984), S. 30—32.

[17] Tekkororen, *Tekko Rodo Hando Bukku* [Handbuch der Stahlarbeitergewerkschaft] (Tokio 1983), S. 10—20.

[18] Ende der 70er Jahre begann in einigen nationalen Gewerkschaftszentren die Diskussion über Möglichkeiten, befristet Beschäftigte als Gewerkschaftsmitglieder zu akzeptieren. Diese Diskussion hatte nur eine geringe Wirkung. Die Minimallöhne werden jährlich von Organisationen des Arbeitsministeriums auf Präfekturebene festgelegt.

[19] Die umfassendste Studie über die Wechselbeziehungen zwischen Handelsproblemen und Beschäftigung wurde von einer Forschungsgruppe des Japan Institute of Labour durchgeführt. Erste Ergebnisse des Projekts sind unter dem Titel „Boeki masatsu no koyo ni oyobasu eikyo to roshi no taiao ni kansuru chosa kenkyu" [Empirische Untersuchung von Handelsfriktionen und Arbeitgeber-Arbeitnehmer-Beziehungen] in einem unveröffentlichten Zwischenbericht festgehalten; eine Zusammenfassung gibt Haruo Simada in *Japan Labour Bulletin* (Juni 1984), a. a. O. Die hier erwähnten Fakten basieren hauptsächlich auf dieser Studie.

[20] Vgl. Zwischenbericht des Japan Institute of Labour, a. a. O., S. 108—11.

[21] Nach Chusho Kigyocho, „Chusho Kigyo Hakusho 1982" (Small and Medium Size Firms' Agency, Weißbuch 1982), zitiert aus dem Zwischenbericht, a. a. O., S. 209.

[22] Nach MITI, „Wagakuni Kigyo no kaigai jigyo katsudo" [Aktivitäten japanischer Wirtschaftsunternehmen im Ausland], zitiert nach Keizai Koho Center (Japan 1983), S. 38.

[23] Vgl. Kazutoshi Koshiro, „Impact of Direct Foreign Investment on Domestic Employment", in *Japan Labour Bulletin* 21, 10 (Oktober 1982), S. 5—8.

[24] Den umfassendsten Überblick geben H. Demes und H.-P. Merz, „Managementpraktiken und Investitionsstrategien japanischer Auslandsniederlassungen: Eine Literaturübersicht mit Bibliographie", *Occasional Papers* 43 (Berlin: Ostasieninstitut, Freie Universität Berlin, 1984).

[25] Ebenda, S. 8—11.

[26] Vgl. Koshiro, a. a. O., S. 6.

[27] Vgl. Noburo Makino, (Mitsubishi Forschungsinstitut), „International Strategy Is Another Important Factor", in *Japan Economic Journal* (17. 7. 1984), S. 19.

Kapitel 12
Die japanische Industriepolitik: Das Zusammenspiel zwischen Politik und dualistischer Struktur

Sueo Sekiguchi

Einleitung

In der Ökonomie bedeutet „dualistische Wirtschaft“, daß eine Volkswirtschaft sowohl traditionelle Industriesektoren als auch moderne Sektoren besitzt, wobei die Koexistenz dazu führen kann, daß manche Faktorpreise erheblich divergieren.[1] In diesem Kontext ist dieser Begriff oft zur Beschreibung von Entwicklungsländern verwendet worden, in denen kapitalistische und traditionelle Subsistenzsektoren mit einer ausgeprägten versteckten Arbeitslosigkeit einhergehen. Heute wird dieses Konzept häufig in der Entwicklungstheorie ganz allgemein angewendet.

Unklar ist indes, ob auch die zeitgenössischen Industrienationen eine derartige „dualistische“ Struktur besitzen. Es wird zwar oft behauptet, daß die Koexistenz von großen Fabriken mit neuen Maschinen und vielen Kleinbetrieben eine dualistische Wirtschaftsform impliziert; wenn jedoch jede Fabrik die in bezug auf seine Technologie optimale Größe besitzt, ist es völlig sinnlos, diese Wirtschaft als „dualistisch“ zu bezeichnen, nur weil große und kleine Firmen oder Betriebe nebeneinanderher bestehen.

Die verschiedenen Organisationsformen der Produktion entwickeln sich im Gleichschritt mit technologischen und institutionellen Veränderungen im weitesten Sinne. Aufgrund des zwischen den Firmen stattfindenden Wettbewerbs, um sich an die veränderten Umweltbedingungen anzupassen, können die überlebenden Unternehmen sehr wohl bestimmte gemeinsame Merkmale aufweisen, doch benötigt dieser Prozeß Zeit. Manche Produzenten versuchen mit Hilfe ihrer politischen Macht das Eindringen neuer, innovativer Hersteller in den Markt zu regulieren. Insofern kann die Regierung spezifische Maßnahmen durchführen, um bestimmte Produktionsformen zu schützen, und auf diese Weise die Entstehung oder Aufrechterhaltung einer „dualistischen Struktur“ begünstigen.

Dieses Kapitel wird zunächst die Entwicklung der japanischen Industriepolitik und der einzelnen Industrien seit 1945 darstellen und dann untersuchen, welche Konsequenzen die politischen Maßnahmen sowohl für die expandierenden als auch für die traditionellen, schrumpfenden Sektoren hatten. Einerseits ist es Japan gelungen, moderne Industrien, wie die Autoproduktion und die Elektronik, soweit zu entwickeln, daß es auf diesen Gebieten zu einem bedeutenden Weltexporteur geworden ist. Andererseits besitzt die Wirtschaft nach wie vor eine relativ hohe Anzahl von Beschäftigten in traditionellen Sektoren wie der Landwirtschaft und kleinen arbeitsintensiven Industrien, die sich im Wettbewerbskampf nur mühsam behaupten können. Uns interessiert nun die Frage, wie die Industriepolitik die industrielle Struktur und Leistung beeinflußt und inwieweit die letztere ihrerseits Auswirkungen auf die Politik gehabt hat.

Überblick über die industrielle Entwicklung und die Industriepolitik

Die Industriepolitik umfaßt alle Maßnahmen, die direkt die interindustrielle Ressourcenallokation betreffen. Hierzu gehören daher Zölle und andere Handelsinterventionen ebenso wie Steuern, Subventionen und Finanzierungshilfen, durch die spezifische Industriesektoren entweder bei der Ressourcenallokation direkt begünstigt oder aber benachteiligt werden. Derartige politische Maßnahmen besitzen grundlegende Merkmale, die von der jeweiligen Entwicklungsphase, den spezifischen außenwirtschaftlichen Bedingungen und anderen externen Faktoren abhängen.

Die Entwicklung der Wirtschaft und der Industrien seit 1945

Die japanische Wirtschaft hat um 1960 herum insofern einen Wendepunkt erreicht, als die versteckte Arbeitslosigkeit endgültig verschwand und die Wirtschaft von nun an nicht mehr als ein Entwicklungsland betrachtet wurde.[2] Natürlich unterschied sich Japan von anderen Entwicklungsländern, die nach dem 2. Weltkrieg ihre politische Unabhängigkeit gewonnen hatten, insofern, als es beträchtliches technologisches Know-how akkumuliert hatte und ein gut ausgebautes, mittleres und höheres Bildungssystem besaß. Dennoch war es in dem Sinne ein Entwicklungsland, als seine Wirtschaft einen großen traditionellen Subsistenzsektor mit beträchtlicher versteckter Arbeitslosigkeit besaß. Insofern war die Wirtschaft dualistisch.

Die Periode 1945—1950 war die Vorbereitungszeit, während der das Land durch die Landreform und die Auflösung der zaibatsu (dies sind auf dem Kapital von mehreren Familien basierende Unternehmensgruppen) bestimmte wirtschaftliche Institutionen etablierte. Gleichzeitig wurde die Demokratisierung des politischen Entscheidungsprozesses eingeführt. Nachdem der Yen-Wechselkurs gegenüber dem US-Dollar 1949 auf 360 Yen festgelegt wurde — was damals einer Überbewertung des Yen entsprach —, war es für Japan schwierig, gleichzeitig ein Außenhandelsgleichgewicht und Vollbeschäftigung zu erreichen. Die Wirtschaft hatte ständig mit einer chronischen Devisenknappheit zu kämpfen.

Die Grundtendenzen der Wirtschaftspolitik waren eine Einschränkung des heimischen Konsums einerseits und eine Förderung der Ersparnisse und Investitionen sowie der Exporte andererseits. So wurden beispielsweise Anlageinvestitionen in wichtigen Industrien mit Hilfe von Steuerbegünstigungen für beschleunigte Abschreibungen und von staatlichen Finanzierungshilfen angeregt, während Importe durch das System der Devisenbewirtschaftung beschränkt wurden. Nach der Einführung selektiver industriepolitischer Maßnahmen in der zweiten Hälfte der 50er Jahre bestand das wesentliche Merkmal dieser Politik zunächst darin, den Konsum zu beschränken und die Produktion anzukurbeln, um die Arbeitslosigkeit zu verringern. Gleichzeitig wurde ein System der progressiven Importzölle entwickelt, um auf diese Weise die Beschäftigungsmöglichkeiten in der verarbeitenden Industrie zu sichern.

Im Jahre 1961 plante die Regierung ein Programm zur Liberalisierung des Außen- und Devisenhandels, und die Wirtschaft trat in eine neue Phase ein. Während es sich bisher bei den wichtigsten Exportgütern um arbeitsintensive Produkte wie Textilien und Konsumgüter des täglichen Bedarfs gehandelt hatte, exportierte Japan jetzt vor allem Stahl, Schiffe und Elektrogeräte. Den Zeitabschnitt 1961 bis 1972 kann man als eine Übergangsperiode bezeichnen, in dessen Verlauf das Land seinen internationalen Status veränderte. Die Regierung brauchte ihrerseits ein weiteres halbes Jahrzehnt, um die entsprechende politische Veränderung nachzuvollziehen.

1964 erreichte Japan schließlich den Status des 8. Artikels des Internationalen Währungsfonds (IWF), den Status des 11. Artikels des Allgemeinen Zoll- und Handelsabkommens (GATT) und die Mitgliedschaft in der OECD. Dies bedeutete, daß es endgültig zu den fortgeschrittenen Industrieländern gehörte. Die japanische Regierung und die Bevölkerung betrachteten Japan jedoch nach wie vor als ein „halbentwickeltes Land“. In der Zwischenzeit waren die Importkontingente durch Zollmaßnahmen ersetzt und die Zollsätze durch das Inkrafttreten der Kennedy-Runde der GATT-Länder gesenkt worden. Andererseits wurde die Industriepolitik selektiver gehandhabt und der MITI-Strategie angepaßt, die vor allem die Schwerindustrie und die Chemische Industrie förderte (jyu-kagaku kogyo-ka). Die Textil- und Konsumgüterindustrie wurde zusammen mit dem Bergbausektor relativ benachteiligt, wobei der letztere vor allem durch den zunehmenden Einsatz des Erdöls als Energiequelle verdrängt wurde. Die Reisproduktion, deren Außenhandel als staatliches Handelsprodukt immer besondere Bedingungen genossen hatte, erhielt sowohl Subventionen als auch viele Jahre lang Garantiepreise, die 1967 zu beträchtlichen Überschüssen führten. Die Verzögerung der Yen-Aufwertung Ende der 60er Jahre verursachte eine Überschußnachfrage nach japanischen Produkten und bewirkte eine importierte Inflation.[3]

Im Rahmen des Systems flexibler Wechselkurse, das 1973 eingeführt wurde, wird die Leistungsbilanz durch Veränderungen der Wechselkurse angepaßt. Dies ist ein Vorteil dieses Systems gegenüber den stufenflexiblen Wechselkursen, obwohl hier andererseits einige neue Probleme, wie das der zu extremen Ausschläge nach unten oder nach oben, zutage traten.[4] Sofern der Wechselkurs eine schnellere Anpassung der Handelsbilanz bewirkt, wird eine Expansion des Exportsektors zu einer schnelleren Schwächung der mit den Importgütern konkurrierenden Sektoren führen. Dementsprechend werden starke Zuwächse beim Export beim japanischen Stahl, bei Farbfernsehern, Autos und Videorecordern gleichzeitig mit einer schnellen Zunahme der Importe von landwirtschaftlichen, Textil- und Konsumgütern sowie verarbeiteten Rohstoffen einhergehen.

Tatsächlich erlebten nach den beiden Ölkrisen sowohl die aluminiumverarbeitende als auch die petrochemische Industrie, die bis dahin zu den expandierenden Sektoren gehörten, beträchtliche Absatzeinbußen, während die Importe dieser Güter geradezu explodierten. Diese Situation zwang den Staat zu einer umfassenden Unterstützungspolitik, die in der Vergangenheit nur ad hoc und sektorspezifisch durchgeführt worden war. 1978 erließ die Regierung eine Reihe von Gesetzen, die den strukturschwachen Industrien die Anpassung erleichtern sollten.

Die Industriepolitik des MITI konzentrierte sich einerseits auf eine Förderung der E & F-Investitionen, um High-Tech-Industrien bei ihrer Expansion zu unterstützen und die freiwillige Selbstbeschränkung in den Bereichen zu steuern, in denen die schnelle Zunahme der japanischen Exporte Handelsfriktionen erzeugte. Andererseits erleichterten die verstärkten industriepolitischen Maßnahmen in den strukturschwachen Sektoren die jeweilige industrielle Anpassung, indem das MITI die Kartelle beim Abbau der Kapazitätsüberschüsse in den fraglichen Industrien anleitete. Eine andere industriepolitische Maßnahme bestand darin, den Eintritt von Großunternehmen in Sektoren zu regulieren, in denen viele kleine traditionelle Firmen operierten. Hierzu gehörten sowohl Betriebe des Distributions- als auch des verarbeitenden Sektors.

Es erscheint merkwürdig, daß das MITI, das sich selbst als Befürworter des Freihandelssystems bezeichnet, gegen seine Grundsätze verstößt und auf dem Markt interveniert. Um diese Situation zu verstehen, müssen wir uns zunächst mit den Institutionen befassen, die für die Industriepolitik verantwortlich sind.

Der institutionelle Rahmen der Industriepolitik

Die japanische Industriepolitik wurde in der Regel von dem Büro ausgeführt, das jeweils einen bestimmten Sektor beaufsichtigte. (In Japan gibt es für einzelne Industriesektoren oder eine Gruppe von Sektoren jeweils ein Aufsichtsbüro oder genkyoko.) Demnach untersteht der Finanzsektor der Aufsicht des Finanzministeriums, der Bergbau, die verarbeitende Industrie und der Distributionssektor gehören zum MITI, und Landwirtschaft, Forstwirtschaft und Fischerei unterstehen dem Ministerium für Landwirtschaft und Fischerei. Demzufolge wird die Strukturpolitik jeweils von einem genkyoko innerhalb des verantwortlichen Ministeriums betrieben.[5]

Dabei hat die Economic Planning Agency (EPA) die Aufgabe, diese Maßnahmen zu koordinieren, um eine konsistente Wirtschaftspolitik zu gewährleisten. Da die politische Macht dieser Behörde jedoch gering ist, spielt diese Koordinierungsfunktion eine eher untergeordnete Rolle.

Die „mittelfristigen Wirtschaftspläne", die nach der Bewilligung durch das Kabinett gelegentlich von der EPA veröffentlicht wurden, implizieren allerdings nicht, daß die Regierung einen Plan mit der erforderlichen budgetären Absicherung durchsetzt, sondern der Plan muß vielmehr die Zielsetzungen und die Prognosen der Regierung in gewissem Maße reflektieren. Schließlich stellt die Politik der einzelnen genkyoko eine für jeden Industriesektor auf dessen spezifische Bedürfnisse abgestimmte, gut durchdachte Anleitung dar. Dennoch wäre es falsch anzunehmen, daß es keinen Mechanismus gibt, mit dessen Hilfe die Regierung eine umfassende Konsistenz der verschiedenen sektorspezifischen, industriepolitischen Maßnahmen erreichen könnte. Der Wirtschaftsrat, der das Beratungsorgan des Vorsitzenden der EPA ist, muß aus einer umfassenderen Perspektive eine insgesamt konsistente Wirtschaftspolitik vorschlagen, um auf diese Weise Widersprüche zwischen den verschiedenen Maßnahmen zu vermeiden. Insbesondere der Council on Industrial Structure (CIS) oder Sangyo Kozo Shingikai, der das Beratungsorgan des Außenhandels- und Industrieministers ist, hat die Aufgabe, die Politik des Ministeriums möglichst übergreifend zu koordinieren. Es ist umstritten, ob der Einfluß des CIS bedeutend ist oder nicht, da dieses Organ über keine Haushaltsmittel verfügt und nur künftige „Visionen" veröffentlicht, obgleich seine Unterausschüsse, die für die einzelnen Industrien zuständig sind, sehr spezifische Maßnahmen für den jeweiligen Sektor diskutieren.[6]

Das entscheidende Motiv für die Errichtung dieser Beratungsorgane war die Demokratisierung des politischen Entscheidungsprozesses. In der Realität wird das Sekretariat vom zuständigen Büro gemanagt, das seinerseits Vertreter von Interessengruppen sowie angeblich neutrale Wissenschaftler und Kritiker und einige Vertreter der Konsumenten und Gewerkschaften einlädt. Auf der Ebene der Unterausschüsse wird die Anzahl der Konsumenten- und Arbeitervertreter sogar noch kleiner. Da die meisten Mitglieder des Ausschusses vom Sekretariat ernannt werden und der Bericht ebenfalls von diesem erstellt wird, können der Rat und die Unterausschüsse praktisch nurmehr den vom Sekretariat vorbereiteten Entwurf übernehmen.[7]

Ezra Vogel hat behauptet, daß diese Organe eine Konfrontation zwischen Regierung und Unternehmenskreisen, wie sie in den Vereinigten Staaten zu beobachten ist, weitgehend verhindert und ein Klima geschaffen haben, das eine Kooperation der beiden Parteien bei der industriellen und kommunalen Entwicklung ermöglicht.[8] Sekiguchi und Horiuchi vertreten ihrerseits die Ansicht, daß diese Ausschüsse zwar früher beim Austausch und bei der Verbreitung von Informationen sowie bei der Ausbildung der Geschäftsleute eine wichtige Rolle gespielt haben, solange der private Unternehmenssektor schwach war, daß sie dagegen heute angesichts des erworbenen Wissens und der Erfahrungen des Unternehmenssektors nicht mehr sehr effektiv arbeiten. Außerdem ist ihrer Meinung nach der Konsens über die Frage, ob bestimmte Industriezweige ausgeschaltet werden sollen oder nicht, immer schwieriger zu erreichen.

Ein weiterer Faktor, der den nachlassenden Einfluß des MITI erklärt, ist dessen Verlust des enormen politischen Hebels, den es mit der Zuteilung der Kontingente besaß, solange die Wirtschaft für den Außenhandel geschlossen war. Die Privatunternehmen waren bereit, der administrativen Lenkung des MITI zu folgen, solange sie aufgrund ihres „Gehorsams“ eine günstige Quotenzuteilung erwarten konnten. Damals hatten pensionierte MITI-Angestellte genau wegen dieses Machtinstruments keinerlei Mühe, erfolgversprechende Posten und Aufgabenbereiche in Privatunternehmen zu finden. Dieser Mechanismus begünstigte bei den hohen Beamten eine Frühpensionierung und führte daher zu einer relativ jungen Führungsmannschaft, die mit allen Mitteln versuchte, die heimische Wirtschaft zu stärken. Mit der Liberalisierung des Außenhandels und der Investitionen entfiel dieses Instrument der Kontingentierung, und das Auftauchen von ausländischen Gesellschaften machte es noch schwieriger, sich bei der Durchsetzung der Politik auf das Prinzip der administrativen Lenkung zu verlassen.

Dennoch ist die Rolle dieses Prinzips vermutlich übertrieben worden. Ein Privatunternehmen braucht ja so lange keine Empfehlungen des MITI zu akzeptieren, solange es keine gesetzliche Basis gibt, und tatsächlich hat es gelegentlich Widerstand gegen dieses Prinzip gegeben.

An diesem Punkt sollten wir unbedingt den industriepolitischen Gesetzgebungsprozeß erwähnen. Es stimmt zwar, daß viele Gesetze erlassen wurden, um politische Maßnahmen für verschiedene Industrien zu implementieren. Ein spezifisch japanisches Merkmal ist vermutlich, daß das Diet trotz seiner legitimen Funktion keine führende Rolle gespielt und statt dessen die von den Bürokraten vorbereiteten Gesetze weitgehend akzeptiert hat.[9] Insofern spielten die genkyoko bei der Gesetzgebung eine sehr aktive Rolle, während das Parlament eher eine Bewilligungsfunktion ausübt. Obwohl dies einerseits auf ein Versagen des Diet als Gesetzgebungsinstitution hinweist, garantiert die Vorbereitung der Politik durch Bürokraten andererseits die Kontinuität des politischen Prozesses, da es in den einzelnen Ministerien nur sehr wenig politische Beamte gibt.[10]

Die politische Kontinuität ist ein nicht zu unterschätzendes Verdienst des japanischen Systems. Doch sobald die Regierung ein größeres Maß an politischer Innovation benötigt, stellt ihre Abhängigkeit von Bürokraten, die sich mehr für die Kontinuität und die Belange des von ihnen repräsentierten Sektors interessieren, eher ein Hindernis dar. So werden die genkyoko sich einer drastischen Senkung der Importzölle eher widersetzen und ihren Widerstand mit verschiedenen spezifischen Schwierigkeiten innerhalb dieses Sektors begründen. Genau dieses Verhalten hat bei der Liberalisierung des Außenhandels und der Investitionen ein sehr vorsichtiges, schrittweises Vorgehen erforderlich gemacht. Selbst wenn nur ein sehr langsamer Fortschritt zu verzeichnen ist, hat diese Politik andererseits keine entscheidenden Rückschläge erlitten.

Die drei Grundmerkmale der Industriepolitik

Auf der Basis unserer vorhergehenden Darstellung des industriepolitischen Rahmens können wir uns jetzt einigen spezifischen Aspekten der japanischen Industriepolitik zuwenden. Als erste Kategorie wählen wir die Behandlung der sogenannten infant industries oder, um den Begriff der OECD zu verwenden, Maßnahmen zur „Auslese der Gewinner".[11] Hierzu gehören auch — trotz der theoretischen Unterschiede — die Maßnahmen zur Förderung von E & F-Akivitäten. Eine zweite Kategorie ist der Schutz von traditionellen Industriezweigen, der zur Erhaltung einer dualistischen Wirtschaftsstruktur führt. Aus rein ökonomischer Sicht läßt sich der Schutz dieser Sektoren nur schwer rechtfertigen, selbst wenn er politisch und sozial angebracht erscheint. Im übrigen müssen wir die protektionistische Politik von den Maßnahmen der dritten Kategorie unterscheiden, die jetzt gern als Anpassungshilfe bezeichnet wird. Hierzu gehören sowohl die Subventionierung der Kapital- und Arbeitsreallokation als auch die vorübergehende Abschirmung gegenüber der Importkonkurrenz im Falle starrer Faktorpreise. Da es unmöglich ist, diese Faktoren hier ausführlich zu erörtern, werden wir uns in jeder Kategorie auf einige Fälle beschränken, um die Funktionsweise der Politik aufzuzeigen.

Politische Maßnahmen zugunsten von infant industries und E & F-Aktivitäten

Wie bereits erwähnt, fand Mitte der 50er Jahre ein Strategiewechsel bei der Industrialisierung statt, d.h. statt der bisherigen Förderung von Produktivinvestitionen zu Lasten des Konsums, um möglichst viele Arbeitsplätze zu schaffen, erhielten nunmehr die Schwer- und die chemische Industrie eindeutige Priorität. Da es damals auf dem internationalen Markt sehr viele Vorgänger gab, schien das MITI diese als nachahmenswerte Vorbilder zu verwenden. Denn das Ministerium sah sehr wohl, welche Branchen in den Industrieländern schnell wuchsen, und insofern war es ein Leichtes, vielversprechende Wirtschaftszweige zu identifizieren. Die Regierung erließ die dementsprechenden Gesetze, um die politischen Maßnahmen in den einzelnen Sektoren durchzusetzen. Hierzu gehörten beispielsweise Industrien wie die petrochemische Industrie (1955), Schwermaschinen und Autos (1955), Elektronik (1957), synthetischer Kautschuk (1957) und der Flugzeugbau (1958).

Die politischen Instrumente, mit deren Hilfe diese Industrien gefördert werden sollten, umfaßten im allgemeinen die folgenden Schritte: Erstens die Bildung eines Beratungsausschusses für den Außenhandels- und Industrieminister, der sich aus Experten, Vertretern von Interessengruppen und Regierungsbeamten zusammensetzte und Zukunftsprognosen erstellen sowie Zielgrößen für die Produktion und die Preise erarbeiten sollte; zweitens die Bereitstellung günstiger Kredite von staatlichen Finanzinstituten wie der Japan Development Bank, und drittens die Investitionsförderung mit Hilfe von Steuervergünstigungen für beschleunigte Abschreibung sowie die Zulassung spezieller Rücklagenfonds für investitionsbedingte Verluste, die die Steuerzahlungen zu Beginn der Investitionsperiode verringerten, da die Fondsmittel bei der Steuerberechnung als Kosten erfaßt werden.[12] Des weiteren wurden diese Sektoren bis Mitte der 60er Jahre vor der Importkonkurrenz geschützt.

Die Elektronikindustrie

Die Elektronikindustrie ist eine der Branchen, die vom MITI am stärksten gefördert wurden. 1957 wurde das Gesetz für vorübergehende Maßnahmen zur Förderung der Elektronikindustrie zunächst für die Dauer von 7 Jahren erlassen, 1964 wurde es jedoch nochmals um 7 Jahre verlängert.[13]

Das MITI hatte mehrere Gründe für die damalige Unterstützung der heimischen Computerhersteller. Zunächst war allgemein bekannt, daß die Industrie sich auf einem oligopolistischen Weltmarkt befand, der von einigen Großkonzernen beherrscht wurde. Insofern waren Neulinge auf diesem Gebiet durchaus erwünscht. Außerdem war man der Auffassung, daß Japan auf diesem Gebiet wegen seiner Ressourcenknappheit einen komparativen Vorteil finden konnte. Ferner war man sich darin einig, daß die Regierung diese spezifische Industrie subventionieren sollte, da sie in allen Sektoren, die Computer verwenden, die Produktivität erhöhen könnte und somit in diesen Industrien externe Vorteile bewirkte.[14]

Aus all diesen Gründen adoptierte die Regierung die folgenden vier Instrumente: Erstens gründete das MITI eine Technology Research Association, zu der Forscher aus verschiedenen Gesellschaften eingeladen wurden, um gemeinsam an der Entwicklung der nächsten Computergeneration zu arbeiten. Zweitens gab das MITI den heimischen Computerherstellern direkte Subventionen. Drittens wurde die sogenannte Japan Electronic Computer Corporation (JECC) gegründet, um die heimischen Produzenten beim Vertrieb ihrer Geräte zu unterstützen. Die JECC erhielt von der Japan Development Bank bevorzugte staatliche Kredite. Viertens wurden Steuerbegünstigungen in Form beschleunigter Abschreibungen gewährt und ein spezieller Rücklagenfonds für die Verluste geschaffen, die bei der Entwicklung der gebräuchlichen Software auftraten, um auf diese Weise das Risiko zu verringern und Körperschaftssteuerzahlungen auf einen späteren Zeitpunkt zu verschieben.[15]

Heute subventioniert die Regierung vor allem E & F-Aktivitäten in Gebieten wie der Energieentwicklung und -erhaltung, der Biotechnologie und

Datenverarbeitungsindustrie. Demgegenüber müssen „erwachsene“ Industrien wie Autos und Elektrogeräte auf eigenen Füßen stehen. Aus diesem Grunde empfinden manche Manager es als unangenehm, daß bei Ausländern der Eindruck entsteht, daß auch die Industrien, die bei ihren E & F-Aktivitäten nicht staatlich unterstützt werden, dennoch in den Genuß der Industriepolitik gelangen.

Es bleibt indes unbestritten, daß viele gegenwärtige Exportindustrien, einschließlich der Hersteller von Autos, Haushaltsgeräten und Präzisionsinstrumenten, zu Beginn ihrer Entwicklung vor der Importkonkurrenz abgeschirmt wurden. Inada, Sekiguchi und Shoda haben nachgewiesen, daß der Schutz einer künftigen Wachstumsindustrie der Wirtschaft den Start in eine anhaltende Industrialisierungsphase erleichtert, daß andererseits im Falle eines Versagens dieser Politik das Ergebnis ungünstiger ist als im Falle einer stagnierenden Situation bei Freihandel.[16]

Der Erfolg der jungen Industrien in Japan reflektiert in gewissem Maße auch die Unterstützung des großen heimischen Marktes, der mehrere Jahre lang ausschließlich für inländische Produzenten zugänglich war. Die Kosten dieser Politik trugen letztlich die Verwender dieser neuen Produkte, deren Preise im Vergleich zur Qualität hoch waren, aber sie ermöglichten zugleich den Produzenten, ihre Technologien mit Hilfe der Lernprozesse und des strengen Wettbewerbs untereinander zu verbessern. Falls diese Methode der staatlichen Unterstützung fehlgeschlagen wäre, hätte eine unzureichende Versorgung allen nachgelagerten Produktionsstufen geschadet, da die Importe zugunsten des Schutzes der heimischen Produzenten verteuert worden waren. Ein politischer Mechanismus, der diesen schlimmsten Fall vermied, war die Einführung eines Prüfungsverfahrens, bei dem die Importe generell kontrolliert und nur einige spezifische Ausrüstungsanlagen von den Zöllen ausgenommen wurden.

Der Schutz der schrumpfenden traditionellen Sektoren

Die Maßnahmen zum Schutz der schrumpfenden Sektoren sollten unbedingt von denen der dritten Kategorie unterschieden werden, da die ersteren ihr gegenwärtiges Muster der Ressourcenallokation meistens beibehalten und spezifische Interessengruppen viele Jahre lang protegieren, so daß keine Anpassung der Ressourcenallokation stattfindet.

Die offiziellen Ziele der protektionistischen Politik sind im allgemeinen nicht sehr klar, wobei manchmal die nationale Sicherheit oder aber der Schutz von Arbeitsplätzen für Behinderte bzw. die Entwicklung spezifischer Regionen angeführt wird. So wurde beispielsweise der Schutz der heimischen Landwirtschaft genau mit den drei obigen Argumenten begründet, von denen ihre Befürworter durchaus überzeugt zu sein scheinen. Obgleich man es nicht einmal als zweitbeste Lösung bezeichnen kann, wird der Schutz der lederverarbeitenden Industrie immer wieder mit der Erhaltung von Arbeitsplätzen für Behinderte begründet. Es stimmt zwar, daß die Minderheitsgruppe, die früher in der japanischen Gesellschaft diskriminiert wurde, in dieser Branche beschäftigt wurde, und die Regierung hat ihr verschiedene Formen der Unterstützung gewährt, die von direkten Subventionen bis zur strengen Regulierung der Importe von Lederprodukten reichte. Außerdem sind die Direktinvestitionen der Japaner im Ausland und die der Ausländer im Inland staatlich kontrolliert worden, um dieser Minderheit die Arbeitsplätze zu erhalten.[17]

Ein anderer Bereich, in dem die japanische Regierung protektionistische Bestimmungen erlassen hat, ist der Distributionssektor. Die Kaufhäuser unterliegen seit 1956 einer strikten Regulierung, um Arbeitsplätze für diejenigen zu erhalten, die im Einzelhandel tätig waren. Als sich die Supermärkte in den 60er Jahren immer stärker im Einzelhandel durchsetzten, wurde die Eröffnung neuer Supermärkte ebenfalls mit Hilfe eines Gesetzes reguliert, das die Organisation und das Management großer Einzelhandelsläden kontrollierte. Diese Politik versucht ebenfalls eine „benachteiligte" Gruppe auf Kosten ansonsten möglicher Innovationen zu schützen. Außer der Zugangsbeschränkung bietet die Regierung kleinen Einzelhändlern Finanzhilfen zur Konstruktion eines gemeinsamen Marktes, auf dem Einzelhändler operieren können. Eine derartige Hilfe fördert natürlich nicht die für Innovationen und den Wettbewerb erforderliche Anpassung, sondern bewahrt den Status quo konservativer Dienstleistungsbetriebe auf Kosten von Innovatoren und Konsumenten.[18]

Es gibt allerdings einen Bereich, in dem die Regierung eine Produzentengruppe in allgemeiner und nicht sektorspezifischer Weise unterstützt, und zwar ist dies ihre Politik gegenüber „Klein- und Mittelbetrieben". In Japan scheint eine stärkere traditionelle Überzeugung vorzuherrschen, daß kleine Firmen benachteiligt sind und ihre Expansion öffentlich unterstützt werden müßte. Aufgrund dieser Überzeugung wurde die staatliche Behörde für Klein- und Mittelbetriebe gegründet, die sich speziell mit der Unterstützung kleiner Firmen befaßt. Die Regierung hat darüber hinaus viele staatliche Finanzinstitute etabliert, die den kleinen Betrieben mit Hilfe der Postersparnisse günstige Kredite bereitstellen.

Allerdings müssen keineswegs alle kleinen Firmen Schwierigkeiten haben, und es gibt zahlreiche vielversprechende Kleinunternehmen, die heute gern als „venture business" bezeichnet werden. Viele der heutigen Großunternehmen, so z. B. Honda, Sony und Matsushita haben zunächst klein angefangen, und es gibt nach wie vor Industrien, deren optimale Betriebsgröße klein ist. Außerdem können aufgrund technologischer Unterschiede sehr wohl kleine und große Fabriken koexistieren.

Wie in Abbildung 12.1 dargestellt, muß dies keineswegs heißen, daß es sich um eine dualistische Wirtschaftsstruktur handelt, selbst wenn zwei Firmen mit unterschiedlicher Größe und Kapitalintensität nebeneinander bestehen, wobei Sektor 1 aufgrund einer höheren Kapitalintensität eine höhere Produktion pro Arbeitskraft erzielt. Beide Firmen setzen Kapital und Arbeit in dem Sinne effizient ein, daß sie beide zu demselben Marktpreis erhalten.

Abbildung 12.1: Nichtdualistische Koexistenz von Groß- und Kleinunternehmenssektoren

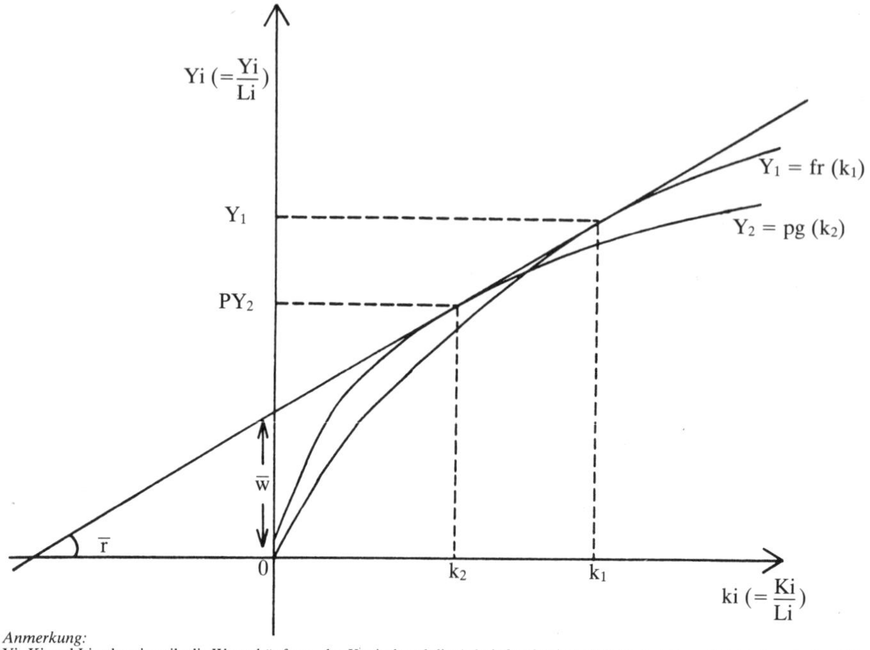

Anmerkung:
Yi, Ki und Li geben jeweils die Wertschöpfung, das Kapital und die Arbeit für den iten-Sektor an, p (= p_2/p_1) ist der relative Güterpreis. Für die Produktionstechnik wird unterstellt, daß sie mit konstanten Skalenerträgen arbeitet. $\overline{w}$ und $\overline{r}$ sind jeweils der Lohnsatz und die Pacht.

Erläuterung:
Im obigen Fall verwendet der Kleinunternehmenssektor (2. Sektor) eine weniger kapitalintensive Technik ($k_2 < k_1$) und erzielt eine niedrigere Wertschöpfung pro Kopf ($y_2 < y_2$), aber die Wirtschaft ist *nicht* dualistisch in dem Sinne, daß die beiden Sektoren effizient, d. h. mit der optimalen Technologie arbeiten.

Es sind zwei völlig verschiedene Dinge, ob die Koexistenz von großen und kleinen Unternehmen in der Realität durch die technische Arbeitsteilung oder durch Verzerrungen bedingt ist, die zu diesem Ergebnis führen. Die japanische Politik gegenüber Industrien mit Kleinunternehmen läßt effektiv vermuten, daß die Kleinbetriebe nach Auffassung der Regierung zwangsläufig klein bleiben müssen. Das überaus wichtige Gesetz zur Stabilisierung von Kleinunternehmen erlaubt oder begünstigt manchmal sogar Kartelle zur Vermeidung eines „exzessiven Wettbewerbs", wobei die theoretische Erklärung für diese Maßnahme nach wie vor aussteht. Nach diesem Gesetz hat sogar der Außenhandels- und Industrieminister die Möglichkeit, eine Verordnung zu erlassen, die Unternehmen in bestimmten Fällen die Nichtteilnahme an einem Kartell vorschreibt.

Ein weiteres wichtiges Gesetz ist in diesem Zusammenhang das Gesetz zur Anpassung der Aktivitäten von Großunternehmen zur Sicherung der Geschäftsmöglichkeiten von Kleinbetrieben, das 1977 erstmals in Kraft trat.

Wie der Name des Gesetzes bereits besagt, beschreibt es die den Firmen offenstehenden Verfahren, wenn der Markteintritt eines Großunternehmens bei den Kleinbetrieben dieses Marktes Widerstand und Opposition auslöst. Der Erlaß dieses Gesetzes reflektiert im Grunde die Tatsache, daß einige Großunternehmen in den 70er Jahren versucht haben, in Märkte einzudringen, die bis dahin als Domäne der Kleinbetriebe betrachtet wurden. Der Grund für diese Vorstöße waren die relativ düsteren Wachstumsaussichten für die damaligen Aktivitäten der Großunternehmen. Sie gingen vermutlich davon aus, daß sie ihren Geschäftsbereich erweitern könnten durch die Einführung von Innovationen auf Märkten, auf denen bislang nur kleine Unternehmen in herkömmlicher und ineffizienter Weise operiert hatten. Die staatliche Intervention ließ sich damit begründen, daß große Unternehmen ihre Marktmacht häufig sowohl zur Ausbeutung der Kleinbetriebe als auch der Konsumenten ausnutzen, obgleich dies eigentlich in den Zuständigkeitsbereich des Antitrust-Gesetzes gehört.

An dieser Stelle erscheint es angebracht, kurz auf die Zulieferrolle der kleinen Firmen für die Großunternehmen einzugehen. Während manche marxistischen Ökonomen in Japan behaupten, daß die kleinen Betriebe in dieser Beziehung ausgenutzt werden, ist eine derartige Schlußfolgerung ohne Analyse ihrer konkreten Transaktionen mit Hilfe einer plausiblen Theorie und hinreichender Daten nicht ohne weiteres haltbar.

Ganz grundsätzlich gilt, daß die Effizienz der Großunternehmen durchaus von den kleinen Zulieferfirmen abhängt, um eine zufriedenstellende Qualität der von den letzteren gelieferten Ersatzteile und Einzelteile zu gewährleisten. Daher versucht das Großunternehmen im eigenen Interesse, neue Technologien an seine Zulieferer weiterzugeben, um auf diese Weise vom Erfolg beider Parteien zu profitieren. Natürlich ist dies noch nicht das Ende der Geschichte, da eine Zulieferfirma sich sehr wohl in einer ungünstigen Verhandlungsposition befinden kann, wenn sie versucht, sich neue Kunden zu erschließen, weil der Technologielieferant in diesem Falle vermutlich die Aktivitäten seines Subkontraktors einschränken wird.

Die japanische Kartellbehörde (Japan Fair Trade Commission, JFTC), deren gesetzliche Grundlage das Gesetz gegen private Monopole und unlauteren Wettbewerb ist (das Antitrust-Gesetz), versucht daher die Situation zu kontrollieren, indem sie Großunternehmen an unlauteren Wettbewerbsmethoden, wie einer reduzierten Versorgung mit Einzel- und Ersatzteilen sowie anderen unfairen Zahlungspraktiken, möglichst weitgehend hindert.

Dennoch gibt es Bereiche, in denen die Unterscheidung zwischen lauteren und unlauteren Praktiken keineswegs eindeutig ist. So kann ein Großunternehmen sehr wohl das Verhalten seiner Zulieferer kontrollieren, indem es Kapitalanteile von diesen erwirbt und Führungsposten mit eigenen Kräften besetzt. Diese Maßnahme ist per se nicht illegal. Auch verstößt es nicht gegen die Spielregeln, wenn ein Subkontraktor, dessen Kapital mehrheitlich dem Großunternehmen gehört, seinen eigenen Gewinn zugunsten des Mehrheitsaktionärs opfert. Auf diese Weise läßt sich eine hierarchische Pyramide errichten, die von einem Großkonzern beherrscht wird.[19]

Ein aus soziologischer Sicht interessantes Phänomen ist überdies, daß Großunternehmen im Rahmen der oben beschriebenen hierarchischen Pyramide häufig ältere Angestellte in kleine Zulieferfirmen entsenden. Durch diese Praxis können die Konzerne die von ihnen gewünschte Altersstruktur ihrer Mitarbeiter aufrechterhalten, und die Arbeitnehmer, die in kleinere Firmen versetzt werden, können im Alter zwischen 58 und 65, also bis zum Beginn der nationalen Altersrente, ihr Einkommen sichern. Welche Position der Betreffende in dem kleineren Betrieb erhält, hängt weitgehend von der Macht des Großunternehmens ab. Andererseits können die kleinen Firmen wiederum von dem Wissen und der Erfahrung dieser Arbeitskräfte profitieren. Allerdings werden dadurch die Aufstiegschancen ihrer eigenen langjährigen Mitarbeiter zwangsläufig eingeschränkt.

Es läßt sich nur schwer ermessen, in welchem Maße staatliche Politik für den gegenwärtigen Zustand der „dualistischen Struktur" insbesondere aus der internationalen Perspektive verantwortlich ist, da wir einfach keine vergleichbaren Statistiken besitzen und die politischen Effekte sich nur schwer messen lassen. Dennoch scheinen die Tabellen 12.1, 12.2 und 12.3 nahezulegen, daß diese Dualität in der japanischen Wirtschaft ausgeprägter ist als in anderen Industrieländern. Eine mögliche theoretische Erklärung ist in Abbildung 12.3 enthalten, die wir im nächsten Abschnitt erläutern.

Anpassungshilfe für schrumpfende Sektoren

Wie bereits erwähnt, handelt es sich bei der Anpassungshilfepolitik um Maßnahmen, die längerfristig eine Reallokation der Ressourcen von schrumpfenden in expandierende Sektoren begünstigen sollen. Dabei lassen sich diese Maßnahmen theoretisch in die folgenden drei Bereiche aufteilen: Erstens der Staat vermittelt Informationen über Arbeitsplätze und Umschulungsmöglichkeiten, um die Beeinträchtigung der Reallokation von Arbeit und Kapital zu beseitigen (in Abbildung 12.2 würde dies heißen, daß sich die kurzfristige Transformationskurve $\underline{SS}$ der langfristigen Kurve $\underline{LL}$ annähert). Zweitens der Staat subventioniert Löhne und/oder Kapital, um die Arbeitslosigkeit und/oder ungenutzten Kapazitäten auf Kosten künftiger freihandelsbedingter Effizienzvorteile zu kontrollieren und die gegenwärtige Arbeitslosigkeit zu senken. Drittens der Staat implementiert einen Sicherheitsmechanismus zur Lenkung der Importe (in Abbildung 12.2 würde dies bedeuten, daß die Veränderung der Preisgerade $\underline{P}$ durch Zölle oder Kontingente verlangsamt würde).

Von diesen drei Kategorien verdient die zweite eine genauere Erörterung. Es ist klar, daß die Maßnahmen der Kategorie 1 den Anpassungsprozeß beschleunigen, während die der Kategorie 3 diesen verlangsamen. Demgegenüber besitzt die zweite Kategorie zwei Aspekte; wenn nämlich den Faktoren

Tabelle 12.1: Anzahl der Beschäftigten und Wertschöpfung nach Betriebsgröße, verarbeitende Industrien

Japan (1980)

A. Betriebsgröße (Beschäftigtenzahl)	B. Anzahl der Beschäftigten	C. Wertschöpfung	D. Wertschöpfung pro Kopf	E. Index von D (Durchschnitt = 100)
1. unter 10	2 145	6 812	3,175	48,8
2. 10– 19	1 145	5 337	4,661	71,1
3. 20– 99	3 042	16 058	5,278	81,2
4. 100–299	1 696	12 192	7,189	110,6
5. 300–999	1 433	14 068	9,817	151,0
6. über 999	1 469	16 575	11,283	173,6
insgesamt	10 930	71 041	6,500	100,0
	10³ Personen	Mrd. ¥	Mrd. ¥/Person	

USA (1977)

A.	B.	C.	D.	E. (av = 100)
1. unter 10	541	13 786	25,48	80,6
2. 10– 19	665	16 295	24,50	77,5
3. 20– 99	3 490	89 829	25,74	79,3
4. 100–249	3 336	92 232	27,65	87,5
5. 250–499	5 393	172 607	32,01	101,3
6. über 499	5 091	200 417	39,37	124,3
insgesamt	18 515	585 166	31,60	100,0
	10³ Personen	Mio. $	10³ $/Person	

Westdeutschland (1970)

A.	B.	C.*	D.*	E.
1. unter 10	1 021	18 593	18,21	78,3
2. 10– 49	1 244	23 332	18,76	80,6
3. 50–199	1 554	34 236	22,03	94,7
4. 200–499	1 335	29 588	22,16	95,2
5. über 499	5 158	134 142	26,01	111,8
insgesamt	10 311	239 891	23,27	100,0
	10³ Personen	Mio. DM		

* Jahr 1967

Großbritannien (1977)

A.	B.	C.	D.	E.
1. unter 100	1 175	7 782	5,014	82,2
2. 100–199	377			
3. 200–499	504	2 801	5,558	91,1
4. 500–999	447	2 690	6,018	98,6
5. über 999	4 380	28 729	6,559	107,5
insgesamt	6 883	42 002	6,102	100,0
	10³ Personen	Mio. £		

Quellen: Berechnet nach Agency for Small-Medium Scale Enterprises (ASMSE) (Japan), *White Paper 1982*. Daten für die anderen Länder: *Census of Manufactures 1977* (USA), *Report on the Census of Production 1977* (Großbritannien), *Statistisches Jahrbuch 1970* und *Zensus im Produzierenden Gewerbe 1967* (Westdeutschland).

Tabelle 12.2: Anzahl der Beschäftigten und Wertschöpfung nach Betriebsgröße, Einzelhandel

Japan (1979)

A. Betriebsgröße (Beschäftigtenzahl)	B. Anzahl der Unternehmen	C. Anzahl der Beschäftigten	D. Jahres-umsätze	E. Jahres-umsätze pro Kopf	F. Index von E (Durch-schnitt = 100)
1. 1– 2	1 022,1	1 630,5	10 655	653	52,9
2. 3– 4	401,2	1 348,8	13 947	1 034	83,8
3. 5– 9	176,0	1 083,0	15 295	1 412	114,4
4. 10–19	47,6	622,8	9 155	1 470	119,1
5. 20–49	21,1	611,4	9 243	1 512	122,5
6. über 50	5,7	664,0	15 268	2 300	186,4
insgesamt	1 673,7	5 960,4	73 564	1 234	100,0
	10^3 Unternehmen	10^3 Personen	Mrd. ¥	10^4 ¥/ Person	

USA (1977)

A.	B.	C.	D.	E.	F. (av = 100)
1. unter 9	1 287 592	3 058	195 505	63,93	113,4
2. 10–19	159 126	2 120	103 885	49,00	86,9
3. 20–49	99 202	2 990	165 677	55,41	98,2
4. 50–99	26 521	1 751	107 108	61,17	108,5
5. über 100	9 949	2 198	111 166	50,58	89,7
insgesamt	1 582 390	12 117	683 340	56,40	100,0
		10^3 Personen	Mio. $	10^3 $/ Person	

Großbritannien (1977)

A.	B.	C.	D.	E.	F. (av = 100)
1. unter 4	188 391	449	6 356	14,16	88,6
2. 5– 9	51 748	325	4 348	13,38	83,7
3. 10– 49	20 132	351	4 379	12,48	78,0
4. 50–199	1 459	135	2 200	16,30	101,9
5. 200–499	348	111	1 836	16,54	103,4
6. über 500	365	1 071	19 937	18,62	116,4
insgesamt	262 443	2 442	39 056	15,99	100,0
		10^3 Personen	Mio. £	10^3 £/ Person	

Quellen: ASMSE of Japan, White Paper 1982. Ursprünglich entnommen von *Shyogyo tokei uyo* (Handelszensus des MITI). Daten für die anderen Länder: *Census of Retail Trade 1977* (USA), *Business Monitor SDA 25 Retailing 1977* (Großbritannien).

Tabelle 12.3: Lohnunterschiede nach Betriebsgröße, Japan

Verarbeitende Industrie	Betriebsgröße	1975 10³ ¥	1975 Index 4 (= 100)	1981 10³ ¥	1981 Index 4 (= 100)
(nach Anzahl der Beschäftigten)	1. 5– 29	115,2	60,2	179,2	51,6
	2. 30– 99	131,4	68,7	205,4	59,2
	3. 100–499	158,6	82,9	251,6	72,5
	4. über 499	191,4	100,0	314,7	100,0
Verteilungssektor	1. 5– 29	128,6	63,5	187,3	56,3
	2. 30– 99	149,4	73,7	220,2	66,2
	3. 100–499	167,5	82,7	260,8	78,4
	4. über 499	202,6	100,0	332,6	100,0

Quellen: ASMSE of Japan, *White Paper 1982.*

Anmerkung: Die Lohnsätze enthalten Prämien und alle anderen Geldleistungen.

der schrumpfenden Sektoren Subventionen gezahlt werden, verlangsamen sie den Anpassungsprozeß bei den gegenwärtigen Einkommen, wenn sie dagegen in die expandierenden Sektoren gelenkt werden, um redundante Kräfte der schrumpfenden Sektoren zu absorbieren, beschleunigen sie die Anpassung. (In Abbildung 12.2 bedeutet dies eine schnellere Nordwest-Bewegung entlang der SS-Kurve).[20]

Um die Entwicklung der Anpassungshilfepolitik in der Nachkriegszeit zu analysieren, müssen wir diese Periode in drei Phasen einteilen. Die erste Phase war der Zeitraum von 1945 bis 1973, in dessen Verlauf Anpassungshilfe für den Kohle- und den Schwefelbergbau und die textilverarbeitende Industrie geleistet wurde. Die Maßnahmen waren grundsätzlich sektorspezifisch und wurden ad hoc durchgeführt, da sie jeweils auf das spezifische Problem ausgerichtet waren.

Die Ursachen für den Schrumpfungsprozeß waren sehr unterschiedlich. Im Falle des Kohlebergbaus war die Substitution der Kohle durch Erdöl und durch Überseekohle ursächlich; im Falle des Schwefelbergbaus war eine technologische Veränderung ausschlaggebend, durch die Schwefel als Nebenprodukt bei der Ölraffinierung anfiel, und bei der textilverarbeitenden Industrie waren steigende Löhne und die Yen-Aufwertung die verantwortlichen Faktoren.[21]

Die Anpassungshilfe für diese Industrien wurde auf Initiative des MITI geleistet. Beim Kohlebergbau subventionierte der Staat die Arbeitssuche und die Verlagerung der entlassenen Arbeiter und erschloß Gewerbegelände in Bergbauregionen, indem er den sich neu ansiedelnden Unternehmen den Boden zu günstigen Bedingungen überließ. Der Grund für diese Maßnahme war vor allem, daß die Bergarbeiter nicht bereit waren, in größerem Umfang in andere Gebiete umzuziehen. Da die Arbeitskräfte weitgehend als immobil betrachtet wurden, versuchte die Regierung, die Unternehmen anderer Sektoren in den fraglichen Regionen anzusiedeln, um die arbeitslosen Kräfte zu

Abbildung 12.2: Langfristige Transformation und kurzfristige Anpassung

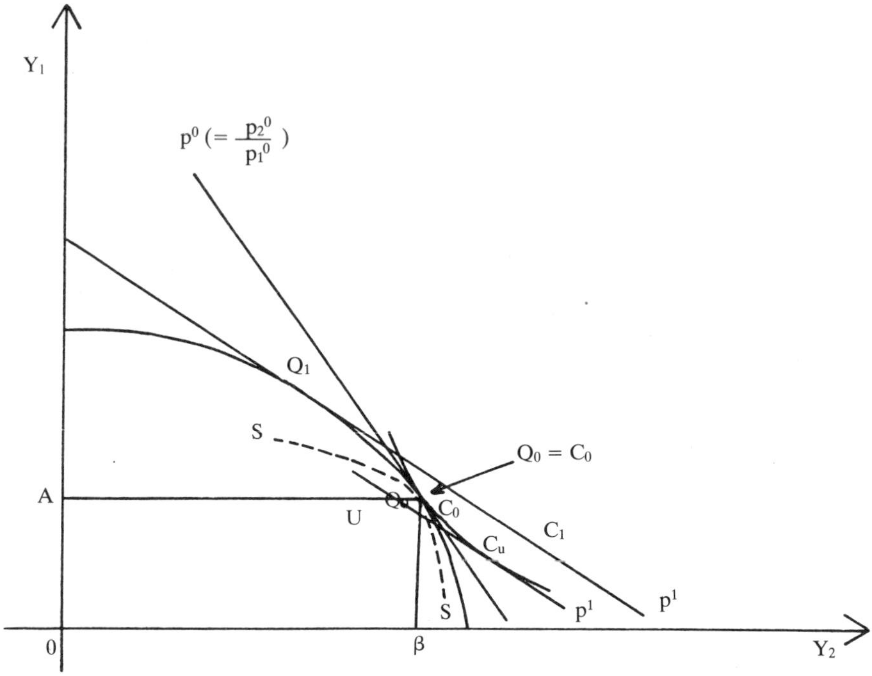

Anmerkungen:
LL: Langfristige Transformationskurve
SS: Kurzfristige Transformationskurve
AQ_0B: Transformationspunkt bei immobilen Faktoren

Erläuterung: Am Anfang produziert die Wirtschaft bei Q_0 und konsumiert bei C_0 zum Preis von p^0 ($p = p_2/p_1$). Bei einem neuen Prei p^1 nach Aufnahme des Außenhandels verlagern sich Produktion und Konsum jeweils auf Q_1 und C_2, sofern es keine Anpassungskosten gibt. Wenn die Faktoren völlig immobil sind, wird sich der Produktionspunkt auf einen Punkt wie U auf der Gerade AQ_0 verändern. U ist insofern ein kritischer Punkt, als er dieselbe Wohlfahrt impliziert wie Punkt C_0 (= Q_0). Bei mobilen Faktoren in Verbindung mit Anpassungskosten wird die Transformationskurve zu *SS* und der Produktionspunkt bewegt sich nordwestlich entlang *SS* und nicht entlang *LL*.

beschäftigen. Um diesen Effekt zu gewährleisten, waren alle Unternehmen, die von den impliziten regionalen Subventionen profitierten, gezwungen, neue Stellen zu einem bestimmten Prozentsatz mit redundanten Bergarbeitern zu besetzen. Da das MITI damals die Macht besaß, die Ölimportkontingente festzusetzen, konnte es sowohl den Import von Erdöl kontrollieren, als auch die Elektrizitätsgesellschaften, die ja die wichtigsten Verbraucher der heimischen Kohle waren, zum Kauf einer bestimmten Menge von Inlandskohle zur Stromerzeugung veranlassen.

Aufgrund des schnellen Wachstums der Wirtschaft war die Lage der japanischen Kohleindustrie nach 1961 sehr stabil, und die Produktion erreichte einen Höchstwert von 55 Millionen Tonnen jährlich. Um dem Schwefelbergbau die Anpassung zu erleichtern, konnte sich das MITI wiederum auf die Kooperation der Ölraffinerien verlassen, die den Schwefelproduzenten gern halfen, da sie ihrerseits nach Beendigung der Anpassungsmaßnahme höhere Importkontingente erwarten konnten. Insofern war die Zuteilung der Kontingente ein überaus wirksamer politischer Hebel bei der Durchführung der sogenannten administrativen Lenkung.[22]

In der Textilindustrie war die Situation allerdings etwas komplizierter, und die Maßnahmen richteten sich vor allem in der Anfangsperiode nicht auf die Ressourcenreallokation. Selbst als dieser Industriezweig in den 50er Jahren noch ein wichtiger Exporteur war, hatte er gelegentlich mit zyklischer Überproduktion zu kämpfen. Das MITI mußte auf das Prinzip der administrativen Lenkung zurückgreifen, um die Hersteller zur Registrierung ihrer Produktionskapazitäten zu veranlassen, und in Zeiten der Überproduktion versuchte es, die Kapazitätsauslastungsgrade zu regulieren, was manchmal funktionierte, manchmal aber auch nicht.

Als 1967 immer deutlicher spürbar wurde, daß die Industrie gegenüber den Entwicklungsländern ihren komparativen Vorteil verlor, wurde das Gesetz für vorübergehende Maßnahmen zur Verbesserung der Struktur spezifischer Textilindustrien (das im folgenden als Textilgesetz von 1967 bezeichnet wird) erlassen. Dieses Gesetz benannte mehrere Teilbereiche, in denen Modernisierungsinvestitionen und Unternehmenszusammenschlüsse mit Hilfe finanzieller Anreize gefördert wurden. Es war von 1969 bis 1974 gültig. Das Hauptziel war nicht der Transfer von Ressourcen in andere Sektoren, sondern vielmehr die Aufrechterhaltung bestimmter Aktivitäten.

Als die USA und die japanische Regierung 1971 eine freiwillige Selbstbeschränkung der Exporte für eine Vielzahl von Textilprodukten beschlossen, mußte die japanische Regierung zwangsläufig die heimischen Textilhersteller entschädigen, indem sie Anlagen aufkaufte. Später konzentrierte sich die Hilfe vor allem auf Finanzierungsvergünstigungen.[23] Da die Notwendigkeit der Umstellung dieser Industrien immer deutlicher erkannt wurde, erfuhr das Gesetz 1974 eine Revision (Textilgesetz von 1974). Die Gesetzesnovelle erweiterte nunmehr die Anpassungshilfe auf alle Teilbereiche der Textilindustrie und legte ausdrücklich fest, daß sich die Industrien entweder auf die nachgelagerten Produktionsstufen oder andere Sektoren verlegen müßten. Außerdem hielt es ein Importsteuerungssystem für gegebenenfalls notwendig, damit die Regierung einen „geordneten Import" von Textilprodukten gewährleisten konnte.

Die zweite Phase begann 1974. Höhere Kosten des Importöls, ein aufgewerteter Yen (obwohl er aufgrund der ersten Ölkrise zwischen 1974 und 1976 gesunken war) und die vergangenen Bemühungen um eine Senkung der Zollsätze und anderer Handelshemmnisse bewirkten vor allem eine Erhöhung der Importe von verarbeiteten Rohstoffen. Die Anzahl der Industrien, die sich aufgrund der steigenden Einfuhren verstärkten Schwierigkeiten gegenübersahen, nahm sehr viel schneller zu als zuvor. Das MITI erließ 1978 das Gesetz für vorübergehende Maßnahmen zur Stabilisierung spezifischer strukturell benachteiligter Industrien (SDI-Gesetz von 1978), das 5 Jahre lang in Kraft war. Obgleich das Gesetz etwa 14 Industriekategorien aufzählte, wurden diese nur als Beispiele betrachtet, und das Gesetz versuchte im übrigen ganz generell, diverse Formen von Anpassungshilfe zu leisten.

Die politischen Instrumente waren jedoch nicht so umfassend, wie sowohl von ausländischen als auch japanischen Ökonomen behauptet wurde. Sie bestanden im wesentlichen darin, daß Unternehmen Kreditbürgschaften gewährt wurden, um Überschußkapazitäten abzubauen, und daß die betreffenden Hersteller zur Bildung von gesetzlichen Kartellen bewegt wurden, um gemeinsam die Produktion und den Kapitalstock zu senken, wenn dies dem Außenhandels- und Industrieminister notwendig erschien.[24] Zu den betroffenen Industrien gehörte unter anderem die Aluminiumverarbeitung, synthetische Fasern und der Schiffbau.

Wichtiger als das SDI-Gesetz von 1978 waren dagegen drei andere Gesetze, bei denen es um die folgenden Aspekte ging: Anpassungshilfe für Arbeitnehmer, die in den betroffenen Krisenindustrien redundant wurden (SDI Workers Act von 1978), Hilfe für Arbeitnehmer, die in den betroffenen Krisenregionen redundant wurden (SDR Workers Act von 1978) und Anpassungshilfe für Kleinunternehmen in den betroffenen Krisenregionen (SDR Small Firms Act von 1978), die alle jeweils 5 Jahre (bis 1983) in Kraft waren.

Wir wollen nun die ökonomische Funktion dieser drei Gesetze analysieren, ohne dabei zu sehr auf gesetzliche Details einzugehen, sondern uns vor allem auf ökonomische Aspekte konzentrieren. Das SDR-Gesetz für die Kleinbetriebe entsprach dem SDI-Gesetz von 1978, weil beide die Hilfe auf Unternehmen und das Kapital ausdehnten, während in bezug auf die Hilfe für kleine oder große Unternehmen eine Arbeitsteilung stattfand. In diesem Zusammenhang verdient noch ein regionaler Aspekt des ersteren Gesetzes besondere Erwähnung. Manche Industrien konzentrieren sich deshalb auf bestimmte spezifische Regionen, weil sie teilweise von externen Effekten profitieren. Insofern kann eine drastische Schrumpfung bestimmter Industrien die wirtschaftlichen Aktivitäten so weit zerstören, daß die Gemeinde ihre Wirtschaftsbasis verliert. Tatsächlich wurde im Rahmen des SDR-Gesetzes ein sehr viel größeres Budget zur Verfügung gestellt als im Rahmen des SDI-Gesetzes.

Auch aus theoretischer Sicht läßt sich die Unterstützung der Beschäftigten ohne weiteres rechtfertigen. Sowohl das SDI- als auch das SDR-Beschäftigten-Gesetz spielten wichtige Rollen bei der Umlenkung der Arbeitskräfte von schrumpfenden in expandierende Sektoren. Die in diesem Zusammenhang verfügbaren politischen Instrumente waren erstens die Verlängerung der Periode der Arbeitslosenunterstützung, zweitens die Zahlung von Subventionen an Unternehmen, die redundante Arbeitskräfte beschäftigten, wobei diese speziell als SDI-Beschäftigte identifiziert wurden, drittens die bevorzugte Durchführung von öffentlichen Arbeiten in Regionen, die im SDR-Beschäftigtengesetz spezifiziert waren, und viertens die Vermittlung von Informationen und Umschulungsleistungen, die zu den normalen Reallokationsaktivitäten dazugehören.

Die von Sekiguchi und Horiuchi durchgeführte empirische Untersuchung hebt besonders hervor, daß die Hilfe für die betroffenen Arbeitskräfte in bezug auf die Ausgabenhöhe an erster Stelle liegt, gefolgt von der für SDR-Kleinunternehmen. Die Autoren halten es allerdings für zweifelhaft, ob die verstärkte Kartellbildung und die Kreditbürgschaften des SDI-Gesetzes für die Anpassung der Großunternehmen irgendeine signifikante Rolle gespielt haben.[25]

Die dritte Phase begann 1983, als die vier Anpassungshilfegesetze ausliefen und revidierte Gesetzesnovellen erlassen wurden, die ebenfalls 5 Jahre in Kraft waren (bis 1988). Während die grundlegenden Strukturen der Gesetze und die Verteilung der Rollen unverändert geblieben ist, hat sich die Politik dennoch in einigen Punkten verändert. Erstens sind die Subventionen auch auf E & F-Ausgaben zur Umstellung der Produktlinien von Unternehmen erweitert worden, die Anspruch auf Anpassungshilfe hatten, und zweitens wurden Lohnsubventionen für einen bestimmten Zeitraum sowohl an Firmen gezahlt, die die betroffenen Arbeitskräfte umschulen, als auch an die Betriebe, die diese Arbeitskräfte beschäftigen. Die Gesetze zur regionalen Förderung verstärkten zugleich die finanzielle Unterstützung von Investitionen zur Umstellung der Produktlinien.[26]

Es ist noch zu früh, um die Wirksamkeit des neuen Anpassungshilfesystems zu beurteilen, da bislang noch keine Daten verfügbar sind. Ganz generell läßt sich jedoch feststellen, daß die spezifische Konzentration auf einzelne Sektoren verringert wurde, so daß der Schwerpunkt explizit auf der Ressourcenreallokation liegt und nicht mehr so sehr auf dem Versuch, dieselben Aktivitäten unbedingt aufrechtzuerhalten.

Das Wechselspiel zwischen Politik und Marktstruktur

Natürlich hat sich die Industriepolitik während der vergangenen vier Jahrzehnte ebenfalls verändert, während sich die Wirtschaft selbst seit den 50er Jahren von einem Zustand extremer Arbeitslosigkeit, die sowohl versteckt als auch offensichtlich war, zur zweitgrößten Industrienation von allen Marktwirtschaften entwickelt hat. Im Gleichschritt mit dieser Entwicklung haben sich sowohl die Zielsetzungen als auch die Instrumente der Industriepolitik ihrer jeweiligen Umwelt angepaßt.

Bei unserer Analyse der politischen Konsequenzen für eine dualistische Marktstruktur verwenden wir zunächst die folgende hypothetische Erklärung: Der Staat hat mit verschiedenen Mitteln die Kapitalbildung in neuen wachsenden Industrien gefördert, wobei meistens Großunternehmen Pionierarbeit leisteten. Anhand der Abbildungen 12.1 und 12.3 ist erkennbar, daß der Großunternehmenssektor, wie wir ihn zunächst bezeichnen wollen, seine Kapitalintensität erhöht hat, was zugleich durch den Schutz des herkömmlichen arbeitsintensiven Sektors (oder Kleinunternehmenssektors) bedingt war. Dabei nahm die Kapitalintensität im Großunternehmenssektor nicht nur wegen der Protektion des Kleinunternehmenssektors zu, sondern weil der Staat die Steueranreize und Finanzierungsvergünstigungen auch auf Investitionen des ersten Sektors ausdehnte. Natürlich stimmt es auch, daß mehrere staatliche Finanzinstitute sich auf Kreditvergabe an Kleinbetriebe spezialisiert haben und daß ein beträchtlicher Teil der Subventionen speziell in diesen Sektor fließt. Diese Maßnahmen sollen vor allem die Kapitalintensität dieses Bereichs stärken. Dennoch haben vermutlich verschiedene innovationshemmende Bestimmungen zum Schutz der kleinen und traditionellen Hersteller alle potentiellen Innovatoren davon abgehalten, in diesem Sektor in neue Anlagen zu investieren.

Sofern im Kleinunternehmenssektor Lohnsubventionen gezahlt wurden, ist die Geschichte sogar noch einfacher, weil diese hier zu einer niedrigeren Kapitalintensität führen als bei reiner Protektion. Allerdings ist nicht völlig klar, ob die Produktionssubventionen genauso erfaßt werden wie die Lohnsubventionen. Einerseits haben innovationshemmende Mittel erfolgreich eine Zunahme der Kapitalintensität verhindert, während andererseits die Lohnunterschiede, die bei verlangsamtem Wachstum noch verstärkt werden, die Eigentümer kleiner Firmen von Investitionen in neue Kapitalanlagen abgehalten haben.[27]

Während der Kleinunternehmenssektor im Laufe der Phase schnellen Wachstums eine deutliche Konzentration erlebte, hat sich die Situation seit der ersten Ölkrise verändert. Eine zunehmend negative Einstellung gegenüber dem Wachstum, die noch durch die Umweltverschmutzung und das Schlagwort von der Lebensqualität verstärkt wurde, hat zu Recht oder zu Unrecht zur Ablehnung einer wachstumsorientierten Politik geführt. Die Politiker sind sensibel genug, um sich an die veränderten Einstellungen ihrer Wähler anzupassen, und haben sich dementsprechend aktiv für eine protektive Politik zugunsten der traditionellen kleinen Betriebe eingesetzt. Die Bauern und Einzelhändler sind zwei einflußreiche Interessengruppen.

Die Grundeinstellung in der Außenwirtschaftspolitik war selbst in diesen schrumpfenden Sektoren eine Befürwortung des Freihandels, wobei Widerstand leistende Gruppen Subventionen erhielten. Die Budgetsituation hat sich jedoch seit Beginn der 70er Jahre aufgrund des verlangsamten Wachstums dramatisch verändert, und die Regierung hat versucht, mit Hilfe von Ausgabenkürzungen das Budgetgleichgewicht wieder herzustellen. Daher hatte die Regierung immer mehr Schwierigkeiten, die Kleinproduzenten zu Innovationen in ihren eigenen Betrieben zu veranlassen und die gewährten Subventionen auszunutzen. All diese Faktoren haben schließlich zu einer Verstärkung der protektionistischen Tendenzen geführt.

Eine Art Gegenmacht bilden dagegen die Unternehmensverbände von exportabhängigen Großkonzernen, die den Staat gegen den Widerstand der traditionellen Produzenten von den Vorteilen der Freihandelspolitik zu überzeugen versuchen. Für sie wäre es geradezu katastrophal, wenn die japanischen Handelspartner sich mit entsprechenden Gegenmaßnahmen für die

Abbildung 12.3: Kapital- und Lohnsubventionen in einem Zwei-Faktoren- und Zwei-Güter-Modell

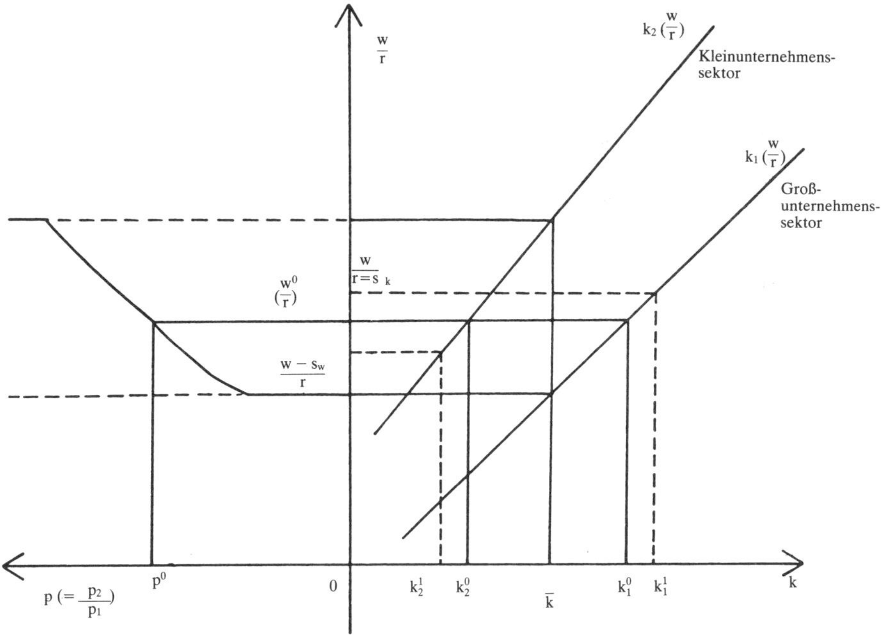

Anmerkungen: *w*, *r* und *p* besitzen dieselbe Bedeutung wie in Abbildung 12.2, *sk* und *sw* sind die Kapital- und Arbeitssubventionen, die jeweils in *r* und *w* gemessen sind.

Beschreibung: Wenn *p* auf dem internationalen Markt sinkt und der Freihandel aufrechterhalten wird, wird *ki* aufgrund einer Senkung von *w/r* in beiden Sektoren abnehmen (dies ist in Abbildung 12.3 nicht dargestellt). Wenn die Investitionen im Sektor 1 und die Beschäftigung im Sektor 2 subventioniert sind, wird k_1 steigen, während k_2 abnimmt. Daher wird die Diskrepanz in der Kapitalintensität zwischen dem Groß- und dem Kleinunternehmenssektor noch vergrößert.

Protektion der Bauern und Kleinbetriebe revanchieren würden. Daher hat die Keidanren oder die Vereinigung der Wirtschaftsverbände 1982 der Regierung einen Vorschlag zur Liberalisierung des Imports von Rindfleisch und Zitrusfrüchten vorgelegt. Dennoch wäre es falsch zu behaupten, daß die einflußreiche Keidanren sich immer einhellig für den Freihandel eingesetzt hat. Als viele Industrien nach der ersten Ölkrise ernsthafte Anpassungsschwierigkeiten hatten, verlangten zahlreiche Unternehmer Sicherheitsmaßnahmen gegen die Importkonkurrenz und Subventionen von seiten des Staates. Nach hitzigen Debatten und Kontroversen schienen die Protektionisten die Unterlegenen zu sein, obwohl sie immerhin eine Lockerung bestimmter Bestimmungen des Kartellgesetzes für sich verbuchen konnten.

Es sieht so aus, daß selbst der politische Konsens für High-Tech-Industrien immer schwieriger geworden ist. In der Vergangenheit spielte der Rat für die Industriestruktur (CIS) eine wichtige Rolle bei der Wahl zukunftsträchtiger Industrien, weil er auf die vorhandenen Wirtschaftsdaten zurückgreifen konnte, um die potentielle Nachfrage nach den jeweiligen Gütern zu schätzen. Außerdem konnte er die geschätzten Produktionskosten bei gegebenem technischen Wissen und Ausbildungsstand des Landes errechnen. Dies kann man als Vorteil des Nachfolgers bezeichnen. Seit sich Japan jedoch mit seiner Technologie an der Spitze befindet, gibt es nach Auffassung mancher Unternehmen keine verfügbaren Daten, um die künftige Nachfrage und das Angebot zu ermitteln. Dadurch wird die Auswahl gewinnträchtiger Zukunftsindustrien unsicher, und ein diesbezüglicher Konsens wird immer schwieriger zu erreichen sein. Hinzu kommt noch die zunehmende Unzufriedenheit der Öffentlichkeit hinsichtlich der Ungerechtigkeit der Einkommensverteilung. Neben den budgetären Restriktionen werden bei der Bildung von E&F-Kartellen, mit deren Hilfe das MITI sehr stark die technische Entwicklung gefördert hat, ebenfalls verstärkte Interessenkonflikte zwischen den Vorgängern und Nachfolgern auftreten.

Die sozialen und ökonomischen Veränderungen während der vergangenen drei Jahrzehnte erfordern institutionelle Anpassungen, die wir mit unseren Ausführungen zum Teil angedeutet haben. Ein sichtbares Beispiel ist jedoch, daß das Postsparsystem, das eine wichtige Quelle der staatlichen Vorzugsfinanzierung war (zaisei toyushi oder fiskalpolitische Investitionsfinanzierung), vermehrt durch das Privatbankengeschäft angegriffen wird, da dieses staatlich unterstützte System die privaten Banken zum Teil verdrängt. Zumindest wird die Forderung erhoben, daß Postersparnisse in gleicher Höhe verzinst werden müßten wie Einlagen bei privaten Banken.

Es steht außer Zweifel, daß die Postersparnisse, die staatliche Eisenbahn und das japanische Telefon und Telegraphiersystem unter anderem ganz wesentlich zur Wirtschaftsentwicklung Japans beigetragen haben. Fest steht auch, daß sie alle heute grundlegende institutionelle Veränderungen erfahren, die bei einigen zur Teilung und bei anderen zu einer privatwirtschaftlichen Organisation führen werden.

Die Liberalisierung des Außenhandels und der Auslandsinvestitionen hat den politischen Einfluß der Bürokraten bei der Durchsetzung der politischen Maßnahmen deutlich reduziert. Heute können sehr viel mehr Unternehmen die administrative Lenkung ignorieren, wenn sie diese für nachteilig halten, als früher, als der Verwaltung noch die Zuteilung der Kontingente oblag. Das Privileg eines Unternehmens, günstige Kredite von staatlichen Finanzinstitutionen aufzunehmen, deren Mittel von den Postersparnissen abhängen, war ein weiterer politischer Hebel der Verwaltung, da sie die jeweils begünstigten Unternehmen bestimmen konnte. Wenn also die gegenwärtige Institution verändert wird, werden die Bürokraten eine weitere Quelle der Macht zur Unterstützung ihrer administrativen Lenkung verlieren.

Die Haushaltsreform zur Kürzung der Ausgaben trägt ebenfalls zu den beiden oberen Faktoren und damit zu einer Schwächung des politischen Einflusses der Bürokratie bei. Die Subventionen werden gekürzt oder eliminiert werden, was wiederum die Einflußnahme der Verwaltung verringert.

Zu guter Letzt bleibt eine andere wichtige Frage: Inwieweit nämlich die relativ gute makroökonomische Leistung Japans etwas mit der Industriepolitik der Regierung zu tun hat. Es läßt sich nur sehr schwer beurteilen, in welchem Ausmaß die staatliche Politik zu einer Senkung der Arbeitslosenrate beigetragen hat. Neben statistischen Problemen beim internationalen Vergleich der Arbeitslosigkeit ist allgemein bekannt, daß viele Unternehmen unterbeschäftigte Arbeitnehmer als Schreibkräfte behalten. Da diese Kräfte nicht als arbeitslos gemeldet sind, reflektieren die offiziellen Statistiken nicht das tatsächliche Ausmaß der Arbeitslosigkeit. Außerdem ist bekannt, daß die japanischen Unternehmen auf der Basis einer Kooperation zwischen Management, Aktionären und Arbeitnehmern operieren und daß daher keine Arbeitnehmer entlassen werden, als wenn sie ein flexibler Produktionsfaktor wären.[28] Einige japanische Ökonomen haben bereits versucht, auf dieser grundlegenden Annahme eine Unternehmenstheorie zu entwickeln.

Neben den Unterschieden in den Unternehmenspraktiken und im Verhalten zwischen Japan und den westlichen Ländern kann die staatliche Politik auch unterschiedliche Schwerpunkte bei der Implementierung der politischen Maßnahmen gesetzt haben. Wie wir gesehen haben, hat die japanische Regierung den Unternehmen eine wichtige Rolle bei den Anpassungsprozessen für die Arbeitskräfte zugedacht. Ein Unternehmen, das Arbeiter entlassen will, muß dem Arbeitsminister Pläne zur Wiederbeschäftigung redundanter Arbeiter vorlegen, und die Betriebe, die redundante Arbeitskräfte beschäftigen, erhalten Beschäftigungssubventionen. Dies hat die friktionale Arbeitslosigkeit eindeutig reduziert, was eine einfache Arbeitslosenversicherung nicht hätte leisten können.

Die bedeutende Rolle der Unternehmen bei der Anpassung der Beschäftigung kann zugleich das soziale Merkmal reflektieren, daß die Unternehmen innerhalb des gesellschaftlichen Lebens von zentraler Bedeutung sind. Die Loyalität der Arbeitnehmer gegenüber dem Unternehmen spiegelt letztlich die Tatsachen wider, daß dieses sowohl eine Lebenszeitbeschäftigung und ein Dauereinkommen garantiert, sofern die Mitarbeiter nicht selbst ernsthafte Probleme verursachen, als auch die Tatsache, daß der Wechsel zu einem anderen Unternehmen in Japan sehr viel schwieriger ist als in westlichen Ländern. Während sich diese Situation bei manchen Berufen und bei der jüngeren Generation verändert, sind die Bedingungen, unter denen neue Mitarbeiter tätig sind, nach wie vor nicht sehr attraktiv und meistens deutlich weniger vorteilhaft.

Obwohl die japanische Sozialversicherung sich während der vergangenen drei Jahrzehnte stark entwickelt und verbessert hat, ist der Altersunterschied zwischen dem Ruhestand und dem Beginn der Leistungen ein Faktor, von dem heute die Mehrheit der Arbeitnehmer betroffen ist. Der Empfang von Rentenversicherungsleistungen ist vermutlich von vielen Erwerbstätigen nicht als Recht, sondern als erniedrigend erachtet worden, was sich möglicherweise in der strengen Haltung des Staates bei der Bezahlung von Anspruchsberechtigten niederschlägt.

Es ist nicht meine Aufgabe, die Sozialsysteme Japans und des Westens zu vergleichen, doch wenn wir diese Faktoren mit berücksichtigen, können wir feststellen, daß die Unternehmen heute bei der Ausbildung von Fähigkeiten und der Beschaffung von Informationen zur Reallokation der Arbeitskräfte sowie bei der Schaffung von neuen Arbeitsplätzen eine überaus aktive Rolle spielen. Andererseits müssen wir auch zugeben, daß die Arbeitnehmer als Individuen bei ihrer Suche nach neuen Arbeitsplätzen sehr viel weniger aktiv sind, insbesondere nachdem das soziale Wohlfahrtssystem besser entwickelt worden ist.

Offensichtlich können die Regierung und die lokalen Behörden sehr wohl an die Stelle der japanischen Unternehmen treten. Es stimmt auch, daß staatliche Behörden und Privatunternehmen beide zur Anpassung der Beschäftigungssituation in Japan beigetragen haben, doch auf der Seite der Bürokraten mangelt es möglicherweise an der entscheidenden Motivation, während das Gewinnmotiv im Unternehmensbereich nach wie vor sehr stark ist.

Anmerkungen

[1] Der Autor schuldet dem Japan Center for International Exchange Dank für die Unterstützung, die ihm beim Schreiben dieses Kapitels gewährt wurde. Außerdem möchte er Frl. Fumie Harada für Ihre Hilfe danken.

[2] Zu diesem Kapitel vgl. A. W. Lewis, „Economic Development with Unlimited Supply of Labor“, Manchester School of Economics and Social Studies (1954); erneut veröffentlicht in A. N. Agarwala und S. P. Singh (Hrsg.), *The Economics of Underdevelopment* (New York: Oxford University Press, 1963). Vgl. auch K. Inada, S. Sekiguchi und Y. Shoda, *Keizai hatten no mekanizumu: Sono riron to jisho* [Der Mechanismus der wirtschaftlichen Entwicklung: Eine Theorie und ihre empirische Überprüfung] (Tokio: Sobunsha, 1972), die eine spezifische Theorie entwickelt und diese anhand der japanischen Wirtschaft für den Zeitraum 1868 bis 1960 empirisch getestet haben.

[3] Eine detaillierte Diskussion der japanischen industriellen Entwicklungs- sowie der Außenhandels- und Investitionspolitik während der Periode 1945—1973 findet sich bei L. P. Krause und S. Sekiguchi, „Japan and the World Economy“, in H. Patrick und H. Rosovsky (Hrsg.), *Asia's New Giant: How the Japanese Economy Works* (Washington, D. C.: Brookings Institution, 1976).

[4] Genauer gesagt gibt es keine Garantie, daß die Leistungsbilanz kurzfristig ausgeglichen werden kann, wie dies der Kapitalmarktansatz der Wechselkurstheorie unterstellt. Elemente der Erwartungen und andere Faktoren, die sich auf die Wechselkurse auswirken, komplizieren die Leistung des Systems der flexiblen Wechselkurse.

[5] Weitere Einzelheiten finden sich bei R. Komiya, „Planning in Japan“, M. Bornstein (Hrsg.), in *Economic Planning: East and West* (Cambridge, Mass.: Ballinger, 1975), der diese institutionellen Merkmale sehr genau darstellt. Manche verarbeitenden Industrien unterstehen der Aufsicht anderer Ministerien. So wird die pharmazeutische Industrie beispielsweise von dem Wohlfahrtsministerium kontrolliert, und einige Aspekte der Kraftfahrzeugindustrie gehören in den Bereich des Verkehrsministeriums.

[6] Es gibt noch andere Beiräte, die den Finanzminister, den Landwirtschaftsminister usw. beraten. Manche politischen Fragen sind nicht sektorspezifisch, wie im Falle des Beirats für das Steuersystem des Finanzministers. Wir konzentrieren uns hier auf die Politik des MITI.

[7] Weitere Details finden sich bei S. Sekiguchi und T. Horiuchi, „Foreign Trade and Industrial Policies: A Review of Japanese Experiences“, *The JERC Discussion Paper* 46 (Tokio: Japan Economic Research Center, 1981).

[8] E. Vogel, *Japan as Number One: Lessons for America* (Cambridge: Harvard University Press, 1979).

[9] Es gab allerdings einige Ausnahmen. So wurde beispielsweise ein Gesetz zur Regulierung des Markteintritts großer Supermärkte in die Domäne des Einzelhandels durch eine Initiative von Mitgliedern der Liberal Democratic Party (LDP) erlassen, um auf diese Weise die Einzelhändler zu schützen, die eine wichtige Wählergruppe darstellten.

[10] Jedem Minister unterstehen zwei Vizeminister, von denen einer ein politischer Posten ist. Dies ist die einzige Position, die im Ministerium politisch besetzt ist.

[11] OECD, *Positive Adjustment Policies: Managing Structural Change* (Paris: OECD, 1983).

[12] Der Rücklagenfonds muß innerhalb eines bestimmten Zeitraums nach seiner Errichtung aufgebraucht werden. Auf diese Weise konnte man die Zahlung von Körperschaftssteuer verzögern und gleichzeitig Risiken verringern. Einzelheiten finden sich bei Krause und Sekiguchi, „Japan and the World Economy". Die Konkurrenz von ausländischen Filialen wurde Mitte der 60er Jahre stark diskutiert, aber der Marktzugang von Ausländern war bis Anfang der 70er Jahre beschränkt. Tatsächlich vollzog sich die Liberalisierung der direkten (hereinkommenden) Auslandsinvestitionen zwischen 1967 und 1976 in 5 Phasen. Der Marktzugang von Auslandsunternehmen in die noch schwachen jungen Industrien wurde bis Anfang der 70er Jahre eingeschränkt. Details finden sich bei S. Sekiguchi, *Japanese Direct Foreign Investment* (Allanheld & Osmun, Atlantic Institute for International Affairs, 1979).

[13] Es wäre sehr mühselig, alle betroffenen Gesetze hier namentlich aufzuführen. Wir beschränken uns daher auf eine kurze Zusammenfassung der wichtigsten Gesetze: Das Gesetz von 1957 wurde 1971 abgeschafft und statt dessen eine Gesetzesnovelle für vorübergehende Maßnahmen zur Förderung spezifischer Maschinen- und Informationsindustrien erlassen. Dies geschah durch die Verbindung eines bereits existierenden Gesetzes, des Gesetzes für spezifische Maschinenindustrien, mit dem für die Elektronik- und Datenverarbeitungsindustrien. Das integrierte Gesetz war bis 1978 in Kraft.

[14] Vgl. T. Takashima, „Konpyuta" [Computerindustrien], in H. Kumagai (Hrsg.), *Nihon no sangyo soshiki* 3 [Industrieverbände in Japan] (Tokio: Chuo Koronsha, 1976).

[15] Weitere Details finden sich ebenda und bei Sekiguchi und Horiuchi, „Foreign Trade".

[16] Inada, Sekiguchi und Shoda, *Keizai hatten no mekanizumu.*

[17] Weitere Details finden sich bei Sekiguchi und Horiuchi, „Foreign Trade". Da die Löhne in der lederverarbeitenden Industrie geschützt sind, sind sie relativ hoch. Allerdings beschäftigt dieser Industriezweig keine Mehrheit der Gruppe, obwohl er mit zu den wichtigsten Industrien gehört. Eine bessere politische Maßnahme zur Sicherung von Arbeitsplätzen für Behinderte wäre die Zahlung von direkten oder indirekten (durch den Arbeitgeber gezahlten) Lohnsubventionen. Die Regierung ist aus Gründen, die nie offen diskutiert worden sind, scheinbar zu dem Schluß gekommen, daß diese Subventionen nicht den gewünschten Effekt haben.

[18] Eine Diskussion der japanischen Politik gegenüber dem Distributionssektor sowie eine analytische Beschreibung ihrer Effekte findet sich bei S. Sekiguchi (Hrsg.), *Nihon no sangyo chosei* [Industrielle Anpassung in Japan] (Tokio: Nihon Keizai Shimbunsha, 1981).

[19] Allerdings sollte man erst nach der Durchführung von empirischen Untersuchungen beurteilen, ob diese Praktiken in der Realität tatsächlich überwiegen. Nach Auffassung der Kartellbehörde JFTC ist im Bereich der Elektrogeräte-, der Elektronik- und der Fahrzeugindustrien eine eindeutige Dominanz der Produzenten über die Verteiler zu beobachten. Dieses Phänomen wird in Japan als Gruppierung der Distribution oder „ryutsu-keiretsu-ka" bezeichnet, vgl. Japan Fair Trade Commission, *Ryutsu keiretsuka to dokusen kinshiho* [Kontrolle von Gruppierungen in der Distribution und das Antitrust-Gesetz]. M. Hanada (Hrsg.) (Tokio: GPO, 1980); und *Ryutsu mondai to dokkin-ho* [Distributionsprobleme und das Antitrust-Gesetz] (Tokio: GPO, 1981).

[20] Eine Darstellung der reinen Theorie der Anpassungshilfe und des Außenhandels findet sich beispielsweise bei H. E. Lapan, „International Trade, Factor Market Distortions, and the Optimal Dynamic Subsidy", *American Economic Review* 66, 3 (Juni 1976); P. J. Neary, „Intersectoral Capital Mobility, Wage Stickiness, and the Case for Adjustment Assistance", in J. Bhagwati (Hrsg.), *Import Competition and Response* (Chikago: University of Chicago Press, 1982); und M. Mussa, „Government Policy and the Adjustment Process", in Bhagwati (Hrsg.), *Import Competition and Response.* Eine überaus detaillierte Diskussion der tatsächlich durchgeführten politischen Maßnahmen im Blick auf die Theorien findet sich bei S. Sekiguchi und T. Horiuchi, „Trade and Adjustment Assistance Policies", in R. Komiya, K. Suzumura und M. Okuno (Hrsg.), *Industrial Policies in Japan.*

[21] Weitere Details finden sich bei Sekiguchi und Horiuchi, „Foreign Trade“, Sekiguchi (Hrsg.), *Nihon no sanyo chosei,* und Sekiguchi und Horiuchi, „Trade and Adjustment Assistance“.

[22] Weitere Details finden sich bei S. Sekiguchi, „Industrial Adjustment Policies in Japan (1)“, in OECD, *Adjustment for Trade: Studies on Industrial Adjustment Problems and Policies* (Paris: OECD, 1975).

[23] Eine Beschreibung des politischen Prozesses, um Selbstbeschränkungsabkommen zwischen den beiden Ländern zu erreichen, findet sich bei I. M. Destler, H. Sato, P. Clapp und H. Fukui, *Managing an Alliance: The Politics of U.S.-Japanese Relations* (Washington, D.C.: Brookings Institution, 1976). Eine detaillierte Beschreibung des Anpassungsprozesses der japanischen Textilindustrie findet sich bei I. Yamazawa, „Sen-i-sangyo: Tsusho seisaku to sangyo chosei“ [Textilindustrie: Handelspolitik und industrielle Anpassung], in Suzumura und Okuno (Hrsg.); *Industrial Policies in Japan* und Y. Yonezawa, „Sen-i-kogyo no sangyo chosei“ [Industrielle Anpassung in der Textilproduktion], in Sekiguchi (Hrsg.), *Nihon no sangyo chosei.*

[24] Das Gesetz selbst erwähnte keinerlei Absicherung gegen die Importkonkurrenz. Die einzige Gelegenheit, bei der die Regierung im Rahmen dieses Anpassungshilfeprogramms bei Importen intervenierte, war die Einführung von Zollkontingenten auf den Import von Aluminiumbarren, sofern diese eine bestimmte Menge überschritten. Zur Bildung von Kartellen mußte der Minister dagegen die Zustimmung der Kartellbehörde JFTC einholen.

[25] Weitere Details finden sich bei Sekiguchi und Horiuchi, „Trade and Adjustment Assistance“.

[26] Nach Ansicht von C. Frank, Jr., besteht die amerikanische Anpassungshilfepolitik, die auf dem Trade Reform Act von 1974 basierte, aus drei Elementen: Der Unterstützung von Arbeitskräften, von Firmen und von Gemeinden. Insofern besteht heute zwischen dem japanischen und amerikanischen System sehr viel Ähnlichkeit. Ein Unterschied besteht beispielsweise darin, daß die Unternehmen in Japan eine sehr viel aktivere Rolle bei der Reallokation der Arbeitskräfte spielen sollen und daß diese Anpassungshilfegesetze selbst keine Sicherungsklauseln gegen die Importkonkurrenz enthalten. Vgl. C. Frank, Jr., „Trade Adjustment Assistance in the United States“, in OECD, *Adjustment for Trade.*

[27] Der Großunternehmenssektor beschäftigt häufig Hochschulabsolventen und befördert diese innerhalb des innerbetrieblichen Arbeitsmarktes. Der Kleinunternehmenssektor hängt mehr von Familienangehörigen sowie von ehemaligen Mitarbeitern aus großen Unternehmen und Teilzeitkräften oder Hausfrauen ab. Manche Forscher behaupten, daß die Lohnunterschiede in den beiden Sektoren nur die Qualitätsunterschiede der Arbeitskräfte reflektieren; aber diese Aussage erscheint viel zu pauschal, selbst wenn sie teilweise zutrifft. Bei einer schlechten Arbeitsmarktlage sind die Lohnunterschiede meistens noch größer, da die großen Unternehmen ihre Löhne nicht senken können, sondern höchstens die Anzahl der Beschäftigten geringfügig verringern können, um die kooperative Beziehung mit der betrieblichen Gewerkschaft nicht zu zerstören. In kleinen Firmen sind die Lohnsätze dagegen nach unten flexibler, da die Arbeitsbeziehungen viel weniger fixiert sind.

[28] M. Aoki, „A Model of the Firm as a Stockholder-Employee Cooperative Game“, *American Economic Review* 70, 4 (September 1980).

Kapitel 13
Das Distributionssystem: Soziale Funktion und Wirkung als Importbarriere

Helmut Laumer

Einführung

Auf der Suche nach den Gründen für die relativ geringen Fertigwarenimporte Japans aus den USA und Westeuropa wird immer wieder auch das für Ausländer wenig transparente, sehr komplexe und mit scheinbar veralteten Vertriebstechniken arbeitende japanische Distributionssystem genannt. Die Importeure seien, so wird gesagt, monopolistisch arbeitende Alleinvertreter, die verhinderten, daß ausländische Fertigerzeugnisse zu niedrigen Preisen in den japanischen Markt für Massengüter gelangten. Trotz inzwischen weit fortgeschrittener offizieller Liberalisierung — weitgehender Abbau von Einfuhrzöllen und importbehindernden administrativen Vorschriften — werde die Einfuhr ausländischer Erzeugnisse durch das solidarische Verhalten japanischer Produzenten und Händler im Sinne gut funktionierender Importkartelle kontrolliert. Hinzu kämen die verkrusteten Strukturen des Binnenhandels, die weitgehend auf persönlichen Beziehungen und Abhängigkeiten beruhten und die für ausländische Lieferanten kaum zu durchdringen seien. Mit anderen Worten: Das japanische Warendistributionssystem wirke wie eine mächtige nichttarifäre Handelsschranke.

Daß diese Ansicht weit verbreitet ist, mußte das Ministry of International Trade & Industry (MITI) in einer Ende 1982 durchgeführten Umfrage bei 109 großen US-amerikanischen und westeuropäischen Gesellschaften feststellen. Von diesen äußerte rund die Hälfte die Meinung, daß Japans Distributionswege für ausländische Produkte praktisch geschlossen sind. Das Vertriebssystem sei kaum verständlich, einheimische Hersteller und Handelshäuser würden sich einer dominierenden Position erfreuen, und der Marketingmechanismus sei so kostspielig, daß die Endpreise ausländischer Produkte „in den Himmel“ stiegen. U. a. meinten mehr als vier Fünftel der Befragten, daß die japanischen Vertriebswege — verglichen mit denjenigen auf ihren Heimatmärkten — „lang und kompliziert“ seien. Gut die Hälfte davon klagte, daß ihnen daraus Schaden entstünde. Durch die hohen Vertriebskosten werde die Wettbewerbsfähigkeit der Produkte erheblich beeinträchtigt. Die japanischen Handelspraktiken wurden fast durchweg als „ganz einmalig“ charakterisiert. Mehr als die Hälfte der befragten ausländischen Gesellschaften verlangte eine Korrektur dieser Praktiken.

Von seiten der ausländischen Kritiker — vor allem der Regierungen — wird häufig unterstellt, daß die Japaner die komplizierten Strukturen ihres Distributionssystems allein deshalb aufrechterhalten würden, um den Konkurrenten der einheimischen Produzenten aus den USA und Westeuropa den Zutritt zum japanischen Markt zu verwehren. Vorwürfe dieser Art sind zweifellos unangebracht. Diejenigen, die sie erheben, übersehen nämlich — sei es bewußt oder unbewußt — die Tatsache, daß Struktur und Ausgestaltung der Absatzwege sowie Handelsusancen und Vertriebskosten immer das Ergebnis vieler landesspezifischer Faktoren sind, wie Größenstruktur der Industrie, Marktmacht der Abnehmer, Art und Umfang der staatlichen Beeinflussung (Wirtschaftspolitik), Verbraucherverhalten und vieles mehr. In erster Linie wird das Erscheinungsbild des Handels von der Struktur und den Verhaltensweisen seiner direkten Marktpartner — Lieferanten und Abnehmer — geprägt. Das japanische Distributionssystem in seiner heutigen Form ist aber auch — mehr als das anderer Länder — das Ergebnis ganz bestimmter wirtschaftshistorischer Entwicklungen und Ausfluß spezifischer geographischer, soziologischer, kultureller und religiöser Verhältnisse.

Bei einer kritischen Würdigung sollte man diese Gesichtspunkte nicht aus dem Auge verlieren. Es ist nicht angebracht, bestimmte Strukturen und Geschäftspraktiken schon deshalb als unfair oder diskriminierend zu bezeichnen, weil sie anders als die gewohnten bzw. die selbst praktizierten sind. Die folgende Analyse bemüht sich um eine ausgewogene Darstellung derjenigen Aspekte des japanischen Distributionssystems, die aus der subjektiven Sicht ausländischer Exporteure die Einfuhr von Fertigwaren behindern.[2] Dies ist aber nicht möglich, ohne auf die wichtige soziale und sozialpolitische Rolle einzugehen, die dieses System in der japanischen Gesellschaft spielt und die dort noch immer einen höheren Stellenwert hat als mögliche Rationalisierungserfolge und Produktivitätsfortschritte. Hingewiesen sei hier nur auf die Funktion des japanischen Groß- und Einzelhandels, Auffangbecken für in der Produktion freigesetzte Arbeitskräfte zu sein. Keine der bisherigen japanischen Regierungen war bereit, dies durch die forcierte Förderung eines strafferen und im westlichen Sinne effizienteren Vertriebsapparates zu gefährden.

Die typischen Merkmale des japanischen Distributionssystems

Ausgehend von den USA erfuhren Groß- und Einzelhandel seit den fünfziger Jahren in allen Industrieländern der westlichen Welt gravierende Strukturveränderungen. Völlig neue Marketingkonzeptionen und Vertriebstechniken revolutionierten den Warenabsatz. In Japan hat diese sogenannte „Revolution im Handel“ erst relativ spät eingesetzt und auch bei weitem nicht so weitreichende Veränderungen gebracht wie etwa in den USA und in der Bundesrepublik Deutschland. Gemessen an den Verhältnissen in diesen (und anderen

Ländern) zeichnet sich der japanische Handelsapparat durch ein unglaublich dichtes Ladennetz bei entsprechend kleinen Betriebsgrößen, durch die unverändert starke Dominanz der traditionellen Vertriebstypen und die vergleichsweise geringen Marktanteile moderner Großbetriebsformen, durch einen Großhandel, der in sehr hohem Maße in die Vertriebswege eingeschaltet ist, durch eine starke Abhängigkeit der einzelnen Glieder der Distributionskette voneinander und einer daraus resultierenden Arbeitsteilung sowie — last but not least — durch eine zumindest in Westeuropa kaum mehr vorstellbare Service-Orientierung aus.[3] Einen schematischen Überblick über Vertriebswege und Einzelhandelsformen in Japan geben die Abbildungen 13.1 und 13.2.

Dichtes Netz kleiner Läden

Japan verfügt über ein sehr viel dichteres Einzelhandelsnetz als die USA und die westeuropäischen Industrieländer. Diese Feststellung gilt sowohl auf die Bevölkerung als auch bezogen auf die Fläche des Landes (vgl. Tabelle 13.1). In Japan versorgt ein Einzelhandelsgeschäft im Durchschnitt 68 Einwohner, in den USA sind es gut 120 und in der Bundesrepublik Deutschland sowie in Großbritannien sogar rund 160. Sehr dicht ist das Ladennetz in Frankreich, ohne allerdings die japanischen Verhältnisse zu erreichen. Je 1 000 Einwohner wurden 1982 in Japan 14,7 Läden gezählt, in den USA 8,3, in Deutschland und Großbritannien 6,3. Je Quadratkilometer Fläche gibt es in Japan 4,6 Läden, in Deutschland nur etwa 1,5 und in Großbritannien lediglich 1,4. In Japan werden fast so viele Einzelhandelsläden betrieben wie in den USA mit doppelt so vielen Einwohnern; die Gesamtzahl der Läden ist in Japan mehr als viermal so groß wie etwa in Großbritannien und der Bundesrepublik Deutschland bei einer nur knapp doppelt so großen Bevölkerung. Dabei ist zu berücksichtigen, daß Japan eine weit höhere Bevölkerungskonzentration aufweist. Weite Teile des gebirgigen Landes sind nämlich nicht kultivierbar. Die gesamte Bevölkerung drängt sich auf etwa 16 % der Landesfläche, innerhalb derer die Dichtewerte 1 000 Einwohner je qkm deutlich übersteigen und in den Agglomerationsräumen von Tokio und Osaka Spitzenwerte von 5 400 bzw. 4 500 erreichen. Die höchste Konzentration findet sich innerhalb eines schmalen, rund 600 km langen Küstenstreifens entlang des Pazifiks zwischen Tokio, Nagoya und Osaka. In diesem Raum leben 48 % der japanischen Bevölkerung. Einen Eindruck von den für westliche Verhältnisse phantastisch anmutenden Ladendichten in den Agglomerationsräumen liefert auch die kürzlich durchgeführte Untersuchung eines japanischen Marktforschungsinstituts: Danach kommen 70—80 % der Kunden aller Lebensmittelgeschäfte Japans aus einem Umkreis mit einem Radius von 500 Metern. Das Wort vom „Nachbarschaftsladen" hat hier also noch seine volle Berechtigung.

Während die Zahl der Einzelhandelsbetriebe in der Bundesrepublik im

Abbildung 13.1: Schematische Darstellung der Einschaltung des Großhandels in die Warenwege, Umsätze 1982 in Mrd. Yen

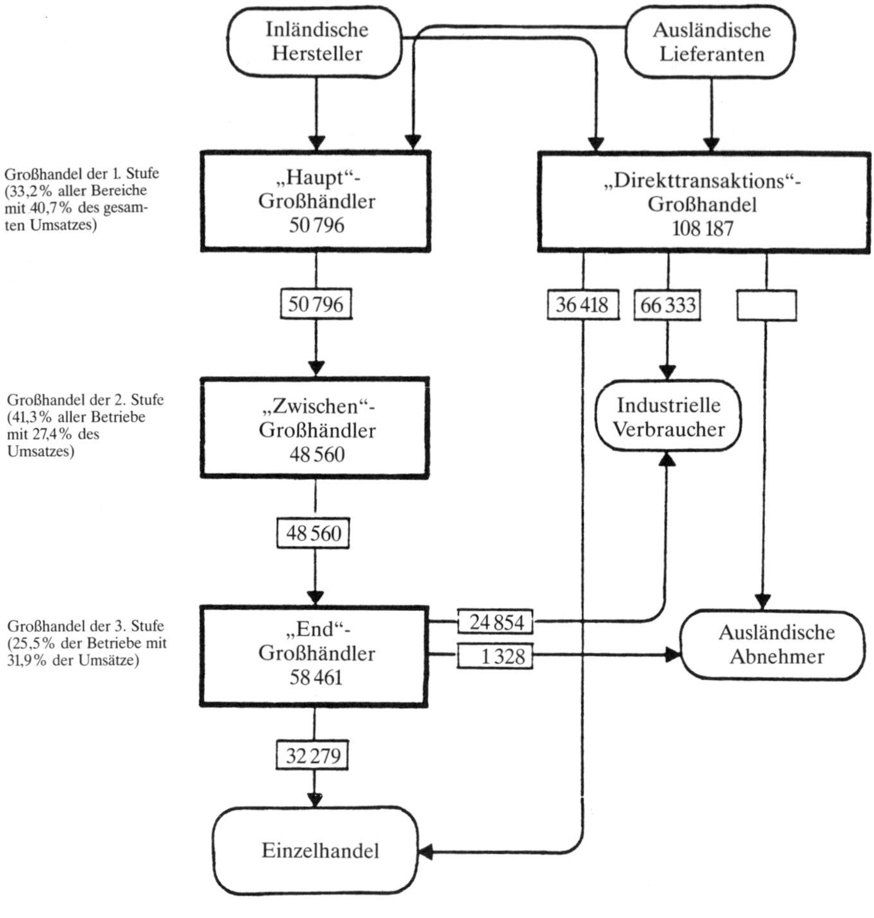

Quelle: Census of Commerce 1982, MITI.

Laufe der letzten Jahrzehnte stark rückläufig war, sind in Japan bis Anfang der achtziger Jahre immer neue Unternehmen und Verkaufsstellen hinzugekommen. Zwischen 1968 und 1982 ist die Zahl der Einzelhandelsbetriebe um rund 290 000 auf über 1,7 Millionen gestiegen. In den folgenden Jahren war erstmals ein leichter Rückgang zu registrieren. Nach den Ergebnissen des Census of Distribution sank die Zahl der Einzelhandelsbetriebe zwischen 1982 und 1985 um gut 90 000 auf etwas über 1,6 Millionen (vgl. Tab. 13.2). Obwohl in den letzten Jahren die Zahl der größeren Geschäfte auch in Japan stärker

Abbildung 13.2: Einzelhandelstypen in Japan

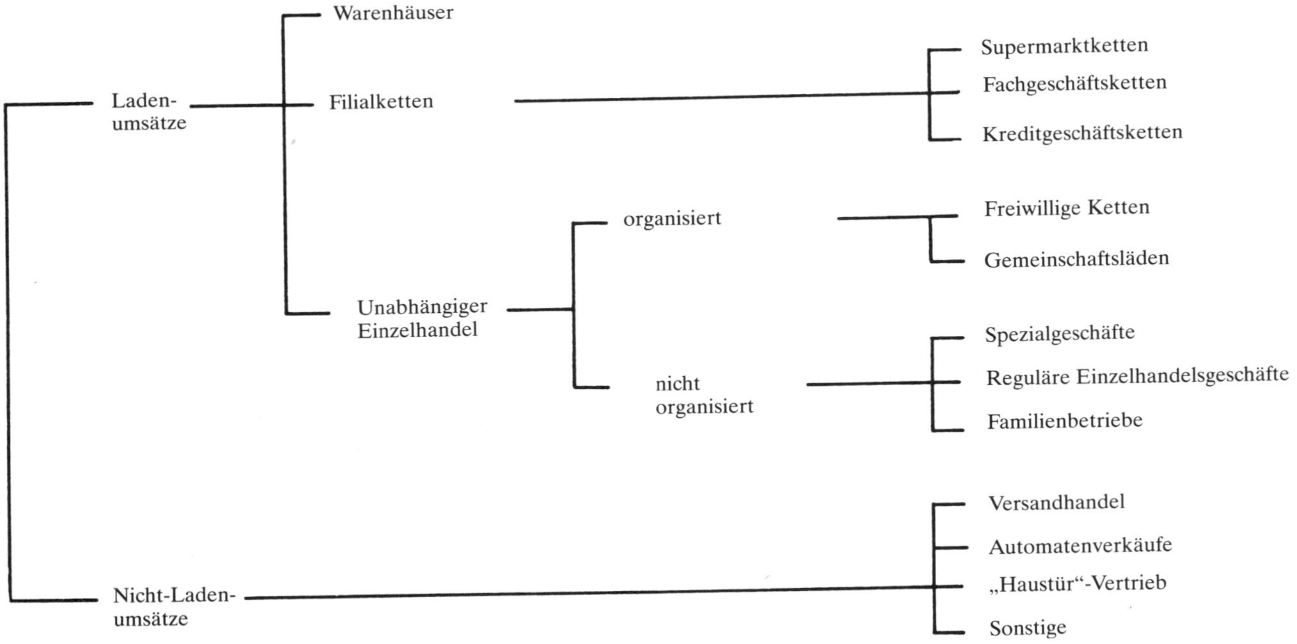

Quelle: Ministry of International Trade and Industry.

Tabelle 13.1: Ladendichte im Einzelhandel ausgewählter Industrieländer

Land	Jahr	Zahl der Läden je 1000 Einwohner	Einwohner je Laden	Läden je qkm Fläche
Japan	1982	14,7	68	4,6
USA	1982	8,3	121	(0,2)[1]
BR Deutschland	1982	6,3	160	1,5
Großbritannien	1980	6,3	160	1,4
Frankreich	1981	11,3	88	1,1

Quelle: Nationale Statistiken; Berechnungen und Schätzungen der Verfasser.

Anmerkung:
[1] Wegen der riesigen unbewohnten Flächen (Alaska) nicht mit den Verhältnissen in Japan und Europa vergleichbar.

zunahm als die der Mini-Betriebe, waren 1985 noch immer knapp 58 % aller japanischen Einzelhandelsbetriebe reine Familienbetriebe, die von höchstens zwei Personen betrieben wurden. Lediglich 5—6 % der Läden beschäftigten 10 oder mehr Personen (vgl. Tab. 13.3).

Tabelle 13.2: Entwicklung des japanischen Einzelhandels 1968–1985

Jahr	Betriebe		Beschäftigte		Umsatz	
	Zahl	1968 = 100	Zahl	1968 = 100	Mrd. ¥	1968 = 100
1968	1 432 436	100	4 646 212	100	16 507	100
1970	1 471 297	103	4 926 004	106	21 773	132
1972	1 495 510	104	5 141 377	111	28 293	171
1974	1 548 184	108	5 303 378	114	40 300	244
1976	1 614 067	113	5 579 800	120	56 029	339
1979	1 673 667	117	5 960 432	128	73 564	446
1982	1 721 465	120	6 369 426	137	93 971	569
1985[1]	1 628 620	114	6 328 503	136	101 716	616

Quelle: Census of Commerce, Ministry of International Trade and Industry (MITI).

Anmerkung: [1] Vorläufig.

Relativ geringe Verbreitung moderner Großbetriebs- und Kooperationsformen

Der rasche Übergang zur Massenproduktion in der Industrie und die wachsende Kaufkraft der Verbraucher haben auch im japanischen Handel Anpassungs- und Modernisierungsmaßnahmen ausgelöst. In Nachahmung amerikanischer Vorbilder entstanden Supermarktketten (Superstores), Dis-

Tabelle 13.3: Größenstruktur des Einzelhandels in ausgewählten Industrieländern nach Beschäftigungsgrößenklassen (in %)

Läden mit .... Beschäftigten	Japan 1972	1976	1982	1985	USA 1972	1977	Großbritannien 1971	1980	BR Deutschland 1968	1979
1- 2	61,7	61,6	60,2	57,7	57,0	49,0	40,1		53,8	50,1
3- 4	23,5	23,9	24,0	25,1	17,9	15,0	29,8	65,5	24,8	28,2
5- 9	10,6	10,4	10,9	11,7	10,1	17,3	21,4		14,5	11,6
10-19	2,8	2,7	3,1	3,6	8,5	10,1	5,9	12,9	4,4	6,4
20-49	1,1	1,1	1,4	1,6	4,9	6,3	2,0		1,8	2,6
50-99	0,2	0,2	0,3	0,3	1,1	1,7	0,4	21,6	0,4	0,6
100 und mehr	0,1	0,1	0,1	0,1	0,5	0,6	0,3		0,3	0,4

Quelle: Japan: „Census of Commerce", USA: „Census of Retail Trade", Großbritannien: „Business Monitor, Retailing", BR Deutschland: „Handels- und Gaststättenzählung"

countgeschäfte und Freiwillige Ketten, doch haben diese modernen Großbetriebs- und Kooperationsformen des Einzelhandels — sieht man von den spektakulären Erfolgen einiger weniger Filialsysteme wie Daiei und Ito-Yokado ab — vergleichsweise langsam an Boden gewonnen. Während die mit einer langen Tradition behafteten Warenhäuser (wie Mitsukoshi, Daimaru, Takashimaya, Seibu usw.) — mit einem Sortiment im mittleren und höheren Qualitäts- und Preisbereich — ihren Marktanteil von etwa 8 % in den letzten Jahren knapp halten konnten, partizipieren die in den sechziger Jahren neu entstandenen Supermarktketten am gesamten Einzelhandelsmarkt inzwischen mit über 17 %. Insgesamt hat sich der Marktanteil der Großbetriebsformen in Japan von knapp einem Fünftel im Jahre 1970 auf rund ein Viertel Anfang der achtziger Jahre vergrößert; seither scheint er zu stagnieren. Moderne Betriebsformen mit den rationellsten Vertriebstechniken harmonieren heute noch immer erstaunlich gut mit den alten traditionellen Vertriebskonzepten. Die Entwicklung im japanischen Einzelhandel läßt sich besser mit Evolution als mit Revolution umschreiben. Importwaren sind vor allem in den Sortimenten der Warenhäuser und der Supermarktketten zu finden. Sie haben dort Anteile von 10 bis 20 %. In den kleinen Geschäften ist ihr Anteil verschwindend gering, häufig sogar gleich Null.

Noch immer machen die kleinen, familienbetriebenen Einzelhandelsgeschäfte rund drei Viertel des gesamten Einzelhandelsumsatzes aus. Einige hunderttausend davon sind im Laufe der letzten Jahre zu Franchise-Nehmern großer japanischer Herstellerkonzerne geworden, vertreiben also ausschließlich oder vorwiegend deren Erzeugnisse. Weit verbreitet ist dieses System im Elektrogerätebereich und im Kosmetikvertrieb. Ausschließlich praktiziert wird es bei der Distribution von Automobilen.

Ein neuer Typ des kleinbetrieblichen Einzelhandels macht seit einigen Jahren Furore: Kleinflächige sogenannte „Convenience-Stores" nach amerikanischem Vorbild mit Öffnungszeiten häufig rund um die Uhr, an günstigen Standorten in Wohngebieten, mit einem begrenzten (höchstens 300 Artikel umfassenden) Warenangebot, das auf ledige Arbeitnehmer, junge berufstätige

Tabelle 13.4: Marktanteile der Betriebsformen des japanischen Einzelhandels im Jahre 1982

Betriebsform	Verkaufsstellen Zahl	%	Umsatz Mrd. ¥	%
Warenhäuser	461	0,0	7314	7,8
Supermarkt-Filialen	65779	3,8	16340	17,4
„Convenience"-Läden	23235	1,3	2178	2,3
Fachgeschäfte	1093601	63,5	45996	48,9
Sonst. kl. Geschäfte	536934	31,2	21952	23,4
Übrige[1]	1455	0,1	192	0,2
Einzelhandel insg.	1721465	100,0	93971	100,0

Quelle: Census of Commerce, Ministry of International Trade and Industry.

Anmerkung: [1] Nicht zu klassifizieren.

Ehepaare und Studenten abgestellt ist (Grundnahrungsmittel und Artikel des täglichen Bedarfs in verbrauchsgerechter Aufmachung sowie Fertiggerichte), daneben Dienstleistungen wie Theaterkarten-Verkauf, Kopierservice, Reinigungsannahme anbietet. Auch diese „Bequemlichkeitsläden" haben dazu beigetragen, die stürmische Expansionsphase der großen Supermarkt-Filialen zu beenden.

Auch in der Modernisierung der „physical distribution" wurden in den letzten Jahren beträchtliche Fortschritte erzielt. Verglichen mit den USA, mit Großbritannien und der Bundesrepublik Deutschland hielt sich die Rationalisierung und Umstrukturierung des Handels in Japan jedoch in Grenzen. Das Selbstbedienungssystem im Einzelhandel beispielsweise konnte sich bei weitem nicht in dem Maße durchsetzen wie in den USA und in Westeuropa. Trotz beachtlicher Fortschritte in den letzten Jahren hat auch der Grad der Einkaufskonzentration im japanischen Einzelhandel bei weitem noch nicht das Ausmaß und den Wirkungsgrad erreicht wie in den USA oder in der BRD. Die relative Rückständigkeit des Systems der großhandelsgesteuerten Freiwilligen Ketten und der Einkaufsgenossenschaften des Einzelhandels ist sicherlich z. T. auf die starke Individualität der kleinen japanischen Einzelhändler zurückzuführen, die häufig nicht bereit sind, Zuständigkeiten an die Großhandelszentrale abzugeben oder einer Angleichung von Sortimenten, Ladenausstattungen und äußerem Erscheinungsbild innerhalb einer Kooperationsgruppe zuzustimmen.

Dominierende Rolle des Großhandels

Charakteristisch für die Warendistribution in Japan ist die beherrschende Stellung des Großhandels. Seine Einschaltung in die Vertriebswege ist trotz gewisser Aufweichungstendenzen im Konsumgütersektor — etwa durch das Auftreten der umsatzstarken Supermarktketten oder aufgrund verstärkter Bemühungen von Industriekonzernen, den Absatz der eigenen Produkte besser zu kontrollieren — nach wie vor wesentlich stärker als in allen anderen Industrieländern. Der japanische Großhandel trägt im allgemeinen erheblich größere Risiken, die vor allem der finanzschwache Einzelhandel, aber auch die kleineren Hersteller, auf ihn abwälzen: Der Einzelhandel kauft die Ware zwar nicht juristisch, aber doch de facto auf Kommission; die Bezahlung erfolgt grundsätzlich erst, wenn die Ware abgesetzt ist, nicht abgesetzte Ware geht an den Großhandel zurück, der somit das volle Absatzrisiko trägt, sofern er es nicht teilweise an den Hersteller übertragen kann. Auch die Lagerfunktion wird weitgehend — und in sehr viel stärkerem Maße als dies in der Bundesrepublik Deutschland und in anderen Industrieländern der Fall ist — vom Großhandel übernommen. Der Einzelhandel verfügt kaum über Lagerraum, er ist auf die ständige (in vielen Fällen tägliche oder sogar mehrmals tägliche) Lieferbereitschaft des Großhandels angewiesen. Lagerraum ist in den großen Ballungszentren sehr knapp und entsprechend teuer. Die Fähigkeit, rasch und zuverlässig liefern zu können, ist als Wettbewerbsfaktor im japanischen Handel von größerer Wichtigkeit als ein etwas niedrigerer Einkaufspreis. Das Finanzierungsrisiko trägt ebenfalls in erster Linie der Großhandel; er räumt dem Einzelhandel ungewöhnlich lange Zahlungsziele ein. Daneben erwartet der Einzelhandel vom Großhandel Finanzierungshilfen für notwendige Investitionen und Dienstleistungen, die weit über den in anderen Ländern üblichen Rahmen hinausgehen. Hersteller und Einzelhandel erwarten vom Großhandel auch erhebliche Verkaufsunterstützung — gerade bei neueingeführten Produkten — in Form von Personal, das in den Einzelhandelsläden tätig ist, aber vom Großhandel bezahlt wird. In einigen Warenhausbereichen ist das vom Großhandel abgestellte Personal zahlreicher als die warenhauseigene Belegschaft. Dahinter steht die Erkenntnis, daß das Personal der Großhändler (oder Hersteller) besser in der Lage ist, die Produkte dem Verbraucher zu erklären, als die Verkäufer des Einzelhändlers.

So ist es nicht verwunderlich, daß ca. 86 % vom gesamten Wareneingang des Einzelhandels auf Lieferungen des Großhandels entfallen, nur 11 % der Bezüge sind Direktlieferungen von Produktionsunternehmen, nur knapp ein halbes Prozent wird direkt aus dem Ausland importiert (Daten für 1982). In der Bundesrepublik Deutschland liegen die Verhältnisse ganz anders: Hier entfallen nach den letztverfügbaren statistischen Unterlagen 52 % des Wareneingangs im Einzelhandel auf Lieferungen des Großhandels und 38 % auf Direktbezüge von der Industrie bzw. von der Landwirtschaft; gut 5 % kommen aus dem Ausland. Auch größere Einzelhandelsbetriebe, wie Warenhäuser und Supermärkte, kaufen in Japan überwiegend beim Großhandel ein.

Im Jahre 1985 waren in Japan rund 411 000 Betriebe mit fast 4 Millionen Beschäftigten im Großhandel tätig, in Deutschland gibt es lediglich etwa 110 000 Großhandelsbetriebe mit 1,2 Millionen Beschäftigten. Auch wenn man die unterschiedliche Größe der beiden Volkswirtschaften berücksichtigt, machen diese Zahlen die überragende Bedeutung offenkundig, die dem Großhandel innerhalb der japanischen Wirtschaft zukommt. Diese zeigt sich auch, wenn man seine Umsätze zu denen des Einzelhandels in Beziehung setzt: In Japan machten 1982 die „Außen"-Umsätze des Großhandels rund 280 % der Einzelhandelsumsätze aus, in der Bundesrepublik Deutschland lediglich 165 % und in den USA 174 %. Bereinigt man den Umsatz des Großhandels um den Rohstoff-, Halbwaren- und Investitionsgüterbereich, so beträgt das Verhältnis Konsumgütergroßhandel zu Einzelhandel in Japan immer noch 1,3:1, in der Bundesrepublik Deutschland aber nur 0,7:1 (ähnlich wie in den USA). Japan und die USA haben ungefähr die gleiche Zahl von Großhändlern, obwohl die USA eine doppelt so große Bevölkerung und eine um ein Vielfaches größere geographische Ausdehnung haben.

Kennzeichnend für die große quantitative Bedeutung des japanischen Großhandels ist auch die Tatsache, daß dort jedes vierte nicht-produzierende Unternehmen zum Großhandel zählt, in den USA und in der Bundesrepublik Deutschland dagegen nur etwa jedes zehnte.

Zumindest bis 1982 konnte — von Sonderentwicklungen in einzelnen Branchen abgesehen — keine Rede davon sein, daß der Großhandel an Bedeutung verliert. Im Gegenteil: Im Laufe des letzten Jahrzehnts erfuhr der japanische Großhandel (gemessen an der Zahl der Betriebe, den beschäftigten Personen und am Umsatz) ein deutlich stärkeres Wachstum als der Einzelhandel. Erst nach 1982 ist die Zahl der Großhandelsbetriebe — bis 1985 um etwa 15 000 — geschrumpft. Nach wie vor besteht der Großhandel aber aus sehr kleinen Einheiten. Fast die Hälfte der Betriebe (47,8 %) hat weniger als 5 Beschäftigte, drei Viertel beschäftigen weniger als 10 und 95 % weniger als 30 Personen.

Die „Vielstufigkeit" des Großhandels in Japan ist vor allem auf die stark atomisierte Struktur des japanischen Einzelhandels zurückzuführen. Die Vielzahl kleiner und kleinster Nachbarschaftsläden mit minimalen Verkaufsflächen und äußerst geringen Lagerkapazitäten bezieht die Waren in marginalen Mengen, ist aber gleichzeitig auf die ständige Lieferbereitschaft des Großhandels angewiesen. Selbst die großen japanischen Warenhäuser und Filialketten halten — aus Kostengründen — in vergleichsweise geringem Umfang Lagerbestände; die meisten Warenhäuser haben regelmäßige Geschäftsbeziehungen zu 2 000 bis 3 000 Großhändlern. Tägliche Distribution in kleinsten Quantitäten ist deshalb die übliche Praxis bei der Belieferung des Einzelhandels. Diese Situation hat zu der skizzierten Arbeitsteilung innerhalb des Großhandels mit der charakteristischen Zersplitterung, der vergleichsweise geringen Effizienz (kaum Massenumsätze, hohe Personalkostenbelastung) und der wichtigen Rolle persönlicher Beziehungen zu Lieferanten und Abnehmern geführt.

Der Tatsache, daß auch im Großhandel Klein- und Mittelbetriebe dominieren, steht nicht entgegen, daß das äußere Erscheinungsbild sehr stark von einigen wenigen Mammutunternehmen bestimmt wird: Den japanischen Generalhandelshäusern (Sogo Shosha) vergleichbare Großhandelsunternehmen gibt es in keinem anderen Land der Welt.

„Sogo Shosha“ dominieren im Außenhandel

In Japan ist der Großhandel traditionell in außergewöhnlich starkem Maße sowohl im Export- als auch im Importgeschäft tätig. Bis Mitte der fünfziger Jahre lag der Anteil der Direktexporte von Herstellern noch bei weniger als 20 %, derjenige der Importe ohne Einschaltung von Handelsunternehmen nur bei etwa 17 %. Den im Durchschnitt vergleichsweise kleinen Produktionsunternehmen mangelte es in der Regel sowohl an den finanziellen Mitteln und der notwendigen Erfahrung als auch an der Fähigkeit der sprachlichen Verständigung mit den ausländischen Partnern. Als dann in den siebziger Jahren im Zuge des japanischen Wirtschaftsbooms auch die Zahl der Großunternehmen auf der Produktionsstufe stark zunahm, wuchs die Neigung, das Auslandsgeschäft selbst zu übernehmen. Mitte der achtziger Jahre wurden schätzungsweise aber immer noch rund zwei Drittel der Ausfuhren und etwa drei Viertel der Einfuhren durch Handelsgesellschaften abgewickelt. Das ist ein außerordentlich hoher Einschaltungsgrad. In der Bundesrepublik Deutschland z. B. tätigt der institutionelle Ein- und Ausfuhrhandel lediglich etwa ein Sechstel der Exporte und rund ein Viertel der Importe.

Unter den japanischen Außenhandelshäusern spielen die neun Sogo Shosha (Mitsubishi Corporation, Mitsui & Co., Ltd., C. Itoh & Co., Ltd., Marubeni Corporation, Sumitomo Corporation, Nissho-Iwai Co., Ltd., Toyo Menka Kaisha, Ltd., Kanematsu-Gosho, Ltd. und Nichimen Co., Ltd.) eine überragende Rolle. Sie wickelten 1985 allein 68 % der gesamten japanischen Importe und etwa 44 % der japanischen Exporte ab. Dies ist eine Konzentration des Außenhandels auf wenige Firmen, wie sie in der übrigen Welt — sieht man von den Außenhandelszentralen der Staatshandelshäuser ab — ohne Beispiel ist.[4] Dabei nimmt die Bedeutung der Sogo Shosha auf der Importseite seit Beginn der achtziger Jahre ständig zu, wie die Entwicklung ihres Anteils an den japanischen Gesamtimporten zeigt:

1980: 54,5 %
1981: 56,0 %
1982: 59,6 %
1983: 63,3 %
1984: 64,9 %
1985: 68,0 %

Der größte Teil der Importe der Sogo Shosha entfällt allerdings auf den Bezug von Rohstoffen aus Ländern der Dritten Welt. In die Einfuhr von industrillen Fertigwaren (Investitions- und Konsumgüter) aus Europa und den USA sind sie weit weniger eingeschaltet.

Von seiten amerikanischer und europäischer Exporteure wird häufig darüber Klage geführt, daß die dominierende — auf zahlreichen Produktmärkten monopolistische — Stellung der Sogo Shosha als Alleinimporteure und ihr

Einfluß bis hinunter zur Einzelhandelsstufe größere Absatzerfolge in Japan verhinderten. Da diese Unternehmen Mitglieder mächtiger Unternehmensverbände, der sogenannte Kigyo Keiretsu, seien, zu denen Produktionsunternehmen fast aller Bereiche gehören, müßten sie auf diese Schwestergesellschaften Rücksicht nehmen, d.h. unliebsame Konkurrenz aus dem Ausland — z. B. durch überhöhte Preise für die ausländischen Fertigerzeugnisse — abblocken.[5] Diese Vorwürfe sind zwar schwer zu belegen, richtig ist jedoch, daß die Sogo Shosha im allgemeinen nur am Massengeschäft, am Umsatz großer Mengen, interessiert sind. Für kleine und mittlere Konsumgüterhersteller sind sie in der Regel nicht der richtige Vertriebspartner.

In den letzten Jahren haben sich die Sogo Shosha — nicht zuletzt als Reaktion auf die Aufforderung der japanischen Regierung, einen Beitrag zum Abbau des riesigen Handelsbilanzüberschusses zu leisten — allerdings verstärkt um die Einfuhr von industriellen Fertigerzeugnissen bemüht. Für eine Reihe europäischer und amerikanischer Hersteller sind sie als Alleinvertreter tätig.

Monopolstellung der „Sole Import Agents" durch „Parallel-Importe" gefährdet

Neben den Sogo Shosha fungieren zahlreiche weitere, oft fachlich stark spezialisierte Handelsfirmen als „sole import agents". Diese Gesellschaften besitzen die exklusiven Vermarktungsrechte für die Produkte ihres ausländischen Vertragspartners in Japan; sie sind dadurch in der Lage, Vertriebswege und Verbraucherpreise der importierten Waren weitgehend zu kontrollieren. In der Vergangenheit ist es zweifellos in vielen Fällen zu mißbräuchlicher Ausnutzung dieser Monopolstellung gekommen. Untersuchungen der Fair Trade Commission aus dem Jahre 1978 haben beispielsweise ergeben, daß Praktiken wie die Weigerung, konkurrierende Produkte in das Sortiment aufzunehmen, wie die Bindung der Verkaufspreise, wie die Verhinderung von Parallelimporten und die Beschränkung der Zahl der Verkaufsstellen weit verbreitet sind.[6]

Zunehmend erhalten die „sole import agents" jedoch starke Konkurrenz durch Parallelimporteure, die dasselbe Produkt z. T. wesentlich billiger absetzen. Diese Praxis ist seit 1972 durch Gerichtsurteil legalisiert worden. Vom Standpunkt des ausländischen Herstellers hat dies sowohl positive als auch negative Aspekte. Einerseits eröffnen sich ihm dadurch zusätzliche Verkaufskanäle, und die Gefahr mißbräuchlicher Ausnutzung der Monopolstellung durch den „sole import agent" verringert sich, andererseits bedeutet dies aber, daß der Vertragspartner die Marketing- und Werbekosten allein tragen muß, deren Erfolg die Parallelimporteure kostenlos ausnutzen. Je größer der als „sole import agent" gewählte japanische Partner ist, desto mehr ist er in der Lage, die weiteren Absatzkanäle zu kontrollieren und Druck auf den Detailhandel auszuüben, um Parallelimporte zu verhindern.

Ursachen und Hintergründe für die angebliche „Rückständigkeit" des Distributionssystems

Die bisherigen Ausführungen haben gezeigt, daß das japanische Distributionssystem sich von dem der großen westlichen Industrieländer in mancherlei Hinsicht unterscheidet. Charakteristisch sind die vergleichsweise langen Vertriebswege mit in der Regel mehreren Großhandelsstufen, die nach wie vor starke Dominanz kleiner Betriebe vor allem im Einzelhandel, die nur bescheidenen Marktanteile moderner Großbetriebsformen und die beherrschende Rolle der neun General Trading Corporations im Außenhandel. Die nicht nur für Ausländer wenig transparent erscheinenden Strukturen des Warenvertriebs, von diesen häufig als ineffizient und rückständig bezeichnet, sind das Ergebnis vieler landesspezifischer Faktoren und Entwicklungen. Dazu zählen in erster Linie das ausgeprägt traditionsbewußte Verhalten der japanischen Konsumenten, eine darauf Rücksicht nehmende Geschäftspolitik der im Handel tätigen Unternehmen, die dem Servicegedanken einen hohen Stellenwert zubilligt, sowie eine seit Jahrzehnten durchgehaltene mittelstandsfreundliche Wirtschaftspolitik.

Traditionelles Konsumentenverhalten

Der japanische Verbraucher schätzt die Möglichkeit, unter einer fast unbegrenzten Zahl verschiedener Einkaufsmöglichkeiten in unmittelbarer Nähe der Wohnung auswählen zu können, die einen umfangreichen und individuellen Service bieten. Dies wird in Japan als wesentlicher Bestandteil der Lebensqualität empfunden, und man ist bereit, den Preis dafür in Form höherer Einkaufspreise zu bezahlen. Der persönliche Kontakt beim Einkaufen in der Nachbarschaft hat für die japanische Hausfrau eine wichtige soziale Funktion. Das gilt im übrigen auch für die Warenhäuser, die in Japan schon immer weit mehr waren als bloße Einkaufsstätten. Jahrzehntelang sind sie fast so etwas wie ein Mittelpunkt des gesellschaftlichen Lebens gewesen, und für viele Japaner ist das noch heute so. Man geht nicht nur dorthin, um einzukaufen, sondern häufig ganz einfach, um zu schauen und gesehen zu werden, oder man besucht Ausstellungen, Konzerte und Theateraufführungen, Kurse in allen möglichen Künsten und Wissensgebieten.

Eine 1981 durchgeführte Befragung von Hausfrauen in Tokio, New York, London, Paris und Bonn (durch das private Marktforschungsinstitut Shohin Kagaku Kenkyusho) hat ergeben, daß die Japanerinnen Lebensmittel mit Abstand am häufigsten einkaufen. Sie haben eine starke Vorliebe für Frischware. Sie ziehen frischen Fisch und frisches Gemüse Konserven und Tiefkühlkost vor. Dies erklärt auch die Existenz der Vielzahl kleiner Fachgeschäfte für Gemüse, Obst, Fisch und Fleisch in jeder kleinen Ansiedlung im ganzen Land.

Von den gut 1,6 Millionen Einzelhandelsgeschäften führt fast die Hälfte Lebensmittel. Die große Bedeutung von Frischwaren hat natürlich erhebliche Auswirkungen auf das Distributionssystem.

Größere Einkäufe auf Vorrat spielen also in Japan die geringste Rolle. Dies hängt nicht nur mit der Vorliebe für absolut frische Waren und den vergleichsweise kleinen Wohnungsgrößen (mit wenig Stapel- und Kühlraum) zusammen[7], sondern auch mit dem Wunsch, in vertrauter Umgebung, beim Kaufmann an der Ecke persönlichen Kontakt (nicht nur mit den Verkäufern, sondern vor allem mit den Nachbarn, die man dort trifft) zu pflegen. Unter den unternehmenspolitischen Instrumenten zur Umsatzbelebung legen — nach Untersuchungen der „Small and Medium Enterprise Agency" — kleine und mittlere Einzelhändler am meisten Gewicht auf die Pflege des persönlichen Kontakts zu den Kunden. Erst an zweiter und dritter Stelle folgen die sorgfältige Zusammenstellung des Sortiments und niedrige Verkaufspreise. Dies gilt nicht nur für die „Nachbarschaftsläden" mit Waren des täglichen Bedarfs, sondern auch für die sogenannten „Look-around-stores", Läden also, die Waren führen, welche man üblicherweise erst kauft, nachdem man das Angebot in einer Reihe von Läden sorgfältig geprüft hat (längerlebige Gebrauchsgüter, Bekleidung).

Das Konsumverhalten der japanischen Verbraucher beruht auf jahrhundertealten Traditionen und Wertvorstellungen. Änderungen, die von Einfluß auf das Distributionssystem sein könnten, gehen dementsprechend nur sehr langsam vor sich. Sie sind vor allem auf zwei Gebieten zu erwarten: einmal in der sich wandelnden Rolle der Frauen in der japanischen Gesellschaft (heute üben bereits 45 % der verheirateten Frauen einen Beruf aus) und in der überfälligen Modernisierung der Wohnungen.

Starke Betonung der Dienstleistungsfunktion

Groß- und Einzelhandel in Japan sind in einem Maße dienstleistungsorientiert, wie das zumindest in Westeuropa kaum mehr vorstellbar ist. Der Einzelhandel bietet Öffnungszeiten bis in den späten Abend und am Wochenende, sofortige Frei-Haus-Lieferung auch der kleinsten Warenmengen, sowie ausgesuchte Höflichkeit des Verkaufspersonals. Wie nirgends sonst ist für den japanischen Einzelhandel der Dienst am Kunden das Maß aller Dinge. Umfassende, persönliche Beratung, kurze Lieferzeiten für langlebige Gebrauchsgüter, die Garantie eines funktionierenden Wartungs- und Reparaturdienstes, kurzfristige Ersatzteilbeschaffung usw. sind selbstverständliche Leistungen auch des kleinsten Einzelhandelsgeschäfts. Lieferzeiten von 2—3 Monaten, wie sie z. B. in der deutschen Möbelindustrie selbst in Zeiten der tiefsten Rezession mit unterausgelasteten Kapazitäten und Kurzarbeit üblich sind, wären in Japan ganz undenkbar. Kein japanischer Möbelkäufer würde sich so lange vertrösten lassen. Das Geschäft macht derjenige, der möglichst sofort liefern kann.

Auch im Großhandel hat die Servicefunktion einen hohen Stellenwert. Die Großhändler beliefern den Einzelhandel auf Abruf in kleinsten Mengen, so daß die erforderliche Lagerfläche auf ein Minimum reduziert werden kann, sie bieten ihren — kapitalschwachen — Abnehmern Zahlungsziele bis zu fünf Monaten (wobei als Maßstab für die Kreditwürdigkeit allein die Dauer der Geschäftsbeziehungen dient), und sie nehmen nichtverkaufte Waren anstandslos zurück. Daneben beraten sie u. a. die Einzelhändler in Warendarbietung und Werbung, führen Kurse in Buchführung durch und gewähren Extrarabatte, wenn sich der Einzelhändler verpflichtet, ausschließlich mit einem Großhändler weiterzuarbeiten. Die kleineren Geschäfte haben somit keine Gründe, die bewährte Arbeitsteilung aufzukündigen, auch wenn diese mit einer starken Abhängigkeit verbunden ist.

Aber auch für die überwiegende Zahl der japanischen Hersteller ist der Großhandel aufgrund seiner Servicefunktion unentbehrlich. Er hat sich traditionell immer als Finanzier, als Berater auf dem Gebiet der Produktentwicklung und schließlich als Transporteur und Lagerhalter verstanden. Diese Rolle hat er auch beibehalten, als die Masse der Hersteller erstarkte und nicht mehr im selben Maße wie früher auf den Großhandel angewiesen war. Aber auch hier gilt, daß man in Japan in Jahrzehnten gewachsene und auf persönlichem Vertrauen aufgebaute Geschäftsbeziehungen nicht einfach aufkündigt.

Mittelstandsfreundliche Wirtschaftspolitik

Die japanischen Regierungen, die seit dem Ende des 2. Weltkriegs von den Liberaldemokraten gebildet werden, betreiben seit jeher eine ausgeprägte Politik des Schutzes von kleinen Handelsbetrieben mit dem Ziel, auf diese Weise so vielen Japanern wie möglich zu einem Einkommen zu verhelfen. Instrumente dazu waren z. B. das 1956 erlassene „Department Store Law“ und das 1974 an dessen Stelle tretende „Large Retail Store Law“. Das „Department Store Law“ machte die Errichtung neuer und die Erweiterung bestehender Warenhäuser mit Verkaufsflächen von mehr als 3 000 qm in den sieben größten Städten und von mehr als 1 500 qm in allen übrigen Städten von der Zustimmung des MITI abhängig. Dieses hatte vor seiner Entscheidung die Vertreter des betroffenen örtlichen Einzelhandels zu hören, der sich verständlicherweise gegen das Auftreten neuer potenter Mitkonkurrenten wehrte. Das Gesetz setzte auch die Zahl der maximal erlaubten monatlichen Verkaufstage und täglichen Geschäftsstunden fest, darüber hinaus verbot es die kostenlose Beförderung von Kunden zu den Warenhäusern.

Das „Department Store Law“ schützte aber nicht nur den mittelständischen Einzelhandel, es begünstigte ungewollt vor allem die starke Expansion der großen Supermarktfilialen. Erst als es 1974 außer Kraft gesetzt wurde und das „Large Retail Store Law“ an seine Stelle trat, wurde diese neue Großbetriebsform, was die Expansionsmöglichkeiten betrifft, formal den Warenhäusern gleichgestellt. Nach dem Gesetz von 1974 unterlag die Errichtung von „Großunternehmen“ — das sind Betriebe mit Verkaufsflächen von 3 000 qm und mehr in den zehn größten Städten und von 1 500 qm und mehr in den übrigen Landesteilen — der Aufsicht des MITI. Wenn es der Minister auf Anraten des örtlichen Einzelhandels sowie von Handels- und Stadtplanungsexperten für notwendig erachtete, die Auswirkungen der Eröffnung eines „Großunternehmens“ auf die ansässigen kleinen Geschäfte zu mildern, konnte er die Verkleinerung der geplanten neuen Verkaufsfläche, die Aufschiebung der Eröffnung, frühere Ladenschlußzeiten oder die Erhöhung der jährlichen Anzahl der Tage, an denen das Geschäft geschlossen bleibt, empfehlen oder anordnen.

In der Praxis wurde das Wachstum der Supermarktketten durch dieses Gesetz zunächst allerdings nur wenig behindert; sie errichteten in der Folgezeit eine Vielzahl von Niederlassungen, die flächenmäßig knapp unter den gesetzlich fixierten Marken blieben. Der politisch starken Mittelstandslobby des japanischen Handels ist es 1978 jedoch gelungen, der Regierung die Novellierung dieses Gesetzes abzutrotzen, die die im „Large Retail Store Law“ festgelegten Verkaufsflächen drastisch reduziert und den örtlichen Verwaltungen ein noch stärkeres Mitspracherecht einräumt. Von April 1979 an trat das Verfahren bereits bei Neuerrichtungen bzw. Erweiterungen von Einzelhandelsgeschäften mit Verkaufsflächen ab 500 qm (unabhängig vom Standort) in Kraft — gerade für die Supermarktketten eine einschneidende Verschlechterung ihrer Expansionsmöglichkeiten. Die Neueröffnung von größeren Geschäften ist seither praktisch unmöglich, da die Genehmigung letztlich von der Zustimmung des konkurrierenden Kleinhandels abhängt. Eine Ende 1981 erlassene „Verwaltungsempfehlung“ des zuständigen Ministeriums (MITI) schränkt den Wachstumsspielraum der großen Supermarktketten weiter ein.

Neben dieser defensiven Schutzgesetzgebung hat die japanische Regierung — geregelt vor allem im „Law on Extraordinary Measures to Adjust Retailing Commerce“ sowie im „Small and Medium Retail Business Promotion Law“ — aber auch ein Bündel von Maßnahmen ergriffen, mit dem die Leistungsfähigkeit und damit auch die Wettbewerbsfähigkeit des klein- und mittelbetrieblichen Einzelhandels in einer sich ändernden Umwelt gefördert wird.[8, 9]

Einflüsse von seiten des Beschäftigungssystems

Ein nicht zu unterschätzender Grund für die große und ständig wachsende Zahl kleiner Handelsbetriebe liegt in dem spezifischen japanischen Beschäftigungssystem. Die in Großbetrieben weit verbreitete „lebenslange“ Beschäftigung endet in der Regel noch immer mit dem 58. Lebensjahr oder früher, auch wenn die Tendenz in jüngster Zeit in Richtung Verlängerung geht. Die ausscheidenden Mitarbeiter fühlen sich einerseits häufig für ein Rentnerleben noch zu jung, andererseits ist die Altersversorgung zu diesem Zeitpunkt bis zum 65. Lebensjahr, wenn die staatliche Rentenversicherung einsetzt, meist völlig unzureichend. Viele der Frührentner versuchen sich deshalb nach Beendigung ihrer Angestellten-Karriere im Dienste eines der großen Wirtschaftsunternehmen — in der Regel mit Hilfe der vom bisherigen Arbeitgeber geleisteten Abfindung — als selbständige Unternehmer im Handel. Häufig gelingt es ihnen, unter Nutzung der in langen Jahren aufgebauten Geschäfts- und Personalbeziehungen, sich in das Netz der Zulieferer oder Verteiler ihres alten Unternehmens einzuschalten. Zum Teil erleichtern die Unternehmen ihren älteren Angestellten das Ausscheiden dadurch, daß sie ihnen die Einschaltung in den Vertrieb ihrer Erzeugnisse zu besonders günstigen Bedingungen ermöglichen.

Der Groß- und Einzelhandel absorbiert zugleich viele Arbeitnehmer, die von den das Prinzip der lebenslangen Beschäftigung nicht praktizierenden Klein- und Mittelbetrieben der Industrie aus konjunkturellen Gründen sowie wegen der fortschreitenden Rationalisierung freigesetzt werden. Hier liegt mit ein wesentlicher Grund dafür, daß die Arbeitslosenquote in Japan auch in den Jahren der wirtschaftlichen Krise im Gefolge der beiden Ölpreisschocks der siebziger Jahre weit unter der in anderen Industrieländern errechneten Höhe blieb. Bezeichnend ist, daß im Jahre 1983 in Japan 22,9 % aller Beschäftigten im Groß- und Einzelhandel tätig waren, in der Bundesrepublik Deutschland dagegen nur 12,3 % (Großbritannien 15,2 %, Frankreich 16,5 %, Italien 19,9 %, USA 21,0 %).[10] „Industrien wie der Groß- und Einzelhandel sowie das Gaststättengewerbe lassen sich relativ mühelos von Amateuren leiten. Sie benötigen sehr wenig Kapital und können im Vergleich zu dem investierten Aufwand ein schnelles Wachstum erzielen. Mit anderen Worten, die tertiären Industrien bieten sozusagen als letzte Zuflucht eine Art Auffangnetz für latente Arbeitslosigkeit. Sie haben die Institutionalisierung der menschlichen Redundanz ermöglicht und sehr vielen Menschen einen Weg eröffnet, um ihren Lebensunterhalt zu verdienen. Wenn wir dies von einem ökonomischen und rationalen Standpunkt aus betrachten, gibt es eindeutig zu viele Betriebe und Beschäftigte. Dennoch hat diese Verschwendung von Arbeitskraft vielen Menschen eine Beschäftigung garantiert."[11] Anzumerken bleibt freilich, daß die Beschäftigung im Handel schlecht bezahlt und im öffentlichen Bewußtsein nicht gerade besonders angesehen ist. Hinzu kommt, daß viele der kleinen Ladeninhaber noch einer unselbständigen Teilzeitbeschäftigung nachgehen, während der das Geschäft von Familienangehörigen geführt wird. Auf diese Weise ist es ihnen möglich, sich mit relativ niedrigen Handelsspannen zu begnügen.

Es bleibt festzustellen, daß die japanische Gesellschaft in gewissem Umfang eine „tolerierte Ineffizienz" innerhalb des Distributionssystems akzeptiert hat, um Beschäftigung und Einkommenserzielung zu erhalten. Der Einzelhandel ist in gewisser Weise eine „Form des sozialen Wohlfahrtssystems" geworden.[12]

Zusammenfassende Wertung

1. Bei unvoreingenommener Betrachtung kommt man an der Feststellung nicht vorbei, daß das japanische Distributionssystem in hohem Maße auf die spezifischen Gegebenheiten der Wirtschaft mit ihrer überwiegend kleinbetrieblichen Industriestruktur und einer traditionsverwurzelten und dienstleistungsbewußten Verbraucherschaft abgestimmt ist und den besonderen Anforderungen der Wirtschaftspartner in zufriedenstellender Weise gerecht wird. Groß- und Einzelhandel in ihrer derzeitigen Verfassung sind durchaus in der Lage, die ihnen gestellte Aufgabe der reibungslosen Überbrückung der räumlichen, zeitlichen und mengenmäßigen Diskrepanzen zwischen Produktion und Verbrauch zu erfüllen. Sie haben auch in der Vergangenheit das Wachstum der japanischen Wirtschaft kaum behindert, sondern insgesamt gesehen eher gefördert. Grundsätzlich läßt sich feststellen, daß in Japan im großen und ganzen der Einfluß von Tradition und Kultur im Handel noch wesentlich größer ist als in fast allen anderen industrialisierten Ländern, wo kühle Wirtschaftlichkeitsüberlegungen die ursprüngliche, stark individuell geprägte Dienstleistungsfunktion des Handels schon stark in den Hintergrund gedrängt haben.

2. Zweifellos stellt das komplexe Distributionssystem, wie es hier skizziert wurde, eine gewisse Barriere bei der Erschließung des japanischen Marktes durch ausländische Hersteller dar. Zu nennen sind in diesem Zusammenhang in erster Linie die große Zahl kleiner und kleinster Absatzmittler, die, gemessen an den Verhältnissen in den USA und Westeuropa, ungewöhnlich langen und entsprechend teuren Absatzwege durch mehrere Großhandelsstufen und das kaum zu durchblickende Geflecht persönlicher Beziehungen zwischen Lieferanten und Abnehmern. Mit diesen Gegebenheiten haben jedoch inländische wie ausländische Hersteller gleichermaßen fertigzuwerden. Für ausländische Produzenten hat sich die Situation in den vergangenen Jahren insofern sogar etwas verbessert, als beim Import von Konsumgütern die vordem beherrschende Rolle des Großhandels ins Wanken geriet. Die erstarkten Supermarktketten, aber auch die traditionellen Warenhäuser sind nämlich zunehmend dazu übergegangen, ausländische Erzeugnisse direkt, ohne Einschaltung von Sole Agents, General Trading Companies und/oder Großhändlern zu importieren.

Unter dem starken Druck seiner Handelspartner, insbesondere der USA, hat Japan in jüngster Zeit bereits eine Reihe administrativer Hemmnisse abgebaut oder — im „Aktionsprogramm für verbesserten Marktzugang“ von 1985 — deren Abbau angekündigt. Dies betrifft die Angleichung der Standards an internationale Normen und die Vereinfachung von Testverfahren.

In jüngster Zeit hat die Fair Trade Commission (FTC) gerade zu den strukturellen Hemmnissen neue Erhebungsergebnisse und Erkenntnisse vorgelegt und eine Reihe von Vorschlägen zur Erleichterung des Marktzugangs für ausländische Anbieter unterbreitet. Generell hält sie die Zeit für gekommen, in der die Wettbewerbspolitik eine bedeutende Rolle bei der Erweiterung der Importmöglichkeiten spielen muß. Bemerkenswert ist auch, daß die von der Fair Trade Commission eingesetzte „International Comparative Study Group on Distribution Structures and Trade Practices“ die ausländische Kritik an den japanischen Handelspraktiken sehr ernst nimmt und es als unabdingbar ansieht, „daß jeder nur erdenkliche Versuch unternommen werden muß, um diese Systeme und Praktiken so weit wie möglich mit den internationalen Systemen und Praktiken in Einklang zu bringen“.[13]

3. Daß das japanische Distributionssystem keine unüberwindbare Barriere darstellt, zeigen viele Beispiele erfolgreichen Engagements. Voraussetzung für den Erfolg amerikanischer und europäischer Unternehmen in Japan war allerdings in allen Fällen die nach intensivem Studium gewonnene intime Kenntnis der Vertriebskanäle, der andersartigen Handelsgebräuche, aber auch der speziellen japanischen Verbraucherwünsche und Konsumgewohnheiten. Japan ist sicherlich kein einfacher, quasi im Vorbeigehen zu erobernder Markt. Aber es ist ein interessanter, weil zukunftsträchtiger Markt, der es lohnt, daß man in ihn investiert, nicht nur Kapital, sondern vor allem Beharrlichkeit und Phantasie bei seiner Erschließung. Der entscheidende Grund für die relativ niedrigen Marktanteile amerikanischer und europäischer Waren auf dem japanischen Markt sind letztlich nicht das komplizierte Vertriebssystem oder die diversen sonstigen nicht-tarifären Handelsschranken, sondern die jahrzehntelange Vernachlässigung und Fehleinschätzung durch die ausländischen Konkurrenten. Stark begrenzt werden die Absatzchancen beispielsweise durch die schwach ausgebauten Vertriebs- und Kundendienstnetze.

4. Neben vielen zweifellos negativen Faktoren gibt es auch solche, die das Fußfassen auf dem japanischen Markt erleichtern. Dazu gehört die hohe Bevölkerungskonzentration im Raum Tokio-Nagoya-Osaka. Sie erleichtert es neuen Wettbewerbern zweifellos, ein Absatznetz aufzubauen, mit dem ein großer Teil der Bevölkerung erreicht wird. Hinzu kommt ein weitgehend homogenes, zumindest sehr ähnliches Konsumverhalten der japanischen Haushalte.

Für Unternehmen mit starken Produkten, die willens und fähig sind, mit lokalen Partnern zu kooperieren, und die die Bereitschaft haben, sich langfristig zu engagieren, stellt das japanische Distributionssystem — wie viele Beispiele zeigen — sicher keine entscheidende Barriere dar.

„Was wirklich zählt, ist — neben einer gut durchdachten Strategie — die Qualität der Produkte. Barrieren gibt es immer bei der Erschließung neuer Märkte. Die Verlierer beklagen sich darüber, aber wir sollten auf die Gewinner achten, die sie ruhig und bestimmt überwinden.“[14]

Anmerkungen

[1] „Foreign Companies Find Fault with Distribution and Business Methods", *Japan Economic Journal* (1. Februar 1983).

[2] Vgl. die ausführliche Analyse in E. Batzer und H. Laumer, *Deutsche Unternehmen im Japangeschäft — Markterschließungsstrategien und Distributionswege* (Ifo-Institut für Wirtschaftsforschung, 1986).

[3] Vgl. hierzu u. a. die allgemeinen Darstellungen des japanischen Distributionssystems bei Yoshihiro Tajima, *How Goods are Distributed in Japan* (Tokio: Walton Ridgeway & Comp., 1971); M. Y. Yoshino, *The Japanese Marketing System: Adaptations and Innovations* (Cambridge u. a.: The MIT Press, 1971); James C. Abegglen, *Business Strategies for Japan* (Tokio: Sophia University, 1970), S. 135—68; Helmut Laumer, *Die Warendistribution in Japan — Versuch eines Vergleichs mit der Bundesrepublik Deutschland* (Hamburg: Institut für Asienkunde, 1979); *Distribution Systems in Japan — An Original Survey* (Tokio: Business Intercommunications Inc., 1979); Mitsuaki Shimaguchi, *Marketing Channels in Japan* (Tokio: Umi-Reserarch Press, 1978); *Retail Distribution in Japan* (Tokio: Dodwell Marketing Consultants, 1959; Michael R. Czinkota und Bernard J. La Londe, *A Description and Analysis of the Japanese Distribution System for Consumer Products* (Washington, D.C.: National Center for Export-Import Studies, Georgetown University, August 1984).

[4] Vgl. hierzu Helmut Laumer, „Sogo Shosha: Japans multinationale Handelsunternehmen — weltweit ohne Pendant", in *Ifo-Studien,* Zeitschrift für empirische Wirtschaftsforschung 27, 2—3 (1981), S. 151 ff.

[5] So auch Hans-Eckart Scharrer, Warren Hesse und Henry Krägenau, *Japans Wirtschaftsentwicklung, Außenhandel und Wettbewerbsfähigkeit* (Hamburg 1982), S. 418.

[6] Vgl. Sueo Sekiguchi, „The Distribution System: A Nontariff Barrier?", in *Economic Eye* (Keizai Koko Center, Juni 1982), S. 23—26.

[7] „Das Primat der Frische und der Mangel an Lagerraum bedingen eine häufige Erneuerung des Warenangebots in kleinen Mengen." Vgl. George Fields, „The Impact of Changing Cultural Values on the Japanese Market", in *Euro-Asia Business Review* 4, 4 (Oktober 1985), S. 38 ff.

[8] *White Paper on Small and Medium Enterprises 1981,* Background Information 47, Ministry of International Trade and Industry (Tokio, Oktober 1981).

[9] Eine Analyse der Motive und Hintergründe der staatlichen Binnenhandelspolitik nach dem 2. Weltkrieg findet sich bei Takeshi Suzuki, „The Influence of the Japanese Government on the Development of the Distribution Sector, in *Fukuoka University Review of Commercial Sciences* 24, 1 (1979).

[10] Vgl. „International Comparison Statistics Centering on the Japanese Economy" (unveröffentlichtes Manuskript, Tokio 1985).

[11] Funai Yukio, „The Coming Distribution Revolution", in *Japan Echo* 9, 3 (1982), S. 62 ff.

[12] „Strategies for Alleviation Recurrent Bilateral Trade Problems Between Japan and the United States", in *The Japanese Non-Tariff Trade Barrier Issue: American Views and Implications for Japan-U.S. Trade Relations,* Report to the National Institute for Research Advancement (Tokio: Arthur D. Little, Mai 1979), S. IV—49.

[13] Vgl. *International Comparative Study Group on Distribution Structures and Trade Practices, An International Comparison of Distribution Structures, Trade Practices and Competition Policies* (Tokio, April 1986).

[14] Kenichi Ohmae, „Breaking into Japan's Distribution System", in *Wall Street Journal* (28. Juni 1982).

Kapitel 14
Die gesetzliche und institutionelle Dynamik der japanischen Kartellpolitik
Frank K. Upham

Die meisten Beobachter sind sich darin einig, daß Japan von allen OECD-Nationen am besten auf die weltwirtschaftlichen Ereignisse der 70er Jahre reagiert hat. Trotz der beiden Ölschocks und einer starken weltweiten Rezession ist es Japan gelungen, relativ hohe Wachstumsraten mit relativ niedriger Arbeitslosigkeit ohne hohe Inflation zu kombinieren. Und zwar hat es dies offenbar ohne übermäßige Zuhilfenahme offener protektionistischer Maßnahmen geschafft. In den letzten 15 Jahren hat sich Japan von einem relativ stark protektionierten Markt — zumindest in den Augen einiger Beobachter — zu dem letzten wahren Verfechter des Freihandels entwickelt.

In diesem Kapitel wird untersucht, wie das MITI mit Hilfe von Kartellen auf externe wirtschaftliche Ereignisse reagiert und diese kompensiert hat, wobei es vor allem um die Auswirkungen der durch die beiden Ölkrisen dramatisch gestiegenen Energiekosten gehen wird. Der Schwerpunkt unserer Analyse wird auf den beiden wichtigsten Kartellbildungen während dieses Zeitraums liegen: einerseits auf der MITI-Lenkung von Preis- und Produktionskartellen in der erdölverarbeitenden Industrie zwischen 1973 und 1974 und andererseits der Schaffung von Kartellen in den strukturbedingt schrumpfenden Industrien während der 80er Jahre. Obwohl sich der Gesamteffekt der japanischen Industriepolitik am besten mit Hilfe einer ökonomischen Analyse der Auswirkungen dieser Kartelle beschreiben ließe[1], wird sich dieses Kapitel auf Veränderungen des gesetzlichen und institutionellen Rahmens konzentrieren, innerhalb dessen Kartelle gebildet und aufrechterhalten wurden. Wir werden dabei sowohl die Richtung als auch die Art und Weise der Veränderungen der gesetzlichen Basis der Industriepolitik sowie die daraus resultierenden Modifikationen des institutionellen Mächtegleichgewichts zwischen den Entscheidungsträgern der industriepolitischen Szene aufzeigen und auf diese Weise dem Leser sowohl die Geschichte als auch die gegenwärtige Praxis der außenwirtschaftlich orientierten Kartellpolitik in Japan verständlich machen. Am Ende vergleichen wir schließlich die japanischen Krisenindustriekartelle mit den OECD-Kriterien der sogenannten Positiven Anpassungspolitik.

Eine Einführung in die Nachkriegskartellpolitik

Jede Diskussion der japanischen Kartellpolitik muß zunächst mit einer bestimmten Kenntnis der in Japan vorherrschenden theoretischen Vorstellungen von der Funktionsweise der Volkswirtschaft und des Marktmechanismus beginnen. Während in Japan der ökonomische Diskurs in Akademikerkreisen durch die keynesianischen und neoklassischen Theorien dominiert wird, ist das Bild vom individuellen Unternehmer und dem „Friß-oder-stirb"-Prinzip des freien Unternehmens, das so tief in der amerikanischen Psyche verwurzelt ist, in der japanischen Tradition praktisch nicht vorhanden. Der in Japan vorherrschende, vergleichbare nationale Mythos ist ganz anders geartet. Hier ist der entscheidende Akteur in der Gesellschaft nicht das Individuum, sondern das Dorf und sein angeblicher zeitgenössischer Nachfolger, das Unternehmen. Statt des dominanten Ethos des die Grenzen überschreitenden Individualismus und des Wirtschaftswettbewerbs geht es hier um gegenseitige Interdependenz und soziale Harmonie. Selbst wenn der Verlauf der Geschichte und die Realität der gegenwärtigen Existenz die Einfachheit dieser Visionen widerlegen und im Grunde mehr Ähnlichkeiten als Unterschiede zwischen dem Westen und Japan zutage fördern, würde ein völliges Ignorieren dieser unterschiedlichen Einstellungen zu einem grundlegenden Mißverständnis hinsichtlich des allgemeinen sozialen Bewußtseins führen, das für die japanische Industriepolitik ausschlaggebend ist.

Die zentrale Rolle des kommunalen Images der japanischen Gesellschaft und Wirtschaft ist sehr gut dargestellt in einem 1980 erschienenen Artikel von Naohiro Amaya, der früher ein hochgestellter MITI-Beamter war und heute ein einflußreicher Beobachter der Wirtschaftsszene ist.[2] Amayas Artikel war nur einer von mehreren Veröffentlichungen von derzeitigen und früheren MITI-Beamten, die am Ende der 70er Jahre die Interventionen des MITI in der Wirtschaft gegen die Angriffe der Sprecher der Fair Trade Commission (FTC) und der neoklassischen Ökonomen verteidigen wollten. Das Thema der MITI-Artikel war, daß die Mitte der 70er Jahre stattfindende rigorose Durchsetzung des nach amerikanischem Muster konzipierten Antimonopolgesetzes (AML)[3] durch die Kartellbehörde nicht mit dem Wesen der japanischen Gesellschaft vereinbar war.

Amayas Argument lautet, daß die japanische und die amerikanische Gesellschaft strukturell so andersartig sind, daß eine für die individualistische USA geeignete Wirtschaftspolitik für das „Dorf"-orientierte Japan durchaus unpassend sein kann. Nach Amayas Ansicht ist dies in Japan durch die überaus starke Gruppenidentifizierung bedingt, die unvermeidlich zu einem heftigen, exzessiven Wettbewerb zwischen den Gruppen und nicht etwa zu Kollusionen führt. Insofern benötigt Japan unbedingt staatliche Maßnahmen zur Schwächung des Wettbewerbs und nicht etwa eine Politik, die dessen exzessive Formen noch begünstigt. Des weiteren folgt, daß die vollständige Identifizierung der Arbeitnehmer mit dem Unternehmen bzw. dem Dorf einen Bankrott praktisch unmöglich macht. Im Gegensatz zu dem atomistischen Westen sind seine sozialen Kosten in Japan einfach zu groß. Der Gruppencharakter Japans kämpft demnach gegen eine starke Wettbewerbspolitik, und obwohl Amaya vermutet, daß Japan sich schließlich dem Antimonopolgesetz anpassen wird, dürfte dies seiner Meinung nach Zeit sowie beträchtliche Modifikationen der zugrunde liegenden Sozialstruktur erfordern, bevor Japan zu einer starken Kartellpolitik imstande ist.

Obgleich Amayas Szenario ungewöhnlich anschaulich ist und seine Rhetorik eher an die der 60er Jahre erinnert, illustriert er eine institutionelle Struktur, die die japanische Wirtschaftspolitik bis in die 70er Jahre beherrschte. Während dieser Periode waren Kartelle überaus gebräuchlich, und zwar dienten sie nicht nur zur Kürzung der Produktion oder zur Aufrechterhaltung der Preise, sondern auch zur Bewältigung von Problemen, die in anderen Wirtschaften häufig durch direkte Regulierung gelöst wurden. Ein kurzer Überblick über den gesetzlichen Rahmen der Geldpolitik wird konkret zeigen, wie schnell die Japaner versucht haben, mit Hilfe von Kartellen eine ganze Bandbreite von wirtschaftlichen und nichtwirtschaftlichen Problemen zu lösen.[4] Es gibt 42 japanische Gesetze, die 64 verschiedene Kartellsysteme regeln[5], und 1966 gab es in Japan sage und schreibe 1079 gesetzliche Kartelle. Von diesen handelte es sich bei 781 (72 %) um Kleinunternehmen, die unter die Bestimmungen des Organisationsgesetzes für kleine und mittlere Unternehmen fielen. Weitere 225 (21 %) wurden geschaffen im Rahmen des Export- und Importgesetzes und des Gesetzes zur Exportförderung der Meeresproduktindustrie, so daß hier direkt der Außenhandel betroffen war.[6]

Ein Großteil dieser Kartelle — so z. B. alle, die unter das Gesetz zur ordnungsgemäßen Leitung von Unternehmen mit Umweltauflagen fielen — hatte nicht etwa den Zweck, ihre Mitglieder vor dem Markt abzuschirmen, sondern sie sollten andere soziale Bedürfnisse erfüllen. Andere waren dagegen sehr wohl protektionistisch, doch hat sich ihre Zahl mit zunehmender Öffnung Japans für den Außenhandel drastisch verringert. Obwohl es 1982 immer noch insgesamt 505 Kartelle gab, war der Prozentsatz der im Außenhandel tätigen Kartelle auf weniger als 14 % (69 Kartelle) gesunken, wobei hierin auch Exportkartelle enthalten waren, die auf Wunsch der ausländischen Regierungen zur Restriktion der Ausfuhr gebildet worden waren.[7] Folglich handelte es sich bei der überwältigenden Mehrheit der Kartelle um Kleinunternehmen, um die Bildung von Kooperativen oder Industrievereinigungen oder um regulatorische Aspekte von Industrieaktivitäten, wie sanitären Einrichtungen, die Festsetzung der Gebühren von Versorgungsunternehmen oder die Produktstandardisierung, die in anderen Ländern direkt reguliert werden.

Der entscheidende Punkt dieses sehr groben Überblicks über die japanische Kartellpolitik ist nicht die Aussage, daß Japan keinen freien Markt oder keinen starken Inlandswettbewerb hätte, sondern eine Beantwortung dieser Frage würde eine genauere Analyse der verschiedenen Kartellformen und die Einbeziehung vieler informeller und illegaler Kartelle erfordern, deren Aktivitäten den Behörden zum Teil bekannt sind und die zum Teil sanktioniert, zum Teil aber auch stillschweigend geduldet werden. Der entscheidende Punkt ist vielmehr, daß die Kartelle in Japan ein häufig verwendetes politisches Instrument sind und daß sie sich sehr gut in die wirtschaftlichen und sozialen Vorstellungen hineinfügen, die von Naohiro Amaya dargestellt wurden und die den Japanern innerhalb und außerhalb der Regierung völlig natürlich erscheinen. Am wichtigsten ist jedoch, zumindest für Freimarktideologen, die Erkenntnis, daß MITI-Vertreter und die japanische Öffentlichkeit nicht deren Glauben in die Fähigkeit des Marktes zur Lösung sozialer Probleme teilen und daß sie deshalb bei Abweichungen von den neoklassischen Weltmodellen nicht dieselben Probleme sehen. Nur wenn man diese grundlegend unterschiedlichen Perspektiven erkennt, kann man die offizielle und die inoffizielle japanische Kartellpolitik voll und ganz verstehen.

Aufgrund dieser Einstellung war nach dem 2. Weltkrieg ein wesentliches Merkmal der japanischen Wirtschaftspolitik die Toleranz, Ermutigung und der gelegentliche Zwang von seiten des Staates zu konzertierten Industrieaktionen. Das MITI hat mit Hilfe von Kartellen in konsistenter Weise versucht, die Ausfuhren einzuschränken, konjunkturelle Schwächen in ausgewählten Industrien aufzufangen und auf unvorhergesehene Veränderungen der internationalen Faktorkosten zu reagieren. Das kürzlich mit den Vereinigten Staaten vereinbarte Abkommen zur freiwilligen Selbstbeschränkung bei Autos und die derzeit stattfindende Kartellierung einzelner strukturell benachteiligter Industrien zeigen, daß diese Bemühungen nach wie vor wesentliches Element der japanischen Wirtschaftspolitik der 80er Jahre darstellen. Bemerkenswert ist diese Konsistenz nicht nur aufgrund der enormen Veränderungen der japanischen Wirtschaftsposition, sondern auch aufgrund der erstaunlichen Veränderungen des gesetzlichen und institutionellen Kontextes, innerhalb dessen diese Politik formuliert und implementiert wird. Wie das MITI und die anderen Akteure der Industriepolitik auf diese Veränderungen speziell im gesetzlichen Bereich reagiert haben, werden wir im folgenden eingehend erörtern.

Der informelle Charakter der Industriepolitik in den 60er Jahren: Das Stahlkartell von 1965—1966 und das Beispiel von Sumitomo Metals

Die gesetzliche Macht des MITI erreichte in den 60er Jahren vor der Liberalisierung der japanischen Wirtschaft ihren Höhepunkt. Das Gesetzgebungsrecht des Ministeriums im Rahmen des Außenwirtschaftsgesetzes (FECL)[8] sowie die direkte Kontrolle der industriellen Entwicklung, die mit Verordnungen wie dem Erdölindustriegesetz (PIL)[9] verbunden war, gaben ihm erstaunliche Macht über einzelne Unternehmen und ganze Industrien, wobei diese Macht aufgrund der für die richterliche Nachprüfung von Verwaltungsmaßnahmen relevanten Prinzipien gesetzlich nahezu unbegrenzt war. Angesichts dieser konzentrierten Macht ist es keineswegs überraschend, daß in den 50er und 60er Jahren die MITI-Autorität praktisch nicht angegriffen wurde, insbesondere nicht in den Industrien, in denen das MITI sehr stark engagiert war. Eine

Untersuchung der berühmtesten Ausnahme, dem sogenannten Sumitomo Metals-Ereignis, wird veranschaulichen, wie die abstrakte gesetzliche Macht des MITI in der Praxis verwendet wurde, um den industriellen Frieden aufrechtzuerhalten und die vom MITI und der Mehrheit eines Industriezweiges erarbeiteten Auffassungen durchzusetzen.

Das Ereignis

Der Prozeß der Schaffung und Durchsetzung des Produktionskartells von 1965—66 begann im Frühjahr 1965 mit der sinkenden Stahlnachfrage, die einige der größten Unternehmen des Landes an den Rand des Bankrotts brachte.[10] Als Reaktion hierauf kamen die Eisen- und Stahlvereinigung und das MITI überein, daß zur Stützung der Preise eine Senkung der Gesamtproduktion erforderlich war und daß der Präsident von Yawata-Steel und Vorsitzende der Vereinigung, Yoshiro Inayama, sich persönlich mit den Präsidenten der anderen führenden Gesellschaften treffen würde, um die Einzelheiten der Produktionssenkung zu besprechen. Im Juli hatte er einen industrieweiten Konsens erreicht, der eine 10%ige Kürzung der Produktion vorsah, wobei das MITI dieses Kartell beaufsichtigen sollte.

Diese Vereinbarungen waren anfangs durchaus erfolgreich. Sobald das MITI und die Stahlproduzenten die Kartellbehörde davon überzeugt hatten, daß das vorgeschlagene Kartell nicht das Antimonopolgesetz verletzte, wurden die Stahlproduzenten vom MITI aufgefordert, im nächsten Quartal ihre Produktion um 10 % zu senken sowie einen Ausschuß zur Regulierung der Exporte zu bilden, und boten ihnen zugleich günstige Kredite zur Deckung der mit dem Kartell verbundenen Kosten an.

Am 1. September 1965 kündigten die Stahlvereinigung und das MITI eine Fortsetzung des Kartells an, obwohl die Einstimmigkeit unter der Oberfläche keineswegs so eindeutig war. Sumitomo Metals hatte von Anfang an die Referenzperiode zur Bestimmung der Produktionsquoten kritisiert. Aufgrund seines wachsenden Marktanteils wollte Sumitomo eine möglichst späte Referenzperiode verwenden, während die übrige Industrie, die durch Inayama vertreten wurde — der Präsident der Gesellschaft war, auf deren Kosten Sumitomo weitgehend seinen Marktanteil steigern konnte —, sich jeder Änderung heftig widersetzte. Das MITI arrangierte mehrere Treffen zwischen Inayama und dem Präsidenten von Sumitomo Metals, Hosai Hyuga, und veranlaßte bescheidene Veränderungen der Quotenformel zugunsten von Sumitomo, aber Hyuga blieb dennoch unzufrieden. Am 19. November verkündete er, daß Sumitomo sich der MITI-Lenkung nicht unterwerfen würde.

Die Reaktion des MITI war schnell, hart und öffentlich. Am selben Nachmittag kündigte es an, daß es mit Hilfe des Außenwirtschaftsgesetzes Sumitomos Importe von Kokskohle auf die zur Erzeugung von Sumitomos Kartellzuteilung erforderliche Höhe beschränken würde. Hyugas Antwort darauf war eine Erklärung, in der er seine Bereitschaft zu rechtlichen Maßnahmen erklärte, um ggf. Sumitomos Recht auf ein selbständiges Management seiner Geschäfte zu verteidigen. In der Zwischenzeit würde das Unternehmen mit Hilfe seiner Lagerbestände und mittels Importen von Substitutionsgütern die Produktion auf einem von ihm gewählten Niveau aufrechterhalten. Für das MITI war Hyugas Widerstand eine offene Kriegserklärung, die nicht nur die wirtschaftliche Stabilität, sondern die gesamten Beziehungen zwischen Staat und Wirtschaft bedrohte, auf denen MITIs Industriepolitik letztlich basierte.[11]

In der Zwischenzeit erklärten die anderen Stahlproduzenten ihre Bereitschaft zur Beibehaltung des Kartells und forderten das MITI auf, Sumitomo mit Hilfe sofortiger Maßnahmen in die Knie zu zwingen. Nach ihrer Auffassung war Sumitomos Kritik an der Referenzperiode nur ein zynischer Versuch, seinen Marktanteil auf ihre Kosten zu erhöhen. In ihren Augen war Sumitomo zu einem Abtrünnigen geworden, der das System der industriellen Kooperation (kyocho taisei) verlassen hatte und dementsprechend als ein Paria behandelt werden mußte, was gleichbedeutend war mit einem totalen Boykott von Sumitomo durch die anderen Firmen. Nur durch eine derart extreme Reaktion konnte die Solidarität der übrigen Stahlproduzenten erhalten bleiben und der „schlimmste Fall" — ein völliger Zusammenbruch des Kartells und ein absolut destruktiver Wettbewerb auf einem schrumpfenden Markt — vermieden werden.

In den Wochen nach der Konfrontation vom 19. und 20. November begannen beide Lager innerhalb der Finanz- und Wirtschaftswelt diverse Allianzen zu schmieden. Hyuga, Inamaya und MITI-Vertreter suchten die verschiedenen Unternehmensverbände auf, sowie die Vertreter der Liberal Democratic Party (LDP) und andere Verwaltungsbehörden, um ihren jeweiligen Standpunkt vorzutragen. Sumitomo war bei diesem Wettstreit um die Meinung der Elite allerdings eindeutig benachteiligt. Obgleich Hyuga mit gewissem Erfolg regionale Führungskräfte und die Kartellbehörde zu einer Kritik des MITI wegen seines „exzessiven" Gebrauchs des Prinzips der administrativen Lenkung veranlassen konnte[12], bestand für ihn wenig Aussicht, den weitreichenden Einfluß der anderen Stahlgesellschaften und japanischen Führungskräfte zu brechen. Ende Dezember zwangen die verschlechterten Wirtschaftsbedingungen und der Druck der Finanz- und Unternehmenskreise Hyuga zu einer Anerkennung der MITI-Quote für das Fiskaljahr 1965.[13] Am 28. Dezember verkündete das MITI offiziell Sumitomos Rückkehr in das Kartell, und Hyuga besuchte nacheinander die Präsidenten der wichtigsten Stahlgesellschaften, um seine künftige Kooperation zuzusagen.

Trotz der heftigen Attacken von Hyuga und Inayama war die dem Sumitomo-Fall zugrundeliegende entscheidende Norm nicht etwa Habgier, sondern der Wunsch nach Stabilität. Als expandierendes Unternehmen boten sich Sumitomo aufgrund der Rezession sowohl Chancen als auch Risiken. Die Ausnutzung dieser Chancen hätte jedoch nicht nur Probleme für seine Konkurrenten mit sich gebracht, sondern sie hätte zugleich das Risiko einer allgemeinen wirtschaftlichen Krise für die zahlreichen kleinen Zulieferer und Subkontraktoren der großen Stahlfirmen erhöht. Dies hätte ihrerseits die ganze Wirtschaft betroffen, und obwohl manche Beobachter eine derartige Entwicklung als das gesunde Resultat des freien Marktwettbewerbs betrachten, sahen das MITI, die Stahlindustrie und andere japanische Führungskräfte hierin nur einen Prozeß des Verfalls und des Chaos. Insofern bedrohte Sumitomos Weigerung zu kooperieren nicht nur den Marktanteil von Yawata, sondern zugleich den „geordneten Wettbewerb", der ein vorrangiges Merkmal der japanischen Wirtschaft ist, d.h. einer Wirtschaft, die zwar Wachstum und wirtschaftlichen Wandel ermöglicht und gutheißt, jedoch nur in dem Maße und mit der Geschwindigkeit, die von dem Konsens zwischen MITI und Industrie zugelassen werden. Und genau die Verletzung dieses Konsenses erzeugte die bis dahin einmalige öffentliche Reaktion des MITI und legte den potentiellen Konflikt des industriepolitischen Prozesses in dramatischer Weise offen.

Der gesetzliche Rahmen

Im Gegensatz zu einem formellen durch das Kartellgesetz abgesicherten Rezessionskartell besaß das von 1965 bis 1966 existierende Stahlkartell keine gesetzliche Basis und das Verhalten der Mitglieder keine unmittelbare gesetzliche Bedeutung. 1963 hatte das MITI versucht, mit Hilfe des Gesetzesvorschlags zur „Förderung spezifischer Industrien" (Tokushinho), vom Abgeordnetenhaus eine umfassende Verwaltungsmacht über bestimmte Sektoren der japanischen Industrien zu gewinnen. Das Tokushino gab dem MITI eine eindeutige gesetzgebende Befugnis, um wirtschaftliche Ereignisse wie die Stahlrezession von 1965 bewältigen zu können. Die Tatsache, daß dieses Gesetz vom Diet nicht verabschiedet wurde, bedeutete nun, daß das MITI keine spezifische gesetzliche Basis besaß und daß seine vierteljährlichen Berechnungen und Ankündigungen der Produktionsquoten offiziell den Charakter von bloßen Richtlinien besaßen, die von den einzelnen Produzenten theoretisch ohne Angst vor gesetzlichen Sanktionen ignoriert werden konnten.

Die Ironie dieses politischen Kampfes, der wegen des Tokushinho entbrannte und eine eindeutige Niederlage des MITI darstellte, war, daß das MITI im 2 Jahre später stattfindenden Sumitomo-Fall keineswegs geschwächt wurde, sondern daß die fehlende gesetzliche Basis das Kartell eher verstärkte und die Position von Sumitomo Metals eher erschwerte. Solange es keine offiziellen gesetzlichen Normen gab, konnten die Industrie und das MITI das Kartell so organisieren und handhaben, wie es ihnen gefiel — was in der Praxis hieß, daß die Eisen- und Stahlvereinigung im Hintergrund täglich mit dem MITI-Büro der Schwerindustrie zusammenarbeitete, für den Fall, daß eine direkte Intervention notwendig wurde. Angesichts der Struktur der japanischen Stahlindustrie in der Mitte der 60er Jahre — Yawata, Fuji und NKK kontrollierten über 50 % des Marktes — und angesichts der überaus engen

Beziehungen des MITI zu den führenden Unternehmen war die Kontrolle der Vereinigung gleichzeitig eine Kontrolle der größten Unternehmen und ging mit einer Allokationspolitik einher, die die historischen Marktanteile verteidigte und neu gewonnene Marktanteile wie die von Sumitomo möglichst minimierte. Das Ergebnis war ein „Industrie-Konsens“, dem selbst ein großes, eng verflochtenes Unternehmen wie Sumitomo Metals nur schwer widerstehen konnte. Für die unzähligen kleineren Unternehmen war eine direkte Opposition im wahrsten Sinne des Wortes undenkbar.

Daß dieser interindustrielle „Kuhhandel“ keinerlei gesetzlichen Kontrolle unterliegt, muß nicht heißen, daß er auch gegen andere Formen externer Einflußnahme immun ist. Die Intervention der Banken und der Wirtschaftsvereinigungen in der Endphase des Sumitomo-Falles zeigt die enge Verflechtung der japanischen Geschäftswelt und den Einfluß der Banken in Krisenzeiten. Die externe Kontrolle wird jedoch in der Regel nicht vom privaten Sektor, sondern vom MITI ausgeübt. Die Bürokraten behaupten vielleicht, wie dies MITI-Minister Miki im Sumitomo-Fall tat, daß die Lösung von interindustriellen Streitfällen den unmittelbar betroffenen Mitgliedern der Industrie selbst obliegt, doch das jeweils zuständige MITI-Büro legt die Parameter fest, erleichtert die Koordinierung, genehmigt die getroffene Vereinbarung und setzt sie später durch. Diese übergreifende Rolle umfaßt nicht nur den Schutz der schwächeren Mitglieder einer Industrie vor unfairer Beherrschung, sondern sie soll zugleich gewährleisten, daß das Endergebnis mit den MITI-Vorstellungen hinsichtlich des nationalen Interesses konsistent ist. In dieser Rolle wird das Aufsichtsbüro von anderen Abteilungen des MITI beeinflußt, die jeweils die Interessen ihrer spezifischen Industrien vertreten und in geringerem Maße auch die der allgemeinen Öffentlichkeit. Insofern muß die gesetzliche Informalität nicht zwangsläufig mit einer Industriepolitik identisch sein, die entweder unfair für schwächere Unternehmen ist oder das Nationalinteresse ignoriert, aber sie beschränkt sicherlich die Fähigkeit der Parteien, die divergierende Vorstellungen von Fairness oder dem öffentlichen Interesse besitzen, diese Politik gesetzlich herauszufordern. Genau dies zeigt eine kurze Analyse von Hyugas Drohung, gerichtliche Schritte einzuleiten.

Zu Beginn des Streites hätte Sumitomo sowohl das Ansehen als auch die Rechtsgrundlage gefehlt, um die Gesetzmäßigkeit des Kartells selbst oder aber die Allokation der von diesen festgelegten Produktionsquoten in Frage zu stellen. Die ursprüngliche Entscheidung zur Organisation des Kartells sowie die Entscheidung der Kartellbehörde, nicht zu intervenieren, ferner die Vereinbarungen zwischen MITI und der Industrie über die Allokationsformen und die vierteljährlichen MITI-Ankündigungen der jeweiligen Unternehmensquote waren ein gesetzlich informelles Verhalten, das Sumitomo nicht das Recht zur Durchsetzung eines Verwaltungsaktes gaben. Erst wenn das MITI Sumitomos Bewerbung um eine Importerlaubnis abgelehnt oder unbegründet verzögert hätte, hätte das Unternehmen vor Gericht gehen können. An diesem Punkt hätte es beweisen müssen, daß die Ablehnung einer Importerlaubnis ein Mißbrauch der Ermessensfreiheit war, d.h., daß MITIs Verwaltungsakt auf unlauteren Kriterien basierte oder die gesetzlichen Normen verletzte. Angesichts des Umfangs und der Ungenauigkeit der Bestimmungen des Außenwirtschaftsgesetzes und des MITI-Durchführungsgesetzes wäre ein derartiger Beweis überaus schwierig gewesen.

Das Hauptargument von Sumitomo — daß das MITI seine auf dem Außenwirtschaftsgesetz beruhende Macht dazu verwendete, um eine Anpassung an eine völlig andersartige bürokratische Aktivität zu erzwingen, für die es gar keine spezifische Amtsgewalt besaß — ist im japanischen Kontext sehr viel schwächer, als dies auf den ersten Blick scheinen mag. Obwohl es keine Gesetzesbestimmung gibt, die das MITI zur Schaffung oder Verwaltung derartiger Kartelle ermächtigen würde, liegen die Wirtschaftspolitik und die Überwachung dieser Politik eindeutig in seiner Zuständigkeit. Insofern kann dieses umfassende Mandat dem MITI durchaus die hinreichende gesetzliche Befugnis geben, um einen Kompromiß zwischen privaten Parteien herbeizuführen, deren Streitpunkt innerhalb der MITI-Amtsgewalt liegt, selbst wenn diese sich nicht unmittelbar auf den spezifischen Streitfall erstreckt.[14] Obgleich ein Gericht zu guter Letzt vielleicht das MITI aufgefordert hätte, auf Sumitomos Importgesuch einzugehen und eine Ablehnung sogar als ungesetzlich empfunden hätte, wäre durch die damit verbundene Verzögerung des Verwaltungsaktes jeder gesetzliche Sieg zu einem Pyrrhussieg geworden.

Der Fall der Ölkartelle und die Entstehung der Kartellbehörde

Abgesehen von Hyugas Drohung, das MITI gerichtlich zu verfolgen, war die entscheidende rechtliche Frage im Sumitomo-Fall, ob die Aufsichtsfunktion des MITI das Kartell aufgrund des Antimonopolgesetzes vor zivil- oder strafrechtlicher Haftung bewahrte. Angesichts der Unwahrscheinlichkeit privater Kartellklagen[15] hatte die Kartellbehörde mit seiner frühen Zusage, nicht zu intervenieren, diese Frage praktisch aus dem Sumitomo-Fall eliminiert. Aber die Unsicherheit in bezug auf die Gesetzmäßigkeit der informellen MITI-Kartelle blieb dennoch und wurde schließlich durch die strafrechtliche Verfolgung des Wirtschaftsverbandes der Ölindustrie (der Sekiyu Renmei) sowie privater Ölgesellschaften und ihrer Führungskräfte durch die Kartellbehörde eindeutig geklärt, weil diese an den vom MITI beaufsichtigten Preis- und Produktionskartellen in der Ölindustrie während des Ölschocks von 1973 beteiligt waren.[16]

Beim ersten Fall „Japan gegen Sekiyu Renmei" ging es um Produktionseinschränkungen, die vom Ölverband auferlegt worden waren, während es beim zweiten Fall „Japan gegen Idemitsu Kosan K.K." um Preisabsprachen der Unternehmen selbst ging. Das Hauptargument, das die Beklagten in beiden Fällen für sich geltend machen konnten, war, daß sie mit Zustimmung des MITI und im Einklang mit seinem Prinzip der administrativen Lenkung gehandelt hatten. Insofern warfen diese Fälle die oft diskutierte, aber bis dahin hypothetische Frage auf, ob ein Unternehmen, das staatlichen Anweisungen folgte, dadurch gegenüber der Rechtsprechung des Kartellgesetzes immun war. Die Antwort war ein qualifiziertes Nein — die Kartellbehörde wird in erster Instanz und die Gerichte werden in den folgenden Instanzen die Rechtmäßigkeit einer derartigen Vereinbarung unabhängig voneinander untersuchen, und die an der fraglichen Aktivität beteiligten Unternehmen können sich nicht unkritisch auf die Zustimmung oder Akzeptanz des Ministeriums verlassen, um ein ansonsten illegales Verhalten zu legalisieren.[17]

In bezug auf die entscheidende Frage, ob die administrative Lenkung des MITI die an sich illegale Kartellbildung vor der Strafverfolgung aufgrund des Antimonopolgesetzes schützen kann, gibt es subtile Differenzen zwischen den 1980 vom Obersten Gerichtshof in Tokio vertretenen Auffassungen und der Meinung des Obersten Bundesgerichts im Zusammenhang mit dem 1984 behandelten Idemitsu-Fall.[18] (Im Sekiyu Renmei-Fall wurde keine Berufung eingelegt.) Obgleich die Interpretation des Bundesgerichtshofs überaus wichtig ist, spielten die Vorstellungen des Obersten Gerichtshofes in unserer Geschichte die entscheidende Rolle und werden daher der Kern unserer Analyse sein, da sie in der Mitte des von 1980—82 dauernden Streitfalles zwischen dem MITI und der Kartellbehörde veröffentlicht wurden, in dessen Verlauf auch der Artikel von Naohiro Amaya erschien. In beiden Fällen befand das Gericht, daß das MITI mit seinem Prinzip der administrativen Lenkung ein illegales privates Verhalten veranlaßt hatte. Beim Sekiyu Renmei-Fall hatte das MITI das Produktionskartell während der Beratung dieser Industrie initiiert und den dazugehörigen Wirtschaftsverband mit seiner Durchführung beauftragt. Das Gericht vertrat die Auffassung, daß diese Aktivität des MITI eine Verletzung des Antimonopolgesetzes war. Im Idemitsu-Fall hatte das MITI Lenkungsprinzipien erlassen, die das Gericht als Quasi-Preiskontrollen bezeichnete. Auch hier war die Anerkennung der MITI-Lenkung eine Verletzung des Antimonopolgesetzes.[19]

Daß die informelle MITI-Politik ein wettbewerbsbeschränkendes oder illegales Verhalten keineswegs automatisch vor gerichtlicher Verfolgung schützen konnte, war keineswegs unerwartet. Bereits die MITI-Versuche, das Tokushinho (Gesetz zur Förderung spezifischer Industrien) zu erlassen, zeigte, daß das Ministerium seit langem die Notwendigkeit einer expliziten Gesetzesvollmacht erkannt hatte, um sein Prinzip der administrativen Lenkung rechtlich abzusichern. Die überraschende Botschaft der Ölkartellrechtsprechung ist, daß eine spezifische Gesetzesvollmacht aufgrund des informellen und umfassenden Gesetzgebungsstils, der von bürokratischen Gesetzesverfassern bevorzugt wurde, möglicherweise gar keinen gesetzlichen Unterschied bewirkt hätte. Die Verwicklung des MITI in die Ölkartelle basierte nicht auf dem Establishment Law, sondern auf dem Petroleum Industry Law (PIL), das zu den industriespezifischen Gesetzesbestimmungen gehörte, mit denen das MITI seine Befugnis zur Intervention in genau der in diesen Fällen erfolgten

Weise begründete. Das PIL wurde 1962 erlassen und war letztlich das Modell für das spätere Tokushinho. Es gibt dem MITI eine eindeutige Vollmacht zur Beaufsichtigung der Ölindustrie und impliziert eine über die reine Beobachtung hinausgehende Rolle desselben.[20] Wie dies bei vielen Wirtschaftsverordnungen der Fall ist, geht es häufig nicht so weit, daß es dem MITI die formale Gesetzgebungsmacht garantiert, um die Rolle auszuführen, die es ihm wiederum in anderen Bereichen zuschreibt. Diese Ambivalenz hat in der täglichen Anwendung des Gesetzes bedeutende Vorteile, aber in den Ölkartellfällen wurde sie problematisch. Der Oberste Gerichtshof bestätigte zwar das MITI-Mandat für die Industrie und seine Implementierung mit Hilfe des Prinzips der administrativen Lenkung, aber er kam dennoch zu dem Schluß, daß aufgrund der fehlenden formalen Gesetzgebungsmacht des PIL eine direkte Intervention bei Produktions- und Preisentscheidungen die Kompetenzen des MITI übersteigt.

Der Oberste Gerichtshof geht allerdings bei seiner Auffassung nicht so weit zu behaupten, daß alle gemeinsamen wettbewerbsbeschränkenden Abkommen zwischen Staat und Wirtschaft automatisch das Antimonopolgesetz verletzen. Der gesetzliche Charakter derartiger Abkommen hängt weitgehend von der gesetzlichen Basis für die staatliche Intervention auf dem Markt ab, und es gibt durchaus Bestimmungen, nach denen bestimmte wettbewerbsbeschränkende Aktivitäten ausdrücklich nicht unter dieses Gesetz fallen. Und selbst wenn es keinen derartigen expliziten Ausschluß gibt, ließ das Gericht die Möglichkeit offen, daß ein spezifisches Gesetz wie beispielsweise das PIL wettbewerbsbeschränkendes Verhalten dennoch rechtfertigen kann, wenn dieses für die Ausübung des gesetzlichen MITI-Mandates erforderlich ist und wenn das Ministerium dieses Verhalten genehmigt. Der Oberste Gerichtshof wies also die Auslegung der Kartellbehörde zurück, daß eine spezifische und explizite Ausnahmeregelung vom Kartellgesetz notwendig ist, und bestätigte, daß spezifische Industriebestimmungen wie das PIL den grundlegenden wettbewerbsbeschränkenden Charakter des Antimonopolgesetzes modifizieren sollen, indem sie dem MITI die Macht verleihen, mit Hilfe der administrativen Lenkung die Wirtschaftsaktivitäten zu regulieren:

> Demnach gilt, wenn die Rohölzuteilungen entsprechend den Anweisungen oder der Genehmigung des MITI ausgeführt wurden, um das Angebotsplansystem des PIL durchzusetzen, und wenn das Gesetz die Verwendung derartiger Zuteilungen zur Durchführung seiner Bestimmungen zuließ, dann wären die Zuteilungen eine legitime Aktivität. Selbst wenn dies nicht zuträfe, könnten diese Aktivitäten unter bestimmten Umständen immer noch legitim sein, und die Feststellung der Illegalität könnte vermieden werden, solange die Zuteilungen ein notwendiger Schritt zur Ausführung der MITI-Aufgaben wären, um das Angebot und die Nachfrage nach Erdöl zu regulieren, und solange

> sie mit der Genehmigung des Ministeriums oder im Zusammenhang mit der Lenkungsfunktion ausgeführt würden.[21]

In diesem Fall ließen sich derartige Bedingungen jedoch nicht feststellen. Nach Auffassung des Gerichts wurde das PIL „wohl kaum im Hinblick auf derartige Methoden des Gesetzesvollzugs geschrieben". Seine Absicht war eher das Gegenteil — daß jedes Ölkartell die normalen Verfahren des Antimonopolgesetzes zur Bildung von Krisenkartellen durchlaufen mußte. Im übrigen fand das Gericht die Handlungen des Beklagten auch keineswegs für die MITI-Verantwortlichkeit des PIL „unerläßlich".

Die Auslegung des Prinzips der administrativen Lenkung durch den Obersten Gerichtshof ließ sehr viele Fragen unbeantwortet, so z. B., wer entscheiden sollte, wann eine spezifische wettbewerbsbeschränkende Maßnahme für die Implementierung der Ministeriumsaufgaben aufgrund einer spezifischen Gesetzesbestimmung „unerläßlich" ist. Offen ist auch, ob das Problem dadurch beseitigt würde, daß das MITI seine Lenkung mit einer Aussage über seine Notwendigkeit verband. Im Rahmen der Überlegungen des Gerichtshofes erscheint dies unwahrscheinlich, aber diese und ähnliche Fragen sind nach wie vor unklar. Klar ist dagegen, daß das PIL eine unangemessene Basis für das Lenkungsprinzip war und daß es andere Bestimmungen des öffentlichen Rechts verletzte. Da die gesetzliche Basis für das MITI-Mandat im PIL relativ eindeutig ist, erschien die Rolle des Lenkungsprinzips, das ausschließlich auf dem MITI-Establishment Law oder den weitgefaßten Bedingungen des Außenwirtschaftsgesetzes basierte, 1980 relativ stark erschüttert zu sein.

Die Reaktion auf die Herausforderung der Ölkartellfälle: Die Gesetzgebung der Informalität

Bei der Beurteilung der Auswirkungen dieser Fälle müssen wir unbedingt zuerst die Rolle des MITI genau erläutern. Sowohl im Produktions- als auch im Preiskartell-Fall hat das MITI die Kontrolle an die Wirtschaftsverbände und die Unternehmen selbst delegiert. Das Ausmaß der Delegation war im Idemitsu-Fall ungewöhnlich hoch, während das MITI-Engagement im Sekiyu Renmei-Produktionskartell das übliche Muster der Nachkriegsindustriepolitik aufwies. Die enge Beziehung des MITI zum Ölverband entsprach weitgehend den Beziehungen zu vielen anderen Industrievereinigungen einschließlich der Eisen- und Stahlvereinigung. Die Delegation der Kontrolle war ein notwendiges Merkmal der Industriepolitik, solange das Ministerium eine freiwillige Kontrolle der Unternehmen bevorzugte, d.h. ohne auf einen offiziellen Verwaltungsakt zurückgreifen zu müssen, der die Industriepolitik „legalisieren" und einzelnen Unternehmen oder unzufriedenen Außenseitern die Macht zu einer gerichtlichen Herausforderung des MITI geben würde.

Um andererseits die Befolgung der administrativen Lenkung ohne gesetzlichen Akt zu gewährleisten, muß das MITI einen akzeptablen Einheitsplan oder eine Zuteilungsformel entwickeln und jedes Unternehmen davon überzeugen, daß die gesamte Industrie diesen einhalten würde. Die einfachste Methode hierfür war, einen Plan, der sowohl die MITI-Parameter erfüllte als auch mit dem Industriekonsens vereinbar war, von dem jeweiligen Wirtschaftsverband aufstellen zu lassen. Desgleichen war es für eine möglichst effektive Implementierung dieses Plans am günstigsten, sich für Routineangelegenheiten auf den Wirtschaftsverband zu verlassen, während das MITI nur eingriff, wenn der Konsensprozeß versagte. An diesem Punkt konnte das Ministerium intervenieren und mit Hilfe seiner beträchtlichen informellen Macht entweder die Durchsetzung der ursprünglichen Formel oder aber einer modifizierten Version durchsetzen, die das MITI für die zerstrittenen Unternehmen als gerechter erachtete. Und in den seltenen Fällen, in denen ein Unternehmen tatsächlich uneinsichtig war, konnte das MITI mit seiner auf dem Außenwirtschaftsgesetz basierenden Macht drohen, mit dem es das Unternehmen wirtschaftlich ruinieren konnte.

Ab 1980 war diese Methode der Industriepolitik allerdings durch Veränderungen des gesetzlichen MITI-Mandats ernsthaft bedroht. Erstens hatte die Liberalisierung des Außenwirtschaftsgesetzes bewirkt, daß es sich praktisch nicht mehr zur Disziplinierung von Dissidenten wie Sumitomo Metals verwenden ließ. Zweitens hatten die Ölkartell-Fälle die informelle Kooperation zwischen den Mitgliedern einer Industrie, dem jeweiligen Wirtschaftsverband und dem MITI diskreditiert, die ja die eigentliche Grundlage der traditionellen Industriepolitik gewesen war. Nach 1980 wurde das MITI bei seinen Anstrengungen, widerwillige Unternehmen von der Befolgung seiner informellen Lenkung zu überzeugen oder sie dazu zu zwingen, mit dem potentiellen Argument konfrontiert, daß die Anpassung an das Kartell möglicherweise strafrechtliche Verfolgung bedeutete. So gab es beispielsweise nach den Ölkartell-Fällen Gerüchte, daß sich Mitglieder der Papierbreiindustrie „Rationalisierungs"-versuchen des MITI unter Verweis auf das Kartellgesetz widersetzt hatten — wobei im japanischen industriepolitischen Jargon rationalisieren gleichbedeutend war mit schrumpfen. Obwohl derartige Entschuldigungen ein reiner Vorwand für den Widerstand einer ungeliebten Regierungspolitik sein können, waren sie immerhin plausibel genug, um regulierten Unternehmen eine weitere Waffe im Kampf gegen die MITI-Lenkung zu liefern.

Die Konsequenzen dieser gesetzlichen Entwicklungen für das MITI wurden Ende der 70er Jahre und zu Beginn der 80er Jahre noch durch die ökonomischen Trends verstärkt, die eine neue und schwierigere Dimension für die Industriepolitik mit sich brachten. Bis Mitte der 70er Jahre hatten sich die MITI-Anstrengungen — mit beträchtlichen Ausnahmen — auf die Förderung des Wachstums und die Kontrolle des Außenhandels konzentriert. Dabei hatte es mit Hilfe einer Politik der informellen Kartelle und Fusionen versucht, in expandierenden Sektoren das Wachstum zu fördern, in „reifen" Sektoren konjunkturelle Abschwünge aufzufangen und als Reaktion auf den Druck des

Auslandes Exporte zu beschränken. In den 70er Jahren bewirkte dann der zunehmende Wettbewerb der Schwellenländer in Verbindung mit dem dramatischen Anstieg der Energiekosten, daß viele der bis dahin erfolgreichen japanischen Industrien auf den Weltmärkten wettbewerbsmäßig benachteiligt waren. Daher mußte das MITI gerade zu einem Zeitpunkt, als seine gesetzliche Macht am geringsten war, nicht nur für die Förderung der Zukunftsindustrien und die vorübergehende Unterstützung von an sich gesunden Industrien sorgen, sondern es mußte sich zugleich um die Entwicklung und Implementierung politischer Maßnahmen kümmern, um einer Reihe von schrumpfenden Industrien unter die Arme zu greifen.

Wie wir im Fall von Sumitomo Metals gesehen haben, sind Produktionskartelle zur Bewältigung von konjunkturellen Schwierigkeiten immer problematischer als eine Unterstützung von neu entstehenden Industrien, weil die ersteren häufig Opfer von spezifischen Unternehmen verlangen, während im zweiten Fall meistens nur Chancen und Anreize für künftiges Wachstum geboten werden müssen. Doch selbst bei Krisen- oder Exportkartellen konnten unzufriedene Unternehmen sich immer mit dem Wissen trösten, daß jedes Opfer vorübergehend sein würde, da sie immer mit einer erneuten Wachstumsperiode rechnen konnten. Demgegenüber wird von den Mitgliedern eines strukturell schrumpfenden Industriekartells verlangt, auf Dauer große Anteile ihrer Produktionskapazität abzubauen. In einer Ära langsamen Wachstums sind solche Anpassungen ganz besonders schmerzhaft, da die überschüssigen Arbeitskräfte nicht ohne weiteres in andere wachsende Sektoren desselben Unternehmens oder derselben Unternehmensfamilie (keiretsu) verlagert werden können. Die mit der Allokationsfrage verbundenen Spannungen, die in allen vom MITI initiierten Kartellen vorhanden sind, lassen sich in dieser Situation sehr viel schwerer auffangen, und die Ölkartellentscheidungen bedeuteten hier, daß das MITI sie mit einer erheblich geringeren gesetzlichen Macht lösen mußte.

Eine Möglichkeit wäre eine Gesetzgebung gewesen, die dem MITI ausdrücklich die Gesetzesvollmacht zur Etablierung und Durchsetzung von Zwangskartellen in spezifischen Industrien zuteilt. Eine derartige Bestimmung hätte das Problem von gesetzlichen Verordnungen wie dem PIL vermieden, das dem MITI eine umfassende Verantwortlichkeit zuspricht, ihm jedoch gleichzeitig die formale gesetzliche Macht zu ihrer Ausübung vorenthält. Andererseits wäre damit auch ein Verlust der Informalität verbunden gewesen, die das PIL-Modell ganz besonders attraktiv machte. Hier wurde offensichtlich, daß dem MITI und seinen industriepolitischen Alliierten vor allem eine gesetzliche Verordnung fehlte, die dem ersteren die gesetzliche Vollmacht zu einer aggressiven Intervention in schrumpfenden Sektoren gab, ohne die kooperative Beziehung, die historisch die Grundlage der Industriepolitik bildetete, zu formalisieren und erstarren zu lassen. Der Gesetzgebungsprozeß wurde durch eine Zunahme an Macht und Prestige der Kartellbehörde während der letzten Hälfte der 70er Jahre noch kompliziert, weil dadurch generelle Ausnahmeregelungen vom Antimonopolgesetz nur sehr schwer zu erreichen waren. Trotz dieser Schwierigkeiten konnte das MITI 1983 das Gesetz für strukturell geschwächte Industrien (Structurally Depressed Industries Law [SDIL]) erlassen, das die konfligierenden Ziele des MITI, der Kartellbehörde und der Industrie in einem erstaunlichen Maße befriedigt, ohne grundsätzlich von etablierten Mustern der Industriepolitik abzuweichen.

Die Reaktion der Legislative: das DIL und das SDIL

Die Geschichte des SDIL beginnt 1978 mit dem Erlaß des Depressed Industries Law (DIL), das eine begrenzte und vorübergehende Reaktion des MITI auf den ersten Ölschock darstellte. Das Ziel des DIL war die Wiederbelebung von vorübergehend geschwächten Industrien mit Hilfe des Abbaus obsoleter und ineffizienter Kapazitäten. Dieser engen Zielsetzung lag die Überzeugung zugrunde, daß die Rationalisierung diesen Industrien wieder zu ihrer internationalen Wettbewerbsfähigkeit verhelfen würde. Die Macht des MITI beschränkte sich dementsprechend auf die Erstellung eines grundlegenden Stabilisierungsplans in Zusammenarbeit mit der Industrie, in dem die stillgelegten Anlagen festgelegt wurden, und auf die anschließende Genehmigung und Überwachung von Kartellen, in deren Rahmen der Kapazitätsabbau stattfinden sollte. Derartige DIL-Kartelle waren von den Bestimmungen des Antimonopolgesetzes ausgenommen, und seine Mitglieder konnten vom Depressed Industries Credit Fund Kreditbürgschaften erhalten.

Trotz des beträchtlichen Kapazitätsabbaus in den spezifischen Industrien[22] war das DIL in bezug auf die finanzielle Gesundung der meisten Unternehmen dieser Industrien nicht sonderlich erfolgreich. Allerdings war mit diesem Mißerfolg nicht zwangsläufig eine Verurteilung des DIL oder der Industriepolitik verbunden, und 1982 gab es innerhalb der Regierung sehr viele Vertreter, nach deren Ansicht das DIL sehr wohl Erfolg gehabt hätte, wenn es nicht von dem zweiten Ölschock überrascht worden wäre. Nach dieser Theorie, deren stärkster institutioneller Befürworter das MITI war, hätte der durch das DIL ausgelöste Kapazitätsabbau ohne den zusätzlichen Anstieg der Energiekosten im Jahre 1979 überflüssige Kapazitäten eliminiert, dadurch die fixen Kosten gesenkt und auf diese Weise eine Erholung der betroffenen Industrien bewirkt sowie die Erweiterung des DIL über 1983 hinaus überflüssig gemacht. Der zweite Ölschock machte dagegen die wirtschaftlichen Prognosen, auf denen die Stabilisierungspläne basierten, völlig unbrauchbar und führte diese Industrien sogar in eine stärkere Depression als der erste Ölschock. Dementsprechend war nach Auffassung des MITI nicht nur eine Erweiterung, sondern auch eine Stärkung des DIL bis Ende 1982 unerläßlich geworden.

Dabei waren sich viele industrielle Führungskräfte und MITI-Bürokraten darin einig, daß das DIL sich zu eng auf den Kapazitätsabbau konzentrierte und daß eine Revision die Ausnahmeregelungen des Antimonopolgesetzes erweitern mußte, um dem MITI die Lenkung von Fusionen und joint ventures innerhalb der betroffenen Industrien zu ermöglichen. Natürlich wurden auch Importrestriktionen verlangt, da es bis 1982 offensichtlich war, daß das grundlegende Problem in vielen dieser Sektoren nicht nur die Überkapazität war, sondern daß eine ständige Erhöhung der Faktorkosten, vor allem der Energie, den japanischen Produzenten eine Anpassung der Importpreise unmöglich machte. Dies hieß mit anderen Worten, daß eine durchgängige Stärkung des DIL befürwortet wurde, die dem MITI eine umfassende gesetzliche Befugnis zur Intervention in spezifischen Sektoren verleihen würde. Selbst der Zeitraum, in dem das MITI die jeweiligen Industrien bestimmte, die unter dieses Gesetz fielen, sollte von einem auf zwei Jahre erhöht werden; außerdem wurde die Notwendigkeit von „Außenseiterkontrollen" diskutiert. Im Rahmen des DIL waren Kapazitätsabbaukartelle grundsätzlich freiwillig, und die Unternehmen, die sich daran nicht beteiligen wollten — die „Außenseiter" —, wurden durch die Kartellvereinbarungen oder MITI-Empfehlungen nicht rechtlich eingeschränkt.[23] Im Rahmen des neuen Gesetzes müßten die gesetzliche Freiwilligkeit des DIL revidiert und dem MITI die gesetzliche Kontrolle über Außenseiter und Importe gegeben werden.

Der Ruf nach größerer Unterstützung dieser grundlegenden Industrien und die scheinbare Bereitschaft bestimmter Gesellschaftsbereiche, dem MITI eine umfassende Vollmacht zur Durchsetzung dieser Unterstützungsmaßnahmen zu gewähren, löste eine weitreichende öffentliche Debatte aus. Diese ging schließlich weit über das spezifische Gesetz hinaus, da sie sich auf grundlegende Fragen der ökonomischen und politischen Philosophie erstreckte und sehr stark an die Anfang der 60er Jahre geführte Debatte anläßlich der Verabschiedung des DIL sowie an die Debatte des Tokushinho erinnerte. Auf der einen Seite befanden sich das MITI, die betroffenen Industrien sowie die Arbeitskräfte und sogar die Oppositionsparteien. Die Gegner dieser breiten Koalition waren vor allem die Kartellbehörde und die neoklassischen Ökonomen, die völlig gegen eine Erweiterung des DIL argumentierten. Nach ihrer Auffassung hatte das Gesetz sein grundlegendes Ziel der Wiederbelebung der Industrien verfehlt, und seine Erweiterung würde nur zu verstärkter Ineffizienz und unendlichem Protektionismus führen. Die Kartellbehörde besaß einen mächtigen Verbündeten, die amerikanische Regierung. Obwohl deren Einfluß sich nur schwer beurteilen läßt, ist der schließlich erreichte Kompromiß zwischen dem MITI und der Kartellbehörde wahrscheinlich auch auf den amerikanischen Druck zurückzuführen, die staatliche Intervention so weit wie möglich zu beschränken.

Die endgültige Neufassung des Gesetzes ist ein klassischer politischer Kompromiß. Die Kartellbehörde konnte mit ihren ausländischen Verbündeten im Hintergrund Importrestriktionen sowie eine weitere Ausnahmeregelung vom Kartellgesetz verhindern und die Verlängerung der Phase zur Bestimmung neuer Industrien auf 18 Monate anstelle von 2 Jahren beschränken. Das MITI konnte seinerseits zwar nicht die gesetzliche Vollmacht, aber zumindest die

Reichweite des Gesetzes sehr stark vergrößern. Diese Erweiterung läßt sich darin ablesen, daß die bisherigen Ziele der „Stabilisierung des Managements" und der „Überwindung der ökonomischen Bedingungen" in strukturschwachen Industrien in das Ziel einer „strukturellen Reform" umdefiniert wurden. Die Mittel zur Erreichung dieser Zielsetzung reichten dementsprechend vom „ordnungsgemäßen Abbau von Kapazitäten" bis zur „Erreichung eines angemessenen Produktionsumfangs und eines geeigneten Managements sowie angemessener Produktionsverfahren". Die Entscheidungsgewalt und Verantwortlichkeit des MITI wurden danach so erweitert, daß praktisch jeder Aspekt der spezifischen Unternehmensoperationen abgedeckt war. Dementsprechend wurden die gemeinsam vom MITI und der Industrie vorbereiteten Pläne jetzt als grundlegende Strukturreformpläne und nicht mehr als Stabilisierungspläne bezeichnet. Die in ihnen aufgelisteten Zielsetzungen waren: a) gemeinsame Produktion, Marketing, Einkauf und Lageraktivitäten, b) Produktionsverlagerungen der Unternehmen untereinander, einschließlich von Abkommen zur Spezialisierung auf bestimmte Produkte oder zu einer vollständigen oder teilweisen Zusammenlegung des Managements und der Produktion, c) Investitionen in die Erhaltung der Energiequellen oder die Brennstoffkonversion sowie in erhöhte Produktionseffizienz und Produktqualität und d) die Entwicklung neuer Produkte oder Technologien. Um diese erweiterten Ziele zu erleichtern, sieht das SDIL eine Reihe von neuen Steueranreizen zur Ergänzung der bis dahin gewährten Kreditbürgschaften vor.

Aus den vorhergehenden Ausführungen geht hervor, daß der Zuständigkeitsbereich des MITI aufgrund der Gesetzesnovelle von 1983 effektiv sehr weit gefaßt ist, obwohl das Gesetz dennoch nicht als carte blanche für aggressive MITI-Interventionen betrachtet werden kann. Das SDIL folgt dem Muster des PIL, da die Befugnisse des MITI keineswegs so groß sind, wie seine erweiterten Verantwortlichkeiten dies erwarten lassen. Obgleich das MITI jetzt bei der Bildung von Fusionen und anderen Formen von zwischenbetrieblichem Verhalten initiativ werden kann, bedeutet die fehlende Ausnahmeregelung in bezug auf das Kartellgesetz, daß die Kartellbehörde bei allen derartigen Aktivitäten ein Vetorecht besitzt. Während diese im Rahmen des DIL ein anfängliches Genehmigungsrecht über die Kapazitätsabbaukartelle besaß (und dies auch unter dem SDIL beibehält), war die Rolle dieser Behörde danach eher unbedeutend, weil die Kartelle nach ihrer Genehmigung nicht mehr unter das Antimonopolgesetz fielen. Dennoch setzt das SDIL einen Rahmen fest, innerhalb dessen die Kartellbehörde nach wie vor eine Rolle spielt. So kann das MITI die Kartellbehörde konsultieren, wann immer es meint, ein Vorschlag würde die Wettbewerbspolitik betreffen, und die Kartellbehörde ist ihrerseits verpflichtet, ihre Meinung zu dem Vorschlag zu äußern. Falls sie danach zu dem Schluß kommt, daß ein genehmigtes Kartell oder eine Fusion das Antimonopolgesetz verletzen, kann es das MITI informieren und Veränderungen vorschlagen.[24] Angesichts seiner beständigen, auf dem Kartellgesetz basierenden Macht, gegen die betroffenen Firmen strafrechtliche und zivilrechtliche Aktionen zu unternehmen, besitzt die Kartellbehörde im Prinzip — zumindest in einem negativen Sinne — eine dem MITI gleichwertige Stellung.

Diese gegenseitigen Genehmigungs- und Beratungspflichten sollen im Grunde eine Partnerschaft zwischen dem MITI und der Kartellbehörde in einem Bereich der Industriepolitik für strukturschwache Sektoren etablieren. Inwieweit diese Partnerschaft eher einer Mußheirat oder aber Schneewittchen und dem Prinzen ähnelt, bleibt abzuwarten, aber die aufgrund der Ölkartell-Fälle verstärkte Sichtbarkeit und Macht der Kartellbehörde sowie ihrer lautstarken akademischen und ausländischen Verbündeten werden vermutlich zu dieser Beziehung beitragen, wobei die Kartellbehörde nicht gezwungen sein wird, ihre Vorstellungen mit Hilfe gesetzlicher Druckmittel durchzusetzen.

Wie diese Vorstellungen letztendlich aussehen werden, ist natürlich eine andere Frage. Zu Beginn der 80er Jahre wurde auf die Kartellbehörde vom Keidanren (unter der Führung von ihrem Vorsitzenden Yoshiro Inayama, der während des Sumitomo-Falles Präsident von Yawata Steel und der Eisen- und Stahlvereinigung war) ein extremer Druck ausgeübt, um das Antimonopolgesetz zu schwächen oder gar abzuschaffen, und sie hat seither eindeutig weniger strenge Fusionsrichtlinien für die ausgewählten Industrien veröffentlicht, so daß das MITI hier freiere Hand hat. Bis daher hat die Kartellbehörde einer weiteren Lockerung der Bestimmungen widerstanden, und sowohl MITI- als auch Kartellbehördenvertreter haben die grundlegende Bedeutung der Wettbewerbspolitik für die Rohstoffindustrie betont sowie den freiwilligen Charakter der Kartelle hervorgestrichen, d.h. jede „Außenseiter"-Kontrolle abgelehnt. Außerdem haben sie sich für einen freien Zugang der Importe und einen freien Wettbewerb in Japan ausgesprochen. Darüber hinaus hat sich das MITI gegen jegliche Schwächung des Antimonopol-Gesetzes ausgesprochen und darauf hingewiesen, daß weder dieses Gesetz noch die Kartellbehörde ein Hindernis für eine reibungslose Implementierung der Industriepolitik sein müssen. Obgleich man nun behaupten könnte, daß diese neuartige Harmonie zwar für eine wettbewerbsorientierte Politik in schrumpfenden Industrien geeignet sein mag, besteht ihre größere Bedeutung wohl darin, daß die Kartellbehörde sich bereit erklärt hat, bei der Implementierung des Antiomonopolgesetzes und des SDIL eine „flexible" Haltung einzunehmen und die Kartell- und Strukturpolitik zumindest in der Praxis weitgehend dem Ermessen des MITI zu überlassen.

Positive Anpassungspolitik oder ausgeklügelter Protektionismus?

Die Beurteilung der internationalen Implikationen der Gesetzesnovellen von 1983 ist mindestens genauso schwierig wie die Vorhersage ihrer zukünftigen Entwicklung in Japan. Neben der Tatsache, daß sich die Beziehung zwischen dem MITI und der Kartellbehörde nur sehr schwer prognostizieren läßt, gibt es noch das Dilemma, den Protektionismus zu definieren und ihn von der legitimen inländischen Wirtschafts- und Sozialpolitik zu unterscheiden. Die Vereinigten Staaten haben als erklärte Gegner der Industriepolitik mehrfach die Position vertreten, daß jede heimische Wirtschaftspolitik, die von den neoklassischen Prinzipien abweicht, unausweichliche Konsequenzen für den internationalen komparativen Vorteil und die Handelsmuster haben wird und insofern protektionistisch sein kann. Der amerikanische Außenhandelsbeauftragte William Brock hat insbesondere deswegen das SDIL angegriffen, weil die in den strukturellen Reformplänen verkörperte Methode der Strukturreform in bezug auf den Außenhandel inakzeptabel ist. Das Erstaunliche war, daß Brock als Vertreter einer Verwaltung, die sich der Ideologie des freien Marktes verschrieben hat, größeres Vertrauen in die Industriepolitik an den Tag legte als selbst der überzeugteste MITI-Befürworter, als er seine Befürchtung zum Ausdruck brachte, daß die japanische Politik so gut funktionieren könnte, daß ursprünglich dahinsiechende Industrien wie die Petrochemie nicht nur auf einem reduzierten Produktionsniveau überleben, sondern gleich dem Phönix aus der Asche die amerikanischen Exporte aus Japan vertreiben und wieder auf den Weltmärkten wettbewerbsfähig sein könnten.

Man braucht gar nicht einmal diese Bewunderung für das Wirtschaftspotential der Industriepolitik zu teilen, um die Richtigkeit des SDIL in Frage zu stellen. Wenn es tatsächlich gelingen sollte, mit der begrenzten und vorübergehenden Hilfe des MITI in wenigen Jahren eine petrochemische Industrie entstehen zu lassen, die international ohne weitere Unterstützung konkurrieren kann, dann werden die ausländischen Regierungen kaum Grund zu Klagen haben. Das wahrscheinlichere Ergebnis und die sehr viel verbreitetere Sorge ist jedoch, daß die japanischen Krisenindustrien nicht wettbewerbsfähig werden und daß die Aufhebung des SDIL 1988 sogar noch schwieriger ist als die Abschaffung des DIL im Jahre 1983. Genau dies war ja der Fall bei den meisten Anpassungshilfen, die in der ganzen Welt seit dem ersten Ölschock geleistet worden sind, und die zugrunde liegende Befürchtung ist ganz einfach, daß dieses Gesetz einfach eine Form des indirekten Protektionismus kaschiert.

Obwohl die Japaner jede protektionistische Absicht heftig bestreiten, geben ihre diesbezüglichen Aktivitäten auf der Basis des DIL Anlaß zu Befürchtungen. Obwohl das DIL in bezug auf sein Ziel des Kapazitätsabbaus sehr erfolgreich war — nur in einem Industriezweig wurden effektiv weniger als 90 % der ursprünglichen Zielgröße eliminiert —, stieg der Importanteil des heimischen Marktes in den meisten Industrien nur marginal, wenn überhaupt. Angesichts des japanischen Arguments, daß die mangelnde internationale Wettbewerbsfähigkeit der entscheidende Grund für die Inkraftsetzung des DIL und die Bestimmung spezifischer Industrien war, erschien der Marktanteil der Importe sowohl 1978 als auch 1983 auffallend niedrig. In den 14 DIL-Industrien lag der Marktanteil nur bei Aluminium über 50 % und bei Ferrosilizium dicht bei 50 %. In den anderen 12 Branchen erreichten die Importe nirgendwo mehr als 20 % und bei zweien sogar nur 10 %. In vier Industrien gab es überhaupt keine Importe. Im Vergleich zur Importquote von ausgewählten Krisenindustrien in einigen anderen Ländern sind diese Werte sehr erstaunlich. Wiederum gilt — allerdings wieder mit den Ausnahmen von Aluminium und Ferrosiliziumlegierungen —, daß die Senkung der Inlandskapazitäten im Rahmen des DIL nicht zu nennenswert höheren Importen führte.

Die Japaner reagieren immer auf verschiedenen Ebenen. Zuallererst gehen sie zum Gegenangriff über und haben keinerlei Schwierigkeiten, auf versteckte oder relativ offensichtliche direkte und indirekte Subventionen innerhalb der amerikanischen und europäischen Wirtschaften hinzuweisen. Obwohl dies eine durchaus legitime Verhandlungstechnik ist, werden mit Hilfe dieser Methode kaum die Implikationen des SDIL für den Außenhandel erhellt. Auf einer anderen Ebene erklären sie, daß die Industrien aus verschiedenen Gründen als Krisenindustrien definiert wurden, wobei unter anderem der Verlust der internationalen Wettbewerbsfähigkeit und die damit einhergehende Gefährdung durch Importe als ein Grund angeführt wird. Eine langfristige Abnahme der Weltnachfrage führte beispielsweise im Schiffbau zu Überschußkapazitäten, obwohl die Branche nach wie vor eine international starke Wettbewerbsposition besaß. Desgleichen behaupten die Japaner, daß ihre Probleme mit der Düngemittelindustrie weitgehend daher rühren, daß die Entwicklungsländer inzwischen ihre eigenen Betriebe errichtet haben und diese Märkte für japanische Exporte unabhängig von deren Wettbewerbsposition verloren sind. In manchen Sektoren werden Senkungen der internationalen Nachfrage und die damit einhergehende Überkapazität in Japan auf den Protektionismus der anderen Länder zurückgeführt — so wird beispielsweise das freiwillige Selbstbeschränkungsabkommen im Stahlbereich zwischen Amerika und Japan als ein Grund für die Notwendigkeit des Abbaus japanischer Hochofenkapazitäten angeführt.

Das vielleicht beste japanische Argument ist jedoch seine Behauptung, daß das SDIL der von der OECD als „positive Anpassungspolitik" bezeichneten Strategie entspricht und demnach eine international akzeptable Sozial- und Wirtschaftspolitik darstellt. Dem äußeren Anschein des Gesetzes nach ist dies ein starkes Argument, und obwohl die OECD-Aussagen hinsichtlich der positiven Anpassungspolitik (PAP) keine internationale oder nationale Rechtskraft besitzen, bedeutet die Tatsache, daß es keine anderen konkreten Kriterien gibt, um eine Industriepolitik als protektionistisch zu beurteilen, daß die OECD-Kriterien zumindest ein genauso fairer Maßstab sein können wie irgendeine andere verfügbare Norm.

Der Industrieausschuß der OECD hat vier grundlegende Ziele der Strukturpolitik aufgezählt. Das erste und eindeutig wichtigste Ziel ist, daß jede Maßnahme vorübergehend sein muß. Hier schneidet die DIL-/SDIL-Politik nicht sehr gut ab; denn bis 1988 werden sehr viele Industrien ein volles Jahrzehnt lang zu den Begünstigten gehören. Viele Politiker besitzen die natürliche Tendenz, die „Wettbewerbsfähigkeit" großer schrumpfender Sektoren mit Hilfe von Fusionen und umfangreichen Investitionen in neue Technologien und Anlagen „wieder herzustellen". Während dies in manchen Fällen sehr wohl möglich ist — ein gutes Beispiel ist die japanische Schiffbauindustrie, in der die Überschußkapazität das Hauptproblem war —, ist es äußerst schwierig, selbst den effizientesten inländischen Produzenten einer Industrie, in der Überschußkapazitäten mit grundlegenden und unwiderruflichen Veränderungen des komparativen Vorteils einhergehen, erneut dem freien Wettbewerb auszusetzen. Aufgrund der Situation eines Großteils der Krisenindustrien und der dafür ausschlaggebenden Gründe sind dies Probleme, die bei der Planung der SDIL-Politik von der japanischen Regierung nicht leichtfertig behandelt werden können.

Das zweite Kriterium betont die Notwendigkeit von Anpassungen — so zum Beispiel die Verlagerung von Ressourcen aus ineffizienten Sektoren durch den Abbau von redundanten Kapazitäten. Hier weist das DIL recht gute Ergebnisse auf. Natürlich bleibt noch die Frage nach der Ursache, da niemand genau weiß, ob ohne das SDIL nicht sogar mehr Kapazitäten abgebaut worden wären. Dennoch steht außer Zweifel, daß die Richtung und vielleicht sogar die Geschwindigkeit stimmt und daß das MITI auch unter dem SDIL weiterhin rigoros Kartelle zum Abbau von Überschußkapazitäten bilden wird. Es bleibt dennoch die schwierige Frage, welche Kriterien bei der Allokation der Abbauziele zugrundegelegt werden. Der Artikel 6 (3) der beiden Gesetze verbietet „ungerechtfertigt diskriminierende" Kartellzuteilungen (genau derselbe Satz findet sich im Antimonopolgesetz im Zusammenhang mit Krisenkartellen unter der Aufsicht der Kartellbehörde), und obwohl die Allokation nach Kostengesichtspunkten oder nach dem Grad der technischen Veralterung der Anlagen wahrscheinlich noch am ehesten als „vernünftig" betrachtet werden würde, wurden in der Praxis häufig auch Gerechtigkeitsüberlegungen miteinbezogen. Dies hat manchmal zu proportionalen Kapazitätsverringerungen geführt (wie in der Synthetikfaserindustrie), während in anderen Fällen größeren und stärker diversifizierten Firmen wie im Schiffbau eine überproportionale Last auferlegt wurde mit der Begründung, daß sie die redundanten Arbeitskräfte und Anlagen eher transferieren können als kleinere Unternehmen. Obgleich diese Praxis aus einer sozialen oder politischen Perspektive sehr attraktiv erscheinen mag, sind sie von der Kartellbehörde in der Vergangenheit für die Tatsache verantwortlich gemacht worden, daß das DIL die Krisenindustrien nicht wiederbeleben konnte. Obwohl zu bezweifeln ist, ob Effizienz das einzige Kriterium sein sollte, und obwohl es unwahrscheinlich ist, daß die Kartellbehörde in dieser Richtung sehr starken Druck ausüben wird, ist es möglich, daß die Existenz der Behörde im Hintergrund die Allokationsformel unter diesem Gesichtspunkt verändern wird.

Das dritte PAP-Kriterium ist die Transparenz, unter der sowohl die öffentliche Quantifizierung aller direkten und indirekten Kosten der Politik verstanden wird als auch eine offene Form der Verwaltung, so daß der Zeitpunkt und die Empfänger der Hilfe bekannt sind, sowie eindeutig festgelegte Kriterien für die Anspruchsberechtigten. Es ist unwahrscheinlich, daß die Höhe der

Kreditbürgschaften und Steuersubventionen im Rahmen des SDIL addiert und öffentlich verkündet werden. Doch noch schwieriger wird die Berechnung der Kartellbildungskosten oder der Einfluß auf den Wettbewerb sein. Selbst wenn diese Größen sich grob quantifizieren ließen, steht kaum zu erwarten, daß die japanische Regierung diese Zahlen tatsächlich veröffentlichen würde. In bezug auf die Offenheit der Verwaltungsmethoden und die Frage der eindeutig definierten Qualifikationskriterien scheint das SDIL sogar noch schlechter abzuschneiden. Obwohl die gesetzlichen Kriterien zur Bestimmung einer anspruchsberechtigten Industrie und zur Genehmigung der Anträge auf gemeinsame Aktivitäten sehr vage und ambivalent sind, ist dies möglicherweise unvermeidlich und für sich genommen kein so großes Problem. Entscheidend ist vielmehr die mangelnde Transparenz der Gesetzesdurchführung durch die zahlreichen notwendigen Beratungen mit den Beratungsausschüssen (shingikai), den Vertretern der Gewerkschaften und anderen Interessengruppen und natürlich der jeweiligen betroffenen Industrien mit der Kartellbehörde und dem MITI. Da diese Beratungen in sehr informeller Weise geführt werden und da die amerikanischen Wirtschaftsanwälte und Bürokraten in derartigen Situationen vor allem separate Kontakte bevorzugen, muß dieses Verfahren unvermeidlich zu einer Verletzung des Transparenzzieles führen. Die Japaner halten dagegen, daß dieser Prozeß zwar informell verläuft, daß aber sein Ergebnis offiziell und formal vom MITI ratifiziert werden muß. Außerdem verteidigen sie die Informalität einfach als spezifischen japanischen Verwaltungsstil, der eine heimische Tradition darstellt und nicht die japanischen Handelspartner betrifft. Im übrigen seien diese Beratungen trotz ihres informellen Charakters und des Ausschlusses der Öffentlichkeit nicht geheim, was jeder Leser der japanischen Wirtschaftspresse bestätigen kann.

Es ist auch möglich, daß die ausländischen Regierungen mit Hilfe relativ einfacher Mittel über den Fortschritt der Strukturreformpolitik informiert werden können. Das kürzlich vereinbarte vorläufige Abkommen, um ausländische Vertreter an shingikai-Prozeduren teilnehmen zu lassen, ist eine mögliche Antwort auf diesen amerikanischen Vorwurf. Ob es wirksam wird, hängt nicht nur von dem Maß der zugelassenen Beteiligung ab, sondern auch von der Geschicklichkeit und Klugheit der jeweiligen Vertreter. Selbst wenn die shingikai-Mitgliedschaft ausländischen Regierungen das Gefühl eines zusätzlichen Mitspracherechts geben mag, bleibt sie dann relativ bedeutungslos, wenn der Vertreter nur zu formellen Treffen geht (und ist völlig wertlos, wenn er oder sie die Sprache nicht beherrscht oder nicht das Hintergrundwissen besitzt, um das Verfahren zu verstehen). Auf den formellen Treffen der japanischen Beratergruppen werden häufig nur Entscheidungen genehmigt, die bereits auf früheren Zusammenkünften von kleineren „Untersuchungsgruppen" oder „Forschungsausschüssen" getroffen wurden. Sofern ausländische Beobachter nicht bis in diese Ebene vordringen — und kompetent mitarbeiten — können, muß diese Vereinbarung nur als reine Augenwischerei betrachtet werden.

Das vierte Ziel der PAP ist die Gewährleistung eines hinreichenden inländischen und internationalen Wettbewerbs, um sowohl die Effizienz der heimischen Unternehmen zu stärken als auch die Außenhandelsverpflichtungen des Mitgliedlandes zu erfüllen. Auch hier erscheint der Wortlaut des Gesetzes völlig untadelig zu sein. Außerdem bestätigen sowohl das MITI als auch die Kartellbehörde nachdrücklich, daß die Wettbewerbspolitik im Inland beibehalten wird und daß Importe mit keinerlei Restriktionen zu kämpfen haben.

Die Ergebnisse des DIL sind in diesem politisch sensiblen Punkt ambivalent. Die Importe haben den japanischen Aluminiummarkt geradezu überschwemmt, und obwohl das MITI einige vorsichtige Schritte zur Einführung von selektiven Zöllen unternommen hat, wurden keinerlei Restriktionen auferlegt. Auch einige 1983 als SDIL-Sektoren bestimmte Bereiche der petrochemischen Industrie haben allmähliche Importsteigerungen zu verzeichnen, insbesondere auf den vorgelagerten und mittleren Produktionsstufen.[25] Außerdem kann die niedrige Importquote in den meisten anderen Industrien auch durch andere Ursachen bedingt sein: 1978 erreichten die verschiedensten Industrieimporte in Japan Rekordwerte, und die Tatsache, daß die Importquoten in den Krisenindustrien nicht gestiegen sind, kann einfach durch diesen allgemeinen Trend der terms of trade bedingt sein. Dennoch gilt, daß der dramatische Anstieg der Faktorkosten in fast all diesen Industrien deren internationale Wettbewerbsfähigkeit — trotz des allgemeinen Trends in die entgegengesetzte Richtung — zwangsläufig verschlechtert haben müßte.

Natürlich lassen sich nicht alle Importhemmnisse auf das DIL zurückführen.[26] Die Existenz der großen Industriegruppierungen (keiretsu) mit ihren ineinandergreifenden Verantwortungsbereichen und Verpflichtungen kann ein sehr wichtiger nichtpreisbedingter Grund für eine langsame Zunahme der Importe sein. So ist es beispielsweise sehr wahrscheinlich, daß die japanischen Handelsgesellschaften in Sektoren wie der Sodaasche- oder petrochemischen Produktion ihre Importe nur sehr zögernd erhöht haben, um nicht die gleichfalls davon betroffenen heimischen Produzenten zu belasten.[27] Zumindest im Bereich der Petrochemie werden die Verflechtungen der Handelsgesellschaften durch die Struktur der heimischen Industrie ungeheuer verstärkt. Zahlreiche mittlere Betriebe, die normalerweise die besten Kunden für ausländische Produkte der verarbeitenden Industrie wären, sind mit großen heimischen Produzenten verbunden. Allerdings müssen wir uns vor Augen halten, daß starke keiretsu-Verbindungen keineswegs zu niedrigeren Importen führen müssen, zumindest langfristig nicht. Tatsächlich vertreten die Japaner die Auffassung, daß es den großen Aluminiumherstellern aufgrund der keiretsu-Verbindungen schneller und reibungsloser gelang, Arbeitskräfte und (in geringerem Ausmaß) Kapital aus der Warenproduktion abzuziehen, als dies ohne diese Verbindungen möglich gewesen wäre.[28] Der Einfluß von Gesetzen wie dem DIL oder SDIL auf die Stärke der keiretsu und ähnlicher struktureller Importhemmnisse ist noch unklar, zumindest hat bislang noch keine empirische Untersuchung zeigen können, daß das DIL überhaupt die keiretsu-Verbindungen beeinflußt hat. Wenn jedoch das MITI mit Hilfe des SDIL weiterhin erfolgreich die Konsolidierung von Marketing, Produktion, Forschung etc. innerhalb jeder Industrie in kleinen Unternehmensgruppen fördern wird, wäre es denkbar, daß die Einbeziehung von unabhängigen Unternehmen in Quasikeiretsu-Gruppen unbeabsichtigt aggressive Importeure behindert, selbst wenn das MITI offiziell immer wieder das Gegenteil behauptet.[29]

Schlußfolgerung: Die Hartnäckigkeit der Informalität in der japanischen Industriepolitik

Dieses Kapitel hat die Entwicklung des gesetzlichen und institutionellen Rahmens untersucht, in dem das MITI während der letzten drei Jahrzehnte die japanische Industriepolitik bestimmt hat. Während dieses Zeitraums haben enorme und sehr schnelle Veränderungen stattgefunden. Die Japaner haben eine stark protektionistische, relativ arme Wirtschaft in eine sehr reiche und relativ offene Industrienation verwandelt. Die Außenhandelsliberalisierung, die mit diesem Erfolg einherging, hat zugleich einen Teil der direkten legalen Macht des MITI eingeschränkt, so daß „illegale" Schikanen, die 1964 bei Sumitomo Metals noch relativ leicht waren, heute nurmehr schwer möglich wären. Der Machtverlust des MITI wurde noch durch die Gründung der Kartellbehörde als entscheidendem Mitspieler im industriepolitischen Prozeß kompliziert. Außerdem haben diese Entwicklungen zu einem Zeitpunkt stattgefunden, als die Langzeiteffekte der beiden Ölschocks das MITI ohnehin mit neuen und schwierigeren industriepolitischen Aufgaben konfrontierten. Ende der 70er Jahre und Anfang der 80er Jahre mußte das MITI nicht nur in verstärktem Maße das Wachstum fördern und lenken, sondern es mußte darüber hinaus mit Krisenindustrien fertig werden, obwohl es hierfür jetzt weniger gesetzliche Befugnisse besaß als bei der früheren Bewältigung von leichteren Aufgaben.

Trotz dieser Entwicklungen ist der Prozeß der industriepolitischen Entscheidungen und Implementierung erstaunlich konsistent geblieben. Die Informalität, die in den 50er und 60er Jahren für die Rolle des MITI charakteristisch war, ist trotz des politischen Drucks zugunsten einer Formalisierung des Prozesses beibehalten worden. Obwohl Kartelle und andere gemeinsame Aktivitäten des SDIL durch spezifische gesetzliche Bestimmungen geregelt werden, wie dies weder bei den Stahl- noch den Ölkartellen der Fall war, ist das Gesetz so abgefaßt worden, daß der MITI-Operationsmodus im wesentlichen dem entspricht, was MITI-Vertreter gern als „Konsensbildung" bezeichnen. Die betroffenen Industrien besitzen heute mehr Möglichkeiten, um sich den MITI-Vorschlägen zu entziehen — dabei sind die zunehmenden, vom SDIL gebotenen „Karotten" sicherlich ein Beweis für die Tatsache, daß die indirekte Macht des MITI abgenommen hat, aber der Prozeß, innerhalb dessen die Umstrukturierungspolitik determiniert wird, bleibt informell und unterliegt immer noch der allgemeinen Kontrolle des MITI. Die Initiative liegt nach wie vor de facto beim Ministerium, und es gibt nach wie vor dieselben verwaltungsrechtlichen Prinzipien, die Sumitomo Metals die richterliche Entscheidung versagt haben und die darauf hinauslaufen, dritte Parteien oder widerspenstige Mitglieder der Industrie von der „Legalisierung" des Prozesses abzuhalten.

Das Hinzukommen der Kartellbehörde wurde ganz ähnlich gehandhabt. Anstatt SDIL-Kartelle formal vom Antimonopolgesetz auszuschließen — was eine direkte Herausforderung der Kartellbehörde und ihrer Verbündeten gewesen wäre —, hat das MITI die Kartellbehörde als einen Juniorpartner aufgenommen, der in einem frühen Stadium genauso konsultiert werden muß wie eine beteiligte Partei, sofern der politische Druck und ökonomische Gründe, die das MITI zum Handeln zwingen, ebenso die Kartellbehörde betreffen. Auch hier gilt wie bei der verstärkten Macht der regulierten Industrien, daß die Kontinuität des industriepolitischen Prozesses und die Integration der Kartellbehörde in diesen Prozeß keineswegs eine Ausschaltung derselben bedeuten und daß sie die daraus resultierende Politik mit Sicherheit beeinflussen werden. Ihre entscheidende Bedeutung ist, daß die neue Macht der Kartellbehörde in den MITI-Rahmen integriert worden ist und nicht etwa umgekehrt. Das MITI bewahrt einen informellen Prozeß, mit dem es sich völlig vertraut fühlt. Die Anzahl der Beteiligten ist gestiegen, und ihre relative Macht hat sich verlagert, aber die Initiative bleibt beim MITI.

Anmerkungen

1 Der Autor nimmt hier keine Stellung zu dem ökonomischen Wert oder Effekt der MITI-Industriepolitik. Außerdem wird hiermit ausdrücklich darauf hingewiesen, daß das auf diesen Seiten beschriebene staatliche Engagement typisch für die japanische Industrie ist. Stahlwerke, Ölraffinerien und schrumpfende Industrien hängen in extremer Weise von staatlichen Interventionen ab. Es gibt andererseits viele Industrien, die völlig unabhängig sind vom MITI und ihm sogar ablehnend gegenüberstehen.

2 Naohiro Amaya, „Wa no rinri to dokkinsho no ronri" [Die Ethik der Harmonie und die Logik des Antimonopolgesetzes], *Bungei shunju* 58, 12 (Dezember 1980), S. 176—93.

3 *Shiteki dokusen no kinshi oyobi kosei torihiki ni kansuru horitsu,* Gesetz Nr. 54 (1947).

4 Die folgenden Statistiken stammen von Akinori Uesugi, „The Japanese Cartel System and Its Implications for International Trade", unveröffentlichter Artikel, der dem Program on U.S.-Japan Relations, Center for International Affairs, Harvard University, vorgelegt wurde.

5 Von diesen erfordern 11 Verordnungen (15 Systeme), die sich meistens auf die Bildung von Kooperativen beziehen (vgl. z. B. Abschnitt 10 des Gesetzes für landwirtschaftliche Kooperativen von 1947) keinerlei staatliche Genehmigung oder Intervention. Weitere 13 Verordnungen (22 Systeme) sind nie angewendet worden, und 5 Verordnungen (9 Systeme) sind in den letzten 5 Jahren nicht zum Tragen gekommen. Dementsprechend sind gegenwärtig nur 13 Verordnungen (18 Systeme) wirtschaftlich bedeutsam. Uesugi, „Japanese Cartel System".

6 Die restlichen 7 % betreffen verschiedene Kartellformen, einschließlich Küstenschiffahrtsvereinigungen. Ebenda.

7 Im Rahmen des Gesetzes zur Organisation von kleineren und mittleren Unternehmen wurden auch 37 Exportkartelle gebildet, um die Exporte von Strickwaren und -produkten zu beschränken, wobei ihre Bildung wiederum eine Reaktion auf den Druck von außen war. Ebenda.

[8] *Gaikoku kawase oyobi gaikoku boeki kanri ho,* Gesetz Nr. 228 (1949).

[9] *Sekiyuogyo ho,* Gesetz Nr. 128 (1962).

[10] Die folgende Beschreibung stammt weitgehend aus dem Bericht über die gegenwärtige Lage in *Nihon Keizai Shimbun.* MITI-Vizeminister Sahashi antwortete auf Hyugas Drohung: „Wir werden alle erforderlichen Maßnahmen ergreifen, um eine Verschlechterung der Situation zu verhindern, und zwar nicht nur die Restriktion von Kokskohleimporten, sondern jede denkbare wirksame Maßnahme (um Sumitomo zu disziplinieren). Wenn Sumitomo vor Gericht geht, sind wir darauf vorbereitet. Wir würden es vorziehen, wenn die Industrie sich freiwillig dem Prinzip der administrativen Lenkung unterwürfe, aber in Situationen wie diesen ist es selbstverständlich, mit Zwang zu arbeiten, wenn die Politik im besten Interesse der Volkswirtschaft geschieht. *Nihon Keizai Shimbun* (November 1965), S. 3

[12] Am 9. Dezember erklärte der Vorsitzende der Kartellbehörde Kitajima, daß das MITI eindeutig die Befugnis zur Lenkung und Führung des privaten Sektors besaß, selbst wenn seine Verwendung des Außenwirtschaftsgesetzes zur Durchsetzung eines informellen Kartells ernsthafte gesetzliche Probleme aufwarf. Solange die Initiative bei dem MITI lag und dieses nicht nur ein bloßer Deckmantel für die Bildung eines privaten Kartells war, sah Kitajima keinerlei Grund für eine Aktion der Kartellbehörde, da das Kartellgesetz nur private Kollusionen betrifft und keine öffentlich-private Kooperation beinhaltet.

[13] Als Gegenleistung für Hyugas Kapitulation versprach das MITI, den Prozeß der Produktionsallokation für das Fiskaljahr 1966 „grundlegend" zu überdenken. Nach dieser Ankündigung stellte Hyuga fest, es sei zwar „bedauerlich" (zannen), daß Sumitomos Forderungen nicht erfüllt worden waren, aber die verschlechterten Bedingungen der Stahlindustrie machten es unabdingbar, daß das MITI die Situation stabilisieren und die Früchte der industriellen Kooperation ernten konnte.

[14] Eine Analyse der Doktrinen der richterlichen Nachprüfung, wie sie in einem anderen administrativen Rahmen angewendet worden sind, findet sich bei M. Young, „Judicial Review of Administrative Guidance: Governmentally Encouraged Consensual Disputes Resolution in Japan", *Columbia Law Review* 84, 923 (1984).

[15] Bis zum 26. März 1985, als der Oberste Gerichtshof von Sendai eine Entscheidung des Bezirksgerichts revidierte und damit eine Klage der Konsumenten gegen die Beklagten der Ölkartellfälle abwies, hatte es bislang noch nie eine erfolgreiche private kartellrechtliche Klage in Japan gegeben. Vgl. die Diskussion der dafür relevanten Gründe und die daraus entstehenden Konsequenzen bei Ramseyer, „The Costs of the Consensual Myth: Antitrust Enforcement and Institutional Barriers to Litigation in Japan", *Yale Law Journal* 94, 604 (1985).

[16] „Koku gegen Sekiyu Renmei et al.", *Hanrei Jiho* (Nr. 983) 22 (Tokio, Oberster Gerichtshof, 26. September 1980) [der Produktionseinschränkungsfall] und „Koku gegen Idemitsu Kosan K. K. et al.", *Hanrei Jiho* (Nr. 895) 3 (Tokio, Oberster Gerichtshof, 26. September 1980) [der Preisabsprachefall]. Die Berufung der Beklagten im Idemitsu-Fall wurde vom Bundesgerichtshof abgewiesen, Second Petty Bench (24. Februar 1984). Vgl. *Nihon Keizai Shimbun* (24. Februar 1984).

[17] Das Engagement des MITI war jedoch nicht völlig unerheblich, da es sowohl die Existenz des erforderlichen strafrechtlichen Vorsatzes als auch die zugrundeliegende Frage der Illegalität der Handlungen des Beklagten berührte. Im Sekiyu Renmei-Fall konnte das Oberste Gericht von Tokio bei den Beklagten keinen strafrechtlichen Vorsatz feststellen, weil sie vernünftigerweise angenommen hatten, daß sie bei der Befolgung der MITI-Instruktionen zur Etablierung des Produktionskartells gesetzmäßig handelten. Im Idemitsu-Fall wiesen sowohl der Oberste Gerichtshof als auch das Bundesgericht dieses Argument der Verteidigung mit der Begründung zurück, daß die Beklagten zu diesem Zeitpunkt sehr wohl gewußt hätten, daß ihre Aktionen illegal waren. Trotz des Freispruchs im Sekiyu Renmei-Fall wurden dadurch potentielle Kartellmitglieder gewarnt, daß die Genehmigung des MITI keinesfalls immer ausreicht und dadurch die Chancen von künftigen Beklagten deutlich sinken, sich auf den mangelnden strafrechtlichen Vorsatz zu berufen.

[18] Der Bundesgerichtshof stellte explizit fest, daß die MITI-Lenkung im Falle des Preiskartells nicht illegal war: „Die Regierung sollte bei der Preisbildung nicht wahllos intervenieren. Aber in den Fällen, in denen es sozial vernünftig erscheint und nicht das öffentliche Interesse verletzt und solange es nicht die Zielsetzungen des Kartellgesetzes wesentlich beeinträchtigt, ist

dies nicht illegal. (In diesem Fall) wurde die administrative Lenkung durchgeführt, um Preise niedrig zu halten und während einer Zeit stark steigender Rohölpreise die öffentliche Wohlfahrt zu gewährleisten. Insofern war es nicht illegal." Zitiert in *Nihon Keizai Shimbun* (24. Februar 1984). Mit diesem Urteil schien der Bundesgerichtshof sehr viel stärker die Notwendigkeit der administrativen Lenkung im Rahmen des PIL einzusehen als der Oberste Gerichtshof. Seit der erstere jedoch mit dem letzteren übereingekommen ist, daß die Kollusion der Beklagten über die bloße Befolgung der MITI-Lenkung hinausging, hat der Gerichtshof die Urteile bestätigt.

19 Sowohl der Oberste Gerichtshof als auch der Bundesgerichtshof befanden, daß die Rolle des MITI beim Preiskartell vor allem negativ war, d.h., daß es nur die von der Industrie initiierten Preiserhöhungen „bestätigt" hatte.

20 Artikel 3 besagt, daß das Ministerium einen jährlichen 5-Jahres-Plan veröffentlichen muß, der dann die Basis zur Überprüfung der einzelnen Raffinerie-Produktionspläne durch das MITI bildet (Artikel 10). Auf der Basis dieser Überprüfung entscheidet das MITI, ob neue Raffinerien zugelassen werden sollen (Artikel 4), rät einzelnen Unternehmen zu Produktionseinschränkungen (Artikel 10) oder schlägt für Erdölprodukte Preisrichtlinien für den Wiederverkauf vor (Artikel 15).

21 *Hanrei Jiho* (Nr. 983), S. 57.

22 Nur eine Industrie hat es nicht vermocht, 90 % ihrer Zielkapazität abzubauen. Man muß sich jedoch vor Augen halten, daß die Erfüllung bestimmter Ziele für sich genommen noch nichts über die Nebeneffekte des DIL aussagt. Die Zielsetzungen hätten auch ohne jegliche staatliche Intervention erreicht oder sogar übertroffen werden können. Eine Beurteilung des wirtschaftlichen Effekts des DIL muß daher eher anhand einer ökonomischen Analyse erfolgen.

23 Ich kenne tatsächlich kein einziges Unternehmen, das nicht dem DIL-Kartell beigetreten ist.

24 Die neueren Entwicklungen in der petrochemischen Industrie bewirken möglicherweise den erstmaligen Einsatz dieser Macht durch die Kartellbehörde. Seit die Industrie im Juli 1983 als strukturell geschwächt definiert wurde und den 19 Polyolefinproduzenten die Bildung von 4 gemeinsamen Verkaufsgesellschaften erlaubt wurde, haben die Mitgliedsfirmen eine bemerkenswerte wirtschaftliche Kehrtwendung gemacht, so daß ihre Kapazitätsauslastungsrate von der ersten bis zur zweiten Hälfte des Fiskaljahres 1983 von 65 % auf 91,6 % gestiegen ist. Folglich hat der Leiter der volkswirtschaftlichen Abteilung der Kartellbehörde öffentlich angezweifelt, ob das SDIL „gerecht gehandhabt" wird, wenn ein angeblich langfristiges Problem so schnell und dramatisch umgekehrt werden kann. Außerdem hatte die Behörde ihre Absicht geäußert, das MITI zur Aufhebung der SDIL-Bestimmung der Polyolefinindustrie aufzufordern, sofern dieser Markt keine drastischen Einbußen erlebt. Das MITI und die Polyolefinhersteller behaupten ihrerseits, daß das SDIL völlig programmgemäß funktioniere und daß die Branche auch weiterhin als strukturgeschwächte Industrie behandelt werden müsse, um sie vor einem künftigen Abschwung zu schützen. *Japan Economic Journal* (11. September 1984), S. 4. Vgl. auch Anmerkung 25.

25 Die petrochemischen Importe fielen 1983 tatsächlich geringfügig, nachdem die Industrie unter das SDIL fiel, aber es besteht ein allgemeiner Konsens, daß dies durch die allgemeinen Marktbedingungen und insbesondere den Aufschwung der amerikanischen Wirtschaft bedingt war, durch den die Preise innerhalb des japanischen Marktes gestützt wurden. Der Gesamttrend des japanischen Handels mit petrochemischen Produkten zeigt eine stetige Zunahme der Importquote, zumindest bei den Produkten der unteren und mittleren Produktionsstufen. Die Japan Development Bank-Statistik zeigt, daß das Verhältnis der Importe zur heimischen Produktion bei allen petrochemischen Produkten auf Äthylenbasis zwischen 1977 und 1984 von 0,9 % auf 9,9 % gestiegen ist und bei den Produkten der mittleren Stufen von 1,9 auf 21,0 %. Die jeweiligen Exportraten veränderten sich bei allen petrochemischen Produkten von 20,1 % auf 9,9 % und bei den mittleren Produktionsstufen von 8,6 % auf 1,4 %.

26 Es ist wahrscheinlich unmöglich, genaue Aussagen über die Faktoren zu treffen, die für eine niedrige Importquote in den Industriesektoren verantwortlich sind. Dennoch kann die Petrochemie ein gutes Beispiel für die Vielfalt der Faktoren bieten, wenn man von dem Effekt der zuvor diskutierten keiretsu-Bindungen absieht, die als Hindernisse für amerikanische Importe dargestellt wurden. Zu diesen Faktoren gehören hohe Preisnachlässe von den offiziellen Preisen der japanischen Produzenten, mit denen die amerikanischen Exporteure nicht mithalten

können; ferner die Widerwilligkeit der Amerikaner, sich auf langfristige Verträge einzulassen, und zwar aus Angst, auf einem überaus unsteten Weltmarkt die Flexibilität zu verlieren, sowie das Fehlen eines gut entwickelten „Händlermarktes" in Japan, der es den japanischen Käufern erleichtern würde, vorübergehend die inländischen Anbieter zugunsten von billigeren Importen zu verlassen. Ferner gehören dazu das Bestehen auf unnötig strengen Standards mancher japanischen Nachfrager, wodurch die Anbieter gezwungen werden, für spezifische Kunden kurze Produktionsfristen zu bieten, mit denen die amerikanischen Gesellschaften nicht konkurrieren können, sowie Vorzugszölle für Entwicklungsländer und Dumping von dritten Ländern. Hinter all diesen Faktoren findet sich immer die Angst vor der saudiarabischen Produktion, die in der zweiten Hälfte 1985 voll und ganz ausgeschöpft werden soll. Um die Gründe für eine niedrige Importrate bei irgendeinem gegebenen Produkt zu beurteilen, ist es demnach notwendig, die Gesamtheit der Faktoren zu analysieren, die den Markt innerhalb Japans beeinflussen, und nicht nur die speziellen Import- und heimischen Güterpreise zu vergleichen.

[27] Vgl. z. B. „An Invisible Japanese Trade Barrier", *Asian Wall Street Journal* (28. Januar 1985), S. 1, wegen einer Diskussion der Rolle der Handelsgesellschaften bei der Restriktion des Imports von Sodaasche.

[28] Starke keiretsu-Bindungen innerhalb eines oligopolistischen Marktes werden die Fähigkeit der Gruppe erhöhen, kurzfristig höhere Inlandspreise zu verkraften, doch ist es letztendlich für die Gesamtrentabilität der Gruppe besser, sich auf billigere Importe zu verlegen. Sobald diese Entscheidung getroffen worden ist, kann die Existenz der Gruppe diese Veränderung beschleunigen und reibungsloser verlaufen lassen, als dies der Fall wäre, wenn unabhängige Unternehmen mit dem Konkurs rechnen müßten und starken sozialen und politischen Druck auf die Regierung ausüben würden, um protektionistische Maßnahmen durchzusetzen.

[29] *Japan Chemical Week* (7. Juli 1983), S. 1.

Schluß

Michèle Schmiegelow

Es ist nicht leicht, aus diesen 14 Kapiteln eine Art Essenz herauszukristallisieren. Die Theorie des allgemeinen Gleichgewichts ist genauso vertreten wie das Paradigma der „Japan Inc.“, und die sowohl mikro- als auch makroökonomische Analyse, die zugleich statisch und dynamisch ist, wird durch soziologische und rechtliche Überlegungen ergänzt. Es wurden sowohl Beweise für eine anhaltende keynesianische Politik als auch Indikatoren für eine Entwicklung in Richtung der monetaristischen und rationalen Erwartungstheorien erbracht, und die Angebotsökonomen hätten ebenfalls keine Probleme, in den vorhergehenden Kapiteln Datenmaterial zugunsten ihres theoretischen Ansatzes zu finden. Desgleichen findet sich ein reichhaltiges Material zugunsten der Theorie der wirtschaftlichen Entwicklung und der Theorie der Wirtschaftspolitik. Die theoretischen Diskrepanzen sind zwar überwältigend, aber ich glaube dennoch, daß es in den 14 Kapiteln kein einziges Argument gibt, das mit irgendeinem anderen völlig inkompatibel ist.

Natürlich ist es ausgesprochen schwierig, für ein derartiges Mosaikbild einen theoretischen Überbau zu finden. Dennoch würde ich gern versuchen, mit Hilfe von Schumpeters und Tinbergens Kategorien eine Art Zusammenfassung zu geben. Der unleugbare Beweis für die ausgeprägten politischen Interventionen des Staates in die japanische Wirtschaft impliziert keinesfalls das Ende des kapitalistischen Systems, was Schumpeter möglicherweise daraus abgeleitet hätte. Andererseits legen die empirischen Daten nahe, daß das politische Engagement für die fortgesetzte Entwicklung einer über den Reifezustand hinausgehenden kapitalistischen Wirtschaft als Instrument dient, um die Unternehmer zu unterstützen, die bereit sind, das Risiko der Schumpeterschen Innovationen zu tragen, aber dies nicht allein schaffen.

Sowohl die japanischen Unternehmer als auch die japanische Regierung haben in konsistenter Weise die Lehre von Schumpeter befolgt, daß „die kapitalistische Leistung keinesfalls typischerweise darin besteht, mehr Seidenstrümpfe für Königinnen zu produzieren, sondern diese vielmehr auch den Fabrikarbeiterinnen zugänglich zu machen“.[1] Eine ganz ähnliche Aussage läßt sich auch für die Massenproduktion von so komplizierten Produkten wie optischen Instrumenten, Transistoren und Halbleitern treffen. Obwohl diese Produkte zunächst für einen begrenzten militärischen Einsatz, für wissenschaftliche und industriespezifische Zwecke oder den nichtlebensnotwendigen Konsum entwickelt wurden, sind sie anschließend von japanischen Unternehmen für den weltweiten Massenkonsum zugänglich gemacht worden.

Dabei hat Schumpeter keineswegs an eine angebotsorientierte Staatspolitik gedacht, sondern er hat die zunehmende Bedeutung des Staates in der Wirtschaft bestätigt. Ihm schwebte jedoch eine distributive Politik vor, die eher das Ende der kapitalistischen Entwicklung als deren Förderung begünstigt hätte. Andererseits war Schumpeter sehr viel nachsichtiger als frühere und spätere Ökonomen mit monopolistischen Unternehmen und anderen Formen des unvollkommenen Wettbewerbs. Seiner Ansicht nach ist nicht der Preiswettbewerb ausschlaggebend, sondern der „Wettbewerb des neuen Gutes, der neuen Technologie, der neuen Angebotsquelle, der neuen Organisationsform — ein Wettbewerb, der einen entscheidenden Kosten- oder Qualitätsvorsprung erfordert und nicht die Gewinnspannen und die Produktion der bestehenden Unternehmen trifft, sondern vielmehr ihre Grundlagen und ihre Existenz bedroht".[2] Seine Worte klingen heute überaus aktuell, wenn man den Wettbewerb der japanischen Unternehmen beobachtet, den diese ihren amerikanischen und europäischen Gegnern auf den Weltmärkten heute liefern. Tatsächlich betonen mikroökonomische Erklärungen der japanischen Leistung heute die atypische Intensität des unvollkommenen Wettbewerbs, durch den sich japanische Märkte auszeichnen, wobei sie diese durch die organisatorischen Qualitäten wie Betriebsgröße, Verwirklichung von Skalenerträgen, Marketing und Auslandsaktivitäten erklären.[3] Diese Erklärungsversuche deuten auf eine sehr starke Beziehung zwischen der grundlegend subsystemischen Mikrotheorie der Unternehmung und Schumpeters eindeutig systemischer Theorie der Entwicklung hin, wobei diese Beziehung Kombinationen der Internalisierung von weltweiten Faktoren und der Externalisierung von Binnenmarktfaktoren ermöglicht, die bislang noch unerforscht sind. Andererseits ist es von Schumpeters Nachsicht gegenüber dem unvollkommenen Wettbewerb nur ein relativ kleiner Schritt zu der Vorstellung, daß eine pragmatische angebotsorientierte Staatspolitik japanischen Musters eine Schumpetersche Entwicklung über die Grenzen der „Reife" hinaus eher begünstigen als behindern kann.

Andererseits läßt sich das japanische Modell der makrostrukturellen Politik, obgleich es sowohl die strukturelle Erhaltung als auch den Strukturwandel beinhaltet, eindeutig als eine qualitative Politik im Sinne von Tinbergens Theorie der Wirtschaftspolitik subsumieren, ohne dabei notwendig auf sehr komplizierte und undurchsichtige Interpretationen zurückgreifen zu müssen. Gleichzeitig eröffnet dieses Modell mit Hilfe seiner Verflechtungen mit der Fiskal-, Geld-, Außenhandels- und Auslandskapital-Kontrollpolitik neue Wege im Hinblick auf die Verbindung der Zielsetzungen und Instrumente der qualitativen und quantitativen Politik. Des weiteren beseitigt es zumindest teilweise die Mängel der subsystemischen Analyse der Theorie, da es sich systematisch auf die Instrumente konzentriert, mit denen die durch die Prozesse der Internalisierung und der Externalisierung bedingten Probleme gelöst werden können.

Anmerkungen

[1] Joseph A. Schumpeter, *Capitalism, Socialism and Democracy* (London: Allen & Unwin, 1949), S. 67.
[2] Ebenda, S. 84.
[3] James C. Abegglen und William V. Rapp, „Competitive Impact Of Japan's Growth", in James Cohen (Hrsg.), *Pacific Partnership: United States-Japan Trade* (Lexington, Mass., Heath, 1972).

TEIL II

Japans Wirtschaft und die westliche Theorie: Herausforderung und Übereinstimmung

Einleitung

Japans anhaltender relativer Erfolg bei der Anpassung an kritische Situationen der Weltwirtschaft stellt für die Wirtschaftstheorie und die politische Doktrin eine neue Herausforderung dar. Während der auf der Keynesianischen Theorie basierende Konsens verschwunden ist und die verschlechterte Lage der Weltwirtschaft von vielen als das Ergebnis regulativer Staatseingriffe nach Keynesianischem Muster erklärt wird,[1] finden sich im Falle Japans sehr viele Beispiele für genau diese und eine Reihe weiterer Regulierungsmaßnahmen. Eine unbestrittene Autorität wie die Organization for Economic Cooperation and Development (OECD) hat herausgefunden, daß die aktive Lenkung der Gesamtnachfrage durch die japanische Regierung in Verbindung mit einer angebotsorientierten Industriepolitik ein wichtiger Faktor für Japans Erfolg bei der Überwindung der Wirtschaftskrise gewesen ist. Doch als wolle man die Beobachter noch weiter verwirren, läßt sich der wirtschaftspolitische Aktivismus in Japan offensichtlich nicht wie in anderen Ländern[2] mit dem „Marsch zum Sozialismus" assoziieren, den Joseph Schumpeter als eine notwendige Konsequenz der zunehmenden staatlichen Interventionen betrachtete. Denn viele Politikwissenschaftler sind sich darin einig, daß Japan ein Modellfall für einen „kreativen Konservativismus" darstellt.[3]

Aus der Sicht der politischen Doktrin ist es insofern nicht überraschend, daß die Vertreter der „konservativen Gegenströmung"[4] gegen die Keynesianische Theorie, insbesondere die Monetaristen, die Angebotsökonomen und die rationalen Erwartungstheoretiker, von dem japanischen Beispiel besonders angezogen sind. Überraschend ist dagegen, daß sie trotz der zahlreichen regulativen Maßnahmen des Staates keinerlei Schwierigkeiten haben, die japanische Erfahrung als einen Idealfall darzustellen, der genau ihren ökonomischen Argumenten entspricht. Dabei entsprechen nicht nur die Geldmenge, die Steuersätze und die Rationalitätsmuster bei den Reaktionen der risikoscheuen Wirtschaftssubjekte auf ökonomische Anreize zumindest teilweise den engeren Kategorien dieser neuen theoretischen Modelle der klassischen Tradition, sondern wichtiger ist vielmehr die Tatsache, die bei Diskussionen des „japanischen Superstaates"[5] häufig übersehen wird, daß Japan zusammen mit den USA von allen Marktwirtschaften dieser Welt das Land mit dem niedrigsten Staatsanteil am BSP ist. Wenn es also eine Wirtschaft gibt, die eine grundlegende reale Struktur besitzt, welche den Konsistenzbedingungen der allgemeinen Gleichgewichtsbedingungen der neueren Wirtschaftstheorie weitgehend entspricht, dann ist dies sicherlich die japanische. Die Bedeutung dieser Tatsache geht weit über die Wirtschaftstheorie und die politische Doktrin hinaus und reicht bis zu den internationalen Beziehungen. Japan wurde auch von den republikanischen Angebotsökonomen in der Debatte über die Zukunft der konservativen US-Regierung als Argument angeführt. Gleichzeitig war es ein entscheidender Faktor für die „asiatische Wende“ der USA oder, genauer gesagt, für die Veränderung des relativen Gewichts der transpazifischen Beziehungen auf Kosten der transatlantischen Beziehung aus der Sicht der amerikanischen Außenpolitiker. Die konservative Qualität der japanischen, vom privaten Sektor dominierten Wirtschaft wird bei den amerikanischen Ermahnungen wegen der wahrgenommenen Starrheiten und des umfangreichen öffentlichen Sektors der Wirtschaften des „alternden Europa“ weitaus am häufigsten als Argument angeführt.

Andererseits läßt sich nicht leugnen, daß die „einzigartigen“ strukturellen Bedingungen der japanischen Wirtschaft und Gesellschaft, die von prominenten Ökonomen, Soziologen und politikwissenschaftlichen Vertretern des „Japan Inc.“-Paradigmas, wie Hermann Kahn, Ezra Vogel, Chalmers Johnson und anderen, jahrelang analysiert worden sind, natürlich ganz erheblich von den in den allgemeinen Gleichgewichtstheorien unterstellten Bedingungen abweichen. Im übrigen dürfen wir auf keinen Fall ihre strukturellen Analysen vernachlässigen; und zwar nicht nur, weil sie ein konsolidiertes theoretisches Paradigma bilden, sondern weil ihre spezifische Stärke darin liegt, daß sie als einzige versuchen, eine möglichst genaue Beschreibung des spezifisch japanischen Instruments der Wirtschaftspolitik zu liefern, das von Japans Konkurrenten auf den Weltmärkten am meisten gefürchtet wird: nämlich die Industriepolitik. Daneben gibt es noch eine politische Dimension. In den USA sind nicht nur die republikanischen Angebotsökonomen von Japan fasziniert, sondern auch Vertreter des traditionell liberalen Establishments wie Hugh Patrick und Robert Reich. Sie haben in aller Öffentlichkeit dafür plädiert, die Lehren aus Japans aktiver makrostrukturellen Industriepolitik anzunehmen, und haben deren Relevanz für die Wirtschaftstheorie ebenfalls anerkannt. Außerdem betreibt die US-Regierung ihrerseits auf einer Mikroebene, insbesondere im Bereich der Raumfahrtprogramme und der Rüstungsproduktion, seit dem letzten Krieg eine sehr weitreichende Industriepolitik. Aus der europäischen Perspektive gibt es eine Reihe von Gründen, um die von Japan inspirierte, politikfeindliche Analyse der US-Angebotstheoretiker über die nachlassende Bedeutung Europas nicht als unbestrittenes Dogma hinzunehmen. Japan und die USA haben mehr zu bieten als eine derart selektive Analyse.

Dennoch haben sich viele der strukturellen Bedingungen, die von dem „Japan Inc.“-Paradigma ohne Einbeziehung möglicher Änderungen als gegeben unterstellt wurden, als überraschend flexibel erwiesen. Diese Flexibilität geht so weit, daß die japanische Wirtschaft heute gerade wegen ihrer Bereitschaft, Reformen durchzuführen und Traditionen zu opfern, die in anderen

Industrienationen als heilige Kühe betrachtet werden, deutlich herausragt. Dabei unterscheidet sich das japanische Modell der Industriepolitik und deren Verflechtungen mit der Fiskal-, Geld-, Kartell- und Außenhandelspolitik vor allem darin, daß es sowohl die Erhaltung der Strukturen anstrebt, die lebenswichtige soziale Funktionen verkörpern, als auch die Schumpetersche „schöpferische Zerstörung" von Strukturen, deren Erhaltung wirtschaftlich oder gesellschaftlich zu kostspielig ist.

Der Zweck dieser Untersuchung ist das Aufzeigen von Möglichkeiten, um diese konfligierenden Kategorien des Beweismaterials als konzeptionell, ideologisch und sogar politisch vollkommen kompatibel zu begreifen, so daß die japanische Erfahrung für Nordamerika und Westeuropa gleichermaßen als Lehre dienen kann. Meine Behauptung lautet also, daß trotz der offensichtlichen Einzigartigkeit der japanischen Kultur und Gesellschaft die einzige Theorie, mit der die ansonsten sehr stark konfligierenden japanischen Daten grundlegend und ohne weiteres vereinbar sind, eine Theorie ist, die auf den konventionellen Axiomen der europäischen und nordamerikanischen Industriegesellschaften basiert: und zwar ist dies der Funktionalismus von Talcott Parsons. Ich gehe mit diesem Paradoxon sogar noch einen Schritt weiter und behaupte, daß Japan von allen Industriegesellschaften vielleicht die einzige ist, die die nächste Approximation an die westliche Theorie darstellt. Das am paradoxesten erscheinende Merkmal der japanischen Wirtschaft ist die gleichzeitige Existenz von verschiedenen konfligierenden Faktoren: Hierzu gehören ein niedriger Anteil des öffentlichen Sektors am Sozialprodukt in Verbindung mit dem politischen Aktivismus einer um sich greifenden Bürokratie, die Liberalisierung in Verbindung mit der politischen Kontrolle sowie die Erhaltung traditioneller Strukturen und die Pionierarbeit leistenden Unternehmen nach Schumpeterschem Muster. Tatsächlich hat ein System wie das japanische, das die ökonomische Anpassung weitgehend dezentralisiert den Privatunternehmen überläßt, während die Bürokratie nur die Zielsetzungen vorgibt und kontrolliert, genau die Eigenschaften, die dem Idealtyp des Parsonsschen Sozialsystems entsprechen.

Wir brauchen uns keineswegs in dem Labyrinth der Parsonsschen und Post-Parsonsschen Soziologie zu verirren, die vergeblich versucht hat, die theoretischen Herausforderungen durch verbale Eloquenz zu bewältigen. Wir brauchen uns nur mit den Grundlagen zu befassen, von denen Parsons seine Motivation ableitete, um das Potential seiner Theorie bei der Überbrückung der heutigen Kluften zwischen der Wirtschaftstheorie, der politischen Doktrin und den internationalen Beziehungen zu entdecken. In seiner einfachsten Form konzentriert sich Parsons' Funktionalismus genau auf die Interaktion der unkontrollierbaren Notwendigkeiten externer und interner Anpassung, politischer Ziele, kultureller Muster und integrativer Organisation, die uns heute am japanischen Fall so mystifizieren. Dabei lehnt sich Parsons' Soziologie eklektisch genausosehr an Pareto wie an die Organisation und den politischen Voluntarismus von Weber an. Parsons weist der Wirtschaft als einem

Subsystem der Gesellschaft, das die Anpassung zu leisten hat, eine grundsätzlich autonome Rolle zu.

Andererseits betrachtet er im Gegensatz zu den klassischen Ökonomen die Wirtschaft als ein im Gleichgewicht unabhängiges System. Obwohl das Gleichgewichtskonzept für das Parsons-System genauso wichtig ist wie für die klassische Ökonomie, wird es nur auf der Ebene der Gesamtgesellschaft berücksichtigt. Ludwig Erhards Konzept der „Sozialen Marktwirtschaft" entspricht insofern ganz und gar Parsons' Vorstellungen, obwohl es weder den vom Parsonsschen System abgedeckten vollen Rahmen des gegenwärtigen Kapitalismus ausfüllt noch die Verbreitung seiner Idealformen — der US-Wirtschaft einerseits und der japanischen Wirtschaft andererseits — erklärt.

Parsons' soziologischer Funktionalismus ist der einzige Rahmen, der die Interdependenz der wichtigsten sozialen, politischen und ökonomischen Variablen mitberücksichtigt. Obwohl das Parsonssche System nur selten auf irgendeine spezifische Volkswirtschaft oder auf die internationalen Wirtschaftsbeziehungen angewendet worden ist, bietet es beträchtliche konzeptionelle Möglichkeiten zur Integration widersprüchlicher oder komplementärer Erklärungen, denen wir im Falle Japans immer wieder begegnen. Auf dem allgemeinsten Niveau der interpretativen Konzeptualisierung läßt sich nahezu die gesamte japanischc Außcnwirtschaft erklären, wenn die verschiedenen Faktoren des Wandels, der innerstaatlichen Strukturen und nationalen Politik, die Gegenstand divergierender theoretischer Erklärungsversuche sind, in Parsons' vier funktionale Voraussetzungen eines beweglichen gesellschaftlichen Gleichgewichts integriert werden: Anpassung, Zielerreichung, Strukturerhaltung und Integration. Nach Parsons' Theorie müssen diese vier Funktionen in jedem sozialen System unabhängig von dessen Struktur oder Komplexität erfüllt sein, d.h. angefangen vom primitivsten Gesellschaftssystem, das aus zwei Akteuren besteht, bis zu extrem komplexen und umfassenden Organisationsformen.

Dabei assoziiert Parsons vier gesellschaftliche Subsysteme mit jeweils einer Funktion, und zwar die Wirtschaft mit der Anpassung, die Politik mit der Zielerreichung, die Kultur oder das Wertsystem mit der Tradition und die Gemeinschaft mit der Integration.[6] Parsons konzentriert sich auf die Grenzbeziehung zwischen diesen Subsystemen der Gesellschaft und betont dabei, daß jedes einen Teil der gegebenen „Situation" für alle anderen darstellt. Aus der Sicht irgendeines Subsystems ist jeweils eins der anderen drei Systeme die primäre verwandte soziale Situation oder Umgebung. Parsons und Smelser betonen, daß diese Funktionen und Subsysteme rein analytische Kategorien sind. Die funktionale Differenzierung der Gesellschaft und der Gesellschaftsstrukturen der realen Welt, der nationalstaatlichen Politik und der Prozesse des Wandels sind einander überschneidende Klassifizierungen.[7] Dennoch können die meisten Erklärungen der japanischen Leistung, die auf Strukturen des vollkommenen Wettbewerbsmodells basieren, entweder mit Hilfe der Kategorie der Strukturerhaltung oder der Integration analysiert werden. Demgegenüber entsprechen Erklärungsversuche der Politik dem Konzept der Zielerreichung. Andererseits erfordern Erklärungen, bei denen es nicht nur um die Erhaltung, sondern auch um die Externalisierung[8] der innerstaatlichen Strukturen in der japanischen Außenwirtschaft geht, eine Analyse im Rahmen der Strukturerhaltung, der Integration und der Zielerreichung. Die Annahmen des allgemeinen Gleichgewichts und der rationalen Erwartungen stimmen ihrerseits überein mit Parsons' Konzept der Anpassungsfunktion der Wirtschaft und werden ergänzt durch seine Aussagen in bezug auf situationsbedingte Grenzbeziehungen. Die Keynesianischen Erklärungen sowie die Ansätze der Mikro- und Makroindustriepolitik kombinieren zwar Elemente der Anpassung und der Zielerreichung, aber die Parsonsschen Konzepte eignen sich vor allem für eine Analyse der Weltwirtschaft, einer nationalen Gesellschaft und eines nationalen wirtschaftlichen Subsystems. Als System sozialen Handelns läßt sich dieser Rahmen auch auf der Ebene der einzelnen politischen Maßnahme anwenden.

Der soziologische Funktionalismus ist von verschiedenen Richtungen epistemologisch angegriffen worden. So haben Autoren wie Ernst Haas u. a., die das Konzept der marginalen Veränderungen und eines (mehr oder weniger moderaten) „ökonomischen Determinismus" vertreten, es vor allem wegen seines unbestrittenen Holismus kritisiert.[9] Progressive Liberale wie Ralf Dahrendorf haben wiederum behauptet, daß Integrationsmodelle wie das Parsonssche das Konfliktpotential der Industriegesellschaften unterschätzen.[10] Die Tatsache, daß Parsons' Ansatz sich vor allem mit dem Problem des wirtschaftlichen Überlebens, dem Erfordernis der stabilen Anpassung und der Erfüllung von Funktionen und Strukturen befaßt, die der Systemerhaltung dienen, hat ihm den Ruf eingetragen, anstelle der dynamischen Effekte vor allem die statischen Beziehungen zu betonen.[11] Einer der am häufigsten angebrachten Kritikpunkte an Parsons' System ist, daß es auf den konventionellen Axiomen der europäischen und nordamerikanischen Industriegesellschaften basiert und daher durch ein spezifisches kulturelles Erbe verzerrt wird. Diese Kritik richtete sich vor allem gegen eine seiner seltenen Erweiterungen des strukturell-funktionalen Ansatzes auf das Gebiet der internationalen Beziehungen, d.h. auf seine Theorie der Übertragung westlicher Formen der Industrieorganisation auf die übrige Welt.[12]

Obgleich die meisten dieser Kritikpunkte in gewissem Maße durchaus gerechtfertigt sind, sind sie vor allem implizite Reflexionen epistemologischer Probleme von alternativen Ansätzen, durch die sie ausgelöst wurden. Haas hat sicherlich recht, wenn er vor dem übertriebenen epistemologischen Vertrauen warnt, das häufig mit logisch geschlossenen holistischen Systemen einhergeht. Andererseits haben ökonomische Veränderungen wie die der 70er und 80er Jahre die Notwendigkeit aufgezeigt, sich analytisch mit mehr als rein marginalen Änderungsprozessen auseinanderzusetzen. Haas' eigenes Eingeständnis, daß ein Teil der neoliberalen Paradigmen der Außenhandelsbeziehungstheorie obsolet geworden ist, schwächt sicherlich seine Kritik am soziologischen

Funktionalismus.[13] Dahrendorfs Kritik stimmt insofern, als die deduktive Entwicklung einer Liste von funktionalen Voraussetzungen und die anschließenden Versuche, in der realen Welt strukturelle Muster zu finden, die diese Voraussetzungen erfüllen, zu einer Unterschätzung latenter oder aktueller Konflikte führen kann.[14] Dennoch hat Robert Merton ganz richtig beobachtet, daß allein die Interdependenz der Parsonsschen Funktionen auf das Potential von Dysfunktionen und/oder ein sich änderndes Gleichgewicht der Funktionen hinweist, die durch eine Vielzahl von Strukturen der realen Welt bedingt sind und wichtige Implikationen für den Wandel beinhalten. Nach Mertons Worten liefert „das Konzept der Dysfunktion, welches das Konzept von Belastungen, Streß und Spannungen auf der strukturellen Ebene impliziert, einen analytischen Ansatz zur Untersuchung der Dynamik und des Wandels".[15] Tatsächlich finden sich in Dahrendorfs Analyse des Klassenkonflikts in Industriegesellschaften ebenfalls beträchtliche strukturelle Elemente, und wie Merton gezeigt hat, ist es umgekehrt sehr wohl möglich, dem strukturellen Funktionalismus sowohl radikale als auch konservative Neigungen vorzuwerfen.

Zu guter Letzt war Parsons' Vertrauen in die Ausbreitung der westlichen Formen industrieller Organisationen in der ganzen Welt eindeutig ein Produkt der 50er Jahre, und die Geschehnisse der 60er und 70er Jahre, insbesondere in der Dritten Welt, erlauben berechtigte Zweifel daran, ob dieses Vertrauen als universell gültig betrachtet werden kann. Japans Erfahrungen der 80er Jahre und sein Einfluß nicht nur in den Entwicklungsländern, sondern auch in den Industriestaaten zeigt uns, daß die Parsonssche Theorie sich genausogut für den Osten als auch für den Westen eignet und sich sicherlich als weltweit relevant erweisen kann.

Die meisten Kritiken am Parsonsschen System wurden in den 60er und 70er Jahren zu einer Zeit geäußert, die durch ein übertriebenes epistemologisches Vertrauen zahlreicher neuer, ausgeklügelter Theorien der Sozialwissenschaften gekennzeichnet war. Die meisten von ihnen hatten mit dem Parsonsschen System gemeinsam, was heute als dessen größter Mangel betrachtet werden könnte, nämlich das Fehlen einer eindeutig definierten, reduzierbaren abhängigen Variablen, die diese Ansätze als Theorien im strengen Sinne qualifizieren würde. Ich behaupte nun, daß Parsons zumindest den Vorteil hat, ein System von unabhängigen Variablen entwickelt zu haben, die für die modernen Gesellschaften oder die im Prozeß der Modernisierung befindlichen Gesellschaften relevant sind. Wenn man das System von seinen angeblichen ethnozentrischen Aspekten befreit, findet man vielleicht noch eine oder mehrere passende abhängige Variablen auf der Ebene der Volkswirtschaften oder in der Weltwirtschaft auf der Mikroebene einzelner politischer Maßnahmen. Die Herausforderung liegt für uns darin, genauer zu verstehen, was wir als Japans relativen Erfolg bezeichnen. Angesichts der ernüchternden Effekte der sozialen Veränderungen der 70er und 80er Jahre erscheint es mir nützlich, einmal die Aspekte aufzuzeigen, die bisher übersehen worden sind. Aufgrund seines überaus umfassenden konzeptuellen Rahmens kann Parsons' System sicherlich die Richtung für einen neuen Start weisen. Da der soziologische Funktionalismus die Vorteile der neoliberalen allgemeinen Gleichgewichtstheorien einerseits und der politikorientierten oder strukturellen Theorien andererseits integriert, besitzt er den einen entscheidenden Vorteil, daß er dem Disput zwischen „Politikaktivismus" und „Politikmüdigkeit", der die wirtschafts- und politikwissenschaftlichen Disziplinen heute prägt, die ideologische Schärfe nimmt.

Anmerkungen

1 James W. Dean, „The Dissolution of the Keynesian Consensus", in Daniel Bell und Irving Kristoll (Hrsg.), *The Crisis in Economic Theory* (New York: Basic Books, 1981), S. 25.

2 Zitiert nach Peter F. Drucker, „Toward the Next Economics", in Bell und Kristoll, *Crisis*, S. 15; vgl. auch Robert Mundell, „Uncommon Arguments for Common Currencies", in Harry G. Johnson und Alexander K. Swoboda (Hrsg.), *The Economics of Currencies* (Cambridge, Mass.: Harvard University Press, 1973), S. 25—34.

3 Vgl. T. J. Pempel, *Policy and Politics in Japan: Creative Conservatism* (Philadelphia: Temple University Press, 1981).

4 William Fellner, *Economic Theory amidst Political Currents: The Spreading Interest in Monetarism and the Theory of Market Expectations* (Tübingen: Mohr, 1982), S. 3; Mark H. Willes, „Rational Expectations as a Counterrevolution", in Bell und Kristoll, *Crisis*, S. 81—96.

5 Herman Kahn, *The Emerging Japanese Superstate: Challenge and Response* (Englewood Cliffs, N. J.: Prentice Hall, 1970).

6 Talcott Parsons, *The Social System* (New York: Free Press, 1951), S. 26—36; ders., *Societies: Evolutionary and Comparative Perspectives* (Englewood Cliffs, N. J.; Prentice Hall, 1966), S. 5—29; ders., *The System of Modern Societies* (Englewood Cliffs, N. J.: Prentice Hall, 1971), S. 6.

7 Talcott Parsons und Neil Smelser, *Economy and Society* (New York: Free Press, 1956), S. 197.

8 Peter Katzenstein, „International Relations and Domestic Structures: Foreign Economic Policies of Advanced Industrial States", *International Organization* 30 (Winter 1976), S. 1—46; T. J. Pempel, „Japanese Foreign Economic Policy: The Domestic Bases for International Behaviour", *International Organization* 31 (Herbst 1977), S. 723—74.

9 Ernst B. Haas, „Is there a Hole in the Whole? Knowledge, Technology, Interdependence and the Construction of International Regimes", *International Organization* 29 (Sommer 1978), S. 828; Haas, „Words can Hurt You; or Who Said What to Whom about Regimes", in Stephen D. Krasner (Hrsg.), „International Regimes", *International Organization* 36 (Frühjahr 1982), S. 214 f.

10 Ralf Dahrendorf, *Class and Class Conflict in Industrial Society* (Stanford: Stanford University Press, 1959) S. 127—30.

11 Ders., S. 121—23.

12 Parsons, *The System of Modern Societies*, S. 128—37.

13 Ernst B. Haas, *The Obsolescence of Regional Integration Theory* (Berkeley: University of California Press, 1975).

14 Dahrendorf, *Class Conflict*, S. 159—61.

15 Robert K. Merton, *Social Theory and Social Structure* (New York: Free Press, 1968), S. 107.

Kapitel 1
Parsons' Schnitt quer durch alle Doktrinen

1. Allgemeines Gleichgewicht, Wirtschaftspolitik, innerstaatliche Strukturen und die Entwicklung der Wirtschaftstheorien

Um zu beurteilen, was eine Interpretation des japanischen Falles mit Hilfe von Parsons' Theorie bieten kann, ist zunächst eine Erläuterung der ideologischen Implikationen für die derzeitige Krise der gegenwärtigen Wirtschaftstheorie erforderlich. Nach vordergründiger Betrachtung ist der Disput zwischen Keynesianern, Monetaristen, Angebotsökonomen und rationalen Erwartungstheoretikern weder ideologisch, noch betrifft er die Legitimität der Zielsetzungen Keynesianischer Politik. Sowohl die Ökonomen der Keynesianischen als auch der neoklassischen Schule sprechen bei Diskussionen der Politik oder der normativen Fehler der Politik über die beiden Zielsetzungen der Preisstabilität einerseits und der Vollbeschäftigung andererseits. Im Interesse unseres Arguments können wir zunächst das später entwickelte dritte Ziel, das Zahlungsbilanzgleichgewicht, ausklammern. Genaugenommen geht der Disput also um die Instrumente, die nach Jan Tinbergens Theorie der Wirtschaftspolitik — die von Robert Mundell perfektioniert wurde — diesen beiden Zielsetzungen, d.h. der Fiskal- und Geldpolitik, entsprechen.[1] Rein technisch geht es um die Frage, ob überhaupt oder wie man die entscheidenden Instrumentvariablen dieser beiden Politikformen, also den von der Zentralbank festgesetzten Diskontsatz und das Gleichgewicht zwischen Staatsausgaben und -einnahmen, beeinflussen kann.

Dabei konzentriert sich die Debatte über die Keynesianische Politik darauf, daß diese durch eine Veränderung der beiden Instrumentvariablen vor allem auf eine Steuerung der aggregierten Nachfrage abzielt. Sofern es entlang der Phillips-Kurve eine Wahl zwischen den beiden Zielsetzungen gibt, wird die Keynesianische Politik sehr viel eher, aber keineswegs zwangsläufig, mit einer Präferenz für Vollbeschäftigung anstelle von Preisstabilität assoziiert. Die Monetaristen leugnen dagegen die Existenz der Phillips-Kurve, glauben an ein langfristiges Vollbeschäftigungsgleichgewicht und versuchen die Preisstabilität zu erreichen, indem sie die Zielgröße für die Geldmenge mit der langfristigen Wachstumsrate in Einklang bringen. Andererseits sind die Monetaristen keineswegs völlige Politiknihilisten, was sich sehr wohl an der Befürwortung flexibler Wechselkurse als dem einzigen Währungssystem ablesen läßt, das die Unabhängigkeit der nationalen Wirtschaftspolitik ermöglicht, die von den Keynesianern vergeblich angestrebt worden ist.[2]

Die Angebotsökonomen glauben, rechtzeitig mehr Nachfrage erzeugen zu können, indem sie die Angebotsseite in Ordnung bringen. Die Extremform der Angebotsökonomie wird repräsentiert durch die „Laffer-Kurve" des Steuersatzes bzw. der Steuereinnahmen und der Marktproduktion[3], bei der niedrigere Steuersätze bei den Erwerbstätigen zu einer erhöhten Arbeitsneigung und bei den Unternehmen zu einer erhöhten Investitionsneigung führen. Die deutsche Schule der Angebotsökonomie, die von Keynesianern als intellektuell akzeptabler betrachtet wird als die Extremform von Laffer[4], propagiert eine Erhöhung der Kapitalverzinsung durch Senkung der Reallöhne und des Realzinssatzes mit Hilfe einer Reduktion des Budgetdefizits.[5] Ihre Vertreter versuchen zum Teil, die Keynesianischen Variablen in entgegengesetzter Richtung zu beeinflussen, wie dies normalerweise mit Keynesianischer Politik assoziiert wird, indem sie die Preisstabilität stärker betonen als die Vollbeschäftigung.

Zu guter Letzt gelangen die Vertreter der rationalen Erwartungstheorie zu ihrer apolitischen Präferenz sozusagen durch einen logischen Rückschluß. Nach ihrer Ansicht ist die Keynesianische Nachfragesteuerung zwangsläufig wirkungslos, da die Wirtschaftssubjekte, für die die kurzfristigen Anreize gedacht sind, genügend Informationen besitzen, um nicht nur die unmittelbare Wirtschaftsentwicklung, sondern auch die künftige antizyklische Politik zu antizipieren. Die Marktteilnehmer sind also imstande, ihre Gewinne und ihren Nutzen in einem langfristigen Marktgleichgewicht zu maximieren, indem sie kurzfristige Keynesianische — positive oder negative — Anreize umgehen. Die beste Politik des Staates ist demnach, überhaupt nicht zu intervenieren.[6]

Wenn man den Disput auf dieser technischen Ebene diskutiert, kann man zwangsläufig nicht die Stärke und Tiefe der Kontroverse zum Ausdruck bringen. Die meisten technischen Argumente beziehen sich zumindest bei den Monetaristen und Angebotsökonomen vor allem auf die Wahl der politischen Instrumente, und insofern können sie nicht die Kluft zwischen den Protagonisten überbrücken. Ein Großteil der von Monetaristen und Angebotsökonomen propagierten technischen Argumente laufen letztlich auf alternative politische Maßnahmen und nicht auf politische Abstinenz hinaus, selbst wenn wir das einfache Argument ausklammern, daß keine Politik ebenfalls eine Politik ist.

Das eigentliche Problem wird nur selten ausgesprochen und nie in technischen oder strukturellen Einzelheiten ausdiskutiert. Genau wie beim chinesischen Schattenboxen greifen sich die jeweiligen Protagonisten auf der technischen Ebene an, wollen den anderen aber eigentlich ideologisch treffen. William Fellner beschreibt sehr einleuchtend die politische Doktrin der Monetaristen, der Angebotsökonomen und der rationalen Erwartungstheoretiker als eine unverkennbare politische „Unterströmung" bzw. eine konservative Reaktion auf eine wahrgenommene Entwicklung, die Joseph Schumpeter als den „Marsch zum Sozialismus“ bezeichnet hätte.[7] Allerdings wäre Schumpeters Ansicht vermutlich von keinem Sozialisten mehr oder weniger marxistischer Färbung als eine gültige Beschreibung des Sozialismus akzeptiert worden. Im Grunde meinte Schumpeter jedoch nur ein bürokratisches Engagement in „Wirtschaftstechnik“.[8] Doch kann man auch die Neo-Keynesianische Lenkung und den Nachkriegstrend hin zu umfassenderen Modellrahmen in der Theorie der Wirtschaftspolitik nicht ernsthaft als sozialistisch bezeichnen. Dennoch steht außer Zweifel, daß zwischen der jeweiligen Welt der Monetaristen, Angebotsökonomen und rationalen Erwartungstheoretiker sowohl in ihrer bestehenden Form als auch in ihrer normativ wünschenswerten Form und dem Zustand, in dem die politischen Entscheidungsträger des Westens sie gern sehen würden, ein deutlicher Unterschied besteht.

Der eindeutigste Ausdruck dieses Unterschiedes ist das Konzept des allgemeinen Gleichgewichts. Die klassische Ökonomie basierte auf der theoretischen Annahme eines allgemeinen Gleichgewichts, behandelte aber dennoch dieses Gleichgewicht nicht als ein positives Phänomen. Nach Ansicht von Frank Hahn[9] ist die Wirtschaftstheorie der klassischen Schule eine abstrakte Antwort auf die abstrakte Frage, ob ein richtiges Gleichgewicht aus den unabhängigen Entscheidungen der Haushalte und Unternehmen resultieren kann. Die positive Antwort der klassischen Ökonomen bedeutet indes nicht, daß irgendeine reale Wirtschaft beschrieben worden ist.[10] Dennoch bestand bei den Theoretikern des allgemeinen Gleichgewichts immer eine Neigung, das Modell explizit oder implizit als eine Beschreibung der tatsächlichen Realität zu behandeln und daraus Vorschriften für praktische Maßnahmen oder gelegentlich für politische Zurückhaltung abzuleiten. Milton Friedmans „positive Ökonomie“[11] ist ein herausragendes Beispiel einer derartigen Annäherung zwischen Modell und Realität, und die Angebotsökonomen sowie die rationalen Erwartungstheoretiker sind mit ihm zumindest normativ darin einig, daß es für die Wirtschaftspolitik keine legitimen Ziele geben kann, die über den Zustand hinausgehen, in dem sich die westlichen Wirtschaften befinden würden, wenn es überhaupt keine staatlichen Eingriffe in die Wirtschaft gäbe.

Der Zustand der westlichen Wirtschaften, der nicht nur durch staatliche Maßnahmen bedingt ist, sondern auch durch die Strukturen der realen Welt, weicht deutlich von den Modellen ab, und diese Abweichung hat effektiv tiefgreifende politische Bedeutung. Dennoch kann man diesen politischen Unterschied nicht als spezifische Differenz zwischen der konservativen und der sozialistischen Welt bezeichnen. Sofern wir keinen anderen Beweis dafür haben, könnte uns das japanische Beispiel diesen Beweis liefern. Denn Japan hatte nicht nur während der vergangenen 30 Jahre ohne Unterbrechung eine konservative Regierung, sondern diese Regierung war zugleich die in puncto Wirtschaftspolitik eindeutig aktivste. Japan ist heute zum Idealtyp des sogenannten „kreativen Konservatismus“ (T. J. Pempel)[12] geworden.

Die Monetaristen, Angebotsökonomen und rationalen Erwartungstheoretiker haben die potentielle Herausforderung dieser offensichtlichen Ketzerei keineswegs übersehen. Statt dessen sind sie ihr in typischer Weise begegnet, indem sie Japans herausragende Leistung nicht als ein Ergebnis seiner spezifischen Strukturen oder als einen Erfolg der Politik interpretiert haben, sondern indem sie die japanische Wirtschaft als einen Lehrbuchfall hingestellt haben.[13] Aus diesem Blickwinkel ragt die japanische Leistung vor allem aufgrund des relativen Versagens der anderen wichtigen OECD-Länder hervor, wobei dieses Versagen vorwiegend auf fiskal- oder geldpolitischen Aktionen sowie anderen regulativen Maßnahmen des Staates beruht.

Andererseits müssen wir gerechterweise zugeben, daß die Keynesianischen Analysen genau zu dem entgegengesetzten Urteil gelangen. Die Frage, ob die Keynesianische Ökonomie besser als eine allgemeine Gleichgewichtstheorie oder wie bei den Post-Keynesianern als eine Ungleichgewichtstheorie aufzufassen ist, können wir hier beiseite lassen. Selbst bei Paul Samuelson und Sir John Hicks' „neoklassischer Synthese" gelangt die Keynesianische Theorie zu dem Schluß, daß die Märkte nur dann in einem Gleichgewicht funktionieren können, wenn die Gesamtnachfrage gestützt wird.[14] Die Keynesianischen Erklärungsversuche der Wirtschaftsleistung eines Landes, das wie Japan eine aktive Nachfragesteuerung mit relativ niedriger Arbeitslosigkeit verbindet, betonen daher häufig den japanischen Politikaktivismus, der im Gegensatz zu dem woanders üblichen „Nihilismus"[15] steht. Wenn wir ferner berücksichtigen, daß einige andere westliche Länder unabhängig von ihrer wirtschaftspolitischen Doktrin effektiv Keynesianische Politik betrieben, während sie offiziell den Monetarismus oder die Angebotsökonomie propagierten, dann könnte die japanische Keynesianische Politik einfach besser gestaltet und effektiver implementiert worden sein, was beispielsweise die OECD und Wissenschaftler wie Gary Saxonhouse behaupten.[16]

Wie wir in Kapitel 2 noch eingehend erläutern werden, läßt sich der japanische Erfolg sowohl mit Hilfe Keynesianischer als auch anti-Keynesianischer Ansätze erklären. Allerdings beziehen beide Erklärungsversuche nicht die japanische Industriepolitik ein, was das Konzept des allgemeinen Gleichgewichts als politisches oder ideologisches Kriterium überaus zweifelhaft erscheinen läßt. Genau hier kommen wir nicht umhin, die politischen Grenzen der statischen Wirtschaftstheorie zuzugeben. Das eigentliche Problem ist sehr viel weniger die Opposition zwischen Monetaristen, Angebotsökonomen und rationalen Erwartungstheoretikern auf der einen Seite und der Keynesianischen Schule auf der anderen Seite, als vielmehr der Gegensatz zwischen der dynamischen Ökonomie, die auf einer dezentralisierten Entscheidungsfindung und ungeplanten technologischen Innovationen einerseits und den dirigistischen Theorien der Wirtschaftsentwicklung zwischen Merkantilismus und Marxismus andererseits basiert. Auch hier werden wir später noch sehen, daß die japanische Situation ein Mischfall ist, der sowohl Schumpetersche Elemente enthält als auch solche, vor denen Schumpeter gewarnt hätte. Dennoch bleibt als ein überraschender Effekt des japanischen Falles die offensichtliche Unzulänglichkeit der allgemeinen Gleichgewichtstheorie, die japanische Wirtschaftsentwicklung über den Reifezustand hinaus zu erklären sowie den Einfluß der spezifischen Kombination von Staatspolitik und autonomen innerstaatlichen Strukturen auf diese Entwicklung aufzuzeigen. Offensichtlich bedarf es eines konzeptionellen Rahmens, um die allgemeinen Gleichgewichtstheorien mit den Theorien der Wirtschaftsentwicklung und den Ansätzen zu integrieren, die sich vor allem mit strukturellen Einflüssen auf die autonomen Marktkräfte und die staatliche Politik befassen. Angesichts der ideologischen Spannungen zwischen diesen beiden Ansätzen, die entweder miteinander konkurrieren oder, schlimmer noch, sich gegenseitig ignorieren, muß der benötigte Rahmen eine ideologische Fundierung besitzen, die dieser Spannung standhält. Mein Argument ist nun, daß die Parsonssche Soziologie genau diesen konzeptionellen Rahmen bietet.

2. Materialismus, Idealismus, Determinismus und Voluntarismus in der Parsonsschen Soziologie

Um die ideologischen Obertöne des Auflösungsprozesses des Keynesianischen Konsenses zu begreifen, müssen wir zunächst die ziemlich komplizierte philosophische Tonleiter verstehen, die ihre Konsonanz oder Dissonanz determiniert. Wenn wir die Angst vor dem Schumpeterschen Marsch zum Sozialismus ernst nehmen und bis in seine philosophischen Tiefen verfolgen, würde dieser nicht nur die Oberfläche der „Sozialtechniken", der Wohlfahrtsstaatsprogramme und der Versuche umfassen, die distributiven Ungleichgewichte in der Wirtschaft zu korrigieren, sondern bei vielen Protagonisten der konservativen Gegenströmung reicht die Dissonanz vom hegelianischen Voluntarismus bis zum marxistischen ideologischen Materialismus. Während dieser Disput einerseits zwischen den angelsächsischen Befürwortern des Freihandels und den hegelianischen Planwirtschaftlern stattfindet, kann man ihn noch allgemeiner als einen Disput zwischen amerikanischem und deutschem Idealismus betrachten. Die in der Politik tätigen Sozialtechniker der modernen Mischwirtschaften sehen einerseits eine merkwürdige Konsonanz zwischen dem Materialismus der klassischen Ökonomie und dem marxistischen Materialismus und weisen darauf hin, daß sie den ökonomischen Determinismus dieser beiden Doktrinen nicht akzeptieren. Dennoch wird dieser Vergleich selbst den Ökonomen der klassischen Traditionen nicht gerecht, die aufgrund ihrer Annäherung des allgemeinen Gleichgewichtsmodells an die vorhandenen oder gewünschten Strukturen der realen Welt eindeutig als ökonomische Deterministen eingeordnet werden können; denn ihr Determinismus unterscheidet sich grundlegend von dem marxistischen. Er basiert auf der deduktiven Theorie, die Karl Popper als Tradition der von Aristoteles gegründeten westlichen Logik beschreiben würde, während der marxistische Determinismus entsprechend der von Plato bis zum deutschen Idealismus reichenden Tradition dialektisch und historizistisch ist. Popper hat diese letztere Tradition als säkulare Bedrohung des Konzepts einer freien Gesellschaft bezeichnet.[17]

Popper beschreibt sehr plastisch die Sorge all derer, die sich vor dem Schumpeterschen Marsch zum Sozialismus fürchten. Natürlich zeigte er dabei auf, daß die Gefahren für die freie Gesellschaft nicht nur von der Linken kommen können, sondern auch von der Rechten. Tatsächlich gibt es ein Muster der Wirtschaftspolitik, das im allgemeinen nicht mit sozialistischen, sondern vielmehr mit konservativen Eingriffen in das freie Marktspiel assoziiert wird, und zwar ist dies der Merkantilismus. Obwohl dieser nie zu einer Wirtschaftsdoktrin im strengen Sinne entwickelt wurde, war er dennoch mehrere Jahrhunderte lang das Paradigma des ökonomischen Nationalismus und einer mehr oder weniger umfassenden planwirtschaftlichen Kontrolle der Wirtschaft. Seit dem französischen Colbertismus des 17. Jahrhunderts hat er mindestens drei Renaissancen erfahren, nämlich während Friedrich Lists Zollverein im Deutschland des 19. Jahrhunderts, während des ökonomischen Nationalismus der 30er Jahre, der oft mit der Verbreitung der Keynesianischen Politik verbunden wird, und schließlich mit der neuen Schule der internationalen Beziehungen, die Mitte der 70er Jahre aufgrund der Krise des neoliberalen Funktionalismus entwickelt wurde.[18] Der neue Realismus, der mit dem gegenwärtigen neokonservativen Denken in den USA einhergeht, ist zumindest insofern ambivalent, als sich nicht nur Angebotsökonomen damit identifizieren, sondern weil er philosophisch auf der realistischen Schule der Theorie der internationalen Beziehungen basiert, die entscheidend zu der erwähnten letzten Renaissance des Merkantilismus beigetragen hat.[19] Wir dürfen auch nicht vergessen, daß die Freihandelsdoktrin, als sie Bestandteil des amerikanischen Idealismus wurde, bereits seit 1860 ein wesentliches Element des Programms demokratischer Präsidenten war, während die Republikanische Partei seit dem McKinley-Tariff um 1890 und seit Hoovers Unterstützung des Smoot-Hawley-Act von 1929 immer eine protektionistische Gesetzgebung begünstigt hatte.[20]

Wie überzeugend auch immer Poppers Wahrnehmung der planwirtschaftlichen Gefahren für die freie Gesellschaft sein mag — egal ob diese von links oder von rechts kommen —, so hat er doch bei seiner epistemologischen Argumentation und seinem ideologischen Engagement für das völlig freie Marktmodell nach Hayekschem Muster eine Tradition übersehen, die ihre philosophischen Wurzeln im Paradigma einer freien Gesellschaft hat und dennoch ein herausragendes kulturelles Merkmal der japanischen Gesellschaft ist: nämlich deren Pragmatismus. Wir können ohne weiteres behaupten, daß die „Wirtschaftstechniker“ der Nachkriegsökonomie Nordamerikas, Westeuropas und Japans es ihren Gesellschaften ermöglicht haben, in einer sehr unruhigen Welt zum Modellfall für die Freiheit zu werden oder zu bleiben, und zwar unabhängig von ihrer Keynesianischen Politik, ihrem mehr oder weniger konsequentem Streben nach distributiver Gerechtigkeit und sogar ihrem widerwilligen Merkantilismus.[21] Die Wirtschaftspolitik dieser Länder war durch häufige Korrekturen, Kehrtwendungen und Anpassungen geprägt, und zwar geschah dies trotz der zunehmend verbesserten und umfassenderen Keynesianischen Wirtschaftsmodelle, die nach Ansicht von Fellner die konservative Gegenströmung gegen den Schumpeterschen Marsch zum Sozialismus ausgelöst haben. Den hieraus resultierenden politischen Entscheidungsprozeß kann man bestenfalls als eine Umsetzung der Theorie in die Praxis für Situationen bezeichnen, die mit einem beträchtlichen Maß an Unsicherheit verbunden waren. Genau dieser Ansatz läßt sich aus James Pierces und John Deweys Arbeiten als Definition des philosophischen Pragmatismus herauskristallisieren. Diese Philosophie zeichnet sich dadurch aus, daß sie nicht das rigoristische Muster und die Ambition einer universellen Gültigkeit besitzt, die den meisten anderen philosophischen und ideologischen Systemen zu eigen sind. Das bloße Fehlen eines großartigen Wahrheitssystems ist bereits als Inhalt eines derartigen philosophischen Pragmatismus definiert worden. Dabei enthält seine Befürwortung einer versuchsweisen Anwendung von Theorien, die Möglichkeiten zur Lösung praktischer Probleme bieten, ein Element von Eklektizismus. Ein derartiger Eklektizismus wird normalerweise als philosophisch schwach betrachtet; ich behaupte aber dennoch, daß die Einbeziehung der Unsicherheit eine der größten Stärken des philosophischen Pragmatismus ist. Genau sie macht den Pragmatismus kompatibel mit Poppers Epistemologie des kritischen Rationalismus, der den Determinismus ablehnt und die Theorie nur anerkennt, sofern sie falsifizierbar ist.[22]

Das einzige soziologische System, das diesen Kriterien entspricht, weil es in einer pragmatischen Weise eklektisch und nach Poppers Konzept nicht deterministisch ist, während es zugleich ein umfassendes System bietet, das zugleich die Interdependenz der Marktkräfte, der staatlichen Politik und der autonomen Strukturen miteinbezieht, die von den Bedingungen des vollkommenen Marktes abweichen, ist das Parsonssche System. Parsons' von ihm selbst eingestandener Eklektizismus beruht darauf, daß er die auf Pareto und dem Marshallschen Nutzen basierende Gleichgewichtstheorie mit dem von Max Weber repräsentierten Voluntarismus und deutschen Idealismus verbindet.[23] Dennoch ist die von ihm gewählte Gleichgewichtstheorie auf die Funktion beschränkt, zu der sie gehört und bei der ihre größte Stärke liegt, nämlich die adaptive Funktion jedes sozialen Systems, das entweder aus zwei Wirtschaftssubjekten, einer Gruppe oder einer ganzen Gesellschaft bestehen kann. Auf der Makroebene der Gesellschaft wird diese Funktion in der Parsonsschen Soziologie von der Wirtschaft erfüllt.

Entscheidend ist jedoch, daß die adaptive Funktion nur eine von den vier Voraussetzungen ist, die neben der Zielerreichung, der Strukturerhaltung und den Integrationsfunktionen für jedes soziale System relevant sind. Dementsprechend ist die Wirtschaft nur ein funktionales Subsystem der Gesellschaft neben der Regierungsform (in der westlichen Gesellschaft sind dies im wesentlichen die drei ausgeglichenen Komponenten der Verfassungsmacht sowie andere formale und informelle Institutionen, die das politische System im weitesten Sinne verkörpern), die der gesellschaftlichen Zielerreichung dient, der

Gemeinschaft, die die gesellschaftliche Integration reflektiert, und dem kulturellen Wertsystem, das unterschiedliche gesellschaftliche Muster identifiziert. Das Pareto-Gleichgewicht, das Parsons als ein funktionales Prinzip für die Wirtschaft akzeptiert, ist insofern kein allgemeines Gleichgewicht, sondern ein partielles. Demgegenüber wird das allgemeine Gleichgewicht, das Parsons zwar nicht in einer deterministischen, sondern in einer „beweglichen" Form akzeptiert, nur auf der Ebene der gesamten Gesellschaft als Ergebnis der Interaktion mit der Regierungsform, der Gemeinschaft und dem Wertsystem erreicht. In Parsons' Konzept der zuletzt erwähnten gesellschaftlichen Subsysteme sind die Weberschen Konzepte eindeutig dominant. Das heißt, Parsons verläßt sich sehr wohl auf das Potential für rationales Handeln, das Weber in Bürokratien durchaus anerkennt, und er teilt Webers Vorstellung von der Kultur als einem entscheidenden Faktor für die spezifische Entwicklung einzelner Gesellschaften im Gegensatz zu der Universalität des marxistischen dialektischen Materialismus. All diese Konzepte sind bereits alte Erkenntnisse, und in den 50er und 60er Jahren wurde die Parsonssche Soziologie geradezu als altmodisches Konzept verurteilt. Dennoch besitzt sie eine derart eindeutige Relevanz und ist angesichts der gegenwärtigen Debatte über die Wirtschaftspolitik so aktuell, daß sie unbedingt noch mal erörtert werden muß.

Grundsätzlich gilt, daß das lateinische Quadrat, in dem die vier Parsons-Funktionen normalerweise dargestellt werden (Abbildung 1), ein strikt analytisches Werkzeug ist, um ihre gegenseitige Interdependenz zu zeigen, oder — mit Parsons' Worten — die Annahme zu veranschaulichen, daß alle drei der vier Funktionen immer genau die „Situationen" konstituieren, in der die vierte operiert (Abbildung 2).

Abbildung 1: Die vier funktionalen Voraussetzungen eines Gesellschaftssystems

1. Zielerreichung (Regierungsform)	2. Anpassung (Wirtschaft)
3. Integration (Gemeinschaft)	4. Stukturerhaltung (Kultur)

Genauso wenig, wie die allgemeine Gleichgewichtstheorie der klassischen Ökonomie vorgibt, eine reale Wirtschaft zu beschreiben, will auch das beweg-

Abbildung 2: Die Interaktion zwischen den vier Funktionen

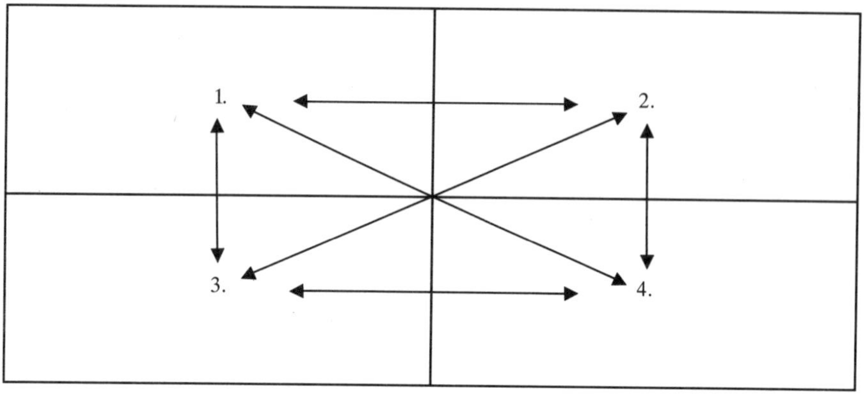

liche Gleichgewicht, das aus der Interaktion der vier Parsons-Funktionen resultiert, keine Beschreibung irgendeiner realen Gesellschaft liefern.

Obwohl die durch derartige lateinische Quadrate repräsentierte Argumentation in der konventionellen deduktiven Methodologie als enges logisches System akzeptiert wird, müssen wir zugeben, daß Parsons' Theorie sich durch empirische Tests nicht einfach falsifizieren läßt und insofern nicht den Poppers Epistemologie entsprechenden Anforderungen einer echten Theorie gerecht wird. Diesen Mangel teilt es jedoch mit der allgemeinen Gleichgewichtstheorie. Im übrigen beruht dieser nicht auf einer fehlenden deduktiven Qualität, sondern auf seinem Grad der Verallgemeinerung. Es ist durchaus denkbar, daß man die Parsons-Theorie sogar auf der Ebene sozialer Systeme in nationalen Aggregaten falsifizieren kann. Sie wäre bereits dann falsifiziert, wenn nachgewiesen werden könnte, daß eine spezifische Gesellschaft trotz eines konsistenten Fehlens einer der vier Parsonsschen funktionalen Erfordernisse im Laufe der Zeit überlebt hat. Allerdings scheint es nicht leicht zu sein, ein in diesem Sinne eindeutiges Beispiel zu finden, obwohl so mancher vielleicht auf die Sowjetunion oder andere kommunistische Länder verweisen möchte, die in dieser Organisationsform überlebt haben, unabhängig von dem Ausmaß der adaptiven Dysfunktion im Pareto-Sinne, die ein Axiom der sowjetischen Wirtschaft geworden ist. Dennoch finden wir selbst ohne einen offensichtlichen Zusammenbruch irgendeiner Gesellschaft der entwickelten Welt sehr wohl ins Auge springende Unterschiede in der Wirtschaftsleistung, der Implementierung der Politik, der Erhaltung der kulturellen Muster und der gesellschaftlichen Integration. Offenbar gibt es eine Pluralität von Gleichgewichtszuständen, bei denen Parsons' „bewegliches Gleichgewicht" erreicht werden kann. Dabei muß die Einbeziehung einer derartigen Pluralität keineswegs bedeuten, daß die Theorie automatisch zu epistemologischer Bedeutungslosigkeit verurteilt ist. Anstatt derartige Unterschiede hinter die „ceteris paribus"-Klausel zu verbannen, die in den allgemeinen Gleichgewichtstheorien für „externe" Faktoren reserviert ist, könnten wir sinnvollerweise einmal versuchen, sie auf Parsonssche Funktionen oder Dysfunktionen zurückzuführen.

Tabelle 1: Parsons' Schnitt durch die Doktrinen

	Materialismus	Idealismus amerikanisch	Idealismus deutsch	Voluntarismus	Determinismus deduktiv	Determinismus dialektisch, historizistisch
klassische Ökonomie	□	□			□	
marxistische Ökonomie	□			□		□
Merkantilismus	□			□		
Webersche Soziologie			□	□		
Parsonssche Soziologie	□	□	□	□	□	

Der spezifische Wert des Parsonsschen Systems in bezug auf die Unsicherheit, die durch die Auflösung des Keynesianischen Konsenses und die strukturellen Umwälzungen in der Weltwirtschaft entstanden ist, besteht darin, daß es in alle konkurrierenden Theorien übergreift und dennoch ihre offensichtlichsten Stärken beibehält. Die einzige eindeutige Inkompatibilität ist die mit dem marxistischen Historizismus und Determinismus. Diese Qualität des Parsons-Systems ist in dem intellektuellen Klima, das heute für die ökonomische Disziplin typisch ist, ganz besonders signifikant. Sie müßte eigentlich dazu beitragen, dem ideologischen Disput, der die „Krise der Wirtschaftstheorie" durchzieht und die Interpretation der japanischen Wirtschaft begleitet, einiges von seiner Schärfe zu nehmen. Tabelle 1 vermittelt einen Eindruck von Parsons' Potential für die pragmatische Verwendung der Erkenntnisse all dieser Theorien sowie für die effektive Beschneidung ihrer zu extremen Aussagen.

3. Anpassung, Zielerreichung, Strukturerhaltung, Integration und die Kongruenz der Theorien

Eine Schwierigkeit des Parsonsschen Systems, die es mit der allgemeinen Gleichgewichtstheorie im engen Sinne teilt, hängt mit seiner Gestaltung als einem vorrangig analytischen und weniger deskriptiven System zusammen. Da es nicht dazu gedacht ist, die Gesellschaften der realen Welt zu beschreiben, sind Approximationen zwischen dem Modell und der Realität überaus schwierig. Aufgrund der größeren Komplexität des Parsonsschen Systems im Vergleich zu den allgemeinen Gleichgewichtstheorien der Ökonomie hat es im soziologischen Funktionalismus nie ein analoges System gegeben wie das der Friedmanschen Approximation zwischen der allgemeinen Gleichgewichtstheorie und den Wirtschaften der realen Welt in seiner „positiven Ökonomie". Obwohl Parsons' Konzepte in den Argumentationen der meisten Sozialwissenschaftler in irgendeiner Form implizit enthalten sind,[24] haben die meisten dieser Sozialwissenschaftler vor dem Versuch zurückgescheut, empirisches Material direkt unter die Parsonsschen Funktionen zu subsumieren. Wir brauchen hier nicht zu entscheiden, ob diese Tatsache eher als ein Zeichen epistemologischer Stringenz und wissenschaftlicher Bescheidenheit der besagten Sozialwissenschaftler zu interpretieren ist oder aber als ein Mangel des Parsonsschen Systems.

Mein Vorschlag lautet nun, in zwei Schritten vorzugehen. Erstens werden wir die Leistungen anerkannter Paradigma in den wichtigsten Bereichen verschiedener Disziplinen untersuchen, indem wir empirische Daten mit den verwendeten Theorien oder dem konzeptionellen Rahmen verbinden. Zweitens werden wir analysieren, inwieweit dieser Rahmen mit einer oder mehreren Parsonsschen Funktionen kongruent ist. Dabei behaupte ich, daß sich Beweise für eine derartige Kongruenz sehr viel häufiger finden lassen, als gemeinhin angenommen wird. Auf der Basis der grundlegenden Parsonsschen Annahme, daß Anpassung, Zielerreichung, Strukturerhaltung und Integration nicht nur für die gesamte Gesellschaft, sondern auch für die Analysen des ökonomischen Subsystems relevant sind, können wir tatsächlich theoretische Konstrukte ebenso verwenden wie organisiertes Datenmaterial, das nicht nur in den ökonomischen Disziplinen im engen Sinne, sondern auch in verwandten Gebieten der Politikwissenschaften, der Soziologie und des Rechts mit dazu beigetragen hat, diese Funktionen in einer häufig unbeabsichtigten Arbeitsteilung zu erhellen. In bezug auf die epistemologischen und ideologischen Grundlagen veranschaulicht Tabelle 1 die Reichweite einer derartigen unbeabsichtigten Arbeitsteilung in einem impliziten Parsonsschen Rahmen. Dennoch muß und kann die Differenz zwischen dem wichtigen theoretischen oder konzeptionellen Rahmen und den auf das ökonomische Subsystem angewendeten Parsonsschen Funktionen so stark verdeutlicht werden, daß sie über die entlang der bekannten Grenzen der konventionellen Theorien bestehenden ideologischen Spaltungen hinausgeht. Interessant ist, daß das Parsonssche System genau diese Grenzbeziehungen unterstellt, was anhand eines überzeugenden empirischen Falles veranschaulicht werden soll. In dieser Beziehung kann der japanische Fall einen guten und — wahrscheinlich besser als alle anderen Länder — einen positiven Beitrag leisten.

a. Zielerreichung

Wenn wir wie Parsons davon ausgehen, daß die Wirtschaft kein unabhängiges Gleichgewicht ist, sondern daß sich das Gleichgewicht nur im Rahmen der gesamten Gesellschaft erreichen läßt, müssen wir auch annehmen, daß die Wirtschaft gesellschaftlichen Zwecken dient. Insofern wäre die Schlußfolgerung, daß es in der Wirtschaft eine Zielerreichungsfunktion gibt, nicht nur aus der Logik des Parsonsschen Systems abgeleitet, sondern entspräche zugleich dem gesunden Menschenverstand. Eine derartige Zielerreichung läßt sich offensichtlich durch jede beliebige Wirtschaftspolitik realisieren. Während der ganzen Menschheitsgeschichte mußten alle Herrscher zwangsläufig eine Wirtschaftspolitik betreiben, die, egal ob sie demokratisch war oder nicht, die Erwartungen der Gesellschaft hinsichtlich der Wirtschaft reflektierte. So erhoben sie Fiskalabgaben für „Brot und Spiele", sorgten für Dienstleistungen durch die Gewährleistung von Schutz oder Lehnsherrschaft. Sie akkumulierten Gold als Symbol der Fürstenmacht, sie ließen all ihre Untergebenen reich werden, sie enteigneten Besitzer der Produktionsmittel, oder in dem gegenwärtigen, bislang am höchsten entwickelten Stadium der wirtschaftspolitischen Geschichte versuchten sie, Vollbeschäftigung und Preisstabilität zu vereinbaren. Aus der Perspektive des Ordo-Liberalismus könnte ich noch hinzufügen, daß selbst die Erhaltung eines möglichst perfekten Marktes eine Zielsetzung ist, die nur durch eine Wettbewerbspolitik verwirklicht werden kann, da sie sonst durch Monopole und Kartelle gefährdet würde. Man kann wohl relativ mühelos behaupten, daß die Regierungen vor allem mit Hilfe der Wirtschaftspolitik erfolgreich oder vergeblich versucht haben, die Wirtschaft zur Erfüllung der durch die Gesellschaft vorgegebenen Zielsetzungen zu veranlassen. Insofern braucht uns die Tatsache nicht sonderlich zu verwundern, daß Parsons (zusammen mit Smelser) bei seinem einzigen Versuch, sein System auf eine „moderne Wirtschaft"[25] anzuwenden, das neoklassische Modell gewählt hat. Auch wenn er dabei die „Produktion von Gütern" für die Gesellschaft als wirtschaftliches Ziel definiert hat und die staatliche Beeinflussung der Instrumentenvariablen, wie den Diskontsatz oder das Budget, unberücksichtigt gelassen hat, muß dies keineswegs nachteilig sein. Da er nie irgendwelche Zweifel an der Relevanz der Grenzbeziehungen zwischen der Regierungsform und der Wirtschaft entstehen ließ, können wir Parsons' Präferenz für das neoklassische ökonomische Modell durchaus akzeptieren und dennoch sein funktionales System zur Analyse der politischen Maßnahmen verwenden, die auf Ergebnisse abzielen, welche sich in den sogenannten modernen Mischwirtschaften konservativer, sozialdemokratischer oder neoliberaler Prägung nicht anders erreichen lassen. Ich behaupte, daß es eine nahezu vollkommene Kongruenz zwischen Tinbergens Theorie der Wirtschaftspolitik und dem Bereich gibt, der durch die Parsonssche Zielerreichungsfunktion im ökonomischen Subsystem abgedeckt wird. Um die Grenzbeziehungen zwischen der Regierungsform und der Wirtschaft mit Hilfe der Wirtschaftspolitik zu veranschaulichen, müssen wir uns nur vor Augen halten, daß die Logik der Theorie der

Wirtschaftspolitik eine Inversion der Logik der Wirtschaftstheorie im klassischen Sinne ist. Die Zielgrößen werden als (durch die Regierungsform) gegeben betrachtet, und die Instrumentvariablen werden als Unbekannte behandelt. Dieses Vorgehen unterstellt eine Kenntnis des ökonomischen Modells, d.h. der Kombination von (adaptiven) Reaktionen, die mit jeder denkbaren politischen Maßnahme einhergehen können.[26]

b. Anpassung

Da wir soeben die Zielerreichungsfunktion des Parsonsschen wirtschaftlichen Subsystems als weitgehend identisch mit dem Hauptgebiet der Theorie der Wirtschaftspolitik definiert haben, wäre dann die entsprechende kürzeste Beschreibung der adaptiven Funktion, daß sie dem Hauptgebiet der Wirtschaftsmodelle in der klassischen Tradition bzw. den offenen Prozessen entspricht, die in der dynamischen Ökonomie nach Schumpeterschem oder Hayekschem Muster beschrieben werden. Während die Zielerreichungsfunktion von den Entscheidungsträgern der Wirtschaftspolitik übernommen wird, läßt sich die derart definierte adaptive Funktion den Marktteilnehmern zuordnen, also den Haushalten und Unternehmen. Und deren Funktion läßt sich im Grunde am besten mit Hilfe von Hahns Definition des allgemeinen Gleichgewichts beschreiben:[27] d.h., sie entspricht dem abstrakten Prinzip des Marktverhaltens in dezentralen Wirtschaften, die sich ihre Marktinformationen mit Hilfe von Preissignalen beschaffen. Wir können die Parsonssche Anpassungsfunktion ohne weiteres als Hauptgegenstand der ökonomischen Theorien im klassischen Sinne definieren, weil diese Theorie — wie wir in Abschnitt 1 gesehen haben — ursprünglich nicht mehr als eine abstrakte Antwort auf die abstrakte funktionale Frage war, ob ein richtiges Gleichgewicht durch unabhängige Entscheidungen der Haushalte und Unternehmen entstehen kann. Die positive Antwort der klassischen Ökonomie bedeutet keineswegs, daß damit zugleich alle bestehenden Wirtschaften beschrieben sind.[28] Genau deshalb befaßt sich die allgemeine Gleichgewichtstheorie nicht mit den Strukturen der realen Welt, sondern mit einer abstrakten gesellschaftlichen Funktion der adaptiven Marktreaktionen auf Preissignale.

Um eine Approximation an die Strukturen der realen Welt zu erhalten, müssen wir uns an das Parsonssche Axiom erinnern, daß ein Gleichgewicht nur auf der gesamtgesellschaftlichen Ebene erreichbar ist und nicht auf der Ebene des ökonomischen Subsystems. Die Anpassungsfunktion ist schließlich nur eine der vier funktionalen Voraussetzungen dieses gesellschaftlichen Gleichgewichts, und die Grenzbeziehungen mit den anderen drei sind ebenfalls von Bedeutung. Wenn man die Anpassungsfunktion ausschließlich als Gegenstand der allgemeinen Gleichgewichtstheorie definieren würde, gäbe man zugleich den Kritikern des Parsonsschen Ansatzes recht, die vor allem seinen rein statischen Charakter kritisieren. Angesichts der Tatsache, daß sich unter den erwähnten Marktteilnehmern immer auch einige Unternehmer mit Schumpeterschen Qualitäten befinden, müssen wir unsere Definition auf die dynamischen Theorien der wirtschaftlichen Entwicklung wie die Wachstumstheorie und die Theorien erweitern, die sich auf dezentralisierte technologische Innovationen und deren Einsatz durch die Marktteilnehmer konzentrieren. Wir könnten sogar sagen, daß dies die wichtigste Form der Anpassung ist.

c. Strukturerhaltung

Die Strukturerhaltung ist die Funktion, die es der Gesellschaft erlaubt, Bedingungen aufrechtzuerhalten, die von den mittels der allgemeinen Gleichgewichtstheorie definierten Annahmen des vollkommenen Marktes abweichen. Bei der unbeabsichtigten Arbeitsteilung zwischen den konkurrierenden Schulen der Wirtschaftstheorien waren diese Bedingungen immer der Hauptgegenstand der deutschen historischen Schule sowie anderer Ansätze in der strukturalistischen Tradition. Allerdings erfüllen diese Ansätze nur selten, wenn überhaupt, die methodologischen Anforderungen der deduktiven Theorie. Dennoch sind ihre deskriptiven Aussagen zweifelsohne bedeutsam, da Gesellschaften sehr wohl die Erhaltung von strukturellen Mustern wertschätzen, die über den abstrakten Begriff des vollkommenen Marktes oder den positiven Ansatz von Friedman hinausgehen. Wenn Gesellschaften derartig abweichende Muster nicht wertschätzen würden, hätten wir nicht die zu beobachtenden Schwierigkeiten bei der Koordinierung der Wirtschaftspolitik, die sogar die Beziehungen all jener Nationen beeinträchtigen, die sich den allgemeinen Gleichgewichtsdoktrinen verschrieben haben, wie in neuester Zeit die USA, Großbritannien, Westdeutschland und in geringerem Maße sogar Japan. Der japanische Fall ist zweifellos das wichtigste Beispiel, das für die Relevanz der Strukturerhaltungsfunktion spricht, was durch die umfangreichen soziologischen Untersuchungen, angefangen vom „Nihon-jin ron“ bis zur westlichen Soziologie beispielsweise eines Ezra Vogel, bestätigt wird.[29]

d. Integration

Die Integrationsfunktion ist vielleicht für den Parsonsschen Ansatz am typischsten. Sie hat insofern eine spezifische residuale Qualität, als sie erforderlich zu sein scheint, um die Grenzbeziehungen zwischen den Funktionen der Zielerreichung, Anpassung und Strukturerhaltung zu unterstellen. Sie gibt der Parsonsschen Soziologie die holistische Qualität, die ihr den Ruf eines „Integrationsmodells“ der Soziologie eingetragen hat im Gegensatz zu dem von Ralf Dahrendorf vertretenen „Konfliktmodell“.[30]

Im weitesten Sinne wird die Integrationsfunktion durch die Spielregeln der Gesellschaft definiert. Sie wird ausgeübt mit Hilfe von Normen, die sowohl formal als auch informell, legal und sozial sowie obligatorisch als auch nur moralisch überzeugend sind. Die Disziplin, die noch am ehesten die integrative Funktion der Parsonsschen Soziologie repräsentiert, ist die Rechtsprechung, obwohl die Soziologie der normativen Systeme ebenfalls eine wichtige

Rolle spielt. Im Zusammenhang mit den soziologischen, politischen, rechtlichen und ökonomischen Untersuchungen über Japan ist das Konsensparadigma oder das Paradigma der „Japan Inc." mit der Parsonsschen integrativen Funktion kongruent. Diese Kongruenz scheint so vollkommen zu sein, daß sie allein als Hauptargument ausreichen würde, um die Relevanz der Parsonsschen Soziologie für Japan und des japanischen Falles für ein Umdenken in der westlichen Wirtschaftstheorie zu beweisen.

Anmerkungen

1 Jan Tinbergen, *Economic Policy: Principles and Design* (Amsterdam: North Holland, 1956); ders., *On the Theory of Economic Policy* (Amsterdam: North Holland, 1963); Robert A. Mundell, *International Economics* (New York: Macmillan, 1968).

2 Ralph C. Bryant, *Financial Interdependence and Variability of Exchange Rates: A Staff Paper* (Washington: Brookings Institution, 1980), S. 1.

3 Arthur B. Laffer und Marc A. Miles, *International Economics in an Integrated World* (Glenview, Ill.: Scott, Foresman, 1982), S. 52—63, 65, 110—12, 151 ff.

4 Stephen Marris, *Managing the World Economy: Will we ever learn?,* Essays in International Finance 155 (Princeton, N. J.: Princeton University Press, 1984), S. 1.

5 Neuere Aussagen finden sich bei Herbert Giersch, „Aspects of Growth, Structure, Change and Employment: A Schumpeterian Perspective", Weltwirtschaftsarchiv 115, 4 (1979).

6 Thomas J. Sargent und Neil Wallace, „Rational Expectation and the Theory of Economic Policy", *Journal of Monetary Economics* 2 (1976), S. 169.

7 Fellner, *Economic Theory;* vgl. auch Paul Samuelson, „American Swing toward the Center will Improve World Economy", *The Japan Economic Journal* (16. November 1982), S. 20.

8 Joseph A. Schumpeter, „The March to Socialism", in Schumpeter, *Capitalism, Socialism and Democracy* (London: Allen & Unwin, 1949), S. 421—24.

9 Frank Hahn, „General Equilibrium Theory", in Bell und Kristoll, *Crisis,* S. 126 ff.

10 Ebenda, S. 130—31.

11 Milton Friedman, *Essays in Positive Economics* (Chikago: University of Chicago Press, 1953).

12 Pempel, *Policy and Politics,* S. 296—313.

13 John Greenwood, „Japan: How to Cope with an Oil Crisis — A Textbook Case", *Asian Monetary Monitor* 4, 5 (1980), S. 5 f.

14 Dean, „Dissolution", S. 20.

15 Ebenda, S. 45.

16 Gary Saxonhouse, „Cyclical and Macrostructural Issues in US-Japan Economic Relations", in Daniel Okimoto (Hrsg.), *Japan's Economy: Coping with Change in the International Environment* (Boulder: Westview, 1982); vgl. auch Tatsuro Uchino, *Japan's Postwar Economy,* Mark A. Harbinson (Übers.) (Tokio: Kodansha, 1983), S. 149 ff.; und OECD, *Japan: Economic Surveys 1981—1984* (Paris).

17 Karl R. Popper, *The Poverty of Historicism* (New York: Harper Torchbook, 2. Aufl., 1960), S. 57—66; ders., *The Open Society and its Enemies* (Princeton, N.J.: Princeton University Press, 1970 [1962]), Bd. 12, S. 237—39, 261—64, 268 f., 363 f.

18 Henrik und Michèle Schmiegelow, „The New Mercantilism in International Relations: The Case of France's External Monetary Policy", *International Organization* 29 (Frühjahr 1975), S. 367—91.

19 Vgl. Robert Gilpin, *U.S. Power and the Multinational Corporation: The Political Economy of Foreign Direct Investment* (New York: Basic Books, 1975), S. 44, 148; ders., „Three Models of the Future", *International Organization* 29 (Winter 1975), S. 37—62.

20 Samuel Brittan, „A Very Painful World Adjustment", *Foreign Affairs* (America and the World, 1982), S. 545; James Barnes, „The Protectionist Threat to the Economy — and the GOP", *Washington Post* (7. April 1985).

[21] Henrik und Michèle Schmiegelow, „The New Mercantilism", S. 370; Michèle Schmiegelow, „Cutting Across Doctrines: Positive Adjustment in Japan", *International Organization* 39 (Frühjahr 1985), S. 261—96.
[22] Karl R. Popper, *Objective Knowledge — An Evolutionary Approach* (Oxford: Clarendon Press, 1972), S. 9—17.
[23] Talcott Parsons, *The Structure of Social Action* (New York: Free Press, 1968 [1937]), Bd. 1, S. 11—15.
[24] Nachruf anläßlich des Todes von Talcott Parsons, *Frankfurter Allgemeine* (1977).
[25] Parsons und Smelser, *Economy and Society,* S. 284—94.
[26] Hahn, „General Equilibrium", S. 126 ff.
[27] Ebenda, S. 130 f.
[28] Tinbergen, *Principles,* S. 12.
[29] Vgl. u. a. Ezra Vogel, *Modern Japanese Organization and Decision-Making* (Berkeley: University of California Press, 1975); Vogel, *Japan as Number One* (Cambridge, Mass.: Harvard University Press, 1979); Gianni Fodella (Hrsg.), *Structures and Economic Dynamics in Japan up to 1980* (Mailand: Luigi Bocconi Universität, 1975).
[30] Dahrendorf, *Class Conflict,* S. 157—279.

Kapitel 2
Anpassung

Wenn wir in der soeben erläuterten Weise unterstellen, daß die relative Reichhaltigkeit des empirischen Materials — das sich nicht nur auf die allgemeinen Gleichgewichtstheorien in der klassischen Tradition anwenden läßt, sondern auch auf die „österreichische" Schule übertragbar ist — ein zuverlässiger Indikator für die adaptive Qualität einer Volkswirtschaft ist, dann schneidet die japanische Wirtschaft hier überaus gut ab. Natürlich können die Grenzbeziehungen mit den anderen drei Parsonsschen Funktionen sehr wohl diese Qualität verändern (verschlechtern oder verbessern). Aber dennoch dürfen wir nicht vergessen, daß ohne dieses autonome adaptive Potential selbst eine hervorragende politische Leistung oder ausgeprägte strukturelle Qualitäten allein nicht ausreichen würden, um eine Wirtschaft wie die japanische zu erzeugen, die aufgrund ihres relativen Erfolgs bei der Reaktion auf kritische Bedingungen der Weltwirtschaft deutlich herausragt. Genau dies läßt sich anhand des reichhaltigen empirischen Materials sehr gut beweisen.

Prominente Vertreter der drei letzten Versionen der allgemeinen Gleichgewichtstheorie, d.h. des Monetarismus, der Angebotsökonomie und der rationalen Erwartungstheorie, haben die Leistung der japanischen Wirtschaft seit Mitte der 70er Jahre oder sogar seit Beginn der Nachkriegsära als ein „Lehrbuchbeispiel" für ihre jeweilige Theorie angeführt. Und jede dieser Richtungen hat teilweise recht, wie wir in den folgenden Abschnitten zeigen werden, die sich mit der — zumindest in historischer Perspektive — Vorherrschaft des Paradigmas des ausgeglichenen Haushalts, mit der Wechselkursbestimmung und der Geldmenge seit Mitte der 70er Jahre sowie mit der Geschichte der Liberalisierung des Außenhandels und der Kontrolle des Auslandskapitals befassen. Dennoch können diese empirischen Daten nicht die spezifische Dynamik bei der Entwicklung der Angebotsseite in Japan erklären. Andererseits werden wir im Abschnitt über die Wettbewerbspolitik und die häufig bestätigte Schumpetersche Qualität des japanischen Unternehmertums zu zeigen versuchen, daß sich anhand dieses Materials die „österreichische" dynamische Theorie sehr gut beweisen läßt.

1. Das Paradigma des ausgeglichenen Haushalts

Genau wie in Deutschland, blieb das 1949 den beiden Staaten vorgeschriebene Prinzip des ausgeglichenen Haushalts von Joseph Dodge auch in Japan das wichtigste Leitprinzip der Wirtschaftspolitik bis Ende der 60er Jahre.[1] Erst dann wurde — wieder wie in Deutschland — die Budgetpolitik als Instrument der Keynesianischen Nachfragesteuerung verwendet. Als sich Mitte der 70er Jahre beträchtliche und anhaltende Budgetdefizite entwickelt hatten, begann sich innerhalb der Regierung eine von dem alten normativen Rezept inspirierte Gegenbewegung zu entwickeln, die mit Nakasones Regierungsantritt in einem umfassenden Programm zur Reetablierung der früheren fiskalpolitischen Tugenden ihren Niederschlag fand.

In dieser umfassenden historischen Perspektive bietet das japanische Beispiel viele Aspekte, die den drei modernen Versionen der allgemeinen Gleichgewichtstheorie entgegenkommen. Die Monetaristen können auf die Tatsache hinweisen, daß trotz der Ansätze einer kurzfristigen antizyklischen Politik (die aus ihrer Sicht natürlich bedauerlich ist) die historisch überwiegende Abstinenz vom Einsatz fiskalpolitischer Instrumente per Saldo eine Dominanz monetärer Instrumente implizierte. Vor Mitte der 70er Jahre konzentrierte sich die japanische Geldpolitik natürlich zu sehr auf den Zinssatz und entsprach damit nicht gänzlich der monetaristischen Doktrin, die ja vor allem auf eine Kontrolle der Geldmenge abzielt. Dennoch war dies nach monetaristischer Auffassung das geringere Übel als ein starker fiskalpolitischer Aktivismus, wie er während des gesamten Beobachtungszeitraumes im Rahmen der Mischpolitik der angelsächsischen Länder üblich war.

Rationale Erwartungstheoretiker wie Yukio Noguchi gehen sogar noch weiter.[2] Auf der Basis empirischer Forschungsergebnisse, die sich nicht ohne weiteres ignorieren lassen, behaupten sie, daß die Keynesianische Ära im Nachkriegsjapan immer eine „Fiktion" war. Noguchi schafft es tatsächlich, die japanische Entwicklung der Nachkriegszeit ausschließlich mit Hilfe der Konjunkturtheorie zu erklären, wobei seines Erachtens nach die staatliche Politik nie etwas anderes tun konnte, als den Konjunkturzyklen zu folgen. Natürlich halten die Vertreter der rationalen Erwartungstheorie die Keynesianische Nachfragesteuerung für zwangsläufig ineffektiv, da die Wirtschaftssubjekte, für die die kurzfristigen Anreize gedacht sind, genügend Informationen besitzen, um nicht nur die wirtschaftliche Entwicklung, sondern auch eine künftige antizyklische Politik zu antizipieren. Nach dieser Auffassung sind die Marktteilnehmer sehr wohl imstande, den Gewinn und den Nutzen in einem langfristigen Marktgleichgewicht zu maximieren und dementsprechend die kurzfristigen positiven oder negativen Keynesianischen Anreize zu umgehen. Demnach ist die beste staatliche Politik die völlige Abstinenz von Marktinterventionen.[3] Die empirischen Analysen und normativen Forderungen scheinen sich in Noguchis Analyse nahtlos einzufügen.

Für die Angebotsökonomen empfiehlt sich die japanische Geschichte des ausgeglichenen Budgets insofern, als das Gleichgewicht auf einem nach westlichem Standard niedrigen Einkommens- und Ausgabenniveau stattfand. Obwohl nach den Ergebnissen einer kürzlich vom US-Kongreß veröffentlichten Untersuchung[4] der japanische Gesamtsteuersatz nicht einmal niedriger gewesen ist als in den USA, fand kein Vergleich mit den Steuersätzen der wichtigsten westeuropäischen Wirtschaften statt. Eine genauere Untersuchung der Steuersatzstruktur zeigt darüber hinaus, daß die japanischen Einkommensteuersätze selbst nach US-Standard niedrig waren, zumindest vor der kürzlich erfolgten US-Steuerreform. Demnach gibt es genügend Material, um eine Analyse der „Laffer-Kurve“ des Steuersatzes, der Steuereinnahmen und der Marktproduktion durchzuführen.[5]

Nach diesen Ausführungen müssen wir dennoch darauf hinweisen, daß der Fall des ausgeglichenen Budgets sehr viel komplexer ist, als die Analyse der drei spezifischen Schulen vermuten läßt. Tatsächlich gibt es wichtige Grenzbeziehungen mit politischem Aktivismus einerseits und strukturellen Bedingungen andererseits, die sich nicht sehr leicht verallgemeinern lassen. Selbst wenn das Budget während des größten Teils der 40 betrachteten Jahre ausgeglichen war, heißt dies nicht, daß es keine spezifische Form der außerbudgetären Politik gab. Diese außerbudgetäre Politik übernahm Funktionen im Bereich der Infrastruktur und der industriellen Entwicklung, die woanders in konventioneller Weise im Rahmen des staatlichen Haushalts durchgeführt wurden. Diese Geschichte, die sehr gut von Eisuke Sakakibara[6] erzählt wird, handelt vor allem von der Bestimmung der Zielsetzungen wirtschaftlicher Entwicklung sowie einer äußerst interessanten Methode der Verwirklichung dieser Ziele durch die Verbindung der Wirtschaftspolitik mit einer dezentralisierten Entscheidungsfindung. Wir werden darauf im nächsten Kapitel noch eingehen.

Ein anderer, ebenfalls wichtiger Vorbehalt betrifft das ungewöhnlich hohe Niveau der Privatinvestitionen, die angesichts der begrenzten Rolle des Budgets für die herausragenden Wachstumsraten Japans bis Anfang der 70er Jahre erforderlich waren. Diese Privatinvestitionen wurden von einem im Grunde illiquiden System der indirekten Finanzierung unterstützt, sowie von der soeben erwähnten außerbudgetären Fiskalpolitik abgesichert und durch eine großzügige, aber rationierte Verwaltung der Zentralbankkredite und Zinssätze gefördert.[7] Die Daten weisen sowohl auf staatliche Aktionen als auch auf strukturelle Eigenheiten hin. Tatsächlich haben die japanischen Politiker diese unorthodoxen Bedingungen immer als Notwendigkeit rationalisiert, die durch die Rückständigkeit des japanischen Kapitalmarktes bedingt war, dessen Bedeutung für die Gesamtleistung der japanischen Wirtschaft wir im Kapitel über Strukturerhaltung noch diskutieren werden.

Unabhängig von diesen funktionalen Grenzbeziehungen können wir nicht leugnen, daß die japanische genauso wie die deutsche Budgetpolitik eine eindeutige konservative Qualität besitzt und insofern bestätigt, was William Fellner als konservative Gegenströmung der westlichen Länder gegen planwirtschaftlichen Interventionismus bezeichnet.[8] Sowohl die japanische als auch die deutsche fiskalpolitische Enthaltsamkeit haben in den vergangenen Jahren eine besondere Aktualität gewonnen, da sie einen starken Kontrast zu den extremen Keynesianischen Budgetdefiziten der Reagan-Administration in den

Vereinigten Staaten bilden und von beiden Regierungen hartnäckig gegenüber den amerikanischen Aufforderungen zu einer veränderten Politik verteidigt werden. Beide Länder scheinen Joseph Dodges Lektionen zu gut gelernt zu haben: Sie sind päpstlicher als der Papst.

2. Moderate monetaristische Wechselkursbestimmung und die Kontrolle der Geldmenge

Die Geschichte des Monetarismus beginnt in Japan mit seiner Entscheidung im Jahre 1973, den Yen frei schwanken zu lassen. Seit Ende der 60er Jahre ist Japan oft die Manipulation seines Wechselkurses vorgeworfen worden, um den Yen vor allem gegenüber dem US-Dollar niedrig zu halten. Diese „Unterbewertung“ wurde von den Amerikanern als wichtigster Erklärungsfaktor des US-Japan-Handelsdefizits betrachtet.[9] Dennoch läßt sich diese Theorie seit dem Floaten des Yen mit dem spärlichen Beweismaterial kaum halten. Im Rahmen des Bretton-Woods-Systems war die Zurückhaltung der japanischen Währungsbehörden gegenüber einer Wiederaufwertung des Yen angesichts der wiederholten Leistungsbilanzüberschüsse natürlich sehr wohl mit der Vorstellung einer außenwirtschaftlich orientierten Wechselkursmanipulation im merkantilistischen Sinne vereinbar.[10] Tatsächlich mußte selbst im Bretton-Woods-System der grundsätzlich feste Wechselkurs verändert werden, wenn ein fundamentales Ungleichgewicht wie die damaligen permanenten Leistungsbilanzüberschüsse auftrat. Daher ließ sich Japans diesbezügliche Zurückhaltung zunächst mit merkantilistischen Argumenten vertreten. Allerdings wurde diese Interpretation schwieriger, nachdem Japan das monetaristische Rezept eines frei schwankenden Wechselkurses adoptiert hatte.

Auch hier gab es allerdings Grenzbeziehungen, d.h. politische Maßnahmen, die den Wechselkurs anders beeinflußten, als wenn es keinen Staat gegeben hätte. Das Ergebnis war, daß das Floaten des Yen nicht so „sauber“ war, wie sich dies die Monetaristen gewünscht hätten. Tatsächlich richtete sich die von Japan exerzierte Geldpolitik nicht ausschließlich auf die Kontrolle der Geldmenge, obwohl die Bank of Japan zu einem gewissen Ausmaß quantitätstheoretische Instrumente anwendete, indem sie seit 1978 „Prognosen“ des jährlichen Geldmengenzuwachses in Übereinstimmung mit dem erwarteten Wirtschaftswachstum ankündigte.[11] Weniger vereinbar mit der monetaristischen Doktrin ist dagegen die Tatsache, daß die Geldpolitik zugleich die Festsetzung des Diskontsatzes beinhaltete, die hauptsächlich auf eine Beeinflussung der heimischen Kreditnachfrage abzielte und gleichzeitig eine Defizitfinanzierung zu relativ niedrigen Kosten ermöglichte. Die seit Mitte der 70er Jahre erfolgten Diskontsatzänderungen hatten ein zweifaches Ziel: Einerseits mußte der Diskontsatz hoch genug sein im Vergleich zum US-Satz, und andererseits mußte er niedrig genug sein, um die Binnennachfrage anzuregen.[12] Hier ist die Grenzbeziehung zwischen der Anpassung und der Zielerreichung eindeutig das Ergebnis des ausländischen Drucks.

Auch die Kapitalkontrollen haben einen indirekten Einfluß auf die Wechselkursbestimmung. Die Liberalisierung der Kapitalabflüsse bewirkte, daß der Wert des Yen niedriger war — angesichts der Zinsunterschiede —, als dies in einem System der Kapitalkontrollen der Fall gewesen wäre. Genau deswegen haben Ökonomen wie Bergsten eine Rückkehr Japans zu Kapitalkontrollen befürwortet.[13] Zwischen September 1985 und März 1986 war dies der Fall, als die fünf Notenbanken der fünf größten Industrienationen (USA, Japan, BRD, Großbritannien, Frankreich) eine konzertierte Aktion zur Senkung des Dollarkurses starteten.

Rein historisch entsprachen also die Kreditrationierung, die Kapitalkontrollen und die gesteuerten Zinssätze, die Yoshio Suzuki als „japanische monetäre Ökonomie" bezeichnete[14], überhaupt nicht der monetaristischen Vorstellung, daß sie der politischen Zielsetzung entsprechen müssen. Doch mit zunehmender Liberalisierung der Finanzmärkte (Liberalisierung der Bankregeln, Schaffung neuer Finanzanlagen, Deregulierung der Zinssätze für Kredite und Spareinlagen, etc.) werden die monetaristischen Elemente, die in den vergangenen Jahren bereits vorhanden waren, automatisch zum Tragen kommen. Japan hat die monetaristischen Empfehlungen pragmatisch befolgt, ohne sich irgendeiner spezifischen ideologischen Richtung anzuschließen.

3. Neoliberale Außenhandelsverwaltung

In Amerika und in Europa fällt der zunehmende Einfluß der allgemeinen Gleichgewichtstheorien auf die heimische makroökonomische Politik merkwürdigerweise mit einer beschleunigten Erosion der internationalen Freihandelsdoktrin sowie mit einer verstärkten Bereitschaft zur Inkaufnahme diplomatischer Konflikte mit protektionistischen oder anderen Maßnahmen zusammen.[15] In Japan geht der Trend in den außenwirtschaftlichen Beziehungen eindeutig vom Protektionismus zur Liberalisierung, was sich 1980 in einem System der außenwirtschaftlichen Beziehungen niederschlug, das zu den liberalsten der OECD-Länder gehört.[16] Die japanische Wirtschaftsdiplomatie zeichnet sich aus durch ihre Kombination eines beschwichtigenden Stils mit einer realen, wenn auch marginalen Anpassung an den Auslandsdruck, der sich nicht nur in Handelsfriktionen mit den USA oder der EG niederschlägt, sondern auch im Nord-Süd-Dialog.

Japans „Foreign Trade and Foreign Exchange Control Law" (hier kurz: Außenwirtschaftsgesetz) der Nachkriegszeit ist von der amerikanischen Militärverwaltung für ein Land konzipiert worden, dessen Industrieanlagen damals völlig zerstört waren und das über keinerlei Devisenreserven verfügte. Dieses Gesetz untersagte — genau wie die Bestimmungen der Alliierten im Nachkriegsdeutschland — jede nicht ausdrücklich genehmigte Transaktion. Die wiederholten Spannungen mit den USA und der EG in den Jahren 1977 und 1978 nahm Japan als unmittelbaren, wenn nicht gar eigentlichen Anlaß zur vollständigen Novellierung dieses Gesetzes. Die Gesetzesnovelle von 1980 basierte auf der Generalklausel der völlig freien Güter- und Kapitaltransaktionen, sofern diese nicht ausnahmsweise und speziell begrenzt wurden. Das neue System folgt demnach dem anerkannten, liberalen Muster des deutschen Außenwirtschaftsgesetzes von 1962. Allerdings ist es in der Praxis im Grunde nicht mehr als die legislative Formalisierung der zuvor bereits praktizierten Liberalisierung. Der Warenverkehr ist schon seit 1962 weitgehend liberalisiert gewesen.[17] Damals hatte der Grad der praktischen Importliberalisierung bereits 70 % der internationalen Güterliste erreicht, während 1971 der Gleichstand mit Westdeutschland erzielt wurde. 1982 waren die nicht-tarifären Hemmnisse in der verarbeitenden Industrie je nach den gewählten Kriterien auf 5 und 7 % reduziert worden, während die vergleichbaren Zahlen für die USA und die EG 34 und 20 % betrugen.

Beim Kapitalverkehr zeigen die statistischen Daten, daß sein Volumen trotz der mehr oder weniger automatischen „Genehmigungsverfahren" zu Beginn der 70er Jahre ebenfalls in etwa der westdeutschen Situation entsprach. Die Kapitalabflüsse durften zuerst und schneller wachsen als die Zuflüsse, was für ein Land, das sich im Prozeß der Industrialisierung befand und damals strukturelle Budgetdefizite erlebte, ziemlich bemerkenswert ist. Nur 1974/75 wurden die Kapitalabflüsse stärker eingeschränkt. Der Yen-Wechselkurs zeigte im Anschluß an die erste Ölkrise sinkende Tendenz, und die Kapitalabflüsse übten einen verstärkten Druck auf die Währung aus. Gleichzeitig wurde der Kapitalzufluß pragmatisch erleichtert, so daß seit 1977 die ausländischen Portfolio-Investitionen stetig zunahmen und schließlich die Westdeutschlands übertrafen.[18]

Die einzigen nach wie vor gültigen Restriktionen waren die der ausländischen Direktinvestitionen. Obwohl Japan sehr wohl die potentiellen Vorteile von Kapitalimporten für seinen heimischen Kapitalmarkt erkannte, war es dennoch nicht sehr stark am Import ausländischer Managementleistungen interessiert, die normalerweise mit Direktinvestitionen verbunden sind. Auch hier können wir die Grenzbeziehungen zwischen der Hinnahme der Anpassung und den Forderungen der Strukturerhaltung sehen. Genau das Umgekehrte gilt für erfolgreiche Auslandsinvestitionen in Japan. Das Geheimnis ihres Erfolgs war die Akzeptanz der Integration in das japanische öffentliche System und die Verwendung der vorherrschenden heimischen Strukturen, um vom Neoliberalismus des neuen Gesetzes zu profitieren. Tatsächlich ist Japan trotz seiner Bereitwilligkeit zur Unterstützung des Freihandels nie von multinationalen Konzernen „erobert" worden, und es neigt gegenwärtig eher zu einer „Eroberung" anderer Volkswirtschaften durch eine transnationale Rationalisierung der internationalen Arbeitsteilung.

4. Hayeksche Nachsicht in der Wettbewerbspolitik

Auf den ersten Blick ist die Geschichte der Wettbewerbspolitik im Nachkriegsjapan ein Prozeß der Durchlöcherung des von den Alliierten auferlegten

Antimonopolgesetzes[19], der reibungslosen Rückkehr zu traditionellen „zaibatsu"-Strukturen und dementsprechend einer auffallenden Abweichung vom neoklassischen Modell des atomistischen Wettbewerbs.

Die 1947 von den Alliierten nach dem Anti-Monopoly-Law (AML) etablierte Fair Trade Commission (FTC) besaß ursprünglich Kompetenzen, die auf die Sicherung des lauteren Wettbewerbs der Unternehmen untereinander und die Verhinderung von privaten Monopolen abzielten.[20] Das letztendliche Ziel der Kartellbehörde (FTC) und des AML war jedoch die Verhinderung einer Renaissance der zaibatsu, deren enge Bindungen mit dem militärischen Establishment eine sehr viel stärkere Unterstützung der Kriegsführung bewirkt hatte, als dies hätte der Fall sein dürfen. Der Prozeß der Demokratisierung wurde in Japan von einem liberalen Marktsystem amerikanischer Prägung unterstützt. Daher wurden die Vorkriegsbeteiligungen und das Familieneigentum der zaibatsu aufgelöst, um autonome, miteinander konkurrierende Gesellschaften entstehen zu lassen. Dennoch blieb in den früheren Branchen der zaibatsu, die jetzt unabhängige Unternehmen waren, ein hoher Konzentrationsgrad erhalten. Bereits 1951 änderte sich die Politik der Alliierten Kontrollbehörde mit der Unterzeichnung des Friedensvertrages von San Franzisko. Das AML wurde modifiziert, und frühere zaibatsu-Unternehmen konnten wieder ihre Vorkriegsfirmennamen führen. Auf der Oberfläche hatte sich nicht viel verändert, aber dennoch hatten tiefgreifende und nachhaltige Transformationen stattgefunden: Die Trennung des Kapitals vom Management, die Entwicklung von Managementfertigkeiten und die Strukturen der Finanzinstitute (keiretsu) hatten nurmehr wenig Ähnlichkeit mit dem Vorkriegssystem. Das Ergebnis war eine Marktwirtschaft, in der intensiver Wettbewerb herrschte und Managerfähigkeiten von überragender Bedeutung waren.

Der erste Angriff auf die Autorität der Kartellbehörde erfolgte mit den ersten Rationalisierungs- und Rezessionskartellen, die vom MITI unterstützt wurden. Das am meisten bekannte Ergebnis, bei dem das MITI die Kartellbehörde zur Legalisierung einer Fusion zwang, war die Bildung von Nippon-Steel durch die Fusion von Yawata-Steel und Fuji-Steel, die im Oktober 1969 genehmigt wurde. Hier haben wir wiederum eine Grenzbeziehung zwischen Anpassung und Zielerreichung. Die Imperative der Industriepolitik überwogen gegenüber den Anforderungen des freien Wettbewerbs. Ein ernsthafter Versuch wurde 1974/75 unter Premierminister Takeo Miki unternommen im Anschluß an den erstaunlichen Erfolg, den FTC-Vertreter gegen den Erdölverband wegen eines illegalen Preiskartells errungen hatten. Der Gesetzesvorschlag wurde jedoch 1975 erfolgreich vom Oberhaus abgelehnt.[21] Seither hat sich eine Art modus vivendi zwischen den industriepolitischen Zielen des MITI und dem vom FTC verkörperten Engagement für die freie Marktwirtschaft entwickelt. Japans Industriepolitik hat sich während des letzten Jahrzehnts auf die Förderung technologisch hochentwickelter Industrien und den Abbau von Überschußkapazitäten in strukturell geschwächten Branchen konzentriert. Durch die beiden Gesetze von 1978 und 1983 für Krisenindustrien[22] hat Japan ein Gleichgewicht zwischen staatlicher Lenkung und Marktmechanismus hergestellt.

Wie auch immer die Kompetenzbeschneidungen der Kartellbehörde heute aussehen mögen, so läßt sich Yasusuke Murakamis Argument nicht leugnen, daß zwischen japanischen Unternehmen in den wichtigsten Industriesektoren ein stärkerer Wettbewerb herrscht als in den meisten anderen nordamerikanischen und westeuropäischen Volkswirtschaften.[23] Dies gilt möglicherweise nicht innerhalb der zaibatsu, aber sicherlich für die Beziehungen zwischen ihnen. Das herausragende Merkmal der japanischen Wirtschaft ist die relativ große Häufigkeit derart großer Konglomerate. Während in Deutschland nach der Übernahme von AEG durch Mercedes-Benz nur Siemens als einziger großer Elektronik-Hersteller mit all den ominösen Merkmalen quasi-monopolistischer Marktmacht innerhalb des Landes übriggeblieben ist, kann sich Japan zumindest mit sieben großen Konzernen brüsten (Matsushita, Toshiba, Mitsubishi-Electric, Fujitsu, NEC, Hitachi und Sony), die weltweit in Produktbereichen wie Industrierobotern, Halbleitern, Haushaltselektronik und elektronischen Bürogeräten konkurrieren können. Murakami spricht von einer Marktform, die bislang von den Anhängern des neoklassischen Modells übersehen wurde, nämlich dem sogenannten „polypoly“[24]. Tatsächlich mußte dieses Modell erst auf Japan warten, um diese logische Lücke in der Taxonomie der Marktformen zu schließen, die das Monopol und Oligopol auf der einen Seite und den atomistischen Zustand des freien Wettbewerbs auf der anderen Seite beinhaltet.

Unabhängig von dem Maß der Subsumierbarkeit des polypolistischen Marktes in das neoklassische Modell wird Japans Wettbewerbspolitik nach wie vor eher aufgrund seiner Abweichung von diesem Modell als aufgrund seiner Konformität diskutiert.[25] Dabei ist bislang weitgehend übersehen worden, daß in diesem Fall die Abweichung von einer westlichen Theorie sehr wohl mit der Übereinstimmung mit einer anderen kompatibel ist. Tatsächlich hat die „österreichische“ Schule der Ökonomie in der klassischen Tradition, die heute von Friedrich von Hayek repräsentiert wird, schon immer bezweifelt, ob das neoklassische Modell des vollkommenen Wettbewerbs den Anforderungen von mehr als marginalen Innovationen gerecht werden könne.[26] Schumpeters und Hayeks Nachsicht gegenüber Kartellen und Fusionen basierte nicht nur auf ihrer Präferenz für ein unbehindertes laissez-faire, sondern zugleich auf zwei durchaus überzeugenderen theoretischen Gründen. Der erste ist ihre epistemologische Kritik der neoklassischen Annahme, daß sich aufgrund der vollkommenen Information sofort die Entscheidungen der Marktteilnehmer in bezug auf „objektive“ Daten determinieren lassen, d.h. der Preis, bei dem das Gleichgewicht erreicht wird. Sie betonen statt dessen die Tatsache, daß Entscheidungen der Marktteilnehmer subjektive Entscheidungen sind, die unter Bedingungen der Unsicherheit getroffen werden, und daß der Marktprozeß durch Lernen und unternehmerische Entdeckungen gekennzeichnet ist.[27]

Nach ihrer Auffassung impliziert das Marktgleichgewicht, daß die Marktteilnehmer eine Reihe von sich gegenseitig stützenden Erwartungen in bezug auf die Aktionen aller anderen besitzen. Ihre Auffassung ist eine ernsthafte Herausforderung des Modells des vollkommenen Wettbewerbs, da es im Grunde nichts anderes als die Übertragung der Popperschen Epistemologie auf das Gebiet der Ökonomie ist.[28] Der zweite Kritikpunkt, mit dem sie das Modell angreifen, lautet, daß nicht etwa der freie Preiswettbewerb vorrangig ist, sondern vielmehr der „Wettbewerb des neuen Gutes, der neuen Technologie, der neuen Angebotsquelle, der neuen Organisationsform — also des Wettbewerbs, der einen entscheidenden Kosten- oder Qualitätsvorsprung bietet und nicht die Gewinnspannen und die Produktion der vorherrschenden Firmen berührt, sondern an ihre Grundlagen und ihre eigentliche Existenz geht."[29] Dieses Zitat klingt extrem aktuell angesichts des Wettbewerbs, den japanische Unternehmen gegenwärtig ihren amerikanischen und europäischen Konkurrenten auf den Weltmärkten liefern.

Im neoklassischen Modell ist kein Spielraum für einen derartigen Wettbewerb. Darüber hinaus wirft dieses Modell ein methodologisches Problem auf, das seine Relevanz im vergangenen Jahrzehnt zunehmend untergraben hat. Die von ihm verwendeten Marktformen beschränken sich auf den Rahmen der nationalen Wirtschaft, und die von ihm empfohlene Wettbewerbspolitik läßt sich nur von nationalen Behörden durchführen. Unter Verwendung von David Singers[30] Unterscheidung der Analyseebenen in der Theorie der internationalen Beziehungen ist das neoklassische Modell des vollkommenen Wettbewerbs subsystemisch, während die österreichische Schule sowohl auf einer Mikroebene (subsystemisch) und auf einer systemischen Ebene operiert. Ihr Argwohn gegenüber planwirtschaftlicher Interventionen ist vielleicht ein Grund für die Auslassung der nationalen Ebene dazwischen. Epistemologisch akzeptiert Hayek eine wissenschaftliche Analyse nur von „subjektiven" Entscheidungen der Marktteilnehmer, und er bestreitet die Gültigkeit der Marktformen, die nur in analytischen Modellen existieren. Nach Hayekscher Auffassung ist der Markt immer weltweit, sofern er nicht durch gleichermaßen „subjektive" staatliche Interventionen beschränkt ist. Demnach ist die österreichische Schule heute sicher sehr viel besser vorbereitet, um der Form von Wettbewerb gerecht zu werden, die führende japanische Unternehmen ihren amerikanischen und europäischen Konkurrenten in Schlüsselsektoren mit dem größten Wachstumspotential überall in der Welt liefern.

Andererseits wird der Wettbewerb in Japan nicht nur vom Hayekschen laissez-faire allein geprägt. Die Art und Weise, in der das AML angewendet wird, ist im Gegenteil ein überaus vollkommenes Beispiel für die Grenzbeziehungen zwischen den Funktionen der Anpassung und der Zielerreichung in einer Volkswirtschaft. Während in der westlichen Tradition der durch das neoklassische Modell inspirierten Wettbewerbspolitik eine „Industriepolitik" keinen Raum hat, oder mit anderen Worten, die Behinderung von Kartellen und Fusionen die einzige und einzig vorstellbare Form der Industriepolitik ist, scheint in Japan die Beziehung zwischen diesen beiden Politikformen genau umgekehrt zu sein. Hier scheint die Anwendung des AML, wie bereits erwähnt, in einer Legalisierung von Kartellen zu bestehen, die durch staatliche Entscheidungen zugunsten industriepolitischer Ziele bedingt waren. Dabei war es relativ irrelevant, ob diese Entscheidungen durch gesetzliche Verordnungen formalisiert wurden oder nicht. Wie bereits beschrieben, konnte kein Kartell, das mit der nichtformalisierten „administrativen Lenkung" vereinbar war, von der Kartellbehörde rechtlich belangt werden. Insofern hatte die Industriepolitik eindeutig Vorrang vor der Wettbewerbspolitik.

Man könnte das Argument sogar noch ergänzen durch die Aussage, daß die administrative Lenkung des Staates gegenüber Unternehmen des gesamten industriellen Sektors oder einzelnen Teilen desselben effektiv zu einem koordinierten Verhalten dieser Unternehmen führte, das kaum von Verhaltensweisen bei informellen Kartellmitgliedern zu unterscheiden war. Wenn Murakami behauptet, daß die administrative Lenkung in der Nachkriegsgeschichte der japanischen Wirtschaft ein sehr viel wichtigerer Faktor war als die Kartelle, basiert seine Aussage offenbar auf dem begrenzten Konzept der rein formal möglichen Kartelle. Jeder westliche Kartellrechtler würde natürlich eine sehr viel weiter gefaßte Definition verwenden. Tatsache bleibt jedoch, daß auf dem Gebiet der japanischen Wettbewerbspolitik eine faszinierende Mischung aus intensivem Wettbewerb, Nachsicht gegenüber Kartellen und staatlicher Lenkung zu einer Wirtschaft geführt hat, die extrem anpassungsfähig auf externe Schocks und strukturelle Bedingungen reagiert, während sie gleichzeitig an der Vorderfront der technischen Innovation Pionierarbeit leistet. Wir werden in unserem Kapitel über die Zielerreichung in der japanischen Wirtschaft auf die Beiträge der Politik zur adaptiven Leistung zurückkommen. Zuvor müssen wir jedoch einen Abschnitt der geradezu exemplarischen Übereinstimmung des japanischen Unternehmensverhaltens mit der österreichischen Theorie widmen.

5. Die Schumpeterschen Unternehmerqualitäten

In der umfassenden Literatur über die japanische Wirtschaftsleistung ist es im vergangenen Jahrzehnt geradezu üblich geworden, sich auf die spezifischen „Schumpeterschen" Qualitäten zu beziehen, wann immer die Ökonomie außerstande war, das beträchtliche Maß an Unverwüstlichkeit und Dynamik sowie den schnellen strukturellen Wandel zu erklären, der Japan von anderen führenden westlichen Wirtschaften mit denselben Weltwirtschaftsbedingungen unterschied.[31] Das Problem bei der — sowohl neoklassischen als auch Keynesianischen — gegenwärtigen Ökonomie ist, daß sie keine strukturellen Veränderungen einbezieht. Sie befaßt sich nicht mit Strukturen, da das von ihr behandelte allgemeine Gleichgewicht abstrakt ist und nach Ansicht der rigorosesten Theoretiker nicht mit den Strukturen der realen Welt verwechselt werden darf, wenn der wissenschaftliche Wert der Theorie aufrechterhalten werden soll. Mit den Worten von Frank Hahn heißt dies, daß die ökonomische Theorie der klassischen Schule eine abstrakte Antwort auf die abstrakte Frage ist, ob ein richtiges Gleichgewicht das Ergebnis unabhängiger Entscheidungen der Haushalte und Unternehmen sein kann. Die Antwort der klassischen Ökonomen besagt nicht, daß irgendeine aktuelle Wirtschaft beschrieben worden ist.[32] Darüber hinaus befaßt sich die Ökonomie nicht mit dem Wandel, da das Gleichgewicht immer ein Zustand und kein Prozeß ist. Die neoklassische ist ebenso wie die Keynesianische Theorie eine statische Theorie und kann insofern kaum die dynamischen Prozesse klären, die nach wie vor in der japanischen Wirtschaft stattfinden.

Glücklicherweise können die „Österreicher", unabhängig von ihren sonstigen Verdiensten und Mängeln, in dieser Beziehung helfen. Tatsächlich ist die Schumpetersche Theorie der wirtschaftlichen Entwicklung die einzige nichtmarxistische ökonomische Theorie, die über rein marginale, strukturelle Veränderungen hinausgeht.[33] Im Gegensatz zu Marx versucht Schumpeter nicht, die gesamte wirtschaftliche Entwicklung zu erklären, sondern nur die des Kapitalismus. Andererseits behandelt er genau wie Marx ökonomische, politische und soziale Strukturen als Variablen. Er möchte damit einen sehr viel höheren Verallgemeinerungsgrad erreichen als die statischen und die dynamischen Modelle der klassischen, neoklassischen, Keynesianischen und postkeynesianischen Theorie. Schumpeters Theorie der Kapitalakkumulation besitzt klassische und neoklassische Elemente, da er ein schnelles Auftauchen neuer Techniken und Ressourcen als „gegeben" hinnimmt. Gleichzeitig geht er jedoch einen Schritt weiter, indem er den technologischen Fortschritt nur als notwendige, aber nicht als hinreichende Bedingung für die Entwicklung darstellt. Entscheidend sind vielmehr die spezifischen Qualitäten des „Schumpeterschen Unternehmers", der alle 50 Jahre jeweils zu Beginn eines Aufschwungs der Langen Wellen von Kondratieff auftaucht. Er nimmt die „gegebenen technologischen Chancen" wahr und ist bereit, die unkalkulierbaren Risiken zu übernehmen, die mit der Schaffung völlig neuer Produkte sowie mit der notwendigen Nachfrage nach diesen verbunden sind. Derartig neue Produkte implizieren radikale Änderungen der Produktion, des Managements und der Organisation. Genau wie Marx kennt Schumpeter durchaus den destruktiven Aspekt der Innovation, doch ist diese Destruktion seiner Meinung nach „kreativ", da nach dem Verschwinden der alten Strukturen, und nachdem alle Klassen von den Neuerungen profitiert haben, ein neues und höheres Gleichgewicht erreicht wird.

Schumpeters wichtigster Beitrag, der vielleicht für den japanischen Fall am relevantesten ist, besteht in seinem Argument, daß die Investition mehr als eine bloße Routineanpassung an marginale Veränderungen der Profitrate oder des Zinssatzes ist, wie dies die klassischen Autoren unterstellen. Das Investitionsmuster der japanischen Wirtschaft hat sich während des letzten Jahrzehnts durch eine Schumpetersche Qualität ausgezeichnet, die durch weniger zyklische Schwankungen geprägt war, als Kondratieff prognostiziert hätte. Die japanischen Unternehmer haben systematisch den Prozeß der kreativen Destruktion ausgenutzt, indem sie kommerziell neue Produkte und Prozesse erforscht haben, von denen die meisten effektiv woanders erfunden wurden. Sie haben konsistent die Schumpetersche Lehre befolgt, „daß die kapitalistische Leistung nicht darin besteht, mehr Seidenstrümpfe für Königinnen zu erzeugen, sondern diese auch den Fabrikarbeiterinnen zugänglich zu machen als Gegenleistung für ständig sinkende Arbeitsanstrengungen."[34] Eine ganz ähnliche Überlegung läßt sich auf die Massenproduktion von hochentwickelten Produkten wie optischen Instrumenten, Transistoren und Halbleitern anwenden, die woanders für militärische Zwecke gedacht bzw. auf wissenschaftliche und industrielle Verwendungen oder den gehobenen Konsum beschränkt waren und erst anschließend durch die japanischen Unternehmen für den weltweiten Massenkonsum verfügbar gemacht wurden.

Dennoch bleibt als entscheidende Frage, warum die japanischen Unternehmer diese Schumpetersche Qualität besitzen, während dies bei anderen nicht oder sehr viel weniger der Fall ist. Der übliche Keynesianische Einwand gegen die Schumpetersche Konjunktur- und Entwicklungstheorie lautet, daß sie die Auf- und Abschwünge der Wirtschaftsentwicklung beschreibt, aber nicht erklärt, warum oder wie die Bewegungen beeinflußt werden können. Dieser Einwand ist zum Teil unzutreffend; denn Schumpeter erklärt sehr wohl, was erforderlich ist, um ein erfolgreicher Unternehmer zu sein und dementsprechend als Vehikel eines kurzfristigen konjunkturellen Aufschwungs zu fungieren: Seiner Ansicht nach bedarf es einer neuen Technologie und der Bereitschaft, ungewöhnlich hohe Risiken einzugehen. Vielleicht gibt es kulturelle Erklärungen für die geringere Risikoscheu der japanischen Unternehmer. Wir begegnen solchen Erklärungen allerdings mit Vorsicht, da eine sorgfältige Kostenkalkulation und ein zeitaufwendiger Prozeß der Konsensbildung axiomatische Bestandteile des japanischen Entscheidungsprozesses sind, die wir in Kapitel 5 noch eingehend erörtern werden. Diese Elemente sind ganz im Gegenteil starke Indikatoren für Risikoscheu. Demnach gibt es eine überaus interessante Grenzbeziehung zwischen der Anpassungs- und Integrationsfunktion im Parsonsschen Sinne. Versuchsweise können wir einmal behaupten, daß eine sorgfältigere Kalkulation, ein erhöhter Zeitaufwand für Konsensbildung und ein breiteres Erfahrungsspektrum, die mit einem derartigen Konsensbildungsprozeß verbunden sind, möglicherweise tatsächlich eine bessere Vorbereitung für das Eingehen größerer Risiken darstellen als in den Kulturen, in denen Entscheidungsfindung eher in kleineren Kreisen mit mehr individueller Verantwortlichkeit und vor allem schneller stattfindet. Bei gleicher Risikoscheu können sich überalterte Entscheidungen für eine spezifische Investition als nachteilig erweisen.

Hinzu kommt noch eine zweite Grenzbeziehung. Eine der am häufigsten diskutierten Fragen in der neueren Literatur ist, ob die erfolgreichsten japanischen Unternehmen bei ihren Investitionsentscheidungen vom Staat gelenkt wurden oder nicht. Schumpeter hat sehr wohl die steigende Bedeutung des

Staates in der Wirtschaft erkannt, hat jedoch keine normativen Vorteile dafür gefunden. Ganz im Gegenteil sah er hierin eine Ursache für das Ende des Kapitalismus und warnte deshalb vor dem „Marsch in den Sozialismus".[35] Insofern wäre es paradox, sich vorzustellen, daß ein Unternehmertum mit Schumpeterschen Qualitäten vom Prinzip der administrativen Lenkung japanischer Prägung dirigiert würde. Dennoch ist dieses Paradox nur rein oberflächlich. Bei genauerer Betrachtung müssen wir zugeben, daß Schumpeter keine angebotsorientierte Politik im Sinne hatte, sondern eher eine distributive Politik. Aus der im vorhergehenden Abschnitt diskutierten Schumpeterschen Nachsicht gegenüber dem unvollkommenen Wettbewerb können wir schließen, daß es nur ein relativ kleiner Schritt ist, um sich vorzustellen, daß eine pragmatische, angebotsorientierte Staatspolitik nach japanischem Muster die Schumpetersche Entwicklung eher begünstigen als behindern kann. In gewisser Weise kann die japanische administrative Lenkung (gyoseishido) ebenso wie die Unterstützung der Forschung und die partielle Beteiligung an der Finanzierung umfangreicher Projekte mehrerer Unternehmen, die wir im nächsten Kapitel eingehender diskutieren werden, ohne weiteres als Bestandteil des soeben erwähnten Prozesses der Risikokalkulation betrachtet werden. Der Staat würde demnach nur als ein, wenn auch ein sehr wesentliches, Reservoir an Sachverstand erscheinen, der für den Konsensbildungsprozeß mit dem Ziel der Investitionsentscheidung erforderlich ist.

Anmerkungen

1 Tatsuro Uchino, *Japan's Postwar Economy,* Mark A. Harbinson (Übers.), (Tokio: Kodansha, 1983), S. 49 ff.

2 Yukio Noguchi, „Nihon de Keinzu Seisaku wa okonowaretaka-Kyoko datta Keinzu jidai" [Wurde in Japan Keynesianische Politik betrieben? Die Keynes-Ära, die eine Fiktion war], *Kikan Gendai Keizai* 52 (1983), S. 163—83.

3 Thomas Sargent und Neil Wallace, „Rational Expectation and the Theory of Economic Policy", *Journal of Monetary Economics* 2 (1976), S. 169.

4 Jane Gravelle, „Comparative Tax Burdens in the United States and Japan and Implications for Relative Economic Growth", Congressional Research Service Report, Nr. 83—177E (1983).

5 Arthur B. Laffer and Marc A. Miles, *International Economics in an Integrated World* (Glenview, Ill.: Scott, Foreman, 1982), S. 63, 65, 151 ff.

6 Eisuke Sakakibara und Robert Feldman, „The Japanese Financial System in Comparative Perspective", *Journal of Comparative Economics* 7 (März 1983), S. 1—24.

7 Hugh Patrick, *Monetary Policy and Central Banking in Contemporary Japan* (Bombay: Bombay University Press, 1962), S. 62 ff.; Yoshio Suzuki, *Money and Banking in Contemporary Japan: The Theoretical Setting and Its Applications,* John Greenwood (Übers.), (New Haven: Yale University Press, 1980), S. 76 ff.

8 William Fellner, *Economic Theory Amidst Political Currents: the Spreading Interest in Monetarism and the Theory of Market Expectations* (Tübingen: Mohr, 1982).

9 C. Fred Bergsten, „What to do about the US-Japan Economic Conflict?" *Foreign Affairs* (Sommer 1982), S. 1059—75.

10 Vgl. Henrik Schmiegelow, „Japans Währungspolitik: Politische Zielsetzungen, nichtpolitische Variablen und das Prinzip der schrittweisen Anpassung" in diesem Buch. Vgl. auch ders., *Japans Außenwirtschaftspolitik: merkantilistisch, liberal oder funktionell?* (Hamburg: Institut für Asienkunde, 1981), S. 52.

11 Vgl. Milton Friedman, „Monetarist Rhetoric in Theory and in Practice", *Bank of Japan Monetary and Economic Studies* 2 (Oktober 1983), S. 13; Bank of Japan, *The Japanese Financial System* (Tokio 1978), S. 16 ff., 124 ff.

[12] Peter Quirk, „Exchange Rate Policy in Japan: Leaning against the Wind", *IMF Staff Papers* 24 (November 1977), S. 642—64; John Lewis, „A Bifocal Policy for Japan", *Far Eastern Economic Review* (12. September 1980). Einige Beispiele wären die Entscheidung der Bank of Japan im Jahre 1980, den Diskontsatz gegen den Trend des internationalen Zinswettbewerbs zu senken, sowie 1986 die erneute Weigerung, ihn noch mehr zu senken, obwohl die Amerikaner einen verstärkten Druck in dieser Richtung ausübten.

[13] C. Fred Bergsten, *The United States-Japan Economic Problem: the G5 Plaza Agreement after Six Months* (New York: Japan Society, März 1986), S. 9—11.

[14] Suzuki, *Money and Banking*, S. 76—81.

[15] Robert B. Reich, „Beyond Free Trade", *Foreign Affairs* 61, 4 (Frühjahr 1983), S. 773—804; Bettina Hurni, „Restrictions on International Competition Through Government Measures", *Intereconomics* 5 (September 1982), S. 218—24.

[16] Vgl. Michèle Schmiegelow, „Die Reform des japanischen Außenhandels und des Außenwirtschaftsgesetzes: Ein Beispiel qualitativer Wirtschaftspolitik" in diesem Buch.

[17] Robert Ozaki, *The Control of Import and Foreign Capital in Japan* (New York: Praeger, 1972), S. 68 ff.

[18] Michèle Schmiegelow, *La réforme du droit économique extérieur, la libéralisation des mouvements de capitaux et la situation des banques étrangères au Japon* (Louvain-la-Neuve: Université Catholique de Louvain, 1981), S. 23—31.

[19] Eleanor M. Hadley, *Antitrust in Japan* (Princeton, N.J.: Princeton University Press, 1970).

[20] Uchino, *Japan's Postwar Economy*, S. 22.

[21] Ebenda, S. 205—09.

[22] Eine detaillierte Diskussion der beiden Gesetze findet sich bei Frank G. Upham, „Legal Framework of Structurally Depressed Industry Policy", Harvard University Program on U.S.-Japan Relations, Arbeitspapier (Cambridge, Mass. 1983).

[23] Yasusuke Murakami, „The Japenese Model of Political Economy", Diskussionspapier, das auf der JPERC Bd. 1 Konferenz in Honolulu im Januar 1985 (S. 17—34) vorgestellt wurde.

[24] Murakami, *Japanese Model*, S. 29—34.

[25] Susan Strange und Roger Tooze, „The Management of Surplus Capacity and International Political Economy", in Strange und Tooze (Hrsg.), *The International Politics of Surplus Capacity: Competition for Market Shares in the World Recession* (London: Allen & Unwin, 1981), S. 211—12.

[26] Frederick A. von Hayek, *Individualism and Economic Order* (Chikago: University of Chicago Press, 1948), S. 92—118.

[27] Ebenda; ders., *Profits, Interests and Investment* (Clifton, N.J.: A. M. Kelley, 1969), S. 116 ff. Vgl. auch Israel Kirzner, „The ‚Austrian' Perspective", in Daniel Bell und Irving Kristoll (Hrsg.), *The Crisis in the Economic Theory* (New York: Basic Books, 1981), S. 115—21.

[28] Frederick A. von Hayek, *Studies in Philosophy, Politics and Economics* (Chikago: University of Chicago Press, 1967), S. 3—42.

[29] Joseph A. Schumpeter, *Capitalism, Socialism and Democracy* (London: Allen & Unwin, 1949), S. 84.

[30] David J. Singer, „The Level-of-Analysis in International Relations", in James N. Rosenau (Hrsg.), *International Politics and Foreign Policy* (New York: The Free Press, 1969), S. 20—29.

[31] Um nur einige Beispiele zu nennen: Roy Hofheinz und Kent E. Calder, *The Eastasia Edge* (New York: Basic Books, 1982), S. 245; Hans-Eckart Scharrer, Warren Hesse und Henry Kragenau, *Japans Wirtschaftsentwicklung, Außenhandel und Wettbewerbsfähigkeit* (Hamburg: Weltarchiv, 1982), S. 201—93.

[32] Frank Hahn, „General Equilibrium Theory", in Bell und Kristoll, *Crisis in Economic Theory*, S. 126 ff.; Milton Friedman, *Essays in Positive Economics* (Chikago: University of Chicago Press, 1953).

[33] *The Theory of Economic Development* (Cambridge, Mass.: Harvard University Press, 1934), die allmählich von Joseph A. Schumpeter entwickelt wurde, ders., *Business Cycles* (New York: McGraw-Hill, 1939), und *Capitalism, Socialism.*

[34] Schumpeter, *Capitalism, Socialism*, S. 67.

[35] Ebenda.

Kapitel 3
Zielerreichung

Wenn die japanische Nachkriegsleistung tatsächlich nicht mehr als der „Lehrbuchfall“ einer überaus anpassungsfähigen Wirtschaft gewesen wäre, wie dies die allgemeinen Gleichgewichtstheoretiker behaupten, hätte der Staat nicht mit fiskal-, geldpolitischen oder anderen Maßnahmen in die Funktionsweise der relevanten Märkte eingreifen dürfen. Diese Bedingung gilt in gewissem Maße, wie wir gesehen haben, für längere Anwendungsperioden der Regel des ausgeglichenen Haushalts in der Fiskalpolitik. In allen anderen wichtigen politischen Bereichen scheint sie offenbar nicht gültig zu sein. Selbst die hartnäckigsten Vertreter der allgemeinen Gleichgewichtstheorie können nicht leugnen, daß die japanische Regierung bei der Verfolgung kurzfristiger und langfristiger wirtschaftspolitischer Ziele während der gesamten Nachkriegsgeschichte eindeutig mit zu den aktivsten von allen OECD-Regierungen gehörte.

Natürlich müssen wir gerechterweise anerkennen, daß zumindest Yukio Noguchi die Herausforderung dieses Paradoxons annimmt und uns eine Lösung bietet. Er leugnet nicht, daß es eine staatliche Politik gegeben hat, aber er behauptet, daß sie nicht ausschlaggebend war, weil die Wirtschaft sich immer genauso zyklisch entwickelt, wie die antizyklische Politik dies zuläßt. Allerdings befaßt sich dieses Argument — unabhängig von seinem Wert — nur mit den Faktoren einer kurzfristigen Keynesianischen Nachfragelenkung, und nicht mit den vermutlich sehr viel wichtigeren mittel- und langfristigen Indikatoren einer angebotsorientierten Industriepolitik.

Wenn wir uns dagegen der eigentlichen Transformation der allgemeinen Gleichgewichtstheorie in die „positive Ökonomie“ beispielsweise Friedmanscher Prägung anschließen, dann müssen wir im Prinzip davon ausgehen, daß alle Volkswirtschaften ohne staatliche Intervention gleichermaßen leistungsfähig sind, daß jegliche Wirtschaftspolitik völlig irrelevant ist und daß ein Land mit und ein Land ohne Wirtschaftspolitik völlig äquivalent sind. Noguchis Problem ist das in der Epistemologie altbekannte Problem des negativen Beweises. Es ist sehr viel leichter, etwas zu beweisen, was passiert ist, als positiv nachzuweisen, daß etwas nicht existiert. Und um zu beweisen, daß die antizyklische Politik keinerlei Auswirkungen hatte, reicht es nicht aus, für die tatsächliche Entwicklung der japanischen Wirtschaft eine plausible konjunkturelle Interpretation zu bieten. Man müßte sozusagen das Beispiel wiederholen und es ohne die Variable der antizyklischen Politik durchspielen. Nur dann könnte man sicher sein, daß die meßbaren Effekte nicht nur durch die Politik, sondern durch ein autonomes zyklisches Verhalten des Marktes bedingt sind. Unglücklicherweise besteht eine der entscheidenden methodologischen Grenzen der ökonomischen Wissenschaft darin, daß die Entwicklungen der realen Weltwirtschaft „Experimente" sind, die nie wiederholt werden können.

Auf jeden Fall ist das Segment der Wirtschaftspolitik, für das Noguchi zumindest eine plausible Reihe von alternativen Ursachen aufzeigte, zu klein, um die Verallgemeinerung zuzulassen, daß jedwede Wirtschaftspolitik irrelevant ist. Wenn wir sein Konzept rigoros anwenden würden, dann müßten wir folgern, daß es keinen Unterschied zwischen der japanischen Wirtschaftsleistung und beispielsweise der amerikanischen oder westdeutschen Entwicklung hätte geben dürfen. Mit anderen Worten, es dürfte keinen Unterschied zwischen den Leistungen der einzelnen Volkswirtschaften geben — wenn man einmal von kurzfristigen Konjunkturschwankungen absieht, die zum Zwecke des Leistungsvergleichs auf einen Durchschnittswert gemittelt würden. Vor allem gäbe es keine Leistungsunterschiede zwischen Wirtschaften, die exogene Schocks wie die Ölkrisen erleiden, von denen alle marktorientierten Länder der Weltwirtschaft gleichermaßen betroffen waren. Insofern grenzt es eher an Ironie zu behaupten: Wenn alle darin übereinstimmen, daß Japan besser abgeschnitten hat als die meisten OECD-Mitglieder und daß es gleichzeitig eine aktivere Wirtschaftspolitik betrieben hat als die anderen Länder, dann gibt es nicht nur eine starke Vermutung für die Relevanz der Politik, sondern zugleich eine höhere Wahrscheinlichkeit dafür, daß ihr Einfluß eher vorteilhaft als schädlich war.

Natürlich ist eine derartig globale Annahme relativ wertlos. Indes verbirgt sich mehr hinter dem japanischen Fall als nur diese Annahme, sondern es gibt eine Reihe von Beweisen für die politische Effektivität in den verschiedensten Bereichen. Das einzige Problem besteht darin, das Ausmaß des Beitrags dieser Politik für die Gesamtleistung zu ermitteln.

Während der gesamten Nachkriegszeit können wir eine aktive Keynesianische Nachfragelenkung im monetären und im fiskalpolitischen Bereich von Ende der 60er bis Mitte der 70er Jahre feststellen, und obwohl ein Teil der Vorteile der Fiskalpolitik von Noguchi in Frage gestellt wurde, hat bislang noch niemand die Irrelevanz der Geldpolitik überzeugend nachweisen können. Japans konsistenter Schutz junger Industrien, dessen negative Auswirkungen für die japanischen Handelspartner oft angeprangert wurden, wird tatsächlich von den Neoklassikern — und das wird nur zu oft vergessen — als legitim und hinsichtlich der langfristigen Handelsvorteile effektiv bezeichnet. In der bereits im vorherigen Kapitel erwähnten außerbudgetären Politik finden wir merkantilistische Elemente, die sich schließlich in Großprojekten von nationaler Bedeutung niederschlugen und insofern einen physischen Beweis darstellen, der kaum wegargumentiert werden kann. Außerdem ist das weite Spektrum der industriepolitischen Instrumente, die vom gyoseishido bis zu spezifischen Maßnahmen der Wettbewerbs-, Geld- und Fiskalpolitik reichen, als ein Modellfall der von der OECD entwickelten Positiven Anpassungspolitik (PAP) anerkannt worden und bietet insofern einen Idealtyp von Grenzbeziehungen zwischen Anpassung und Zielerreichung, und — sofern es strukturelle Veränderungen ausgelöst hat — auch der Strukturerhaltung im Parsonsschen Rahmen.

Was allerdings den Teilnehmern an der hitzigen Debatte zwischen „politischem Aktivismus" und „politischem Nihilismus" entgangen zu sein scheint, ist die Tatsache, daß Japan einfach das gesamte Spektrum der Theorie der Wirtschaftspolitik in der von Jan Tinbergen initiierten Tradition umfassender und konsistener angewandt hat. Tatsächlich war es meines Erachtens weniger die begreiflicherweise zweifelhafte Effektivität irgendeiner spezifischen Kombination von wirtschaftspolitischen Aktivitäten, als vielmehr die Tatsache, daß Japan mit größerer Leichtigkeit, mehr Pragmatismus und gleichzeitig mehr Mut als andere wichtige Industrienationen das ausgeglichen hat, was Tinbergen als „quantitative Wirtschaftspolitik innerhalb der Strukturen", als „qualitative Wirtschaftspolitik", die die Strukturen innerhalb der Grundlagen verändert und als „fundamentale Reformen" bezeichnet.[1]

1. Keynesianische Konjunkturpolitik

Um die japanische Konjunkturpolitik seit dem Kriege zu verstehen, müssen wir zuerst die beiden klassischen Politikkomponenten von Tinbergens Theorie der Wirtschaftspolitik in vier Komponenten zerlegen. Anhand des japanischen Beispiels läßt sich zeigen, daß die Fiskal- und die Geldpolitik sinnvollerweise in separate Instrumente für separate Ziele unterteilt werden können. Demnach können wir die Fiskalpolitik in Budget- und außerbudgetäre Politik zergliedern und die Geldpolitik in die Diskontsatz- und Kreditrationierungspolitik, wobei die Budget- und die Diskontpolitik als die „klassischen Interventionsinstrumente" und die beiden anderen als „unorthodoxe" Instrumente betrachtet werden. So kann beispielsweise eine restriktive Haushaltspolitik die Preisstabilität fördern, eine außerbudgetäre Fiskalpolitik kann das Wachstum in ausgewählten Bereichen anregen, oder in der Geldpolitik kann die Kreditrationierung, wenn sie von einer Zinssteuerung unterhalb des Marktniveaus begleitet wird, Investitionsprojekte mit kurzfristigen Beschäftigungseffekten zusammen mit einer langfristigen Verbesserung der Industriestruktur bewirken, während die Diskontsatzpolitik eine konjunkturelle Stabilisierung herbeiführen kann. Ein Großteil dessen, was seit langem in der japanischen Wirtschaftspolitik als unorthodox betrachtet wurde, kann sich zu guter Letzt als Ausdruck einer Beziehung zwischen Instrumenten und Zielen erweisen, die sehr viel reibungsloser funktioniert als woanders.

Wenn man berücksichtigt, daß einige dieser Instrumente während der Nachkriegszeit keineswegs immer zum Einsatz kamen, sind die meisten von ihnen jedoch zumindest für antizyklische Zwecke verwendet worden. Historisch läßt sich eine eindeutige Priorität für konjunkturpolitischen Aktivismus feststellen. Selbst wenn wir allein die Fiskalpolitik betrachten und zugeben, daß ihr budgetärer Teil sehr oft eher passiv war als aktiv, war die außerbudgetäre Fiskalpolitik während der gesamten Nachkriegszeit ein überaus wichtiges Instrument. Sie hat insbesondere in solchen Perioden Beschäftigungsziele erfüllt, wenn die Geldpolitik zur Einschränkung der Nachfrage dienen mußte, um Preisstabilität oder das Zahlungsbilanzgleichgewicht zu gewährleisten.

Um die verschiedenen Kombinationen der vier Instrumente in der gesamten Nachkriegszeit zu erläutern, ist es sinnvoll, fünf relativ grob abgegrenzte Perioden zu unterscheiden: bis Ende der 60er Jahre, Ende der 60er Jahre bis 1973, von 1973 bis 1975, 1976 bis 1979 und die 80er Jahre. Wie es für eine „kleine offene Wirtschaft" (smopec) in einer neoklassischen Welt angemessen war, determinierten während der ersten Periode Zahlungsbilanzrestriktionen eine restriktive Diskontpolitik, solange die Leistungsbilanzdefizite immer wieder zyklisch auftraten.[2] Gleichzeitig haben wir bereits im vorangegangenen Kapitel gesehen, daß die Regel des ausgeglichenen Haushalts Vorrang hatte und die Haushaltspolitik insofern weitgehend passiv blieb. Das Ende der 60er Jahre bis zur ersten Ölkrise erlebte dann ein wachsendes, wenn auch „kontrollierbares" Budgetdefizit, das weitgehend durch überschüssige Ersparnisse finanziert wurde. Die Diskontpolitik paßte sich dabei weitgehend den Erfordernissen des Zahlungsbilanzgleichgewichtes an. Eine Bemerkung erscheint hier jedoch angebracht: Der japanische nominelle Diskontsatz war bis 1975 deutlich höher als der amerikanische und lag bis 1980 über dem westdeutschen Satz.[3] Zu Beginn der 70er Jahre waren die Leistungsbilanzdefizite durch strukturelle Überschüsse ersetzt worden, und die Geldpolitik konnte wieder expansiver werden. Nach der ersten Ölkrise erreichte das auf die ganze Welt übergreifende Phänomen der „Stagflation" auch Japan, und die bis dahin antiinflationäre restriktive Geldpolitik mußte leicht gelockert werden. Dennoch war dies nicht ausreichend, um die Wirtschaft wieder anzukurbeln, und die Haushaltspolitik mußte nunmehr ebenfalls expansiv wirken.[4]

Gleichzeitig wurden flexible Wechselkurse eingeführt, mit deren Hilfe die Regierung eine Unabhängigkeit der heimischen Wirtschaftspolitik erreichen wollte, die nach Auffassung der Monetaristen mit flexiblen Kursen verbunden ist. Diese Annahme hat sich später möglicherweise als falsch erwiesen, doch für uns ist hier nur entscheidend, daß sie damals als richtig erachtet wurde und insofern die Regierung zu einem stärkeren keynesianischen, politischen Aktivismus ermutigte, als den Monetaristen wünschenswert erschien. Bei dem Eintreten der zweiten Ölkrise waren Japan und Deutschland gerade dabei, auf Anraten der Carter-Administration „Lokomotive" für die Weltwirtschaft zu spielen. Allerdings wurde dann der inflationäre Effekt des zweiten Ölpreisanstiegs durch die Umkehr der amerikanischen Geldpolitik noch verstärkt. Jetzt konzentrierten sich die USA auf eine überaus formale Anwendung der monetaristischen Geldmengenkontrolle, deren Resultat ein internationaler Zinswettlauf war, der vorwiegend durch Wechselkursüberlegungen determiniert wurde. Der steigende Dollar, der erfreulicherweise durch Kapitalzuflüsse unterstützt wurde, die durch die höheren US-Zinssätze angezogen wurden, machte die Ölrechnung für die Japaner entsprechend teurer. Insofern hatten sie keine andere Wahl, als ihre Zinssätze über das Niveau hinaus anzuheben, das sie im Interesse ihrer eigenen Nachfragelenkung angestrebt hätten. Dennoch stieg Japan bereits Ende 1980, also früher als alle anderen Industrienationen, aus dem Rennen aus und verfolgte eine „bifokale" Zinspolitik, die niedrig genug sein mußte, um die heimische Nachfrage zu unterstützen, und hoch genug, um einen weiteren Druck auf den Yen-Wechselkurs zu vermeiden.[5] Dies war nicht nur ein sicheres Zeichen für ein relativ höheres Maß an politischer Unabhängigkeit, sondern auch für eine weitere Aufspaltung der Beziehung zwischen Politikzielen und Politikinstrumenten, die von Tinbergens Theorie der Wirtschaftspolitik vorgeschrieben wird.

Andererseits übten die beiden „unorthodoxen" Instrumente einen stetigen, wenn auch manchmal gedämpften expansiven Effekt auf die Wirtschaft aus. Die Zinssatzsteuerung unterhalb des Marktniveaus wirkte expansiv durch die Begünstigung der langfristigen Industrieentwicklung (wir werden die Industriepolitik im nächsten Kapitel diskutieren), obwohl die damit einhergehende Kreditrationierung diese Expansion durch die spezifische Auswahl von Sektoren beschränkte. Die außerbudgetäre Fiskalpolitik, das zweite unorthodoxe Instrument der Nachfragesteuerung, bewirkte über das Fiscal Investment and Loan Programme (FILP) einen Multiplikatoreffekt.[6] Durch das FILP wurden die Postersparnisse mit Hilfe des Finanzministeriums nicht nur in produktive soziale Infrastrukturmaßnahmen kanalisiert, sondern auch für vielversprechende und wachsende Industriesektoren verwendet. Der Anteil der staatlichen Investitionen brauchte nicht hoch zu sein, reichte jedoch aus, um den potentiellen Investoren die Unterstützung zu „signalisieren".[7] In diesem Sinne könnte man die Politik der gesamten Nachkriegszeit als „gedämpft expansiv" bezeichnen, die unabhängig von den Veränderungen der aktiven Nachfragepolitik mittels der Budget- und Diskontsatzpolitik war.

Wie wir in dem vorhergehenden Kapitel gesehen haben, haben die neoklassischen Analytiker die herausragende japanische Leistung nicht als Ergebnis der Besonderheiten der heimischen Strukturen oder als Erfolg der Politik interpretiert, sondern nur im Hinblick auf das relative Versagen der anderen wichtigen OECD-Länder untersucht, das vor allem von fiskalpolitischen, monetären und regulativen Aktionen des Staates herrührte. Demgegenüber würden Keynesianische Analytiker genau das Gegenteil behaupten. Für Keynes waren Faktoren wie die Konsumneigung, die Einstellung zur Liquidität und die Erwartungen über künftige Kapitalerträge die „letztlich unabhängigen Variablen, die Produktion und Beschäftigung determinieren." Insofern sind Konsum und Investition die notwendigen Bedingungen zur Verwirklichung einer aggregierten Nachfrage, die mit dem Vollbeschäftigungsgleichgewicht konsistent ist. Die Keynesianischen Erklärungen der Wirtschaftsleistung eines Landes wie Japan, das eine aktive Nachfragesteuerung und eine relativ niedrige Arbeitslosigkeit miteinander verbindet, würden demnach eher den japanischen politischen Aktivismus im Gegensatz zu dem immer weiter verbreiteten „politischen Nihilismus“ betonen.[8]

2. Neoklassische Protektion neuer Industrien

Bei der Diskussion des wirtschaftspolitischen Aktivismus im Verhältnis zum autonomen Marktgleichgewicht sollte man sich immer vor Augen halten, daß selbst die klassische Tradition, zu der ja die allgemeinen Gleichgewichtstheoretiker gehören, immer einen Fall zugestanden hat, in dem politische Interventionen erforderlich und legitim sind: Wenn es nämlich um den Schutz neu entstehender Industrien, der sogenannten infant industries geht.

Bei einer erneuten Betrachtung des Pragmatismus, mit dem die japanische Regierung ihre Interventionen gehandhabt hat, sollten wir uns vor allem solchen politischen Maßnahmen zuwenden, die die japanische Struktur sehr viel nachhaltiger beeinflußt haben, als dies bei der im vorhergehenden Abschnitt beschriebenen Keynesianischen Nachfragepolitik der Fall gewesen wäre. Seit dem Kriege haben die Japaner ihre Wirtschaft als „schwach“, „rückständig“ und „abhängig“ bezeichnet. Dieses Gefühl der Verletzlichkeit hat zu der wohlbekannten Haltung des „exportiere — oder stirb“ geführt, die mindestens einen für die japanischen Handelspartner nicht sehr angenehmen Nebeneffekt hatte: den Protektionismus.

Japan ist als ein geschlossener Markt betrachtet worden, der erst nach heftigen Kämpfen, nach der Überwindung nichttarifärer Barrieren wie der Sprache und des bürokratischen Papierkriegs sowie nach der Bewältigung eines extrem harten Wettbewerbs zugänglich wurde. Auf der japanischen Seite sieht die Geschichte anders aus. Die Notwendigkeit des bloßen Überlebens erforderte sämtliche Anstrengungen, um nicht vom Auslandskapital, von ausländischer Technologie und ausländischen Produkten abhängig zu werden. Auf der Basis einer sehr genauen Kenntnis des klassischen ökonomischen Gedankengutes versuchten die Japaner, in vielversprechenden Exportindustrien einen komparativen Vorteil zu gewinnen, indem sie sich systematisch auf bestimmte Sektoren konzentrierten und unter anderem Hilfe durch Kanäle wie die Exim Bank und die Japan Development Bank lenkten (wir werden auf diese Maßnahmen im folgenden Abschnitt zurückkommen).[9] Eine andere Möglichkeit zur Stärkung der Industrie ist der Einsatz eines nicht ganz der Freihandelsdoktrin entsprechenden Mittels, nämlich der des Schutzes neuer Industrien. Daß dieser sehr merkantilistische Züge trägt, ist ein häufig debattierter Punkt; doch hier konnte Japan damit argumentieren, daß es effektiv ein „Entwicklungs“land war, das jede nur denkbare Hilfe benötigte, um eine gut diversifizierte, wenn nicht gar autonome Industrie- und Wirtschaftsstruktur aufzubauen. Diese Entwicklung impliziert nicht nur die Förderung neuer Industrien, sondern auch die Protektion von bislang ineffizienten Sektoren.[10] Die Japaner haben niemals zugegeben, ob sie sich der Anwendung des neoklassischen Modells voll bewußt waren, aber wir können ohne weiteres behaupten, daß der japanische Pragmatismus zur Implementierung einer kohärenten Wirtschaftspolitik geführt hat. Die klassischen Instrumente der Protektion neuer Industrien sind Zölle, Subventionen und beschaffungspolitische Maßnahmen. Natürlich gibt es zahlreiche Beispiele hierfür, doch werden wir uns auf einige herausragende Fälle beschränken und uns nur mit der staatlichen Politik gegenüber den Auto- und Computerherstellern, dem Kommunikationsbereich und der Luft- und Raumfahrt befassen.

James Abegglen und George Stalk[11] beschreiben sehr gut, wie das MITI versucht hat, die japanische Automobilindustrie unmittelbar nach dem Kriege mit Hilfe von direkten Umstrukturierungssubventionen, Steuervergünstigungen, beschleunigten Abschreibungen und Importzöllen gegen den ausländischen Wettbewerb abzuschirmen, um der Branche genug Zeit zu geben, wettbewerbsfähig zu werden. Allerdings hat das MITI nicht vorausgesehen, daß die Automobilindustrie so wettbewerbsfähig werden würde, daß sie nicht nur auf einen Produzenten beschränkt blieb. Die Interaktion zwischen dem ursprünglichen klassischen Fall der Protektion neuer Industrien, die sich in diesem Fall auf einen Produzenten (Toyota) konzentrierte, und das (obgleich unvorhergesehene) Ergebnis einer „polypoly"-Situation mit überaus wettbewerbsfähigen Unternehmen, läßt sich sehr gut als ein Lehrbuchfall für staatliche Interventionen interpretieren. Ein weiteres Beispiel ist die Computerindustrie, in der die Technologie zuerst importiert werden mußte. Hier verfolgte der Staat zwei Wege: Er subventionierte die Forschung und Entwicklung und betrieb eine Beschaffungspolitik, die insbesondere im Bereich der Großcomputer speziell japanische Produkte begünstigte (vgl. hierzu Taiyu Kobayashi).[12] Der dritte geschützte Sektor war der Kommunikationsbereich, in dem amerikanische Unternehmen zwar wettbewerbsfähiger sind, wo sie aber trotz einer gewissen Liberalisierung des Marktzugangs in den letzten beiden Jahren nie einen signifikanten Marktanteil erobern konnten, was nicht zuletzt der Beschaffungspolitik staatlicher Unternehmen wie Nippon Telephone zu verdanken ist. Das vierte, hier relevante Beispiel ist die Raum- und Luftschiffahrt (einschließlich der rüstungsbezogenen Technologien). Bei der Konstruktion seiner ersten Rakete H1 verwendete Japan vorwiegend importierte Technologien und Elemente, während bei der Konstruktion der H2 die Verwendung ausländischer Komponenten bereits fraglich ist. In der Raumfahrt sind drei japanische Gesellschaften durch Unterzeichnung eines gemeinsamen Produktionsprojektes mit Boeing in diesen Markt eingedrungen, um in den 90er Jahren einen Mittelstrecken-Flugzeugträger herzustellen. Für die Technologien der Rüstungsindustrie kann die Defence Agency in zunehmendem Maße auf die heimische Industrieentwicklung von Kampfflugzeugen oder von Einzelteilen und Ersatzteilen, ferner von Luft-Boden- und Luft-Luft-Flugkörpern sowie von konventionelleren Waffen zurückgreifen.[13]

Hier finden wir erneut eine Grenzbeziehung zwischen der Notwendigkeit der Anpassung an externe Bedingungen — an den Auslandswettbewerb — und der Zielerreichung, die durch den Schutz von neuen Industrien in export- und importsubstituierenden Sektoren zugunsten der Binnenmarktentwicklung betrieben wird. Die Trennungslinie zwischen einem legitimen Schutz der neuen Industrien in der klassischen Tradition und direktem Merkantilismus ist sehr dünn und — wie wir im nächsten Abschnitt sehen werden — oft umstritten. Dennoch bleibt als Tatsache, daß sich die Japaner in der Freihandelsperiode seit 1945 an die Entwicklung neuer Technologien und an die Veränderung der terms of trade bzw. der internationalen Arbeitsteilung angepaßt haben, indem sie in den expandierenden oder in den importsubstituierenden Sektoren neue Industrien geschaffen haben. Der Richtigkeit halber muß man aber auch erwähnen, daß, sobald die geschützten Sektoren als „reif" betrachtet wurden, die Importe liberalisiert und der freie Wettbewerb gefördert wurde — selbst wenn einige Zyniker behaupten, daß die „Reife" erst dann als gegeben erachtet wurde, wenn die japanischen Produkte wettbewerbsmäßig überlegen waren . . .

Japan ist kein „Entwicklungsland" mehr, sondern hat den Zustand der „Reife" erreicht und kann insofern das Schutzargument für neue Industrien nicht mehr länger in Anspruch nehmen. Dennoch genießt es de facto einen derartigen Status in High-Tech-Sektoren, indem es den Fall der neuen Industrien sozusagen umkehrt. Hier geht es nicht um den Schutz heimischer Industrien vor Auslandswettbewerb, sondern vielmehr um Monopole für hochspezialisierte Produkte, so daß diese effektiv „geschützt" sind, da bislang (noch) keine anderen Produzenten mit den japanischen konkurrieren können. Japan muß darauf gefaßt sein, dasselbe „infant industry"-Argument von seinen Handelspartnern entgegengehalten zu bekommen, wie beispielsweise den USA, die versuchen, ihre Abhängigkeit von hochspezialisierten Einzelteilen in empfindlichen Sektoren wie der Raumfahrt- und Rüstungsindustrie zu verringern.

3. Merkantilistische Elemente in der außerbudgetären Politik

Japan ist oft Merkantilismus vorgeworfen worden, und zwar vor allem von den Handelspartnern, die mit dem japanischen Wettbewerb auf den Weltmärkten nicht mithalten konnten oder die Schwierigkeiten hatten, in die heimischen japanischen Märkte einzudringen. Dieser Vorwurf war zwar gerechtfertigt, aber falsch begründet. Sie haben nämlich Protektionismus mit Merkantilismus gleichgesetzt, und insofern erscheint es angemessen, vor der Analyse der merkantilistischen Elemente in Japans Politik zunächst den Merkantilismus neu zu definieren.

Der Kern der merkantilistischen Doktrin wird normalerweise folgenderweise interpretiert: Nationale Macht oder nationaler Reichtum oder beides entstehen durch Gold oder werden in Gold gemessen (heute kombiniert mit Devisenreserven), und um Gold zu akkumulieren, muß es einen Überschuß der Exporte über die Importe geben. Um einen derartigen Handelsbilanzüberschuß zu erzielen, empfahlen die meisten merkantilistischen Autoren seit dem 17. Jahrhundert protektionistische Maßnahmen wie beispielsweise Importrestriktionen. Für den Vater des „aktiven Merkantilismus“, Colbert, waren Maßnahmen zur Förderung der Industrialisierung eher geeignet als die direkte Protektion von überholten Handwerken. Einige andere Merkantilisten dachten bereits an Maßnahmen zur Erhöhung der Staatsausgaben und zur Senkung der Zinssätze und legten damit den Grundstein für eine gewisse Verwandtschaft zwischen Merkantilismus und Keynesianismus.[14]

Selbst wenn wir die Frage ausklammern, ob der Merkantilismus eine Doktrin, eine ökonomische Schule oder eine Philosophie ist[15], müssen wir feststellen, daß die merkantilistische Politik bereits seit dem Zeitpunkt, da die einzelnen Länder ihre Wirtschaften in bestimmter Weise zu regulieren begannen, ein immer wieder auftauchendes Thema war. Seit Adam Smith den Merkantilismus in seinem „Wealth of Nations“ stigmatisiert hat, ist er insbesondere bei den liberalen Ökonomen immer wieder auf feindselige Kritik gestoßen. Tatsächlich ist der „Merkantilismus“ als Begriff von genau diesen Kritikern geprägt worden, um politische Maßnahmen zu beschreiben, die von der liberalen Theorie in den folgenden Punkten abwichen: Während die liberale Theorie das private Interesse grundsätzlich in einem universellen Rahmen betrachtet („Ökonomie“), geschieht die merkantilistische Politik im öffentlichen Interesse („politische Ökonomie“), also im nationalen Rahmen.

Während die liberalen Theoretiker ihre politischen Empfehlungen als Schlußfolgerungen von allgemeinen Prämissen begreifen, wird die merkantilistische Politik als ein Mittel verstanden, um rational vertretbare Ziele unter spezifischen Umständen zu gewährleisten. Insofern ist die Wirtschaftspolitik der modernen Industrienationen häufig das Ergebnis eines sogenannten „widerwilligen Merkantilismus“ von seiten der Regierungen, um auf diese Weise binnenwirtschaftliche Ziele zu erreichen (wie dies durch die Theorie der Wirtschaftspolitik vorgegeben ist).[16] Die merkantilistische Politik kann qualitativ oder quantitativ im Sinne von Tinbergen sein, sie kann aber auch im Rahmen einer Keynesianischen makroökonomischen Politik verfolgt werden oder aber langfristige Entwicklungsstrategien verwirklichen. Obwohl der Merkantilismus in den Augen liberaler Vertreter aufgrund der häufig verwendeten protektionistischen Maßnahmen Rückständigkeit repräsentiert, besitzt er seit Colbert und Saint Simon sehr wohl ein zukunftsorientiertes Element, das den strukturellen Wandel begünstigt.

Da das grundlegende Ziel des Merkantilismus die Akkumulation von Reichtum ist, die häufig in Form von Gold geschieht, wird das prominenteste Beispiel des modernen Merkantilismus, die konkurrierende Abwertung der nationalen Währung zugunsten der Exportförderung oft der japanischen Wechselkurspolitik der 60er und 70er Jahre zugeschrieben. Dies gilt vor allem für diejenigen, die den schwachen Yen als eine versteckte, aber absichtliche Unterbewertung betrachten.[17] Dennoch sind dies nicht die eigentlichen merkantilistischen Elemente in der japanischen Wirtschaftspolitik, sondern die Manipulationen des Wechselkurses (beggar-thy-neighbour-Politik durch konkurrierende Abwertung) sind bestenfalls kurzfristig und setzen ein hohes Maß an Preiselastizität bei der Auslandsnachfrage voraus. Da dies nicht ganz der Fall ist, weil es nur eine relative Preiselastizität gibt, muß sich die aktive merkantilistische Politik der Angebotsseite der Wirtschaft zuwenden, d.h. den für die Produktionsstruktur relevanten Elementen.

Die außerbudgetäre Politik, die während des größten Teils der Nachkriegs-Wachstumsperiode die Befolgung der Regel des ausgeglichenen Haushalts ermöglicht hat, bewirkte, daß die japanische Regierung sich ohne übertriebene Inflationierung des staatlichen Sektors vor allem auf die infrastrukturelle Entwicklung konzentrieren konnte. Dennoch beschloß sie angesichts der Kapitalknappheit und der starken Investitionsnachfrage des privaten Sektors in den 50er und 60er Jahren, mit Hilfe ihrer außerbudgetären Politik vor allem die Infrastrukturmaßnahmen durchzuführen, durch die die wirtschaftliche Entwicklung erleichtert wurde. Ein Instrument dieser Politik war das FILP, das wir bereits in Abschnitt 1 erwähnt haben. Edward Lincoln hat gezeigt[18], daß die budgetinternen und -externen Staatsausgaben sich vor allem auf die industriell nützliche Infrastruktur wie Flughäfen, Eisenbahn, Häfen, Autobahnen und Kleinunternehmen konzentrierten. In den 70er Jahren erfolgte dann eine stärkere Verlagerung auf die soziale Infrastruktur wie Umweltkontrolle, Wohnungsbau, Freizeiteinrichtungen und Sozialversicherungsleistungen.

Aus der Perspektive der Grenzbeziehungen besitzt die außerbudgetäre Politik sowohl Verbindungen mit der adaptiven als auch der Integrationsfunktion. Einerseits wird das Ziel der Erleichterung einer schnellen Anpassung der Wirtschaft an die Anforderungen der modernen Märkte durch die sektoralen Ausgaben mit Hilfe der außerbudgetären Politik erreicht, und andererseits erleichtert die Schaffung eines Netzes von Strukturen, die für das Funktionieren der Wirtschaft notwendig sind, die Integration der Wirtschaft im nationalen Rahmen. Dennoch bleibt als Tatsache, daß die außerbudgetäre Politik nur ein Element der gesamten japanischen Wirtschaftspolitik ist, die es zusammen mit „gyoseishido" der japanischen Wirtschaft ermöglicht hat, einen hohen Grad an Wettbewerbsfähigkeit zu erreichen. Angesichts der starken Aufwertung des Yen-Wechselkurses im Jahre 1986 und der damit verbundenen Senkung der japanischen Exporte steht zu erwarten, daß die japanische Regierung wieder aktiv eingreifen wird, um dem privaten Sektor bei der Überwindung der Anpassungsschwierigkeiten an die neue wirtschaftliche Umgebung beizustehen.

4. Ein antizipatorisches Modell positiver Anpassung

Wie wir im Laufe dieser beiden Kapitel gesehen haben, befindet sich die Anpassungsfunktion der Gesellschaft, d.h. die Wirtschaft, in einer konstanten

Beziehung mit der Zielerreichungsfunktion, d.h. dem Staatsapparat, dessen Politik auf eine Transformation des vorhandenden ökonomischen Rahmens abzielt, um die Gesellschaft überlebensfähig zu machen. Bislang haben wir Beispiele japanischer Staatsaktivitäten auf einer sektoralen — oder mikroökonomischen — Ebene analysiert. Wenn wir jetzt die aggregierte — oder makroökonomische — Ebene dieser Aktionen untersuchen, gelangen wir zu dem OECD-Modell einer „positiven Anpassungspolitik".[19]

Seit den 70er Jahren mußten die Regierungen der meisten Industrieländer die beiden Ölschocks „internalisieren", Veränderungen der Weltnachfrage und der relativen Preise verkraften, neue Technologien einführen, mit neuen Wettbewerbern auf den Weltmärkten konkurrieren und neue Muster der Kapitalbewegungen adoptieren, so daß sie einem relativ starken politischen Druck ausgesetzt waren, entweder die Anpassung zu fördern und zu erleichtern oder die Bürde der Anpassung ganz zu vermeiden. Die Reaktionen der einzelnen Länder waren sehr unterschiedlich: Zu ihnen gehören mehr oder weniger restriktive oder expansive makroökonomische Eingriffe und die Aufrechterhaltung über- oder unterbewerteter Wechselkurse sowie verschiedene mikroökonomische Maßnahmen, die sich auf die Angebotsseite auswirken und neue Bedingungen für die Produktion, die Beschäftigung, die Investitionen und den Handel schaffen. Dabei sind die wettbewerbsbedingte Subventionierung von schrumpfenden Industrien, künstliche Währungsunterbewertungen und andere Instrumente zum Export der Arbeitslosigkeit nur die offensichtlichsten Beispiele einer „Externalisierung" der Anpassungslast. Die politische Interdependenz zwischen den Industrienationen hat ein derartiges Ausmaß erreicht, daß nahezu alle binnenwirtschaftlichen Maßnahmen auf makro- oder mikroökonomischer Ebene in irgendeiner Weise ausländische Interessen berühren.

Japan gehört mit zu den aktivsten Ländern, die den Zwang zur Anpassung akzeptiert haben. Der reine Erfolg dieser Anpassung muß zwangsläufig Märkte von anderen industrialisierten Ländern sowie das internationale System insgesamt betreffen. Die fortgesetzte industrielle Umstrukturierung des Landes — die nach der 40%igen Aufwertung des Yen noch notwendiger sein wird — entspricht jeweils einer der vier Formen struktureller Anpassungspolitik, die von dem wirtschaftspolitischen Ausschuß der OECD 1982 erarbeitet wurde, und korrespondiert mit jeweils einer der beiden Maßnahmen, die als „positive Anpassung" bzw. „antizipatorische Strukturpolitik" empfohlen wurden. Japan ist offensichtlich das einzige OECD-Mitgliedsland, das diese Politik konsistent auf einer Makroebene durchgeführt hat, während alle anderen Industrienationen sich auf verschiedene Mischungen von „präventiven", „defensiven", „interventionistischen" Aktionen beschränkt haben. Dieser Unterschied hat möglicherweise zu dem weltweiten Strukturwandel beigetragen. „Präventive" Maßnahmen werden vor allem von Regierungen bevorzugt, die sich vorwiegend auf die Erhaltung eines gesetzlichen Rahmens konzentrieren, der es den grundlegenden, sich selbst regulierenden Marktkräften erlaubt, bei möglichst vollkommenem Wettbewerb zu funktionieren. Diese Regierungen versuchen, zyklische Marktungleichgewichte ausschließlich durch makroökonomische Steuerung zu bewältigen. Für sie sind Faktormobilität und Preisflexibilität lebensnotwendige Voraussetzungen, um die Ressourcen von schrumpfenden in expandierende Aktivitätsbereiche zu verlagern. Die weitestgehende Annäherung an diese Politikform ist von Westdeutschland versucht worden. Tatsächlich wurde in den 50er Jahren der „Ordoliberalismus“ als grundlegendes System gewählt, während 1967 von Karl Schiller eine ergänzende Methode Neo-Keynesianischer makroökonomischer Lenkung hinzugefügt wurde.[20] Die amerikanischen und britischen politischen Systeme entsprachen ursprünglich sehr viel mehr dieser Marktpolitik, aber die makroökonomische Steuerung hat in diesen Ländern offenbar Mitte der 70er Jahre zur Auflösung des Keynesianischen Konsenses beigetragen. Mit gewisser Verzögerung und in begrenztem Umfang hat dieser Prozeß inzwischen auch Westdeutschland erreicht.[21] Dennoch scheint dieser Ansatz, mit oder ohne Keynesianische Ergänzung (und im Gegensatz zu den Annahmen der OECD-Gruppe), nicht ausreichend zu sein, um die erforderliche technologische Anpassung zu begünstigen, mit der die Industrien auf den Weltmärkten wettbewerbsfähig bleiben. Deutschlands Verlust seines technologischen Vorsprungs ist nicht nur ein seit kurzem populäres Thema, sondern wird überdies von der OECD selbst im Rahmen einer empirischen Untersuchung der Außenhandels- und High-Tech-Produkte bestätigt.[22]

Der zweite Versuch einer positiven Anpassung, die „antizipatorische Strukturpolitik“, kann von Regierungen adoptiert werden, die bei der Förderung des Wirtschaftswachstums, der Innovation und der Umstrukturierung eine aktivere Rolle spielen wollen. Die Strategie besteht darin, die Fähigkeiten der Marktteilnehmer zur Vorausplanung zu verbessern, während die Evaluierung der Marktchancen und Investitionsentscheidungen den Privatunternehmern überlassen bleibt. Außerdem umfaßt diese Strategie die Erstellung von konsistenten Strukturprojektionen und Prognosen über sektorale Entwicklungen anhand der administrativen Lenkung sowie die Gewährung von Subventionen und anderen Unterstützungen (wie günstige indirekte Finanzierungsmöglichkeiten), die den Umstrukturierungsprozeß vorantreiben.[23] Das eindeutige Modell für diese OECD-Kategorie ist die japanische Industriepolitik mit all ihren Verflechtungen mit der Fiskal-, Geld-, Wettbewerbs- und Außenhandelspolitik. Das Modell ist im Grunde eine Makropolitik, die sämtliche Industriesektoren in einen umfassenden strukturellen Rahmen integriert. Doch auch mikropolitische Konzepte, wie das der Vereinigten Staaten bei der Rüstungsbeschaffung und Raumfahrt mit ihrem enormen technologischen „Abfall“, prägen ebenfalls in signifikanter Weise die Strukturen der innovativen Sektoren der amerikanischen Industrie und können insofern als Mikrovariante der antizipatorischen Anpassungspolitik aufgefaßt werden. Neben dem überaus reichhaltigen venture-Kapital und der Qualität des amerikanischen akademischen Systems ist diese Art Politik einer der wichtigsten Erklärungsfaktoren, warum die Amerikaner trotz relativ niedrigerer Investitionen als die Deutschen in den vergangenen Jahren die letzteren in puncto struktureller Anpassung übertroffen haben.[24]

„Defensive“ Strategien zeichnen sich dadurch aus, daß Regierungen sich den heimischen politischen Zwängen zur Unterstützung strukturell schwacher Industrien anpassen, obwohl sie die Überzeugung vertreten, daß Marktkräfte eine entscheidende Rolle spielen, um die erforderliche Anpassung an die neuen Umstände herbeizuführen. Nach Ansicht der OECD ist diese Haltung in Ausnahmefällen gerechtfertigt, wenn es beispielsweise sozial weniger kostspielig ist, vorübergehende Subventionen zu gewähren, als eine umfangreiche Verlagerung von Arbeitskräften durchzuführen. Eine derartige defensive Politik ist bei den OECD-Mitgliedern sehr verbreitet. Hierzu gehören sowohl amerikanische ad hoc-Maßnahmen zur Unterstützung schwacher Industriesektoren mit Hilfe von Importprotektion, wie sie von Hugh Patrick[25] beschrieben werden, als auch die zunehmend defensive französische Industriepolitik innerhalb der EG, oder aber erneut die scheinbar unüberwindlichen Schwierigkeiten der EG-Kommission bei der Revision der kostspieligen Agrarpolitik. Die japanische Industriepolitik enthält ebenfalls defensive Elemente, die sich beispielsweise in den beiden Gesetzen von 1978 und 1983 zur Stabilisierung von Krisenindustrien niederschlagen. Dennoch ist der Schutz dieser Industrien mit Hilfe von „Rationalisierungskartellen“, die durch die Kartellbehörde auf der Basis der MITI-Gesetze[26] legalisiert wurden, nur vorübergehender Natur und zielt nicht etwa auf die Erhaltung von redundanten Kapazitäten. Ganz im Gegenteil impliziert diese Politik beträchtliche Anstrengungen zum Abbau von Überschußkapazitäten in all den Bereichen, in denen die Regierung aufgrund ihrer üblicherweise langfristigen, antizipatorischen Perspektive Verluste des komparativen Vorteils festgestellt hat.

Der vierte vom OECD-Ausschuß betrachtete Ansatz ist die „interventionistische“ Strategie, die bei den Mitgliedern des Ausschusses eindeutig am wenigsten Anklang fand. Im Rahmen dieser Strategie intervenieren die Regierungen direkt bei der Produktion oder den Investitionen, um bestimmte strukturelle Zielsetzungen zu erreichen. Die Mittel zur Ausübung derartiger Kontrollen reichen von der direkten Regulierung ökonomischer Aktivitäten bis zur öffentlichen Kontrolle des Managements in öffentlichen Unternehmen. Offensichtliche Beispiele für eine derartige Politik sind die vorübergehende Verstaatlichung der britischen Stahlindustrie nach dem 2. Weltkrieg sowie die Verstaatlichung der wichtigsten Industrieunternehmen durch die französische sozialistische Regierung zu Beginn der 80er Jahre. Einige westliche Beobachter Japans, die der durch den Begriff der „Japan Inc.“[27] charakterisierten Schule angehören, würden Japan hier ebenfalls nennen, da sie die Rolle des Staates im Vergleich zum privaten Sektor besonders betonen.

Patrick hat jedoch nachgewiesen, daß die japanischen Unternehmer der Motor der Wirtschaft sind und daß die japanische Bürokratie zwar fähig und mächtig ist, deswegen aber in bezug auf die vertretene Doktrin und die Entscheidungsfindung keineswegs monolithisch reagiert.[28] Die Realität liegt offenbar irgendwo in der Mitte. Wir können weder die aktive Rolle der Bürokratie noch die Dynamik der Privatunternehmen in einer extrem wettbewerbsintensiven Umgebung leugnen. Daß die verschiedenen staatlichen Behörden nach Ansicht von Patrick geteilter Meinung sind und oft divergierende Wahrnehmungen des Nationalinteresses sowie andere Vorstellungen von Gruppenwettbewerb haben, wird durch viele Beschreibungen der traditionellen gesellschaftlichen und institutionellen Organisation in Japan bestätigt.[29] Demnach gilt, daß unabhängig von den rechtlichen Disputen zwischen Staatsbehörden und der interministeriellen Trennung der Kompetenzbereiche, die sehr wohl den Prozeß der japanischen Entscheidungsfindung kompliziert haben mögen, dennoch ein Konsens erreicht wird, sobald die spezielle Angelegenheit die langfristige makrostrukturelle Politik Japans betrifft. Patrick hat darauf hingewiesen, daß die japanische Industriepolitik nicht nur eine Kombination aus mikropolitischen Maßnahmen zum Schutz oder zur Förderung einzelner Sektoren oder Unternehmen ist, sondern daß sie zugleich eine Makropolitik zur Begünstigung der gesamten industriellen und gesellschaftlichen Entwicklung darstellt.[30] Tatsächlich haben viele Beobachter der japanischen Industriepolitik die geld-, fiskal- und bildungspolitischen sowie andere Verzweigungen dieses umfassenden politischen Netzes übersehen, das trotz der marktwirtschaftlichen Basis die langfristige Entwicklung seiner funktionalen Strukturen verbessern hilft.

Ein äußerst wichtiges Instrument der Politikimplementierung, das während der gesamten japanischen Nachkriegszeit getestet wurde und das Patrick auch den USA empfiehlt, ist in der westlichen Wirtschaftstheorie diskutiert worden, ohne jedoch sehr viel Anklang zu finden. Patricks Argument lautet folgendermaßen: Da die Vorteile der Industriepolitik zunächst den Eigentümern, Managern und Arbeitern der Industrien zufallen, die eine bevorzugte Behandlung genießen, während die Kosten von den Steuerzahlern und/oder Konsumenten getragen werden, müssen den Nutznießern bestimmte Leistungsstandards auferlegt werden, um die empfangene Leistung zu rechtfertigen. Dieses Argument ähnelt sehr dem Begriff der „Sekundärkontrollen" von Adolf Lowe für die Implementierung der makroökonomischen Politik. Tatsächlich weist Lowe in seiner Theorie des ökonomischen Wissens[31] darauf hin, daß die fiskal- und geldpolitischen Anreize für private Industrien zur Verfolgung makroökonomischer Ziele oft nur deswegen versagen, weil diese sogenannten „Primärkontrollen" von den Nutznießern ohne die Existenz von „Sekundärkontrollen" angenommen werden, d.h., ohne zu überprüfen, ob sie aufgrund dieser Anreize gehandelt haben. Ein Beispiel für derartige Primär- und Sekundärkontrollen sind die impliziten oder expliziten Verträge der Bank of Japan bei der Kreditrationierung zu vergünstigten Zinssätzen.

Inwieweit Patricks Empfehlung zur Einführung derartiger Sekundärkontrollen in den USA nachgekommen wird, bleibt abzuwarten. Es ist zumindest von den organisierten Interessengruppen mit beträchtlichem Widerstand zu rechnen, da diese daran gewöhnt sind, ohne derartige Sekundärkontrollen von Anreizen zu profitieren. Sie würden sicherlich versuchen, ein derartiges System der Politikimplementierung als interventionistisch „zu kritisieren“ bzw. als einen weiteren Schritt auf dem Schumpeterschen „Marsch zum Sozialismus“.[32] Merkwürdigerweise gibt es jedoch bestimmte Anzeichen eines Trends hin zu mehr „Sekundärkontrollen“, was sich an der neueren Entwicklung eines „staatlichen“ Engagements und staatlicher Aufsicht in einer Reihe von Industrien in Ohio ablesen läßt.

Obwohl Sekundärkontrollen Sanktionen für den Fall der Nichterfüllung der Leistung erfordern, wäre ihre Anwendung keineswegs gleichbedeutend mit einem Abdriften der Industrieländer des Westens in ein planwirtschaftliches System, in dem jede Verletzung der staatlichen Regeln durch administrative Sanktionen geahndet wird, und sie würden auch keine anderen Freiheitsverluste mit sich bringen. Genau wie im Falle der spezifischen Konditionen der IWF-Kredite würde das System von Sekundärkontrollen nur automatische Selbstsanktionen bzw. entgangene Gewinne implizieren. Das Prinzip der Selbstsanktion ist schließlich die eigentliche Basis des Marktverhaltens. Die Tatsache, daß die japanische makrostrukturelle Politik, ihre langfristige Orientierung und ihre Instrumente von anderen bedeutenden Industrieländern nachgeahmt werden, ist vielleicht eines der wichtigsten Anzeichen dafür, daß die „antizipatorische positive Anpassung“ weniger eine Frage des Schutzes der Binnenmärkte ist als vielmehr ein Zwang zum bloßen Überleben.

Anmerkungen

[1] Tinbergen, *Theory of Economic Policy.*

[2] Uchino, *Japan's Postwar Economy,* S. 78; Hugh Patrick, *Monetary Policy and Central Banking in Contemporary Japan* (Bombay: Bombay University Press, 1962), S. 62 ff.

[3] Bank of Japan, Research and Statistic Department, Economic Statistics Monthly.

[4] Uchino, *Japan's Postwar Economy,* S. 205—17.

[5] Henrik Schmiegelow, „Japans Währungspolitik: Politische Zielsetzungen, nichtpolitische Variablen und das Prinzip der schrittweisen Anpassung“, in diesem Buch S. 45—59; John Lewis, „A Bifocal Policy for Japan“, *Far Eastern Economic Review* (12. September 1980). Vgl. auch Bank of Japan, Research and Statistics Department, *Annual Review of Monetary and Economic Developments in 1982,* S. 4 f.

[6] Vgl. Edward Lincoln, „Infrastrukturelle Mängel, Haushaltspolitik und Kapitalströme“, in diesem Buch, S. 167—194.

[7] Eisuke Sakakibara und Robert Feldman, „The Japanese Financial System in Comparative Perspective“, *Journal of Comparative Economics* 7, 1 (1983), S. 4 f., 20—22.

[8] Dean, „Dissolution of Keynesian Consensus“, S. 20, 27.

[9] Uchino, *Japan's Postwar Economy,* S. 66.

[10] Vgl. Fritz Machluo, *A History of Thought on Economic Integration* (New York: Columbia University Press, 1977), S. 46—53; Jagdish Bhagwati, *The Theory of Commercial Policy: Departure from Unified Exchange Rates,* Special Papers in International Economics (Princeton, N.J.: Princeton University Press, 1968).

[11] James C. Abegglen und George Stalk, *Keisha* (New York: Basic Books, 1985).

[12] Taiyu Kobayashi, *Fortune Favours the Brave; Fujitsu: Thirty Years in Computers,* Richard Cleary (Übers.), (Tokio: Toyo Keizai Shinposha, 1986), S. 37—92.

[13] „Defense Agency leaning toward Domestic Fighters", *Japan Economic Journal* (25. Januar 1986).

[14] John Maynard Keynes, *The General Theory of Employment, Interest and Money* (London und Basingstoke: Macmillan, 1936), S. 333—72; Joseph A. Schumpeter, *History of Economic Analysis* (New York: Oxford University Press, 1954), S. 283, Anmerkung 11; Eli F. Heckscher, *Mercantilism* (London: Allen & Unwin, New York: Macmillan, 1955), Bd. 2, S. 340—59.

[15] Vgl. Henrik und Michèle Schmiegelow, *New Mercantilism,* S. 368.

[16] Henrik Schmiegelow, *Japans Außenwirtschaftspolitik,* Anmerkung 118,.

[17] Henrik Schmiegelow, „Japans Währungspolitik", in diesem Buch, S. 45—59; Michèle Schmiegelow, *Positive Adjustment,* S. 289 f.

[18] Lincoln, „Infrastrukturelle Mängel, Haushaltspolitik und Kapitalströme", in diesem Buch, S. 167—194.

[19] OECD, *Positive Adjustment Policy — Managing Structural Change* (Paris 1983).

[20] Reinhart Blum, *Soziale Marktwirtschaft — Wirtschaftspolitik zwischen Neo-Liberalismus und Ordo-Liberalismus* (Tübingen: Mohr, 1969); vgl. auch Karl Schiller, „Wirtschaftspolitik", in Erwin von Beckerath et al., *Handwörterbuch der Sozialwissenschaften* (Stuttgart: Fischer, 1965), S. 210 ff.

[21] Joseph Kneer, „reaganomics-Elemente der amerikanischen Wirtschaftspolitik", *Wirtschaftsdienst* (Januar 1982), S. 33.

[22] OECD, *International Trade and High Technology Products: An Empirical Approach,* DSTI/SPR/83, 13, Teil 2 (Paris 1983), S. 57 f.; Peter Bruce, „West German Industry: All Change on the Production Line", *Financial Times,* (2. Oktober 1986).

[23] Vgl. als ein letztes Beispiel der konzertierten Aufforderung zur Umstrukturierung der Wirtschaft den „Mayekawa Report", der dem Premierminister Yasuhiro Nakasone von der Beratergruppe zur Economic Structural Adjustment for International Harmony im April 1986 vorgelegt wurde.

[24] Bundesministerium für Wirtschaft, „Hochtechnologien und internationale Wettbewerbsfähigkeit der deutschen Wirtschaft", *Dokumentation* 263 (1984).

[25] Hugh Patrick, „Japanese Industrial Policy and Its Relevance for United States Industrial Policy", Erklärung vor dem gemeinsamen Wirtschaftsausschuß des US-Kongresses (13. Juli 1983), S. 24.

[26] Vgl. Frank K. Upham, „Die gesetzliche und institutionelle Dynamik der japanischen Kartellpolitik", in diesem Buch.

[27] Hermann Kahn war in seinem *Emerging Japanese Superstate* vermutlich der erste, der diesen Begriff verwendete. Vgl. auch Chalmers Johnson, *The MITI and the Japanese Economic Miracle* (Stanford: Stanford University Press, 1982).

[28] Hugh Patrick, „Japanese Industrial Policy and its Relevance for United States Industrial Policy", Gutachten für das Joint Economic Comittee des US-Kongresses vom 13. 7. 1983, S. 24.

[29] Vogel, *Modern Japanese Organization* und *Japan As Number One.*

[30] Patrick, „Japanese Industrial Policy".

[31] Adolf Lowe, *On Economic Knowledge: Towards a Science of Political Economy* (White Plains, N.Y.: Sharpe, 1977), S. 232, 239.

[32] Schumpeter, *Capitalism,* S. 67.

Kapitel 4
Strukturerhaltung

Ex post-Erklärungen der tatsächlichen Leistungen realer Volkswirtschaften in bezug auf das allgemeine Gleichgewicht oder spezifische politische Maßnahmen werden sowohl von den neoklassischen als auch den Keynesianischen Ökonomen als problematisch erachtet, weil sie durch die automatischen Stabilisatoren wie die Arbeitslosenversicherung, die Steuerprogression sowie die kumulativen Struktureffekte der früheren langfristigen oder kurzfristigen Politik verfälscht werden. So können weder das Konzept der „natürlichen Arbeitslosenrate", bei deren Überschreiten nach Auffassung der Monetaristen die Keynesianische Nachfragesteuerung wirkungslos bleibt, noch die psychologischen Faktoren, auf denen die Keynesianische Nachfragepolitik basiert, ohne eine Strukturanalyse oder — angesichts der möglichen Veränderungen — ohne dynamische Modelle der Wirtschaftstheorie untersucht werden. Obwohl es durchaus legitim ist, derartige Faktoren im Rahmen der statischen Wirtschaftstheorie als unabhängige Variable zu betrachten, stellen sie effektiv potentielle Bindeglieder zu den angrenzenden Paradigmen der Politikwissenschaft, Soziologie und Ökonomie dar, in denen sie als abhängige Variablen behandelt werden. Faktoren wie das japanische System der Lebenszeitbeschäftigung, das Senioritätsprinzip bei der Entlohnung, die Lohnflexibilität, das Sparverhalten der Haushalte, das Gleichgewicht zwischen indirekter und direkter Finanzierung im Finanzsektor, das Verteilungssystem sowie die Dualität zwischen traditionellen und modernen Sektoren und zwischen den Produktivitätsmustern kleiner und großer Unternehmen[1] legen nahe, daß es gesellschaftliche und institutionelle Strukturen gibt, die unbedingt „endogenisiert" werden müssen, bevor wir weitere Aussagen darüber treffen können, ob die japanische Leistung nur das inhärente Gleichgewicht der japanischen Wirtschaft reflektiert, ob sie der Effizienz der makroökonomischen Staatspolitik zu verdanken ist, oder ob wir einen dritten Erklärungsansatz benötigen. Die seit kurzem zu beobachtende Zunahme der Veröffentlichungen über das Sparverhalten der japanischen Haushalte als eine der wichtigsten „Makrostrukturen", die nicht nur die japanische Binnenwirtschaft betreffen, sondern die Weltwirtschaft insgesamt, beweist, daß diese Notwendigkeit in der ökonomischen Disziplin sehr wohl gesehen wird.[2]

Natürlich ist der japanische Fall auch deshalb besonders interessant, weil er den Beweis liefert, daß sich Strukturen ebenfalls verändern können und daß dies sogar für die scheinbar fest verwurzelten Institutionen gilt. Außerdem verdeutlichen diese Veränderungen die Notwendigkeit, sich konzeptionell mit den Grenzbeziehungen zwischen der Strukturerhaltung, der Adaption und der Zielerreichung auseinanderzusetzen. Die Grenzbeziehungen zwischen den beiden ersteren sind deutlich zutage getreten, als selbst die stabilsten „Muster", die von Generationen von „Nihon-jin-ron-"Theoretikern und -Strukturanalytikern untersucht worden sind, sozusagen mühelos den dynamischen Veränderungen und „der schöpferischen Zerstörung" nach Schumpeterschem Muster anheimfielen. Zu den Opfern dieser Veränderungen gehörten sowohl die großen Handelshäuser (sogo sosha) und die großen Citybanken, d.h. die eigentlichen Pfeiler der berühmten oder berüchtigten „zaibatsu", wobei die ersteren einen wesentlichen Teil ihrer Kontrolle des japanischen Binnen- und Außenhandels an die Produzenten verloren haben, die insbesondere in den High-Tech-Sektoren die Distribution ihrer eigenen Produkte übernommen haben. Dagegen waren die Banken vor allem von dem Wechsel von der indirekten zur direkten Finanzierung betroffen, der vor allem „aufstrebende" Effektengesellschaften wie Nomura, Nikko, etc. begünstigte.

Die Grenzbeziehungen zwischen der Strukturerhaltung und der Zielerreichung sind selbst den orthodoxesten allgemeinen Gleichgewichtstheoretikern vor Augen geführt worden, als sie zugeben mußten — und manchmal sogar gern betonten —, daß die Beseitigung der traditionellen Strukturen effektiv ein Ergebnis der Tinbergenschen qualitativen Politik war, die — wie wir bereits erwähnt haben — sowohl die „Veränderung der Strukturen innerhalb der Grundlagen" als auch „grundlegende Reformen" umfaßte. Die neueren Veränderungen des Außenwirtschaftsregimes sowie die wiederholten Gesetzesinitiativen während der vergangenen zwei Jahrzehnte, mit deren Hilfe der Abbau von Überschußkapazitäten in schrumpfenden Industrien gefördert werden sollte, sind wichtige Beispiele für die überdurchschnittliche Bereitschaft und Fähigkeit Japans, auch nicht vor dem Schlachten heiliger Kühe haltzumachen.[3] Noch wichtiger ist jedoch die Fähigkeit der japanischen Politiker, bei der Verfolgung wirtschaftspolitischer Ziele ggf. neue strukturelle Muster zu kreieren. Im Gegensatz zu einem selbst bei einigen „Nihon-jin-ron-Anhängern" weitverbreiteten Irrtum ist das System der Lebenszeitbeschäftigung und der Senioritätslöhne, das oft als zentrale Ursache für die japanische Leistung angeführt wird, keineswegs eine Struktur, die ihre Wurzeln in der einzigartigen traditionellen Kultur Japans besitzt. Außerdem ist sie keineswegs so einzigartig, da einige erstaunliche Ähnlichkeiten mit Deutschland feststellbar sind. Sie ist nicht einmal „traditionell"; denn sie wurde bereits in den 20er Jahren entwickelt und nach 1945 in ein formales, wenn auch nach wie vor partielles System umgestaltet, um die Unterstützung der Arbeitnehmer in der Phase des japanischen Wiederaufbaus zu gewährleisten.[4] Andererseits ist eine überaus komplexe Mischung von politischen und nichtpolitischen Faktoren für die jüngste Zunahme der Arbeitnehmerfluktuation und der arbeitsspezifischen Lohnunterschiede ursächlich, die dem System durch die Anpassung an Faktoren wie den schnellen technologischen Wandel, die Verluste von Gewinnen oder Marktanteilen aufgrund tiefgreifender Änderungen der Wechselkursbeziehungen oder der Bemühungen des Staates, die Exportabhängigkeit des Landes zu verringern, zwangsläufig aufgebürdet wird.

1. Die Dualität bei der Betriebsgröße und den Produktionsverfahren

Bis vor kurzem ist der „Dualismus“ als eins der wichtigsten und typischsten Muster der japanischen Wirtschaft bezeichnet worden. Dabei wurde die Dualität der modernen und traditionellen Produktionsverfahren oft so interpretiert, daß sie sich in der hohen Produktivität der Großunternehmen einerseits und der niedrigeren Produktivität der kleinen Firmen andererseits niederschlug. Dennoch ist eine kleine Betriebsgröße weder in der Theorie noch in Japan keineswegs zwangsläufig mit niedriger Produktivität verbunden.[5] Tatsächlich sind kleine und mittlere Betriebe im neoklassischen Modell des atomistischen Wettbewerbs die Idealform des Unternehmens und in den führenden westlichen Wirtschaften wie den USA und Westdeutschland die wichtigsten Nutznießer der Wettbewerbspolitik. Die neueren Veröffentlichungen über die Anlage von Risikokapital in High-Tech-Firmen, die sich am Silicone Valley orientieren, gehen davon aus, daß kleinere und mittlere Unternehmen sogar die optimalen Träger der technologischen Innovation sind, womit sie die herkömmlichen Annahmen über dualistische Wirtschaften geradezu auf den Kopf stellen. Danach sind Großunternehmen zu bürokratisch organisiert und bieten für kreative Talente zu wenig Entfaltungsmöglichkeiten.

Japan vermeidet heute beide Arten einer schematischen „dualistischen“ Kategorisierung; denn man findet sowohl in kleinen und mittelständischen Betrieben als auch in Großunternehmen effiziente und ineffiziente Produktionsmuster. So haben beispielsweise die Großunternehmen im Bank- und Verkehrswesen sowie im Handel extrem arbeitsintensive Dienstleistungen beibehalten, während sie gleichzeitig Leistungen anbieten, bei denen sie nur eine sehr begrenzte Anzahl von äußerst qualifizierten Mitarbeitern verwenden, deren Kenntnis der innovativen Methoden des „zaitech“ sowie der modernen elektronischen Kommunikationssysteme geradezu beeindruckend ist. Die Großunternehmen der Schlüsselindustrien des verarbeitenden Sektors haben auf dem Gebiet der Produktivitätssteigerungen überragende Leistungen vollbracht und eine in anderen Ländern unvorstellbare Arbeitsproduktivität erzielt. Dennoch gibt es natürlich auch im verarbeitenden Gewerbe ineffiziente Großunternehmen, zumindest in den sogenannten schrumpfenden Industrien, wie in der Textilindustrie, beim Schiffbau, bei der Aluminiumverarbeitung und im Stahlbereich.

Auch bei den klein- und mittelständischen Unternehmen finden sich sehr wohl innovative Elemente, obwohl der Einsatz des Risikokapitals hier sehr viel weniger effizient organisiert ist als in den USA.[6] Es gibt jedoch noch einen anderen Unterschied zwischen Amerika und Japan, der sich durchaus als vorteilhaft für Japan erweisen kann. Die nach dem Vorbild des Silicone Valley organisierten kleinen High-Tech-Firmen bleiben normalerweise klein und operieren auf der Basis des relativ begrenzten Produktzyklus, der mit dem vom Unternehmensgründer erfundenen Produkt verbunden ist, oder bestenfalls des „Lebenszyklus" der produktivsten Jahre dieses Erfinders, bevor sie verkauft oder von einem größeren (vielleicht japanischen) Unternehmen übernommen werden. Demgegenüber überdauern ihre japanischen Konkurrenten, insbesondere die weltweit erfolgreichen Unternehmen, normalerweise ihre Gründer und werden selbst zu Großunternehmen mit sämtlichen Eigenschaften einer bürokratischen Unternehmensstruktur. Die Beispiele von Sony, Honda, Kyocera und Matsushita illustrieren genau dieses Phänomen und zeigen, daß eine derartige „Größe" und bürokratische Organisation der weltweiten Vermarktung neuer Produkte eher förderlich als hinderlich sein kann. Die Tatsache, daß immer mehr Silicone-Valley-Unternehmen verschwinden, weil sie auf dem Weltmarkt nicht mit ihren größeren japanischen Konkurrenten mithalten konnten, hat natürlich auch einen Einfluß auf die amerikanische Politik gehabt. Die Reagan-Administration hat ihr Konzept des „Big is bad" aufgegeben und statt dessen Gesetze erlassen, die im Grunde zu der weitestgehenden Reform des amerikanischen Kartellgesetzes seit 35 Jahren geführt haben. Um die amerikanischen Unternehmen gegenüber den japanischen Konglomeraten wettbewerbsfähig zu machen, müssen die für Fusionen gültigen Bestimmungen so geändert werden, daß Fusionen und joint ventures nicht mehr deshalb verhindert werden, weil sie den Wettbewerb einschränken „könnten", sondern nur, wenn ein derartiger Effekt „wahrscheinlich" wäre. Andererseits sollen effizienzfördernde Fusionen und joint ventures erleichtert werden. Die westdeutsche Werkzeugmaschinenindustrie, die ein weiteres stolzes Beispiel für die Effizienz von kleinen und mittelständischen Unternehmen ist, hat ebenfalls unter dem kombinierten Einfluß der innovativen Qualität und der weltweiten Marketingstärke der schnell expandierenden japanischen Unternehmen dieses Sektors gelitten. Im Gegensatz zu der amerikanischen Wettbewerbspolitik basiert die westdeutsche nach wie vor auf dem nationalen Rahmen des neoklassischen Wettbewerbsmodells.

Abgesehen von den strukturellen Veränderungen in den neueren Sektoren der japanischen Wirtschaft entspricht die Mehrheit und der Idealtypus der japanischen kleinen und mittelständischen Unternehmen nach wie vor dem vertrauten Image der traditionellen Hälfte der japanischen „dualistischen" Wirtschaft. Das heißt, in den meisten Fällen basieren sie auf Familienbeziehungen und bieten vorübergehend oder teilweise unbeschäftigten oder unterbeschäftigten Mitgliedern der „Familie" im weiteren Sinne der traditionellen japanischen Gesellschaft eine gewisse Sicherheit. Viele, allerdings keineswegs alle, verwenden ineffiziente Produktionsmethoden. Desgleichen sind aus der Sicht des einzelnen Klein- und Mittelbetriebes die Verkaufs- und Marketingmethoden nahezu immer ineffizient. Dennoch tragen sie entweder als relativ kostengünstige Zulieferer zur Effizienz und zur Wettbewerbsfähigkeit der Großunternehmen des modernen Sektors bei, oder sie begünstigen durch ihre Produktions- oder Dienstleistungsmethoden die Erhaltung des Lebensstils, den die japanische Gesellschaft nicht ohne weiteres aufgeben will. Ihre unzureichende Verhandlungsmacht wird durch die Aufsicht der Kartellbehörde sowie durch die unfehlbare staatliche Unterstützung kompensiert. Dabei sind der Verteilungs- und der Landwirtschaftssektor die Bereiche, die am stärksten durch diese Betriebsform geprägt sind.[7]

In diesen beiden Sektoren ist die Interaktion zwischen grundsätzlich autonomen Gesellschaftsstrukturen und der staatlichen Politik oder, in der Parsons-Terminologie, zwischen Strukturerhaltung und Zielerreichung, überaus komplex. Da genau diese beiden Sektoren immer wieder zu Spannungen zwischen den USA und der EG geführt haben, bildet die „Anpassung" bzw. deren Fehlen einen starken Kontrast zu den überaus radikalen Anpassungsprozessen in anderen Bereichen. Tatsächlich haben sämtliche japanische Regierungen seit Ende des Krieges eine eindeutige Politik des Schutzes der traditionellen Reisbauern und Einzelhändler betrieben, um sie vor den billigen Lebensmittelimporten abzuschirmen, die durch effizientere landwirtschaftliche Produktionsmethoden im Ausland, insbesondere in den USA, und die zunehmende Distribution der Waren mit Hilfe von großflächigen Selbstbedienungsläden möglich waren, die ebenfalls vorwiegend aus Amerika kamen. Eine Neuerung des Distributionssystems ist das verstärkte Vordringen von Supermärkten und sogenannten „convenience stores" mit 24-Stunden-Service. Bislang hat jedoch die japanische Regierung, selbst bei extremem Auslandsdruck, nie ihre Unterstützungspolitik der Klein- und Mittelbetriebe aufgegeben. Ein Problem bei dieser Haltung war, daß die verfolgten Ziele immer vielschichtig waren.

Eine tief eingefleischte, wenn auch nicht immer klar formulierte Sorge war die Erhaltung zumindest einer bestimmten Form des traditionellen Lebensstils und der ländlichen und städtischen Umgebung in einem Land, in dem ansonsten ein höheres Ausmaß an „schöpferischer Zerstörung" nach Schumpeterschem Muster zu beobachten war als überall sonst. Helmut Laumers Untersuchung der kulturellen Aspekte der „fantastisch hohen Dichte" von „Nachbarschaftsläden" in den japanischen Großstadtgebieten streicht diesen Aspekt sehr gut hervor.[8] Im übrigen können wir der 1986 von dem damaligen MITI-Minister Watanabe geäußerten Bemerkung nur zustimmen, als er dem amerikanischen Handelsvertreter Yeutter auf dessen Kritik am ständigen japanischen Protektionismus in der Landwirtschaft fast hilflos antwortete: „Wie könnten die Japaner ohne die Schönheit ihrer Reisfeldlandschaft leben?" Tatsächlich kann man sich die japanische Landschaft nur schwer ohne Reisfelder vorstellen, und es gibt zahlreiche soziologische Untersuchungen, die die berühmte Harmonie der japanischen Gesellschaft und dementsprechend einen entscheidenden Teil der japanischen kulturellen Identität mit den Wurzeln der kooperativen Reisfeldorganisation im herkömmlichen Japan verbinden.[9] Dies ist zweifellos eine der überaus wichtigen und wirtschaftlich relevanten Beispiele für die japanische „Einzigartigkeit“. Dennoch ist diese „Einzigartigkeit“ keineswegs unvereinbar mit der weitreichenden Integration einer Volkswirtschaft in die Weltwirtschaft, was uns die japanische Erfahrung der vergangenen zwei Jahrzehnte zweifellos deutlich vor Augen geführt hat. Die neoklassische Theorie akzeptiert derartige gesellschaftliche Belange sehr wohl als legitime Gründe für exzeptionelle protektionistische Maßnahmen. Genau wie die in Kapitel 3 diskutierte Protektion neuer Industrien ist dies ebenfalls ein Gebiet „par excellence“, in dem die Unstimmigkeiten zwischen den rivalisierenden Denkrichtungen bezüglich der japanischen Wirtschaft als weitgehend unberechtigt erscheinen. Selbst die überzeugtesten Wettbewerbstheoretiker, wie Frank Graham in den 30er Jahren und Jagdish Bhagwati heute, verlangen nicht mehr von einer Nation, ihren Lebensstil und ihre kulturelle Identität zugunsten der ansonsten unbestreitbaren Vorteile des Außenhandels aufzugeben.[10]

Die Tatsache, daß Japan diese Haltung seinen westlichen Handelspartnern nur schwer verständlich machen konnte, ist möglicherweise durch oberflächlichere Motivationsschichten bedingt, wie das häufig debattierte strategische Motiv der Selbstversorgung mit Reis, ferner das grundlegende Ziel der Beschäftigungspolitik, möglichst vielen Japanern einen bescheidenen Lebensunterhalt in Einzelhandelsunternehmen zu gewähren, als sie arbeitslos zu machen[11], und zu guter Letzt das politische Interesse der regierenden LDP, die Loyalität wichtiger Teile ihres Wählerreservoirs zu erhalten. Es gibt allerdings auch westliche Konzepte, die diese Motivationsschichten ebenfalls legitimieren.

Die Selbstversorgung im Bereich der strategischen Grundnahrungsmittel gehört ebenso zu der neoklassischen Liste der legitimen protektionistischen Ausnahmen wie die Fähigkeit der autonomen Erzeugung verteidigungsrelevanter Produkte wie Halbleiter, bei denen sich die amerikanische Regierung gegen den japanischen Wettbewerb schützen zu müssen glaubt.[12] Das Beschäftigungsmotiv ist etwas schwieriger, da die Bindung von Arbeitskräften in ineffizienten und gleichzeitig importbehindernden Branchen grundsätzlich für eine spezielle Güterkategorie denselben Effekt haben kann wie ein unterbewerteter Wechselkurs, d.h., sie kann Kosten in Form von entgangenen ausländischen Arbeitsplätzen verursachen. Helmut Laumer hat jedoch darauf hingewiesen, daß die importhemmenden Effekte des herkömmlichen Verteilungssystems durchaus zweifelhaft geworden sind.[13] Denn die Beziehung zwischen dem nach wie vor dominierenden traditionellen Teil des Systems und den expandierenden modernen Verteilungskanälen ist nicht etwa substitutiv, sondern komplementär. Erfolgreiche Auslandsunternehmen haben bewiesen, daß der japanische Markt sich sehr wohl erobern läßt, wenn man bereit ist, in die Kenntnis der japanischen Marktstrukturen und Konsumentenpräferenzen zu investieren. Vielleicht erweist sich der Nachbarschaftsladen zu guter Letzt eher als ein Service und weniger als ein Vertriebsweg. In diesem Fall würde die

Unterstützung derartiger Kleinunternehmen rein konzeptionell keine Kosten in Form von Auslandsarbeitsplätzen implizieren.

Es bleibt noch das Motiv der Wählerpolitik, über die natürlich keine Wirtschaftstheorie positive Aussagen machen kann, obwohl die Theorien in den klassischen und neoliberalen Traditionen sehr wohl die Machterhaltung einer vorrangig „unternehmerfreundlichen“ Partei wie der japanischen LDP als ein überaus wichtiges „öffentliches Gut“ betrachten. Dennoch ist es im Kontext der Handelsspannungen und der rivalisierenden Denkschulen bezüglich der japanischen Leistung wichtig, sich vor Augen zu halten, daß die LDP sich mit derartigen Rücksichtnahmen auf die Wähler in „guter“ westlicher Gesellschaft befindet. Tatsächlich hat der führende Theoretiker des „Auf- und Abstiegs“ von Staaten aufgrund von vorhandenen oder fehlenden „sozialen Rigiditäten“, Mancur Olson, den US-Kongreß, d.h. die Quelle der aggressivsten und stärksten Kritik am japanischen Protektionismus der „Spezialinteressen“, als Paradebeispiel für ein System bezeichnet, das Spezialinteressen aus wahlstrategischen Gründen verteidigt.[14]

2. „Vorteile der Rigidität“ in den Beziehungen der Sozialpartner

Die angeblich „einzigartigen“ Aspekte der japanischen Arbeitgeber-/Arbeitnehmerbeziehungen wie die Lebenszeitbeschäftigung, die Entlohnung nach Dienstalter und das Management-, Aktionärs-, Arbeitnehmer- und Kooperative-Spiel-Muster sind eine spezifische Herausforderung für all jene allgemeinen Gleichgewichtstheoretiker, die die japanische Leistung als einen Lehrbuchfall der Ökonomie in der klassischen Tradition bezeichnen und die das schwache Abschneiden der europäischen Wirtschaft auf die „Rigidität“ der westeuropäischen Arbeitsmärkte zurückführen.[15] Dem ist zu begegnen, daß Arbeit sich nur dann „lehrbuchmäßig“ verhält, wenn sie als flexibler Produktionsfaktor frei ein- und ausgestellt werden kann und wenn die Löhne durch das Angebot und die Nachfrage nach Arbeitskräften determiniert werden. Andererseits haben all diejenigen, die wie die Professoren Hanami, Odawara und Hirschmeyer[16] diese „Nicht-Lehrbuch-Aspekte“ der japanischen Sozialpartnerbeziehung als einzige und wichtigste Ursache für die japanische Leistung betrachten, Schwierigkeiten zu erklären, warum die westeuropäischen Länder mit ganz ähnlichen strukturellen Bedingungen weniger schlecht abgeschnitten haben als Japan.

Die Entlohnung nach Dienstalter, die den Unternehmen die Möglichkeit gibt, einen höheren Anteil von jüngeren Mitarbeitern zu niedrigeren Kosten einzustellen, gibt es in westeuropäischen Ländern ebenfalls, obwohl die Anfangsgehälter junger Arbeitnehmer hier häufig höher sind als in Japan, zumindest gilt dies für Akademiker.[17] Insofern scheint die von Angelika Ernst aufgestellte These, daß die aggregierten Durchschnittslöhne in Japan, die sowohl die „Dualitäten“ der Löhne von Groß- und Kleinunternehmen als auch von permanent und vorübergehend beschäftigen Mitarbeitern enthalten, immer noch beträchtlich niedriger sind als in den USA, Westdeutschland, Großbritannien und Frankreich, obwohl die Löhne für die dienstälteren Einkommensgruppen der Kernbelegschaft von Großunternehmen inzwischen den höchsten internationalen Standards entsprechen, eine wesentlich einleuchtendere Erklärung für die japanische Exportleistung zu bieten.[18]

Die Freiheit des „hire and fire“ ist durch das deutsche „Kündigungsschutzgesetz“ in sehr viel mehr Unternehmen stärker beeinträchtigt als durch das japanische System der Lebenszeitbeschäftigung für die ständigen Mitarbeiter von Großunternehmen. Die meisten westeuropäischen Arbeitsmärkte zeichnen sich durch eine niedrige Arbeitsfluktuation aus, die verschiedene Ursachen hat und von Lester Thurow zu Recht als eine Bedingung für eine positive Arbeitnehmermotivation und eine effektive innerbetriebliche Ausbildung erkannt worden ist.[19] Natürlich haben nicht alle europäischen Länder einen derart strengen gesetzlichen Kündigungsschutz wie Westdeutschland, aber normalerweise sind mächtige landesweite Gewerkschaften, die politisch und ideologisch miteinander konkurrieren, sehr wohl imstande, starke politische Barrieren gegen Kündigungen aufzubauen, wobei diese durch eine deutliche Präferenz für die Maximierung der Dividende im Vergleich zur Arbeitnehmersicherheit bedingt sind. Hinzu kommt, daß die Regierungen bei der Errichtung dieser Barrieren im Interesse ihres politischen Überlebens mitbeteiligt sind. Ein Beispiel hierfür ist das konkurrierende Verhalten der drei größten Gewerkschaften Frankreichs — der kommunistischen Confédération Générale du Travail (CGT), der (ursprünglich sozialdemokratischen) sozialistischen Confédération Française du Travail (CFDT) und der zentristischen Force Ouvrière (FO) — und dem mehr oder weniger „interventionistischen“ Verhalten der französischen Regierung bei der Genehmigung oder Ablehnung von Kündigungen. Leider ist eine niedrige Arbeitnehmerfluktuation nur eine notwendige, aber keine hinreichende Bedingung für eine gute mikro- oder makroökonomische Leistung. Angelika Ernst hat sehr gut beschrieben, daß eine niedrige Arbeitnehmerfluktuation von den Firmen ausgenutzt werden muß, die bereit sind, in ihr Humankapital zu investieren, und daß die Unternehmen eine aggressive Wachstums- und Investitionsstrategie verfolgen müssen, um ihrer Stammbelegschaft selbst bei größten Schwierigkeiten eine Lebenszeitbeschäftigung zu garantieren.[20]

Neben einer niedrigen Arbeitnehmerfluktuation müssen noch die Bedingungen erfüllt sein, welche die in den Kapiteln 2 und 3 diskutierten Strategien begünstigen, d.h. insbesondere die Qualität des Schumpeterschen Unternehmers, die Bereitschaft der Regierung, an der Verteilung der mit aggressiven Investitionen und Innovationen verbundenen Risiken zu partizipieren, und die Bereitstellung von relativ günstigem Kapital zur Verwirklichung dieser Strategien. Wenn Europa einen relativen „Niedergang“ zu verzeichnen hat, sind die Gründe hierfür eher bei der relativen Zurückhaltung der Unternehmer, Regierungen und Finanzinstitute zu suchen, sich auf derartige Strategien einzulassen, als bei der „Starrheit" eines relativ seltenen Arbeitsplatzwechsels.

Desgleichen sind Gewerkschaften, die bereit sind, an einem Management-Aktionärs-Arbeitnehmer- (und gelegentlich: Regierungs-)Kooperationsspiel teilzunehmen, weder ein typisch japanisches Phänomen noch eine hinreichende Bedingung für eine gute mikro- oder makroökonomische Leistung. Auch hier kann der Vergleich mit Westdeutschland einige wichtige Erkenntnisse vermitteln. In seiner Untersuchung der sozialen Rigiditäten lobt Olson den Wert von „übergreifenden" Organisationen wie dem Deutschen Gewerkschaftsbund, da sie bei der Durchsetzung gemeinsamer Ziele eher ein Interesse an kooperativem Verhalten haben, während die kleineren Interessengruppen vor allem ihre engen definierten Ziele in selbstsüchtiger Weise verfolgen.[21] Genau wie viele andere Autoren vor einem Jahrzehnt, erklärt er die westdeutsche, überdurchschnittliche makroökonomische Leistung bis Mitte der 70er Jahre ausschließlich durch die Tatsache, daß dem DGB und seinen Mitgliedern soviel von der Gesellschaft „gehörten", daß sie einen wichtigen Anreiz besaßen, sich aktiv für die Produktivität dieses Anteils einzusetzen.[22] Nach Auffassung von Olson war jeder Versuch, den Mitgliedern einer „übergreifenden" Organisation einen größeren Anteil am Volkseinkommen zu verschaffen, dann sinnlos, wenn dadurch das Volkseinkommen um das Drei- oder Mehrfache des Betrages reduziert würde, der seinen Mitgliedern zugefallen war.[23]

Olson sieht keinen Unterschied in der Funktionsweise der deutschen und japanischen Gewerkschaften und schreibt daher die überdurchschnittliche Wirtschaftsleistung dieser beiden Länder bis Mitte der 70er Jahre derselben Ursache zu. Er gibt zwar zu, daß es sich bei den japanischen Gewerkschaften im Gegensatz zu den föderativen Industriegewerkschaften in Westdeutschland um „Betriebsgewerkschaften" handelt, daß aber trotz enormer Unterschiede in der organisatorischen Größe die beiden Gewerkschaftsformen die funktionale Qualität von bundesweiten „übergreifenden" Gewerkschaften auf ihrer jeweiligen Verhandlungsebene besitzen, wenn sie alle Arbeiter des Betriebes oder des Industriesektors repräsentieren. Die „Betriebsgewerkschaft" kann im Vergleich zu einem Land zwar sehr klein sein, doch sobald sie sämtliche Betriebsangehörige repräsentiert, besitzt sie nicht nur eine ungeheure Verhandlungsmacht, sondern sie kann auch viel verlieren. Sie kann beispielsweise eine ungewöhnlich gewinnträchtige Firma zwingen, ihre Löhne weit über das Marktniveau anzuheben, während ein Unternehmen in einer schwierigen Finanzlage durch keine noch so starke Verhandlungsposition zu einem ähnlichen Nachgeben gezwungen werden kann. Insofern hat eine Gewerkschaft, die in bezug auf das Unternehmen oder den Industriesektor übergreifend ist, guten Grund, dem spezifischen Unternehmen oder der Industrie zu Wohlstand und Wachstum zu verhelfen. Allerdings übersehen Olson und andere Theoretiker des kooperativen Spiel-Paradigmas, daß die Firma oder die Industrie, um auf einem extrem wettbewerbsintensiven Weltmarkt expandieren zu können, zugleich eine Schumpetersche Entschlossenheit besitzen, daß der Staat möglicherweise die Risiken dieser Expansion mittragen und daß genügend Kapital zu ihrer Finanzierung vorhanden sein muß.

Zu guter Letzt bleibt noch zu erwähnen, daß selbst wenn alle anderen, eben erwähnten zusätzlichen Bedingungen gleich bleiben, die Leistungen von zwei Ländern mit übergreifenden Gewerkschaften immer noch sehr unterschiedlich sein können. Denn trotz ihrer grundsätzlichen kooperativen Haltung, die sich oft in einer anhaltenden Mäßigung bei Lohnerhöhungen niederschlug, haben die westdeutschen Gewerkschaften nie eine Senkung der Nominallöhne akzeptiert, was bei den japanischen Gewerkschaften zumindest in Krisenzeiten durchaus der Fall war. Als wenn sowohl die allgemeinen Gleichgewichtstheoretiker als auch die Anhänger der These der japanischen strukturellen Einzigartigkeit in die Irre geführt werden sollten, gibt es sogar Zeiten, in denen das unorthodoxe kooperative Spiel zwischen den japanischen Unternehmen und den Gewerkschaften Ergebnisse erzielt, die die japanische Entwicklung zumindest in einer Hinsicht dem idealtypischen amerikanischen Beispiel vergleichbar machen: Und zwar ist dies die Lohnflexibilität nach unten. Offenbar kann man zu diesem Ergebnis auch gelangen, wenn man die Arbeit nicht als vollkommen flexiblen Produktionsfaktor betrachtet.

Wir wollen noch einmal von einem „trilateralen Standpunkt" aus zusammenfassen: Abgesehen von dem (durch unterschiedliche Methoden erzielten) gemeinsamen Ergebnis einer in Krisenzeiten zu beobachtenden Lohnflexibilität nach unten besteht zwischen den Strukturen der Arbeitnehmer-Arbeitgeberbeziehungen der amerikanischen und japanischen Wirtschaften — die angeblich die dynamischsten der Welt sind — keine sehr große Ähnlichkeit, wohingegen sich die japanischen und europäischen Strukturen sehr viel stärker ähneln. Der Vergleich ist in der folgenden Tabelle veranschaulicht:

Tabelle 3: Vergleichbare Muster der Arbeitgeber-Arbeitnehmer-Beziehungen

	Niedrige Arbeitsplatzfluktuation	Entlohnungssystem nach Dienstalter	kooperative Gewerkschaften	Flexibilität der Löhne nach unten
Japan	□	□	□	□
Westdeutschland	□	□	□	
Frankreich	□	□		
USA				□

Demnach müßte die japanische Erfahrung für die europäischen Unternehmen, Gewerkschaften und Regierungen sehr viel lehrreicher sein als die amerikanische. Insofern kann man die japanischen und europäischen Muster eher als „normal" und die idealtypischen amerikanischen als „einzigartig" bezeichnen.

3. Die Theorie der Rückständigkeit und des dynamischen Wandels auf den Finanzmärkten

Selbst allgemeine Gleichgewichtstheoretiker, die wie Gary Saxonhouse[24] leugnen, daß die Industriepolitik etwas schaffen könne, was völlig freie Märkte nicht erreicht hätten, geben zu, daß das japanische, im Prinzip illiquide System der indirekten Finanzierung, das durch die außerbudgetäre Fiskalpolitik sowie großzügige aber rationierte Zentralbankkredite und die Zinssteuerung[25] unterstützt wurde, einen ständigen Kapitalstrom gewährleistet hat, ohne den die japanische Industrie sich nicht so dynamisch hätte entwickeln können. Die japanischen Politiker haben diese unorthodoxen Bedingungen immer mit der Rückständigkeit des japanischen Kapitalmarktes begründet.[26] Dabei hätten sie sich auf die Theorie der Rückständigkeit von Alexander Gerschenkron beziehen können, die dieser aus der Wirtschaftsgeschichte Kontinentaleuropas abgeleitet hat. Danach ist die Rolle der Banken und darüber hinaus der Regierung in der Anfangsphase der wirtschaftlichen Entwicklung um so aktiver, je rückständiger eine Wirtschaft ist.[27]

Hier finden wir erneut, daß die scheinbar unorthodoxen und einzigartigen Bedingungen der japanischen Wirtschaft effektiv sehr viel „normaler" sind, wenn wir bei einem Vergleich anstelle der angelsächsischen Normen kontinentaleuropäische Strukturen zugrunde legen. Denn nach den Aussagen von Saxonhouse[28] spielt selbst heute noch in Westdeutschland die indirekte Finanzierung die dominierende Rolle. Die Schulden/Eigenkapital-Verhältnisse von japanischen Konzernen, die in der englischsprachigen Literatur zumindest bis Mitte der 70er Jahre als gefährlich hoch bezeichnet wurden[29], werden in den meisten westdeutschen und französischen Unternehmen heute als durchaus normal betrachtet.

Demnach scheint die Kapitalversorgung mit Hilfe von Direktfinanzierungssystemen, die auf überaus effizienten Kapitalmärkten basieren, und Systemen der indirekten Finanzierung, die auf der Kontrolle der Bankkredite basiert, insofern funktional äquivalent zu sein, als Länder mit niedrigem Wachstum bei ausgeglichenen Investitionen und Ersparnissen mit beiden Systemen operieren können, während Wirtschaften mit hohen Wachstumsraten und einem Investitionsüberschuß, wie dies in Japan bis zur ersten Ölkrise der Fall war, eindeutig auf das letztere zurückgreifen müssen. Masaru Yoshitomo hat sehr deutlich nachgewiesen, daß die dynamische Entwicklung der japanischen Finanzmärkte in den 80er Jahren dieses funktionale Äquivalent überaus anschaulich demonstriert. Nachdem das Gleichgewicht zwischen Investitionen und Ersparnissen wieder hergestellt war und dann ein Überschuß der Ersparnisse über die Investitionen erreicht wurde, konnte Japan in der Periode nach den Ölkrisen mit seinen relativ niedrigen Wachstumsraten ohne weiteres den amerikanischen Forderungen nachgeben und allmählich seine Zinssätze, den Devisenmarkt und die Kapitalströme liberalisieren. Heute ist Japan auf dem

Weg vom Bankkreditkontrollparadigma zum offenen Geldmarkt schon sehr weit fortgeschritten.[30] Allerdings führt uns Saxonhouse vor Augen, daß diese jüngste Veränderung genau wie das vorhergehende System der regulierten indirekten Finanzierung ebenfalls als ein Ausdruck der japanischen Industriepolitik betrachtet werden kann. Denn diese Veränderung vollzieht sich nicht nur in einer überaus kontrollierten Weise, um Strömungen und Verluste für die Finanzinstitute des alten Systems möglichst zu minimieren, sondern die Rolle der Vertreter des neuen Systems, insbesondere der securities companies, wird durch implizite Verträge sorgfältig antizipiert und gesteuert.[31]

Es bedarf keineswegs besonderer intellektueller Fähigkeiten, um zu erkennen, daß die Muster der japanischen internationalisierten Finanz- und Kapitalmärkte lohnende Objekte einer antizipatorischen und makrostrukturellen Industriepolitik nach japanischem Muster sind. Denn obwohl Japan sein Kontrollsystem des Auslandskapitals bis Dezember 1980 formal nicht liberalisiert hatte, dauerte es nur 5 Jahre, bis die Kapitalexporte einen Umfang erreicht hatten, der Japan mit etwa 130 Mrd. $ an langfristigen Nettoforderungen zum führenden Gläubigerland der Welt machte, so daß es sogar Großbritannien überrundete, das bis dahin seit dem letzten Jahrhundert tonangebend war.[32] Die steigenden Einkommensströme aus diesen Kapitalexporten verleihen Japan den Status eines Landes mit einer strukturell positiven unsichtbaren Handelsbilanz, die bislang für Großbritannien und die USA typisch war. Obwohl Japan nach Ansicht von Yoshitomi nach wie vor ein „unreifes" Gläubigerland ist, da es strukturell positive Salden des sichtbaren und unsichtbaren Handels vereinbart, wird der durch die Kapitalexporte bedingte Einkommensstrom Japan zur „Reife" verhelfen und eine negative Handelsbilanz nach sich ziehen.[33] Wenn es dem Vorbild Großbritanniens und der USA folgt, wird es die grundlegenden Ursachen für die Handelskonflikte mit Hilfe einer antizipatorischen und makrostrukturellen Politik nach Tinbergens Vorstellungen in möglichst eindeutiger und vorteilhafter Weise lösen.

4. Die Rolle Japans in der Weltwirtschaft oder die Externalisierung der innerstaatlichen Struktur

Die Notwendigkeit, sich auf die Grenzbeziehungen zwischen Anpassung, Zielerreichung und Strukturerhaltung zu konzentieren, wird immer zwingender, da das japanische Beispiel in sämtliche konventionellen theoretischen Bereiche der internationalen Ökonomie übergreift. Diese Notwendigkeit ist um so größer, als die Auswirkungen der japanischen Leistung für die Weltwirtschaft alle drei Paradigma-Kategorien völlig unvorbereitet getroffen haben. Denn die neoklassischen Keynesianischen Modelle haben ebenso wie die Theorie der Wirtschaftspolitik und die Gesamtliteratur über innerstaatliche Strukturen originellerweise eine Sache gemeinsam — und zwar ist dies die Volkswirtschaft als einheitlichen Makrorahmen oder, um David Singers Ausdruck zu gebrauchen: Ihre Analyseebene war subsystemisch. Selbst das „Zwei-Länder/Zwei-Faktoren/Zwei-Produkt"-Modell der Außenhandelstheorie ist eher subsystemisch als systemisch.

Daß die herausragende japanische Wirtschaftsleistung während der vergangenen Jahrzehnte sich nicht nur mit Hilfe der komparativen Statik der konventionellen Wirtschaftsmodelle messen läßt, sondern im Laufe der Zeit auch die Struktur der Weltwirtschaft beeinflußt hat, wird immer offensichtlicher. Denn immer mehr Leute werden sich der Tatsache bewußt, daß Japans BSP inzwischen nahezu die Höhe des BSP der Sowjetunion erreicht hat, die immerhin die zweitgrößte Wirtschaft der Welt ist, und daß die makroökonomische Leistung der größten Wirtschaft der Welt, der USA, in zunehmendem Maße von den Kapitalströmen und dem Warenhandel sowie dem technologischen Austausch mit Japan abhängig ist.[34] Wenn also die relative Statik Japans schließlich dennoch den Strukturwandel der Weltwirtschaft mitbeeinflußt hat und wenn es tatsächlich einen Zusammenhang zwischen Anpassung, Zielerreichung und Strukturerhaltung in Japan gibt, dann sind die „einzigartigen" oder wie auch immer gearteten heimischen Strukturen Japans „externalisiert" worden und müssen analytisch auf der internationalen oder „systemischen" Ebene mitberücksichtigt werden.

Gegenwärtig scheinen jedoch die auf der subsystemischen Ebene vorherrschenden theoretischen Spaltungen einfach auf die Ebene der nationalen Ökonomie transferiert zu werden. Natürlich haben sowohl bei den neoklassischen als auch den Keynesianischen Modellen in den letzten Jahren wichtige Korrekturen stattgefunden. Der Versuch, die Theorie an die Veränderungen der internationalen Kapital- und Handelsbeziehungen der 70er Jahre anzupassen, hat zur Entstehung von unzähligen Modellen geführt.[35] Dennoch ist es nicht gelungen, die grundlegenden Unterschiede zwischen dem neoklassischen und Keynesianischen Gedankengut sowie zwischen diesen beiden und der strukturellen Analyse auszuräumen. Außerdem ist die Annahme des Ricardianischen Handelsmodells, daß Produktionsfaktoren nicht grenzüberschreitend mobil sind, noch in der nahezu völligen Trennung zwischen Außenhandelstheorie und der Theorie der internationalen monetären Beziehungen oder zwischen der „realen Seite" und der „symbolischen Seite" der internationalen Wirtschaftsbeziehungen deutlich erkennbar.

Im neoklassischen Modell der internationalen Wirtschaftsbeziehungen werden der Zahlungsbilanzmechanismus und die Wechselkursbestimmung nahezu ausschließlich mit Hilfe eines Bestandsgleichgewichts von Geld und anderen Finanzanlagen erklärt. Demgegenüber werden internationale Faktorbewegungen, bei denen es sich nicht um kurzfristige Kapitalströme und Portfolio-Investitionen handelt, sowie interne Veränderungen der Produktionsbedingungen, die indirekt die internationalen Wirtschaftsbeziehungen berühren, unberücksichtigt gelassen. Zahlungsbilanzdefizite und -überschüsse sind ausschließlich das Ergebnis von Bestandsanpassungsprozessen auf dem Geldmarkt und insofern nur vorübergehender Natur. Die Preise von gehandelten heimischen und ausländischen Gütern sind durch die internationale Übertragung der Inflation miteinander verbunden, während Veränderungen des nominalen Wechselkurses durch Veränderungen des Preisniveaus kompensiert werden. Andererseits bleiben Veränderungen der terms of trade oder der Wettbewerbsfähigkeit der einzelnen Industrien eines Landes ebenfalls außer acht. Die neoklassische Welt unterscheidet sich sehr deutlich von der Welt, in der wir bei Schlüsselgütern einen unschlagbaren Nichtpreiswettbewerb erleben, und zwar selbst während Perioden mit starken realen Wechselkursänderungen. Und sie entspricht auch nicht der Welt, in der japanische langfristige Kapitalinvestitionen von so unterschiedlichen Wirtschaften wie der amerikanischen und der mexikanischen als geradezu lebensnotwendig betrachtet werden.

Die Keynesianische Zahlungsbilanztheorie konzentriert sich dagegen auf die Veränderungen der Gütermärkte. Sie nimmt in etwas realistischerer Weise an, daß Außenhandelsungleichgewichte sehr wohl Bestandteil eines makroökonomischen Gleichgewichts sein können. Wechselkursveränderungen beeinflussen die terms of trade, und unterschiedliche Produktivitätsentwicklungen führen wiederum zu veränderten realen Wechselkursen. Selbst wenn die Keynesianische Ökonomie nicht als Ungleichgewichtstheorie betrachtet wird, sind die Ungleichgewichte der realen Welt letztlich der Ausgangspunkt für die Keynesianische Argumentation. Keynes berücksichtigt sehr wohl Faktoren wie die Konsumneigung, die Einstellung zur Liquidität und die Erwartungen in bezug auf künftige Kapitalerträge und bezeichnet sie als die „letztlich unabhängigen Variablen“, die den Output und die Beschäftigung determinieren. Auf diese Weise liefert er einen wichtigen intellektuellen Rahmen, um einige der bedeutendsten Strukturen zu identifizieren, die für die spezifische makroökonomische Leistung eine entscheidende Rolle gespielt haben. Andererseits betrachtet die Keynesianische Theorie den Konsum und die Investitionen als Faktoren, die durch eine Politik kontrolliert werden müssen, um die Gesamtnachfrage auf einem Niveau zu erhalten, das mit einem Vollbeschäftigungs-(und/oder stabilem Preis-)Gleichgewicht auf der nationalen makroökonomischen Ebene konsistent ist, und sieht sie nicht als Faktoren, die eine Wirtschaft wie die japanische von anderen unterscheiden und dadurch die Weltwirtschaft in irgendeiner Form beeinflussen.

Die traditionelle Dichotomie zwischen den neoklassischen und Keynesianischen Theorien ist und bleibt nach wie vor die zwischen mikroökonomischer und makroökonomischer Analyse sowie zwischen der Beschreibung der Volkswirtschaften als „klein und offen“ und daher grundsätzlich vernachlässigbar oder als ein geschlossener Rahmen, in dem externe Beziehungen abhängige Variablen von heimischen makroökonomischen Strömen sind. Diese konventionellen Spaltungen sind durch die Entwicklung weltweiter makroökonomischer Modelle in der neoklassischen und der Keynesianischen Theorie einfach verwischt worden.[36]

Mundells und Laffers weltweites neoklassisches Modell befürwortet ein

System fester Wechselkurse und betont die Sinnlosigkeit von antizyklischen Maßnahmen in einem derartigen System. Eine handelsorientierte Wechselkurspolitik wird aufgrund der schnellen autonomen Anpassungen der Güter- und Finanzanlagenbestände überflüssig. Dabei dient eine durchgängige Struktur als Basis für die Befürwortung einer Rückkehr zu festen Wechselkursen: die überall zu beobachtende Starrheit der Löhne nach unten und ihre Flexibilität nach oben. Diese machen eine Wechselkursflexibilität nicht nur überflüssig, sondern geradezu schädlich, da eine Abwertung der Währung einer kleinen offenen Wirtschaft aufgrund der sofortigen Güterarbitrage gleichzeitig zu einem Anstieg des Preisniveaus führt. Aufgrund des „Keileffekts" der Starrheit der Löhne und Preise nach unten gibt es in den aufwertenden Ländern keine entsprechende Senkung des Preisniveaus. So wünschenswert ein größeres Maß an Stabilität im Währungssystem auch sein mag, so läßt sich die Schwäche der Gültigkeit dieses „Keileffekts" mühelos sowohl anhand der reichhaltigen Literatur über die Flexibilität der japanischen Löhne nach unten als auch der Art und Weise aufzeigen, mit der es japanischen Unternehmen wiederholt gelungen ist, ihren Marktanteil im Ausland aufrechtzuerhalten, indem sie in Zeiten drastischer Yen-Aufwertungen ihre Preise gesenkt haben.

Das weltweite Keynesianische Modell basiert auf der Beobachtung, daß die nationalen Konjunkturzyklen als Konsequenz der zunehmenden Abhängigkeit der meisten Länder vom Außenhandel mit den weltweiten Konjunkturzyklen synchronisiert werden. Diese Synchronisierung ist nicht nur durch die beiden Ölkrisen beschleunigt worden, sondern zugleich durch die Tatsache, daß manche Länder, wie z. B. Deutschland und Japan, ihre Warenexporte ständig erhöht und strukturelle Leistungsbilanzüberschüsse entwickelt haben, während andere Länder, wie die USA, in verstärktem Maße Kapital importiert haben, um ihre strukturellen Leistungsbilanzdefizite zu finanzieren. Das daraus resultierende Ungleichgewicht erfordert nach Keynesianischer Auffassung eine weltweite Beschäftigungspolitik.[37] Das Problem bei diesem Argument ist seine mangelnde praktische Relevanz, da es unglücklicherweise keine Weltbehörde gibt, die befugt wäre, eine weltweite Beschäftigungspolitik durchzuführen. Da außerdem die Konsum- und Investitionsneigungen, d.h. die „letztendlich unabhängigen Variablen", die nach Auffassung von Keynes das Produktions- und Beschäftigungsniveau beeinflussen, von Gesellschaft zu Gesellschaft beträchtlich variieren, würden die verschiedenen Teile der Welt von einer globalen Beschäftigungspolitik sehr unterschiedlich betroffen. Das Ergebnis kann wohl kaum überall optimal sein.

Die weltweiten neoklassischen und Keynesianischen makroökonomischen Modelle umgehen insofern die „Unzulänglichkeiten" (Bertil Ohlin) der Theorie der Wirtschaftsbeziehungen.[38] Ohlin hat überzeugend dargelegt, daß die Teilung von Produktion und Handel zwischen den Ländern ebenso wie die internationalen Faktorbewegungen nicht nur von den Faktoranteilen beeinflußt werden, auf die sich die theoretischen Erklärungsversuche konzentriert haben, sondern auch von „überaus relevanten internen Bedingungen". Er nennt in diesem Zusammenhang die jeweilige Gesetzgebung und die Bestimmungen über soziale Verhaltensregeln, Steuer- und Subventionssysteme, interne Kosten des Transports von Gütern, Dienstleistungen und Produktionsfaktoren, sowie Bedingungen, die das unternehmerische Risiko betreffen, und zu guter Letzt Probleme der Faktorqualität. Offenbar nimmt auch innerhalb der ökonomischen Disziplin das Bedürfnis zu, die funktionalen Beziehungen zwischen heimischen Strukturen und Außenhandel und Kapitalverkehr zu erhellen.

Anmerkungen

1 Zur Diskussion der nach wie vor bestehenden und in manchen Fällen zunehmenden Relevanz dieser Muster für die japanische Wirtschaft der 80er Jahre vgl. die Beiträge in diesem Buch.

2 Vgl. beispielsweise Kazuo Sato, „Japan's Savings and Internal and External Macroeconomic Balance", in Kozo Yamamura (Hrsg.), *Policy and Trade Issues of the Japanese Economy* (Seattle: University of Washington Press, 1982), S. 142—72.

3 Vgl. Sueo Sekiguchi, „Die japanische Industriepolitik: Das Zusammenspiel zwischen Politik und dualistischer Struktur", in diesem Buch; Susan Strange und Roger Tooze, „The Management of Surplus Capacity and International Political Economy", in Strange und Tooze (Hrsg.), *The International Politics of Surplus Capacity: Competition for Market Shares in the World Recession* (London: Allen & Unwin, 1981), S. 210—12.

4 Toyohiro Kono, *Strategy and Structure of Japanese Enterprises* (London: Macmillan, 1984), S. XIII; Johannes Hirschmeyer und Tsunehiko Yui, *The Development of Japanese Business 1600—1980* (London: Allen & Unwin, 2. Aufl. 1981), S. 163, 175 f., 205—12.

5 Sueo Sekiguchi, „Die japanische Industriepolitik: Das Zusammenspiel zwischen Politik und dualistischer Struktur", in diesem Buch.

6 Hugh Patrick, „Japan's High Technology Policy in Comparative Context", in ders. (Hrsg.), *Japan's High Technology Industries: Lessons and Limitations of Industrial Policy* (Tokio: Tokyo University Press, 1986), S. 17 f.; Gary Saxonhouse, „Industrial Policy and Factor Market: Biotechnology in Japan and the U.S.", in Patrick, *Japan's High Technology,* S. 122.

7 Sekiguchi, „Industriepolitik"; Helmut Laumer, „Das Distributionssystem: Soziale Funktion und Wirkung als Importbarriere", in diesem Buch.

8 Laumer, „Das Distributionssystem", ebenda, S. 271 ff.

9 Vgl. Chie Nakane, *Japanese Society* (London: The Nature of Man, Society Collections, 1970); Ruth Benedict, *The Chrysanthemium and the Sword: Patterns of Japanese Culture* (Tokio: Tuttle, 1954).

10 Frank D. Graham, *Protective Tariffs* (New York: Harper & Bros., 1934), Jagdish Bhagwati, *The Theory and Practice of Commercial Policy: Departures from Unified Exchange Rates,* Special Papers in International Economics, 8 (Princeton, N.J.: Princeton University Press, 1968).

11 Laumer, „Das Distributionssystem", S. 284.

12 Bhagwati, „Commercial Policy", S. 15.

13 Laumer, „Das Distributionssystem", S. 286.

14 Mancur Olson, *The Rise and Decline of Nations: Economic Growth, Stagflation and Social Rigidities* (New Haven: Yale University Press, 1982), S. 50.

15 Arthur Burns, *U.S. and Germany.*

16 Tadashi Hanami, *Labour Relations in Japan Today* (Tokio: Kodansha, 1979); Kenichi Odawara, „The Competition Principle in Japanese Companies and Labour Unions", Referat auf der Third Conference on United States-Asia Economic Relations in Hongkong, 22.—24. Juni 1987; Johannes Hirschmeyer und Tsunehiko Yui, *The Development of Japanese Business 1600—1980* (London: Allen & Unwin, 1981 [1975]).

17 Angelika Ernst, „Das japanische Beschäftigungssystem und seine Auswirkungen auf die internationale Wettbewerbsfähigkeit", in diesem Buch, S. 226.

18 Ernst, „Beschäftigungssystem", S. 223—241.

[19] Lester Thurow (Hrsg.), *The Management Challenge: Japanese Views* (Cambridge, Mass.: MIT Press, 1985), S. 7.
[20] Ernst, „Beschäftigungssystem".
[21] Olson, *Rise and Decline,* S. 53, 75—77.
[22] Olson, *Rise and Decline,* S. 48, 76.
[23] Olson, *Rise and Decline,* S. 48.
[24] Saxonhouse, „Industrial Policy", S. 97—133.
[25] Hugh Patrick, *Monetary Policy and Central Banking in Contemporary Japan* (Bombay: Bombay University Press, 1962), S. 62 ff.; Yoshio Suzuki, *Money and Banking in Contemporary Japan: The Theoretical Setting and Its Applications* (New Haven: Yale University Press, 1980), S. 76 ff.; Eisuke Sakakibara und Robert Feldman, „The Japanese Financial System in Comparative Perspective", *Journal of Comparative Politics* 7 (März 1982), S. 1—24.
[26] Suzuki, *Money and Banking;* Bank of Japan, *The Japanese Financial System* (Tokio 1978), S. 16 ff., 124 ff.
[27] Alexander Gerschenkron, „Typology of Industrial Development as a Tool of Analysis", in *Second International Conference on Economic History* (Paris: Librairie Mouton, 1965), S. 449 ff.
[28] Saxonhouse, „Industrial Policy", S. 117.
[29] Masaru Yoshitomi, „Die externe Sicherung der heimischen Geld- und Fiskalpolitik Japans", in diesem Buch, S. 120—145.
[30] Yoshitomi, „Geld- und Fiskalpolitik", ebenda.
[31] Eine detaillierte Beschreibung dieses Prozesses findet sich bei Koei Narusawa, „Der Devisenmarkt in Japan", in diesem Buch; Hirohiko Okumura, „Die Internationalisierung der japanischen Finanzmärkte", ebenda; Christiane Dosse, „Die Stellung der Banken und securities companies auf dem japanischen Finanzmarkt und ihr Einfluß auf den internationalen Kapitalverkehr", in diesem Buch; und Yoshitomi, „Geld- und Fiskalpolitik", ebenda.
[32] *Nihon Keizai Shimbun* (Mai 1986); Ryo Watabe, „Japanese Investors' Interest in Foreign Securities" (Washington: Nomura Research Institute, Juni 1986).
[33] Masaru Yoshitomi, „Japan as a Capital Exporter: Implications for the United States and the World Economy", Vortrag auf einer Konferenz der Japan Society, New York, über „Japan's Capital Outflows and the Global Economy" 2 (22. November 1985), S. 6.
[34] Henrik Schmiegelow, „Global Dimensions in US-Japan Relations", *Außenpolitik* 37, 3 (1986), S. 222—29.
[35] Neoklassische Modelle der Wechselkursbestimmung werden dargestellt von Peter Isard, *The Process of Exchange Rate Determination — A Survey of Important Models and Major Issues,* Princeton Studies in International Finance 42 (Princeton, N.J.: Princeton University Press, 1978). Die neoklassische Zahlungsbilanztheorie findet sich bei E. M. Claassen und P. Salin (Hrsg.), *Recent Issues in International Monetary Economics* (Amsterdam: North Holland, 1976). Vgl. insbesondere die Beiträge von Alexander K. Swoboda, „Monetary Approaches to Balance of Payment Theory", S. 3—23, und G. Myhrman, „Balance of Payment Adjustment and Portfolio Theory: A Survey", S. 203—38. Eine Diskussion der Keynesianischen Modelle findet sich bei Fritz Machlup (Hrsg.), *International Monetary Economics* (London: Macmillan, 1966); E. Sohmen, „Exchange Rates, Terms of Trade and Employment: Pitfalls in Macro-Economic Models of Open Economies", *Kyklos* 27 (1974), S. 521—35.
[36] Marina von Neumann-Whitman, „Global Monetarism and the Monetary Approach to the Balance of Payment", Brookings Papers on Economic Activity (Washington, D.C. 1975), S. 491—536; Robert A. Mundell, „Uncommon Arguments for Common Currencies", in Harry G. Johnson und Alexander K. Swoboda (Hrsg.), *The Economics of Common Currencies* (Cambridge, Mass.: Harvard University Press, 1973), S. 25—34. Mundells Wechsel von seinen früheren Keynesianischen Positionen zu diesem neoklassischen Ansatz ist bemerkenswert. Vgl. auch Hanns Georg Zinn, „Außenwirtschaftliches Defizit des Keynesianismus? Kreislauftheoretische Anmerkungen zur Weltwirtschaft", *Wirtschaftsdienst* 4 (1983), S. 203—08.
[37] Zinn, „Außenwirtschaftliches Defizit", S. 207.
[38] Bertil Ohlin, *Some Insufficiencies in the Theories of International Economic Relations,* Essays in International Finance 134 (Princeton, N.J.: Princeton University Press, 1979).

Kapitel 5
Integration

Bisher haben wir die wichtigsten Gebiete diskutiert, in denen die japanische Leistung herausragt, während sie zugleich funktional völlig vergleichbar ist mit gegenwärtigen oder vergangenen Erfahrungen westlicher Wirtschaften. Nun bleibt noch zu diskutieren, inwieweit das japanische Beispiel einzigartige oder vergleichbare Elemente der Unternehmens- und Staatspolitik enthält, die zu ihrer Leistung beigetragen haben könnten. Auf der von uns gewählten konzeptionellen Ebene ist dies der Bereich der Parsonsschen Integrationsfunktion, während wir uns auf der Ebene der rivalisierenden Erklärungsversuche der japanischen Leistung in dem Bereich des „Japan Inc."-Paradigmas befinden. Hier erscheint die kurze Nebenbemerkung angebracht, daß dieses Paradigma sehr häufig versucht, die Substanz dieser Leistung zu erklären, obwohl das Hauptthema, auf das es sich nahezu ausschließlich konzentriert, ein Entscheidungs- und politischer Prozeß ist.

Die mühelose Einbeziehung des „Japan Inc."-Paradigmas in das Parsonssche System erhöht einerseits die Bedeutung dieses Paradigmas und verringert sie andererseits. Wenn man die wichtigsten Komponenten dieses Paradigmas, wie den Korporatismus, „ringi-sei", „nemawashi", das Prinzip der administrativen Lenkung und das von Ezra Vogel[1] beschriebene Prinzip des „fair share" als Entscheidungsfindungsmodus begreift, der der Parsonsschen Integrationsfunktion dient, scheinen diese mehr zu sein als bloße Abweichungen von universellen Mustern. Tatsächlich gibt es in anderen Gesellschaften ebenfalls ganz ähnliche Entscheidungsmodi in unterschiedlicher Ausprägung. So sind beispielsweise der amerikanische, deutsche und japanische Korporatismus weitgehend gleichgeartet. Die Japaner haben vielleicht ihre Version stärker perfektioniert als die Amerikaner, während das Nachkriegsdeutschland sich ernsthaft bemüht hat, seine früher notorisch ausgeprägte korporatistische Entscheidungsfindung zu reduzieren.[2]

In französischen und deutschen Bürokratien und Unternehmen sind „ringi-sei"-Systeme einer koordinierten Entscheidungsvorbereitung mindestens genauso formalisiert wie in Japan. Wenn sie weniger effizient sind als ihre japanischen Entsprechungen, müssen die Ursachen hierfür woanders gesucht werden. Die Unterschiede der Wirtschaftspolitik auf dem Gebiet der Zielerreichung und Anpassung, die wir in den vorhergehenden Abschnitten diskutiert haben, sind groß genug, um unterschiedliche Erfolge plausibel zu machen, ohne bei der integrativen Qualität nach Abweichungen zu suchen.

Dieses Beispiel illustriert hinreichend, daß die Interpretation des japanischen Falles mit Hilfe der vier Parsonsschen Funktionen zumindest die Überschätzung des „Japan Inc."-Paradigmas vermeiden hilft. Wie wir gesehen haben, bietet das japanische Beispiel mehr als den Konsens. Insbesondere Toyohiro Kono hat sehr überzeugend dargelegt[3], daß die Entscheidungsfindung in Japan keineswegs von unten nach oben verläuft wie beim „ringi-sei", sondern häufig von oben nach unten vollzogen wird. Seine gut formulierte Untersuchung zeigt, daß die operationalen Entscheidungen der Subsysteme der japanischen korporativen Organisationen im allgemeinen durch Konsens erzielt werden, daß dagegen „strategische" Entscheidungen entweder von der Spitze her oder durch einen interaktiven Ansatz getroffen werden. Die Geschichte der strategischen Unternehmensentscheidungen, wie die Einführung von Polyester durch Teijin, sowie N.K.K.'s 4-Milliarden-Dollar-Investition in das Ogishima-Stahlwerk, ferner Fujitsus Entwicklung und erste Auslandsverkäufe seines Zentralrechners, enthält viel „subjektive" oder „individuelle" Methodologie, wie sie von Popper und Hayek bevorzugt wird, und die wir immer als die westlichste von allen Methodologien betrachtet haben. Dennoch gibt es eine japanische Version für das Sprichwort „Dem Tapferen winkt das Glück", und der Präsident von Fujitsu, Taiyu Kobayashi, verwendet es sehr passend als Titel für Fujitsus strategische Entscheidungen: „tomokaku yattemiyo".[4] Obwohl eine derart „subjektive" Methodologie beim Staat weniger offensichtlich ist als bei betrieblichen Entscheidungsprozessen, heißt das keineswegs, daß sie nicht vorhanden ist. Ganz im Gegenteil gibt es in Konos interaktivem Ansatz bezüglich der betrieblichen strategischen Entscheidungen genügend Beweise für staatliches Engagement, die dafür sprechen, daß dies sehr wohl stattfindet.

Andererseits ist die Verfahrensmethode bei der Wirtschaftspolitik überall genauso wichtig wie die Substanz. Insofern können hervorragende Leistungen in puncto Substanz noch keinen politischen Erfolg garantieren, ohne erfolgreiche Lösungen für Verfahrensprobleme zu bieten. Es gibt drei Fälle, in denen der politische Prozeß in Japan Modellcharakter gewonnen hat und in der die integrative Qualität seiner Wirtschaftspolitik andere industrialisierte Länder deutlich überrundet hat: Dies sind das Prinzip der administrativen Lenkung, die Entwicklung einer Makro-Hierarchie für die Wirtschaftspolitik und die Anwendung des Modells sekundärer politischer Kontrollen.

1. Das Prinzip der administrativen Lenkung als Staatsaktion ohne Zwangscharakter

Das am meisten bewunderte oder gefürchtete „gyoseishido" ist dennoch die am wenigsten „einzigartige" der drei „Prozeßinnovationen", die Japan im Bereich der Wirtschaftspolitik hervorgebracht hat. Wir können es als ein Instrument definieren, das von den staatlichen Behörden verwendet wird, um den privaten Wirtschaftssubjekten bevorzugte Aktivitäten zu signalisieren. Es unterscheidet sich sowohl von Gesetzesvorschriften als auch von normativen Durchführungsbestimmungen und einzelnen administrativen Verordnungen, weil es keine Gesetzgebungskraft besitzt und weil es keine gesetzlichen Sanktionen im Falle der Nichtbefolgung nach sich zieht. Insofern bleiben den betroffenen privaten Wirtschaftssubjekten immer alternative Aktionsmöglichkeiten offen. Auch die Freiheit der Wahl ist nicht eingeschränkt. Die administrative Lenkung wird normalerweise mit den Interessen der Wirtschaftssubjekte selbst begründet und/oder mit der Bereitstellung von „öffentlichen Gütern" wie einem höheren oder niedrigeren Niveau makroökonomischer Aktivität, geordneten Devisenmärkten, dem Kapazitätsabbau in schrumpfenden Industrien, Investitionen in risikoreichen Sektoren von nationaler Bedeutung, Umweltschutz und Vermeidung von politischen Friktionen mit Handelspartnern, etc.

Dabei wird allerdings häufig übersehen, daß eine ähnliche „administrative Lenkung" auch in Westeuropa und Nordamerika stattfindet. Die westlichen Regierungen signalisieren den privaten Wirtschaftssubjekten ihre bevorzugten Vorgehensweisen im Rahmen der Keynesianischen makroökonomischen Politik. Jedes Mal wenn sie die Diskontsätze oder Steuern senken oder erhöhen, lassen sie keinen Zweifel daran, daß sie von den Haushalten und Unternehmen entweder mehr oder weniger Ausgaben erwarten. Mit der Unterstützung der Medien tun sie ihr Bestes, um diese Anreize zu erklären und dadurch ein entsprechendes Verhalten zu fördern. Dennoch ist genau wie im Falle der japanischen administrativen Lenkung die Befolgung dieser Signale keineswegs obligatorisch. Die Freiheit der Wahl bleibt in beiden Fällen erhalten.

Da die makroökonomische Form der administrativen Lenkung keine spezifischen Adressaten hat und nur der Öffentlichkeit bestimmte Signale vermittelt, wirkt sie weniger „administrativ" oder „dirigistisch". Demgegenüber wirkt sie auf der mikroökonomischen Ebene stärker „interventionistisch", da von seiten der Regierung ein größeres Maß an analytischer und organisatorischer Aktivität erforderlich ist, um für enger definierte Gruppen von Wirtschaftssubjekten starrer definierte Verhaltensweisen zu entwickeln. Dennoch bleibt sowohl bei der makro- als auch der mikroökonomischen Version der administrativen Lenkung die Freiheit der Wahl erhalten. Im übrigen ist (wenn auch sehr viel weniger häufig) bei westlichen Regierungen ebenfalls das Prinzip der mikroökonomischen administrativen Lenkung zu finden, und zwar in bezug auf den ökonomischen Liberalismus manchmal in überaus orthodoxer Form. Im Bereich der Rüstungsbeschaffungs- und der Raumfahrtprogramme gibt es zahlreiche dokumentierte Beispiele hierfür. Die informelle administrative Lenkung des Pentagon hat sicherlich die Bemühungen der US-Produzenten bei der Etablierung von „SEMATECH" verstärkt, um mit den japanischen Chip-Produzenten konkurrieren zu können. Eine ganz ähnliche politische Intervention bei der Entwicklung der Supraleiter ist noch umstritten. Selbst die westdeutsche Bundesbank, die normalerweise als Hochburg des orthodoxen ökonomischen Denkens betrachtet wird, hat sich „à la Japonaise“ verhalten, indem sie mit führenden deutschen Banken heimlich Stillhalteabkommen getroffen hat, als autonome Kapitalbewegungen die Stabilität der DM zu gefährden drohten.[5] Der entscheidende Unterschied ist allerdings, daß das Prinzip der administrativen Lenkung im Westen nie als explizites System entwickelt worden ist. Wenn es praktiziert wird, wird es sozusagen mit schlechtem Gewissen getan. Die Politiker des Westens scheinen zu sehr an die Dichotomie zwischen planwirtschaftlicher Intervention und dem völlig freien Marktmodell gewöhnt zu sein, um die administrative Lenkung als legitimes Instrument der Politikimplementierung zu betrachten.

Da das Prinzip der administrativen Lenkung trotzdem im Westen praktiziert wird, scheint der Unterschied eher graduell und nicht inhaltlich zu sein. Dennoch ist er sehr wesentlich. Denn, wie wir an anderer Stelle bewiesen haben[6], könnte das oben diskutierte Modell der antizipatorischen Anpassung ohne Akzeptanz desselben als legitimes Instrument der Politikimplementierung auf mikro- und makroökonomischer Ebene nicht in die Praxis umgesetzt werden. Wenn die antizipatorische Anpassung — was die OECD ebenfalls zu sehen scheint — einen Teil des japanischen Erfolges zu erklären vermag, dann ist das Instrument der administrativen Lenkung eine Voraussetzung für diesen Erfolg.[7]

2. Die Entscheidung über die Hierarchie der Wirtschaftspolitik

Die Art und Weise, in der Japan das Problem der Hierarchie konfligierender wirtschaftspolitischer Maßnahmen erkannt und gelöst hat, ist von weltweiter Bedeutung, da — was sogar von den Vertretern des konsens-orientierten „Nihon-jin-ron“ zugegeben wird[8] — die verschiedenen Abteilungen der japanischen Regierung mindestens genauso uneins sind durch divergierende Auffassungen über nationale Interessen und durch ein Gefühl des Gruppenwettbewerbs oder des „esprit de corps“ wie westliche Regierungen. Welche rechtlichen Dispute zwischen staatlichen Behörden und interministeriellem „Cloisonnement“ die japanische Entscheidungsfindung auch kompliziert haben mögen, die betroffenen Behörden haben immer die Notwendigkeit zur Einigung anerkannt, sobald das fragliche Problem die langfristige makrostrukturelle Politik Japans zu beeinträchtigen drohte. Hugh Patrick hat darauf hingewiesen, daß die japanische Industriepolitik nicht nur eine Kombination von Mikropolitiken ist, die einzelne Sektoren oder Firmen verteidigen oder fördern — wie dies beispielsweise in den USA der Fall ist, wo eine sektorale Industriepolitik bei der Rüstungsbeschaffung und Raumfahrt signifikante und überaus innovative Strukturen hervorbringt, die aber keineswegs die Makroebene der amerikanischen Industriestruktur insgesamt erreicht.[9] Japan ist das einzige Land in der entwickelten Industriewelt, das eine Makropolitik konzipiert und aufrechterhalten hat, die die Wirtschaftspolitik insgesamt begünstigt, und zwar auch dann noch, nachdem sie den Zustand einer reifen Wirtschaft erreicht hat. Viele Beobachter der japanischen Industriepolitik übersehen häufig die monetären, fiskal- und bildungspolitischen sowie technologischen und anderen Verzweigungen dieses umfassenden politischen Netzes.

Die bemerkenswerteste japanische Wahl bei der Lösung des Problems der Hierarchie zwischen verschiedenen wirtschaftspolitischen Bereichen ist die zwischen der Industriepolitik und der Wettbewerbspolitik, die wir in Kapitel 2 analysiert haben. Die funktionalen Vorteile dieser Wahl sind so offensichtlich, daß die japanische Regierung nur sehr wenig Verständnis für die amerikanischen und westdeutschen Ermahnungen gezeigt hat, sich stärker an die orthodoxen Wettbewerbsprinzipien zu halten, die effektiv in dem japanischen Antimonopolgesetz verankert sind.[10] Während die Wettbewerbspolitik bei der Aufrechterhaltung „ordoliberaler" Systeme wie in den amerikanischen und westdeutschen Wirtschaften[11] eine zentrale Rolle spielt, wird in Japan die Rolle dessen, was die Deutschen als „Ordnungspolitik" bezeichnen, der Industriepolitik zugewiesen. Im Gegensatz zur orthodoxen Wettbewerbspolitik befaßt sich die letztere jedoch sowohl mit der Strukturveränderung als auch mit der Strukturerhaltung. Wie wir im zweiten Kapitel erwähnt haben, ist es die Industriepolitik, die eine effektive Wettbewerbspolitik ermöglicht, und nicht etwa umgekehrt.

3. Sekundärkontrollen und das Prinzip der Selbst-Sanktionen

Ein weiteres Beispiel, in dem ein japanischer Modus der Entscheidungsfindung und -durchsetzung eine Norm für eine potentielle integrative Qualität abgibt, die in der übrigen industrialisierten Welt bislang unerreicht blieb, ist das Muster der Leistungskontrolle von Nutznießern ökonomischer Anreize. Hier hat allein Japan ein Modell in die Praxis umgesetzt, das in der westlichen Wirtschaftstheorie diskutiert wurde, ohne jeweils sehr viel Anklang zu finden. Und zwar ist dies das Modell der sekundären Politikkontrollen, das von Adolf Lowe in seiner Theorie des ökonomischen Wissens entwickelt wurde.[12] Hugh Patrick hat es erst vor kurzem den USA zur Anwendung empfohlen und begründet dies folgendermaßen: Da die Vorteile der Industriepolitik zuallererst den Eigentümern, Managern und Arbeitern der Industrien zugute kommen, die eine bevorzugte Behandlung genießen, während die Kosten von den Steuerzahlern und/ oder Konsumenten getragen werden, sollte von den Nutznießern die Erfüllung von Leistungsnormen verlangt werden, um die empfangene Unterstützung zu rechtfertigen.[13] „Fairneß"-Überlegungen werden also mit dem Wunsch nach einer effektiven Politikimplementierung verbunden. Dies ähnelt sehr der Form von Sekundärkontrollen, die Lowe für die Implementierung von makroökonomischen und politischen Maßnahmen vorschlägt.

Tatsächlich schlagen die fiskalpolitischen und monetären Anreize, die den privaten Industrien zur Verfolgung makroökonomischer Ziele gewährt werden, häufig fehl, weil die sogenannten „Primärkontrollen" von den Nutznießern hingenommen werden, ohne „Sekundärkontrollen" durchzuführen, um festzustellen, inwieweit sie aufgrund dieser Anreize gehandelt haben. Als Beispiele für primäre und sekundäre Kontrollen können die impliziten oder expliziten Verträge dienen, die von der Bank of Japan bei der Kreditrationierung zu vergünstigten Zinssätzen gewährt wurden. Dies ist vielleicht das einzige und wichtigste Element der integrativen Funktion, bei der Japan effektiv die anderen industrialisierten Nationen überrundet hat.

Inwieweit Patricks Empfehlung, derartige Sekundärkontrollen einzuführen, in den USA befolgt werden wird, bleibt abzuwarten. Es ist zumindest mit beträchtlichem Widerstand von organisierten Interessengruppen zu rechnen, die gewohnt sind, von Anreizen ohne Sekundärkontrollen zu profitieren. Sie würden sicherlich ein derartiges System der Politikimplementierung als Beweis für eine „interventionistische Regierung" kritisieren und möglicherweise als weiteren Schritt auf dem Schumpeterschen „Marsch zum Sozialismus" bezeichnen.

Obwohl Sekundärkontrollen Sanktionen bei Nichteinhaltung implizieren, würde ihre Adoption keineswegs bei den industrialisierten Ländern des Westens eine Annäherung an ein zentralwirtschaftliches Wirtschaftssystem bedeuten, das durch administrative Sanktionen für Verletzungen der staatlichen Bestimmungen charaktisiert ist; außerdem würde es keinerlei Freiheitseinbußen mit sich bringen. Genau wie im Falle der Konditionen von IWF-Krediten ist das System der Sekundärkontrollen nur mit automatischen Selbst-Sanktionen verbunden bzw. dem Verlust von Leistungen, die sonst erbracht worden wären. Das Prinzip der Selbst-Sanktion ist immerhin eines der entscheidenden Grundlagen des Marktverhaltens. Es erklärt, warum die japanischen Unternehmen sich normalerweise an das „gyoseishido" halten, obwohl es keinerlei Gesetzeskraft besitzt.

Anmerkungen

[1] Ezra Vogel (Hrsg.), *Modern Japanese Organization and Decision Making* (Berkeley: University of California Press, 1975).

[2] Referenzen für die Literatur des komparativen Korporatismus finden sich bei Peter Katzenstein, „West Germany as Number 2: Reflections on the German Model", in Andrei S. Markovits (Hrsg.), *The Political Economy of West-Germany* (New York: Praeger, 1982), S. 199—215; T. J. Pempel, *Policy-Making in Contemporary Japan* (Ithaca, N.Y.: Cornell University Press, 1977); Andrew Shonfield, *Modern Capitalism: The Changing Balance of Public and Private Power* (Oxford: Oxford University Press, 1965).

[3] Kono, *Strategy and Structure,* S. 298 ff.

[4] Taiyu Kobayashi, *Tomokaku yattemiyo* [Das Glück winkt den Tapferen; Fujitsus 30jährige Erfahrung mit Computern] (Tokio: Toyo Keizai Shinposha, 1986), S. 37—92.

[5] Ein Beispiel ist das Gentlemen's Agreement zwischen der Bundesbank und den Großbanken im 1. Quartal 1981, in dessen Rahmen die Banken Nichtinländern die Verlängerung langfristiger Kredite untersagten, um der Geldpolitik der Bundesbank zuwiderlaufende Kapitalab-

flüsse zu beschränken, vgl. Bundesbank, *Monatsbericht der Deutschen Bundesbank* (1982), S. 26; und ders., ebenda (1983), S. 14—25.

[6] M. Schmiegelow, „Cutting", S. 282—84.

[7] OECD, *Economic Reports: Japan* (Paris 1981 und 1984).

[8] Ein Überblick findet sich bei Fisco Maraini, „Japan and the Future: Some Suggestions from Nihonjin-Ron Literature", in Gianni Fodella (Hrsg.), *Social Structures and Economic Dynamics in Japan up to 1980* (Mailand: Luigi Bocconi Universität, 1975), S. 15—17, 71.

[9] Hugh Patrick, *„Japanese Industrial Policy and Its Relevance for United States Industrial Policy"*, Kurzreferat vor dem Joint Economic Committee US Congress (13. Juli 1983), S. 24. Eine vergleichende Typologie der Makro- und Mikroindustriepolitik findet sich bei M. Schmiegelow, „Cutting", S. 292.

[10] Henrik Schmiegelow, *Japans Außenwirtschaftspolitik: merkantilistisch, liberal oder funktionell?* (Hamburg: Institut für Asienkunde, 1981), S. 88.

[11] Reinhart Blum, *Soziale Marktwirtschaft, Wirtschaftspolitik zwischen Neo-Liberalismus und Ordo-Liberalismus* (Tübingen: Mohr, 1969).

[12] Adolf Lowe, *An Economic Knowledge: Towards a Science of Political Economy* (White Plains, N.Y.: Sharpe, 1977).

[14] Patrick: „Japanese Industrial Policy".

Kapitel 6
Eine unvergleichbare Kombination von vergleichbaren Komponenten

In der vorhergehenden Analyse der funktionalen Qualitäten der japanischen Politik haben wir versucht, ein weltweit gültiges Aktionssystem eines Landes zu definieren, das ansonsten zweifellos durch eine einzigartige Gesellschaftsstruktur charaktisiert ist. Dabei haben wir uns teilweise, insbesondere in Kapitel 4, auf Strukturen konzentriert, jedoch nur, sofern sie in bezug auf die Wirtschaftstheorie und die Interaktion der japanischen Wirtschaft mit der Weltwirtschaft relevant waren. Allerdings haben wir durch die Wahl der Aktionsanalyse zugleich die Ebene der Strukturanalyse bzw. die strukturelle Umwelt des Handlungsschauplatzes vernachlässigt. Natürlich bietet unser Argument dadurch eine offene Flanke, die Angriffen von all denen ausgesetzt ist, nach deren Auffassung sich von der japanischen Wirtschaftspolitik nur sehr wenig lernen läßt, weil sie nur in der einzigartigen Umwelt der japanischen Gesellschaft möglich ist.

Eine einfache Replik und in gewisser Weise unseriöse Behandlung dieses Arguments wäre der Hinweis, daß nach unserer Auffassung alle Vertreter dieses Arguments es bisher durchweg versäumt haben, die notwendige, obgleich schwierige Unterscheidung zwischen Aktion und Struktur vorzunehmen. Nur wenn wir diese Unterscheidung durchführen, läßt sich die Frage, ob eine Aktionsform in mehr als einer strukturellen Umgebung vorstellbar ist oder nicht, in einer vernünftigen Weise analysieren.

In den vorhergehenden Kapiteln haben wir bereits eine erstaunliche Anzahl von Ähnlichkeiten zwischen den wirtschaftspolitischen Maßnahmen in Japan und/oder einigen westlichen Ländern aufgezeigt. Dabei konnten wir sogar auf Ähnlichkeiten zwischen spezifischen Strukturen des Arbeits-, Kapital-, Güter- und Devisenmarktes hinweisen. Unserer Meinung nach können wir jedoch noch mehr tun und nunmehr auf die tiefergehenden Sorgen der Anhänger des „Abweichungsansatzes“ eingehen, indem wir in diesem letzten Kapitel die „Makrostruktur“ der japanischen Gesellschaft darstellen und die Frage analysieren, inwieweit sie einen sozusagen exklusiven Handlungsrahmen darstellt.

Dabei sind wir eher geneigt, diese Frage zu verneinen. Unserer Ansicht nach ist die japanische Gesellschaft genauso einzigartig wie jede andere Gesellschaft und besitzt überdies eine sehr andersartige Kultur. Dennoch lassen sich die für die Wirtschaftspolitik relevanten Gesellschaftsstrukturen in Komponenten unterteilen, die sehr wohl mit den typischen Strukturen in der Nachkriegsgesellschaft Nordamerikas und Westeuropas vergleichbar sind. Nur die genaue Zusammensetzung dieser Komponenten ist im japanischen Falle unvergleichbar. Wenn man jedoch davon ausgeht — was normalerweise getan wird —, daß die strukturelle Umgebung des politischen Handelns in den wichtigsten westlichen Ländern trotz offensichtlicher Unterschiede als grundsätzlich vergleichbar unterstellt wird, dann gilt dies für Japan ebenfalls.

Die wichtigste vergleichbare Komponente ist der japanische Kapitalismus. Seine ethischen Wurzeln unterscheiden sich zwar von Max Webers „protestantischem Kapitalismus"[1], doch müssen selbst diejenigen, die diesen Unterschied für sehr bedeutsam halten, zugeben, daß die funktionalen Effekte der „protestantischen" und japanischen Ethik weitgehend ähnlich sind. Am anderen Ende des ideologischen und zugleich strukturellen Spektrums ist die Bürokratie, die man wohl noch weniger als Privileg der Japaner bezeichnen kann, obwohl die japanische Bürokratie sicherlich ein entscheidender Faktor für den „Abweichungsansatz" ist, der als eine der Hauptursachen für die strukturelle Integration, den allgemeinen Konsens und die Kollusion zwischen staatlichem und privatem Sektor betrachtet wird. Allerdings wird nicht etwa Japan, sondern Frankreich als der Paradigma-Fall für ein starkes Engagement der Bürokratie in der modernen kapitalistischen Wirtschaft bezeichnet. Auf der Unternehmensseite dieser Integration, dieses Konenses und der Kollusion sowie in der Mittelposition des Spektrums zwischen Kapitalismus und Bürokratie finden wir den japanischen Korporatismus. Auch hier gilt, daß diese Komponente keineswegs einzigartig und weitgehend mit dem deutschen Muster vergleichbar ist. Zu guter Letzt müssen wir noch auf einen Punkt eingehen, der vom „Abweichungsansatz" nicht einmal angesprochen wird: Der Pragmatismus, den wir als das entscheidende Handlungsprinzip japanischer Wirtschaftspolitiker beschrieben haben, kann zugleich als Teil der unterschiedlichen strukturellen Umwelt Japans betrachtet werden. Wenn Pragmatismus eine nationale Tugend ist, wie dies in Japan der Fall ist, dann wird es keinen Mangel an pragmatisch orientierten Aktionen und zugleich ein Klima der Aufgeschlossenheit gegenüber pragmatischen Aktionen in der Wirtschaft und Gesellschaft geben. Von all den bislang erwähnten „Aktions-Struktur"-Problemen ist dies unserer Auffassung nach zumindest für europäische Politiker das am schwierigsten zu bewältigende. Aber der Pragmatismus ist beileibe keine einzigartige japanische „Struktur". Denn wie wir wissen, ist er zugleich eine amerikanische nationale Tugend und als Philosophie ein rein amerikanisches Produkt. Der folgende kurze Überblick der „vergleichbaren Komponenten" ist keineswegs ein Plädoyer für die Transplantation der japanischen Kombination auf den Westen, sondern er soll nur aufzeigen, daß die westliche strukturelle Umwelt sehr viel empfänglicher für eine Wirtschaftspolitik nach japanischem Muster ist, als im allgemeinen angenommen wird.

1. Der „protestantische" Kapitalismus

Die funktionale Vergleichbarkeit des japanischen und westlichen Kapitalismus läßt sich auf zweierlei Weise veranschaulichen: Erstens durch die Übereinstimmung des Verhaltens japanischer Haushalte und Unternehmen mit der westlichen kapitalistischen Ethik und zweitens durch die Existenz einer japanischen kapitalistischen Ethik, die der westlichen stark ähnelt. Der erste Beweis ist so offensichtlich, daß es verwunderlich ist, warum er nicht eher angeführt wurde. Wir brauchen uns nur auf die Schumpetersche Qualität des japanischen Unternehmertums (Kapitel 2, Abschnitt 4) zu beziehen, ferner auf das Sparverhalten der japanischen Haushalte (Kapitel 4, Abschnitt 4) sowie auf die Arbeitsethik der japanischen Arbeiter und Arbeitnehmer und ihr Zugehörigkeitsgefühl zur Mittelschicht, das geradezu axiomatisch geworden ist, seit es von Ezra Vogel aufgezeigt wurde.[2] Diese Verhaltensweisen entsprechen so weitgehend der protestantischen Ethik, die von Weber als Quelle des Kapitalismus beschrieben wurde, daß man es nur als paradox bezeichnen kann, daß sich die westlichen Beobachter so sehr von den angeblichen „Stammes“instinkten der Japaner mystifizieren ließen, die das geordnete Gleichgewicht westlicher Wirtschaften erschüttert hätten.

Weniger offensichtlich, aber letztendlich angesichts des soeben erwähnten Verhaltens der Haushalte und Unternehmen keineswegs überraschend, ist die Tatsache, daß Japan sehr wohl eine eigene kapitalistische Ethik besitzt, deren Ursprung in der Religion und Philosophie begründet ist. Neuere Studien haben gezeigt, daß Weber mit seiner Annahme, der Geist des Kapitalismus habe sich in Japan und anderen asiatischen Ländern nicht wie in den protestantischen Regionen Deutschlands, des puritanischen Nordamerika und der calvinistischen Segmente der französischen Gesellschaft entwickeln können, unrecht hatte. Seine Vermutung leitete er von den schlimmen Konsequenzen des Tokugawa-Feudalismus für das Wirtschaftsleben ab sowie von der Irrationalität und der weltfremden Beschäftigung der buddhistischen Lehre mit der Vergänglichkeit des Lebens.[3] Diese Schlußfolgerung Webers wurde zu einer gängigen Weisheit der meisten gebildeten Japaner und zu der bevorzugten Referenz des „Nihon-jin-ron“- und des „Abweichungs“ansatzes.

Die Schwäche der Weberschen Argumentation hätte man sofort durch die Tatsache beweisen können, daß in Europa in den meisten wichtigen westlichen Gesellschaften und insbesondere in Nordamerika, Großbritannien, Frankreich und Deutschland feudale oder bürokratische Formen der Wirtschaftsorganisation sehr wohl mit der protestantischen koexisiert haben. Die frühen britischen Kapitalisten, die Mitglieder der Kirche von England waren, ebenso wie die jüdischen Kapitalisten in Frankreich und Deutschland, desgleichen die Großfamilien Italiens von den Medici bis zu den Agnelli besaßen dieselbe Rationalität, dasselbe Profitstreben, dieselbe Fähigkeit zu asketischen Bemühungen, denselben Instinkt der Kapitalakkumulation und dasselbe Machtstreben wie ihre Zeitgenossen in Genf, Hamburg, Amsterdam, Bordeaux, Boston und Philadelphia. Deutschland, dessen geteilte Religionsgeschichte und dessen Regionalismus die Basis für Webers Theorie des Kapitalismus als Produkt der protestantischen Ethik bildete, bietet ein weites Spektrum von Beweismaterial, das seine These sowohl bestätigt als auch widerlegt. Die frühen deutschen kapitalistischen Helden waren die Fuggers und Welsers im katholischen Süden, die als Bankiers von Karl V. fungierten und seine Kriege gegen die Protestanten finanzierten. Im übrigen war Karl V. der mächtigste Herrscher im Feudalismus, und sein feudales Wirtschaftssystem war sicherlich mindestens genauso einengend wie das der Tokugawa.

Die Tatsache, daß Deutschland seit den Religionskriegen Karls V. drei Jahrhunderte lang in eine protestantische und eine katholische Hälfte geteilt war, konnte nicht verhindern, daß es zu Beginn des 20. Jahrhunderts zur dynamischen Industriemacht wurde und Großbritannien überholte sowie — genau wie heute Japan — den USA heftig Konkurrenz machte.[4] Dieser industrielle Erfolg war keinesfalls nur mit der protestantischen Hälfte des Landes erreicht worden; denn die neuen deutschen Industriegiganten konnten sich keine Ächtung der katholischen Arbeiter leisten, und die polnischen Emigranten an der Ruhr waren für die deutsche Wirtschaftsleistung während der ersten Hälfte dieses Jahrhunderts mindestens genauso wichtig wie die italienischen Gastarbeiter für die zweite Hälfte. Beide Gruppen waren angesehen wegen ihres Fleißes und ihrer hohen Arbeitsethik. Der Konfessionalismus wurde ein Anachronismus, der sich zwar in den sozialen Ritualen der Studentenverbindungen, Freimaurerlogen und anderer sozialer Kreise beobachten ließ und auch bei den Einstellungspraktiken von Unternehmen und kommunalen Verwaltungen immer wieder auftrat. Dennoch wurde er durch ein Amalgam aus diversen ethischen Normen ersetzt, die für kapitalistische, technische und wissenschaftliche Leistungen entscheidend waren, und für den nicht nur Protestanten und Katholiken, sondern auch deutsche assimilierte Juden verantwortlich waren. Jüdische Unternehmer wie Walter Rathenau, der eine Zeitlang Vorstandssprecher von AEG war, übten einen entscheidenden Einfluß auf die Industrie- und Finanzstruktur des damaligen Deutschland aus — nicht zu vergessen die Vielzahl von jüdischen Wissenschaftlern, Ökonomen und Technikern, ohne die die technologische Basis der deutschen Wirtschaftsleistung völlig undenkbar gewesen wäre.

Wenn man sich Webers Auffassung anschließt und in der Gegenwart nach Beweisen für die protestantische Ethik sucht, findet man diese nicht nur in der Wirtschaftswelt, sondern auch bei den freien Berufen, der wissenschaftlichen Forschung und bei den Motivationen von Ingenieuren und Erfindern. Sobald wir die Kapitalakkumulation durch die Akkumulation von Wissen ersetzen bzw. das Profitstreben durch den Wunsch, Techniken zu beherrschen, andere Menschen zu beeinflussen und komplexe Ereignisse zu kontrollieren, können wir im Bereich der intellektuellen Aktivitäten eine eindeutig kapitalistische Ethik feststellen. Die Arbeitsethik und die Bereitschaft zu asketischen Anstrengungen ist sowieso beiden Bereichen gemeinsam. Diese Erweiterung der kapitalistischen Ethik ist umso notwendiger, als die größten Unternehmen mit der größten Schumpeterschen Qualität bereits zu Beginn des 20. Jahrhunderts in Deutschland von angestellten Rechtsanwälten, Ingenieuren und Wissenschaftlern und weniger von den Kapitaleignern geleitet wurden. Dabei erhielten sie dieselbe Ausbildung an den deutschen Universitäten wie die späteren Ärzte, Rechtsanwälte, Staatsanwälte, Bürokraten oder Lehrer. Auffallend ist auch, daß es keine organisierte Lehre der business administration gab, wie sie später in den USA entwickelt wurde. Die Studenten jüdischen Ursprungs wurden Mitglieder der überaus exklusiven Studentenverbindungen, indem sie sich mit ihren protestantischen Kollegen verbrüderten. Eine ganz ähnliche Verbindung fand in den USA statt, als ein Großteil dieser deutschen Wissenschaftler, Ökonomen und Techniker jüdischen Ursprungs in den 30er Jahren aus Deutschland emigrieren mußte. Obwohl bislang noch niemand die Geschichte der erfolgreichen Interaktion zwischen emigrierten deutschen Juden und der protestantischen nordamerikanischen Gesellschaft geschrieben hat, läßt sie sich an einigen der größten wissenschaftlichen, technologischen und unternehmerischen Errungenschaften in dem heutigen Zentrum der kapitalistischen Welt ablesen. Dies heißt jedoch nicht, daß der Protestantismus für die Entwicklung des Kapitalismus irrelevant war, sondern es geht nur darum, sich des kulturellen und religiösen Pluralismus der kapitalistischen Welt bewußt zu werden.

Wenn die europäische und nordamerikanische Wirtschaftsgeschichte allein als Beweis für diesen Pluralismus nicht ausreichen sollte, dann haben neuere Untersuchungen einer früheren japanischen kapitalistischen Ethik Daten zutage gefördert, die uns sehr neugierig machen sollten. Es gibt sowohl buddhistische als auch konfuzianische Lehren, die durchaus mit der protestantischen Ethik vergleichbar sind. Bereits die mittelalterliche Version des japanischen Buddhismus ging weit über die weltabgewandte Orientierung hinaus, auf die sich Weber konzentriert hat, und besaß bereits eine ökonomische Ethik. Die mündlich überlieferte Tradition (Kuden o mon) der mittelalterlichen Tendai-Sekte besagte, daß der Mensch alle Ressourcen seiner natürlichen Umgebung ausnutzen und von sämtlichen ökonomischen Gütern profitieren sollte. Die wirtschaftliche Aktivität ist eine Form der „Askese". Die Notwendigkeit, heute zu pflanzen, um später ernten zu können, wurde bei dieser Tradition genauso anerkannt wie die Notwendigkeit des Sparens.

Zu Beginn der Neuzeit hat der Zen-Mönch Shosan Suzuki (1579—1655) ein nach Auffassung von Hajime Nakamura[5] nahezu vollkommenes Äquivalent der protestantischen Arbeitsethik und speziell der kapitalistischen Ethik entwickelt. In seinem „Banmin toku-yo" akzeptiert er grundsätzlich die Unterteilung der japanischen Feudalgesellschaft in die vier Klassen der Krieger, Bauern, Handwerker und Händler und entwickelt zugleich Normen für die ökonomischen Aktivitäten der einzelnen Klassenmitglieder. Genau wie es dem Puritanismus überlassen blieb, einen spezifisch christlichen Begriff für den Arbeitswert zu entwickeln, blieb es Shosan überlassen, die Arbeit der Bauern und Handwerker als eine Form der buddhistischen asketischen Praxis zu definieren. Auf diese Weise überwand er die mittelalterliche Vorstellung des orthodoxen japanischen Buddhismus, nach der die Religion etwas Kostbares und von der „profanen“ Welt Abgetrenntes war, während die wirtschaftliche Aktivität einen deutlich niedrigeren Wert besaß. Die Verhaltensweisen, die Shosan den Händlern vorschrieb, enthielten genau dieselben Elemente wie die der modernen kapitalistischen Ethik: 1. Gewinnstreben; 2. Kapitalakkumulation durch Konsumverzicht und Sparen; 3. Kapitalverkehr mit dem Ziel, einen Gewinn zu erwirtschaften. Vielleicht fand Shosan bei seinen Zeitgenossen nicht dieselbe Anerkennung wie Calvin, Luther und andere protestantische Reformer, aber die Händler von Osaka hielten sich eindeutig an seine Vorschläge und bildeten im feudalen Japan genauso einen Kern des Kapitalismus wie die Händler der deutschen Städte innerhalb der feudalen Kaiser- und Königreiche jener Zeit. Im Gegensatz zu ihren Kollegen aus Nürnberg, Bremen und Hamburg erwarben allerdings die Osaka-Händler nicht die politische Macht über ihre Stadt, was auch keineswegs in ihrer Absicht lag. In dieser Beziehung waren sie sogar kapitalistischer als ihre europäischen Zeitgenossen. Dennoch gab es bereits zu Shosans Zeiten in Japan das Sprichwort: „Die Krieger regieren das Land nur scheinbar, in Wirklichkeit herrschen die Händler.“

Shosans Ethik wurde von Baigan Ishida (1685—1744) weiter verbreitet, da es diesem gelang, shintuistische, buddhistische und konfuzianische Bräuche in einem pragmatischen ethischen System für das Volk insgesamt zu verbinden, ohne nach feudalen Klassen zu unterscheiden. Dabei hat er wiederholt darauf hingewiesen, daß seine Empfehlungen, zu sparen anstatt zu konsumieren, die eigenen Anstrengungen ordentlich und rational zu organisieren und selbst kleine Kapitalbeträge produktiv anzulegen, nicht nur für Bauern, Handwerker und Händler gedacht waren, sondern selbst für Samurais und Daimyos gültig waren. Die Geschichte des einst wohlhabenden Uesugi-Clans[6], dessen Samurais auf produktive Berufe wie die des Bauern, Handwerkers und Händlers umstellten, nachdem sie während mehrerer Generationen über ihre Verhältnisse gelebt und den Clan vollständig ruiniert hatten, wurde ein frühes Paradigma für die Verbreitung der „puritanischen“ und kapitalistischen Ethik, wie sie bereits im feudalen Japan von Baigan gelehrt wurde.

Eine ähnliche Konversion vollzog sich auf nationaler Ebene, als die Meiji-Restauration die Samurai-Klasse zur Änderung ihrer Existenzgrundlage zwang. Während einige, die nicht auf ihr Kriegerdasein verzichten wollten, in die neuen Armeen eintraten, wurden die meisten von ihnen lohnabhängige Manager in führenden Unternehmen oder Beamte in der japanischen Wirtschaftsbürokratie. Dabei machte es keinen Unterschied, ob sie in einem Privatunternehmen oder einer öffentlichen Einrichtung endeten: Ihre „protestantische“ Ethik war dennoch dieselbe.[7]

2. Die „französische“ Bürokratie

Unabhängig von der Faszination des „Japan Inc.“-Paradigmas für die japanische bürokratische Struktur, wie sie durch die Rolle des MITI in der japanischen Wirtschaft verdeutlicht wird, bleibt das Nachkriegsfrankreich nach wie vor der Paradigma-Fall eines bürokratischen Engagements in einer grundlegend kapitalistischen Wirtschaft.[8] Auch Deutschland hat für die Theorie der Bürokratie Modell gestanden, und zwar sowohl in positiver als auch negativer Weise.[9] Heute noch findet man konzeptionelle, gesetzliche und organisatorische bürokratische Strukturen, deren Ursprünge im Preußen des 17. Jahrhunderts zu finden sind. Dennoch hat die Bundesrepublik Deutschland in sehr entschlossener Weise versucht, ihre durch „bürokratische Interventionen" geprägte Vorkriegs-Industrieorganisation durch eine Marktwirtschaft zu ersetzen, die von „ordoliberalen" Prinzipien geleitet war. Trotz der früheren Errungenschaften der preußischen Bürokratie, einschließlich der sozialdemokratischen Regierungen der 20er Jahre, hatte sich die Wirtschaftsbürokratie durch Hitlers Manipulation der deutschen Wirtschaft für die Zwecke des 3. Reiches ein für allemal diskreditiert.[10] Obwohl Deutschland also nicht die notwendige strukturelle Umgebung für bürokratisches Verhalten fehlt — wie dies gern von all denjenigen behauptet wird, die nicht von der japanischen Erfahrung lernen wollen —, hat es dennoch eine eindeutig politische Entscheidung gegen die Bürokratie getroffen.

Frankreich ist der Paradigma-Fall für eine bürokratische Intervention in die kapitalistische Nachkriegswirtschaft, weil die Entwicklung seines Wirtschaftssystems vom Vorkriegs- zum Nachkriegsregime genau in entgegengesetzter Richtung verlief wie in der Bundesrepublik. Während der deutsche Staat von 1871 bis 1945 — also während des Bismarck-Reiches, der Weimarer Republik und des 3. Reiches — in überaus aktiver Weise seine Industrie organisierte — wie dies besonders von Thorstein Veblen[11] beschrieben wurde —, war die Dritte Republik in Frankreich, die denselben Zeitraum umfaßte, die einzige Periode in der französischen Geschichte seit Colbert, in der die Bürokratie eine beschränkte Rolle spielte. Im Anschluß an den französisch-preußischen Krieg von 1870—71 suchte die Dritte Republik im kapitalistischen Liberalismus ihre moralische, intellektuelle und ökonomische Erneuerung, um sich zugleich von dem diskreditierten Regime des zweiten Kaiserreichs abzulösen. Interessant ist hierbei, daß eine kleine, aber äußerst einflußreiche Gruppe von protestantischen „Hugenotten" die „Ecole Libre des Sciences Politiques" gründete, mit deren Hilfe die neue Doktrin verbreitet wurde und aus der sich bald die Mehrheit der höheren Beamten der Dritten Republik rekrutierte. In einer deutlichen Abkehr von ihren colbertistischen Vorgängern definierten sie ihre Aufgabe mit Hilfe des Konzepts des „état gendarme", der nicht mehr als eine „Nachtwächterfunktion" ausübte.[12]

Frankreichs — im Vergleich zu Deutschlands Stärke — relativer industrieller Niedergang während der Dritten Republik, der in der anfänglichen Niederlage von 1940 seine Bestätigung zu finden schien, animierte die politischen Führer des Nachkriegsfrankreichs, genau den Weg zu gehen, von dem sich die Führer des Nachkriegs(-West)deutschlands abwandten.[13] Sie bauten auf den bürokratischen Strukturen auf, die genau wie in Deutschland seit dem 17. Jahrhundert nacheinander Monarchien, Kaiserreiche, Revolutionen und Republiken überlebt hatten, und konnten auf diese Weise dem Colbertismus zu einem Comeback verhelfen. Manche Politiker wie Michel Debré taten dies in einer eindeutig nationalistischen und rivalisierenden Form[14], andere wie Jean Monnet und Pierre Mendes-France in einer aufgeklärteren Form, indem sie das Gedankengut der Keynesianischen Ökonomie mit verwendeten und den industriellen Aufbau in einem europäischen Rahmen anstrebten.[15]

Jean Monnet legte den Grundstein für das System der „indikativen Planung", das einerseits den privaten und öffentlichen Entscheidungsträgern helfen sollte, ihre Entscheidungen mit dem Ziel der Wiederbelebung der französischen Industrie in Einklang zu bringen, und andererseits die paralysierenden Konflikte der 30er Jahre zwischen der „Front Populaire"-Regierung und der „mur d' argent" bzw. dem passiven Widerstand der Privatunternehmer verhindern sollte. Ironischerweise wurde dieser Trend zumindest teilweise 1958 zu Beginn der 5. Republik umgekehrt, als de Gaulle bei seinem Versuch, die französische Unabhängigkeit auf einer starken nationalen Währung mit Golddekkung aufzubauen, nationalistische Diplomatie mit der neoklassischen Ökonomie kombinierte. Die Autoren seiner monetären Reform, Jacques Rueff und Antoine Pinay, waren beide Ökonomen der französischen Schule der Vorkriegszeit. Der Zusammenbruch der gaullistischen Wirtschaftsdiplomatie im Jahre 1968 ist ja allseits bekannt. Dennoch war er historisch bedeutsam, da er eine Reihe von Veränderungen bei aufeinanderfolgenden französischen Regierungen auslöste, die zwischen den Extremen der neoklassischen Orthodoxie und einer weitgehenden Verstaatlichung ganzer Industriesektoren schwankte.[16] Die neueste Tendenz ist die Reprivatisierung der Industrien im Rahmen der „cohabitation" des sozialistischen Präsidenten François Mitterand mit dem konservativen Premierminister Jacques Chirac.

Wenn man einmal von diesen doktrinären Schwankungen absieht, ist die französische Bürokratie dennoch voll und ganz in den Händen einer Elite, die sehr stark der japanischen bürokratischen Elite ähnelt. Auch wenn wir bei dem Vergleich offensichtlich kulturelle und historische Unterschiede mitberücksichtigen müssen, finden sich dennoch Ähnlichkeiten hinsichtlich des Ausmaßes der Zentralisierung, der Einstellungsmethoden, des Ausbildungsinhaltes, der ideologischen Auffassungen, der Modi der Entscheidungsfindung, der formellen und informellen Kommunikation und zu guter Letzt des Gruppengeistes. In manchen Bereichen lassen sich die Merkmale, die sich in dem „Japan Inc."-Paradigma niederschlagen, sogar in noch ausgeprägterer Form in Frankreich feststellen. Obwohl beide Länder stark zentralisiert sind — wobei die Unterteilung in Präfekturen nach dem Modell der Französischen Revolution von der Meji-Reform übernommen wurde —, ist die zentrale Kontrolle in Frankreich stärker als in Japan, da die französischen Präfekte vom Innenministerium ernannt werden und nach dessen Richtlinien arbeiten, während die japanischen Gouverneure lokal gewählt werden. Im übrigen gibt es in Frankreich genau wie in Japan nicht nur ein Quasi-Oligopol einiger Universitäten zur Ausbildung der höheren Beamten, sondern zugleich das Quasi-Monopol der Ecole Nationale d'Administration (ENA). Die 1945 von Frankreichs bekanntestem „Nachkriegs-Colbertisten" Michel Debré gegründete ENA wählt ihre Studenten mit Hilfe landesweiter „concours" genau wie andere „Grandes Ecoles" aus, die von der Französischen Revolution geschaffen wurden und im wesentlichen den kaiserlichen Universitäten Japans entsprechen. Auch hier beginnt genau wie in Japan die praktische Präselektion sehr viel früher, da es bestimmte Gymnasien und Collèges gibt, die diese Studenten besser auf das ENA-Zulassungsexamen vorbereiten als andere. So sind die Mehrheit der erfolgreichen ENA-Kandidaten Absolventen des „Institut des Sciences Politiques" von Paris, das ein Nachfolger der bereits erwähnten „Ecole Libre des Sciences Politiques" ist. Genau wie ihre japanischen Kollegen besitzen diese Studenten ein solides Grundwissen in Recht, Geschichte und Ökonomie.

Das Produkt der ENA-Ausbildung ist eine Mischung aus einer juristischen und ökonomischen Managementvielseitigkeit, die mit einer an Saint Simon orientierten Zuversicht in die Möglichkeit der Verhinderung oder Lösung politischer und ökonomischer Konflikte durch eine umsichtige, antizipatorische und pragmatische „Verwaltung der Dinge" gepaart ist.[17] Seit den 70er Jahren hat eine zunehmende Anzahl von Staatsmännern oder Regierungsmitgliedern, einschließlich des ehemaligen Präsidenten Giscard d'Estaing, des ehemaligen Premierministers Roland Fabius und des gegenwärtigen Premierministers Jacques Chirac, ihre Prägung durch die ENA erhalten. Und in den meisten Ministerkabinetten sitzen zahlreiche technische Berater mit ENA-Ausbildung, die den französischen Regierungen unterschiedlicher politischer Couleur einen überaus ähnlichen bürokratischen Stil verleihen, der mit dem der japanischen Regierungen sehr wohl vergleichbar ist. Wenn es also ein westliches Land gibt, das strukturell geeignet ist, das japanische Modell der antizipatorischen und pragmatischen bürokratischen Lenkung in einer ansonsten kapitalistischen Wirtschaft nachzuahmen, dann wäre dies sicherlich Frankreich. Und wenn wir uns fragen, warum Frankreich in puncto „positiver Anpassung" oder bei der Entwicklung von Schlüsselindustrien mit hohem Wachstumspotential mit der japanischen Leistung nicht mitgehalten hat, kann dies sicherlich nicht mit den fehlenden strukturellen Bedingungen für eine aktive Wirtschafts- und Industriepolitik begründet werden.

Obwohl der Zweck dieses Buches nicht die detaillierte Analyse der relativ geringeren wirtschaftlichen Leistung Frankreichs ist, sollten zwei makrostrukturelle Hypothesen im Vergleich mit dem japanischen Fall erlaubt sein. Die erste ist die ungeheure Exekutivmacht des Präsidenten in der 5. Republik. Paradoxerweise hat diese extreme Macht der Exekutive die Bürokratie eher geschwächt als gestärkt, während die schwachen Regierungen der 4. Republik so kurzlebig und so abhängig von den wechselnden parlamentarischen Koalitionen waren, daß sie die „Verwaltung der Dinge" zwangsläufig in die Hände der Bürokratie legen mußten („Les gouvernements passent, l'Administration reste"). Die weitreichende Macht der aufeinanderfolgenden Präsidenten der 5. Republik seit de Gaulle hat die Bürokratie inzwischen auf eine untergeordnete Rolle reduziert. Der ideologische „Input“ von der Spitze wurde von de Gaulle bis Mitterrand mehrmals verändert. Diese Veränderungen unterschieden sich deutlich von den pragmatischen Anpassungen der Politik in Japan; denn sie berührten die grundlegende Wirtschaftspolitik einschließlich des Gleichgewichts zwischen öffentlicher und privater Macht in der Wirtschaft ebenso wie die konzeptionelle Rolle der Bürokratie selbst. Aus der Sicht der aktiven und effizienten Bürokratie suchten die schwachen Koalitionsregierungen der 4. Republik strukturelle Bedingungen, die sehr viel mehr der starken, aber häufig angepaßten Ein-Parteien-Herrschaft der konservativen LDP in Japan ähneln[18], als dies in der vom konservativen General de Gaulle gestalteten 5. Republik der Fall war.

Die zweite makrostrukturelle Antwort auf die Frage, warum Frankreich keine der langfristigen japanischen Wirtschaftsentwicklung entsprechende Leistung vollbracht hat, muß auf der korporativen Seite der französischen Wirtschaft gesucht werden. Die traditionelle relative Schwäche der Privatunternehmen und des Bankwesens in Frankreich ist so oft beschrieben worden, daß sie nahezu axiomatisch ist.[19] Sie war ein Erbe der 3. Republik und einer der Gründe dafür, daß nach dem Kriege ein Eingreifen der Bürokratie für notwendig gehalten wurde. Zu Beginn der 70er Jahre gab es eine Bewegung, mit der die Erstarkung des Nachkriegsfrankreichs gewährleistet zu sein schien. Das Hudson Institute, dessen Direktor Herman Kahn uns bereits die Zukunft des „japanischen Superstaates“ aufgezeigt hatte, prognostizierte anhand der relativen Wachstumsraten der 50er und 60er Jahre, daß das französische BSP das deutsche bis 1985 überholt hätte.[20] Diese Prognose hat sich jedoch nicht bewahrheitet, und statt dessen hat heute die Diskussion über den industriellen Abstieg Frankreichs wieder neue Nahrung gefunden. Der frühere konservative Premierminister Raymond Barre hat davor gewarnt, daß Frankreich seine Position auf Nummer 4 der Rangliste der westlichen Wirtschaftsmächte an Italien verlieren könnte. Krisen wie die von Moulinex oder Poclain, die einst Paradigmen für den französischen unternehmerischen Dynamismus waren, werden heute als Beispiel für eine neue Form des industriellen Abstiegs angeführt.[21] Ein Buch mit dem Titel „Faules Frankreich“[22] von einem französischen Manager, der die Meinung der Öffentlichkeit über die französische Wirtschaft Ende der 80er Jahre auf einen Punkt gebracht hat, konzentriert sich genau auf das Fehlen der kapitalistischen Ethik, die immer wieder als japanische Stärke betont wird.

3. Der „deutsche Korporatismus“

Im Gegensatz zu Frankreichs privatem Sektor sind weder die großen noch die unzähligen kleinen und mittleren deutschen Privatbetriebe jemals als „schwach“ bezeichnet worden, und zwar gilt dies sowohl für die planwirtschaftliche Vorkriegsperiode als auch für den „Ordoliberalismus“ der Nachkriegszeit. Ernsthafte Probleme sind für die deutsche Industrie erst seit Mitte der 70er Jahre aufgetreten, weil sie von bedeutenden japanischen und amerikanischen Konkurrenten in wichtigen High-Tech-Gebieten mit hohem Wachstumspotential überrundet wurde, weil vorübergehend eine sinkende Investitionsneigung zu verzeichnen war und weil ein augenfälliger Rückzug von schwierigen Überseemärkten hin zu den bequemeren und leichter zu erobernden europäischen Märkten stattfand. Doch kann man diese Probleme eher als kollektive Passivität zu einem entscheidenden Zeitpunkt der weltweiten Industrieentwicklung und weniger als strukturellen Mangel bezeichnen.

Zwar konnte sich Deutschland sehr wohl sein unbedingtes Vertrauen in die allgemeine Gleichgewichtstheorie und damit seine überzeugte Handhabung der „ordoliberalen Wirtschaftspolitik" leisten. Dennoch gibt es in der Politikwissenschaft ein bekanntes Paradigma des Korporatismus[23], das die gegenwärtige deutsche Wirtschaft als ein Modell des Neokorporatismus beschreibt, der sich durch eine Ideologie sozialer Partnerschaften auf nationaler Ebene auszeichnet, sowie durch ein zentralisiertes und konzentriertes System ökonomischer Interessengruppen und eine freiwillige und informelle Koordinierung von konfligierenden Zielen durch kontinuierliche politische Verhandlungen zwischen den einzelnen Interessengruppen, der Staatsbürokratie und den politischen Parteien geprägt ist.[24] Dieser neue „demokratische Korporatismus" unterscheidet sich grundsätzlich von der Wirtschaftsorganisation des faschistischen Korporatismus der Vorkriegszeit. Gleichzeitig weicht die Realität, die Wissenschaftler wie Andrew Shonfield, Peter Katzenstein, Phillipe Schmitter und Gerhard Lehmbruch beschreiben, deutlich von der Welt ab, die von der „ordoliberalen" Politik angestrebt wird. Diese Wissenschaftler beschreiben die „ordoliberale" Staatspolitik in der Bundesrepublik als einen rein doktrinären Deckmantel für eine korporatistische Realität, ein verbales Ritual oder eine „einfache kapitalistische Folklore".[25]

Wir werden noch erläutern, daß unseres Erachtens dieses Paradigma sowohl die politische Bedeutung als auch die praktischen Auswirkungen des Ordoliberalismus als eines Aktions(oder Nichtaktions-)systems in Westdeutschland unterschätzt. Dennoch lassen sich die Beweise für die korporatistische Organisation und die auf Konsens beruhenden Entscheidungsfindungsmodi als strukturelle Muster der politischen Ökonomie der Bundesrepublik kaum widerlegen. Tatsächlich enthält Katzensteins Beschreibung Westdeutschlands als Nummer 2 so viele Komponenten, die sehr wohl mit der gegenwärtigen Nummer 1, also Japan, vergleichbar sind, daß man ohne weiteres von „Germany Inc." sprechen könnte.[26] Natürlich gibt es bestimmte Unterschiede, doch sind diese für die funktionale Analyse sehr viel weniger bedeutsam als für eine institutionelle Beschreibung. So ist beispielsweise die Rolle der Bürokratien in den beiden Ländern durchaus andersartig, doch handelt es sich weniger um einen strukturellen, als vielmehr um einen aktionsbedingten Unterschied.

Im Gegensatz zu Japan besitzt die Bundesrepublik kein durch die Vorherrschaft einer Partei dominiertes politisches System, das — wie wir bereits erklärt haben — eine pragmatische Form der wirtschaftlichen Entscheidungsfindung sehr stark erleichtert. Dennoch haben die formalen oder informellen Parteikoalitionen — trotz der häufigen lautstarken Doktrindebatten während der Wahlen, die ständig irgendwo auf Bundes- oder Länderebene stattfinden — zu dem spezifischen Maß an Kontinuität und Konsens geführt, das so gut von Katzenstein beschrieben wird[27] und das von der Kontinuität und dem Konsens in Japan eher graduell als inhaltlich abzuweichen scheint.

Unterschiede gibt es beispielsweise in der Industrie- und Gewerkschaftsorganisation. Dennoch kann der Grad der Zentralisierung der deutschen Unternehmen — wie bereits in Kapitel 2 erläutert — durchaus größer sein als in Japan, weil Deutschland weniger große Industriekonglomerate besitzt und weil die drei Großbanken (Dresdner Bank, Deutsche Bank und Commerzbank) einen größeren Einfluß auf die deutsche Industrie ausüben. Die deutschen Gewerkschaften sind übergreifend und bundesweit, während Japan Betriebsgewerkschaften besitzt. In Kapitel 4 haben wir die funktionale Ähnlichkeit dieser beiden Interessengruppen den französischen landesweiten Gewerkschaften gegenübergestellt, bei denen Politik und Ideologie immer identisch sind. Die deutschen Betriebsräte und die Praxis der Mitbestimmung, so wie sie sich nach der Beilegung der ideologischen Debatten heute herauskristallisiert, scheinen denselben funktionalen Typus einer pragmatischen, an einem gemeinsamen Interesse orientierten Betriebsgemeinschaft hervorzubringen[28] wie in Japan[29], obwohl es sehr wohl graduelle und kulturelle Unterschiede geben mag. Die weitgehende Zentralisierung und der übergreifende Charakter der westdeutschen Spitzenverbände der Privatwirtschaft, die bis in das Jahr 1870 zurückreichen, haben die föderale Dezentralisierung nach dem letzten Krieg unbeschadet überstanden. Diese Verbände ähneln ihren japanischen Äquivalenten nicht nur bezüglich ihrer Funktion, sondern auch in ihrer institutionellen Form. Lewis Edingers Beschreibung des hohen Föderalisierungsgrades des deutschen Privatsektors und seiner Bedeutung für den Prozeß der wirtschaftspolitischen Entscheidungsfindung ließe sich ohne jegliche Änderung auf Japan übertragen:

„Die Interessenvereinigungen sind umfassender und strenger organisiert und besitzen eine privilegiertere Stellung im öffentlichen Leben als ihre amerikanischen Äquivalente . . . Die traditionellen Muster der funktionalen Repräsentation, die sich außerhalb der politischen Parteien abspielen, sind durch die ausgeprägte Zunahme kollaborativer Interelite-Beziehungen ergänzt worden."[30]

Eine ganz besonders interessante Variante des Aktions-Struktur-Problems, das in diesem Kapitel immer wieder aufgezeigt wird, sind die überaus wichtigen Unterschiede in der „Geisteshaltung", die in diesen äußerst korporatistischen Strukturen Deutschlands und Japans seit dem Kriege nach wie vor existieren. Ob sie zum Teil durch die unterschiedliche Anwendung der in den beiden Ländern vorherrschenden Wirtschaftstheorie bedingt sind, ist eine offene Frage, doch haben sie mit Sicherheit die Unterschiede im Bereich der

Aktionen vergrößert, die aufgrund dieser Unterschiede bei der Anwendung der Theorie entstehen. Ralf Dahrendorf hat die Geisteshaltung der deutschen korporatistischen Elite bis Ende der 60er Jahre sehr gut mit seinem berühmtem Begriff des „Kartells der Angst" eingefangen.[31] Diese Haltung hat sich seit Mitte der 70er Jahre in ein zunehmendes Selbstvertrauen verwandelt.[31] In der individuellen sowie in der Gruppenpsychologie kann eine derartige Geisteshaltung entweder zu aggressivem Aktivismus oder zur Passivität führen. In der deutschen Wirtschaftspolitik der Nachkriegszeit hat es nie einen aggressiven Aktivismus gegeben, sondern das häufigste Ergebnis des ängstlichen oder selbstsicheren Konsenses war vielmehr die Passivität. Dieses Ergebnis war natürlich vollkommen konsistent mit den „ordoliberalen" Empfehlungen der Nichtintervention am Markt, wenn man einmal von wettbewerbspolitischen Aktionen absieht, die erforderlich sein könnten, um den Markt in einem möglichst vollkommenen neoklassischen Zustand zu erhalten. Die beiden Phasen einer verstärkten politischen Aktivität auf der Basis der Keynesianischen Makroökonomie während der Zeit der großen Koalition (1966 bis 1969) und während der Kanzlerschaft von Helmut Schmidt in der 2. Hälfte der 70er Jahre, die Katzenstein als Elitekartelle betrachtet, scheinen eher Ausnahmen zu sein, die die Regel bestätigen. Egal, ob das Bundesministerium für Wirtschaft von einem Christdemokraten wie Ludwig Erhard oder einem Sozialdemokraten wie Karl Schiller geführt wurde, es blieb dennoch der Verwalter der „ordoliberalen" Orthodoxie und machte bei seinen Routinekontakten mit den Spitzenverbänden und anderen Interessengruppen nie einen Hehl aus dieser Rolle.

Die Geisteshaltung des japanischen Elitekartells läßt sich unseres Erachtens am besten als Bewußtsein der Unsicherheit und Verletzlichkeit beschreiben. Anstelle der Extreme von Aggression oder Untätigkeit erzeugt dieser Zustand im allgemeinen eher ein antizipatorisches und umsichtiges Verhalten. Die Gruppen, die sich durch eine derartige Geisteshaltung auszeichnen, sind sich in der Regel darin einig, daß jetzt etwas getan werden muß, selbst wenn dies später revidiert werden müßte. Diese Art Haltung haben wir in den vorhergehenden Kapiteln im Zusammenhang mit den verschiedenartigen Verzweigungen der aktiven japanischen Wirtschaftspolitik zu analysieren versucht. Die herausragende Leistung der japanischen Wirtschaft in den vergangenen Jahrzehnten ist ein eindeutiges Zeichen für das japanische Bewußtsein der Unsicherheit und das Gefühl der Verletzbarkeit. Dieser Geisteszustand kann zumindest genauso unangenehm sein wie die deutsche Angst, doch erweist er sich genau wie in der menschlichen Psychologie in der wirtschaftlichen Leistung der beiden Länder als die vorteilhaftere Haltung. Die Frage ist nun, ob sich — wie in Deutschland Mitte der 70er Jahre — in der Geisteshaltung der japanischen Elite ein Wandel vollzieht. Es gibt deutliche Anzeichen für ein neues Selbstbewußtsein, das mit einem neuartigen Patriotismus verbunden ist. Japan muß sich selbst fragen, ob ein derartiger Wandel psychologisch und wirtschaftlich günstig ist. Die deutsche Elite kann aus einem Vergleich mit dem japanischen Beispiel eine Lehre ziehen. Da sie einen Wandel von der Angst zum Selbstvertrauen vollzogen hat, könnte sie es jetzt einmal mit dem japanischen gewinnträchtigen Gefühl der Unsicherheit versuchen und die eine oder andere Maßnahme der japanischen Wirtschaftspolitik ausprobieren. Die strukturellen Bedingungen für ein derartiges Verhalten könnten nicht besser sein.

4. Der „amerikanische“ Pragmatismus

Im Gegensatz zu Japan, Frankreich und Deutschland besitzen die Amerikaner keine etablierte bürokratische Tradition, obwohl Versuche in dieser Richtung von Hamiltons föderalistischem Kampf mit Jeffersons Liberalismus bis zum New Deal reichen. Im Gegensatz zu Japan und Deutschland besitzen die USA auch keine korporatistische Ideologie der sozialen Partnerschaft auf nationaler Ebene, selbst wenn Theodore Roosevelts spezifische Form des Patriotismus, des ökonomischen Aktivismus und des auf Hobbes basierenden Konzepts der Außenbeziehungen mit „bösen Kaiserreichen“ seinerzeit eindeutig auf einem starken „Wir-Gefühl“ basierte, das wiederum auf Rousseaus „contract social“ zurückzuführen ist. Dieser amerikanische Rousseauismus hat in der neokonservativen Ideologie der Reagan-Administration ein überaus bemerkenswertes Comeback erfahren.[33] Dennoch ist diese besonders energetische Mischung aus republikanischen und demokratischen Ideen, die in der übrigen Welt immer wieder Verwunderung auslöst, sobald sie sich in der amerikanischen Außenwirtschaftspolitik oder Diplomatie niederschlägt, ein exzeptionelles Phänomen der gesamten US-Geschichte geblieben.

Doch selbst wenn es in den USA immer ein latentes Potential für die Entstehung einer Ideologie der sozialen Partnerschaft gegeben hat — was sich beispielsweise auf lokaler Ebene im ausgeprägten Nachbarschaftssinn ablesen läßt —, hat sich dieser nie auf nationaler Ebene konsolidiert und hat es nie vermocht, den tief eingefleischten angelsächsischen Typus des politischen und ökonomischen Liberalismus jemals zu überwinden. Der Unterschied dieser Ideologie zu der deutschen und japanischen Form der sozialen Partnerschaft wurde von Kindleberger sehr prägnant zusammengefaßt:

„Der Liberalismus in Großbritannien und in den USA basierte in den vergangenen 200 Jahren auf einem hohen Maß an sozialer Mobilität im geographischen Sinne (britisches Weltreich, amerikanischer Westen) und entlang der sozialen Rangskala. Ökonomische Ungleichgewichte oder externe Schocks für umfassende ökonomische Interessen wurden so interpretiert, daß sie weder eine spezifische soziale Gruppe noch eine Klasse oder eine Nation betrafen, sondern nur eine ‚lockere Ansammlung von Individuen‘.“[34]

Das berühmteste Beispiel, das Kindleberger sehr ausführlich beschrieben hat, ist Großbritanniens Passivität angesichts der Liquidierung seiner Landwirtschaft in der 30 Jahre währenden weltweiten Weizenkrise nach 1870.[35]

Das Fehlen einer bürokratischen Tradition und/oder einer korporatistischen Ideologie heißt keineswegs, daß es in den USA keine bürokratischen und korporatistischen Strukturen gäbe. Auf der nationalen Ebene gibt es überaus mächtige öffentliche und paraöffentliche Verwaltungsorganisationen, die, wie beispielsweise das Schatzamt, das Wirtschaftsministerium, das Verteidigungsministerium und die Federal Reserve Bank, die Wirtschaft beeinflussen. Der berüchtigte militärisch-industrielle Komplex, der während der Eisenhower-Ära entstand, könnte als ein Paradigma für eine sowohl bürokratische als auch korporatistische Struktur dienen. Der Unterschied zu den Bedingungen in Deutschland und Japan ist jedoch, daß weder die Bürokratie noch der Korporatismus zentralisiert sind. Die Interessengruppen des Privatsektors sind überaus zahlreich, und zwar sehr viel zahlreicher, als dies nach Auffassung von Mancur Olson in seinem bemerkenswerten Buch „The Rise and Decline of Nations“[36] für die USA gut ist. Doch handelt es sich bei diesen Gruppen meistens um große spezielle Interessengruppen im Gegensatz zu den entweder großen oder kleinen, aber immer übergreifenden Interessengruppen in Deutschland und Japan.[37] Wenn in der amerikanischen Industrie tatsächlich ein Gefühl des Niedergangs zu verzeichnen wäre, dann müßte dieser Niedergang nach Auffassung von Olson genau diesem Typus des fragmentierten Korporatismus von Spezialinteressen zugeschrieben werden. Die Existenz eines Problems wird nicht nur durch den lauten Ruf nach protektionistischem Schutz vor dem japanischen Wettbewerb aufgezeigt, sondern auch durch beißende Kritik von „innen“. Beredte Beispiele für dieses Unbehagen sind sowohl Lester Thurows Ausführungen über die Probleme der Umverteilung und der Bedingungen einer sinkenden Produktivität in seiner „Zero-Sum Society“[38] als auch die ikonoklastische Rede auf der Konferenz über die Steuerreform der New Yorker Japan-Gesellschaft am 7. November 1986 des früheren Finanzministers Darman, in der er dem „aufgeblasenen“ korporativen Management der USA vorwirft, seine traditionelle kapitalistische Kraft verloren zu haben. Insofern verfügen die USA offenbar nicht über eine strukturelle Umwelt, die es ihnen ermöglicht, in angemessener Weise auf die japanische makroökonomische und makrostrukturelle Politik zu reagieren. In einem Artikel des Wall Street Journal mit dem Titel „What We Can Learn From Germany“[39] beklagt Peter Drucker den Mangel an korporatistischer Kooperation in den USA, die er als entscheidende Ursache für Deutschlands erstaunlichen Außenhandelserfolg betrachtet.

Drucker scheint allerdings zu übersehen, daß die USA neben Japan das einzige Land sind, das eine antizipatorische Politik der positiven Anpassung betrieben hat. Vermutlich waren es eher die USA, die das Modell für eine derartige Politik auf den Gebieten der Wissenschaft und Technologie, der Raumfahrtprogramme und Rüstungsbeschaffung entwickelt haben. In diesen Sektoren finden dynamische Prozesse statt, die sich sowohl durch marginale Anpassungen nach dem Muster des neoklassischen Modells des vollkommenen Wettbewerbs erklären lassen als auch durch innovative Investitionen, die Risiken implizieren, welche für einzelne Unternehmen allein zu hoch sind. In den USA wird die Risikostreuung genau wie in Japan mit Hilfe korporatistischer Methoden gehandhabt, indem Mittel sowohl von staatlichen als auch privaten Quellen mobilisiert werden. Wie bereits im Abschnitt über die positive Anpassungspolitik erwähnt, bestand der japanische Beitrag zu dem Modell darin, das sektorale Beispiel der USA in eine makrostrukturelle Politik umgeformt zu haben, die sich auf den gesamten Bereich der Schlüsselindustrien erstreckte, während gleichzeitig Klein- und Mittelbetriebe in den neuen und traditionellen Bereichen der japanischen „dualistischen" Wirtschaft aktiv gefördert wurden.

Ein entscheidender Aspekt des amerikanischen Beispiels ist, daß ein Teil seiner sektoralen korporatistischen Strukturen erst vor kurzem entstanden ist und häufige Änderungen erfährt. Dabei entwickelten sich diese Strukturen nur im Laufe, d.h. als Konsequenz der Politik, zu deren Implementierung sie gedacht waren. Dies ist unserer Auffassung nach das Wesen des amerikanischen Pragmatismus in der Wirtschaftspolitik. Insofern lassen sich aus der Anwendung der ökonomischen Theorie, wie sie in diesem Buche beschrieben wird, zumindest genauso amerikanische wie auch japanische Lehren ziehen. Das heißt, Länder, die noch nicht über vollständig zentralisierte und umfassende bürokratische sowie korporatistische Strukturen verfügen, brauchen nicht auf die Entwicklung derartiger Strukturen zu warten, um wirtschaftspolitische Aktivitäten nach dem japanischen antizipatorischen und umsichtigen Muster durchführen zu können.

Wenn sich die Geisteshaltung des deutschen Elitekartells von einer unbehaglichen Angst in ein vorsichtiges Selbstvertrauen verwandelt hat und wenn die japanische korporatistische Elite von einem unangenehmen, aber produktiven Gefühl der Unsicherheit profitiert hat, dann ist der größte Vorteil der Amerikaner das, was als „Pragmatismus des amerikanischen Geistes" beschrieben worden ist.[40] Japan hat das Glück, ebenfalls über diese Geisteshaltung zu verfügen. Wie in Kapitel 1 erklärt, ist das Bewußtsein der Unsicherheit ein wesentlicher Bestandteil des Pragmatismus. Eine weitere wesentliche Komponente ist der von der Dewey-Philosophie propagierte Aktivismus, der die amerikanische Elite so tiefgreifend beeinflußt hat. Ein derartiger Aktivismus läßt sich sowohl mit einer progressiven als auch konservativen Haltung vereinbaren, was Richard Hofstaedter und Morton White im Rahmen der amerikanischen Geistesgeschichte überzeugend dargelegt haben.[41] Das entscheidende Gegenstück zum Pragmatismus des „amerikanischen Geistes" und der Epistemologie ist der Determinismus. In der politischen und Wirtschaftsgeschichte der USA hat der Determinismus — angefangen vom sozialen Darwinismus um die Jahrhundertwende bis zur Entstehung der allgemeinen Gleichgewichtstheorie in der Form des Monetarismus, der Angebotsökonomie und der rationalen Erwartungstheorie in den 70er Jahren — tiefe Spuren hinterlassen. Dennoch hatte er in der praktischen Politik nie Vorrang vor dem Pragmatismus. Die Rolle des Finanzministers James Baker und die „Super-Keynesianische" Fiskalpolitik der Administration noch auf dem Höhepunkt der „Reaganomics" sind beredte Illustrationen hierfür. Die „trial and error"-Methode des Pragmatismus mag für die Wirtschaftspolitik zwar kostspielig sein, aber eine deterministische Untätigkeit ist vermutlich noch kostspieliger. Der Wert des japanischen Beispiels besteht für uns darin, daß er dieses amerikanischste von allen amerikanischen Charakteristika bestätigt.

Schluß: Die Epistemologie und liberale Qualität der Politik der kleinen Schritte in der japanischen Wirtschaftspolitik

Die japanische Wirtschaft verändert sich weiterhin zu schnell, Japans nationale Politik ist zu aktiv und unabhängig, und seine innerstaatlichen Strukturen weichen scheinbar zu sehr von westlichen Mustern ab, um sich hinreichend durch die allgemeinen Gleichgewichtstheorien, einschließlich des neoliberalen Paradigmas der Theorie der internationalen Beziehungen, erklären zu lassen. Andererseits haben das „dirigistische" Paradigma, insbesondere die merkantilistischen Interpretationen, die strukturalistischen Ansätze und die Entscheidungsfindungsanalysen beträchtliche Probleme, die Vielzahl der Beweise für die Anpassung an externe Faktoren, den Dynamismus und die Schumpetersche Innovation in den japanischen Privatunternehmen sowie den hohen Anteil des Privatsektors am japanischen BSP und den zunehmenden Einfluß nichtpolitischer Faktoren auf die Kapitalströme und den Wechselkurs in konsistenter Weise zu erklären.

Der gesunde Menschenverstand legt nahe, daß man, um die fruchtlose Dichotomie zwischen den allgemeinen Gleichgewichtstheorien und den „dirigistischen" Paradigmen zu überwinden, statt dessen versuchen sollte, ihre Erkenntnisse zu kombinieren. Die japanische Wirtschaftsentwicklung des vergangenen Jahrzehnts ist für uns von einzigartigem epistemologischen Wert, da die Aspekte, die die rivalisierenden Schulen nicht miteinander in Einklang bringen können, einen Rahmen bilden, der sich mühelos mit Talkott Parsons' umfassenden Funktionen der Adaption, der Zielerreichung, der Strukturerhaltung und der Integration füllen läßt. Der ex ante-Erklärungswert der funktionalistischen Theorie für die Sozialwissenschaften ist bestreitbar, aber wir kommen kaum um den Parsonsschen Rahmen herum, sobald ex post die Frage gestellt wird, warum eine reife Wirtschaft besser oder anders abschneidet als andere reife Wirtschaften. Viele erkennen bei dieser Fragestellung vielleicht gar nicht, daß es sich natürlich um eine funktionalistische Frage handelt.

Wir können eine erstaunliche konzeptionelle Kongruenz in dem Punkt feststellen, daß es zumindest für jede der Parsonsschen funktionalen Anforderungen heute eine rivalisierende Denkrichtung über die japanische Leistung gibt. So befassen sich die allgemeinen Gleichgewichtstheorien mit der „Anpassung", die Theorie der Wirtschaftspolitik und das neomerkantilistische Paradigma mit der „Zielerreichung“, die strukturalistischen Erklärungen mit der „Strukturerhaltung“ und die Entscheidungsfindungsanalysen mit der „Integration“. Das japanische Beispiel zeigt, daß ein derartig umfassender Ansatz in Theorie und Politik keineswegs eine „holistische Beendigung der Debatte“ impliziert. Japans pragmatische Politiker haben es vermocht, eine konventionelle Wirtschaftspolitik, die auf marginale Ergebnisse ausgerichtet ist, in einen allgemeinen Gleichgewichtsrahmen mit umfassenden „Visionen“ zu integrieren, der mehr als nur marginale strukturelle Veränderungen anstrebt. Darüber hinaus finden wir neben der aggregierten Methodologie in der Fiskal- und Geldpolitik nach Keynesianischem Muster ein überraschendes Maß an methodologischem Individualismus, der sich nicht nur in den Handlungen der japanischen „Schumpeterschen“ Unternehmer niederschlägt, sondern auch bei seinen „visionären“ Entscheidungsträgern der Industriepolitik. Da sie immer bereit sind, ihre Ziele und Instrumente anzupassen, haben sie ein Maß an kritischem Rationalismus an den Tag gelegt, das Karl Poppers epistemologischer „Norm der Fehlbarkeit“ näher kommt als doktrinäre Politiker in anderen Ländern, die entweder dem „dirigistischen“ oder dem „allgemeinen Gleichgewichts“modell anhängen. Andererseits hatten sie keinerlei Probleme bei der häufig vernachlässigten Unterscheidung zwischen politischem und methodologischem Individualismus und besaßen daher auch nicht die Schumpetersche und Poppersche Abneigung gegen wirtschaftspolitische Maßnahmen auf der Makroebene. Sie entsprechen genau Poppers „Technikern der kleinen Schritte“, die ihr bestes tun, um den ansonsten autonomen Verlauf des großen Parsonsschen „beweglichen Gleichgewichts“ zu beeinflussen. Dieses Gleichgewicht ist hier gesellschaftlich definiert und umfaßt Paretos (statisches) Wirtschaftsgleichgewicht, unterwirft dieses jedoch der „Bewegung“, die aus der Interaktion zwischen Wirtschaft, Staatsform, Gemeinschaft und Kultur resultiert.

Während sich die gegenwärtige Krise der Wirtschaftstheorie im Westen um das Gleichgewicht zwischen öffentlicher und privater Aktivität in einem Nullsummenspiel dreht, ragt Japan durch sein höheres Maß an Aktivität in beiden Sektoren hervor. Die japanischen Politiker haben sich sowohl bei den Staatsaktivitäten als auch in den Privatunternehmen in Bereiche der Substanz und des Verfahrens vorgewagt, die von ihren westlichen Zeitgenossen unangetastet geblieben sind.

Da sie offensichtlich über ein hohes Maß an Bewußtsein hinsichtlich der methodologischen Unsicherheit in den Wirtschaftswissenschaften verfügten, unterlagen sie nie der Versuchung einer doktrinären Überschätzung, noch ließen sie sich durch doktrinäre Einschränkungen beeinträchtigen. Sie haben nicht gezögert, mutig praktische Ziele für Territorien zu formulieren, die von der konventionellen Wirtschaftstheorie als verboten erklärt waren, und Instrumente zu verwenden, die von den Regierungen und Unternehmen der übrigen industrialisierten Welt als unorthodox abgelehnt wurden. Gleichzeitig waren sie schneller als andere, wenn es darum ging, sich im Falle eines Versagens selbst zu korrigieren und sich an unvorhergesehene Schocks anzupassen. Vielleicht gibt es kulturelle Ursachen für ein derartiges Bewußtsein, wie Mut und Weisheit, aber wir sollten uns darüber im klaren sein, daß diese Qualitäten auch nach den rigorosesten epistemologischen Normen des Westens erforderlich sind: insbesondere nach der Norm der Fehlbarkeit des kritischen Rationalismus.

Da die Erfahrung der realen Weltwirtschaft sich nie wiederholen läßt, gibt es keine Möglichkeit zu beweisen, ob die japanische Wirtschaftspolitik für die langfristige Entwicklung der japanischen Wirtschaft in ihrer internationalen Umgebung „funktional" war oder nicht. Doch wenn wir von japanischen Erfolgen sprechen, erscheint es angebracht, dies durchaus zu unterstellen, solange wir über keine bessere Erklärung verfügen. Die westlichen Politiker brauchen nicht die konkrete japanische Politik zu kopieren, aber es könnte durchaus nützlich sein, wenn sie ihre eigene Leistung im Hinblick auf die Zielerreichung, Anpassung, Strukturerhaltung und Integration überprüfen würden.

Anmerkungen

[1] Max Weber, Gesammelte Aufsätze zur Religionssoziologie, 1, Teil 1 (1920).

[2] Ezra Vogel, *Japan's New Middle-Class: The Salary Man and His Family in a Tokyo Suburb* (Berkeley, Ca.: University of California Press, 1963).

[3] Max Weber, Gesammelte Aufsätze zur Religionssoziologie, 2 (Tübingen: Mohr, 1921), S. 296—304.

[4] Charles Wilson, „Economic Conditions", in *The New Cambridge Modern History,* XI, „Material Progress and World-Wide Problems: 1870—1898" (Cambridge: University Press, 1970), S. 58—64.

[5] Hajime Nakamura, „Der religionsgeschichtliche Hintergrund der Entwicklung Japans in der neuen Zeit", in Constantin von Barloewen und Kai Werhan-Mees (Hrsg.), *Japan und der Westen* (Frankfurt: Fischer, 1986), Band 1, S. 56—94.

[6] Die Geschichte wird von Shichihei Yamamoto, „Ursprünge der japanischen Arbeitsethik", in Barloewen und Werhan-Mees, *Japan und der Westen,* S. 126—28, als ein Beweis für die frühe kapitalistische Ethik in Japan diskutiert.

[7] John K. Fairbanks, Edwin O. Reischauer und Albert M. Craig, *East Asia: The Modern Transformation* (Tokio: Tuttle, 1965), S. 184—94, 234—40.

[8] Stanley Hoffman et al., *In Search of France* (Cambridge, Mass.: Harvard University Press, 1963); Stephen Cohen, *Modern Capitalist Planning: The French Model* (Cambridge, Mass.: Harvard University Press, 1969); Jean Fourastie, *La planification économique en France* (Paris: PUF, 1963); Michèle Schmiegelow, *The Role of the State Elite in France,* unveröffentlichte Doktorarbeit (Charlottesville: University of Virginia, 1973); Claude Gruson, *Origines et espoirs de la planification française* (Paris: Dunod, 1968).

[9] Carl C. Friedrich, „Some Observations on Weber's Analysis of Bureaucracy", in Robert K. Merton et al., *Reader in Bureaucracy* (New York: The Free Press, 1952), S. 27—33; Thorstein Veblen, „The Rise of German Industrial Organization", ebenda, S. 85—87; und Ralf Dahrendorf, *Society and Democracy in Germany* (Garden City: Doubleday, 1967), S. 37—40, 43—53.

[10] Eine Einführung in das deutsche Wirtschaftssystem findet sich bei Blum, *Soziale Marktwirtschaft.* Vgl. auch Andrew Shonfield, *Modern Capitalism: The Changing Balance of Public and Private Power* (Oxford: Oxford University Press, 1965), S. 239 ff.

[11] Veblen, „German Industrial Organization", in *Reader in Bureaucracy.*

[12] Philippe Bauchard, *Les technocrates et la pouvoir* (Paris: Arthaud, 1966); Gruson, *Planification française,* S. 38—47; M. Schmiegelow, *State Elite in France.*

[13] Michel Debré, *Une certaine idée de la France* (Paris: Artheme Fayard, 1972); Gruson, *Planification française,* S. 38—47; Charles P. Kindleberger, „The Post-War Resurgence of the French Economy“, in Hoffman, *In Search of France,* S. 118—58.

[14] Debré, *Idée de la France.*

[15] Eine detaillierte Diskussion der verschiedenen Tendenzen findet sich bei H. und M. Schmiegelow, *New Mercantilism,* S. 370—81.

[16] Eine Diskussion dieser Veränderungen bis 1975 findet sich bei H. und M. Schmiegelow, *New Mercantilism,* S. 375—88.

[17] Jean-François Kesler, „Les Anciens Élèves de l'École Nationale d'Administration“, *Revue Française de Science Politique* 14 (1964), S. 247—67; Michel Debré, „Naissance et perspectives d'une institution“, *Promotions* 35 (1955), S. 27; ders., *Idée de la France,* S. 184; Henry Parris, „Twenty Years of l'Ecole Nationale d'Aministration“, *Public Administration* 43 (1965), S. 395—411; Jacques Mandrin, *L'Enarchie ou les mandarins de la societé bourgeoise* (Paris: La Table Ronde de Combat, 1967); M. Schmiegelow, *State Elite in France.*

[18] Zum Ein-Partei-Regime der LDP vgl. T. J. Pempel, „Unbundling Japan Inc.: The Changing Dynamics of Japanese Policy Formation“, Diskussionspapier, vorgestellt auf dem West Coast Forum on the Japanese Political Economy (Januar 1986).

[19] Kindleberger, *Postwar Resurgence,* S. 152; Jesse Pitts, „Continuity and Change in Bourgeois France“, in Hoffman, *In Search of France,* S. 268.

[20] Edmund Stillman et al., *L'envol de la France dans les années 80* (Paris: Hachette, 1973), S. 116—22, 172—77.

[21] *Herald Tribune* (29. Juli 1987).

[22] Victor Scher, *La France Paresseuse* (Paris 1987). Einige der in der Debatte des „Le Déclin“ erwähnten Zahlen finden sich in der Frankfurter Allgemeinen Zeitung, Leitartikel, „Frankreichs industrieller Niedergang“ (22. September 1987).

[23] Peter Katzenstein, *Corporatism and Change: Austria, Switzerland and the Politics of Industry* (Ithaca, N.Y.: Cornell University Press, 1984); Gerhard Lehmbruch, „Consociational Democracy, Class Conflict and the New Corporatism“, in Philippe C. Schmitter und Gerhard Lehmbruch (Hrsg.), *Trends Toward Corporatist Intermediation* (Beverly Hills, Ca.: Sage, 1979), S. 53—62.

[24] Katzenstein, *Corporatism,* S. 27; ders., „West Germany as Number 2: Reflexions on the German Model“, in Andrei S. Markovits (Hrsg.), *The Political Economy of West Germany* (New York: Praeger, 1982), S. 210.

[25] Shonfield, *Modern Capitalism,* S. 239.

[26] Katzenstein, „Germany as Number 2“, *Political Economy of West Germany,* S. 199—215.

[27] Katzenstein, „Germany as Number 2“, *Political Economy of West Germany.*

[28] Ralf Dahrendorf, „Conflict and Liberty: some Remarks on the Social Structure of German Politics“, in Reinhard Bendix, *State and Society* (Berkeley: University of California Press, 1968), S. 382.

[29] Odawara, *Competition Principle.*

[30] Lewis Edinger, *Politics in West Germany* (Boston: Little, Brown, 1977), S. 211, 219; zitiert nach Katzenstein, „Germany as Number 2“, *Political Economy of West Germany,* S. 201—202.

[31] Ralf Dahrendorf, *Society and Democracy in Germany,* S. 252—65.

[32] Edinger, *Politics in West Germany.*

[33] Henrik Schmiegelow, „Idealismus und Realismus in der amerikanischen Außenpolitik“, *Außenpolitik* (Januar 1989).

[34] Charles P. Kindleberger, *Economic Response: Comparative Studies in Trade, Finance and Growth* (Cambridge, Mass.: Harvard University Press, 1975), S. 35.

[35] Kindleberger, *Economic Response,* S. 19—37.

[36] Olson, *Rise and Decline of Nations.*

[37] Olson, *Rise and Decline of Nations,* S. 48, 53, 75—77.

[38] Lester Thurow, *The Zero-Sum Society* (New York: Simon & Schuster, 1980).

[39] Peter Drucker, „What we can learn from Germany“, *Wall Street Journal* (6. März 1985).

[40] Morton White, *Pragmatism in the American Mind* (Oxford: Oxford University Press, 1973).

[41] Richard Hofstaedter, *Social Darwinism in American Thought* (Philadelphia: University of Pennsylvania Press, 1945), S. 103—20; White, *Pragmatism,* S. 194—200.

Die Autoren

Christiane Dosse ist stellvertretende Direktorin der Forschungsabteilung der Banque de France. Sie ist Autorin von „Technique Bancaire aux Etats-Unis: Le Financement des Entreprises“ und Mitglied der Redaktion der Zeitschrift „Banque“.

Angelika Ernst ist Mitglied des IFO-Instituts in München. Sie besitzt umfassende Erfahrungen auf dem Gebiet der deutschen und japanischen Arbeitsökonomie. Sie ist Verfasserin des Buches „Japans unvollkommene Vollbeschäftigung: Beschäftigungsprobleme und Beschäftigungspolitik“.

Motoshige Itoh ist Professor an der Universität von Tokio. Während er seinen Beitrag zu diesem Buch verfaßte, hatte er einen Forschungsauftrag der Wirtschaftsfakultät der Harvard University. Seine Veröffentlichungen in führenden japanischen und internationalen Zeitschriften haben ihren Schwerpunkt in der Theorie des Außenhandels und der Auslandsinvestitionen sowie in der theoretischen Analyse der japanischen Industriepolitik.

Helmut Laumer ist im Vorstand des IFO-Instituts in München und Verfasser zahlreicher Schriften zu Problemen der Weltwirtschaft, bei denen er sich um die Verbindung von Wirtschaftstheorie und struktureller Analyse bemüht. Sein Buch „Die Warendistribution in Japan: Versuch eines Vergleichs mit der Bundesrepublik“ ist eine Anwendung dieses Ansatzes auf das japanische Distributionssystem.

Edward Lincoln ist Mitglied der Brookings Institution und Lektor an der School of Advanced International Studies der Johns-Hopkins University. Er ist Autor des Buches „Japan's Industrial Policies“ und arbeitet derzeit an einer makrostrukturellen Analyse der japanischen Wirtschaft.

Koei Naruzawa ist Wirtschaftsberater des Präsidenten der Bank of Tokyo. Er hat zahlreiche Veröffentlichungen über die außenwirtschaftlichen Beziehungen Japans verfaßt und sich insbesondere mit dem Devisenmarkt beschäftigt.

Hirohiko Okumura ist „Chief Economist“ des Nomura Research Institute. Seine Arbeit konzentriert sich auf die Struktur des japanischen Kapitalmarktes und die mit seiner Internationalisierung verbundenen Probleme.

F. H. Saelens war Dozent am Institute of Science and Technology der University of Manchester und ist heute Unternehmensberater in Antwerpen. Zusammen mit F. N. Burton von der University of Manchester hat er Analysen über die japanischen allgemeinen Handelshäuser und die ausländischen Direktinvestitionen veröffentlicht.

Kazuro Sato war Professor der Ökonomie an der Rutgers University, hat zur Zeit jedoch einen Lehrauftrag an der Columbia University übernommen. Seine Forschungsgebiete umfassen unter anderem die Bereiche der makroökonomischen Theorie, der Außenhandelstheorie und der Wirtschaftsentwicklung Japans. Er hat sowohl auf diesen Gebieten als auch in anderen Bereichen der Ökonomie in führenden internationalen Zeitschriften zahlreiche Beiträge veröffentlicht. Er ist Autor von „Procution Functions and Aggregation" und Herausgeber von „Industry and Business in Japan".
Henrik Schmiegelow ist Mitglied des deutschen Auswärtigen Dienstes. Er war Wirtschaftsreferent der Botschaft in Tokio und Botschaftsrat der Politischen Abteilung der Deutsche Botschaft in Washington. Zur Zeit ist er als Vortragender Legationsrat im Auswärtigen Amt in Bonn tätig. Seine akademischen Interessen sind die Theorie der internationalen Beziehungen, die Außenwirtschaftstheorie und die internationalen Währungsbeziehungen. Er ist Verfasser von „Japans Außenwirtschaftspolitik: Merkantilistisch, liberal oder funktionell?".
Michèle Schmiegelow ist Projektdirektorin am Institut für Asienkunde in Hamburg und Professor an der Universität von Löwen in Belgien. Sie hofft, anhand des japanischen Beispiels demonstrieren zu können, daß der strukturelle Funktionalismus die Möglichkeit bietet, die Diskrepanzen zwischen der statischen und der dynamischen Wirtschaftstheorie, der Theorie der Wirtschaftspolitik, der Soziologie und der Politikwissenschaft zu überbrücken.
Sueo Sekiguchi ist Professor für Ökonomie an der Osaka University. Sein theoretisches Interesse und seine empirischen Forschungen umfassen die Bereiche der wirtschaftlichen Entwicklung, des Außenhandels und der Investitionen sowie der Industriepolitik. Unter seinen zahlreichen Veröffentlichungen befindet sich ein Beitrag in Henry Rosovskys und Hugh Patricks Buch „Asias' New Giant: How the Japanese Economy Works", das mehr als ein Jahrzehnt lang das Standardwerk über die japanische Wirtschaft war. Ferner hat er kürzlich „Foreign Trade and Industrial Policies: Review of Japanese Experiences" veröffentlicht.
Frank Upham ist Professor der Rechtswissenschaft an der Boston College Law School, nachdem er sich zunächst als Mitsubishi-Gastprofessor und stellvertretender Direktor des East Asian Legal Studies an der Harvard Law School mit Japans Wettbewerbspolitik beschäftigt hatte. Seine Veröffentlichungen setzten sich vor allem mit Fragen des japanischen Wirtschaftsrechts einschließlich des Kartellrechts und der „administrative guidance" auseinander.
Masaru Yoshitomi ist heute Generaldirektor der Economic Planning Agency der japanischen Regierung. Während er seinen Beitrag zu diesem Buch schrieb, war er als Direktor der Abteilung für Statistik und Ökonomie zur OECD in Paris abgeordnet. Er ist einer der führenden Makroökonomen Japans und hat die Entwicklung des „EPA Macro-Economic Models of the World Economy" geleitet, des bislang am weitesten entwickelten ökonometrischen Modells dieser Art.